Wolfgang Büser (Hrsg.)

Rechtsratgeber für Senioren

Rechtssicher im Alltag mit 60plus

Smartlaw | Wolters Kluwer Deutschland GmbH | Berlin

Wolfgang Büser

Wolfgang Büser, 1938 in Dortmund geboren, arbeitete lange Zeit für eine gesetzliche Krankenversicherung – unter anderem als Lehrer am AOK-Bildungszentrum in Dortmund – und ist seit 1984 als (Fach-)Journalist für Rechtsthemen tätig. Im TV trat er als »Experte« auf und war unter anderem zehn Jahre lang im Morgenprogramm von SAT.1, in der ZDF-Gerichtsshow »Streit um drei«, der »ZDF-Drehscheibe Deutschland« und schließlich im »ARD-Morgenmagazin« zu sehen. In Talkshows war er unter anderem zu Gast bei »Maischberger«, »Kerner« und »Beckmann«. Heute ist Wolfgang Büser regelmäßig für viele Printmedien aus allen Bereichen des Rechts tätig. In der Wochenzeitschrift »Bild der Frau« steht er am »Leser-Telefon« Rede und Antwort. Als Autor von Rechtsratgebern tritt er regelmäßig in Erscheinung. Wolfgang Büser ist verheiratet, er hat zwei Kinder und fünf Enkelkinder.

© 2017 by Smartlaw.de | Wolters Kluwer Deutschland GmbH
Schützenstraße 6a, 10117 Berlin

Telefon: 030/3465 503-0
Telefax: 030/3465 503-99
E-Mail: service@smartlaw.de
www.smartlaw.de

Stand: 2017

Das Werk einschließlich seiner Teile ist urheberrechtlich geschützt. Jede Verwertung außerhalb der Grenzen des Urheberrechtsgesetzes ist ohne Zustimmung des Verlags unzulässig. Das gilt insbesondere für die Vervielfältigung, Übersetzung, Mikroverfilmung sowie Einspeicherung und Verarbeitung in elektronischen Systemen.

Alle Angaben wurden nach genauen Recherchen sorgfältig verfasst; eine Haftung für die Richtigkeit und Vollständigkeit der Angaben ist jedoch ausgeschlossen.

Redaktion: Rechtsanwalt Andreas Pott, Dr. jur. Betina Münch
Herstellung und Satz: Angelika Ehrhard

Geschäftsführer: Martina Bruder, Michael Gloss, Christian Lindemann, Adrianus Gerardus Verhoef, Ralph Vonderstein, Stephanie Walter

Umschlaggrafik: Janis Michaelis, Smartlaw
Bilddaten: © formblitz AG, Berlin
Druck: Williams Lea & Tag GmbH, München

ISBN 978-3-472-09538-5

Vorwort

Liebe Leserin, lieber Leser,

ich möchte ja nicht in Ihrer Haut stecken. Ob Sie gerade eine Versicherung abgeschlossen und schon kurze Zeit später Ihre Unterschrift bereut haben. Ob Sie mit dem Nachbarn im Streit liegen oder letzte Woche im Krankenhaus – Ihrer Meinung nach – falsch behandelt wurden. Oder ob Sie Ihren Vermieter am liebsten auf den Mond wünschen würden, weil er immer noch nicht dafür gesorgt hat, dass im Bad wieder „alles läuft".

Oder ob Sie – umgekehrt – Ihren Mieter eher heute als morgen auf einen Berg schicken möchten, weil er fast jede Woche etwas zu bemängeln hat, was nicht zu bemängeln ist. Ob Sie nun ernsthaft vorhaben, sich endlich um die Verteilung Ihres Nachlasses zu kümmern. Oder ob Ihre Kräfte nachlassen und Sie fürchten, dauerhaft der Pflege zu bedürfen.

Wie gesagt: Ich möchte nicht in Ihrer Haut stecken. Denn in diesen und vielen, vielen weiteren Situationen stellen sich rechtliche Fragen: Wer hat denn nun in welchem Maße, in welcher Zeit und gegebenenfalls mit welcher Hilfe für solche Probleme einzustehen? Beziehungsweise wie sind sie selbst zu lösen? Wohl denen, die auf einen Rechtskundigen in der Familie, der Verwandtschaft oder im Freundeskreis zurückgreifen können. Oder die sich mit eigenem Wissen selbst helfen können. Oder letztlich die passende Lektüre zur Hand haben.

Dieser Rechtsratgeber für (nicht nur) die „Generation „60+" wird Ratsuchenden dabei helfen, ihre Rechte zu wahren und durchzusetzen oder unabhängig von Streitfällen die richtigen Entscheidungen zu treffen. Er ist keine Lektüre, die zum durchgehenden Lesen von A bis Z gedacht ist. Dafür ist das in mehr als 20 Bereiche aufgegliederte Themenspektrum auch für Marathonleser wohl zu umfangreich. Das für die Lösung von Problemen oder auch nur Fragen wichtige Detailwissen steht aber jederzeit für diejenigen parat, die in diesem Ratgeber Antworten suchen und finden. Diese Antworten sind mithilfe der Sachkenntnis zahlreicher Spezialisten zustande gekommen. Und das natürlich fundiert und in (hoffentlich) verständlicher Sprache.

Wer auf diese geballte Ladung von Expertenwissen nicht zurückgreifen kann – in dessen Haut möchte ich auch nicht stecken ...

Ihr

Wolfgang Büser

| Vorwort

Inhalt

A LEBEN UND WOHNEN

A1 So gehen Sie richtig mit Behörden um 19
   1 Auf dem Weg zur digitalen Verwaltung 19
   2 Mit der 115 erreichen Sie immer die richtige Behörde 20
   3 Das gilt im Umgang mit Behörden 21
   4 Sie bekommen eine Behördenentscheidung 23
   5 Wie Verwaltungshandeln kontrolliert werden kann 26
      5.1 Durch form- und fristlose Rechtsbehelfe 26
      5.2 Der Widerspruch als förmlicher Rechtsbehelf 26

A2 Ihre Rechte als Mieter von A bis Z 31
   1 Im Rahmen des »vertragsgemäßen Gebrauchs« ist alles erlaubt 31
   2 Mieterrechte von »Abstellplatz« bis »Zimmerlautstärke« 32

A3 Ihre Rechte als Nachbar von A bis Z 57
   1 Wer ist überhaupt »Nachbar«? 57
   2 Was umfasst das Nachbarrecht? 58
      2.1 Das private Nachbarrecht 58
      2.2 Das öffentliche Nachbarrecht 58
      2.3 Was gilt im Verhältnis von privatem und öffentlichem Nachbarrecht? 58
      2.4 Es gibt kein abschließendes Nachbarrechtsgesetz 59
   3 Wie Sie Ihre Ansprüche durchsetzen können 62
      3.1 Wenn ein Fall von »Selbsthilfe« vorliegt 62
      3.2 Wenn die Polizei kommen darf 63
      3.3 Wenn Sie sich außergerichtlich einigen 63
      3.4 Wenn es doch vor Gericht gehen soll 65
   4 Nachbarrecht von »Abfall« bis »Zaun« 66

A4 Betreutes Wohnen für Senioren als Alternative zur eigenen Wohnung ... 93

1. Es gibt unterschiedliche Formen des betreuten Wohnens ... 93
   - 1.1 Wohnen mit Hausmeisterservice ... 93
   - 1.2 Wohnen mit Ansprechperson ... 93
   - 1.3 Wohnen mit Pflegestation ... 94
   - 1.4 Wohnen mit Pflege und Versorgung ... 94
   - 1.5 Heimverbundsystem ... 94
2. Die Auswahl des richtigen Standorts ... 95
   - 2.1 Das Gebäude ... 95
   - 2.2 Barrierefreiheit ... 95
   - 2.3 Die Ausstattung der Wohnung ... 96
3. Dienstleistungen beim betreuten Wohnen ... 97
   - 3.1 Hausmeisterservice ... 97
   - 3.2 Betreuungsmitarbeiter ... 98
   - 3.3 Hausnotruf ... 98
   - 3.4 Wahlleistungen ... 99

A5 Wohnen im Pflegeheim: Was Betroffene und Angehörige wissen müssen ... 101

1. Wenn Sie sich für die Pflege im Heim entscheiden ... 101
   - 1.1 Was Sie wissen sollten, bevor Sie einen Heimvertrag unterschreiben ... 101
   - 1.2 Lassen Sie sich beraten ... 104
   - 1.3 Wenn es zum Vertragsschluss kommt ... 105
2. Was gilt während des Heimaufenthalts? ... 108
   - 2.1 Was können Sie tun, wenn im Heim Mängel auftreten? ... 108
   - 2.2 Was darf das Heim abrechnen? ... 109
   - 2.3 Wer haftet, wenn der Heimbewohner zu Schaden kommt? ... 111
   - 2.4 Wenn es um die Kündigung des Heimvertrags geht ... 112

A6 Rechtssicher leben mit Demenz 115
   1 Wann es ohne Betreuung nicht geht 115
   2 Wann kommt es zur gesetzlichen Betreuung? 116
      2.1 Medizinische Voraussetzungen 116
      2.2 Das Betreuungsgericht entscheidet 117
      2.3 Wie wählt das Gericht den Betreuer aus? 118
      2.4 Folgen der Betreuungsanordnung 119
   3 Was gilt für den Betreuer? 121
      3.1 Persönliche Betreuung 122
      3.2 Betreuung in Vermögensangelegenheiten 124
      3.3 Eine Postvollmacht ist oft unverzichtbar 127
      3.4 Ende der Betreuung 128

B FINANZEN UND VERSICHERUNGEN

B1 Die richtige Finanzplanung während Ihres Ruhestandes 129
   1 Vermögensmanagement zu Rentenbeginn 129
      1.1 Wo Sie bei Rentenbeginn finanziell stehen 129
      1.2 Bestimmte Ausgaben fallen weg 129
      1.3 Verzehr und Erhalt Ihres vorhandenen Kapitals 131
   2 Wenn die Lebensversicherung fällig wird 133
      2.1 Kapitalabfindung oder Rente? 133
      2.2 Die Verrentung anderer Anlageformen ist gut
           zu überlegen 134
   3 Immobilie: Die Chance auf Werteverzehr des Eigenheims . . . 136
      3.1 Immobilie verrenten statt verkaufen? 136
      3.2 Die umgekehrte Hypothek 137
      3.3 Verkauf gegen Leibrente 137
      3.4 Die Rentenhypothek 137
      3.5 Fazit: Verkaufen, verschulden oder verrenten? 138
   4 Was gilt für das Sparen im Rentenalter? 138
      4.1 Ein optimaler Anlage-Mix 139
      4.2 Anlageformen für sicherheitsorientierte Sparer 140
   5 Letztlich: Den Nachlass organisieren 141

B2 Rente, Pension und Steuern: Das müssen Sie wissen! 143
1. So werden Renten besteuert 143
   - 1.1 Die nachgelagerte Besteuerung 143
   - 1.2 Die Besteuerung mit dem Ertragsanteil 148
   - 1.3 Steuerfreie Renten und Kapitalabfindungen 149
   - 1.4 Die Besteuerung der Riester-Rente 150
   - 1.5 Die Rentenbezugsmitteilung 150
   - 1.6 Müssen Rentner eine Steuererklärung abgeben? 151
2. So werden Beamtenpensionen besteuert 151
   - 2.1 Pensionen sind steuerlich Versorgungsbezüge 151
   - 2.2 So viel bleibt von Ihrer Pension steuerfrei 152
   - 2.3 So wird der Versorgungsfreibetrag berechnet 153

B3 Immobilienfinanzierung für Senioren 155
1. Baufinanzierungs-Strategien für Ältere 155
2. Die besten Finanzierungsformen für Immobilien mit 60plus 158
   - 2.1 Das Ratentilgungsdarlehen – schnell zum Haus 158
   - 2.2 Das Volltilgungsdarlehen – alles auf einen Streich ... 159
   - 2.3 Das Kombidarlehen – die Mischung machts 160
   - 2.4 Realkredit – wenn man schon eine Immobilie hat 162
   - 2.5 Variables Darlehen auf Euribor-Basis 163
   - 2.6 Sonderkredite – wenn nichts anderes geht 166
   - 2.7 Modernisierungskredite – für den kleinen Geldbedarf .. 167
   - 2.8 Zwischenfinanzierung – wer die Finanzierung nur kurz braucht 168
3. Viele Auflagen für Ältere 168
4. Finanzierungsalternativen mit 60plus 169
   - 4.1 Bausparen kennt keine Altersgrenzen 170
   - 4.2 Geld von privat 171

B4 Krankenversicherung im Ruhestand: Ein Überblick 173
1. Was kostet die gesetzliche Krankenversicherung im Alter? . 173
2. So bleibt die private Krankenversicherung im Alter bezahlbar 175
   - 2.1 Maßnahmen gegen hohe Beiträge im Alter 175

3 Krankenversicherung für Ruheständler im Ausland 183
   3.1 Gesetzliche Krankenversicherung 183
   3.2 Private Krankenversicherung in der EU 187
   3.3 Beihilfe für Pensionäre im Ausland 189

B5 Die neue Pflegeversicherung: Pflegegrade und Leistungen für Betroffene **191**
   1 Aus Pflegestufen werden Pflegegrade 191
   2 Leistungen der Pflegeversicherung bei Pflegegrad 1 193
   3 Leistungen für zu Hause lebende Pflegebedürftige (ab Pflegegrad 2) 194
     3.1 Die häusliche Pflege ist verbessert 194
     3.2 Tages- und Nachtpflege nutzen 195
     3.3 Das Pflegegeld ist frei verfügbar 196
     3.4 Das sind die Pflichten bei Pflegegeldbezug 197
     3.5 Die Dienstleistungen eines Pflegedienstes 199
     3.6 Betreuungsleistungen wie Pflegeleistungen abrechenbar ..199
     3.7 So lassen sich Geld- und Sachleistungen kombinieren 200
     3.8 Wann das »Poolen« von Pflegeleistungen infrage kommt .201
     3.9 Keine Pflegesachleistungen im Ausland 202
   4 Leistungen zur Erleichterung der Pflege 202
     4.1 Pflegehilfsmittel 202
     4.2 Verbesserung des Pflegeumfelds 204
   5 Diese Leistungen gibt es im Pflegeheim 207
     5.1 Über den Wechsel ins Pflegeheim kann frei entschieden werden 207
     5.2 Leistungsbeträge für die stationäre Pflege 210
     5.3 Gleiche Pflegekosten für alle Heimbewohner 211

B6 Die Haftpflichtversicherung: Für Senioren unverzichtbar ... **213**
   1 Wann haften Sie? 213
   2 Welche Schäden sind abgesichert? 215
   3 Das leistet die Versicherung im Schadenfall 215
   4 Welche Risiken sind abgedeckt? 216
   5 Welche Risiken sind nicht abgedeckt? 218

C VORSORGE UND ERBE

C1 So erstellen Sie Ihre rechtssichere Patientenverfügung 221
 1 Selbstbestimmung bis zum Tod 221
 2 Gesetzliche Voraussetzung einer wirksamen Patientenverfügung 221
  2.1 Der aktuelle Wille hat immer Vorrang 221
  2.2 Die formalen Seiten der Verfügung 222
  2.3 Wenn keine eindeutige Regelung oder gar keine
   Patientenverfügung vorliegt 228
 3 Wann ist das Betreuungsgericht einzuschalten? 229
  3.1 Der Betreuungsrichter entscheidet nur im Konfliktfall 229
  3.2 Wenn kein Betreuer bestellt worden ist 230
 4 Wie detailliert müssen die Verfügungen sein? 230
  4.1 Informieren Sie sich über die verschiedenen medizinischen Ausgangssituationen 230
  4.2 Verfügungen so präzise wie möglich formulieren 232
  4.3 Aktive Sterbehilfe ist nach wie vor tabu 233
  4.4 Kein Anspruch auf Maximalbehandlung 234
 5 Wie Sie die Patientenverfügung am besten aufbewahren 234

**C2 So sorgen Sie mit einer Vorsorgevollmacht für den Ernstfall
 vor** 235
 1 Warum die Vorsorgevollmacht für alle sinnvoll ist 235
  1.1 Eine Patientenverfügung reicht nicht 235
  1.2 Eine Betreuerbestellung lässt sich vermeiden 235
 2 Wie Sie eine wirksame Vorsorgevollmacht erteilen 237
  2.1 Rechtliche Voraussetzungen 237
  2.2 Die Auswahl der zu bevollmächtigenden Person 239
 3 Welche Inhalte können festgelegt werden? 243
  3.1 Sinn und Zweck der Vollmacht sind entscheidend 243
  3.2 Die Inhalte im Einzelnen 244
 4 Welche Pflichten hat der Bevollmächtigte? 248
 5 Wie die Vollmacht aufbewahrt werden sollte 248

6 Betreuungsverfügung statt Vorsorgevollmacht? 249
  6.1 Was macht den Unterschied? 249
  6.2 Wie Sie die Betreuungsverfügung am besten aufbewahren 251

7 Weitere sinnvolle Vollmachten 251
  7.1 Bankvollmacht 251
  7.2 Postvollmacht 253
  7.3 Vollmacht gegenüber behandelnden Ärzten und Pflegepersonal – Entbindung von der ärztlichen Schweigepflicht 253

C3 Wie Sie Ihr Testament rechtssicher errichten, ändern und widerrufen 255

1 Vorsicht! Formfehler machen Testamente unwirksam 255

2 Grundvoraussetzungen für die Testamentserrichtung 255
  2.1 Eine Vertretung ist nicht möglich 255
  2.2 Der Erblasser muss testierfähig sein 255
  2.3 Der Erblasser muss Testierwillen haben 256

3 Handschriftlich oder notariell? Der Erblasser hat die Wahl ..257
  3.1 Das handschriftliche Testament 257
  3.2 Das gemeinschaftliche Testament 260
  3.3 Das Testament vor dem Notar 262

4 Das Testament in Eil- und Notfällen 263
  4.1 Selbst in Notfällen nach Möglichkeit nur mit Notar 263
  4.2 In unaufschiebbaren Eilfällen das Nottestament 263

5 Das Testament mit Auslandsbezug 265
  5.1 Der gewöhnliche Aufenthalt entscheidet über das anzuwendende Recht 265
  5.2 Treffen Sie eine Rechtswahl 266

6 Wie wird ein Testament widerrufen, geändert oder ergänzt? .266
  6.1 Der Letzte Wille muss nicht das letzte Wort sein 266
  6.2 Auf was Sie bei nachträglichen Änderungen unbedingt achten müssen 267

C4 Wann ist ein Erbvertrag eine Alternative zum Testament? .. 271
   1 Bevor Sie einen Erbvertrag abschließen 271
      1.1 Erbvertrag und Testament – ein Unterschied? 271
      1.2 Besser Erbvertrag oder Testament? – Vor- und Nachteile .271
   2 Was können Sie mit einem Erbvertrag regeln? 273
      2.1 Auf den Zweck kommt es an 273
      2.2 Die Regelungen im Einzelnen 274
   3 Trotz Erbvertrag noch über das eigene Vermögen verfügen? .276
      3.1 Grundsatz: Verfügungsberechtigung bleibt 276
      3.2 Ausnahme vom freien Verfügungsrecht 276
   4 Formvorschriften für den Erbvertrag 277
      4.1 Abschluss des Erbvertrages 277
      4.2 Wenn andere letztwillige Verfügungen bestehen 278
   5 Wie kommen Sie von einem Erbvertrag wieder los? 279
      5.1 Einverständliche Vertragsaufhebung 279
      5.2 Rücktritt vom Vertrag 279
      5.3 Anfechtung des Erbvertrags 280
      5.4 Was gilt bei Trennung oder Scheidung? 281

C5 Wann ist Schenken eine wirkliche Alternative zum Vererben? 283
   1 Wann ist Schenkung sinnvoller als Vererbung? 283
   2 Welche Arten der Schenkung gibt es? 286
      2.1 Die ganz normale Schenkung 286
      2.2 Schenkung auf den Todesfall 288
      2.3 Schenkung durch Vertrag zugunsten Dritter 289
   3 Wann kann eine lebzeitige Vermögensübertragung rückgängig gemacht werden? 291
      3.1 Bei Notbedarf des Schenkers 291
      3.2 Wenn der Beschenkte sich als undankbar erweist 292
      3.3 Wegen Missbrauchs der Schenkung zu Ungunsten eines (Vertrags-)Erben 293
      3.4 Wegen Gläubigerbenachteiligung 294
   4 Was gilt, wenn der Empfänger noch minderjährig ist? 294

C6 Wie Sie Ihren digitalen Nachlass regeln können 295
1 Digitale Daten sind vererblich 295
  1.1 Digitalen Nachlass zu Lebzeiten regeln 295
  1.2 Den Erben trifft die Verantwortung 296
  1.3 Was Sie nicht digital vererben können 296
2 Wie Sie die digitale Nachlassverwaltung vorbereiten 297
  2.1 1. Schritt: Passwörter sicher verwalten 297
  2.2 2. Schritt: Eine Übersicht über Online-Aktivitäten erstellen 297
  2.3 3. Schritt: Einen digitalen Nachlassverwalter benennen ... 298
3 Was tun, wenn die Konten nicht bekannt sind? 299
4 Was tun, wenn Zugangsdaten fehlen? 300

D ARZT UND KRANKENHAUS

D1 Ihre Rechte als (älterer) Patient 301
1 Ihr gutes Recht beim Arztbesuch 301
  1.1 Immer mit Vertrag 301
  1.2 Dürfen Sie Ihren Arzt frei wählen? 301
  1.3 Darf ein Arzt Patienten ablehnen? 303
  1.4 Wann kommt der Arzt ins Haus? 304
  1.5 Welche Pflichten hat der behandelnde Arzt? 305
  1.6 Wenn Termine nicht eingehalten werden 312
  1.7 Wie Sie Einsicht in Ihre Patientenakte bekommen 313
2 Wenn Sie ins Krankenhaus müssen 314
  2.1 Was Sie bei der Aufnahme berücksichtigen sollten 314
  2.2 Ihre Rechte im Krankenhaus 318
3 Kosten und Abrechnung 320
  3.1 Ihre Rechte als gesetzlich Versicherter 320
  3.2 Ihre Rechte als Privatpatient bzw. Selbstzahler 322

D2 Was tun, wenn Ihr Arzt einen Fehler macht? ... 327

1 Patientenrechte bei Aufklärungs- und Behandlungsfehlern ..327
   1.1 Wann liegt ein Arzthaftungsfall vor? ...327
   1.2 Haftung für unzureichende Aufklärung ...327
   1.3 Wer haftet wann für eine fehlerhafte Behandlung? ...333
   1.4 Keine Haftung ohne Ursachenzusammenhang ...339
   1.5 Ohne Verschulden keine Haftung ...340
   1.6 Wenn Sie als Patient ein Mitverschulden trifft ...340

2 Welche Schäden werden Ihnen als Patient ersetzt? ...341
   2.1 Typische Vermögensschäden ...341
   2.2 Daneben steht Ihnen Schmerzensgeld zu ...343

3 Wie kommen Sie zu Ihrem Recht? ...343
   3.1 Wer ist der richtige »Gegner« für Ihre Ansprüche? ...343
   3.2 Das Patientenrechtegesetz leistet Ihnen im Prozess Schützenhilfe ...344
   3.3 Nutzen Sie Ihr Recht auf Einsicht in die Patientenakte ...348
   3.4 Die Ansprüche verjähren nach drei Jahren ...348
   3.5 Beweissicherungsmaßnahmen bei Verdacht auf einen Haftungsfall ...349

4 Sonderfall: Tipps zum Umgang mit IGeL-Angeboten Ihres Arztes ...349
   4.1 Fragen an den Arzt ...350
   4.2 Zweite Meinung einholen ...351
   4.3 Vereinbarung und Kostenvoranschlag prüfen ...351
   4.4 Nach der Behandlung: Die Rechnung prüfen ...352

E AUTO UND VERKEHR

E1 Verkehrsrecht für Senioren von »Abbiegen« bis »Zebrastreifen« 353

E2 So verhalten Sie sich richtig bei Verwarnung und Bußgeld im Straßenverkehr 409
- 1 Mit diesen Sanktionen bei Verkehrsverstößen müssen Sie rechnen 409
  - 1.1 Geldbuße, Punkte oder Fahrverbot? 409
  - 1.2 Verwarnung oder Bußgeld – was ist der Unterschied? 409
- 2 So können Sie sich gegen Verwarnung und Bußgeld zur Wehr setzen 411
  - 2.1 Sie wurden verwarnt – was nun? 411
  - 2.2 Wenn ein Bußgeld droht 417
  - 2.3 Wenn ein Fahrverbot droht 420
  - 2.4 Die Fahrtenbuchauflage 421
- 3 So gehen Sie bei Verwarnung und Bußgeld am besten vor ...423
- 4 Wenn »Punkte in Flensburg« zum Problem werden 431
  - 4.1 Wann gibt es Punkte in Flensburg? 431
  - 4.2 Wann haben Punkte ernsthafte Folgen? 431
  - 4.3 Wann werden Punkte gelöscht? 432
  - 4.4 Was gilt nach der »Punktereform«? 432
  - 4.5 Wie erfahren Sie Ihren Punktestand? 433

E3 So verhalten Sie sich richtig und rechtssicher bei einem Verkehrsunfall 435
- 1 Unmittelbar nach dem Unfall 435
  - 1.1 Halten Sie sofort an 435
  - 1.2 Räumen Sie die Unfallstelle 435
  - 1.3 Sichern Sie den Unfallort 435
  - 1.4 Helfen Sie Verletzten 436
  - 1.5 Machen Sie alle erforderlichen Angaben 437
  - 1.6 Warten Sie lange genug 437
  - 1.7 Wann sollten Sie die Polizei rufen? 438
  - 1.8 Checkliste: Richtiges Verhalten bei einem Verkehrsunfall 439

2 Während der Unfallaufnahme 439
   2.1 Sie nehmen den Unfall selbst auf 439
   2.2 Der Unfall wird von der Polizei aufgenommen 440
   2.3 Vorsicht: Ungebetene Helfer! 441
3 Das regeln Sie später 442
   3.1 Bei Verletzungen immer einen Arzt aufsuchen 442
   3.2 Melden Sie den Schaden 442
   3.3 Bewahren Sie alle Belege auf 443
   3.4 Halten Sie den Schaden so gering wie möglich 443

F REISE UND FREIZEIT

F1 Ihre Rechte als Pauschalreisender 445

1 Was Sie vor der Buchung wissen sollten 445
   1.1 Pauschaltouristen haben es leichter 445
   1.2 Wann steht Ihnen der Pauschalreiseschutz zu? 445
   1.3 Aufgepasst, wenn Sie eine Reise planen! 446
2 Worauf es bei der Buchung ankommt 450
   2.1 Die Buchungsbestätigung quittiert den Inhalt Ihres Reisevertrages 450
   2.2 Der Reisepreis – wie viel Sie wann bezahlen müssen 451
   2.3 Der Sicherungsschein schützt Sie bei Zahlungsunfähigkeit des Reiseveranstalters 453
   2.4 Bei Online-Buchung gelten Besonderheiten 454
   2.5 Aufgepasst bei »Last-Minute«- und »All-inclusive«-Reisen 455
3 Was gilt, wenn sich bis zum Reiseantritt etwas ändert? 456
   3.1 Sie wollen oder können die Reise nicht antreten 456
   3.2 Sie stellen einen Ersatzreisenden 457
   3.3 Sie wollen umbuchen 458
   3.4 Der Reiseveranstalter ändert die Reise oder sagt sie ab 459
   3.5 Die Mindestteilnehmerzahl wird nicht erreicht 460
   3.6 Der Reiseveranstalter wird zahlungsunfähig 461
   3.7 Höhere Gewalt verhindert die Reise 461

- 4 Wie Sie auf Reisemängel vor Ort richtig reagieren 463
  - 4.1 Was versteht man unter einem Reisemangel? 463
  - 4.2 Die Gerichte entscheiden im Einzelfall unterschiedlich ... 466
  - 4.3 Sofortmaßnahmen am Urlaubsort bei einem Reisemangel 467
  - 4.4 Unterschreiben Sie keine Kulanzangebote des Veranstalters vor Ort! 470
- 5 So sichern Sie nach Ihrer Rückkehr Ihre Ansprüche 471
  - 5.1 Beachten Sie die Anmeldefrist und wählen Sie die richtige Form 471
  - 5.2 Sie wollen den Reisepreis (teilweise) zurück 475
  - 5.3 Sie verlangen Auslagen- und Kostenersatz 477
  - 5.4 Sie fordern Schadensersatz 477
  - 5.5 Sie machen Entschädigung wegen entgangener Urlaubsfreude geltend 479

F2 Ihre Rechte als Flugreisender 481

- 1 Von der Buchung bis zum Einchecken 481
  - 1.1 Wenn es um den Vertragsschluss geht 481
  - 1.2 Wenn es um Preise und ums Bezahlen geht 482
  - 1.3 Wenn es um Ihr Flugticket geht 482
  - 1.4 Wenn es ums Gepäck geht 483
  - 1.5 Als Passagier haben Sie besondere Pflichten 484
- 2 Airlines müssen bei Flugärger zahlen 485
  - 2.1 Wann können Sie sich auf die Fluggastrechte berufen? ... 485
  - 2.2 Was gilt im Fall einer Überbuchung? 486
  - 2.3 Was gilt bei Annullierungen? 487
  - 2.4 Was gilt bei einer Flugverspätung? 489
  - 2.5 Was gilt, wenn Ihr Gepäck verspätet ankommt? 490
- 3 Wenn es zu Personen- oder Gepäckschäden kommt 490
  - 3.1 Was gilt für Personenschäden? 490
  - 3.2 Was gilt für Gepäckschäden? 491
- 4 Wie setzen Sie Ihre Ansprüche praktisch durch? 492

F3 Internet: Soziale Netzwerke für Senioren **495**

1. Internet-Netzwerke: Auch Ältere können profitieren 495
   - 1.1 Was ist ein soziales Netzwerk? 495
   - 1.2 Der Nutzen sozialer Netzwerke für ältere Menschen 496
   - 1.3 Mögliche Gefahren 496
2. Die wichtigsten Internet-Netzwerke 498
   - 2.1 Facebook 498
   - 2.2 Twitter 498
   - 2.3 WhatsApp 499
   - 2.4 Instagram 499
   - 2.5 XING 499
3. So beteiligen Sie sich an einem sozialen Netzwerk 500
   - 3.1 Vorbereitungen treffen 500
   - 3.2 Profil anlegen 501
   - 3.3 Nutzung 501
   - 3.4 Beendigung der Aktivität 503
4. Soziale Netzwerke speziell für ältere Menschen 503
   - 4.1 Feierabend 504
   - 4.2 Platinnetz 505
   - 4.3 Seniorentreff 505
   - 4.4 50plus-treff 505
   - 4.5 Herbstzeit 506
5. So schützen Sie Ihre Daten in sozialen Netzwerken 506
   - 5.1 Erste Schritte zur Sicherung Ihrer Rechte 506
   - 5.2 Veranlassen Sie eine Abmahnung 507
   - 5.3 Erstatten Sie Strafanzeige 507

Index **509**

A1 So gehen Sie richtig mit Behörden um

1 Auf dem Weg zur digitalen Verwaltung

=== Wenn Behörden auch nachts geöffnet haben

An der **öffentlichen Verwaltung** kommt keiner vorbei – sei es, weil ein eigener Bedarf besteht (z. b. benötigen Sie einen neuen Reisepass), sei es, dass Behörden den Bürgern nun einmal Pflichten auferlegen (z. B. wird ein Gebührenbescheid erlassen).

Das bedeutet aber nicht mehr in jedem Fall Papierberge und Wartezeit auf Fluren. Denn die **elektronische Abwicklung** ist auch in diesem Bereich behördlich gewünscht, gesetzlich vorgesehen und in vielen Bereichen auch zu Ihrem eigenen **Vorteil:** Sie können daheim am Computer Dinge veranlassen, für die Sie sonst lange Wege und Wartezeiten in Kauf nehmen müssten und bei denen Sie an die Öffnungszeiten der Ämter gebunden sind; die Behörde kann »altes Papier durch neue Dateien« ersetzen (z. B. bei der Reservierung eines Kfz-Kennzeichens oder Abmeldung eines Kfz).

Der Begriff des »**E-Government**« bezeichnet dabei den Einsatz moderner Mittel der Informationstechnologie sowohl zwischen Bürger und Amt als auch zwischen Ämtern intern. Auf Bundesebene ist das verkürzt als **E-Government-Gesetz** bezeichnete Regelwerk von 2013 der Kernpunkt. Ziel ist einerseits, dem Bürger effektivere und nutzungsfreundliche Verwaltungsdienste anzubieten, andererseits der Verwaltung die Arbeit zu erleichtern.

E-Government bietet Ihnen als Bürger im Ergebnis einen **zusätzlichen Weg,** mit Behörden zu kommunizieren. Sie sind bis auf Weiteres nicht verpflichtet, den Computer zu benutzen, wenn Ihnen ein Telefonat, ein Brief oder ein Termin lieber ist. Die Behörde ist aber verpflichtet, elektronische Zugänge mit zunehmender Komplexität bereitzuhalten.

=== Problem:
Schriftformerfordernis in der öffentlichen Verwaltung

Natürlich muss die klassische **Unterschrift** rechtssicher ersetzt werden können. Um dieses Problem zu lösen, gibt es mehrere Ansätze und Sicherheitsstufen:

- **Qualifizierte elektronische Signatur:** Mithilfe einer Signaturkarte nebst PIN sowie einem Lesegerät wird die gesamte fragliche Urkunde mit einem einmaligen elektronischen »Wasserzeichen« versehen und kann dem Unterzeichner klar zugeordnet werden.

A1 | Umgang mit Behörden – auf Papier und elektronisch

- **De-Mail:** Im Kern handelt es sich hierbei um eine herkömmliche E-Mail, nur dass sowohl die Vertraulichkeit als auch die Unverändertheit bei der Übertragung gewährleistet sind. Der Nutzer muss sich vorab anmelden und zweifelsfrei identifizieren – anders als bei einem »normalen« E-Mail-Postfach, wo ein Identitätsnachweis verzichtbar ist. De-Mail-Kompatibilität wird inzwischen auch für Privatpersonen angeboten. Erkundigen Sie sich bei den jeweiligen Telekommunikations-Anbietern danach.

- **Online-Ausweis-Funktion (eID) des neuen Personalausweises:** Mit einem Kartenlesegerät, einer PIN und einem Personalausweis der aktuellen Generation kann man sich im Internet ausweisen. Um digital unterschreiben zu können, muss man aber die qualifizierte Signatur erstellen. Diese Funktion des Ausweises kann nachgeladen werden.

- **Einfache E-Mail oder Online-Formulare:** Dieser Weg ist zwar einfach, garantiert aber weder die Identität des Gegenübers noch die Fälschungssicherheit der Nachricht an sich. Er ist daher für rechtsverbindliche Erklärungen weder geeignet noch für Behörden zulässig. Nur allgemeine Anfragen oder Mitteilungen können so erstellt werden.

2 Mit der 115 erreichen Sie immer die richtige Behörde

Das steckt hinter der einheitlichen Behördenrufnummer

Die zentrale Behördenrufnummer **115** bietet den richtigen Einstieg in Verwaltungsgänge. Denn dort können Sie die elektronische Verfügbarkeit der Dienstleistung (z. B. ob Sie einen bestimmten Antrag online stellen können) oder die Webpräsenz eines Amtes der Stadt- oder Gemeindeverwaltung, der Kreise, der Länder oder des Bundes abfragen. Der 115-Service ist in allen 16 Bundesländern vertreten. Prüfen Sie über die Homepage www.115.de, ob die Behördenrufnummer auch in Ihrer Region bereits erreichbar ist.

So bereiten Sie den Behördentermin vor

Es gibt kein »Patentrezept«, wie man von einer Behörde schnell das bekommt, was man haben will. Die Voraussetzungen sind so vielfältig wie die denkbaren Anliegen. Eine gute **Vorbereitung** wird aber in jedem Fall die Sache vereinfachen. Orientieren Sie sich an folgender **Checkliste:**

Umgang mit Behörden – auf Papier und elektronisch | **A1**

- Klären Sie vorab, welche Behörde örtlich und inhaltlich **zuständig** ist (z. B. über einen Anruf bei der 115 oder recherchieren Sie auf der Homepage Ihrer Gemeinde).

- Erkundigen Sie sich rechtzeitig bei der zuständigen Behörde, ob bestimmte **Fristen** einzuhalten sind und ob Ihr Antrag eine bestimmte **Form** haben muss. Besorgen Sie sich die entsprechenden **Formulare** und **Vordrucke**.

- Klären Sie ebenfalls im Vorfeld, welche weiteren **Unterlagen** Sie zur Bearbeitung Ihres Antrags vorlegen bzw. einreichen müssen (z. B. Grundbuchauszüge, Stammbücher, vorangegangene Bescheide). Fertigen Sie Kopien von Originaldokumenten an. Lassen Sie diese gegebenenfalls beglaubigen, sofern Sie Ihrem Antrag ein Original beilegen müssen. So bleiben Sie im Besitz einer beweiskräftigen Abschrift.

- Handeln Sie **für einen Dritten** (z. B. volljährige Kinder, Enkel, aber auch Lebenspartner und Ehegatten), müssen Sie sich durch eine schriftliche **Vollmacht** ausweisen. Führen Sie deshalb Ihren Personalausweis mit sich.

- Für alle weiteren Kontakte (z. B. Korrespondenz, Gespräche) sollten Sie immer das **Aktenzeichen** und den bisherigen **Schriftwechsel** bereithalten.

- Erkundigen Sie sich bei der Behörde nach dem zuständigen **Sachbearbeiter** und vereinbaren Sie bereits im Vorgespräch einen individuellen **Termin**, um Ihren Antrag einzureichen.

3 Das gilt im Umgang mit Behörden

Behörden haben Auskunfts- und Beratungspflichten

Behörden müssen beraten und Bürgern über ihre Rechte und Pflichten im Rahmen eines Verwaltungsverfahrens **Auskunft geben** – und zwar richtig und umfassend. Dazu verpflichtet sie das Gesetz (§ 25 Verwaltungsverfahrensgesetz (VwVfG)). Eine parteiische **Rechtsberatung**, wie sie beispielsweise ein Anwalt vornehmen würde, darf die Behörde aber in keinem Fall anbieten.

》 **Beispiel:** Ein Beamter hat Sie darauf hinzuweisen, dass es gesonderte Formulare gibt, wenn Sie Wohngeld beantragen wollen. Außerdem hat er Sie bei der Antragstellung zu unterstützen, wenn Sie alleine mit den Formularen nicht zurechtkommen.

Besteht für Sie kein allgemeiner Auskunftsanspruch nach § 25 VwVfG, weil Sie nicht verfahrensbeteiligt sind, und können Sie sich auch nicht auf einen spezialgesetzlich geregelten Auskunftsanspruch berufen (z. B. Verbraucherinformationsgesetz, Informationsfreiheitsgesetz), bleiben die Aktendeckel zu: Denn einen **generellen Auskunftsanspruch gibt es nicht.**

Als Bürger sind Sie am Verfahren zu beteiligen

Als Betroffener haben Sie zunächst grundsätzlich Anspruch auf **Akteneinsicht** (§ 29 VwVfG). Die Behörde muss auf Antrag die maßgeblichen Unterlagen zur Einsichtnahme vorlegen, die Sie für Ihre rechtlichen Interessen benötigen. Sie müssen in der Behörde Einsicht nehmen. Vielfach werden dafür Gebühren erhoben, ebenso wenn Sie von Auszügen der Akte (z. B. von Lageplänen) Kopien anfordern.

Auch wenn Sie »**nur mittelbar**« von einer Behördenentscheidung betroffen sind, können Sie grundsätzlich Akteneinsicht und rechtliches Gehör verlangen (z. B. sind Sie von einer Baugenehmigung betroffen, die Ihrem Nachbarn erteilt wird).

Ferner haben Sie Anspruch auf **rechtliches Gehör** (§ 28 VwVfG). Es muss Ihnen also die Möglichkeit gegeben werden, Ihren Standpunkt vorzutragen (z. B. im Rahmen eines Anhörungsbogens). **Nachträglich** darf die Anhörung dann erfolgen, wenn eiliges Handeln zur Gefahrenabwehr erforderlich ist. Wird die **Anhörungspflicht** durch die Behörde **verletzt** und dies auch nicht nachträglich geheilt, führt dies zur **Aufhebung** des Verwaltungsakts (VG Stuttgart, Urteil vom 17. 12. 2015, 9 K 895/15).

> **!** Im Verwaltungsverfahren sowie vor dem Verwaltungsgericht erster Instanz brauchen Sie grundsätzlich nicht anwaltlich vertreten zu sein. Sie können Ihre Rechte also selbst wahrnehmen. Anders als im bürgerlichen Rechtsstreit ermittelt das Gericht den streitigen Sachverhalt von Amts wegen (§ 86 VwGO)**,** was die Sache für den Antragsteller häufig vereinfacht. In der Praxis ist aber häufig bereits im Verwaltungsverfahren anwaltlicher Rat sinnvoll, da die Abläufe komplex und die Sachfragen kompliziert sind.

Das kostet das Verfahren

Für eine Erörterung mit einer Behörde entstehen **grundsätzlich keine Kosten.** Auch wenn Sie eine Beratung beim Sachbearbeiter in Anspruch nehmen, wird man Ihnen hierfür keine »Honorarrechnung« zuschicken. Wird jedoch beispielsweise eine Genehmigung erteilt, ein Dokument beglaubigt, ein Ausweis erstellt oder eine Autozulassung ausgestellt, fallen hierfür **Gebühren und Auslagen** an.

Diese Kosten müssen Sie tragen, wenn Sie **Verursacher** der Behördenmaßnahme sind (z. B. werden Ihnen die Abschleppkosten für Ihren verbotswidrig geparkten Pkw in Rechnung gestellt).

Die **Höhe der Kosten** wird durch landesrechtliche Vorschriften geregelt (z. B. in den Verwaltungskostenverordnungen oder Landesgebührengesetzen). Haben Sie Zweifel an der Höhe, erkundigen Sie sich beim zuständigen Sachbearbeiter nach der entsprechenden Rechtsgrundlage.

4 Sie bekommen eine Behördenentscheidung

Was die Behörde dabei zu beachten hat

Eine Behörde darf den Bürgern nicht einfach »Vorschriften machen«. Sie muss sich vielmehr selbst »streng nach Vorschrift« verhalten. Das betrifft sowohl die Formalien als auch den Inhalt an sich. Fachlich nennt sich das »formelle und materielle Rechtmäßigkeit« – beides kann mit Rechtsmitteln überprüft und gegebenenfalls beanstandet werden.

Der **Verwaltungsakt** ist dabei die häufigste Handlungsform der Behörde. Er liegt immer dann vor, wenn eine Behörde ihre staatlichen Befugnisse einsetzt, um einen bestimmten Einzelfall **nach außen verbindlich zu regeln** (§ 35 VwVfG), wird beispielsweise eine Baugenehmigung erteilt oder Sie erhalten den endgültigen Steuerbescheid. **Anders** etwa bei **verwaltungsinternem Handeln** (z. B. eine Dienstanweisung an untergebene Mitarbeiter eines Amtes) oder einer **Behördenauskunft**. Hier fehlt es an der Außenwirkung bzw. am Regelungscharakter.

Ein Verwaltungsakt unterliegt strengen Formvorschriften

Die Formalien werden durch die **Verwaltungsverfahrensgesetze** (VwVfG) von Bund und Ländern geregelt. Ein **Formmangel** führt aber nicht automatisch zur Unwirksamkeit, sondern macht die Maßnahme nur **anfechtbar**. Das bedeutet für Sie als Bürger: Versäumen Sie die Rechtsmittelfrist, in der Sie den Mangel geltend machen können, wird auch ein formell eigentlich fehlerhafter Bescheid **bestandskräftig**, und Sie müssen ihn befolgen.

Im Einzelnen gilt hinsichtlich der formellen Voraussetzungen und der Folgen eines Formfehlers Folgendes:

- Ein Verwaltungsakt wird in der Mehrzahl der Fälle **schriftlich** oder **elektronisch** erlassen, das heißt, er wird per Post oder per E-Mail verschickt. Er kann aber auch zunächst **mündlich** ergehen (z. B. fordert Sie ein Polizeibeamter auf, stehen zu bleiben). Einen mündlichen Verwaltungsakt können Sie sich **nachträglich schriftlich bestätigen** lassen, wenn Sie ein rechtliches Interesse hieran haben (z. B. wollen Sie den Verwaltungsakt anfechten).

- Schriftliche und elektronische Verwaltungsakte müssen den **Absender** erkennen lassen. Fehlt diese Angabe, brauchen Sie ihn nicht zu befolgen (§§ 37, 44 VwVfG).

- Außerdem ist der Bescheid zu **unterzeichnen** (z. B. vom Behördenleiter oder seinem Vertreter). **Ausnahme:** automatisch erstellte Massenbescheide. Hier reicht der Hinweis: »Dieser Bescheid wurde mithilfe automatischer Einrichtungen erlassen und ist deshalb auch ohne Unterschrift gültig«. Auf jeden Fall aber wäre ein Formmangel durch eine fehlende Unterschrift nachträglich heilbar.

- Statt des Oberbegriffs »Verwaltungsakt« gibt es meist eine **Bezeichnung** in der Sache, zum Beispiel »Bußgeldbescheid« oder »Genehmigung«.

- Der Bescheid ist grundsätzlich zu **begründen**. Ob die Begründung inhaltlich richtig ist, spielt zunächst keine Rolle. Das wird erst geprüft, wenn Sie sich gegen den Verwaltungsakt wehren.

- Außerdem ist Ihnen die **Rechtsgrundlage** für das Verwaltungshandeln zu nennen. Wichtige kommunale Verordnungen oder Satzungen stellen die Gemeinden häufig auf ihren Internetseiten zur Verfügung oder sind bei der Behörde zu erfragen.

- Ferner ist eine **Rechtsbehelfsbelehrung** erforderlich. Also eine kurze Handlungsanleitung, wie Sie vorzugehen haben, wenn Sie mit dem Verwaltungsakt nicht einverstanden sind. Fehlt diese, verlängert sich die Anfechtungsfrist.

- Schließlich muss Ihnen der Verwaltungsakt **bekannt gegeben** werden, sonst wird er nicht wirksam (§ 41 VwVfG). Dies geschieht in der Regel durch Postzustellung, in vorgeschriebenen Fällen durch Einschreiben oder andere spezielle Zustellungsformen durch die Behörde.

Bei einfachen Schreiben wird von Gesetzes wegen unterstellt, dass Ihnen der Brief am dritten Tag nach der Aufgabe zur Post **zugestellt** wurde. Im Zweifel muss die **Behörde beweisen,** wann das Schreiben abgeschickt und wann es zugegangen ist. Aus diesem Grund werden Behördenentscheidungen häufig mit **Postzustellungsurkunde** versendet. Werden Sie als Adressat eines amtlichen Dokuments nicht angetroffen, gilt es trotzdem als zugestellt, wenn es beispielsweise beim Postamt hinterlegt wurde. Darüber werden Sie informiert.

! Holen Sie das Schreiben unverzüglich ab. Mit der Niederlegungsnachricht beginnt möglicherweise eine für Sie wichtige (Rechtsmittel-)Frist.

Darf die Behörde überhaupt entscheiden?

Die Behörde muss erst einmal gesetzlich beauftragt sein, sich mit dem Sachverhalt zu befassen. Sie muss also **örtlich wie sachlich aufgrund einer gesetzlichen Ermächtigungsgrundlage zuständig** sein.

Ist eine Behörde in jeder Hinsicht zuständig, müssen ihre Entscheidungen in der Sache rechtmäßig sein. Je nach gesetzlicher Bestimmung werden unterschiedliche **Entscheidungsmöglichkeiten** eröffnet. Nicht immer ist die Entscheidung der Behörde detailliert vorgeschrieben. Das Gesetz räumt Behörden oft auch ein Wahlrecht ein.

» Beispiel:

- Eine Vorschrift schreibt der Behörde eine **bestimmte Entscheidung** zwingend vor. Solche Vorschriften enthalten im Wortlaut des Gesetzes meistens ein »ist« oder »muss« (z. B.: »Die Baugenehmigung ist zu erteilen, wenn ...«).

- Daneben gibt es Vorschriften, die einer Behörde die **Wahl** lassen, ob sie einschreiten soll, und wenn ja, welche von mehreren möglichen Maßnahmen sie ergreifen möchte. Sogenannte **Ermessensvorschriften** verwenden im Wortlaut »kann«, »darf« oder »soll« (z. B. darf die Erlaubnis, ein Straßencafé zu betreiben, nur erteilt werden, wenn die Anwohner dadurch nicht unzumutbar belästigt werden).

- Mitunter wird durch die Umstände das **Ermessen** der Behörden **»auf null«** reduziert. Es kommt dann nur noch eine richtige Entscheidung infrage; aus einem »Kann« oder »Soll« wird ein »Muss« (z. B. sind verkehrsuntaugliche Pkw stillzulegen).

! Haben Sie Zweifel an der Rechtmäßigkeit der Ermächtigungsgrundlage, sollten Sie einen Rechtsanwalt konsultieren, der dies prüfen kann. Das gilt auch für die Frage, ob eine Behördenentscheidung durch genau diese Rechtsnorm gedeckt ist.

Die Behördenentscheidung muss **ohne Willkür**, Bevorzugung, lückenhafte oder **unsachliche Erwägungen** getroffen werden. Besondere Umstände des Einzelfalls müssen Beachtung finden. Unterlaufen der Behörde hierbei Fehler, ist ein entsprechender Verwaltungsakt möglicherweise rechtswidrig und kann von Ihnen als betroffenem Bürger erfolgreich angefochten werden.

5 Wie Verwaltungshandeln kontrolliert werden kann

5.1 Durch form- und fristlose Rechtsbehelfe

Formlose Rechtsbehelfe können Sie **jederzeit** und gegen jede Art von Verwaltungstätigkeit einlegen – und das **kostenlos**. Dafür sind sie kein besonders scharfes Schwert in der Auseinandersetzung mit Behörden, denn sie haben keinerlei direkte Rechtswirkung. Trotzdem können Sie verlangen, dass man Ihre Einwände zur Kenntnis nimmt und Ihnen über die Erledigung Bescheid gibt. Sie haben verschiedene Möglichkeiten:

- **Gegenvorstellung:** Wenn Sie mit dem Behördenhandeln (z. B. einer Auskunft) nicht zufrieden sind, können Sie mit einer Gegenvorstellung eine **erneute Sachprüfung** verlangen (z. B. legen Sie dazu Ihren Standpunkt schriftlich dar), auch wenn hierdurch keine unmittelbaren rechtlichen Auswirkungen entstehen.

- **Dienstaufsichtsbeschwerde:** Die Aufsichtsbeschwerde richtet sich nicht gegen den Inhalt einer bestimmten Entscheidung, sondern **allein gegen das Verhalten der Person**. Sachliche, konkrete und nachweisbare Begründungen sind notwendig, denn Ihre Beschwerde kann bei Vorliegen entsprechender Anhaltspunkte zu disziplinarrechtlichen Folgen für den Beamten führen.

- **(Fach-)Aufsichtsbeschwerde:** Behörden unterliegen einer Aufsicht durch die nächsthöhere Behörde. Dorthin können Sie sich **ohne besonderen Form- und Fristdruck** wenden, und die Aufsichtsbehörde prüft dann das Verhalten der unteren Behörde in der Sache (z. B. wird die Bearbeitung von Anträgen in einer Behörde verschleppt).

Beachten Sie: Ist bereits ein Verwaltungsakt in der Welt, wird dieser durch formlose Rechtsbehelfe nicht »blockiert«. Behalten Sie deshalb die Widerspruchsfrist im Auge.

5.2 Der Widerspruch als förmlicher Rechtsbehelf

=== Sie zweifeln die Rechtmäßigkeit einer Behördenentscheidung an

Wollen Sie einen Verwaltungsakt auf keinen Fall so akzeptieren, können Sie als Betroffener **widersprechen**. Aber auch als »nur« mittelbar Beteiligter – zum Beispiel als Nachbar bei einer Baugenehmigung – können Sie widerspruchsberechtigt sein.

Wie das mit dem Widerspruch funktioniert, sagt Ihnen in groben Zügen die im ursprünglichen Bescheid enthaltene **Rechtsbehelfsbelehrung.** Dort steht, binnen welcher Frist, in welcher Form und bei welcher Stelle Sie Ihre Beschwerde einreichen können. Fehlt in seltenen Fällen eine solche Belehrung, so ist der Bescheid deswegen nicht unwirksam. Die **Frist** für Ihre Abwehrmaßnahme **verlängert** sich aber auf ein Jahr.

Ist ein Widerspruchsverfahren stets notwendig?

Früher war die vorherige – erfolglose – Durchführung des Widerspruchsverfahrens (auch Vorverfahren genannt) eine **Grundvoraussetzung** dafür, vor dem Verwaltungsgericht Klage gegen den Verwaltungsakt erheben zu können. Den Ländern wurde aber die Möglichkeit eingeräumt, das Widerspruchsverfahren **abzuschaffen** oder nur noch in bestimmten Rechtsbereichen durchzuführen. Hiervon wurde vielfach und auf recht unterschiedliche Art Gebrauch gemacht – aber eben nicht in allen Bundesländern. **Erkundigen** Sie sich deshalb in jedem Fall nach der für Sie geltenden **landesrechtlichen Rechtslage.**

Beachten Sie die Widerspruchsfrist

In den Fällen eines **erforderlichen Vorverfahrens** beträgt die Frist zur Einlegung des Widerspruchs **einen Monat ab Bekanntgabe des Bescheids.** Auch dann, wenn ein **Wahlrecht** zwischen Widerspruch und sofortiger Klage besteht, ist diese Frist maßgeblich. Die Monatsfrist gilt dann für beide Alternativen (§ 74 Abs. 1 Satz 2 VwGO).

Bekannt gegeben ist der Verwaltungsakt dann, wenn sein vollständiger Regelungsgehalt dem Empfänger zur Verfügung gestellt wurde. In der Regel ist dies der Behördenbrief. Die tatsächliche Kenntnisnahme – das Öffnen und Lesen des Briefs – ist nicht erforderlich. Häufig gilt die **Fiktion,** dass die Bekanntgabe am dritten Tag nach der Aufgabe zur Post eintritt. Dauert es aber länger, gilt das Datum des Zugangs. Beweispflichtig ist die Behörde, weshalb die Zustellung gegebenenfalls per Einschreiben, Postzustellungsurkunde oder Empfangsbekenntnis bewirkt wird.

Umgekehrt gilt für das Rechtsmittel – Widerspruch oder Klage –, dass es innerhalb der Frist der Behörde oder dem Gericht **zugestellt** sein muss. Die Aufgabe zur Post am letzten Tag reicht daher nicht aus; der Einwurf im Behörden- oder Gerichtsbriefkasten hingegen schon.

A1 | Umgang mit Behörden – auf Papier und elektronisch

! Haben Sie die Widerspruchsfrist unverschuldet versäumt (z. B. liegen Sie im Krankenhaus), können Sie »Wiedereinsetzung in den vorigen Stand« beantragen (§ 60 VwGO). Dafür haben Sie aber nur zwei Wochen Zeit, nachdem der Grund für die Verhinderung weggefallen ist. Wenden Sie sich an die erlassende Behörde. Sie müssen Ihren Wiedereinsetzungsantrag begründen und den Grund für die schuldlose Fristversäumnis beweisen (z. B. durch ein ärztliches Attest).

So sollte der Widerspruch aussehen

Sie müssen **schriftlich** oder **zur Niederschrift** durch die Behörde widersprechen. Telefonische Nachrichten oder auch einfache E-Mails sind nicht ausreichend. Elektronische Dokumente können gesetzlich zugelassen werden, erfordern aber eine qualifizierte Signatur.

Ihr Widerspruch sollte den angefochtenen Ursprungsbescheid genau **bezeichnen** (z. B. Angabe von Datum, ausstellender Behörde und Aktenzeichen). Sie müssen das Schreiben nicht zwingend mit »Widerspruch« kennzeichnen, aber es muss klar sein, dass Sie sich gegen die getroffene Regelung wehren wollen.

Inhaltlich ist es nicht erforderlich, dass Sie Vorschriften zitieren oder hilfreiche Urteile benennen. Auch eine **Begründung** ist an sich nicht erforderlich. Ihre Aussichten verbessern sich aber erheblich, wenn Sie in nachvollziehbarer Weise vortragen, warum der Bescheid Ihre Rechte verletzt.

Unterschriften nicht vergessen und für einen **Zustellnachweis** sorgen. Wenn vorab per Fax geschickt wird, sollte das Original unverzüglich nachgereicht und der Sendebericht aufbewahrt werden.

Wie über den Widerspruch entschieden wird

Zunächst überprüft die erlassende Behörde noch einmal ihre eigene Entscheidung. Hier wird die Bedeutung Ihrer Widerspruchsbegründung deutlich. Denn möglicherweise enthält Ihre Begründung nun Argumente, die die Behörde bis dahin nicht kannte oder nun anders würdigt. Folgende **Entscheidungsmöglichkeiten** sind denkbar:

- Lässt sich die Behörde von Ihren Argumenten überzeugen, wird sie den Verwaltungsakt **aufheben** oder **abändern** oder den gewünschten Verwaltungsakt **erlassen**.
- Im Widerspruchsverfahren kann es auch sein, dass die Behörde anlässlich der nochmaligen Überprüfung eine »**zu milde**« Maßnahme feststellt. Ob

der **ursprüngliche Verwaltungsakt** »**verschärft**« werden darf (z. B. Ergänzung durch Auflagen), ist rechtlich umstritten. Nach ganz herrschender Meinung ist dies erlaubt, sofern kein ganz neuer Verwaltungsakt erlassen wird und Sie vorher **angehört** wurden.

- Bleibt die Behörde bei ihrer **ursprünglichen Entscheidung,** legt sie den Fall der zuständigen **Widerspruchsbehörde** vor. Hält diese »nächste Instanz« Ihr Vorbringen für berechtigt, wird sie entsprechend selbst in der Sache entscheiden. Ansonsten ergeht ein sogenannter »**Widerspruchsbescheid**«. Hierdurch wird Ihnen mitgeteilt, dass Ihr Rechtsbehelf ohne Erfolg war. Auch dieser Bescheid wird Ihnen förmlich zugestellt und enthält eine Rechtsmittelbelehrung. Sie müssen dann entscheiden, ob Sie den Entscheid annehmen oder Klage erheben.

Bis zur Widerspruchsentscheidung dürfen Sie Ihren Rechtsbehelf auch **zurücknehmen.** Dies ist aus Kostengründen ratsam, wenn Sie beispielsweise nachträglich erfahren, dass sich die Rechtslage geändert hat und Ihr Anspruch somit nicht mehr besteht.

Wer die Kosten des Widerspruchsverfahrens trägt

Hier gilt das einfache Prinzip, dass der **Verlierer alles bezahlt.** Gab es einen **Teilsieg,** können die Kosten auch **aufgeteilt** werden. Der Widerspruchsbescheid enthält aber in jedem Fall eine Kostenentscheidung, die Sie zusammen mit der Hauptsacheentscheidung oder auch getrennt anfechten können.

Waren **Sie anwaltlich vertreten** und haben Sie obsiegt, werden Ihnen diese Kosten aber nur dann durch die Behörde zu erstatten sein, wenn die Vertretung auch »notwendig« war (§ 80 VwVfG). Die Rechtsprechung dazu ist streng. Erstattung gibt es nur, wenn Sie nach eigenen Fähigkeiten sowie Rechts- und Sachlage des Falles ohne Vertretung unfair benachteiligt gewesen wären. Will die Behörde eine Erstattung aus diesem Grund verweigern, muss sie dies aber anhand der Sache begründen können.

A1 | Umgang mit Behörden – auf Papier und elektronisch

A2 Ihre Rechte als Mieter von A bis Z

1 Im Rahmen des »vertragsgemäßen Gebrauchs« ist alles erlaubt

In seiner **Mietwohnung** soll sich der Mieter frei entfalten können. Deshalb verpflichtet § 535 Abs. 1 Satz 1 BGB den Vermieter, seinem Mieter während der Mietzeit »den Gebrauch der Mietsache zu gewähren«.

Daraus folgt, dass der Vermieter dem Mieter grundsätzlich nicht hineinreden darf, auf welche Art und Weise dieser die Wohnung nutzt. Denn der Wohnung kommt als Mittelpunkt der persönlichen Existenz eines Menschen eine ganz besondere Bedeutung zu (BGH, Urteil vom 16. 5. 2007, VIII ZR 207/04, WM 2007 S. 381).

Allerdings hat das Gebrauchsrecht des Mieters dort seine **Grenzen,** wo er durch sein Verhalten die Interessen des Vermieters oder anderer Mitbewohner erheblich beeinträchtigt.

Erfahrungsgemäß ist die Beurteilung dessen, was noch erlaubt ist und was nicht, häufig unterschiedlich und der Grund dafür, dass die Gerichte den Parteien in Streitfällen immer wieder die Grenzen aufzeigen müssen.

Als Mieter oder Vermieter sollten Sie Bescheid wissen, was der Mieter in seiner Wohnung darf und was er nicht darf. Denn überschreitet er die Grenzen des sogenannten »vertragsgemäßen Gebrauchs« (§ 535 BGB), muss er mit **Konsequenzen** rechnen:

- Der Vermieter darf nach entsprechender Abmahnung auf Unterlassung klagen (§ 541 BGB) oder ihm fristgerecht kündigen.

- In besonders schwerwiegenden Fällen kommt sogar eine fristlose Kündigung nach § 543 BGB in Betracht.

Nachfolgend finden Sie die in der Praxis am häufigsten auftretenden Streitpunkte alphabetisch aufgeführt. Die zitierten Urteile dienen Ihnen als Argumentationshilfe. Wollen Sie zu einzelnen Themen noch mehr wissen, finden Sie hierzu jeweils Verweise auf unseren Leserservice.

2 Mieterrechte von »Abstellplatz« bis »Zimmerlautstärke«

Abstellplatz

Gehört laut Mietvertrag zur Wohnung auch ein Abstellplatz, kann der Mieter vom Vermieter verlangen, dass dieser für ihn freigehalten und nicht von Dritten benutzt wird.

Hat der Vermieter das Abstellen von **Fahrrädern** auf dem Hof erlaubt, kann er die Erlaubnis jederzeit widerrufen, wenn hierfür sachliche Gründe vorliegen (LG Berlin, Urteil vom 26. 5. 2011, 67 S 70/11, GE 2011 S. 1087).

> **Beispiel:** Da die minderjährigen Kinder des Mieters ihre Fahrräder nicht selbst in den Fahrradkeller bringen konnten, hatte der Vermieter ihnen ausnahmsweise erlaubt, die Räder im Hof abzustellen. Wenn die Kinder älter sind, kann von ihnen verlangt werden, ihre Räder im Fahrradkeller abzustellen. Der Widerruf der Erlaubnis für die Hofnutzung ist dann sachlich gerechtfertigt.

Selbst wenn nach der Hausordnung die Verpflichtung besteht, Fahrräder im eigens hierfür eingerichteten Fahrradkeller abzustellen, kann der Mieter berechtigt sein, ein **besonders wertvolles Fahrrad** in dem zur Wohnung gehörigen Kellerraum abzustellen (AG Münster, Urteil vom 2. 6. 1993, 7 C 127/93, WM 1994 S. 198).

Aufnahme von anderen Personen

Fälle, in denen keine Erlaubnis des Vermieters erforderlich ist

Eine kurzfristige **besuchsweise** Aufnahme von anderen Personen für die Zeit von **ca. sechs Wochen** ist im Normalfall unproblematisch.

Ebenso ist der Mieter ohne Erlaubnis seines Vermieters berechtigt, seine **nächsten Familienangehörigen** aufzunehmen. Dazu zählen:

- der Ehegatte;
- der gleichgeschlechtliche Lebenspartner, soweit die Partnerschaft von der zuständigen Behörde eingetragen ist (§ 1 LPartG);
- die Kinder, unabhängig von deren Alter;
- die Stiefkinder bzw. die Kinder des Ehepartners (BayObLG, Rechtsentscheid vom 6. 10. 1997, RE-Miet 2/96, WM 1997 S. 603);

- die Eltern (BayObLG a. a. O.);
- Hausangestellte und Pflegepersonen (BGH, Urteil vom 15. 5. 1991, VIII ZR 38/90, WM 1991 S. 381).

> **!** Als **Mieter** sollten Sie Ihren Vermieter zumindest darüber **informieren,** dass Sie eine weitere Person in die Wohnung aufnehmen. Selbst wenn Sie seine Erlaubnis hierzu nicht benötigen, hat er ein berechtigtes Interesse zu erfahren, wie viele Personen sich im Haus aufhalten. Dies insbesondere im Hinblick auf die Betriebskostenabrechnung, wenn diese verbrauchsabhängig erstellt wird.

Wann die Erlaubnis des Vermieters erforderlich ist

Für die Aufnahme **anderer** als der oben genannten Personen muss der Mieter **vorab** die Erlaubnis des Vermieters einholen. Dies gilt insbesondere auch für folgende Personen, selbst wenn sie der Mieter als »nahe Familienangehörige« ansieht:

- der nicht eheliche Lebensgefährte. Anders als der gleichgeschlechtliche eingetragene Lebenspartner (s. o.) wird er als »Dritter« im Sinne von § 540 Abs. 1 Satz 1 BGB angesehen. Deshalb muss der Mieter seinen Vermieter um Erlaubnis fragen, auch wenn er auf deren Erteilung im Regelfall einen Anspruch hat (BGH, Urteil vom 5. 11. 2003, VIII ZR 371/02, WM 2003 S. 688);
- Geschwister (BayObLG, Rechtsentscheid vom 29. 11. 1983, RE-Miet 9/82, WM 1984 S. 13);
- der Schwager / die Schwägerin;
- der Schwiegersohn / die Schwiegertochter.

Für diese Personen kann der Mieter vom Vermieter die Aufnahme in die Wohnung nur dann verlangen, wenn er hierfür ein »**berechtigtes Interesse**« nachweisen kann.

Überbelegung und vollständige Gebrauchsüberlassung nicht erlaubt

Durch die Aufnahme dieser Personen darf die Wohnung nicht überbelegt werden (BGH, Rechtsentscheid vom 14. 7. 1993, VIII ARZ 1/93, WM 1993 S. 529). Wann eine Wohnung **überbelegt** ist, lässt sich nur aufgrund aller maßgeblichen Umstände des Einzelfalles beurteilen. Maßgeblich dürften insbesondere die Größe und Gestaltung der Wohnung sein.

> **Beispiel:**
>
> - Als Richtwert kann hierbei dienen, dass eine Belegung von **durchschnittlich 10 m² pro Person** bei der Unterbringung von Familien als zulässig angesehen wird (OLG Frankfurt/Main, Beschluss vom 11. 5. 1994, 20 W 216/94, WM 1994 S. 713).
> - Eine 3-Zimmer-Wohnung mit **64,30 m²**, die von einer **8-köpfigen Familie** bewohnt wird, ist überbelegt (AG Stuttgart-Bad Cannstatt, Urteil vom 24. 5. 2011, 37 C 5827/10, WM 2012 S. 150).

Ohne Zustimmung des Vermieters ist der Mieter **nicht** befugt, seinen Angehörigen die Wohnung **zum alleinigen Gebrauch** zu überlassen (§ 540 Abs. 1 Satz 1 BGB).

> **Beispiel:** Der Mieter hatte mit Erlaubnis des Vermieters seine volljährige Schwester in die Wohnung aufgenommen. Als er berufsbedingt in eine andere Stadt ziehen muss, hat er den Vermieter zu fragen, ob dieser damit einverstanden ist, dass seine Schwester dort weiter wohnt. Lehnt der Vermieter ab, bleibt dem Mieter nichts anderes übrig, als zu kündigen.

Keine unzulässige vollständige Gebrauchsüberlassung liegt dagegen vor, wenn der Mieter seine Wohnung nicht völlig aufgibt, sich aber nur noch selten dort aufhält. Denn in diesem Fall gibt er den Gewahrsam an der Wohnung und die daraus resultierenden Obhutspflichten noch nicht auf (LG Hamburg, Urteil vom 5. 10. 1999, 316 S 133/98, NZM 2000 S. 379).

> **Beispiel:** Die Mieterin hatte seinerzeit ihre Tochter mit deren Sohn in die Wohnung aufgenommen. Inzwischen verbringt sie den weitaus größten Teil des Jahres in Mallorca, weil ihr dort das Klima besser zusagt.

Badbenutzung

Auch während der Ruhezeiten, insbesondere zwischen 22:00 Uhr und 7:00 Uhr, darf gebadet oder geduscht werden. Dies gilt selbst dann, wenn dadurch andere Hausbewohner gestört werden können. Denn die damit verbundenen Wohngeräusche gelten als allgemein üblich (LG Köln, Urteil vom 17. 4. 1997, 1 S 304/96, WM 1997 S. 323).

> **Beispiel:** Dem Mieter, der von seiner Spätschicht heimkommt, kann das nächtliche Duschen nicht verwehrt werden.

Allerdings darf die nächtliche Badbenutzung nicht über **30 Minuten** ausgedehnt werden (OLG Düsseldorf, Urteil vom 27. 1. 1991, 5 Ss(OWi) 411/90 - (OWi) 181/90 1, WM 1991 S. 288).

Balkonbenutzung

Der Mieter darf **Blumentöpfe und -kästen** am Balkon anbringen, aber **nicht** an der **Außenfront der Balkonbrüstung** (LG Berlin, Urteil vom 20. 5. 2011, 67 S 370/09, GE 2011 S. 1230).

Wenn ein anderer Mieter hierdurch (z. B. durch herunterfallende Blüten, sonstige Pflanzenbestandteile oder Vogelkot) beeinträchtigt wird, kann das **Zurückschneiden** der Bepflanzung verlangt werden, damit diese nicht mehr über die Brüstung ragt (LG Berlin, Urteil vom 28. 10. 2002, 67 S 127/02, GE 2003 S. 188).

Kleinwäsche darf der Mieter auf seinem Balkon trocknen, wenn der Wäscheständer durch die Balkonbrüstung verdeckt wird (AG Euskirchen, Urteil vom 11. 1. 1995, 13 C 663/94, WM 1995 S. 310).

Als Bewohner eines Mehrfamilienhauses darf der Mieter auf seinem Balkon gelegentlich **rauchen**.

Der Mieter darf auf seinem Balkon einen **Grill** betreiben, soweit dies nicht im Mietvertrag verboten ist und Nachbarn hierdurch nicht unzumutbar belästigt werden.

Unter bestimmten Voraussetzungen darf der Mieter am Balkon eine **Parabolantenne** anbringen.

Der Mieter darf am Balkongeländer einen **Sichtschutz** bis in Höhe des Handlaufs anbringen, wenn die Außenfassade des Gebäudes durch dessen Beschaffenheit optisch nicht verunstaltet wird (AG Köln, Urteil vom 15. 9. 1998, 212 C 124/98, WM 1999 S. 331).

Die **allseitige Umhüllung** des Balkons mit einem an montierten Schienen aufgehängten Vorhang ist dagegen nicht erlaubt (AG Münster, Urteil vom 18. 7. 2001, 48 C 23457/01, WM 2001 S. 445). Ebenso ist der Mieter nicht befugt, auf dem Balkon eine **Sichtschutzkonstruktion** fest mit den Gebäudeteilen zu verbinden (AG Köln, Urteil vom 15. 7. 2011, 220 C 27/11, ZMR 2011 S. 886).

Der Mieter ist **nicht berechtigt,** auf dem Balkon eine **Holzkonstruktion** anzubringen, um durch das daran befestigte **Katzennetz** seiner Katze den Aufenthalt auf dem Balkon zu ermöglichen (AG Berlin-Neukölln, Urteil vom 12. 4. 2012, 10 C 456/11, GE 2012 S. 691). **Anders** ist es, wenn es sich um eine frei stehende Holzkonstruktion handelt, die jederzeit entfernt werden kann, der Balkon nicht besonders gut eingesehen werden kann und die Gestaltung der übrigen Balkone uneinheitlich ist (AG Schorndorf, Urteil vom 5. 7. 2012, 6 C 1166/11, WM 2012 S. 494).

Der Mieter ist **nicht** befugt, ein **Loch in die Balkontür** zu schneiden, um seiner Katze einen freien Ausgang zu verschaffen (AG Erfurt, Urteil vom 9. 7. 1999, 223 C 1095/98, WM 2000 S. 629).

BARRIEREFREIHEIT

Unter der Überschrift »**Barrierefreiheit**« gibt § 554 a BGB **behinderten Mietern** das Recht, vom Vermieter die Zustimmung zu baulichen Veränderungen oder sonstigen Einrichtungen zu verlangen, die für eine behindertengerechte Nutzung der Wohnung oder den Zugang zu ihr erforderlich sind.

》 **Beispiel:**
- Anbringung einer Auffahrtrampe vor der Haustür.
- Beseitigung von Türschwellen und Verbreiterung der Türen auf Rollstuhlbreite.
- Montage von Stützstangen im Bad.
- Einbau eines Treppenliftes im Treppenhaus.

Voraussetzung ist, dass der Mieter ein »**berechtigtes Interesse**« an einer solchen Einrichtung hat. Er muss – bezogen auf seine spezielle Behinderung – vernünftige und nachvollziehbare Gründe für die bezweckte Maßnahme vorbringen können.

Der Vermieter ist berechtigt, seine Zustimmung davon abhängig zu machen, dass der Mieter zuvor zusätzlich zu einer bereits geleisteten Kaution eine **angemessene Sicherheit** für die Herstellung des ursprünglichen Zustandes leistet (§ 554 a Abs. 2 Satz 1 BGB).

Auch kann der Vermieter verlangen, dass der Mieter die Risiken, die von seiner angestrebten baulichen Veränderung ausgehen, durch den Abschluss entsprechender **Versicherungen** abdeckt (LG Duisburg, Urteil vom 10. 12. 1996, 23 S 452/96, ZMR 2000 S. 463).

Überwiegt das Interesse des Vermieters an der unveränderten Erhaltung der Wohnung bzw. des Gebäudes dasjenige des Mieters, darf der Vermieter seine Zustimmung verweigern. Dabei sind auch die berechtigten Interessen anderer Mieter in dem Gebäude zu berücksichtigen (§ 554 a Abs. 1 Satz 2 u. 3 BGB).

» **Beispiel:** Der behinderte Mieter möchte einen Treppenlift im Hausflur installieren lassen. Da der Hausflur bereits ohne diesen relativ schmal ist, würde der Zugang zu den übrigen Mietwohnungen erheblich beeinträchtigt. Hier dürfte der Vermieter die Zustimmung verweigern.

BAULICHE VERÄNDERUNGEN

Jeder Mieter hat das Recht, seine Wohnung nach seinem Geschmack und seinen Bedürfnissen einzurichten. Soweit er hierfür bauliche Veränderungen vornehmen muss (z. B. wenn er eine Einbauküche oder einen Türspion einbauen will), geht es um die Frage, ob er hierfür die Erlaubnis des Vermieters braucht.

Hierzu gibt es eine Vielzahl von Gerichtsentscheidungen. Diese orientieren sich meist an den allgemeinen Voraussetzungen, die das Landgericht Hamburg in einer älteren Entscheidung aufgestellt hatte (LG Hamburg, Urteil vom 23. 11. 1973, 11 S 93/73, WM 1974 S. 145).

Danach braucht ein Mieter keine Erlaubnis seines Vermieters, wenn die baulichen Veränderungen folgende **Voraussetzungen** erfüllen:

- Ein Eingriff in die bauliche Substanz ist nicht erforderlich.
- Die Veränderungen haben keinen endgültigen Charakter.
- Die baulichen Maßnahmen beeinträchtigen nicht die Einheitlichkeit der Wohnanlage.
- Die Mitbewohner werden dadurch nicht gestört.
- Nachteilige Folgewirkungen sind dadurch nicht zu befürchten.

Der Vermieter kann im Einzelfall auch **weitere Auflagen** machen, zum Beispiel:

- Dass die Arbeiten nachweislich durch einen **Fachhandwerker** / eine Fachfirma erledigt werden (z. B. bei Installationen im Elektro- und Sanitärbereich).
- Dass der Mieter den Vermieter von **Ansprüchen Dritter** freihält (z. B. indem der Mieter die Verkehrssicherungspflicht übernimmt und gegebenenfalls die Risiken durch den Abschluss entsprechender Versicherungen abdeckt).
- Dass der Mieter für die Rückbaukosten (z. B. bei Verlegung eines Laminatbodens) oder zusätzliche Haftungsrisiken (z. B. Umbaumaßnahmen im Bad) eine **zusätzliche Mietsicherheit** leistet (AG Hamburg, Urteil vom 23. 6. 1998, 39 A C 114/98, WM 1998 S. 723).

Auch wenn der Vermieter die baulichen Veränderungen genehmigt hatte, muss der Mieter bei Mietende den ursprünglichen Zustand herstellen. Dies kann mit erheblichen Kosten verbunden sein.

! Treffen Sie eine **schriftliche Vereinbarung,** bevor solche Maßnahmen durchgeführt werden. Darin kann zum Beispiel ein befristeter Kündigungsverzicht des Vermieters als Ausgleich für die Mieterinvestitionen vereinbart werden. Wichtig ist auch, verbindlich zu regeln, ob bei Mietende ein Rückbau verlangt wird oder der momentane Zustand gegen eine Entschädigung vom Vermieter übernommen wird.

Besuch

Wie lange darf der Besuch dauern?

Liegen für den Besuch **keine besonderen Gründe** vor, kann man als groben Anhaltswert einen Besuchszeitraum von **sechs Wochen** annehmen. In jedem Fall überschreitet eine Besuchsdauer von drei Monaten das zulässige Maß (AG Frankfurt/Main, Urteil vom 12. 1. 1995, Hö 3 C 5170/94, WM 1995 S. 396).

Eine verbindliche und **allgemein anerkannte zeitliche Obergrenze** für Besuche gibt es nicht. Darüber hinaus kommt es immer auf den Einzelfall und dabei vor allem auf den **Anlass** und die **Person** des Besuchers an.

» **Beispiel:**

- Eine Mieterin nimmt aus besonderem Anlass die Freundin ihrer Tochter als **Pflegekind für mehrere Monate** in die Familie auf. Dies ist erlaubt (LG Köln, Urteil vom 20. 12. 1971, 1 S 51/71, MDR 1972 S. 612).

- Der Mieter wird von einem **Freund** besucht. Hier dürfte die zulässige Besuchszeit nach ca. vier bis sechs Wochen überschritten sein.

- Es ist nichts dagegen einzuwenden, wenn die Mieter anlässlich eines **Schüleraustausches** ein Kind mehrere Monate bis zu einem Jahr besuchsweise aufnehmen. Dasselbe gilt auch für die Aufnahme eines **Au-pairs.**

! Hält sich Ihr Besuch länger als sechs Wochen ständig bei Ihnen auf, sollten Sie diesen Umstand Ihrem Vermieter mitteilen. Denn er muss dann abwägen, ob dies Einfluss auf die Umlage bestimmter verbrauchsbedingter Betriebskosten (z. B. Wasser und Strom) hat.

Darf das Besuchsrecht des Mieters eingeschränkt werden?

Nein – jedenfalls soweit es durch den Besuch nicht zu Störungen anderer Hausbewohner oder Beeinträchtigungen der Mietsache kommt (LG Gießen, Urteil vom 1. 3. 2000, 1 S 443/99, NJW-RR 2001 S. 8).

Deshalb hat jeder Mieter das Recht, zu jeder Tages- und Nachtzeit Besuch zu empfangen. Dabei spielt es auch keine Rolle, ob die Besucher des Mieters gleichen oder anderen Geschlechts sind oder die Besuche sexuellen Bezug haben.

Stört ein Besucher des Mieters allerdings gravierend den Hausfrieden, darf der Vermieter ihm **Hausverbot** erteilen (AG Wetzlar, Urteil vom 21. 2. 2008, 38 C 1281/07 (38), ZMR 2008 S. 634).

» **Beispiel:** Ein Freund des Mieters ist des Öfteren bei seinen Besuchen im Haus alkoholisiert, randaliert im Treppenhaus und pöbelt andere Mieter an. Trotz Abmahnung wiederholt er dieses Verhalten. Deshalb erteilt der Vermieter ein Hausverbot gegen ihn.

BRIEFKASTEN

Der Mieter hat Anspruch auf eine geordnete Postzustellung und kann deshalb einen **intakten Briefkasten** verlangen (AG Osnabrück, Urteil vom 4. 11. 1999, 47 C 216/99, WM 2000 S. 329).

Auch muss der Vermieter dafür sorgen, dass die Briefkästen vom **Postzusteller erreicht werden können.**

» **Beispiel:** Befinden sich die Briefkästen im Hausflur des Mietobjekts, ist die Überlassung eines Haustürschlüssels an den Postboten ein geeignetes Mittel. Die Mieter können hier nicht verlangen, dass der Vermieter die Briefkästen im Außenbereich anbringen lässt (LG Frankfurt (Oder), Urteil vom 28. 5. 2010, 6a S 126/09, ZMR 2011 S. 551).

Der Briefkasten muss den **heutigen Anforderungen** an die Zustellmöglichkeiten für die Post entsprechen.

» **Beispiel:** Laut DIN-Vorschrift 32617 muss der **Einwurfschlitz** eines Briefkastens mindestens 325 mm breit sein, sodass auch DIN-A4-Briefumschläge sowie Zeitschriften **ungeknickt** eingeworfen werden können.

Entspricht der Briefkasten nicht diesen Anforderungen, kann der Mieter vom Vermieter verlangen, einen DIN-gerechten Briefkasten anzubringen (AG Charlottenburg, Beschluss vom 16. 5. 2001, 27 C 262/00, NZM 2002 S. 263).

Der Mieter ist berechtigt, am Briefkasten einen **Aufkleber** mit der Aufschrift »**Keine Werbung einwerfen!**« anzubringen (AG München, Urteil vom 11. 1. 1989, 223 C 40534/88, WM 1989 S. 231).

Muss der Briefkasten repariert werden, darf der Vermieter die Kosten nicht über die **Kleinreparatur-Klausel** des Mietvertrages auf den Mieter abwälzen, da sich der Briefkasten nicht **in** der Wohnung befindet (AG Osnabrück, Urteil vom 4. 11. 1999, 47 C 216/99, WM 2000 S. 329).

CB-Funk-Antenne

Für eine CB-Funk-Antenne auf dem Hausdach braucht der Mieter immer die Erlaubnis des Vermieters. Einen Anspruch darauf hat er normalerweise nicht. Denn anders als beim → Fernseh- und Rundfunkempfang dient eine CB-Funk-Antenne nicht der Befriedigung des grundgesetzlich geschützten Informationsinteresses des Mieters.

Lediglich in dem Fall, dass der Mieter auf die Nutzung **angewiesen** ist (z. B. weil er wegen seiner Schwerbehinderung vor allem per Funk seine sozialen Kontakte pflegt), muss der Vermieter konkret darlegen können, welche Ablehnungsgründe er hat (AG Köpenick, Urteil vom 18. 5. 2004, 5 C 74/04, GE 2004 S. 1595; AG Köln, Urteil vom 1. 6. 1999, 212 C 71/99, NZM 2000 S. 88).

Im Normalfall wird der Vermieter jedoch **triftige Gründe** vorweisen können. Als solche gelten nach einem Rechtsentscheid (BayObLG, Rechtsentscheid vom 19. 1. 1981, 103/80, WM 1981 S. 80):

- Der Funkbetrieb kann Störungen des Rundfunk- und Fernsehempfangs anderer Mieter verursachen.

- Die Anbringung der Antenne erfordert einen Eingriff in die Dachkonstruktion. Die Antenne beeinträchtigt das Erscheinungsbild des Daches.

- Der Vermieter muss darauf achten, verschiedene Mieter nicht unterschiedlich zu behandeln.

Dübel

Als Mieter darf man für haushaltsübliche Geräte und Vorrichtungen Dübel in angemessenem Umfang anbringen (BGH, Urteil vom 20. 1. 1993, VIII ZR 10/92, WM 1993 S. 109).

Streit gibt es allerdings immer wieder, wenn hierbei Fliesen durchbohrt werden müssen, wie es insbesondere in Bädern und Küchen der Fall ist.

Deshalb haben die Gerichte bisher für solche Räume die Verwendung von Dübeln auf solche Fälle **beschränkt**, in denen die **üblichen Installationen** angebracht werden sollen (z. B. Papierhalter, Seifenschale, Handtuchhalter, Spiegel oder Spiegelschrank).

Mieter müssen dabei darauf achten, die **Löcher** so weit wie möglich **in die Fugen** zu setzen. Denn dort kann man sie später so kaschieren, dass nicht nach wenigen Mieterwechseln eine vollständige neue Verfliesung erforderlich wird (LG Berlin, Urteil vom 10. 2. 2002, 61 S 124/01, GE 2002 S. 261).

Wann das **zulässige Maß** an Dübellöchern überschritten wird, lässt sich nicht schematisch nach Anzahl der Dübellöcher beantworten. Es kommt darauf an, wie das Bad ursprünglich ausgestattet war und welche Einrichtungen der Mieter noch anbringen musste (LG Hamburg, Urteil vom 17. 5. 2001, 307 S 50/01, WM 2001 S. 359).

! Um Streit über die »Dübelfrage« zu vermeiden, sollten sich Vermieter und Mieter vor Abschluss des Mietvertrages darüber unterhalten und eine schriftliche Vereinbarung anstreben, wo und in welchem Umfang Dübellöcher gebohrt werden dürfen. Sinnvollerweise sollten Vermieter **Ersatzfliesen** aufbewahren, um möglichen Schaden im Bad gering zu halten.

FAMILIENFEIERN UND PARTYS

Möchte der Mieter mit seinen Gästen fröhlich feiern, muss er als oberste Grundregel beachten: Um **22:00 Uhr ist Schluss**, wenn dadurch Nachbarn gestört werden.

Es gibt **kein Gewohnheitsrecht**, das eine längere Party oder regelmäßig stattfindende lautstarke Feste gestattet. So ist die Meinung »Einmal im Monat darf lautstark gefeiert werden« **falsch!** (OLG Düsseldorf, Beschluss vom 15. 1. 1990, 5 Ss (OWi) 475/98 – (OWi) 197/89 I, NJW 1990 S. 1676)).

Zwar müssen Nachbarn ein gelegentliches Feiern etwa anlässlich des Geburtstages dulden. Doch muss der Mieter die Nachtruhe beachten.

» **Beispiel:** Feiern **auf dem Balkon** sind ab 22:00 Uhr ins Haus zu verlagern. Dieselben zeitlichen Grenzen gelten auch für ein **Gartenfest**.

Verstößt der Mieter gegen die Ruhezeiten, können die Nachbarn zunächst die Party durch die **Polizei** beenden lassen.

Wiederholungstätern droht unter Umständen ein **Ordnungsgeld** bis zu € 5 000,–. Zudem kann der Mieter auf Unterlassung verklagt werden, um ihm so künftige Feiern zu verbieten.

Etwas großzügiger ist die Rechtsprechung für Regionen, in denen **Fastnacht** oder **Karneval** gefeiert wird und dies als »landestypisch« gilt.

> **Beispiel:** An den Faschingstagen muss man Partylärm von den Nachbarn (BGH, Urteil vom 15. 10. 1981, III ZR 74/80, NJW 1982 S. 184), Störungen aus der Nachbarkneipe (AG Köln, Urteil vom 4. 2. 1997, 532 OWi 183/96, NJW 1998 S. 552) oder die Lärmbeeinträchtigungen eines 3- bis 4-stündigen Fastnachtsumzugs (VG Frankfurt / Main, Beschluss vom 12. 2. 1999, 15 G 401/99 (V), NJW 1999 S. 1986) großzügiger hinnehmen.

Fernsehen und Rundfunk

Jeder Mieter hat das Recht auf einen einwandfreien Rundfunk- und Fernsehempfang. Hierbei kann er sich auf sein Grundrecht auf Informationsfreiheit berufen (Art. 5 Abs. 1 Satz 1 GG).

Auf welche Empfangsmöglichkeiten er konkret zurückgreifen darf (z. B. Antenne, Kabelanschluss oder Parabolantenne), hängt davon ab, welche Einrichtungen im Mietobjekt schon vorhanden sind.

Ansonsten gilt: Rundfunk- und Fernsehgeräte darf der Mieter nur so nutzen, dass hierdurch die Nachbarn nicht über Gebühr gestört werden.

Gartennutzung und -gestaltung

Wer ist nutzungsberechtigt?

Der Mieter darf einen zum Haus gehörenden Garten nur dann nutzen, wenn er ihn laut Mietvertrag gemietet hat.

Dazu reicht schon die Formulierung im Mietvertrag »Der Garten wird zur Nutzung überlassen« (LG Hamburg, Urteil vom 21. 12. 1999, 316 S 77/99, WM 2000 S. 180).

Dies gilt auch, wenn der Garten von den Hausbewohnern als Gemeinschaftseinrichtung im Rahmen der Hausordnung benutzt werden kann. Mieter, die sich hierbei nicht an die Spielregeln halten, müssen damit rechnen, nach entsprechender Abmahnung eine fristlose Kündigung zu erhalten (AG Koblenz, Urteil vom 21. 10. 2010, 210 C 398/09, ZMR 2012 S. 708).

》 **Beispiel:** Der Mieter benutzt den Hausgarten wiederholt als Toilette. Als er daraufhin die Abmahnung erhält und sein Verhalten nicht ändert, wird ihm fristlos gekündigt.

Hat der Mieter ein **Einfamilienhaus** gemietet, darf er den zugehörigen Garten nutzen, selbst wenn dies nicht im Mietvertrag steht (OLG Köln, Urteil vom 5. 11. 1993, 19 U 132/93, WM 1994 S. 272).

Wie darf der Garten genutzt und gestaltet werden?

Seinen gemieteten Garten darf der Mieter im Rahmen des Üblichen nutzen. Zum Beispiel darf er Blumen säen oder pflanzen und auch einen englischen Rasen in eine Wiese mit Wildkräutern umwandeln. Denn der Vermieter hat hinsichtlich der Gartengestaltung **kein Direktionsrecht** (LG Köln, Urteil vom 21. 10. 2010, 1 S 119/09, ZMR 2011 S. 955).

! Haben Sie als **Mieter** den Garten allerdings mit besonderen Bepflanzungen (z. B. mit Bäumen und Sträuchern) übernommen, sollten Sie frühzeitig mit Ihrem Vermieter klären, ob Sie diese entfernen dürfen.

Befinden sich in dem Garten Beerensträucher und Obstbäume, die dem **Vermieter** gehören, darf dieser auch die **Früchte ernten.** Will der Mieter in den Genuss von Beeren und Obst kommen, sollte er auf eine entsprechende Vereinbarung im Mietvertrag Wert legen.

Der Mieter eines **Einfamilienhauses** kann mangels abweichender Vereinbarung berechtigt sein, das Obst zu ernten, wenn er den Garten nutzen darf und er sich um die Gartenpflege kümmern muss (AG Leverkusen, Urteil vom 14. 12. 1993, 28 C 277/93, WM 1994 S. 199).

Wie die Gerichte zu weiteren Einzelfragen entschieden haben, entnehmen Sie bitte der nachfolgenden **Rechtsprechungsübersicht:**

Stichwort	Urteil
Brunnen	Der Wohnungsmieter ist grundsätzlich berechtigt, den im mitgemieteten Garten gelegenen Brunnen zu benutzen (AG Görlitz, Urteil vom 26. 4. 2004, 2 C 0727/03, WM 2004 S. 600).
Cannabis	Wer im Garten oder auf dem Balkon Cannabis anbaut, riskiert eine Kündigung (LG Ravensburg, Urteil vom 6. 9. 2001, 4 S 127/01, WM 2001 S. 608; LG Lüneburg, Urteil vom 15. 12. 1994, 6 S 104/94, WM 1995 S. 708).
Einfriedungen	Der mit der Wohnung gemietete Hausgarten kann vom Mieter mit einem Maschendrahtzaun versehen werden, sofern die Gesamterscheinung des Gartens nicht beeinträchtigt wird (AG Münster, Urteil vom 15. 7. 1997, 5 C 3/97).
Gartenhaus	Wird ein Garten laut Mietvertrag lediglich zur reinen gärtnerischen Nutzung vermietet, darf der Mieter dort ohne Erlaubnis des Vermieters kein Gartenhaus errichten (AG Brühl, Urteil vom 7. 3. 1989, 2a C 710/88, WM 1989 S. 498).
Gartenteich	Die Anlage eines Teiches auf dem privaten Grundstück des Reihenhauses ist erlaubt, soweit der Mietvertrag keinen Vorbehalt enthält und bei Vertragsende wieder der ursprüngliche Zustand hergestellt werden kann (LG Lübeck, Urteil vom 24. 11. 1992, 14 S 61/92, WM 1993 S. 669).
Hollywoodschaukel	Zur Gartennutzung gehört auch das Aufstellen einer Hollywoodschaukel (KrsG Greifswald, Urteil vom 11. 7. 1991, C 104/91, WM 1992 S. 356).
Holzstoß	Auch in einem als »Ziergarten« gemieteten Garten entspricht es der Verkehrssitte, dass geringe Teile für wirtschaftliche Zwecke genutzt werden. Der Mieter darf dort deshalb einen Holzstoß lagern (LG Nürnberg-Fürth, Urteil vom 11. 2. 1983, 25 C 8417/82, WM 1984 S. 809).
Knöterich	Knöterich ist eine Pflanze, die zwar stark rankt, jedoch nicht in den Putz des Hauses eindringen kann. Substanzbeschädigungen des Hauses sind deshalb nicht zu befürchten (AG Köln, Urteil vom 25. 6. 1993, 221 C 362(92)). Kann der Knöterich im Einzelfall doch zu Gebäudeschäden führen, muss er entfernt werden (AG Bonn, Urteil vom 15. 7. 1993, 5 C 529/92, WM 1993 S. 735).
Komposthaufen	Die Anlage eines Komposthaufens in einem Garten ist üblich und erlaubt, soweit dieser sachgerecht gehalten wird und davon keine vermeidbaren Belästigungen ausgehen (AG Regensburg, Urteil vom 30. 9. 1983, 7 C 1956/83, WM 1985 S. 242).

Stichwort	Urteil
Pavillon-Zelt	Die Aufstellung eines Pavillon-Zeltes auf der Terrasse bzw. im Garten während der Sommerzeit ist unproblematisch, da es nicht dauerhaft im Boden verankert oder am Mauerwerk befestigt wird (LG Hamburg, Urteil vom 30. 8. 2007, 311 S 40/07, WM 2007 S. 681).
Spielgeräte	Ist dem Mieter vertraglich die Nutzung des Gartens zu Erholungszwecken gestattet, darf er dort auch Spielgeräte aufstellen, z. b. Doppelschaukel, Klettergerüst mit Rutsche und Sandkasten (AG Kerpen, Urteil vom 15. 1. 2002, 20 C 443/01, ZMR 2002 S. 924).
Wildwuchs	Angesichts der Vielfalt der Gestaltungsmöglichkeiten muss hier ein großzügiger Maßstab angelegt werden. Die Grenze ist da zu ziehen, wo der Mieter den Garten nicht mehr wild wachsen, sondern verwildern und verkommen lässt (LG Köln, Urteil vom 11. 1. 1996, 1 S 149/95, NJW-MietR 1996 S. 243).

GRILLEN

Wer sein Steak statt auf dem Herd lieber auf seinem **Holzkohlengrill auf dem Balkon** zubereiten will, dürfte in der Regel Schwierigkeiten mit seinen Nachbarn bekommen.

Ob der Mieter dies gleichwohl darf, hängt – wie so oft – vom Einzelfall ab. Die Gerichte sehen das Grillen im Freien inzwischen als sozialüblich an und muten den Nachbarn zu, damit zusammenhängende Belästigungen in gewissem Umfang hinzunehmen.

HAUSFLUR

Der Hausflur gehört zu den Gemeinschaftseinrichtungen, die den Mietern in der Regel zur Mitbenutzung zur Verfügung stehen. Eine **Sondernutzung** durch einzelne Mieter ist mangels anderslautender Vereinbarung nicht erlaubt. Deshalb ist der Mieter in einem Mehrfamilienhaus nicht berechtigt, dort eigene Gegenstände abzustellen (z. B. Schuhe, Schuhregal, Garderobe).

Unproblematisch ist normalerweise das **Auslegen einer Fußmatte** vor der Wohnungstür. Aber: Hat der Vermieter dies im Mietvertrag verboten, ist der Mieter daran gebunden (AG Neukölln, Urteil vom 24. 4. 2003, 7 C 21/03, GE 2003 S. 1161).

Häufiger Streitpunkt ist das **Abstellen eines Kinderwagens** im Hausflur. Hier gilt: Mieter sind **grundsätzlich berechtigt**, ihren Kinderwagen im Hausflur abzustellen, wenn der Mieter darauf angewiesen ist und die Größe des Hausflurs das zulässt (BGH, Urteil vom 10. 11. 2006, V ZR 46/06, WM 2007 S. 29).

Dasselbe gilt auch für **Rollstühle** oder **Rollatoren,** die hierfür möglichst zusammenzuklappen sind (LG Hannover, Urteil vom 17. 10. 2005, 20 S 39/05, WM 2006 S. 189).

Anderslautende **Verbote** in Formularmietverträgen oder in der Hausordnung sind **unwirksam.** Aber: Für **Kinderwagen von Besuchern** des Mieters bleiben solche Verbote wirksam (AG Winsen a. Luhe, Urteil vom 28. 4. 1999, 16 C 602/99, NZM 2000 S. 237).

Haushaltsgeräte

Es gehört heute zum allgemein üblichen Gebrauch, in der Wohnung Haushaltsgeräte zu verwenden, um sich das Leben erheblich angenehmer gestalten zu können.

Will der Vermieter dem Mieter die Benutzung eines speziellen Geräts untersagen, muss er deshalb triftige Gründe vorweisen können (AG Hameln, Urteil vom 17. 12. 1993, 23 C 380/93, WM 1994 S. 426).

» **Beispiel:** Die Mieter haben in der Küche einen Ablufttrockner aufgestellt, durch dessen Kondenswasserwolken immer wieder die Nachbarn beeinträchtigt werden. Deshalb fordert sie der Vermieter auf, den Trockner zu entfernen, falls sie ihn nicht durch einen Kondenstrockner ersetzen wollen.

Der Mieter hat durch entsprechende Maßnahmen dafür zu sorgen, dass durch den Betrieb seiner Haushaltsgeräte **keine Schäden** an der Wohnung entstehen. Andernfalls haftet er (LG Hamburg, Urteil vom 19. 8. 2002, 205 C 85/02, WM 2003 S. 318).

Die von den Haushaltsmaschinen (z. B. Staubsauger, Waschmaschine, Geschirrspüler, Wäschetrockner) ausgehenden Geräusche sind von den Mitmietern hinzunehmen, wenn der Mieter sie rücksichtsvoll benutzt (AG Mönchengladbach-Rheydt, Urteil vom 14. 10. 1993, 20C 363/93, DWW 1994 S. 24).

Kinder

Enthalten Mietvertrag oder Hausordnung keine anderslautenden Regelungen, stehen die **gemeinschaftlichen Grundstücksflächen** für das Spielen der Hausbewohner auch mit ihren Freunden zur Verfügung (LG Heidelberg, Urteil vom 23. 10. 1996, 8 S 2/96, WM 1997 S. 38).

Kinderlärm bzw. -geschrei muss, soweit es infolge des natürlichen Spiel- und Bewegungstriebes der Kinder unvermeidbar ist, von den Mitmietern hingenommen werden (OLG Düsseldorf, Urteil vom 29. 1. 1997, 9 U 218/96, ZMR 1997 S. 181). Im Rahmen des ihnen Möglichen müssen Kinder aber auf das Ruhebedürfnis der Nachbarn Rücksicht nehmen, wofür die Eltern zu sorgen haben (AG Neuss, Urteil vom 1. 7. 1988, 36 C 232/88, WM 1988 S. 264).

Lärm

Tätigkeiten des Mieters, die mit Geräuschen verbunden sind (z. B. Bohren und Hämmern, Feiern und Musizieren), führen erfahrungsgemäß immer wieder zum Streit mit denjenigen, die ihre Ruhe haben wollen. Wichtig ist deshalb, zu wissen, was man darf und was nicht.

Musikausübung

Die Frage, ob, wann, wie lange und wie laut musiziert oder gesungen werden darf, beurteilen die Gerichte unterschiedlich. Es lassen sich aber einige **Grundsätze** zusammenfassen, die unter dem **Gebot der gegenseitigen Rücksichtnahme** stehen.

- Hausmusik darf **nicht gänzlich verboten** werden – weder durch den Mietvertrag, die Hausordnung oder eine Vereinbarung der Wohnungseigentümer (BGH, Urteil vom 10. 9. 1998, V ZB 11/89, ZMR 1998 S. 955).
- Die **Ruhezeiten** müssen auf jeden Fall eingehalten werden. Daran müssen sich auch Berufstätige halten, selbst wenn das zur Folge hat, dass sie tatsächlich nur am Wochenende Hausmusik machen können.
- Hausmusik ist nur mit **Zeitlimit** erlaubt (BayObLG, Urteil vom 28. 3. 1985, BReg 2 Z 8/85, MDR 1985 S. 676), außer wenn nur in Zimmerlautstärke musiziert wird. Tägliche Obergrenzen dürfen festgelegt werden. Dabei ist die Spieldauer eine Frage des Einzelfalls, abhängig von den Örtlichkeiten (z. B. hellhöriges Haus), vom Instrument und den Gesamtumständen (z. B. ist der Nachbar krank). Als **Faustregel** kann man von **zwei Stunden täglich** ausgehen. Für die tägliche Spieldauer dürfen allerdings keine starren Zeiten vorgegeben werden.

Beispiel: Im Kellerraum darf der Mieter auch frühabends, das heißt zwischen 18:00 Uhr und 20:00 Uhr, bis zu zwei Mal die Woche Schlagzeug spielen oder mit einer Band üben (LG Mainz, Urteil vom 12. 11. 2002, 6 S 57/02).

- **Klavierspiel** kann auf eineinhalb bis zwei Stunden täglich begrenzt werden; während **Saxofon- und Klarinettenspiel** werktags auf zwei Stunden, sonntags auf eine Stunde beschränkt werden kann (OLG Karlsruhe, Urteil vom 13. 4. 1988, 6 U 30/87, NJW-RR 1989 S. 1179).

Das Bundesverfassungsgericht besteht dabei auf **klaren, objektiven Maßstäben** dafür, ab wann das Musizieren in der eigenen Wohnung eine »erhebliche Ruhestörung« im Sinne des Immissionsschutzgesetzes darstellt.

» **Beispiel:** Die 1-stündigen Klavierübungen einer 16-Jährigen an einem Sonntag sind keine »erhebliche Ruhestörung«. Ein von den Nachbarn herbeigerufener Polizist ist nicht befugt, das Klavierspiel nach Gutdünken als »Lärm« zu bewerten. Das verhängte Bußgeld von € 50,– ist unzulässig (BVerfG, Beschluss vom 17. 11. 2002, 1 BvR 2717/08, NJW 2010 S. 754).

Für **Berufsmusiker** gilt, dass diese **nur mit ausdrücklicher Erlaubnis** des Vermieters befugt sind, in ihrer Wohnung Instrumentalunterricht zu erteilen. Diese muss der Vermieter nur dann erteilen, wenn von der beabsichtigten Nutzung keine weiter gehenden Einwirkungen auf die Mietsache oder Mitmieter ausgehen als bei einer üblichen Wohnnutzung (BGH, Urteil vom 10. 4. 2013, VIII ZR 213/12, WM 2013 S. 349).

RAUCHEN

Rauchen in der Wohnung

Ist der Mieter als »**Gelegenheits- oder Mäßig-Raucher**« einzustufen, dürfte es normalerweise keinen Streit mit dem Vermieter über das Rauchen geben. Lassen sich die Nikotinablagerungen nämlich durch **normale Schönheitsreparaturen** beseitigen, fällt das Rauchen noch unter den »vertragsgemäßen Gebrauch« der Wohnung (BGH, Urteil vom 28. 6. 2006, VIII ZR 124/05, WM 2006 S. 513).

Anders ist es, wenn es sich bei dem Mieter um einen »**Exzessiv-Raucher**« handelt und sich die von ihm verursachten Nikotinspuren nicht mehr durch normale Schönheitsreparaturen beseitigen lassen. Hier kann der Vermieter für die Schadensbeseitigung von ihm Ersatz verlangen (BGH, Urteil vom 5. 3. 2008, VIII ZR 37/07, WM 2008 S. 213).

Da es für Vermieter nicht möglich ist, sich dagegen durch eine entsprechende formularvertragliche Vereinbarung (Rauchverbot) abzusichern, hilft hier nur, - aber auch nicht immer - sich bereits **vor Vertragsabschluss** vom Mieter zusichern zu lassen, dass er »kein Raucher« ist.

 Beispiel: Der Vermieter hatte per Zeitungsanzeige einen »Nichtraucher« gesucht und musste später feststellen, dass dieser bzw. seine Gäste gelegentlich rauchen. Wenn der Mieter auf die Frage, ob er Nichtraucher sei, angab, er habe aufgehört, liegt darin noch keine Zusicherung, das Rauchverbot einzuhalten (LG Stuttgart, Urteil vom 2. 7. 1992, 16 S 137/92, NJW-RR 1992 S. 1360).

Auch sehr intensives Rauchen innerhalb einer Mietwohnung ist nicht „per se" verboten und ein Grund zur Kündigung des Mietvertrags. Das zeigt der Fall des sogenannten „Düsseldorfer Extremrauchers", der letztinstanzlich Recht bekam und nicht ausziehen musste (LG Düsseldorf, Urteil von 28.09.2016, 23 S 18/15).

Rauchen auf dem Balkon

Fühlen sich **andere Hausbewohner** durch gelegentliches und mäßiges Rauchen des Mieters auf dem Nachbarbalkon gestört, werden sie dies als geringfügige Beeinträchtigung hinnehmen müssen.

Anders, wenn es sich um einen exzessiven Rauchgenuss handelt. Hier können sie versuchen, durch den Vermieter oder gerichtlich das Rauchen auf dem Balkon einschränken zu lassen oder die Miete kürzen.

Ausgeschlossen ist dabei aber nicht, dass das Gericht Verständnis für den Raucher aufbringt und unabhängig von der Intensität dieses »Rauchen im Freien« zulässt (so z. B. AG Wennigsen, Urteil vom 14. 9. 2001, 9 C 156/01, WM 2001 S. 487).

Rauchen im Treppenhaus

Raucht der Mieter im Treppenhaus auf dem Weg zu seiner Wohnung, ist dieses »zufällige Rauchen« unproblematisch. Anders ist es, wenn der Mieter sich extra zum Rauchen ins Treppenhaus begibt, weil er zum Beispiel in seiner Wohnung nicht rauchen will oder darf. Hier kann er auf Unterlassung verklagt werden (AG Hannover, Urteil vom 31. 1. 2000, 70 II 414/99, NZM 2000 S. 520).

Ruhezeiten

Regelmäßig enthalten Hausordnungen für Mietshäuser oder Wohnungseigentümergemeinschaften verbindliche Regelungen über Ruhezeiten. Im Streitfall werden aber auch vor Gericht Ruhezeiten angenommen, wenn diese nicht ausdrücklich geregelt sind. **Üblich sind folgende Zeiten:**

- **morgendliche Ruhezeit** von 6:00 Uhr bzw. 7:00 Uhr bis 8:00 Uhr,
- **Mittagsruhe** von 12:00 Uhr bzw. 13:00 Uhr bis 15:00 Uhr,
- **Abendruhe** von 20:00 Uhr bis 22:00 Uhr,
- **Nachtruhe** von 22:00 Uhr bis 6:00 Uhr bzw. 7:00 Uhr.

! Die Ruhezeiten sind in den Bundesländern unterschiedlich geregelt. Erkundigen Sie sich deshalb bei Ihrer Gemeindeverwaltung nach der Zeit und der Dauer der festgelegten Ruhezeiten.

Während der Ruhezeiten sollte der Mieter störende Geräusche (z. B. das Staubsaugen) unterlassen. Doch auch außerhalb dieser Zeitspannen hat keiner das Recht, unbeschränkt Lärm zu machen. **Ausnahme:** Bei Kinderlärm ist die Rechtsprechung großzügig.

Schlüssel

Wie viele Schlüssel kann der Mieter beanspruchen?

Der Mieter kann von seinem Vermieter zunächst all die Schlüssel verlangen, die er für die zu verschließenden Türen braucht (z. B. Wohnungs-, Haus-, Keller-, Boden-, Briefkastentür).

Die notwendige Anzahl der Schlüssel für die Zugangstüren (d. h. Haustür und Wohnungseingangstür) richtet sich grundsätzlich nach der Anzahl der Bewohner. Außerdem kann der Mieter je nach Bedarf **weitere Schlüssel verlangen**.

» Beispiel:

- Er möchte einer Person seines Vertrauens **bei längerer Abwesenheit** einen Schlüssel überlassen (AG Schöneberg, Urteil vom 9. 10. 1990, 103 C 406/90, WM 1991 S. 29).
- Er möchte, falls ein Schlüssel vorübergehend verlegt wird, einen **Reserve-Haustürschlüssel** haben (AG Bad Neuenahr-Ahrweiler, Urteil vom 17. 8. 1994, 3 C 575/94, WM 1996 S. 331).
- Er möchte seinem **Pflegedienst** einen Schlüssel überlassen (AG Bad Neuenahr-Ahrweiler, a. a. O.).

- Er braucht einen Schlüssel für seinen **Babysitter**, für die **Tagesmutter** oder die **Putzhilfe** (AG Karlsruhe-Durlach, Urteil vom 27. 10. 1995, 12 C 319/95, WM 1997 S. 109).

Ist im Mietvertrag die Übergabe einer bestimmten Anzahl von Schlüsseln vereinbart, darf der Mieter **weitere Schlüssel auf seine Kosten** anfertigen lassen. Darüber muss er den Vermieter informieren bzw. dessen Erlaubnis einholen, sofern der Mietvertrag eine Erlaubnis des Vermieters verlangt. Steht im Mietvertrag hierzu nichts, muss der Mieter seinen Vermieter zumindest informieren.

Bei einer **Zentralschließanlage** benötigt der Mieter in jedem Fall die Einwilligung des Vermieters. Dieser muss sie dann auch erteilen (LG Berlin, Beschluss vom 27. 12. 1990, 65 T 92/90, MM 1991 S. 228).

Der Vermieter ist nicht berechtigt, **gegen den Willen** seines Mieters einen Zweitschlüssel für die Wohnung einzubehalten (AG Tecklenburg, Urteil vom 3. 7. 1991, 11 C 11/91, WM 1991 S. 579). Ebenso hat der Vermieter keinen Anspruch auf Einbehalt eines **Gartentorschlüssels** (AG Köln, Urteil vom 26. 1. 1996, 218 C 131/95, WM 1996 S. 756). Betritt der Vermieter heimlich die Wohnung in Abwesenheit des Mieters, ohne dass ein Notfall vorliegt, begeht er Hausfriedensbruch.

! Für den Fall **längerer Abwesenheit** des Mieters kann es praktikabler sein, dem Vermieter einen **»Notfallschlüssel«** zu überlassen. Auf diese Weise entfällt die Verpflichtung des Mieters, bei längerer Abwesenheit einen Schlüssel woanders zu hinterlegen, was in der Praxis häufig vergessen wird.

Was gilt bei Verlust von Schlüsseln?

In diesen Fällen darf der Vermieter die Kosten für den **Austausch des Schlosses** vom Mieter nur dann verlangen, wenn von der **Möglichkeit eines Missbrauchs** des verlorenen Schlüssels ausgegangen werden kann (LG Berlin, Urteil vom 2. 5. 2000, 64 S 551/99, ZMR 2000 S. 536).

» **Beispiel:** Der Mieterin wird die Handtasche entwendet. Da sich darin nicht nur die Hausschlüssel, sondern auch ihr Ausweis befinden, liegt ein möglicher Missbrauch der Schlüssel nahe.

Hält der Mieter diese Möglichkeit für ausgeschlossen, muss er dies beweisen (z. B. durch Zeugen, dass ihm der Schlüssel bei einer Bootsfahrt in einen See gefallen ist). Gelingt ihm dies nicht, nützt ihm auch das Argument nichts, dass der Schlüsselverlust schon lange zurückliegt und dass seitdem kein Unbefugter in die Wohnung gelangt sei (AG Münster, Urteil vom 17. 2. 2003, 48 C 2430/02, WM 2003 S. 354).

Ersatzpflichtig ist der Mieter aber auch nur dann, wenn er den Schlüsselverlust **schuldhaft** verursacht hat. Hat der Mieter den Schlüssel aus Unachtsamkeit verloren, wird man regelmäßig ein Verschulden annehmen können (AG Münster a. a. O.). Der Mieter haftet für den Schlüsselverlust nicht, wenn dieser zum Beispiel ohne Verletzung seiner Sorgfaltspflicht **gestohlen** wird (AG Hamburg, Urteil vom 26. 8. 1999, 47 C 178/99, NZM 2000 S. 618).

» **Beispiel:** Dem Mieter wird der Schlüssel bei einer Schuhanprobe in einem Schuhgeschäft entwendet. Den Rucksack, in dem sich der Schlüssel befand, hatte er neben seinen Anprobestuhl gestellt und durch Fixierung eines Trageriemens am Stuhlbein gesichert.

Mietvertragsklauseln, die eine Schadensersatzpflicht **unabhängig von einem Verschulden** des Mieters vorsehen, sind unwirksam (LG Berlin, Urteil vom 2. 5. 2000, 64 S 551/99, ZMR 2000 S. 536).

Sonderfall: Zentralschließanlage

Für die relativ hohen Austauschkosten bei einer Schließanlage haftet der Mieter nur dann in vollem Umfang, wenn er bei Abschluss des Mietvertrages auf dieses **Kostenrisiko** aufmerksam gemacht worden ist.

Hierzu kann ausreichen, wenn der Mieter auf die besondere Funktion des Schlüssels als »Generalschlüssel« aufmerksam gemacht worden ist (AG Witten, Urteil vom 20. 11. 2002, 15 C 417/02, ZMR 2003 S. 508).

Geschah das nicht, muss sich der Vermieter einen Teil des Schadens wegen Mitverschuldens anrechnen lassen (AG Bad Schwalbach, Urteil vom 30. 1. 1997, 3 C 563/96, NJWE-MietR 1997 S. 174).

Schadensersatz kann der Vermieter aber nur verlangen, wenn er die Schließanlage tatsächlich hat austauschen lassen (BGH, Urteil vom 5. 3. 2014, VIII ZR 205/13).

! Als **Mieter** sollten Sie vorsichtshalber sicherstellen, dass das Risiko eines solchen Schlüsselverlustes von Ihrer privaten Haftpflichtversicherung abgedeckt ist. Wenn nicht, lohnt sich die entsprechende Erweiterung Ihres Versicherungsschutzes gegen einen relativ geringfügigen Aufpreis.

Tierhaltung

Will sich der Mieter einen Hund, eine Katze oder ein Meerschweinchen anschaffen, sollte er sich immer früh genug fragen, ob er das darf. Denn meist wird darüber gestritten, ob der Vermieter die vom Mieter gewünschte Tierhaltung erlauben muss.

In der Regel hängt das zum Beispiel ab von:

- der Art des Tieres (z. B. Kleintier oder Hund / Katze),
- der Wohnsituation (z. B. Einfamilien- oder Mehrfamilienhaus; weitere Tiere im Haus),
- der mietvertraglichen Vereinbarung (z. B. Verbot oder Erlaubnisvorbehalt oder keine Vereinbarung).

Ob beispielsweise ein Hund oder eine Katze gehalten werden darf, sehen die Gerichte im Streitfall ganz unterschiedlich. Und da eine Tierhaltung wegen der damit verbundenen Lärm- und Geruchsentwicklung nicht unbemerkt bleibt und im Einzelfall auch zu einer Kündigung des Mieters führen kann, sollten sich betroffene Mieter und Vermieter sorgfältig mit den einschlägigen Entscheidungen auseinandersetzen.

Wäschetrocknen

Der Mieter ist zum Wäschetrocknen **in der Wohnung** berechtigt, solange dadurch ernsthafte Schäden in der Wohnung nicht zu befürchten sind (AG Hameln, Urteil vom 17. 12. 1993, 23 C 380/93, WM 1994 S. 426). Solange das gewährleistet ist, kann er auch nicht durch die Hausordnung verpflichtet werden, stattdessen den Gemeinschaftstrockenkeller zu benutzen (AG Düsseldorf, Urteil vom 23. 7. 2008, 53 C 1736/08, WM 2008 S. 547).

Hat der Vermieter das Trocknen in der Wohnung untersagt, muss er dem Mieter eine alternative Möglichkeit zum Trocknen zur Verfügung stellen. Denn eine Wasch- und Trockenmöglichkeit gehört zum Kernbereich des Mietgebrauchs bei der Vermietung für Wohnzwecke (AG Wiesbaden, Urteil vom 29. 3. 2012, 91 C 6517/11 (18), WM 2012 S. 263).

Der Mieter darf in der Regel auch einen **Wäschetrockner** aufstellen. Er muss allerdings dafür sorgen, dass die Feuchtigkeit ordnungsgemäß abgeführt wird (AG Hameln, Urteil vom 17. 12. 1993, 23 C 380/93, WM 1994 S. 426).

Im Einzelfall kann es unzulässig sein, in der Wohnung einen **Ablufttrockner** zu benutzen, wenn durch die austretenden Kondenswasserwolken Nachbarn beeinträchtigt werden (OLG Düsseldorf, Beschluss vom 4. 7. 1997, 3 Wx 270/97, WM 1997 S. 514). In solchen Fällen sollte der Mieter besser einen **Kondenstrockner** benutzen (AG Altena, Urteil vom 15. 12. 1995, 2 aC 116/95, WM 1997 S. 470).

Kleinwäsche darf der Mieter auch auf dem Balkon trocknen (AG Brühl, Urteil vom 31. 10. 2000, 21 C 256/00, WM 2001 S. 509).

WÄSCHEWASCHEN

Der Mieter ist grundsätzlich berechtigt, eine **Waschmaschine in der Wohnung** aufzustellen (BGH, Urteil vom 2. 6. 2004, VIII ZR 316/03, GE 2004 S. 1092).

Will der Vermieter dies durch eine mietvertragliche Vereinbarung verbieten, ist eine solche Vereinbarung aber nur wirksam, wenn der Vermieter für das Verbot triftige Gründe hat – z. B. durch den Betrieb der Waschmaschine ernsthafte Schäden in der Wohnung zu befürchten sind (AG Hameln, Urteil vom 17. 12. 1993, 23 C 380/93, WM 1994 S. 426).

Die durch den Waschmaschinenbetrieb verursachten **Geräusche** sind von den benachbarten Mietparteien als übliche Folge des Zusammenlebens **hinzunehmen,** auch wenn diese mehrmals täglich auftreten (AG Wedding, Urteil vom 26. 1. 2004, 9 C 536/03, MM 2004 S. 283).

Ist im Haus ein **gemeinschaftlicher Waschraum** vorhanden, darf der Mieter diesen mitbenutzen, sofern nichts anderes vereinbart ist (LG Münster, Urteil vom 16. 4. 1998, 8 S 306/97, WM 1998 S. 723).

Die Vereinbarung, »dass **nur im Waschraum** gewaschen werden darf«, ist für den Mieter nicht bindend, wenn er dort die anfallende Wäsche nicht entsprechend seinem Bedarf waschen kann. So kann zum Beispiel von einer 5-köpfigen Familie nicht erwartet werden, dass sie den Waschraum lediglich alle drei Wochen benutzen darf (AG Köln, Urteil vom 11. 1. 2001, 207 C 221/00, WM 2001 S. 276).

Selbst in einem **Niedrigenergiehaus** dürfen die Mieter bei entsprechendem Wäscheanfall (z. B. für drei kleine Kinder) nicht auf die Nutzung der im Keller befindlichen Waschmaschine verwiesen werden. Vielmehr haben sie einen Anspruch darauf, ihre eigene Waschmaschine in der Wohnung aufzustellen. Allerdings müssen sie sicherstellen, dass sich ihre eigene Installation in das Energiekonzept des Hauses einfügt (LG Aachen, Urteil vom 10. 3. 2004, 7 S 46/03, NZM 2004 S. 459).

! Als **Mieter** sollten Sie das **Risiko eines Wasserschadens** in der Wohnung gering halten. Achten Sie deshalb beim Neukauf einer Waschmaschine darauf, dass diese mit einem integrierten **Wasserstopp** versehen ist und darauf, dass das Wasserstoppventil an den Wasserhahn angeschlossen wird. Ist Ihre Waschmaschine nicht damit ausgestattet, sollten Sie zwischen Wasserhahn und Schlauch ein elektromagnetisches **Wasserabsperrventil** anbringen.

Haben Sie keine solche Vorrichtung, müssten Sie die einzelnen Waschgänge ständig überwachen und auch die Schläuche regelmäßig kontrollieren. Andernfalls haften Sie für Wasserschäden (OLG Frankfurt/Main, Urteil vom 7. 3. 2003, 24 U 125/02). Solche Risiken lassen sich durch eine Privathaftpflicht- und Hausratversicherung abdecken.

Besteht eine **Gebäudeversicherung,** übernimmt die den Schaden. Für den Fall, dass der Mieter mit seinen Betriebskosten die Versicherungsprämie anteilig übernommen hat, gilt ein sogenannter »konkludenter Regressverzicht« des Versicherers gegenüber dem Mieter. Allerdings nur, wenn er den Schaden fahrlässig verursacht hat (BGH, Urteil vom 8. 11. 2000, IV ZR 298/99, NJW 2001 S. 1353).

Wohngeräusche

In seiner Wohnung darf der Mieter die üblichen **Alltagsgeräusche** verursachen. Das gilt zum Beispiel für den **Betrieb von Haushaltsgeräten,** etwa Geschirrspüler, Staubsauger, Waschmaschinen oder Wäschetrockner, soweit die Benutzung nicht das übliche Maß übersteigt (AG Mönchengladbach-Rheydt, Urteil vom 15. 10. 1993, 20 C 363/93, DWW 1994 S. 24).

Allerdings hat der Mieter die Ruhezeiten einzuhalten. Abgesehen davon ist die nächtliche Badbenutzung erlaubt.

Elektronische Geräte wie Radio, Fernseher oder CD-Player sollte der Mieter in Zimmerlautstärke betreiben. Denn er darf die Nachbarn durch das Musikhören nicht stören.

Zentralheizung

Der Mieter kann vom Vermieter die ordnungsgemäße Beheizung der Wohnung verlangen. Durch Formularmietvertrag kann diese Verpflichtung des Vermieters nicht ausgeschlossen werden (LG Hamburg, Beschluss vom 20. 2. 1998, 307 T 20/98, WM 1998 S. 279).

Enthält der Mietvertrag keine Regelung über die **Heizperiode,** so gilt als üblicher Zeitraum für die Beheizung der **1. 10. bis 30. 4. des Folgejahres.** Die vom Vermieter während dieser Zeit geschuldeten **Raumtemperaturen** betragen nach einer Entscheidung des Landgerichts Berlin (LG Berlin, Urteil vom 26. 5. 1998, 64 S 266/97, ZMR 1998 S. 634):

- 6:00 Uhr bis 23:00 Uhr für Wohnräume: 20 Grad Celsius
- 6:00 Uhr bis 23:00 Uhr für Bad und Toilette: 21 Grad Celsius
- 23:00 Uhr bis 6:00 Uhr in allen Räumen: 18 Grad Celsius
- Wird die Wohnung mit Warmwasser versorgt, muss die Warmwassertemperatur 40 Grad Celsius ohne zeitlichen Vorlauf gewährleisten.

Dieser Beheizungsstandard darf im Mietvertrag nur **unerheblich eingeschränkt** werden (OLG Frankfurt/Main, Urteil vom 19. 12. 1991, 6 U 108/90, WM 1992 S. 56). Deshalb ist zum Beispiel eine Klausel, nach der »zwischen 7:00 Uhr und 22:00 Uhr eine Temperatur von 18 Grad Celsius« als vertragsgemäße Erfüllung gilt, unwirksam (AG Charlottenburg, Urteil vom 27. 5. 1999, 19 C 228/98, MM 2000 S. 223).

Ebenso ist eine Klausel unwirksam, wonach die Beheizung auf die »vom Mieter hauptsächlich genutzten Räume« beschränkt wird (BGH, Urteil vom 15. 5. 1991, VIII ZR 38/90, WM 1991 S. 381).

Auch **außerhalb der Heizperiode** kann der Vermieter verpflichtet sein, die Sammelheizung kurzfristig in Betrieb zu nehmen. Da dies aber unwirtschaftlich ist, kann der Mieter das nur verlangen, sofern die Raumtemperaturen über mehrere Tage unter 18 Grad Celsius sinken (z.B. drei Tage – AG Schöneberg, Urteil vom 4. 2. 1998, 5 C 375/97, NZM 1998 S. 476).

ZIMMERLAUTSTÄRKE

Dafür gibt es **keine gesetzliche Definition.** Grundsätzlich darf der Mieter Geräusche machen, Musik hören oder fernsehen, solange das nicht nach außen dringt und die Nachbarn quasi »zum Mithören gezwungen« werden. Auf eine bestimmte Lautstärke kommt es dabei nicht an. Vielmehr sind die baulichen Verhältnisse des Gebäudes zu berücksichtigen.

Alles, was nicht mehr als normales Wohngeräusch anzusehen ist und Sie als unbeteiligte Person belästigt, kann als Ruhestörung anzusehen sein. Kurzzeitige »Ausreißer« sollten jedoch nicht gleich zum Einschreiten führen!

A3 Ihre Rechte als Nachbar von A bis Z

1 Wer ist überhaupt »Nachbar«?

Die Landesnachbarrechtsgesetze der einzelnen Bundesländer regeln unterschiedlich, wer »Nachbar« im Sinne des Gesetzes ist. So werden in einigen Nachbarrechtsgesetzen nicht nur **Eigentümer** und andere, sogenannte »dinglich Berechtigte« wie **Erbbaurechtsinhaber** als Nachbar im Sinne des Gesetzes genannt.

Auch Nutzungsberechtigte eines Grundstücks werden mitunter ausdrücklich als »Nachbarn« aufgeführt. In diesem Fall gelten für Sie als **Mieter oder Pächter** von Grundstücken, Häusern oder Kleingärten die Vorschriften des Nachbarrechtsgesetzes unmittelbar (z. B. sind Sie Ihrem Vermieter gegenüber verpflichtet, die Regeln des Nachbarrechtsgesetzes einzuhalten; verstoßen Sie dagegen, kann er von Ihnen verlangen, die störende Handlung zu unterlassen und im Wiederholungsfall droht sogar eine Kündigung).

> **!** Erkundigen Sie sich beim jeweiligen Landesjustizministerium oder der Gemeinde nach dem entsprechenden Gesetz – entsprechende Informationen gibt es auch online.

Anders im öffentlichen Baurecht: Hier ist »Nachbar« stets nur der Eigentümer, nicht auch der Mieter oder Pächter. Eine Klage gegen eine Baugenehmigung ist daher vom Grundbucheigentümer zu führen.

Die Regelungen der Nachbarrechtsgesetze sind auf nachbarschaftsähnliche Verhältnisse wie etwa bei **Wohnungs- oder Bruchteilseigentum** übertragbar (BGH, Urteil vom 28. 9. 2007, V ZR 276/06, NJW 2007 S. 3636).

> **»** **Beispiel:** Auch bei den Gärten von Reihenhäusern sind Pflanzabstände nach der jeweiligen landesrechtlichen Nachbarrechtsregelung einzuhalten. Im Einzelfall ist aber auch zu prüfen, ob das WEG oder vertragliche Vereinbarungen (z. B. Haus- oder Gemeinschaftsordnung) dem Nachbarrecht entgegenstehen. Denn das Wohnungseigentumsrecht ist vorrangig.

2 Was umfasst das Nachbarrecht?

2.1 Das private Nachbarrecht

Gilt für Sie das private Nachbarrecht, können Sie verlangen, dass störende Einwirkungen aus der Nachbarschaft unterlassen oder beseitigt werden (z. B.: Darf Ihr Nachbar gegen Ihren Willen Ihr Grundstück betreten? Wann darf Ihr Nachbar den Rasen mähen?). Ein möglicher **Abwehranspruch** besteht unabhängig vom Eigentum, sodass er nicht nur den Grundstückseigentümern, sondern auch Mietern oder Pächtern zusteht.

Beachten Sie: Um die Einhaltung der privatrechtlichen Vorschriften kümmert sich keine Behörde. Das ist Ihre eigene Angelegenheit. Notfalls müssen Sie Ihre Interessen vor den Zivilgerichten durchsetzen.

2.2 Das öffentliche Nachbarrecht

Sie können Ihrem Nachbarn gegenüber nicht generell darauf bestehen, dass dieser öffentlich-rechtliche Vorschriften einhält (z. B. aus dem Baugesetzbuch, den Landesbauordnungen oder dem Bundesimmissionsschutzgesetz). Das ist Aufgabe der Behörde. Sofern Sie allerdings **unmittelbar in eigenen Rechten betroffen** sind, können Sie sich natürlich wehren.

» **Beispiel:** Erteilt die zuständige Baubehörde Ihrem Nachbarn eine Baugenehmigung und werden dadurch Grenzabstände zu Ihrem Grundstück verletzt, können Sie die Genehmigung vor dem **Verwaltungsgericht** angreifen.

Darüber hinaus aber gelten einige öffentliche Vorschriften zum Nachbarrecht auch als direkt »**drittschützend**«: Sie regeln also nicht nur das Verhalten der Behörde gegenüber dem Antragsteller, sondern geben Dritten einen unmittelbaren Anspruch (z. B. bei Fragen der im Bebauungsplan festgelegten baulichen Nutzung).

2.3 Was gilt im Verhältnis von privatem und öffentlichem Nachbarrecht?

Die Vorschriften stehen in **Wechselbeziehungen,** die bestimmten Spielregeln folgen. Haben Sie also die für Ihren Fall einschlägigen Vorschriften gefunden, müssen Sie zudem Folgendes beachten: **Bundesrecht bricht Landesrecht.** Das bedeutet, dass eine landesrechtliche Vorschrift nicht angewandt wird, wenn sie einer höherrangigen Vorschrift widerspricht.

» **Beispiel:** Nach Landesrecht ist das Kompostieren von Küchen- und Gartenabfällen grundsätzlich zulässig. Führt jedoch der Komposthaufen zu einer wesentlichen Geruchsbelästigung, die über die Ortsüblichkeit i. S. d. § 906 BGB hinausgeht, müssen Sie ihn entfernen.

Diese Grundsätze gelten auch im Verhältnis von privatrechtlichen zu öffentlich-rechtlichen Vorschriften, die gegensätzliche Regelungen enthalten. In manchen Landesnachbarrechtsgesetzen ist der **Vorrang des öffentlichen Rechts** sogar ausdrücklich geregelt.

» **Beispiel:** Der Bebauungsplan einer Stadt sieht für ein Baugebiet eine bestimmte Art der Einfriedung der Grundstücke vor. Nach privatem Nachbarrecht besteht kein Zwang zur Einfriedung, die Nachbarn möchten gar keine Zäune. Hier ist allein der Bebauungsplan ausschlaggebend. Sie müssen Ihren Zaun entsprechend den öffentlich-rechtlichen Vorschriften gestalten.

Daneben gibt es aber auch Fälle, in denen Vorschriften des öffentlichen Rechts und des privaten Nachbarrechts **nebeneinander** stehen und gleichermaßen beachtet werden müssen.

» **Beispiel:** Ihren zivilrechtlichen Abwehranspruch gegen eine unzumutbare Störung Ihrer Nachtruhe durch Froschlärm aus dem Nachbargartenteich können Sie nur durchsetzen, wenn eine öffentlich-rechtliche Genehmigung zur Umsetzung der naturgeschützten Tiere vorliegt. Diese kann aber durchaus zu erteilen sein (BVerwG, Beschluss vom 14. 1. 1999, 6 B 133.98, NJW 1999 S. 2912).

! Da es nicht immer einfach zu beurteilen ist, ob die betreffenden Normen sich gegenseitig beeinflussen, ergänzen, beschränken oder gar ausschließen, sollten Sie sich in Zweifelsfällen anwaltlich beraten lassen.

2.4 Es gibt kein abschließendes Nachbarrechtsgesetz

Wo finden Sie die Vorschriften?

Es gibt kein Gesetz, in dem alle für Nachbarschaftsfragen bedeutsamen Regeln enthalten sind. **Landes- und Bundesrecht** sind zu beachten, so regeln die Landesnachbarrechtsgesetze, aber auch das Bürgerliche Gesetzbuch (BGB) nachbarrechtliche Fragen.

> **Beispiel:** Das Landesnachbarrechtsgesetz regelt den Grenzabstand bestimmter Pflanzen zur Grundstücksgrenze. Das BGB regelt, was passiert, wenn Äste und Wurzeln der Pflanzen über die Grenze ragen.

Daneben spielen oft auch **gemeindliche Vorschriften** eine Rolle (z. B. Baumschutzverordnungen enthalten Regelungen für das Abholzen oder den Rückschnitt von Bäumen).

Das »nachbarliche Gemeinschaftsverhältnis« schließt Lücken

Wenn die gesetzlichen Regelungen nicht eindeutig oder abschließend sind, müssen die Gerichte das allgemeine Rücksichtnahmegebot heranziehen, um damit einen Interessenausgleich zwischen den streitenden Nachbarn herzustellen (BGH, Urteil vom 7. 7. 1995, V ZR 213/94, NJW 1995 S. 2633). Dies folgt aus dem **Gebot von Treu und Glauben.**

Diese Rechtsfigur verpflichtet die Nachbarn zur **gegenseitigen Rücksichtnahme** und kann im Ausnahmefall dazu führen, dass Sie als Eigentümer eines Grundstückes Einschränkungen hinzunehmen haben.

> **Beispiel:** Sie müssen aufgrund des nachbarlichen Gemeinschaftsverhältnisses die streunende Katze des Nachbarn auf Ihrem eigenen Grundstück dulden. Nicht zu dulden ist das »Geschäft« der Katze oder ein Eindringen in den Wohnbereich (LG Bonn, Urteil vom 6. 10. 2009, 8 S 142/09, NJW-RR 2010 S. 310).

Weiter wird das »nachbarliche Gemeinschaftsverhältnis« benutzt, um **unklare Begriffe** in Rechtsvorschriften zu klären, beispielsweise was als »wesentliche Beeinträchtigung« im Sinne des § 906 BGB anzusehen ist. Dabei wird nicht auf das subjektive Empfinden des betroffenen Nachbarn abgestellt. Vielmehr kommt es auf die Sichtweise eines vernünftig denkenden und handelnden Nachbarn an. Unter Berücksichtigung des Gebots gegenseitiger Rücksichtnahme werden entsprechende Beurteilungskriterien abgeleitet.

Welches Land hat ein Nachbarrechtsgesetz?

Baden-Württemberg, Bayern, Berlin, Brandenburg, Hessen, Niedersachsen, Nordrhein-Westfalen, Rheinland-Pfalz, Saarland, Sachsen, Sachsen-Anhalt, Schleswig-Holstein und Thüringen haben Nachbarrechtsgesetze erlassen.

Allerdings bestehen zwischen den jeweiligen Landesgesetzen durchaus **Unterschiede:** Teilweise werden gleiche Rechtsfragen unterschiedlich beantwortet, etwa hinsichtlich der Grenzabstände für Pflanzen. Teilweise werden unterschiedliche Rechtsfragen geregelt (z. B. gibt es nicht in jedem Bundesland Vorschriften zum Hammerschlags- und Leiterrecht oder Fenster- und Lichtrecht).

Beachten Sie: Das folgende Nachbarrechts-ABC stellt nachbarrechtliche Grundsätze **länderübergreifend** dar. Manchmal liegen die Unterschiede aufgrund landesspezifischer Besonderheiten jedoch im Detail. Prüfen Sie deshalb stets das für Sie geltende Landesnachbarrechtsgesetz.

Was gilt, wenn es kein Landesnachbarrechtsgesetz gibt?

In Bremen, Hamburg und in Mecklenburg-Vorpommern wird in Nachbarrechtsfragen in erster Linie auf die Vorschriften des BGB zurückgegriffen (§§ 903–924 BGB und § 1004 BGB). Daneben sind gegebenenfalls die jeweiligen Ausführungsgesetze zum BGB heranzuziehen, die nachbarrechtliche Vorschriften enthalten (z. B. in Bayern und Bremen). Schließlich werden über das Rechtsinstitut des nachbarlichen Gemeinschaftsverhältnisses Interessenkonflikte gelöst.

Durch Vereinbarungen können Sie vom Nachbarrechtsgesetz abweichen

Wenn Ihnen die gesetzlich geregelte Lösung nicht gefällt, können Sie sich mit Ihrem Nachbarn über mögliche nachbarliche Streitpunkte einigen und eine **individuelle Regelung** treffen.

» **Beispiel:** Klären Sie die Frage, wer für die Errichtung und den Unterhalt des Grenzzauns aufkommt, oder Sie verzichten darauf, dass vorgeschriebene Grenzabstände für Bäume oder Sträucher eingehalten werden.

! Diese Vereinbarungen sollten Sie aus Beweisgründen immer **schriftlich** festhalten. Und alle Beteiligten sollten unterschreiben. Ein solcher Vertrag ist aber nicht direkt vollstreckbar. Hält sich eine Partei nicht daran, führt der Weg zum Anwalt bzw. zum Gericht, nicht gleich zum Gerichtsvollzieher!

Aufgepasst bei einem Eigentümerwechsel! Verträge zwischen zwei Nachbarn gelten nicht gegenüber einem Neueigentümer oder Neumieter, sofern einer der Nachbarn sein Grundstück verkauft oder es im Todesfall auf einen Erben übergeht.

! Um eine Regelung auch gegenüber wechselnden Nachbarn verbindlich zu gestalten, ist die entsprechende Vereinbarung (z. B. Sicherung eines Zufahrtsrechts über das Nachbargrundstück) durch die Eintragung einer **Grunddienstbarkeit** im Grundbuch zu sichern. In diesem Fall sollten Sie über die Bewilligung einer solchen mit Ihrem Nachbarn einen notariellen Vertrag abschließen. Holen Sie sich diesbezüglich unbedingt anwaltlichen Rat ein.

3 Wie Sie Ihre Ansprüche durchsetzen können

3.1 Wenn ein Fall von »Selbsthilfe« vorliegt

Grundsätzlich müssen Sie zunächst Ihren Nachbarn abmahnen, sein störendes Verhalten zu unterlassen, bevor Sie sich an die zuständige Ordnungsbehörde (z. B. Polizei oder das Gewerbeaufsichtsamt) oder die Gerichte wenden.

Nur in seltenen **Ausnahmefällen** dürfen Sie sofort eingreifen und »selbst Hand anlegen«, um nachbarliche Angelegenheiten zu regeln. Die Sonderfälle der **zulässigen Selbsthilfe** sind gesetzlich geregelt:

- Können Sie nicht rechtzeitig gerichtlichen Schutz erlangen, dürfen Sie eine Sache wegnehmen, zerstören oder beschädigen (§ 229 BGB).

- Ragen Zweige auf Ihr Grundstück herüber oder dringen Wurzeln ein, sogenannter »**Überhang**«, regelt § 910 BGB die genauen Voraussetzungen der Selbsthilfe.

- Unter strengen Voraussetzungen räumt Ihnen das Gesetz auch ein Selbsthilferecht bei sogenannten **Besitzstörungen** ein (§ 859 BGB); so dürfen Sie beispielsweise einen unberechtigt abgestellten Pkw von Ihrem Privatparkplatz abschleppen lassen.

! Halten Sie stets Maß bei den Selbsthilfeaktionen! Sind Sie dazu gar nicht berechtigt oder schießen Sie mit Ihren Abwehrmaßnahmen über das Ziel hinaus, können Ihnen bei überzogener Gewaltanwendung gegen Sachen oder Personen **strafrechtliche Konsequenzen** drohen (z. B. Verfahren wegen Sachbeschädigung oder Nötigung).

3.2 Wenn die Polizei kommen darf

Die Polizei muss nicht immer kommen, wenn sie gerufen wird. Das hängt mit den **Aufgaben und Befugnissen der Polizei** zusammen:

- Für den **Schutz privater Nachbarrechte** ist die Polizei an sich nicht zuständig. Die Polizei wird sich nicht in Fragen wie Grenzverlauf, Überwuchs, allgemeine Unfreundlichkeiten und störende Komposthaufen einmischen. Können Sie sich nicht einigen, müssen Sie Ihren Nachbarn vor dem Zivilgericht auf Unterlassung verklagen.

- Wird durch die Beeinträchtigung Ihrer Interessen jedoch auch die öffentliche Sicherheit und Ordnung **gefährdet** oder ist gerichtliche Hilfe **nicht rechtzeitig erreichbar,** kann die Polizei einschreiten.

» **Beispiel:** Sie finden aufgrund einer lautstarken Sommergrillparty im Nachbargarten keinen Schlaf. Nach § 117 OWiG stellt unzulässiger Lärm eine Ordnungswidrigkeit dar. Ein Anruf bei der Polizei beendet nach 22:00 Uhr die Feier schneller, als es ein Gericht vermag.

Sie haben aber **keinen Anspruch auf behördliches Einschreiten!** Den Beamten steht ein Ermessensspielraum zu und sie müssen pflichtgemäß prüfen, ob sie einschreiten und welche Maßnahmen sie ergreifen.

3.3 Wenn Sie sich außergerichtlich einigen

Suchen Sie zunächst das persönliche Gespräch mit Ihrem Nachbarn

Als ersten Schritt sollten Sie immer eine **einvernehmliche Lösung** mit Ihrem Nachbarn suchen – schließlich müssen Sie weiterhin im täglichen Leben miteinander auskommen. Außerdem kann ein unnötiger oder vorschnell begonnener Rechtsstreit erhebliche Kosten auslösen.

! Denken Sie daran, dass Sie mit Ihrem Nachbarn auch von der gesetzlichen Regelung abweichende individuelle Vereinbarungen treffen können.

Nehmen Sie Beratungsangebote in Anspruch!

Führt das persönliche Gespräch mit Ihrem Nachbarn zu keinem Ergebnis oder sind die Fronten bereits zu verhärtet, um »vernünftig« miteinander reden zu können, sollten Sie versuchen, den Konflikt **mithilfe von unbeteiligten Dritten außergerichtlich** zu lösen.

- Als **Vermittler** können beispielsweise die Mitarbeiter der Haus-, Wohnungs- und Grundeigentümervereine oder bei Streitigkeiten unter Mietern auch die Mietervereine tätig werden. Sind Sie **Mitglied** in einem dieser Vereine, ist die Beratung für Sie **kostenlos**.
- Weiter können Sie sich an die **Rechtsantragsstellen** des für Sie örtlich **zuständigen Amtsgerichts** wenden. Die Rechtspfleger helfen nicht nur konkret, wenn es um die Formulierung von Anträgen geht. Dort erhalten Sie auch Hinweise auf das örtliche Angebot von **öffentlichen Rechtsauskunfts- und Vergleichsstellen,** das von Bundesland zu Bundesland verschieden ist.
- Ein **Mediator** kann bereits im Vorfeld gerichtlicher Auseinandersetzungen vermitteln, ohne dabei rechtlich zu beraten. Er leitet die Gespräche, sammelt Fakten und arbeitet – gegebenenfalls zusammen mit den Parteien – einen Lösungsvorschlag aus. Einigt man sich, wird das Ergebnis als Vergleich beurkundet.
- Sind auf beiden Seiten des Nachbarschaftskonflikts Rechtsanwälte beteiligt, sollten Sie die Möglichkeit ausloten, einen **Anwaltsvergleich** (§§ 769 a – c ZPO) zu schließen. Dieser kann – aus Kostengründen am besten durch einen Notar – für vollstreckbar erklärt werden und somit ein aufwendiges Gerichtsverfahren ersetzen.

Häufig hilft ein freiwilliges Schlichtungsverfahren

Schlichten lohnt sich, denn Prozessieren kostet Nerven, Zeit und Geld. In zahlreichen Bundesländern wird deshalb ein **freiwilliges Schieds- oder Schlichtungsverfahren auf kommunaler Ebene** angeboten. Ein solches Schiedsverfahren kann in allen Nachbarrechtsfragen durchgeführt werden. Es ist grundsätzlich freiwillig. Sie können Ihren Nachbarn also nicht dazu zwingen, sich zu beteiligen.

! Das für Sie zuständige Schiedsamt erfahren Sie bei Ihrer Gemeinde- oder Stadtverwaltung, der Polizei oder beim örtlichen Amtsgericht.

3.4 Wenn es doch vor Gericht gehen soll

Eskaliert der Streit und wollen Sie ihn vor Gericht austragen, ist zunächst ein Blick in die landesrechtlichen Vorschriften Pflicht: Denn in etlichen Bundesländern regeln **»Schlichtungsgesetze«,** dass in bestimmten zivilrechtlichen Nachbarstreitigkeiten vor dem Gang zum Amtsgericht ein **obligatorisches außergerichtliches Schlichtungsverfahren** durchzuführen ist.

Folge: Eine Klage beim Amtsgericht dürfen Sie erst einreichen, wenn Sie mit Ihrem Nachbarn zuvor vor einer anerkannten Güte- oder Schiedsstelle vergeblich versucht haben, die Streitigkeit gütlich beizulegen, oder wenn die Schlichtungsstelle innerhalb von drei Monaten nicht tätig wurde (§ 15a EGZPO).

Der erfolglose Einigungsversuch muss der Klageerhebung **zwingend vorausgehen** und kann grundsätzlich **nicht nachgeholt** werden. **Ausnahme:** Wurde der Schlichtungsversuch zwar unternommen, aber weist das Verfahren Formfehler auf, können diese unter Umständen »geheilt« werden (z.B. wird eine nachgebesserte Erfolglosigkeitsbescheinigung vorgelegt). Hingegen wird eine ganz **ohne Schlichtungsversuch erhobene Klage** als **unzulässig** abgewiesen (BGH, Urteil vom 23. 11. 2004, VI ZR 336/03, VersR 2005 S. 708).

! Erkundigen Sie sich bei den Landesjustizministerien oder bei Ihrem örtlich zuständigen Amtsgericht, ob in Ihrem Bundesland eine obligatorische außergerichtliche Streitbeilegung gesetzlich vorgeschrieben ist. Fragen Sie nach den Einzelheiten des Verfahrens, das ebenfalls von Bundesland zu Bundesland unterschiedlich geregelt sein kann.

Die Möglichkeit, Streitigkeiten **freiwillig** außergerichtlich vor einer unabhängigen Schlichtungsstelle zu verhandeln, bleibt Ihnen unbenommen. Es ist in der Sache auch nicht auf die im Schlichtungsgesetz aufgezählten Streitigkeiten beschränkt. Falls Sie bereits ein solches Verfahren durchgeführt haben, erkundigen Sie sich bei den genannten Stellen, ob das freiwillige Schlichtungsverfahren als Prozessvoraussetzung anerkannt wird. Das gilt natürlich nur, wenn in Ihrem Bundesland die obligatorische außergerichtliche Streitbeilegung vorgeschrieben ist.

4 Nachbarrecht von »Abfall« bis »Zaun«

Abfall

Welcher Müll wie entsorgt werden muss oder darf, wird in den jeweiligen **Abfallgesetzen** der Länder geregelt. Die zuständige Behörde kümmert sich um die Einhaltung dieser **öffentlich-rechtlichen Vorschriften**. Als betroffener Nachbar helfen Ihnen diese Regelungen nicht unmittelbar weiter, wenn Sie eine »wilde Mülldeponie« auf dem Nachbargrundstück beseitigen wollen (z. B. lagert dort ein Autowrack). Hier hilft eine **Anzeige** bei der zuständigen **Abfallbehörde**.

Im **privaten Verhältnis** der Nachbarn untereinander gilt: Den **Anblick von Müll** auf dem Grundstück Ihres Nachbarn müssen Sie ertragen. Gegen bloße ästhetische Beeinträchtigungen können Sie grundsätzlich nichts unternehmen. Anders sofern Geruchsbelästigung oder Gesundheitsgefährdung durch Ratten, Mäuse oder Ungeziefer davon ausgehen. Ihr Nachbar darf seine Mülltonne **grundsätzlich im Freien aufstellen**. Er muss sie aber so auf seinem Grundstück platzieren, dass Sie von Gerüchen, Ungeziefer und Lärm beim Leeren des Abfalls weitgehend verschont bleiben. Andernfalls muss Ihr Nachbar den Müllbehälter versetzen.

Ihr Nachbar darf seinen Unrat und Hausmüll nicht auf Ihrem Grundstück lagern. Eine solche Eigentumsbeeinträchtigung müssen Sie nicht hinnehmen und können deshalb **Unterlassung** verlangen.

Balkon

Als Mieter dürfen Sie **Blumentöpfe und -kästen** außen am Balkon anbringen, wenn dadurch weder Dritte noch das Gebäude zu Schaden kommen können. Sie müssen die Kästen dabei so befestigen, dass sie auch bei starkem Wind nicht herabfallen und Passanten gefährden (LG Berlin, Urteil vom 26. 11. 2009, 67 S 278/09).

Ist im **Mietvertrag** das Anbringen der Blumenkästen an der Balkonaußenseite unter einen Genehmigungsvorbehalt gestellt, darf der Vermieter die Entfernung der Blumenkästen verlangen (LG Berlin, Urteil vom 20. 5. 2011, 67 S 370/09).

Ballspiel

Ein **generelles (Fuß-)Ballverbot** vor dem eigenen Grundstück können Sie nicht verlangen (LG München I, Urteil vom 3. 11. 2003, 5 G 5454/03), sofern die Kinder dabei keine fremden Sachen beschädigen (z. B. klettern Kinder über den Zaun, um den herübergeflogenen Ball zurückzuholen und zertrampeln dabei Ihr Blumenbeet). Sie können den Kindern aber untersagen, Ihr Grundstück zu betreten. Den kassierten Ball dürfen Sie jedoch nicht behalten und müssen ihn den Kindern herausgeben.

Mit dem Umstand, dass immer wieder **ein Ball auf Ihr Grundstück herüberfliegt,** müssen Sie sich nicht abfinden. Von Ihrem Nachbarn können Sie verlangen, dass er Netze oder Tore errichtet, um das Herüberfliegen zu verhindern. Vorausgesetzt, Ihr Schaden ist im Verhältnis zu dem dazu notwendigen Aufwand nicht nur geringfügig.

Kindliches Ballspielen können Sie auch dann nicht verbieten, wenn Sie tagsüber besonders ruhebedürftig sind. **Kinderlärm** ist nach dem Bundesimmissionsschutzgesetz rechtlich keine schädliche Umwelteinwirkung.

BAUMSCHUTZREGELUNGEN

Die Landesnaturschutzgesetze ermächtigen die Behörden, Bäume und Sträucher in bebauten Ortsteilen unter Schutz zu stellen. Die meisten Städte und Gemeinden verfügen deshalb über Baumschutzsatzungen/-verordnungen. Erkundigen Sie sich danach.

Liegt eine Baumschutzregelung vor, ist alles **verboten,** was die geschützten Pflanzen **ändert, schädigt** oder **zerstört.** Die Regelungen verpflichten sowohl die Baumeigentümer als auch deren Nachbarn (OLG Hamm, Beschluss vom 6. 11. 2007, 3 Ss OWi 494/07, NJW 2008 S. 453).

》 **Beispiel:**

- Baumschutzregelungen beschränken das Abholzen und den Rückschnitt von Bäumen und Sträuchern sowie die Veränderungen des Kronenaufbaus von Bäumen.
- Durch eine Baumschutzverordnung kann auch der Anspruch auf Einhaltung eines Grenzabstandes ausgeschlossen sein.

Die Vorschriften enthalten **Ausnahmeregelungen,** wann ein geschützter Baum gefällt werden darf (z. B. bei Windbruchgefahr). Die Befreiung können sowohl Baumeigentümer als auch Nachbarn beantragen.

Verstoßen Sie gegen die Baumschutzregelungen (z. B. fällen Sie einen geschützten Baum), droht Ihnen in der Regel ein saftiges **Bußgeld.** Zudem machen Sie sich Ihrem Nachbarn gegenüber **schadensersatzpflichtig.**

Betreten von Grundstücken

Ein fremdes Grundstück dürfen Sie **nur mit der Zustimmung** des jeweiligen Eigentümers betreten. Andernfalls können Sie sich wegen Hausfriedensbruchs strafbar machen, sofern Sie ein eingefriedetes Grundstück betreten (§ 123 StGB). **Ausnahmen:**

- Bei einem **Notfall** (z. B. zur Brandbekämpfung). Hier ist die **Zustimmung** des Nachbarn **nicht erforderlich**.
- Für Arbeiten am eigenen Haus oder Grundstück, die Sie nur vom Nachbargrundstück aus erledigen können (z. B. das Anstreichen einer Grenzwand). Dazu berechtigt Sie regelmäßig das **Hammerschlags- und Leiterrecht**.
- Ihnen steht ein **Notwegerecht** zu oder Sie sind aufgrund einer im Grundbuch eingetragenen Grunddienstbarkeit oder eines Geh- und Fahrtrechtes dazu berechtigt.

Einfriedungen

Dürfen oder müssen Sie Ihr Grundstück einfrieden?

»Einfriedung« ist der juristische Oberbegriff für **Zäune und Mauern**, die ein Grundstück **vom Nachbaranwesen abgrenzen**. Das sind **bauliche Anlagen**, die nur bis zu einer bestimmten Höhe baugenehmigungsfrei sind. Erkundigen Sie sich deshalb **zunächst** bei Ihrer **Baubehörde** nach den landesrechtlichen Vorgaben. Dort erfahren Sie auch, wie die Einfriedung auszusehen hat.

In der Regel müssen Sie Ihren Grundstücksnachbarn vorab über Ihr Bauvorhaben **unterrichten**. Teilen Sie frühzeitig Art, Ausstattung und Höhe des geplanten Zaunes oder mögliche Änderungen daran mit. Stimmt Ihr Nachbar dem Vorhaben ausdrücklich zu, dürfen Sie vor Fristablauf mit den Arbeiten beginnen. Die **Dauer der Anzeigepflicht** ist unterschiedlich geregelt. Sie beträgt zwischen zwei Wochen und einem Monat vor dem geplanten Beginn der Arbeiten.

Aufgepasst: »Lebende Zäune« zählen nicht zu den baulichen Einfriedungen! Wollen Sie Ihr Grundstück durch eine Hecke oder eine andere Grenzanpflanzung abschirmen, müssen Sie die jeweiligen Grenzabstände von Bäumen, Sträuchern und Hecken beachten.

Haben Sie die baurechtliche Seite der Einfriedung geklärt, müssen Sie als nächsten Schritt das **Nachbarrecht** beachten. Denn Ihre Entscheidungsfreiheit, Ihren eigenen Grund und Boden durch einen Zaun oder eine andere Grenzeinrichtung einzufrieden, ist in fast allen Bundesländern durch **gesetz-**

liche **Einfriedungspflichten** beschränkt. Diese knüpfen allerdings an äußerst unterschiedliche Voraussetzungen an.

Daneben bestehen **Ausnahmeregelungen,** die von der Einfriedungspflicht **befreien** oder gar die Einfriedung **verbieten** (z. B. ist eine Einfriedung unzulässig, wenn durch einen Zaun die Verkehrssicherheit beeinträchtigt ist, weil durch eine Mauer die Straße nicht einsehbar ist).

Aus den Bau- und Straßengesetzen der Länder kann sich zudem die **Pflicht ergeben, gegenüber öffentlichen Frei- und Verkehrsflächen** aus Sicherheitsgründen einen Zaun zu errichten. Diese öffentlich-rechtliche Einfriedungspflicht durchzusetzen, ist Sache der zuständigen Baubehörde. Ihr Nachbar kann dies nicht unmittelbar von Ihnen verlangen.

Wohin mit dem Zaun und wie muss er aussehen?

Grundsätzlich läuft eine Einfriedung **entlang** der Grenze, wenn nur **einer** der Nachbarn einfriedungspflichtig ist. Besteht eine **gemeinsame** Einfriedungspflicht der Nachbarn, darf der Zaun **auf** der Grundstücksgrenze errichtet werden. In der Regel müssen Sie keine Grenzabstände einhalten. Erkundigen Sie sich vorsichtshalber jedoch bei Ihrer Gemeinde nach möglichen Ausnahmevorschriften.

Welches Material Sie für die Einfriedung wählen können (z. B. Jäger- oder Maschendrahtzaun, Backstein- oder Glasbausteinmauer) und wie hoch diese sein darf (z. B. ist eine Höhe von 1,20 m bis maximal 1,50 m üblich), erklärt man Ihnen auf dem örtlichen **Bauamt.** Fehlen Gestaltungsvorschriften, bildet die Ortsüblichkeit das Maß der Dinge. Die Einfriedung muss in etwa so aussehen, wie dies in Ihrer unmittelbaren Nachbarschaft üblich ist.

! Fehlt eine gesetzliche Regelung, müssen Sie sich mit Ihrem Nachbarn einigen. Berufen Sie sich dabei auf die Grundsätze des nachbarlichen Gemeinschaftsverhältnisses.

Wer trägt die Kosten für die Einfriedung?

Hier gilt **bundeseinheitlich** folgende Grundregel: Derjenige, der den Zaun oder die Mauer aufstellen muss, trägt die entstehenden Errichtungs- und Instandhaltungskosten (z. B. für einen Neuanstrich oder Reparaturen). Sind beide Nachbarn verpflichtet, teilen sie sich die Kosten.

Was können Sie tun, wenn der Zaun stört?

Ist die Einzäunung Ihres Nachbarn ortsunüblich oder zu hoch, können Sie die Beseitigung der Einfriedung bzw. Verringerung auf die höchstzulässige Höhe verlangen. Diesen Anspruch können Sie gegebenenfalls vor den Zivilgerichten durchsetzen. Beachten Sie, dass es in manchen Bundesländern **Fristen** gibt, innerhalb derer Sie die Beseitigung der Störung verlangen müssen (z. B. betragen diese zwischen ein und drei Jahren nach der Errichtung der Einfriedung). Erkundigen Sie sich rechtzeitig. Denn ist die Frist verstrichen, erlischt der Abwehranspruch!

FALLOBST

Für die Kirschen aus Nachbars Garten besteht ein **Ernteverbot:** Sie dürfen weder überhängendes Obst oder Beeren pflücken noch den Baum schütteln, damit die Früchte auf Ihr Grundstück fallen. Sie können sich dadurch wegen Diebstahls strafbar machen und müssen das Obst seinem Eigentümer herausgeben bzw. ihm den Schaden ersetzen.

Aber: Die Früchte (z. B. Äpfel, Kirschen, Zwetschgen), Nüsse oder Beeren, die von einem Baum oder einem Strauch direkt auf Ihr Grundstück **fallen,** gehören Ihnen (§ 911 BGB). Das gilt auch, wenn die Früchte aufgrund der Hanglage Ihres Grundstückes zu Ihnen **hinüberrollen.** Ihr Nachbar darf weder zum Aufsammeln des Fallobstes Ihr Grundstück betreten noch die Früchte von Ihnen zurückverlangen. Zum Ernten darf er allerdings in den Luftraum Ihres Grundstücks hinübergreifen (z. B. mit einem »Obstpflücker«).

Ein übermäßiger Befall Ihres Grundstücks mit Früchten kann eine erhebliche Belästigung darstellen (z. B. durch Mostbirnen). Hier können Sie von Ihrem Nachbarn verlangen, dass er den herüberragenden Ast **zurückschneidet** und Ihnen die entstandenen **Kosten** fürs Aufsammeln des Fallobstes **ersetzt.** Es gelten die Grundsätze des Laubfalls.

Für **Schäden** durch herunterfallende Früchte (z. B. nimmt der Lack an Ihrem unter dem Nachbarbaum geparkten Pkw Schaden) haftet der Nachbar nur, wenn bekannt ist, dass die Früchte eine stark ätzende Säure enthalten, die Schäden verursachen kann. **Aber:** Das Herabfallen von Eicheln und Kastanien im Herbst wird als natürlicher Vorgang angesehen, der keine besonderen Schutzpflichten auslöst und im Schadensfall auch nicht zu einer Haftung führt (OLG Hamm, Urteil vom 19. 5. 2009, 9 U 219/08, NJW-RR 2010 S. 537).

Feiern

Es gibt keine gesetzliche Regelung und kein Gewohnheitsrecht, das eine Party oder regelmäßig stattfindende lautstarke Feste gestattet (OLG Düsseldorf, Beschluss vom 15. 1. 1990, 5 Ss (OWi) 475/98 – (OWi) 197/89 I, NJW 1990 S. 1676). Zwar müssen Ihre Nachbarn gelegentliches privates Feiern **dulden** – etwa anlässlich Ihres Geburtstages. Doch müssen Sie Ihrerseits die **Ruhezeiten einhalten: Um 22:00 Uhr ist Schluss**, wenn dadurch Ihr Nachbar gestört wird – insbesondere Balkon- und Gartenfeste sind dann ins Haus zu verlagern und Musiklärm auf Zimmerlautstärke zu reduzieren.

Erkundigen Sie sich bei der örtlichen Gemeindeverwaltung nach den für Ihren Wohnort geltenden Ruhezeiten. **Beachten Sie weiter,** dass auch in Ihrer **Hausordnung** Ruhezeiten geregelt werden können, die Sie zudem beachten müssen.

Verstoßen Sie gegen die Ruhezeiten, kann Ihr Nachbar zunächst die Party durch die **Polizei** beenden lassen. Wiederholungstätern droht unter Umständen ein **Ordnungsgeld** bis zu € 5 000,–. Zudem kann Ihr Nachbar Sie auf Unterlassung verklagen, um Ihnen künftige Feiern zu verbieten.

Fenster- und Lichtrecht

Sie wollen in die dem Nachbargrundstück zugewandte Außenwand Ihres Hauses ein Fenster einbauen. Der Nachbar fühlt sich durch die neue Öffnung jedoch »beobachtet«. Umgekehrt kann sich die Frage ergeben, ob Sie ein bestehendes Fenster in Grenznähe durch einen Neubau »zubauen« und damit den dahinterliegenden Zimmern Licht und Luft nehmen dürfen.

In diesen Fällen müssen Sie nicht nur prüfen, ob Ihr Bauvorhaben nach der jeweiligen **Landesbauordnung** zulässig ist. Vielmehr sollten Sie auch einen Blick in das entsprechende **Nachbarrechtsgesetz** werfen, das **unterschiedliche Regelungen** zum Grenzabstand von Gebäuden und zur konkreten Ausgestaltung des Fenster- bzw. Lichtrechts enthält.

» **Beispiel:**
- Der erforderliche Mindestabstand zur Grenze ist landesrechtlich unterschiedlich geregelt. Stimmt Ihr Nachbar schriftlich zu, dürfen Sie ebenfalls näher an die Grundstücksgrenze heranrücken.
- Unter Umständen wird die Gestaltung der Gebäudeteile eingeschränkt (z. B. müssen Fenster aus undurchsichtigem Material bestehen und dürfen sich nicht öffnen lassen).

In Fällen, in denen Ihr Nachbar das Fensterrecht verletzt (z. B. hält er den Mindestabstand nicht ein), können Sie verlangen, dass das Fenster undurchsichtig geschlossen wird oder auf den Mindestabstand versetzt wird. Beachten Sie dabei etwaige **Ausschlussfristen.** Diese betragen je nach Bundesland zwischen zwei Monaten und zwei Jahren. Machen Sie diesen Anspruch nicht innerhalb der vorgesehenen Frist geltend, erlischt er.

GRENZABSTÄNDE VON PFLANZEN

Grundsätzlich dürfen Sie als Eigentümer über Ihren Grund und Boden frei verfügen und Anpflanzungen nach Belieben vornehmen (z. B. wollen Sie Ihren Garten neu gestalten). **Aber:** Die Landesnachbarrechtsgesetze beschränken Ihre Gestaltungsfreiheit und regeln **Grenzabstände bei Anpflanzungen.** Dabei weichen die einzelnen landesrechtlichen Regelungen erheblich voneinander ab. Besorgen Sie sich deshalb unbedingt das Nachbarrechtsgesetz Ihres Bundeslandes.

Die in den Nachbarrechtsgesetzen geregelten Grenzabstände gelten ausdrücklich nur für **Bäume, Sträucher und Hecken.** Sie gelten **nicht** für **Blumen und Stauden.** Diese sind im Grenzstreifen zum Nachbargrundstück erlaubt.

Die Gesetze fassen die Pflanzen in **verschiedene Kategorien** zusammen, unterteilt nach **Größe** (z. B. »sehr stark wachsende Bäume«) bzw. **Sorte** (z. B. Sträucher, Obstbäume, Ziergehölze, Hecken). Dabei werden für jede Pflanzengruppe einzelne Vertreter der jeweiligen Gattung genannt. Beispielsweise fallen unter »sehr stark wachsende Bäume« Sommerlinden, Pappeln und Rosskastanien. Es gilt das **Prinzip:** Je größer die Anpflanzung wird, desto größer ist auch der Abstand, der zum Nachbargrundstück hin eingehalten werden muss.

Als Abstand gilt die **kürzeste Verbindung zur Grenze.** Im Allgemeinen wird von der Mitte des Baumes, Strauches oder Hecke aus waagrecht und rechtwinklig zur Grundstücksgrenze gemessen. Entscheidend ist die **Mittelachse** des Baumstammes oder des Strauches beim Austritt aus dem Boden. Sind mehrere Stämme, Zweige oder Triebe vorhanden, ist derjenige maßgebend, der der Grenze am nächsten steht.

Die **konkrete Abstandsregelung** ist **je nach Nachbarrechtsgesetz unterschiedlich** (z. B. darf in einem Grenzstreifen von 0,50 m überhaupt kein Baum, Strauch oder eine Hecke gepflanzt werden, wird der Grenzabstand abgestuft nach Art und Höhe der Pflanzen – in der Regel 1/3 bis 1/2 der jeweiligen Höhe).

Hat Ihr Nachbar bei der Anpflanzung die erforderlichen Grenzabstände nicht eingehalten, können Sie **Beseitigung bzw. Rückschnitt** verlangen. In manchen Bundesländern räumt Ihnen das Gesetz auch ein Wahlrecht ein (z. B. in

Sachsen, Sachsen-Anhalt oder in Thüringen). **Beachten Sie:** Beseitigung oder Rückschnitt können Sie nicht uneingeschränkt verlangen.

- Sie müssen etwaige **Baumschutzregelungen** oder Pflanzen schützende Vorschriften des Naturschutzrechts beachten.
- Der Rückschnitt von Bepflanzungen ist **zeitlich beschränkt**. So können Sie beispielsweise in manchen Bundesländern in der Zeit von Anfang bzw. Mitte März bis zum 30. 9. keinen Rückschnitt verlangen.
- Es bestehen unterschiedliche **Verjährungs- und Ausschlussfristen**.

! Warten Sie also nicht zu lange mit der Forderung, zu nahe an der Grenze stehende Bäume, Sträucher oder Hecken zu beseitigen oder zurückzuschneiden. Denn sind die Fristen abgelaufen, ist nichts mehr zu machen. Allerdings: Rückschnitt können Sie immer wieder fordern. Hat Ihr Nachbar die Pflanzen gestutzt, entsteht das Rückschnittsrecht neu. Das gilt auch für die Ausschlussfristen.

GRENZEINRICHTUNGEN

Bestehen Grenzeinrichtungen zwischen zwei benachbarten Grundstücken (z. B. Zaun, Graben, Mauer, Hecke), wird aufgrund der gesetzlichen Regelung vermutet, dass beide Nachbarn zur **gemeinschaftlichen Nutzung** berechtigt sind (z. B. eine auf der Grundstücksgrenze verlaufende Garagenzufahrt können beide Grundstücksnachbarn befahren). **Ausnahme:** Äußere Merkmale weisen darauf hin, dass die Grenzeinrichtung einem Nachbarn allein gehört (§ 921 BGB).

» **Beispiel:**
- Die Garagenzufahrt erfasst das ganze Grundstück eines Nachbarn.
- Der Nachbar hat die Thuja-Hecke ausschließlich auf seinem Grundstück gepflanzt.

Die **Unterhaltskosten** für Grenzeinrichtungen tragen regelmäßig die beiden Nachbarn gemeinsam (§ 921 – 922 BGB).

Solange einer der Nachbarn Interesse am Fortbestand der Einrichtung hat, darf sie **nicht ohne seine Zustimmung beseitigt oder verändert** werden. Verstößt Ihr Nachbar gegen dieses Verbot, beispielsweise indem er die Grenzeinrichtung eigenmächtig beseitigt, haben Sie einen **Schadensersatzanspruch:** Ihr Nachbar muss auf seine Kosten den ursprünglichen Zustand wiederherstellen.

GRILLEN

In Brandenburg und Nordrhein-Westfalen ist das Grillen im Freien verboten, wenn Sie damit Ihre Nachbarn erheblich belästigen (z. B. Rauchentwicklung). In den anderen Bundesländern gibt es **keine gesetzliche Regelung fürs Grillen**. So wird **von Fall zu Fall** entschieden, wenn der Streit um die »Grillbelästigungen« vor Gericht landet. Beachten Sie dazu folgende **Grundregeln:**

- **Das gilt für Mieter:** Sofern Ihnen das Grillen auf dem Balkon oder der Terrasse **nicht im Mietvertrag** oder durch die **Hausordnung verboten** ist, ist es **grundsätzlich erlaubt.** Allerdings dürfen durch das Grillen **keine Schäden** entstehen oder die Nachbarn **unzumutbar belästigt** werden (z. B. dringt dichter Grilldunst in die Nachbarwohnung ein). Als **Faustregel** gilt zumindest für kleine Wohnanlagen: Von April bis September ist das Grillen grundsätzlich einmal im Monat erlaubt, sofern Sie Ihre Nachbarn vorher (d. h. 48 Stunden) informiert haben (AG Bonn, Urteil vom 29. 4. 1997, 6 C 545/96, NJW-RR 1998 S. 10).

- **Das gilt für Wohnungseigentümer:** Das Grillen auf dem Balkon oder der Terrasse kann durch einen Mehrheitsbeschluss verboten werden (OLG Zweibrücken, Beschluss vom 6. 4. 1993, 3 W 50/93). Sofern **kein Verbot** besteht, ist die **Zulässigkeit** von **verschiedenen Faktoren** abhängig:
  - die Nähe der Grillstelle zur Nachbarwohnung (z. B. muss der Grill am Rande des Gartens aufgebaut werden),
  - die Art des Gartengrills (z. B. Holzkohle, Elektro- oder Gasgrill),
  - die Art des aufgelegten Grillguts,
  - die Dauer (z. B. bis zu zwei Stunden pro Grillabend) und
  - die Häufigkeit des Grillens (z. B. 3- bis 5-mal pro Grillsaison).

- **Das gilt für Haus- und Grundbesitzer:** Als Haus- und Grundbesitzer kann Ihnen Ihr Nachbar nur dann das Grillen untersagen, wenn er »eingeräuchert« wird und deshalb weder Fenster noch Türen öffnen kann. Denn nach § 906 BGB kann der Nachbar sogenannte »unwägbare Stoffe« (z. B. Qualm, Rauch, Gerüche) von seinem Grundstück abwehren. Faustregel: Gegrillt werden darf deshalb nicht häufiger als 2-mal im Monat und nicht mehr als 10-mal im Jahr. Jedoch ist Grillen in den Sommermonaten üblich und muss deshalb nicht in jedem Fall vorher angemeldet werden (AG Westerstede, Beschluss vom 30. 6. 2009, 22 C 614/09, NZM 2010 S. 336).

Abgesehen von den Ländern Brandenburg und Nordrhein-Westfalen, wo Sie die **Polizei rufen** können, wenn allzu starker Qualm Sie belästigt, sind Sie in den übrigen Bundesländern auf den **Zivilrechtsweg** angewiesen, wenn Sie gegen Ihren

Nachbarn vorgehen wollen. Unter Umständen kommt eine einstweilige Verfügung in Betracht. Doch erst im Klagewege wird abschließend darüber entschieden, ob, wie häufig und unter welchen Voraussetzungen gegrillt werden darf.

Hammerschlags- und Leiterrecht

Fremde Grundstücke dürfen Sie grundsätzlich nur mit Einwilligung des Eigentümers betreten. **Ausnahmsweise** ist es Ihnen für bestimmte Bauarbeiten auf Ihrem Grundstück erlaubt, das Nachbargrundstück **vorübergehend** in Anspruch zu nehmen. So berechtigt Sie das **Hammerschlagsrecht** das Nachbargrundstück zu betreten, um von dort Arbeiten am eigenen Haus auszuführen (z. B. Instandsetzungsarbeiten an der Hauswand). Nach dem **Leiterrecht** dürfen Sie für solche Bau- oder Renovierungsarbeiten auf dem Nachbargrundstück eine Leiter, ein Gerüst oder andere Arbeitsgeräte aufstellen.

In den meisten **Nachbarrechtsgesetzen** der Länder finden Sie entsprechende Regelungen. Fehlt die gesetzliche Regelung des Hammerschlags- und Leiterrechts, muss Ihr Nachbar Sie aufgrund des **nachbarlichen Gemeinschaftsverhältnisses** auf sein Grundstück lassen. Die Voraussetzungen für die Inanspruchnahme dieser Rechte sind jedoch streng:

- Es muss sich um eine **bauliche Maßnahme** handeln, etwa das Errichten, Reparieren oder Pflegen einer baulichen Anlage (z. B. Dachrinne säubern). Für Gartenarbeiten können Sie sich nicht unmittelbar auf diese Rechte berufen. Um zum Heckenschneiden das Nachbargrundstück betreten zu dürfen, können Sie sich aber auf das nachbarliche Gemeinschaftsverhältnis berufen.

- Die bauliche Maßnahme darf öffentlich-rechtlichen Vorschriften nicht widersprechen. Erkundigen Sie sich vorab beim zuständigen Bauamt, ob Sie für Ihr Vorhaben eine Genehmigung benötigen.

- Diese Arbeiten müssen **zwingend** vom Nachbargrundstück aus verrichtet werden. Es wird allerdings von Ihnen nicht verlangt, dass Sie sich vom Dach Ihres Hauses abseilen, um Anstreicharbeiten an der Grenzwand auszuführen. Die Nachteile und Belästigungen, die Ihr Nachbar in Kauf zu nehmen hat, und Ihr Nutzen an den Arbeiten müssen in einem **angemessenen Verhältnis** zueinander stehen.

- Ihre Nachbarn sind **rechtzeitig** von der geplanten Aktion zu unterrichten.

- Gehen Sie mit dem Grundstück Ihres Nachbarn **pfleglich** um. Treffen Sie ausreichende Maßnahmen, um Belästigungen und Schäden zu vermeiden (breiten Sie z. B. Bretter oder Folien zum Schutz der Beete oder Rasenflächen aus). Richten Sie auf dem Nachbargrundstück Schaden an, müssen Sie diesen ersetzen (z. B. das zerstörte Blumenbeet neu anlegen).

Beachten Sie: Sie dürfen dieses Recht nicht eigenmächtig durchsetzen! Erlaubt Ihnen Ihr Nachbar nicht, auf sein Grundstück zu kommen, und können Sie sich nicht gütlich einigen, müssen Sie ihn verklagen.

IMMISSIONEN

Unter Immissionen versteht man **Einwirkungen unkörperlicher Art,** zum Beispiel Luftverunreinigungen wie Gase, Dämpfe, Rauch, Gerüche, aber auch Lärm, Erschütterungen, Lichtimmissionen, Strahlen und ähnliche Umwelteinwirkungen vom Nachbargrundstück.

Als **Eigentümer** können Sie nach § 1004 BGB verlangen, dass der »Störer« (z. B. der Verursacher der Lärmbelästigung) die Beeinträchtigung unterlässt. Als **Mieter** können Sie Ihren Anspruch auf § 862 BGB stützen. Allerdings müssen Sie gewisse Immissionen auf Ihrem Grundstück **dulden** (§ 906 BGB). Beispielsweise wenn

- es sich um **unwesentliche Beeinträchtigungen** handelt, also geringfügige Belästigungen, die sich aus dem üblichen Zusammenleben von Nachbarn ergeben (z. B. Wohngeräusche);

- es sich zwar um eine **wesentliche Beeinträchtigung** handelt, diese aber **ortsüblich** ist (z. B. Bushaltestelle vor der Terrasse) und **nicht** durch **wirtschaftlich zumutbare Maßnahmen verhindert** werden kann (z. B. durch vernünftige Lärmschutzmaßnahmen). In diesem Fall haben Sie aber einen gesetzlichen Anspruch auf Geldausgleich, wenn Ihr Grundstück mehr als zumutbar beeinträchtigt wird;

- **Grenzwerte in technischen Regelwerken** nicht überschritten werden (z. B. TA-Luft oder TA-Lärm).

Abzugrenzen sind Immissionen von ästhetischen Beeinträchtigungen (z. B. ein Schrotthaufen im Nachbargarten), die Sie in Ihrer Nachbarschaft hinnehmen müssen. Das gilt ebenso für Einwirkungen aufgrund von Naturkräften, für die Sie keinen menschlichen Störenfried verantwortlich machen können.

Einen **öffentlich-rechtlichen Schutz** vor Immissionen gewährt Ihnen das Bundesimmissionsschutzgesetz (BImSchG), insbesondere wenn Sie sich gegen schädliche Einwirkungen, Gefahren und erhebliche Nachteile zur Wehr setzen wollen, die durch genehmigungsbedürftige Anlagen (z. B. Fabrik, Schweinemastbetrieb) entstehen. Nach dem BImSchG bzw. den entsprechenden Immissionsschutzgesetzen der Länder haben Sie unter Umständen einen Anspruch darauf, dass die Anlage durch technisch zumutbare Abwehrmaßnahmen verbessert wird (z. B. Einbau von Filteranlagen). Oder Ihnen steht ein Schadensersatzanspruch zu.

Kinderlärm

§ 22 Abs. 1a BImSchG normiert die gesetzliche Standardvermutung, **dass Lärm etwa von Kindergärten und Spielplätzen keine schädliche Umwelteinwirkung** darstellt. Kindertagesstätten und vergleichbare Einrichtungen können also grundsätzlich in Wohngebieten eingerichtet werden und die Gerichte lassen solchen Lärm nicht als pauschalen Klagegrund zu. Die gesetzliche Vermutung gilt ausdrücklich nur »im Regelfall«, sodass in **Extremfällen Ausnahmen** möglich sind.

Davon ist das **rein private Spielen** zu unterscheiden. Hier gilt: Ignorieren der Ruhezeiten, objektiv unnötiger oder gar mutwilliger Lärm sowie beharrliche Missachtung der Hausordnung kann Ärger bedeuten, wenn das übliche Maß überschritten wird (z. B. laufen Kinder im Flur Rollschuh).

Allerdings ist Kinderlärm auch in einem **Mehrfamilienhaus ortsüblich.** In der Regel können also weder Mitmieter (LG München I, Urteil vom 24. 2. 2005, 31 S 20796/04, NJW-RR 2005 S. 598) noch der Vermieter (LG Wuppertal, Urteil vom 29. 7. 2008, 16 S 25/08) erfolgreich dagegen vorgehen. Auch hier gilt aber: Extremfälle finden bei geeigneter Argumentation nach wie vor den Weg zum Richter.

Kirchengeläut/Kirchenmusik

Fühlen Sie sich durch das Glockengeläut der Kirche in der Nachbarschaft belästigt, stehen Ihnen je nach »Art des Glockengeläutes« unterschiedliche Rechtswege offen (BVerwG, Urteil vom 28. 1. 1994, 7 B 198/93, NJW 1994 S. 956):

- Geht Ihnen die Zeitangabe mit Stundenschlag auf die Nerven, gehen Sie gegen **nicht sakrales Glockengeläut** vor. Hier entscheiden die **Zivilgerichte** darüber, ob die Immissionswerte der TA-Lärm oder der VDI-Richtlinie 2058 überschritten werden. Werden die Grenzwerte eingehalten, dürfen die Glocken zur Zeitansage läuten (LG Offenburg, Urteil vom 14. 2. 2012, 1 S 72/11). Allerdings: Gilt die Zeitangabe nicht mehr grundsätzlich als ortsüblich, so haben Abwehransprüche gegen allzu laute Kirchturmuhren in der Nacht Aussicht auf Erfolg.

- Wenden Sie sich gegen **sakrales Glockengeläut,** das zu liturgischen oder gottesdienstlichen Zwecken ertönt, landen Sie mit einer Klage vor dem zuständigen **Verwaltungsgericht** (BVerwG, Urteil vom 7. 10. 1983, 7 C 44/81, NJW 1984 S. 989). Allerdings sind Ihre Erfolgsaussichten, diese Art von Geläut zu unterbinden, gering. Das liturgische Läuten wird durch grundgesetzlich garantierte Religionsausübungsfreiheit geschützt.

Komposthaufen

Pflanzliche Küchen- und Gartenabfälle dürfen im eigenen Garten in fast allen Bundesländern kompostiert werden. Die Art und Weise des ordnungsgemäßen Kompostierens ist entsprechend vorgeschrieben (z. B. Art der Abfälle, Belüftung). Hält der Hobbygärtner diese Regeln ein, können Sie in der Regel nicht verlangen, dass der Kompost beseitigt wird. Fühlen Sie sich allein vom Anblick des Komposthaufens gestört, können Sie nichts unternehmen.

Den **Ort,** an dem Ihr Nachbar seinen Komposthaufen anlegt, darf er grundsätzlich frei wählen. **Einschränkungen** können sich aus landesrechtlichen Abstandsregelungen ergeben. Außerdem ist bei der Wahl des Standortes auf die Nachbarn Rücksicht zu nehmen (z. B. sollte der Kompost nicht direkt neben einem Sitzplatz angelegt werden).

Sie können verlangen, dass der Komposthaufen von der gemeinsamen Grundstücksgrenze **verlegt** oder **beseitigt** wird, wenn mit ihm das Auftreten von Insekten oder Ungeziefer (z. B. Ratten, Mäuse) oder Geruchsbelästigungen auf Ihrem Grundstück verbunden sind. Vorausgesetzt, die Beeinträchtigungen sind wesentlich und gehen über die Ortsüblichkeit hinaus. Außerdem muss Ihrem Nachbarn die Beseitigung der Störung wirtschaftlich zumutbar sein. Das ist beim Verlegen des Komposthaufens in der Regel der Fall.

Lärm

Die entscheidende Frage bei nachbarschaftlichen Lärmstreitigkeiten ist, wann Lärm **nicht mehr zumutbar** und deshalb als **wesentliche Beeinträchtigung** anzusehen ist. Dann stehen Ihnen nachbarliche Abwehr- und Unterlassungsansprüche zu (§ 906 BGB).

Die **Beurteilung von Lärmbelästigungen** erfolgt nach **verschiedenen Regelwerken** (z. B. Allgemeine Verwaltungsvorschrift zum Schutz gegen Baulärm, Geräte- und Maschinenlärmschutzverordnung, LAI-Hinweise zum Freizeitlärm, Sportanlagenlärmschutz-Verordnung, Technische Anleitung zum Schutz gegen Lärm (TA-Lärm), VDI-Richtlinie 2058 (Blatt 1)).

Diese Regelwerke legen **je nach Lärmquelle** (z. B. durch Industrie- oder Sportanlagen, durch Arbeits- oder Freizeitlärm) **unterschiedliche Grenzwerte** fest. Diese Grenzwerte sind für einen Zivilrichter in einem privaten Nachbarstreit nicht verbindlich. Doch sie geben einen Anhaltspunkt, ob einem Nachbarn der Lärm noch zumutbar ist oder nicht.

Können die Immissionen gemessen werden, liegt in der Regel eine wesentliche und damit unzulässige Lärmbelästigung vor, wenn diese **Grenzwerte überschritten** werden. Doch kann auch bei einem ermittelten Durchschnittswert unterhalb des Grenzwertes bereits eine wesentliche Beeinträchtigung vorliegen. Dabei wird regelmäßig auf das »Empfinden des verständigen Durchschnittsmenschen« abgestellt (BGH, Urteil vom 20. 11. 1992, V ZR 82/91, NJW 1993 S. 925) und eine Vielzahl von Faktoren berücksichtigt. So kommt es auch auf die **Dauer und Häufigkeit** der Lärmbelästigung sowie die Tatsache an, wie aufdringlich oder lästig eine bestimmte Lärmstörung ist (BGH, Urteil vom 6. 7. 2001, V ZR 246/00, NJW 2001 S. 3119). Ferner ist die Frage der **Ortsüblichkeit** entscheidend.

! Auch wenn zur Lärmmessung fast immer ein **Sachverständigengutachten** notwendig ist, sollten Sie aus Beweisgründen selbst alle Fakten zusammentragen und ein **Lärmprotokoll** anfertigen. Notieren Sie darin Datum, Uhrzeit, Dauer und Ausmaß der konkreten Lärmbelästigung durch Ihren Nachbarn und geben Sie möglichst einen Zeugen an, der diese Störung bestätigen kann. Wenden Sie sich mit Ihrer Lärmbeschwerde an die **Polizei** oder das Ordnungsamt. Unzulässiger oder vermeidbarer Lärm kann als **Ordnungswidrigkeit** mit einer Geldbuße (§ 117 OWiG) oder massiver Lärmterror als **Straftat** (§ 240 StGB) geahndet werden.

LAUBFALL

Wenn aus dem Nachbargarten Unmengen von Laub, Blüten, Nadeln oder Tannenzapfen auf Ihrem Grundstück landen oder Ihre Dachrinne verstopfen, gilt: Wurden die vorgeschriebenen Grenzabstände von Pflanzen eingehalten und liegt kein Überhang vor, haben Sie das zu **dulden**. Denn Laubfall wird als Kehrseite der Annehmlichkeit »Wohnen im Grünen« angesehen (LG Dortmund, Urteil vom 10. 9. 2010, 3 O 140/10).

Ein **Abwehranspruch** steht Ihnen nur zu, wenn

- die Benutzung Ihres Grundstücks **wesentlich beeinträchtigt** wird. Das heißt, dass Sie Laub gleich zentnerweise wegschaffen müssen, um Ihr Grundstück noch begehen zu können, **und**
- die Beeinträchtigung **nicht mehr** als **ortsüblich** angesehen werden kann, wenn sich etwa eine Baumschule auf dem Nachbargrundstück befindet.

Doch selbst in diesem Fall kann Ihrem Anspruch entgegenstehen, dass auch Ihr eigener Baumbestand im Garten Laub produziert und Sie ohnehin Laub rechen müssen. Ebenso scheitern Ihre Ansprüche, wenn der störende Baum unter eine Baumschutzregelung fällt (OLG Hamm, Beschluss vom 6. 11. 2008, 3 Ss OWi 494/07). Auch haftet der Baumeigentümer nur, wenn er sein Grundstück nicht ordnungsgemäß bewirtschaftet.

Können Sie sich aus rechtlichen oder tatsächlichen Gründen nicht gegen die Beeinträchtigung wehren, steht Ihnen unter Umständen ein Ausgleichsanspruch zu (sogenannte »**Laubrente**«; § 906 Abs. 2 BGB). Laubrente erhalten Sie aber nur dann, wenn die Beeinträchtigung das zumutbare Maß übersteigt. Steht Ihnen Laubrente zu, richtet sich die **Höhe** der jährlichen Ausgleichszahlung nach den Umständen des Einzelfalls. Sie orientiert sich an Kosten, die für die zusätzliche Gartenarbeit anfallen.

Lichtimmissionen

Werden Sie auf Ihrem Grundstück durch **gewerbliche Neonlichtreklamen** an der Außenfassade des Nachbarhauses gestört, liegt regelmäßig eine wesentliche Beeinträchtigung vor. Hier steht Ihnen ein Abwehr- und Beseitigungsanspruch zu (LG Düsseldorf, Urteil vom 5. 3. 1997, 2 O 39/97, DWW 1997 S. 188).

Blendwirkungen durch **natürliches Sonnenlicht** sind im Allgemeinen **nicht abwehrfähig** (z. B. hat Ihr Nachbar seine Fassade strahlend weiß angestrichen). Hierbei handelt es sich um eine bloße ästhetische Beeinträchtigung, die Sie als Nachbar hinnehmen müssen.

Anders wenn die **Blendwirkung von einem Glasdach** ausgeht, das die Sonnenstrahlen zu einem konzentrierten Lichtstrahl bündelt und beim Gegenüber Augenschmerzen verursacht (LG Frankfurt/Main, Urteil vom 21. 7. 1995, DWW 1998 S. 57). Auch gegen gezielt auf Ihr Grundstück **ausgerichtete Scheinwerfer** oder Lichtstrahler (z. B. Außenbeleuchtungen, Strahler als Sicherheitseinrichtung für Grundstücke) können Sie sich als Nachbar erfolgreich zur Wehr setzen.

Eine **nachträglich direkt vor dem Haus erstellte Straßenlaterne** im innerstädtischen Bereich ist sowohl ortsüblich als auch dem erforderlichen Straßenbeleuchtungskonzept gemäß. Die Laterne bleibt also stehen (OVG Rheinland-Pfalz, Urteil vom 11. 6. 2010, 1 A 10474/10.OVG).

Lichtrecht

Wird der Lichteinfall **durch bauliche Maßnahmen** auf dem Nachbargrundstück verändert oder verschlechtert, ist das häufig Anlass zu Streit (z. B. werden Aufschüttungen vorgenommen oder Fenster in Außenwände eingebaut). Ob Sie dies hinnehmen müssen, richtet sich nach den Vorschriften der Landesbauordnungen und den Nachbargesetzen der Länder.

Die Entziehung von Licht **durch Bäume** auf dem Grundstück Ihres Nachbarn können Sie grundsätzlich nicht nach § 1004 BGB abwehren (OLG Hamm, Urteil vom 28. 9. 1998, 5 U 67/98). Jedoch sollten Sie stets prüfen, ob sich ein Abwehranspruch aus der Verletzung von Grenzabständen von Pflanzen ergibt.

LUFTRAUM

Als **Grundstückseigentümer** genießen Sie die »Lufthoheit« über Ihrem Grund und Boden (§ 905 BGB). Ihr Nachbar darf demnach keine Werbetafeln oder Transparente über Ihr Grundstück ragen lassen. Fühlen Sie sich durch solche Anlagen – aus ästhetischen oder sonstigen Gründen – gestört, können Sie Beseitigung oder Unterlassung verlangen. Dieses Recht steht auch **Mietern** zu. Auch der Flug einer Fotodrohne über Ihr Grundstück stellt eine Beeinträchtigung des Eigentums und der Privatsphäre dar, die Sie verbieten können. **Grenzen** findet Ihre »Lufthoheit« in **öffentlich-rechtlichen Duldungspflichten** (z. B. darf die Telekom Leitungen verlegen). Versorgungsunternehmen sind dagegen nicht berechtigt, den Luftraum von Privatgrundstücken für bestimmte elektrische Leitungen unentgeltlich zu benutzen (z. B. Hochspannungsleitungen). Sind Sie als Grundstückseigentümer damit nicht einverstanden, muss unter Umständen ein Enteignungsverfahren betrieben werden. **Aber:** Als Kunde eines Versorgungsunternehmens treffen Sie erweiterte Duldungspflichten (§ 12 Niederspannungsanschlussverordnung).

MOBILFUNKANLAGEN

Die von einer Mobilfunkanlage in der Nachbarschaft ausgehenden elektromagnetischen Felder müssen Sie hinnehmen, wenn die Immissionen zu keinen oder nur zu unwesentlichen Beeinträchtigungen führen. Das ist der Fall, wenn die Grenzwerte der sogenannten »**Elektrosmog-Verordnung**« eingehalten werden. Insofern besteht eine Indizwirkung, dass die Beeinträchtigungen zumutbar sind (BGH, Urteil vom 15. 3. 2006, VIII ZR 74/05, NJW 2006 S. 2625).

NOTWEGERECHT

Was versteht man unter einem »Notwegerecht«?

Fehlt Ihrem Grundstück zu seiner ordnungsgemäßen Benutzung die notwendige Verbindung zu einer öffentlichen Verkehrsfläche oder reicht die vorhandene Verbindung nicht aus, können Sie von Ihrem Nachbarn verlangen, Ihnen ein Notwegerecht einzuräumen. Das Notwegerecht bedeutet also eine **Beschränkung des Eigentums** in der Form, dass der Eigentümer des Verbindungsgrundstücks dulden muss, dass Sie sein Grundstück benutzen. Es ist gesetzlich geregelt in **§ 917–918 BGB**.

Wann können Sie die Einrichtung eines Notwegerechts verlangen?

Ihrem Grundstück muss eine **Verbindung an eine öffentliche Straße fehlen.** Das wird nach strengen Maßstäben beurteilt. Verlangt wird, dass dem Grundstück rechtlich oder tatsächlich die Zugangsmöglichkeiten zu einer öffentlichen Straße oder Weg fehlen, beispielsweise der vorhandene Weg zu schmal ist.

Dabei genügt es, wenn die Anbindung **unzureichend** ist. Etwa für den Fall, dass Ihr Grundstück nur **vorübergehend nicht angebunden** ist (z. B. für die Dauer von Bauarbeiten oder bei Überschwemmungen). Hingegen reicht es nicht aus, wenn die vorhandenen Verbindungen lediglich **umständlicher oder unbequemer** zu benutzen sind (OLG Karlsruhe, Urteil vom 28. 7. 2010, 6 U 105/08).

Das verbindungslose Grundstück muss ferner **ordnungsgemäß benutzt** werden können. Das hängt von der Benutzung des Grundstücks, dessen Lage, Größe und Wirtschaftsart ab. Die **Notwendigkeit** bestimmt sich nach den vorhandenen Möglichkeiten, die öffentliche Straße zu erreichen. Besteht keine Verbindung, ist die Anbindung über den Notweg »notwendig«.

Sie müssen die **Einrichtung des Notweges ausdrücklich verlangen.** Als Eigentümer des zugangslosen Grundstücks sind Sie »notwegeberechtigt«, ebenso Erbbauberechtigte. **Miteigentümer** eines Grundstücks müssen den Anspruch gemeinsam geltend machen (BGH, Urteil vom 7. 7. 2006, V ZR 159/05, NJW 2006 S. 3426). **Mieter oder Pächter** als Nutzungsberechtigte eines Grundstücks können hingegen das Notwegerecht nicht selbst geltend machen. Sie müssen sich in diesem Fall an Ihren Vermieter oder Verpächter halten, wenn Sie einen Notweg benötigen (BGH, Urteil vom 5. 5. 2006, V ZR 139/05, NJW-RR 2006 S. 1160). Ihren Anspruch auf Duldung eines Notweges müssen Sie dabei **gegen sämtliche Grundstückseigentümer bzw. Erbbauberechtigte** richten, die zwischen Ihrem verbindungslosen Grundstück und der öffentlichen Straße liegen.

Wie entsteht das Notwegerecht?

Sind die gesetzlichen Voraussetzungen erfüllt, entsteht ein Notwegerecht. Es bedarf dazu weder einer vertraglichen Vereinbarung noch einer gerichtlichen Feststellung. Sie können in diesem Fall also Ihren Grundstücksnachbarn auffordern, Ihnen die Benutzung des Verbindungsgrundstückes zu gestatten.

Die Gestattung des Nachbarn kann sich aus jahrelanger **Duldung** ergeben (OLG Oldenburg, Urteil vom 11. 2. 2008, 15 U 55/07). Es empfiehlt sich, die Einigkeit über das Notwegerecht immer **schriftlich festzuhalten,** um Beweisproblemen vorzubeugen. Eine notarielle Form oder ein Eintrag ins Grundbuch ist hingegen nicht erforderlich (OLG Nürnberg, Urteil vom 7. 9. 2010, 1 U 258/10), jedoch kann eine entsprechende Vereinbarung **als Grunddienstbarkeit** ins Grundbuch eingetragen werden.

Verweigert Ihr Nachbar seine Zustimmung, bleibt Ihnen nur der Gang vor das Zivilgericht. Geklagt wird auf Duldung der Benutzung. Lassen Sie sich dabei von einem Anwalt vertreten.

Nur im Notfall sollten Sie **eigenmächtig den Notweg benutzen!** Andernfalls droht Ihnen eine Anzeige wegen Hausfriedensbruch. **Ausnahme:** In dringenden Notfällen dürfen Sie den Notweg auch ohne vertragliche Vereinbarung oder gerichtliche Feststellung nutzen, beispielsweise damit Rettungsfahrzeuge auf Ihr Grundstück gelangen können.

Was umfasst das Notwegerecht?

Der **Umfang des Nutzungsrechts** ist umstritten und richtet sich nach den Bedürfnissen des verbindungslosen Grundstücks und nach den örtlichen Gegebenheiten.

Das Notwegerecht umfasst in der Regel das **Durchgangsrecht für Personen,** jedoch **regelmäßig kein Zufahrtsrecht** auf das Grundstück (OLG Karlsruhe, Urteil vom 25. 1. 1995, NJW-RR 1995 S. 1042). Wann Sie den Notweg auch befahren dürfen, hängt von den Umständen des Einzelfalls ab (z. B. sonstige Parkmöglichkeiten, persönliche Verhältnisse wie Ihr Alter oder Gesundheitszustand). Als Notwegeberechtigter haben Sie aber das Recht, den Weg angemessen zu **beleuchten** (LG Zweibrücken, Urteil vom 19. 7. 2005, 3 S 258/04).

Zudem müssen Sie als Notwegeberechtigter grundsätzlich verhindern, dass »**Dritte**« unberechtigt das Verbindungsgrundstück nutzen (z. B. **Besucher,** die auch auf der Straße parken können). Unterlassen Sie es, Abhilfe zu schaffen, droht Ihnen unter Umständen auch ein Bußgeld. **Notwendigen Zulieferern** (z. B. Heizöllieferanten) kann die gelegentliche Mitbenutzung jedoch nicht untersagt werden.

Das Notwegerecht kann **zeitlich befristet** eingerichtet werden, beispielsweise für die Dauer von Straßenbauarbeiten oder bei einer Überschwemmung. Ist der Zugangsmangel zu einer öffentlichen Straße behoben, endet die Duldungspflicht (z. B. sind die Folgen eines Erdrutsches beseitigt).

Gibt es eine Entschädigung für die Duldung des Notweges?

Als duldungspflichtiger Grundstückseigentümer erhalten Sie als Ausgleich für die Beeinträchtigungen, die dem Verbindungsgrundstück entstehen, eine sogenannte »**Notwegerente**« (§ 917 Abs. 2 BGB). Anspruch darauf haben Sie, sobald Ihr Nachbar das Notwegerecht zulässigerweise fordern kann und Sie der Benutzung Ihres Grundstücks zustimmen. Gezahlt werden muss die Notwegerente vom jeweiligen Eigentümer des verbindungslosen Grundstücks.

Die **Höhe der Geldrente** bemisst sich nach der Minderung des Verkehrswertes, die das gesamte Verbindungsgrundstück durch den Notweg erfährt. Es kommt also nicht darauf an, welche Vorteile der Notwegeberechtigte hat. Ausschlaggebend sind unter anderem die Größe, Lage, Zuschnitt des Grundstücks und der in Anspruch genommenen Teilfläche sowie Art und Ausmaß der Nutzung durch den Notwegeberechtigten (BGH, Urteil vom 16. 11. 1990, V ZR 297/89, NJW 1991 S. 564). An die Höhe der Rente sollten Sie keine großen Erwartungen knüpfen. Sie ist in der Regel gering (z. B. € 100,– pro Jahr; OLG Koblenz, Urteil vom 21. 6. 2001, OLGZ 1992 S. 230) oder kann ganz entfallen.

Ortsüblichkeit

Ob eine Störung oder Beeinträchtigung aus der Nachbarschaft ortsüblich ist, ist entscheidend für die Frage, ob Ihnen ein nachbarrechtlicher Abwehranspruch zusteht oder nicht. Zwar können Sie grundsätzlich verlangen, dass Ihr Nachbar Beeinträchtigungen unterlässt oder beseitigt. Doch Sie müssen selbst **wesentliche Beeinträchtigungen hinnehmen,** wenn

- die Störung, die von dem Grundstück Ihres Nachbarn ausgeht, durch eine **ortsübliche Benutzung** des Grundstücks herbeigeführt wird **und**
- sie mit **wirtschaftlich zumutbaren Maßnahmen** nicht verhindert werden kann (§ 906 Abs. 2 Satz 1 BGB).

Was im **Einzelfall** ortsüblich ist, hängt maßgeblich von der konkreten Wohnlage ab und ergibt sich aus einem Vergleich mit den tatsächlichen Nutzungen und Gestaltungen der anderen Grundstücke des Gebietes. Wird die Mehrzahl der Grundstücke einer Umgebung nach Art und Umfang gleich benutzt, so ist diese Nutzung samt der damit verbundenen Beeinträchtigung als ortsüblich anzusehen, und Sie müssen sie hinnehmen (z. B. einen Misthaufen oder Hahnenkrähen auf dem Land; LG Paderborn, Urteil vom 19. 2. 1998, 3 O 344/97).

Wesentliche, ortsübliche Beeinträchtigungen, die nicht durch **zumutbare Abwehrmaßnahmen** verhindert werden können, müssen Sie dulden. Darunter fallen alle technischen (z. B. Schallschutzmaßnahmen) und betriebswirtschaftlichen Möglichkeiten (z. B. Betriebsumstellung), die geeignet sind, die Störung zu mindern oder zu beseitigen.

Dabei darf Ihr Nachbar grundsätzlich frei entscheiden, welche **Maßnahmen** er **wählt,** um die störende Einwirkung auf das Nachbargrundstück zu beseitigen.

Unzumutbar sind allerdings Abwehrmaßnahmen, die seine wirtschaftliche Existenz gefährden (z. B. ist die Umstellung eines Gewerbebetriebes langfristig unrentabel).

Müssen Sie die Immissionen dulden und wird Ihr Grundstück mehr als zumutbar beeinträchtigt, können Sie für die damit verbundenen Belästigungen einen angemessenen **finanziellen Ausgleich** fordern. Die Höhe ist eine Frage des Einzelfalls und kann nicht generell beantwortet werden.

RASENMÄHEN

Der Lärm von motorbetriebenen Rasenmähern oder anderen Bau- oder Gartengeräten wie Heckenscheren oder Vertikutierer wird von den Nachbarn häufig als äußerst störend empfunden. Die »**Geräte- und Maschinenlärmschutzverordnung**« (§ 7 Abs. 1 32. BImSchV) regelt Geräuschgrenzwerte und schränkt die Betriebszeiten ein, um vor übermäßigen Lärmbelästigungen zu schützen:

- Motor-Rasenmäher dürfen Sie in Wohngebieten an Werktagen nur noch von 7:00 Uhr bis 20:00 Uhr benutzen. Darüber hinaus gilt: sonn- und feiertags nie!
- Weitere Einschränkungen betreffen besonders laute Gartengeräte (z. B. Laubbläser). Diese dürfen werktags nur von 9:00 Uhr bis 12:00 Uhr und von 15:00 Uhr bis 17:00 Uhr eingesetzt werden.
- Private Häuslebauer müssen werktags ihre **Beton- und Bohrmaschinen** im Freien ebenfalls um 20:00 Uhr abschalten. Nicht davon betroffen sind Arbeiten im Innern des Hauses. Hier dürfen Sie unter Umständen auch bis 22:00 Uhr Löcher bohren.

! Die Verordnung enthält einheitliche Mindestzeiten. Die Länder und Gemeinden dürfen jedoch weiter gehende Ruhezeiten oder Ausnahmen festlegen, beispielsweise für den Betrieb lärmarmer Modelle (z. B. bis 88 dB(A)), die Sie an entsprechenden Typenschildern erkennen, mit denen die Geräte gekennzeichnet werden müssen. Eine Anfrage bei der Gemeindeverwaltung kann im Zweifelsfall Klarheit schaffen. Denn mähen Sie zur falschen Zeit, droht Ihnen ein Bußgeld!

RAUCH

Fühlen Sie sich durch den Holzofen Ihres Nachbarn beeinträchtigt, haben Sie **keinen Anspruch auf Stilllegung.** Ist der Ofen ordnungsgemäß installiert und werden die Immissionsgrenzwerte nicht überschritten, darf der Ofen täglich betrieben werden (OVG Koblenz, Urteil vom 24. 3. 2010, 1 A 10876/09.OVG).

Ruhezeiten

Regelmäßig enthalten Hausordnungen für Mietshäuser oder Wohnungseigentümergemeinschaften verbindliche Regelungen über Ruhezeiten. Im Streitfall werden aber auch vor Gericht Ruhezeiten angenommen, wenn diese nicht ausdrücklich geregelt sind. Üblich sind folgende Zeiten:

- **morgendliche Ruhezeit** von 6:00 Uhr bzw. 7:00 Uhr bis 8:00 Uhr,
- **Mittagsruhe** von 12:00 Uhr bzw. 13:00 Uhr bis 15:00 Uhr,
- **Abendruhe** von 20:00 Uhr bis 22:00 Uhr,
- **Nachtruhe** von 22:00 Uhr bis 6:00 Uhr bzw. 7:00 Uhr.

! Die Ruhezeiten sind in den Bundesländern unterschiedlich geregelt. Erkundigen Sie sich deshalb bei Ihrer Gemeindeverwaltung nach der Zeit und der Dauer der festgelegten Ruhezeiten.

Während der Ruhezeiten müssen Sie weniger Lärm aus Ihrer Nachbarschaft ertragen (z. B. darf der Nachbar nicht Rasenmähen). Doch auch außerhalb dieser Zeitspannen hat keiner das Recht, unbeschränkt Lärm zu machen. **Ausnahme:** Bei Kinderlärm ist die Rechtsprechung großzügig.

Spielplatz

Private wie gemeindliche Spielplätze für Kinder bis 14 Jahren sind sowohl im **allgemeinen wie im reinen Wohngebiet zulässig** (BVerwG, Urteil vom 12. 12. 1991, 4 C 5/88, NJW 1992 S. 1779). Spiellärm auf einem Kinderspielplatz müssen Sie auch über die **üblichen Nutzungszeiten** hinaus als **ortsüblich** und sozial adäquat tolerieren. Er stellt keine Störung im Sinne des BImSchG dar.

Anders aber, wenn Jugendliche und junge Erwachsene den Spielplatz für Partys nutzen oder zum »**offenen Jugendtreff**« machen und lärmen. Dabei handelt es sich um eine unzumutbare Lärmbelästigung. Gegen diese missbräuchliche Benutzung des Spielplatzes haben Sie ein Abwehrrecht. Sie können von der Gemeinde verlangen, dass diese regelmäßig Kontrollen durchführt, um den Missbrauch zu unterbinden (VGH Baden-Württemberg, Beschluss vom 6. 3. 2012, 10 S 2428/11).

Sportlärm

Geräusch- und Lärmbeeinträchtigungen, die von öffentlichen Sportanlagen ausgehen, sind nach der **Sportanlagenlärmschutzverordnung** zu beurteilen.

Dabei fallen unter den Begriff »Sportanlage« verschiedene Arten von Sportplätzen, wie Sport- und Fußballplätze, Tennisplätze, Schwimmbäder, Eislaufbahnen, Kegelbahnen oder Turnhallen. Diese müssen allerdings zum **Zwecke der Sportausübung** betrieben werden.

Beeinträchtigungen durch **zweckfremde Nutzungen** werden nicht nach dieser Verordnung beurteilt. Beispielsweise wenn das Stadion zum Konzertsaal wird. Hier gelten vielmehr die LAI-Hinweise.

Werden die Immissionsrichtwerte überschritten, können Sie vom Betreiber der Sportanlage verlangen, dass er **Schallschutzmaßnahmen** ergreift. Wenden Sie sich im Zweifel an die Gemeinde, selbst wenn diese den Platz einem Verein überlässt (BVerwG, Urteil vom 19. 1. 1989, 7 C 77.87, NJW 1989 S. 1291). Ist dies technisch nicht möglich, können Sie grundsätzlich eine Betriebszeitenregelung verlangen (z. B. Benutzung der Anlage nur von 8:00 Uhr bis 22:00 Uhr).

TRAUFRECHT

Regenwasser, das von Gebäuden eines Grundstücks abgeleitet wird, muss grundsätzlich auf dem eigenen Grund und Boden gesammelt und entsorgt werden. **Ausnahmsweise** darf ein Grundstückseigentümer das Niederschlagswasser über das Nachbargrundstück ableiten. Dieses sogenannte »Traufrecht« entsteht durch Vereinbarung zwischen den Nachbarn oder aufgrund baurechtlicher Erlaubnis. Einzelheiten werden teilweise auch in den Nachbarrechtsgesetzen geregelt.

ÜBERBAU

Was gilt, wenn ein Gebäude teilweise auf dem Nachbargrundstück steht, regeln die Vorschriften **§§ 912–916 BGB.** Als Grundstückseigentümer können Sie grundsätzlich verlangen, dass die Eigentumsbeeinträchtigung beseitigt wird. Eine Wertminderung Ihres Grundstücks müssen Sie nicht hinnehmen. **Ausnahmsweise** müssen Sie jedoch das grenzüberschreitende Gebäude **dulden,** wenn folgende Voraussetzungen erfüllt sind:

- Es muss ein **Gebäude** errichtet worden sein. **Anders** wenn Grenzmauern, Tore oder Zäune teilweise über die Grundstücksgrenze gebaut werden. Hier können Sie deren Abriss verlangen.
- Es muss **über die Grenze** gebaut worden sein.
- Der Überbau muss durch den **Grundstückseigentümer** ausgeführt worden sein.

A3 | Das Nachbarrechts-ABC

- Der Bauherr darf **nicht vorsätzlich oder grob fahrlässig** über die Grenze gebaut haben. Das ist möglich, wo eine Grenze nicht eindeutig markiert ist. Hat der Architekt den Überbau verschuldet, wird dies dem Bauherrn zugerechnet.
- Sie dürfen als Nachbar nicht vor oder sofort nach der Grenzverletzung dem Überbau widersprochen haben.

Als Ausgleich dafür erhalten Sie eine **Geldrente**. Alternativ können Sie auch jederzeit verlangen, dass Ihnen das überbaute Grundstücksteil **abgekauft** wird. Dies bringt klare Grenzverhältnisse mit sich und vermeidet den Streit über die Höhe der jährlichen Rente.

ÜBERHANG

Was tun mit überhängenden Ästen und Zweigen?

Als Eigentümer dürfen Sie auf Ihr Grundstück herüberragende Äste, Zweige und andere Pflanzen wie beispielsweise Unkraut, Ranken oder Stauden grundsätzlich im Rahmen der Selbsthilfe zurückschneiden (§ 910 BGB). Das gilt jedoch **nicht** für einen herüberragenden **Baumstamm**.

Vorausgesetzt wird, dass durch den Überhang die **Grundstücksnutzung eingeschränkt** wird (z. B. verhindert Schatten das Wachstum Ihrer Pflanzen im Nutzgarten oder besteht ein Vergiftungsrisiko für Tiere oder spielende Kinder, weil die Pflanzen giftig sind). Nicht ausreichend ist, wenn dem Boden nur Nahrung und Feuchtigkeit entzogen wird.

Sie müssen in diesem Fall Ihrem Nachbarn zunächst eine **angemessene Frist** setzen, um die auf Ihr Grundstück hinüberwachsenden Pflanzenteile zu **beseitigen**. Bei der Frist müssen Sie die Wachstums- und Vegetationsperioden von Pflanzen beachten, während derer ein Rückschnitt nicht verlangt werden kann. Erkundigen Sie sich bei Ihrer Gemeinde, inwieweit landesrechtliche Sonderregelungen bestehen. Erst wenn Ihr Nachbar nichts unternimmt, dürfen Sie selbst zur Gartenschere greifen.

Sie dürfen den **Überwuchs abschneiden** und ihn einschließlich seiner Früchte behalten. Sie dürfen den Überwuchs aber nur bis zur Gartengrenze abschneiden. Zum »Kahlschlag« mit Substanzverletzung darf es nicht ausarten, sonst droht Schadensersatz (LG Coburg, Beschlüsse vom 25. 9. 2006 und 13. 10. 2006, 32 S 83/06).

Was gilt bei eindringenden Wurzeln?

Auch wenn die vorgeschriebenen Grenzabstände von Pflanzen eingehalten wurden, können deren Wurzeln über die Grundstücksgrenze wachsen. Wie Sie sich gegen diese »Eindringlinge« zur Wehr setzen können, richtet sich ebenfalls nach § 910 BGB.

Ihr Grundstück muss konkret **beeinträchtigt** oder **geschädigt** sein, beispielsweise wird Ihr Rasen aufgeworfen, heben sich Terrassenplatten oder werden Kanalanschlüsse durch Wurzelwerk verstopft oder zerstört (AG München, Urteil vom 12. 2. 2010, 121 C 15076/09). Das bloße Hinüberwachsen der Wurzeln auf das eigene Grundstück stellt noch keine Beeinträchtigung dar.

Anders als bei Zweigen können Sie Wurzeln abschneiden, **ohne** Ihrem Nachbarn **eine Frist** zu setzen. Das Risiko, dass Sie den Baum oder Strauch durch die rechtmäßige Entfernung der Wurzel schädigen, trägt grundsätzlich der Eigentümer der Pflanze. Allerdings machen Sie sich selbst schadensersatzpflichtig, wenn Sie das Gebot nachbarlicher Rücksichtnahme verletzen, etwa indem Sie das Wurzelwerk unfachmännisch kappen. Zudem dürfen Sie die Wurzeln nur bis zur Grundstücksgrenze abschneiden und nicht darüber hinaus.

! Erkundigen Sie sich bei Ihrer Gemeinde, ob eine Baumschutzregelung besteht, die Ihr Selbsthilferecht einschränkt. In manchen Fällen benötigen Sie eine behördliche Erlaubnis, um die Wurzeln zu entfernen. In Notfällen geht es auch ohne, etwa wenn Baumwurzeln die Abwasserleitung verstopfen.

Wer trägt die Kosten für die Beseitigung des Überhangs?

Neben Ihrem Recht auf Selbsthilfe können Sie von Ihrem Nachbarn auch verlangen, dass er als Eigentümer der Pflanze die Wurzeln auf seine Kosten beseitigt (BGH, Urteil vom 23. 2. 1973, V ZR 109/71, NJW 1973 S. 703). Aber auch wenn Sie **Dritte beauftragen,** die Störung zu beseitigen (z. B. einen Gärtner), muss der Nachbar zahlen (OLG Düsseldorf, Urteil vom 11. 6. 1986, 9 U 51/86).

Die Ersatzpflicht umfasst auch die Kosten für die Ursachenforschung und Beseitigungsversuche der Störung (z. B. für Reinigung der Rohre) sowie die Schadensbehebung, beispielsweise Reparaturarbeiten am Haus nach einer Überschwemmung infolge der Kanalverstopfung oder Neuverlegung von zerstörten Rohren (BGH, Urteil vom 7. 3. 1986, V ZR 92/85, NJW 1986 S. 2640).

Sie dürfen hinsichtlich des **Umfangs** Ihrer Selbsthilfemaßnahmen nicht über das Ziel hinausschießen. Beseitigt werden darf nur die Schadensursache, und nur notwendige Reparaturen auf Kosten des Nachbarn sind zulässig (z. B. dürfen Sie nicht auf Kosten Ihres Nachbarn den gesamten Gartenpfad neu verlegen lassen, wenn sich aufgrund des Eindringens von Wurzelwerk nur drei große Betonplatten heben).

Zudem müssen Sie sich ein **Mitverschulden** anrechnen lassen und bleiben auf einem Teil des Schadens sitzen, etwa wenn eine Leitung nicht fachgerecht verlegt wurde und deshalb die Baumwurzeln eindringen konnten (BGH, Urteil vom 21. 10. 1994, V ZR 12/94, NJW 1995 S. 395).

Unkraut

Allein den **unerfreulichen Anblick** von Disteln und Brennnesseln im Nachbargarten haben Sie als ästhetische Beeinträchtigung **hinzunehmen**. Wächst Unkraut auf Ihr Grundstück hinüber, dürfen Sie es nach den Grundsätzen des Überhangs entfernen.

Unkrautsamenflug aus einem verwilderten Nachbargarten bewerten die Gerichte regelmäßig als »unwesentliche Einwirkung« auf Ihr Grundstück. Eine Klage auf Beseitigung hat nur in Extremfällen Erfolgschancen (z. B. brachliegendes, verwildertes Grundstück). Selbst wenn die Grundstücksbeeinträchtigung durch den Unkrautwuchs als wesentlich angesehen wird, mutet man Ihnen das Unkrautjäten grundsätzlich zu.

Spritzt Ihr Nachbar **chemische Pflanzenschutzmittel** zur Unkrautvernichtung in seinem Garten und werden diese auf Ihr Grundstück geweht oder durch Regenwasser dorthin ausgeschwemmt, können Sie Beseitigung und Unterlassung verlangen, sofern diese Beeinträchtigung wesentlich ist (BGH, Urteil vom 2. 3. 1984, V ZR 54/83, NJW 1984 S. 2207). Dies ist der Fall, wenn der Einsatz erlaubter Herbizide nicht mehr ortsüblich ist.

Verbrennen von Gartenabfällen

In fast allen Bundesländern ist das Kompostieren von pflanzlichen Küchen- und Gartenabfällen zulässig, das **Verbrennen** von Gartenabfällen innerhalb der im Zusammenhang bebauten Ortsteile nach den jeweiligen Landesimmissionsschutzgesetzen jedoch grundsätzlich **verboten.**

Für Pflanzenabfälle bestehen **Sonderregelungen in den Pflanzenabfallverordnungen** der Länder, die das Verbrennen grundsätzlich gestatten. Erkundigen Sie sich danach bei Ihrer Gemeindeverwaltung (z. B. Ausnahmen für Kleingärtner). Verstoßen Sie gegen das Verbrennungsverbot oder missachten Sie die Brandschutzvorschriften, droht Ihnen eine Geldbuße.

! Doch selbst wenn das Verbrennen von Gartenabfällen ausnahmsweise erlaubt ist, können Sie sich als betroffener Nachbar gegen allzu heftige Rauchschwaden wehren. Vorausgesetzt, der Rauch beeinträchtigt Ihr Grundstück wesentlich.

VIDEOÜBERWACHUNG

Hier kollidieren das Sicherheitsbedürfnis des Grundstückseigentümers und der **Schutz des Persönlichkeitsrechtes** des Nachbarn, der nicht beim Betreten und Verlassen seines Hauses gefilmt werden möchte. Es gilt:

- Die Installation einer Überwachungskamera auf einem **privaten Grundstück** in der Nachbarschaft müssen Sie hinnehmen, sofern öffentliche und private Flächen außerhalb des überwachten Grundstücks nicht von den Kameras erfasst werden. Allein die hypothetische Möglichkeit, überwacht zu werden, beeinträchtige die Persönlichkeitsrechte des Einzelnen nicht (BGH, Urteil vom 16. 3. 2010, VI ZR 176/09, NJW 2010 S. 1533). Anders wenn es Hinweise auf gezielte Überwachung gibt (z. B. bei einem eskalierenden Nachbarschaftsstreit).

- Die Überwachung einer **gemeinsamen Hauseinfahrt** oder einer **gemeinsamen Tiefgarage** brauchen Sie nicht zu dulden, wenn Sie den Aufnahmen nicht zugestimmt haben. Dadurch wird Ihr Persönlichkeitsrecht verletzt. Sie können verlangen, dass die Videoanlage demontiert wird. Das gilt selbst dann, wenn es wiederholt zu Diebstählen in der Garage gekommen ist. Der Schutz des Eigentums lässt sich auch durch mildere Mittel erreichen (z. B. Aufstellen von Attrappen; LG München I, Urteil vom 11. 11. 2011, 1 S 12752/11 WEG).

- Eine Videoanlage muss auch dann demontiert werden, wenn Ihr Nachbar eine Kamera so installiert, dass eine **permanente Aufzeichnung ermöglicht** wird. Es kommt nicht darauf an, ob auch tatsächlich gefilmt wird (LG Braunschweig, Urteil vom 18. 3. 1998, 12 S 23/97, NJW 1998 S. 2457).

Eine Selbsthilfeaktion gegenüber Videoanlagen sollten Sie besser unterlassen. Greifen Sie zum Hammer, um das Gerät zu zerstören, oder beschädigen Sie es auf andere Weise, machen Sie sich schadensersatzpflichtig (LG München I, Beschluss vom 20. 12. 2006, 13 S 12718/06).

Wohngeräusche

Alltagsgeräusche hat die Nachbarschaft grundsätzlich hinzunehmen. Diese Geräusche sind ortsüblich. Das gilt auch für den **Betrieb von Haushaltsgeräten,** beispielsweise Spülmaschinen, Staubsauger, Waschmaschinen oder Wäschetrockner, soweit die Benutzung nicht das übliche Maß übersteigt (AG Mönchengladbach-Rheydt, Urteil vom 15. 10. 1993, 20 C 363/93, DWW 1994 S. 24). Doch selbst eine wesentliche Beeinträchtigung kann wohl nicht untersagt werden. Es sei denn, Ihr Nachbar stört Sie mit diesen Haushaltstätigkeiten zur Nachtzeit. Allerdings müssen Sie sich mit Wasser- und Installationsgeräuschen durch nächtliche Badbenutzung oder durch die WC-Spülung auch nach 22:00 Uhr abfinden.

Elektronische Geräte wie Radio, Fernseher oder CD-Player sollten Sie ausschließlich **im Innern der Wohnung** nutzen und nur in **Zimmerlautstärke** betreiben. Denn Sie dürfen Ihre Nachbarn durch das Musikhören nicht stören. Dies gilt vor allen Dingen in den Ruhezeiten. Werden Sie von Ihrem Nachbarn dauernd lautstark beschallt und führt dies zu Gesundheitsbeeinträchtigungen, können Sie sogar Schmerzensgeld verlangen.

Gegen Radio- oder Fernsehgeräusche **im Freien** können Sie sich erfolgreich zur Wehr setzen und verlangen, dass die Musik abgestellt wird. Beispielsweise wenn Sie auf Ihrer Terrasse die Radiosendung aus dem Nachbargarten unfreiwillig mithören müssen. Dabei kommt es nicht auf eine bestimmte Lautstärke, sondern allein auf die wahrgenommene Belästigung an (OLG München, Urteil vom 3. 9. 1991, NJW-RR 1991 S. 1492).

A4 Betreutes Wohnen für Senioren als Alternative zur eigenen Wohnung

1 Es gibt unterschiedliche Formen des betreuten Wohnens

Für betreutes Wohnen gibt es verschiedene Synonyme: Wohnen mit Service, Wohnen plus oder Wohnen und mehr. Alles meint, dass zum Wohnen bestimmte **Dienstleistungen** hinzukommen. Diese sind entweder im Wohn- und Dienstleistungspaket enthalten oder sie können hinzugekauft werden. So gibt es fünf verschiedene Formen beim betreuten Wohnen, die sich je nach Dienstleistung unterscheiden. Dabei kann es sich sowohl um eine Mietwohnung wie auch um eine Eigentumswohnung handeln. Einfamilienhäuser zur Miete oder Erwerb sind in Deutschland in diesem Zusammenhang noch selten, in anderen Ländern schon üblich.

Beim betreuten Wohnen ist **keine Rundumversorgung** vorgesehen, die Anlagen unterliegen in der Regel auch nicht dem Heimgesetz. Der Bewohner lebt normalerweise in einer barrierefreien Wohnung und erhält unterschiedliche Hilfs- oder Unterstützungsangebote. Diese Dienstleistungen könnte er sich auch schon in seiner jetzigen Wohnung oder Haus beschaffen.

1.1 Wohnen mit Hausmeisterservice

Dies ist der kleinste gemeinsame Nenner für das betreute Wohnen. Zumindest ein Hausmeister, der sich um die technischen Belange der Anlage und der Wohnungen kümmert, ist immer im Paket enthalten. Darüber hinaus ist er auch für den Winterdienst und meist auch für die Gartenpflege zuständig. Vielfach wird der Hausmeisterservice von Wohnungsunternehmen oder Genossenschaften für Mietwohnungen angeboten. Auch bei Anbietern altersgerechter Wohnungen zum Kauf steht diese Dienstleistung hoch im Kurs.

1.2 Wohnen mit Ansprechperson

Neben dem Hausmeister gibt es eine **weitere** Ansprechperson für Dienstleistungen im Haus. Normalerweise offerieren dieses Angebot Anlagen mit größeren Wohneinheiten. Der Ansprechpartner organisiert dann Leistungen wie »Essen auf Rädern« für die Bewohner oder gemeinsame Veranstaltungen und Freizeitaktivitäten. Je nachdem, wie häufig die Person vor Ort ist, fällt auch die Höhe der Gebühr dafür aus.

1.3 Wohnen mit Pflegestation

In diesem Fall sichert ein Pflegedienst die Grundversorgung im Haus ab. Dabei steht der Pflegedienst nicht nur im Notfall zur Verfügung. Geeignet ist diese Wohnform besonders für Senioren mit leichtem Pflegebedarf oder wenn zu befürchten ist, dass eine Person bald pflegebedürftig werden würde. Bei schwerer Pflegebedürftigkeit ist diese Wohnform normalerweise nicht geeignet.

1.4 Wohnen mit Pflege und Versorgung

Hierbei steht dem Bewohner eine umfangreiche Versorgung zur Verfügung. Die Unterbringung erfolgt dabei in der eigenen Wohnung. Zur Versorgung gehören normalerweise eine Kantine und verschiedene Aufenthaltsräume für Freizeitaktivitäten, außerdem ist meist eine Pflegestation integriert, sodass die Senioren im Pflegefall im Haus bleiben können.

1.5 Heimverbundsystem

Das sind meist Wohnanlagen öffentlicher, kirchlicher oder karitativer Träger. Hierbei befindet sich in der Nachbarschaft des Wohnhauses ein Alten- oder Pflegeheim, sodass bei Bedürftigkeit ein Umzug relativ schnell möglich ist. Häufig ist auch noch ein Hausnotrufsystem integriert, das über den Pflegedienst des Heims betreut wird. Ideal ist diese Lösung für Menschen, die schon leicht pflegebedürftig sind und befürchten, dass sich ihr Zustand in absehbarer Zeit verschlechtert. So braucht man sich nicht mehr an eine neue Umgebung gewöhnen.

Entscheidend für die Auswahl der geeigneten Wohnung ist also, welche Dienstleistung gewünscht wird. Auch das Alter ist ein wichtiger Punkt. Gerade in späteren Jahren lernt man manche Dienstleistung erst zu schätzen.

! Je mehr Dienstleistungen gewünscht werden, desto mehr muss neben der Miete oder, bei Eigentum, dem Hausgeld auch bezahlt werden. Daher ist auch eine Finanzplanung wichtig, um die Dienstleistungen zu finanzieren.

2 Die Auswahl des richtigen Standorts

Im höheren Alter sind viele Menschen in ihrer Bewegungsfähigkeit eingeschränkt. Daher ist der Standort des neuen Zuhauses wichtig. So sollten alle bedeutenden Dinge des Tages in der Nähe der Wohnung erledigt werden können, oder es eine entsprechend gute Anbindung an den öffentlichen Nahverkehr geben. Wichtig in der Nähe sind Ärzte, Apotheken, Einkaufsmöglichkeiten, eine Postfiliale, aber auch Freizeitaktivitäten sowie Parkplätze für das eigene Auto oder für Besucher sollten ausreichend vorhanden sein. Darüber hinaus ist auch die Lage des neuen Domizils entscheidend: Sind dort Fußwege gut begehbar? Ist der Gang zum Haus nicht zu steil? Wer später einen Rollator benutzen will, stößt schnell an seine Grenzen, wenn das Umfeld nicht für Ältere geeignet ist.

2.1 Das Gebäude

Wichtig ist, sich vorher darüber im Klaren zu sein, wie das neue Zuhause aussieht und wie viele Wohnungen vorhanden sind. Wer eher in einer Villa mit großzügiger Grünanlage leben möchte, hat andere Ansprüche als jemand, der lieber zentral wohnt und die Nähe zu Einkaufs- und Freizeitmöglichkeiten schätzt. Dementsprechend vielfältige Angebote gibt es auch am Markt. Allerdings verfügen meist nur die großen Wohnanlagen über zusätzliche Räume, z. B. zum Lesen oder Basteln, und das Angebot an zusätzlichen Freizeitangeboten ist größer. Über diesen Weg lassen sich dann auch leichter neue Kontakte knüpfen. Sehr große Wohnanlagen erschweren hingegen manchmal die Orientierung und strahlen eine gewisse Anonymität aus.

! Wichtig sind auch die Wege zu Briefkästen, Mülltonnen oder zum eigenen Keller. Diese sollten nicht mühsam auffindbar sein und zudem auch nicht zu weit von der Wohnung entfernt liegen.

2.2 Barrierefreiheit

Das beinahe wichtigste Kriterium für eine gute Wohnanlage: Sie ist barrierefrei oder zumindest barrierearm. Das Wesen der Barrierefreiheit drückt sich in der DIN 18025 aus. Hierin ist festgelegt, dass alle Räume der Wohnung, auch der Balkon, ohne Stufen oder Schwellen erreichbar sein müssen. Dies findet auch Anwendung auf alle Gemeinschaftsräume, wie z. B. Hobbyräume oder Fahrradkeller. Müssen Etagen überwunden werden, so muss neben den Treppen auch ein Fahrstuhl vorhanden sein. Im Eingangsbereich sind neben den Treppenstufen meist auch eine Rampe für Rollator oder Rollstuhl mit dabei. Für die Außenanlagen gilt die DIN 18024. Beide Normen sollen die Mobilität auch im

Alter sichern. Hinzu kommen weitere Aspekte wie eine gute Beleuchtung der Gemeinschaftsräume, aber auch von Fluren und Treppen. Gerade die Barrierefreiheit oder zumindest eine barrierearme Bauweise sollte bei einem Haus selbstverständlich sein, das für betreutes Wohnen vorgesehen ist.

! Achten Sie auch darauf, dass die Wohnungen mit Rauchmeldern ausgestattet sind. Dies ist bereits seit November 2012 Pflicht. Falls dies nicht geschehen ist, so weisen Sie den Betreiber auf die geltenden Bestimmungen hin.

2.3 Die Ausstattung der Wohnung

Grundsätzlich spielen natürlich bei der Auswahl der Wohnung neben der Barrierefreiheit auch noch andere Präferenzen eine Rolle: Größe, Zuschnitt und Ausstattung. Allerdings sind wirklich große Wohnungen beim betreuten Wohnen selten. Die meisten Wohnungen sind als Einzimmerapartments ausgerichtet. Die Größe beträgt dann bis zu 40 m². Aber gerade wenn zwei Personen den Weg ins betreute Wohnen beschreiten wollen, reicht diese Größe nicht aus. Deshalb stehen für Paare auch Zwei- oder Dreiraumwohnungen zur Verfügung.

Da es inzwischen auch viele finanzkräftige Senioren gibt, bieten sich für diesen Personenkreis auch Seniorenresidenzen an, die meist über großzügige Wohnungen verfügen. Doch das hat dann auch seinen Preis. Insoweit sind die meisten Angebote beim betreuten Wohnen nur etwas für Personen, die sich bewusst verkleinern wollen und auf Geräumigkeit nicht mehr den größten Wert legen. Dann sollte aber ein Abstellraum noch zur Verfügung stehen für die Dinge, die man nicht täglich braucht.

! Überlegen Sie sich anhand des Grundrisses der Wohnung, welche Möbel Sie mitnehmen können. Eine andere Möglichkeit: Sie bestimmen vorher, welche Möbel und Einrichtungsgegenstände Sie im neuen Zuhause unterbringen wollen und suchen sich danach ein entsprechendes Domizil.

Zwei Orte sollten Interessierte besonders unter die Lupe nehmen: Bad und Küche. Beide Räume sollten geräumig sein. Wer noch selbst für sich kochen will, braucht auch eine voll ausgestattete Küche und eine gute Beleuchtung.

Hier ist dann die Frage zu stellen, ob noch eine Einbauküche zu beschaffen oder diese bereits vorhanden ist. Eine bestehende Einbauküche sollte mit Schränken oder Schubladen ausgestattet sein, zu denen man sich nicht allzu tief bücken muss. Besonders praktisch sind Schränke, deren Schubladen sich komplett herausziehen lassen, ähnlich wie in einer Apotheke.

> Überprüfen Sie im Badezimmer, ob keine Barrieren bei Duschen vorhanden sind oder sich eine Hebeeinrichtung in der Badewanne befindet. Außerdem sollte das Badezimmer geräumig und nicht zu verwinkelt sein.

3 Dienstleistungen beim betreuten Wohnen

Entscheidend für das betreute Wohnen sind die Serviceleistungen, die geboten werden. Grundsätzlich teilt sich das Spektrum in Grundleistungen und Wahlleistungen auf. Für die Grundleistungen wird eine monatliche Pauschale erhoben. Dabei kommt es nicht darauf an, ob der Bewohner die Serviceleistungen auch tatsächlich in Anspruch nimmt. Darüber hinaus bieten viel Wohnanlagen auch Wahlleistungen an, die entweder als zusätzliche Pauschale zu zahlen sind oder pro Anforderung.

> Machen Sie sich zunächst klar, welche Leistungen Sie sich in Ihrem neuen Zuhause wünschen. Reicht ein Hausmeisterservice oder brauchen Sie auch eine Kantine? Sind Ihnen Ansprechpartner für Freizeitaktivitäten wichtig oder ein eigener Hausnotruf? Wichtig dabei sind nicht nur die aktuellen, sondern auch die in Zukunft zu erwartenden weiteren Bedürfnisse.

3.1 Hausmeisterservice

Dieser Service, manchmal auch als Hausmeistermodell bezeichnet, gewährleistet den reibungslosen Ablauf in der Anlage. Hierzu zählen technische Dienste für das Haus, normalerweise nicht für die Wohnungen, also z. B. die einwandfreie Beleuchtung in Fluren, sowie darüber hinaus auch der Winterdienst, mit Räumung und Streuung der Gehflächen, Beseitigung von rutschigem Laub etc. Der Hausmeister ist auch für das Funktionieren des Heizungssystems verantwortlich und für die Energieversorgung der Wohnungen. Ist ein eigenes Hausnotrufsystem installiert, so ist er auch hierfür zuständig. Manchmal gehört es auch zu den Aufgaben des Hausmeisters, leichtere Arbeiten bei der Gartenpflege zu übernehmen.

> Hausmeisterdienste können über zwei Wege abgerechnet werden – entweder über die Betriebskostenabrechnung oder eine Grundpauschale. Das heißt, wird der Dienst bereits bei der Betriebskostenabrechnung berücksichtigt, so darf er bei der Grundpauschale nicht als Posten auftauchen.

3.2 Betreuungsmitarbeiter

In vielen Anlagen kümmert sich zusätzlich zum Hausmeisterservice noch ein weiterer Ansprechpartner um die Belange der Bewohner. Die Aufgaben dieser Person liegen hauptsächlich in der Koordination und Beratung zu weiteren Dienstleistungen, die in der Anlage geleistet oder extern organisiert werden müssen. Der oder die Betreuungsmitarbeiter sollten regelmäßig zu bestimmten Zeiten vor Ort sein.

Die Aufgaben sind insbesondere:

- Informieren über Hilfsangebote interner und externer Dienstleister und Erstführung auf dem Gelände der Anlage.
- Ansprechpartner für den Hausnotrufdienst, sofern dieser über den Hausmeisterservice abgedeckt ist.
- Organisationshilfe für Wäscheservice, Reinigungs- und Pflegedienste.
- Hilfestellung bei der Beantragung von ergänzenden Hilfeleistungen und Beratung hinsichtlich Kosten und Finanzierung.
- Organisation von Freizeitaktivitäten.
- Umzugshilfe beim Einzug und beim Wechsel in Pflegeeinrichtungen.
- Organisation von Fahrdiensten, falls sich die Anlage außerhalb von Städten befindet.
- Informationen über Kulturveranstaltungen außerhalb der Anlage.
- Beratungshilfe für den Bewohner, um weiterführende, externe Beratungsstellen zu finden und mit ihnen in Kontakt zu treten.
- Begleitservice bei wichtigen Gängen zu Banken, Behörden, Notar etc.

Zum Aufgabenspektrum der Betreuungsperson hingegen gehört nicht, rund um die Uhr erreichbar zu sein oder Hilfe direkt in der Wohnung bei Reinigung und Pflege zu leisten. Macht der Bewohner einen Urlaub oder liegt im Krankenhaus, übernimmt der Mitarbeiter auch nicht die Betreuung von Haustieren oder z. B. von Balkonpflanzen.

3.3 Hausnotruf

Dieser Service gehört bei einigen Anbietern mit zu den Grundleistungen, bei anderen wird der Service durch interne Mitarbeiter als Wahlleistung oder durch externe Dienstleister angeboten. Wichtig sind in diesem Zusammenhang zwei Dinge. Festzulegen ist die Hilfekette: Kommt gleich ein Notarzt oder ein Rettungsassistent? Kann z. B. der Rauchmelder mit dem Notrufsystem kommunizieren und setzt so automatisch auch den Hausnotrufservice in Gang? Weiterhin sollte der Betreiber des Hausnotrufsystems auch über einen Wohnungsschlüssel verfügen, damit die Wohnungstür nicht aufgebrochen werden muss. Weitere Notrufsysteme können Bewegungsmelder oder Wassermelder im Bad sein. Allerdings sind diese Melder meist kostenpflichtig und machen im Einzelfall, z. B. wenn jemand krank oder behindert ist, Sinn. Klären Sie das am besten mit dem Anbieter vor Einzug ab.

3.4 Wahlleistungen

Wahlleistungen werden zusätzlich zu den Grundleistungen angeboten. Hierzu gehören die Wohnungsreinigung und der Wohnungsservice, Essen auf Rädern, Wäschedienst, Fußpflege, Friseur, aber auch die Pflege während einer Erkrankung sowie ein Fahrdienst, der die Bewohner z. B. in die Stadt bringt. Diese Dienstleistungen sind meist je Einzelfall und nicht als Pauschale zu bezahlen. Eine solche Berechnungsweise ist auch von Vorteil, da der Bewohner meist nicht vorhersagen kann, wann und wie oft er diesen oder jenen Service im Monat nutzt oder ob er nur einen vorübergehenden Bedarf hat.

! Bei den Wahlleistungen ist der Bewohner nicht an das Heim oder die Altenwohnanlage gebunden. Hier sollte sich der Bewohner von unterschiedlichen Anbietern Angebote einholen. So kann es z. B. sein, dass wenn der Hausmeister in der Wohnung eine Glühbirne tauscht, dies auf Stundenbasis abgerechnet wird und der Dienst somit mehr kostet als die Lampe.

Wichtig ist, hinsichtlich der Wahlleistungen zudem das Gespräch mit anderen Bewohnern zu suchen. So kann der Nachbar, der über ein Auto verfügt, dieses auch dazu nutzen, einen anderen zu fahren, während der andere Bewohner sich dafür z. B. mit einem leckeren Essen revanchiert. Diese gegenseitige Hilfe ist durchaus normal, und so kommt man auch leicht in Kontakt.

— A4 | Betreutes Wohnen für Senioren als Alternative zur eigenen Wohnung

A5 Wohnen im Pflegeheim: Was Betroffene und Angehörige wissen müssen

1 Wenn Sie sich für die Pflege im Heim entscheiden

1.1 Was Sie wissen sollten, bevor Sie einen Heimvertrag unterschreiben

===== Wo finden Sie die gesetzlichen Regelungen?

In vielen Fällen kommen Betroffene und Angehörige an einen Punkt, an dem sich die Frage nach einer stationären Pflege in einem Heim stellt, weil zu Hause keine fachgerechte Pflege mehr möglich ist. Dies wirft neben den rein organisatorischen Punkten auch die Frage nach dem rechtlichen Hintergrund auf. Denn auch das Heim ist kein »rechtsfreier Raum«.

Die notwendigen Rahmenbedingungen für den sogenannten »Heimvertrag« schafft das **Gesetz zur Regelung von Verträgen über Wohnraum mit Pflege- oder Betreuungsleistungen (WBVG)**. Ziel dieses Gesetzes ist es, die rechtliche Stellung der Betroffenen zu verbessern und die rechtliche Selbstständigkeit so lange wie möglich zu erhalten.

Das Gesetz ist auf **alle** Verträge über eine stationäre Altenpflege anwendbar. Aus welchem Grund die stationäre Pflege notwendig ist, ist nicht von Bedeutung. Allerdings muss der Betreffende **volljährig** sein. Unerheblich ist auch, ob der Unternehmer die Pflege- und Betreuungsleistungen selbst zur Verfügung stellt oder sie durch andere erbringen lässt. Es muss sich aber tatsächlich um **Pflegeleistungen** und nicht nur allgemeine hauswirtschaftliche Leistungen oder die Vermittlung von Notrufen handeln.

Beachten Sie: Verträge mit Krankenhäusern oder Reha- und Kureinrichtungen werden von den Vorschriften des Wohn- und Betreuungsvertragsgesetzes **nicht** erfasst.

===== Welche Leistungen bietet das Heim?

Der Heimbetreiber muss Sie laut Gesetz rechtzeitig vor dem Abschluss des Vertrags in Textform, d.h. schriftlich und in leicht verständlicher Sprache, über sein **allgemeines Leistungsangebot** informieren. In der Regel genügt auch eine

A5 | Wohnen im Pflegeheim: Was Betroffene und Angehörige wissen müssen

E-Mail, allerdings kann ein Ausdruck auf Papier verlangt werden. Es ist nicht ausreichend, wenn die Informationen lediglich auf der Internetseite des Heimes zu finden sind. Des Weiteren ist er dazu verpflichtet, Sie über den wesentlichen Inhalt seiner **konkret** für den Betreffenden in Betracht kommenden **Einzelleistungen** zu informieren (§ 3 WBVG).

Zum **allgemeinen Leistungsangebot** gehören beispielsweise Ausstattung und Lage des Gebäudes und der Gemeinschaftseinrichtungen (z. B. Aufenthaltsräume, Garten) und gegebenenfalls deren Nutzungsbedingungen.

Zu den speziell für den zukünftigen Heimbewohner wichtigen Informationen gehören:

- Wie wird der Betreffende wohnen (hiervon sollten Sie sich durch eine Hausbegehung unbedingt vorab selbst ein Bild machen)?
- Welche Pflege- oder Betreuungsleistungen wird er erhalten?
- Wie sieht es mit der Verpflegung aus (z. B.: Wann werden welche Mahlzeiten gereicht? Gibt es bei Bedarf auch etwas »zwischendurch?«)?
- Welche Leistungen gibt es noch (z. B. Bastelkurse, Chor, Gymnastik)? Weitere Einzelleistungen sollten nach Art, Umfang und Inhalt aufgeführt werden.
- Welche Entgelte fallen für die jeweiligen Leistungen zusätzlich an?
- Wann und wie können die Leistungen und das Entgelt angepasst werden?

Was kostet der Heimaufenthalt und was müssen Sie selbst zahlen?

Leider ist die Lage nicht so einfach

Problematisch ist die Frage nach den Kosten. Hier geht man oft davon aus, dass es sich um einen Pauschalpreis handelt, der dann alles abdeckt. Im Bereich der stationären Pflege werden die **Leistungen aufgeschlüsselt.** Es finden sich Angaben zu den Kosten der reinen Pflege, der Unterbringung und der Verpflegung. Dazu kommen Investitionskosten, die für den Erhalt des Hauses anfallen.

Der Heimbewohner bekommt hierüber zwar eine **Gesamtrechnung,** wichtig ist diese Aufschlüsselung dennoch. Hieraus wird deutlich, was er selbst zahlen muss und was von der **Pflegekasse** übernommen wird.

Allgemeine Pflegeleistungen

Die Kosten für die allgemeinen Pflegeleistungen wie Waschen, Füttern und Behandlungspflege (z. B. Verbände anlegen, Medikamentengabe) werden von der **Pflegekasse** übernommen. Diese Kosten werden direkt mit der Pflegeversicherung abgerechnet, sodass Sie nicht in Vorlage treten müssen. Insgesamt dürfen aber nur 75 % der Gesamtkosten von der Pflegekasse übernommen werden. Damit kann im Einzelfall der Höchstbetrag unterschritten werden.

Zusatzleistungen

Zusatzleistungen, die von den Regelleistungen abweichen, müssen **selbst gezahlt** werden, wie zum Beispiel Kosten für zusätzliche Getränke oder die Teilnahme an bestimmten Veranstaltungen.

! Erkundigen Sie sich, was der Heimbetreiber unter Zusatzleistungen versteht. Er ist verpflichtet, Ihnen im Vorfeld auch darüber genaue Auskünfte zu geben.

Stellen Sie unbedingt **Preisvergleiche** an. Gerade bei den selbst zu tragenden Kosten gibt es oft erhebliche Preisunterschiede. Auch regional schwanken die Kosten. Häufig können Ihnen die Pflegekassen mit Preislisten weiterhelfen.

Beachten Sie: Soziale Betreuungsmaßnahmen, wie die Verwaltung von Taschengeld oder die Verwaltung von Dokumenten der Heimbewohner, dürfen nicht extra berechnet werden (OVG Sachsen, Urteil vom 13. 12. 2005, 4 B 886/04, FamRZ 2006 S. 1878).

Unterkunft und Verpflegung

Kosten für Unterkunft und Verpflegung müssen ebenfalls in aller Regel **selbst** getragen werden. Wenn die eigenen Einkünfte hierzu nicht ausreichen, springt das **Sozialamt** ein. Hier kann es aber auch zu einem Rückgriff auf Angehörige, insbesondere Kinder kommen.

! In manchen Bundesländern gibt es auch **Pflegewohngeld,** wenn das eigene Einkommen nicht ausreicht. Erkundigen Sie sich bei Ihrer Pflegekasse danach.

Investitionskosten

Investitionskosten, wie beispielsweise Kosten für die Gebäudenutzung, Miete, Inventar und Instandhaltungsmaßnahmen, dürfen dann **anteilig auf die Bewohner umgelegt werden,** wenn sie nicht bereits von der öffentlichen Hand im Rahmen eines Zuschusses übernommen wurden.

Bei der Berechnung der Umlegung wird zwischen den Bewohnern, die sämtliche Kosten aus eigener Tasche zahlen können, und denen, die ergänzend auf Sozialhilfe angewiesen sind, unterschieden. Bei letzteren werden diese Kosten dann niedriger angesetzt.

! Einen guten Überblick über Beratungsangebote sowie wichtige Telefonnummern gibt der Spitzenverband der gesetzlichen Krankenkassen unter www.gkv-spitzenverband.de.

1.2 Lassen Sie sich beraten

Heimverträge sind nicht nur eine schwierige Materie, sie sind in der Regel auch sehr umfangreich. Meist bekommen Sie einen Musterheimvertrag zugesandt, bei dem 30 und mehr Seiten keine Seltenheit sind.

Hinzu kommt die Frage nach der Finanzierung, insbesondere wie viel die Pflegekasse übernimmt.

! Lesen Sie den Vertragstext vor dem Unterzeichnen in Ruhe durch. Scheuen Sie sich nicht, Fragen zu stellen, wenn Ihnen etwas unklar ist.

Sie müssen die vertraglichen Regelungen in zweierlei Hinsicht überprüfen. Zum einen sollte die rechtliche Seite stimmen, zum anderen ist es sehr wichtig, dass die Regelungen zu dem zukünftigen Heimbewohner passen. Ist dies nicht der Fall, können Sie versuchen, mit dem Heimbetreiber eine individuelle Vereinbarung in dem einen oder anderen Punkt zu treffen.

» **Beispiel:** Sie möchten eigene Möbelstücke mitbringen. In vielen Fällen ist hier eine einvernehmliche Lösung möglich.

Wird Ihnen das Ganze zu kompliziert, sollten Sie sich Rat holen. Verschiedene Einrichtungen bieten Beratungen an (z. B. die örtlichen Heimaufsichtsbehörden, Verbraucherberatungsstellen, die Pflegeversicherung, die Arbeiterwohlfahrt oder die Bundesinteressenvertretung der Altenheimbewohner – www.biva.de).

Sollten die jeweiligen Adressen nicht aus den Heimunterlagen hervorgehen, wenden Sie sich an die Heimleitung. Diese ist verpflichtet, Ihnen die Adressen zu nennen.

1.3 Wenn es zum Vertragsschluss kommt

Wie wird der Vertrag geschlossen?

Der Vertrag muss **schriftlich** abgeschlossen werden. Er muss **verständlich** geschrieben und gestaltet sein. Er kann nicht in elektronischer Form, also beispielsweise über das Internet geschlossen werden. Der zukünftige Heimbewohner muss ein unterzeichnetes Exemplar des Vertrags ausgehändigt bekommen.

Wird der Vertrag nicht schriftlich geschlossen, sind alle zulasten des künftigen Heimbewohners gehenden Klauseln unwirksam, auch dann, wenn die Abweichung eigentlich durch das Gesetz erlaubt wäre; im Übrigen bleibt dieser Vertrag wirksam. Der Heimbewohner kann diesen Vertrag aber **jederzeit ohne Einhaltung einer Frist kündigen.**

Ist der Vertrag nur deshalb nicht schriftlich geschlossen worden, weil zum Beispiel der Heimbewohner aufgrund eines schlechten Gesundheitszustands dazu vorübergehend nicht in der Lage war, muss dies umgehend nachgeholt werden.

Ein Heimvertrag wird grundsätzlich **unbefristet** abgeschlossen. Eine Befristung kann zwar vereinbart werden, ist aber nur zulässig, wenn sie den Interessen des Heimbewohners nicht widerspricht.

Wenn der zukünftige Heimbewohner geschäftsunfähig ist

Ist die Pflegebedürftigkeit erst einmal gegeben, sind viele geistig und körperlich gar nicht mehr in der Lage, einen Heimvertrag wirksam zu unterschreiben. Zwar können auch **Geschäftsunfähige** einen Heimvertrag unterschreiben. Dieser wird aber erst dann rechtlich wirksam, wenn ein Bevollmächtigter oder ein Betreuer den Vertragsschluss **nachträglich genehmigen.**

Zieht der Heimbewohner allerdings bereits ein und wird der Vertrag damit durchgeführt, **bevor** die Genehmigung erteilt oder verweigert ist, dann gilt der Vertrag in jedem Fall für diese Zeitspanne als wirksam. Auch wenn der Vertragsschluss im Nachhinein von einem gerichtlich eingesetzten **Betreuer verweigert** wird, muss dennoch für die bereits erbrachten Leistungen bis zum Auszug **gezahlt** werden.

! Hier kann eine bereits in guten Tagen verfasste **Vorsorgevollmacht** weiterhelfen. Diese ermöglicht dem Bevollmächtigten – meist dem Ehegatten oder den Kindern – schnell zu handeln und eine gesetzliche Betreuung zu verhindern.

In Zweifelsfällen kann diese schon beim Abschluss des Vertrages vorgelegt werden, sodass dieser dann von Anfang an wirksam ist.

Was muss der Vertrag mindestens regeln?

Der Vertrag muss zwingend mindestens folgende Angaben enthalten:

Leistungen des Unternehmers

Die wesentlichen Leistungen müssen nach Art, Inhalt und Umfang einzeln beschrieben sein. Im Vertrag muss also genau dargestellt werden, welche der vom Heim allgemein angebotenen Leistungen **konkret für den Betreffenden** erbracht werden.

》 **Beispiel:** Der Heimbewohner erhält vollstationäre Pflege mit Unterkunft und Verpflegung in einem Einzelzimmer. Der Pflegegrad ist hier ebenfalls anzugeben.

Entgelte

Die für diese Leistungen zu zahlenden Entgelte müssen einzeln (getrennt nach Unterkunft, Pflege- oder Betreuungsleistungen, Zusatzleistungen, Verpflegung und Investitionskosten) und als Gesamtentgelt ausgewiesen sein.

Die zu zahlenden Entgelte müssen nach einheitlichen Grundsätzen bemessen sein. Für gleiche Leistungen fällt also grundsätzlich auch gleiches Entgelt an. Ausnahmen sind nur dann möglich, wenn nur ein Teil der Einrichtung öffentlich gefördert wurde.

Informationen

Die bereits im Vorfeld erteilten Informationen, zu denen der Unternehmer verpflichtet ist, müssen im Vertrag benannt werden. Mögliche Abweichungen von den vorvertraglichen Informationen sind kenntlich zu machen.

Wohnen im Pflegeheim: Was Betroffene und Angehörige wissen müssen | **A5**

Welche Regelungen sind sonst noch zu berücksichtigen?

Ausschluss der Vertragsanpassung bei erhöhtem Pflegebedarf

Steigt im Laufe der Zeit der Pflegebedarf, muss der Heimbetreiber laut Gesetz eine Anpassung des Vertrages anbieten.

Aber: Er kann aber die Pflicht zur Anpassung vertraglich ganz oder zum Teil **ausschließen**. Allerdings ist ein solcher Ausschluss nur dann wirksam, wenn der Unternehmer unter Berücksichtigung seines im Vertrag dargelegten Leistungskonzepts ein berechtigtes Interesse daran hat und dieses auch **ausreichend begründet** (z. B. weil das betreffende Heim keine Pflege der Pflegestufe III anbietet oder keine Demenzkranken betreut). Weiter muss der Ausschluss schriftlich vereinbart werden.

Folge: Ist der Ausschluss wirksam, dann muss der Heimbewohner bei erhöhter Pflegebedürftigkeit das Heim wechseln.

Vertragsverlängerung über den Tod hinaus

Der Vertrag endet gemäß § 4 Abs. 3 WBVG mit dem Tod des Heimbewohners. Es kann **vereinbart** werden, dass der Vertrag nach dem Tod eine bestimmte Zeit weiterläuft. Allerdings darf diese Vereinbarung einen Zeitraum von **zwei Wochen** nach dem Sterbetag nicht überschreiten. Das für diesen Zeitraum zu zahlende Entgelt **muss** außerdem um die für den Heimbetreiber ersparten Aufwendungen **reduziert** werden.

! Sehen Sie sich den vom Heim vorgelegten Vertrag auch unter diesem Aspekt genau an. Überlegen Sie, wie viel Zeit Sie nach dem Tod Ihres Angehörigen bräuchten, das Zimmer zu räumen. Versuchen Sie, mit dem Heimbetreiber eine Regelung zu treffen, die Ihnen erlaubt, das Zimmer zu räumen, ohne den Vertrag zu verlängern. Denn selbst wenn zwei Wochen kein langer Zeitraum sind und das Entgelt gekürzt wird, wirkt sich dies unter dem Strich finanziell doch aus.

Vorsicht: der Vertrag kann »geerbt« werden

Der Heimvertrag »verlängert sich« unter bestimmten Umständen bis zum Ablauf des dritten Kalendermonats nach dem Todestag des Vertragspartners. Voraussetzung hierfür ist, dass jemand mit dem Verstorbenen zusammen im Heim gewohnt und einen gemeinsamen Haushalt geführt hat, ohne selbst einen eigenen Vertrag mit dem Heimbetreiber zu haben (§ 5 WBVG).

> **Beispiel:** Sie wohnen mit Ihrem pflegebedürftigen Ehegatten zusammen im Heim, ohne dass Sie einen eigenen Vertrag haben, da Sie noch keinerlei Pflege- oder Betreuungsleistungen benötigen. Um zu verhindern, dass Sie am Todestag (19. 1. 2013) Ihres Ehegatten vor die Tür gesetzt werden können, wird der Vertrag mit Ihnen bis Ende April fortgesetzt. Selbstverständlich müssen Sie für diese Zeit ein entsprechendes Entgelt zahlen. Allerdings können Sie innerhalb von vier Wochen erklären, den Vertrag nicht fortsetzen zu wollen. Er gilt dann mit dem Tod des eigentlichen Vertragspartners als beendet.

2 Was gilt während des Heimaufenthalts?

Der Heimbetreiber muss während der Vertragslaufzeit den vereinbarten Wohnraum in einem zum vertragsgemäßen Gebrauch **geeigneten Zustand** überlassen und auch in diesem Zustand erhalten. Er muss auch die vertraglich vereinbarten Pflege- und Betreuungsleistungen nach dem allgemein **anerkannten Stand fachlicher Erkenntnisse** erbringen.

> **Beispiel:** Heimbewohner, die bettlägerig sind, müssen sehr engmaschig betreut und immer wieder gewendet werden, um ein Wundliegen zu vermeiden.
>
> Bei Bewohnern mit Demenz ist sicherzustellen, dass sich diese, falls nötig, in einem geschützten Bereich befinden und so nicht »weglaufen« und sich verirren können.

2.1 Was können Sie tun, wenn im Heim Mängel auftreten?

Ist beispielsweise eine Station unterbesetzt, bleiben Betreuungsmängel nicht aus. So muss der Heimbetreiber sicherstellen, dass immer **ausreichend Fachkräfte** vorhanden sind. Hierzu werden den Heimen von den Aufsichtsbehörden genaue Vorgaben (»Fachkraftschlüssel«) gemacht.

Treten Probleme auf, sollte immer **zuerst die Heimleitung** informiert werden. Wenn hier keine Lösung gefunden wird, benachrichtigen Sie am besten die **Pflegekasse** und die **Heimaufsicht**. Manchmal genügt schon ein Nachhaken dieser Einrichtungen, um den Missstand zu beseitigen.

Für Mängel bezüglich des **Wohnraums** (z. B. Schimmelbefall) schreibt das Gesetz dem Bewohner sogar eine **Anzeigepflicht** gegenüber dem Heimbetreiber vor.

Werden die Mängel nicht beseitigt, kann der Heimbewohner gemäß § 10 Abs. 1 WBVG eine bis zu sechs Monate rückwirkende angemessene **Kürzung** des Entgelts verlangen.

! Gibt es Probleme mit Pflegemängeln, sollten Sie auf jeden Fall **juristischen Rat** einholen (z. B. bei einem Fachanwalt für Medizinrecht). Hier gibt es eine Vielzahl von Fallstricken, die für den Laien alleine nicht mehr zu bewältigen sind.

2.2 Was darf das Heim abrechnen?

Wenn die eigenen Einkünfte nicht reichen

Wenn Leistungen unmittelbar mit einem Sozialhilfeträger abgerechnet werden, muss der Heimbewohner darüber unverzüglich **schriftlich informiert** und ihm der diesbezügliche Kostenanteil mitgeteilt werden.

Was gilt, wenn der Heimaufenthalt unterbrochen wird?

Es kommt hin und wieder vor, dass durch die akute Verschlechterung des Gesundheitszustands oder aufgrund eines Unfalls eine Behandlung im **Krankenhaus** notwendig ist. Dann stellt sich die Frage, ob das volle Entgelt für das Heim trotz Abwesenheit weiter gezahlt werden muss. Gleiches gilt, wenn der Heimbewohner für ein paar Tage seine Angehörigen besucht.

In § 7 Abs. 5 WBVG ist geregelt, dass bei einer Abwesenheit, die **länger als drei Tage** dauert – gleich aus welchem Grund –, die durch diese Abwesenheit ersparten Aufwendungen angerechnet werden müssen. Das Gesetz erlaubt die Vereinbarung von Pauschalen pro Tag, um die dann das Entgelt gekürzt wird.

Was passiert, wenn der Pflegebedarf steigt?

Gerade bei chronischen Erkrankungen oder auch bei sehr betagten Personen wird der Bedarf an Pflegeleistungen im Laufe der Zeit steigen. Dann benötigt der Heimbewohner mehr Leistungen und der Vertrag muss dementsprechend angepasst werden.

Tritt eine solche Änderung ein, muss der Heimbetreiber dem Heimbewohner eine entsprechende **Anpassung** der Leistungen **anbieten**. Dieses Angebot kann der Heimbewohner auch nur teilweise annehmen. In jedem Fall erhöhen oder verringern sich die Entgelte in dem Umfang, in dem er das Änderungsangebot annimmt.

Das Angebot muss die bisherigen und die neuen Leistungen sowie die dafür jeweils zu zahlenden Entgelte schriftlich gegenüberstellen und begründen.

Beachten Sie: Der Heimbetreiber kann die Anpassungspflicht vertraglich ganz oder zum Teil ausschließen.

Kann das Entgelt auch ohne erhöhten Pflegebedarf steigen?

Auch für die Betreiber von Heimen steigen die allgemeinen Kosten wie Strom und Heizöl. Gleiches gilt hinsichtlich der Kosten für fachlich geeignetes Personal.

Daher gibt das Gesetz dem Heimbetreiber das Recht, eine Erhöhung der Entgelte zu verlangen, wenn sich die bisherige **Berechnungsgrundlage** verändert. Allerdings muss neben dem erhöhten Entgelt auch die Erhöhung selbst angemessen sein. Die Frage der »Angemessenheit« ist eine Frage des Einzelfalls und von einer Vielzahl von Faktoren abhängig.

Erhöhungen aufgrund von Investitionsaufwendungen sind nur zulässig, soweit sie nach der Art des Betriebs notwendig sind und nicht bereits durch eine öffentliche Förderung gedeckt sind.

Die geplante Erhöhung ist **schriftlich** mit einer entsprechenden Begründung mitzuteilen. Aus dieser Mitteilung muss auch erkennbar sein, ab wann die Erhöhung greifen soll. Das erhöhte Entgelt kann frühestens **vier Wochen** nach der Mitteilung verlangt werden. Die Heimbewohner müssen rechtzeitig Gelegenheit erhalten, die Angaben des Heimbetreibers durch eine Einsichtnahme in die Kalkulationsunterlagen zu überprüfen.

! Wenden Sie sich an Ihre Pflegekasse und holen Sie sich dort Hilfe. Auch beim Spitzenverband der gesetzlichen Krankenkassen finden Sie eine Vielzahl von Beratungsangeboten (www.gkv-spitzenverband.de). Für einen Laien sind die Kalkulationsunterlagen in der Regel nicht zu durchschauen.

Der Heimbewohner kann den Vertrag bei einer geplanten Erhöhung jederzeit ohne Begründung zu dem Zeitpunkt, zu dem die Erhöhung wirksam werden soll, **kündigen** (§ 11 Abs. 1 WBVG). Damit soll sichergestellt werden, dass niemand eine Erhöhung zwangsweise akzeptieren muss.

Wohnen im Pflegeheim: Was Betroffene und Angehörige wissen müssen | **A5**

Was darf bei Sondenernährung abgerechnet werden?

Wenn der Heimbewohner ausschließlich über eine Sonde ernährt wird, muss der Heimbetreiber die Verpflegungskosten aus dem Heimentgelt herausrechnen (BGH, Urteil vom 4. 11. 2004, III ZR 371/03, NJW 2005 S. 824). Denn die Kosten der Sondenernährung tragen die Krankenkassen.

! Hat der Heimbewohner die Verpflegung schon bezahlt, obwohl er nur über die Sonde ernährt wird, kann er eine Erstattung vom Heim verlangen. Der Bundesgerichtshof hat 2007 € 3,50 pro Tag angesetzt (BGH, Urteil vom 13. 12. 2007, III ZR 172/07,). Mittlerweile geht man von € 4,90 pro Tag aus.

2.3 Wer haftet, wenn der Heimbewohner zu Schaden kommt?

Bei einer stationären Pflege handelt es sich in der Regel um Personen, die aufgrund eines schlechten Gesundheitszustands einer besonderen Beobachtung bedürfen. Daher stellt sich im Bereich der Haftung immer wieder die Frage nach den **Obhuts- und Schutzpflichten** des Heimbetreibers: Inwieweit kann und muss er dafür Sorge tragen, dass der ihm anvertraute Heimbewohner nicht durch sich selbst oder das Pflegepersonal zu Schaden kommt?

Häufig wird versucht, im Vertrag die Haftung bei **Personenschäden** gegenüber dem Heimbewohner auszuschließen. Weder ein vollständiger Ausschluss noch eine Beschränkung der Haftung auf Vorsatz und grobe Fahrlässigkeit sind rechtlich **zulässig**. Eine solche Klausel entfaltet keine Wirkung.

Andererseits darf man natürlich den Bogen hier nicht zu sehr überspannen. Es können nur (Schutz-)Maßnahmen verlangt werden, die mit einem vernünftigen wirtschaftlichen und personellen Aufwand realisierbar sind. Alleine der Umstand, dass ein Heimbewohner sich im Bereich des Heims verletzt, reicht jedenfalls nicht aus, um dem Personal eine schuldhafte Pflichtverletzung nachzuweisen (BGH, Urteil vom 28. 4. 2005, III ZR 399/04, NJW 2005 S. 1937).

Erst recht kann einem Heimträger kein Vorwurf gemacht werden, keine ausreichenden Schutzmaßnahmen ergriffen zu haben, wenn der Heimbewohner diese ausdrücklich ablehnt.

» **Beispiel:** Der Heimbewohner weigert sich, abends vorsorglich das Bettgitter hochziehen zu lassen. Da es sich bei einem Bettgitter um eine freiheitsentziehende Maßnahme handelt, kann der Heimbetreiber nicht gegen den Willen des Betroffenen handeln. In der Nacht stürzt der Heimbewohner aus dem Bett und bricht sich einen Arm.

Der Heimbetreiber haftet hier nur, wenn er es versäumt, mit dem Betreuungsgericht Kontakt aufzunehmen, um die Maßnahme rechtlich klären zu lassen, weil der Heimbewohner dies aus gesundheitlichen Gründen nicht mehr selbst entscheiden kann. Denn freiheitsentziehende Maßnahmen bedürfen grundsätzlich einer Genehmigung durch das Betreuungsgericht (BGH, Urteil vom 27. 6. 2012, XII ZB 24/12, NJW-RR 2012 S. 1281).

Ein Haftungsausschluss für **Sachschäden** am Eigentum des Bewohners, wie zum Beispiel verloren gegangene oder beschädigte Wäsche, ist dagegen üblich und rechtlich **zulässig**. Allerdings gilt das nicht für grobe Fahrlässigkeit und Vorsatz. Auch hier ist ein kompletter Haftungsausschluss unwirksam.

2.4 Wenn es um die Kündigung des Heimvertrags geht

Wenn der Heimbewohner kündigen will

Der Heimbewohner kann den Vertrag **jederzeit** spätestens am **dritten Werktag** eines Kalendermonats zum Ablauf desselben Monats ordentlich kündigen. Eine Begründung muss für eine ordentliche Kündigung nicht angegeben werden.

Innerhalb der ersten **zwei Wochen** nach dem **Beginn des Vertrags** kann der Heimbewohner den Vertrag sogar jederzeit ohne Einhaltung einer Frist oder Angabe eines Grundes kündigen. Wenn der Vertrag innerhalb dieser zwei Wochen dem Heimbewohner noch nicht ausgehändigt wurde, dann läuft diese Frist erst mit der Aushändigung an.

Wie bei jedem anderen Vertrag gibt es auch beim Heimvertrag ein Recht zur **außerordentlichen fristlosen Kündigung.** Dieses Recht kann auch niemals von vornherein ausgeschlossen werden. Allerdings muss eine solche Kündigung auch vom Heimbewohner **begründet** werden. Es muss ein wichtiger Grund vorliegen, der die Fortführung des Vertrags bis zum Ende der ordentlichen Kündigungsfrist unmöglich macht.

» **Beispiel:** Es kommt immer wieder zu schweren Pflegemängeln, die die Gesundheit des Heimbewohners gefährden und vom Heimbetreiber nicht beseitigt werden.

Beachten Sie: Häufig bestehen zwischen Heimbewohner und Heimbetreiber gleichzeitig mehrere Verträge. So können beispielsweise die Überlassung des Wohnraums und die Erbringung von Pflegeleistungen in zwei getrennten Verträgen vereinbart werden. Sofern diese Verträge aber **inhaltlich voneinander abhängen**, müssen sie vom Heimbewohner immer **einheitlich** gekündigt werden.

» **Beispiel:** In dem Heim Ihrer Wahl wird Wohnraum nie ohne die dazugehörende Pflege überlassen. In einem solchen Fall ist es nicht möglich, nur die Pflegeleistungen zu kündigen, aber weiter im Heim wohnen zu bleiben.

Der Heimbetreiber kann nur aus wichtigem Grund kündigen

Anders als der Heimbewohner kann der Heimbetreiber den Vertrag **nur aus einem wichtigen Grund** kündigen. In § 12 Abs. 1 WBVG stellt das Gesetz klar, was als wichtiger Grund gelten kann. Allerdings ist die Aufzählung nur beispielhaft:

- Die **Einstellung** oder **wesentliche Einschränkung** des Heimbetriebs (z. B. wenn das Heim schließt oder umbaut und während des Umbaus Betten auf den Flur stellen müsste.)
- Eine **fachgerechte Pflege** und **Betreuung** ist **nicht (mehr) möglich,** weil der Heimbewohner eine Anpassung der Leistungen nicht annimmt oder eine Anpassung nötig wird, die der Heimbetreiber im Vertrag wirksam ausgeschlossen hat.
- Der Heimbewohner ist für **zwei aufeinanderfolgende** Termine oder mit einem Betrag in Höhe von **insgesamt zwei Monatsbeträgen** (angesammelt über einen längeren Zeitraum) mit der Entrichtung des Entgelts im Verzug.

Will der Unternehmer kündigen, weil der Heimbewohner die Anpassung der Leistungen verweigert, muss er vorher sein Angebot unter Bestimmung einer angemessenen **Annahmefrist** und mit dem **Hinweis** auf die beabsichtigte Kündigung erneut dem Heimbewohner vorlegen. Dieser soll also eine **Warnung** erhalten, bevor die Kündigung erfolgt.

Das Gleiche gilt, wenn der Heimbewohner in **Zahlungsverzug** ist. Auch hier soll er die Möglichkeit erhalten, den Vertrag durch eine Zahlung doch noch zu retten.

Eine Kündigung, die alleine dem Zweck dient, das monatliche Entgelt zu erhöhen, ist ausgeschlossen.

! Kündigt der Unternehmer einen der Verträge, dann hat der Heimbewohner das Recht, die anderen Verträge ebenfalls zu kündigen. Er muss dies dann aber einheitlich für alle verbliebenen Verträge und zum selben Zeitpunkt tun.

A5 | Wohnen im Pflegeheim: Was Betroffene und Angehörige wissen müssen

A6 Rechtssicher leben mit Demenz

1 Wann es ohne Betreuung nicht geht

Erwachsene Menschen, die aufgrund ihres Gesundheitszustandes nicht mehr in der Lage sind, wichtige Dinge des täglichen Lebens zu bewältigen, brauchen Betreuung – nicht nur soziale, sondern auch rechtliche im Sinne einer **Vertretung** auf Basis eines Gerichtsbeschlusses. Das heißt, es wird vom **Betreuungsgericht** ein Betreuer bestellt. Dieser handelt dann in einem genau festgelegten Umfang für die »**Betroffenen**«, wie die betreuten Personen in der Amtssprache genannt werden. Betroffen und somit ein Fall für die rechtliche, das heißt im Fachjargon »**gesetzliche Betreuung**«, können sein

- psychisch Kranke,
- Suchtkranke,
- Alterskranke und
- Behinderte (z. B. Schlaganfallpatienten),

die ihre rechtlichen Angelegenheiten nicht (vollständig) selbst wahrnehmen können und keine andere Vorsorge (Vollmachterteilung) getroffen haben.

Betreuung gibt es nur für **Volljährige**; bei Minderjährigen spricht man von Vormundschaft. Dabei besteht das Gros der Betroffenen aus Personen, die an einer altersbedingten demenziellen Erkrankung leiden. Auch für diese Menschen müssen im Alltag Entscheidungen getroffen werden – vom Aufenthalt, ob zu Hause oder im Heim, über Vermögensverfügungen bis hin zu medizinischen Behandlungen.

> **Beispiel:** Ein 85-jähriger Mann leidet an einer fortgeschrittenen Altersdemenz, sodass er orientierungslos ist und die alltäglichen Dinge des Lebens nicht mehr versteht. Somit kann er seine eigenen Angelegenheiten nicht mehr besorgen. Eine Betreuung ist hier unerlässlich.

Wichtig: Informieren Sie sich rechtzeitig, was auf Sie zukommt, wenn Sie die **Betreuung für einen Angehörigen** übernehmen sollen bzw. was man schon im Vorfeld machen kann, um diese Situation zu vermeiden. Selbst wenn Sie diese Aufgabe selbst nicht übernehmen können oder wollen, sollten Sie auch in der Lage sein, die Vorgänge bei einer **Fremdbetreuung** zu verstehen und bei Bedarf zu handeln. Wenn hier Fehler gemacht werden, geht dies oft zulasten der Angehörigen.

2 Wann kommt es zur gesetzlichen Betreuung?

2.1 Medizinische Voraussetzungen

Eine gerichtlich angeordnete Betreuung kommt nur infrage, wenn die betroffene Person **hilfebedürftig** ist (§ 1896 BGB). Dazu müssen folgende Erkrankungen und/oder Behinderungen vorliegen:

- **Psychische Erkrankung**

  Dazu zählen alle körperlich nicht begründbaren seelischen Erkrankungen, seelische Störungen mit körperlichen Ursachen (z. B. Folgen einer Hirnhautentzündung oder von Verletzungen des Gehirns). Auch Suchterkrankungen können bei entsprechendem Schweregrad psychische Krankheiten sein. Dasselbe gilt für Neurosen oder Psychopathien.

- **Geistige Behinderung**

  Dazu zählen angeborene und während der Geburt oder durch frühkindliche Hirnschädigungen erlittene Intelligenzdefekte verschiedener Schweregrade.

- **Seelische Behinderung**

  Dies sind bleibende psychische Beeinträchtigungen, die als Folge von psychischen Erkrankungen entstanden sind. Auch die altersbedingte Demenz zählt dazu.

- **Körperliche Behinderung**

  Diese machen eine Betreuung erforderlich, wenn durch die Behinderung die Fähigkeit zur Besorgung der eigenen Angelegenheiten teilweise oder wesentlich behindert ist (z. B. bei dauernder Bewegungsunfähigkeit infolge eines Halswirbelbruchs).

Aber nicht jede der genannten Erkrankungen oder Behinderungen machen eine Betreuung erforderlich. Erforderlich ist sie erst, wenn der Betroffene aufgrund der Behinderung oder Krankheit tatsächlich ganz oder teilweise unfähig ist, seine eigenen Angelegenheiten zu besorgen und nicht durch eine Vollmacht anderweitig für diesen Fall vorgesorgt hat.

Das Betreuungsverfahren kommt ingang, indem es »angeregt« wird. Bei Dementen sind es oft die Angehörigen in Absprache mit dem behandelnden Arzt. Ein förmlicher Antrag muss nicht gestellt werden, auch wenn es inzwischen Vordrucke dafür gibt. Zuständig ist das Betreuungsgericht, als Abteilung des Amtsgerichts, am Wohnort des Betroffenen oder am Ort der Betreuungsbedürftigkeit, zum Beispiel bei einem Klinikaufenthalt.

Wichtig: Wenn der Betroffene schon eine **Vorsorgevollmacht** für den Fall seiner Betreuungsbedürftigkeit erteilt hat, kann daneben kein Betreuungsverfahren in die Wege geleitet werden, selbst wenn die Angehörigen mit der Bevollmächtigung einer ihnen ungeeignet erscheinenden Person nicht einverstanden sind. Das Verfahren ist belastend und stigmatisierend; das soll gerade durch eine Vollmacht vermieden werden (BGH, Beschluss vom 18. 3. 2014, NJW 2015 S. 1752). Das Gericht wird hier den Antrag zurückweisen.

Anders sieht es aus, wenn die Vollmacht nicht wirksam erteilt wurde, weil die zu betreuende Person bei der Erteilung nicht mehr geschäftsfähig war.

2.2 Das Betreuungsgericht entscheidet

Das Verfahren kann jedoch nur **angeregt** werden. Das Gericht ermittelt und entscheidet selbstständig von »Amts wegen«, ob die Betreuung notwendig ist. Dabei entscheidet es nicht allein aufgrund der Aktenlage, sondern erst nach einem **persönlichen** Gespräch mit dem Betroffenen.

Zudem wird in der Regel ein Neurologe bzw. ein Psychiater beauftragt, damit dieser feststellt, ob die Betreuung wirklich erforderlich ist. Das **psychiatrische Gutachten** ist auch dann unumgänglich, wenn gerade erst eine Begutachtung durch den Medizinischen Dienst der Pflegekasse erfolgt ist. Denn da geht es nur um die Pflegebedürftigkeit, nicht aber um die geistigen Fähigkeiten als solche.

Das persönliche Gespräch mit dem Betroffenen findet normalerweise in gewohnter Umgebung des Betroffenen statt, sodass der Richter in die Wohnung oder das Heim kommt. So wird einer Verunsicherung des Betroffenen »auf einem Gericht« vorgebeugt.

! Als Angehöriger sollten Sie versuchen, dabei zu sein, um gegebenenfalls einzugreifen. Es ist nicht ausgeschlossen, dass der Betroffene sowohl beim Arzt als auch vor dem Richter einen sehr verständigen Eindruck macht. Oft merken diese dann nicht, dass der Betroffene zum Beispiel vollkommen unzutreffende Angaben zu persönlichen Umständen macht. Einen Rechtsanspruch auf Anwesenheit haben Sie allerdings nicht.

Ist das Gericht von der Betreuungsbedürftigkeit überzeugt, ordnet es die Betreuung per Beschluss an. Der **Beschluss ist befristet,** das heißt, dass nach einem bestimmten Zeitraum eine Überprüfung fällig ist. Dadurch soll eine langjährige Betreuung vermieden werden, obwohl die Krankheit vielleicht ausgeheilt ist.

Der längste Zeitraum, nach dem eine Überprüfung stattfinden muss, beträgt **sieben Jahre**. Dies gilt auch bei irreversiblen, sich nur verschlimmernden Erkrankungen, wie zum Beispiel Alzheimer-Demenz. **Ausnahme:** Im Beschluss ist ein bestimmter Zeitpunkt für das Ende ausdrücklich angeordnet worden.

Wenn das Gericht erwartet, dass für den Betroffenen besonders schwerwiegende und weitreichende Entscheidungen getroffen werden müssen, bestellt es von Anfang an oder im Laufe des Verfahrens einen **Verfahrenspfleger**. Das ist eine Art **juristischer Beistand** vor dem Betreuungsgericht, weil die betroffene Person nicht mehr für sich selbst sprechen kann.

2.3 Wie wählt das Gericht den Betreuer aus?

Wunsch des Betroffenen hat Vorrang

An erster Stelle steht der **Wunsch** des Betroffenen selbst. Wenn er eine bestimmte Person vorgeschlagen hat, hat das Gericht diese Person gemäß § 1897 BGB zum Betreuer zu bestellen. Das gilt auch dann, wenn noch besser geeignete Personen in Betracht kommen.

> **!** Wenn jemand in gesunden Tagen keine umfassende Vorsorgevollmacht erteilen möchte, aber im Fall des Falles von einer bestimmten Person betreut werden möchte, kann dies in einer sogenannten **Betreuungsverfügung** festgelegt werden. Hier braucht dann nur der Wunschkandidat genannt zu werden. Lesen Sie hierzu Abschnitt V.

Ausnahme: Die vorgeschlagene Person ist ungeeignet, weil sie **nicht dem Wohl** des Betroffenen entspricht. Das ist beispielsweise der Fall bei **erheblichen** Interessenkonflikten gerade im Bereich der Vermögenssorge. Interessenkollisionen von geringem Gewicht reichen aber nicht aus (BGH, Beschluss vom 7. 3. 2012, XII ZB 583/11, FamRZ 2012 S. 868).

Ist die Wunschperson nur in einem bestimmten Aufgabenkreis ungeeignet, darf das Betreuungsgericht im Hinblick auf die weiteren Angelegenheiten den Vorschlag des Betroffenen nicht einfach übergehen (BGH, Urteil vom 22. 4. 2015, XII ZB 577/14, NJW 2015 S. 1876).

> **»** **Beispiel:** Im entschiedenen Fall war die Mutter eines behinderten Kindes ungeeignet, das Kind in Angelegenheiten der Gesundheitsfürsorge zu vertreten. Das heißt aber nicht, dass man sie auch automatisch von der Vermögenssorge ausschließen darf.

Ehrenamtliche Betreuung geht professioneller Betreuung vor

Wenn der Betroffene niemanden vorgeschlagen hat, sollen grundsätzlich die **Angehörigen** des Betreuten die Betreuung übernehmen, beispielsweise die Eltern, Kinder, der Ehegatte oder der Lebenspartner. Voraussetzung ist, dass die Person geeignet und willens ist. Schließlich kann niemand zur Übernahme der Betreuung gezwungen werden. Findet sich keine Person aus dem privaten Umfeld, muss das Gericht zunächst versuchen, eine Privatperson zu finden, die fähig und bereit ist, diese Aufgabe **ehrenamtlich** zu übernehmen.

Das können **Betreuungsvereine** sein, in denen sich engagierte Menschen ehrenamtlich betätigen. Diese Vereine werden durch verschiedene Organisationen geführt, beispielsweise durch den Sozialverband VdK (Verband der Kriegsbeschädigten, Kriegshinterbliebenen und Sozialrentner Deutschlands) oder die katholische Kirche (Caritas).

Das bedeutet in der Praxis, dass ehrenamtliche Mitglieder des Vereins die Betreuungen führen und dabei von den hauptamtlichen Fachkräften bei schwierigen Einzelfragen unterstützt werden. Es muss nicht unbedingt eine Einzelperson vom Gericht bestellt, auch der Verein selbst kann zum Betreuer bestellt werden.

Erst wenn sich ehrenamtlich niemand meldet, greift das Gericht auf **Berufsbetreuer** zurück. Da diese vergütet werden müssen, hat das Gericht die Bestellung eines Berufsbetreuers zu begründen. Berufsbetreuer sind zum Beispiel **Rechtsanwälte oder Sozialarbeiter.** Bei mittellosen Personen werden die Kosten von der Staatskasse übernommen. Vermögende Betroffene zahlen selbst.

2.4 Folgen der Betreuungsanordnung

Keine automatische Geschäftsunfähigkeit

Die Bestellung eines Betreuers macht den Betroffenen nicht automatisch geschäftsunfähig. Die Wirksamkeit seiner Willenserklärungen richtet sich wie bei allen anderen Personen allein danach, ob er deren Wesen, Bedeutung und Tragweite einsehen und sein Handeln danach ausrichten kann. In vielen Fällen wird eine solche Einsicht allerdings nicht mehr vorhanden sein. Erst in diesem Fall ist der Betreute geschäftsunfähig. Das Betreuungsgericht wird dies im Beschluss feststellen.

Solange der Betroffene aber nicht für geschäftsunfähig erklärt worden ist, ordnet das Gericht nur den sogenannten **Einwilligungsvorbehalt** an. Das heißt, der Betroffene ist in einzelnen Bereichen, den **Aufgabenkreisen,** in der Regel in Vermögensangelegenheiten, beschränkt. Ansonsten braucht er keine vorherige Genehmigung seines Betreuers. So kommt es beispielsweise zum Einwilligungsvorbehalt, wenn zu befürchten ist, dass der Betreute sich selbst oder sein Vermögen schädigt.

> **Beispiel:** Sie sind für Ihren Vater für den Aufgabenkreis »Vermögensbetreuung« als Betreuer bestellt worden, nachdem dieser demenziell erkrankt ist und in der Vergangenheit mehrfach unnütze Verträge abgeschlossen hat. Ohne Ihr Wissen bucht er in einem Reisebüro in seiner Nachbarschaft eine Weltreise im Wert von ca. € 10 000,–. Da Ihr Vater weder gesundheitlich noch finanziell in der Lage ist, die Reise zu machen, können Sie die Buchung widerrufen.

Durch den Einwilligungsvorbehalt hat die betreute Person im Geltungsbereich dieses Vorbehalts eine vergleichbare **Rechtsstellung wie ein beschränkt geschäftsfähiger Minderjähriger** (BGH, Urteil vom 21. 4. 2015, XII ZR 234/14, MDR 2015 S. 896). Schadensersatzansprüche des Vertragspartners sind deshalb auch hier ausgeschlossen. Allerdings muss der Betreute Vorteile, die er durch sein Handeln erlangt hat, wieder herausgeben, soweit sie noch vorhanden sind. Hebt er beispielsweise große Summen von seinem Konto ab und verprasst das Geld, kann und muss er der getäuschten Bank nichts zurückerstatten.

! Der Einwilligungsvorbehalt kann zum Beispiel für alle Rechtsgeschäfte ab € 100,– ausgesprochen werden. Damit werden Willenserklärungen des Betroffenen wie auch das Geldabheben darüber hinaus unwirksam. Es ist nicht erforderlich, dass man bei der Bank von dem Einwilligungsvorbehalt weiß. Sinnvollerweise sollten Sie dennoch als Betreuer die betroffenen Geldinstitute informieren.

Höchstpersönliche Rechte werden nicht eingeschränkt

Höchstpersönliche Rechte darf der Betreute noch wahrnehmen, solange er geschäftsfähig ist. Dazu zählt auch das **Heiraten**. Über die Ehefähigkeit urteilt der Standesbeamte (§ 1304 BGB).

Ebenso können Betreute ein **Testament** machen – immer vorausgesetzt, sie sind testierfähig. Dazu müssen sie in der Lage sein, die Bedeutung ihrer Erklärung einzusehen und nach dieser Einsicht zu handeln. Es bedarf hier keiner Zustimmung des Betreuers.

Wichtig: Selbst eine schwere geistige Erkrankung führt nicht automatisch zur Testierunfähigkeit, wenn der Betroffene zwischendurch »lichte Momente« hat

(OLG München, Beschluss vom 30. 10. 2014, 34 Wx 293/14, NJW-RR 2015 S. 138). Wer das Gegenteil behauptet, muss dies nachweisen können – etwa anhand eines eindeutigen Sachverständigengutachtens.

! Gerade weil es bei einer beginnenden Demenz wichtig ist, Angehörige per letztwilliger Verfügung abzusichern, sollten Sie im Zusammenhang mit einer Testamentserrichtung durch ein ärztliches Gutachten die Testierfähigkeit feststellen lassen. So können Sie spätere Zweifel daran am leichtesten ausräumen. Gute Anlaufadressen für einen qualifizierten Gutachter sind die gerontopsychiatrischen Stationen von Krankenhäusern oder auch der medizinische Gutachter, den das Gericht vor der Anordnung der Betreuung beauftragt hatte. Diesen Aufwand sollten Sie nicht scheuen.

Betreuer dürfen somit nur für die Aufgabenkreise bestellt werden, in denen eine Betreuung tatsächlich erforderlich ist (§ 1896 Abs. 2 BGB). Bereiche, die die Betroffenen eigenständig erledigen können, dürfen den Betreuern nicht übertragen werden.

3 Was gilt für den Betreuer?

Je nachdem, wo der Betroffene Hilfe braucht, werden auf den Betreuer einzelne, mehrere oder auch alle Aufgabenkreise übertragen. Typische Aufgabenkreise sind die **Aufenthaltsbestimmung, Vermögensverwaltung oder Gesundheitsfürsorge.**

Für die vom Gericht übertragenen Aufgabenkreise (und nur für diese) haben Sie nun die Stellung eines gesetzlichen Vertreters. Um Ihre rechtliche Stellung gegenüber den verschiedenen Institutionen nachweisen zu können, erhalten Sie einen **Betreuerausweis.** Außerdem findet ein **Verpflichtungsgespräch** statt, in dem man Sie über Ihre künftigen Pflichten und Aufgaben informiert. Unter Umständen ist es sinnvoll, den Betroffenen bei diesem Gespräch dabeizuhaben.

Auf jeden Fall sollten Sie von nun an die Aufgabenkreise gut im Blick haben, wenn Sie im Namen des Betreuten handeln wollen. Das gilt insbesondere, wenn Sie merken, dass die Hilfsbedürftigkeit zunimmt.

》 **Beispiel:** Nachdem Ihre Frau einen Schlaganfall erlitten hat, sind Sie zum Betreuer in Gesundheitsangelegenheiten bestellt worden. Als ein behindertengerechter Umbau des gemeinsamen Hauses erforderlich wird, wollen Sie das Haus mit einer Grundschuld zur Finanzierung der Umbaumaßnahmen belasten. Das geht nur mit Zustimmung Ihrer Frau. Deshalb muss das Betreuungsgericht den Aufgabenkreis um die Vermögensverwaltung erweitern.

Wenden Sie sich in diesem Fall an den Rechtspfleger. Denn ist die Betreuung angeordnet und der Betreuer bestellt, geht das Verfahren auf den **Rechtspfleger** über. Dieser ist nun in Betreuungsangelegenheiten **Ihr Ansprechpartner** für alle Fragen rund um die Betreuung.

> **Beispiel:** Sie wurden zum Betreuer für Ihren Ehemann bestellt. Weil seine Demenzerkrankung und seine Pflegebedürftigkeit zunimmt, denken Sie über eine Heimunterbringung nach. Sie sind nicht sicher, ob Sie einen Heimplatz auswählen und Ihren Mann dort unterbringen dürfen. Hier hilft Ihnen der Rechtspfleger weiter.

Ist jemand so hilfsbedürftig, dass er überhaupt nichts mehr selbstständig erledigen kann (z. B. Komapatient), ist eine **umfassende Betreuung** erforderlich. Das Gericht ordnet deshalb hier als **Aufgabenkreis** »alle Angelegenheiten« an. Das ist aber die **Ausnahme**.

3.1 Persönliche Betreuung

Die **Personensorge** umfasst die

- Gesundheitsfürsorge,
- Vertretung bei Wohnungsangelegenheiten,
- Aufenthaltsbestimmung und
- Zustimmung zur Freiheitsentziehung.

Die Betreuerbestellung beschränkt sich hierauf, wenn für die Vermögensbetreuung schon anderweitig Vorsorge getroffen worden ist (z. B. durch Kontovollmacht) oder kein Bedarf besteht.

Gesundheitsfürsorge

Sollten Sie für diesen Aufgabenbereich bestellt werden, müssen Sie den Betroffenen bei Bedarf zum Arzt oder in ein Krankenhaus bringen. Das heißt aber nicht, dass Sie Pflegeleistungen wie Einkaufen, Kochen, Waschen, Körperpflege usw. persönlich erbringen müssen. Hiermit können Sie einen Pflegedienst beauftragen.

Gesundheitsfürsorge bedeutet im Wesentlichen, dass Sie den Betroffenen in allen medizinischen Angelegenheiten vertreten, unter anderem auch die **Zustimmung zur Heilbehandlung** und zu anderen **ärztlichen Maßnahmen** geben müssen. Als Betreuer führen Sie das Aufklärungsgespräch mit dm Arzt und willigen schriftlich beispielsweise in eine Operation ein.

Bei derartigen Entscheidungen kommt es auf den **mutmaßlichen Willen des Betroffenen** an. Der muss im Zweifel von Ihnen als Betreuer ermittelt werden. Das ist nicht einfach, insbesondere in der letzten Lebensphase, wenn der Betreute keine wirksame Patientenverfügung hinterlegt hat, aus der seine konkreten Behandlungswünsche für den Fall der eigenen Entscheidungsfähigkeit hervorgehen.

» **Beispiel:** Eine im Wachkoma befindliche Schlaganfallpatientin kann nicht mehr richtig schlucken und muss künstlich über eine Sonde ernährt werden. Die behandelnde Ärztin klärt die zur Betreuerin mit dem Aufgabenkreis Gesundheitsfürsorge bestellte Tochter auf, welche Folgen diese Maßnahme hat. Die Tochter muss nun entscheiden, ob ihre Mutter das gewollt hätte oder ob sie auf eine Sondenernährung verzichtet und sich für den alsbaldigen Tod entschieden hätte.

Selbst wenn Sie zu dem Ergebnis kommen, dass der Betreute nie und nimmer der vorgeschlagenen Behandlung zugestimmt hätte und Sie diese deshalb ablehnen, ist nicht ausgeschlossen, dass die behandelnden Ärzte anderer Meinung sind und Ihnen widersprechen. Bei **Meinungsverschiedenheiten zwischen Arzt und Betreuer** bleibt dann nur die Möglichkeit, das Betreuungsgericht anzurufen und entscheiden zu lassen.

Wichtig: In dieser Situation darf das Betreuungsgericht nicht danach unterscheiden, ob der entscheidungsunfähige Patient in einer finalen Lebensphase ist oder noch länger leben würde. Entscheidend ist allein der mutmaßliche Wille (BGH, Urteil vom 17. 9. 2014, XII ZB 202/13, DNotZ 2015 S. 47).

! Wegen dieser Schwierigkeiten ist es besser, der Betroffene hat in einer **Patientenverfügung** festgehalten, wie er im Fall des Falles behandelt werden möchte.

Wohnungsangelegenheiten

Hierunter fallen die Vertretung gegenüber dem Vermieter (z. B. bei Mieterhöhung, Kündigung), aber auch gegenüber Sozialbehörden, wenn zum Beispiel Wohngeld beantragt werden muss. Denkbar ist auch die Organisation eines Putz- oder Schneeräumdienstes, wenn der Betroffene nach dem Mietvertrag dazu verpflichtet ist.

Wichtig: Geht es um die Aufgabe von Wohnraum, sei es der Mietwohnung oder des Eigenheims, weil beispielsweise ein Umzug ins Heim unumgänglich geworden ist, muss die Maßnahme vom Betreuungsgericht genehmigt werden (§ 1907 BGB)!

Aufenthaltsbestimmung

Betreuung in Sachen »Aufenthaltsbestimmung« heißt, Sie entscheiden, **wo** der Betreute wohnt. Gerade Demenzkranke sind oft verwirrt oder pflegebedürftig und müssen deshalb in einem Heim untergebracht werden. Der Betreuer darf nach erfolgter Genehmigung des Heimaufenthalts durch das Betreuungsgericht ein bestimmtes Heim aussuchen und den Heimvertrag abschließen.

Freiheitsentziehende Maßnahmen

Maßnahmen, die die persönliche Freiheit einschränken, sind nur zulässig, wenn die Gefahr einer Selbsttötung oder eines erheblichen gesundheitlichen Schadens besteht (§ 1906 BGB). Zu den freiheitsentziehenden Maßnahmen zählen

- Unterbringung in einem Gitterbett,
- Verwendung von Leibgurten, die der Betroffene nicht selbst öffnen kann,
- Medikamentengabe zur Ruhigstellung, wenn sie nicht gleichzeitig einen therapeutischen Zweck hat, oder
- Abschließen des Zimmers oder der Station eines Heimes, wenn der Betroffene nicht jederzeit Öffnung verlangen kann.

In all diesen Fällen braucht der Betreuer **zusätzlich** zu seiner Entscheidung eine **betreuungsgerichtliche Genehmigung.** Das Gericht prüft, ob die beabsichtigten Maßnahmen wirklich notwendig sind. Die Genehmigung ist auch erforderlich, wenn eine zuvor erteilte Vorsorgevollmacht diese Maßnahmen mitumfasst (BVerfG, Beschluss vom 10. 6. 2015, 2 BvR 1967/12, FamRB 2015 S. 306).

Wichtig: In Eilfällen muss die Genehmigung unverzüglich nachgeholt werden, wenn die erforderlichen Maßnahmen zum Schutze des Betroffenen schon durchgeführt worden sind.

Geht es um die **Unterbringung in einer geschlossenen Abteilung** eines Heimes, ist ebenfalls eine Genehmigung durch das Betreuungsgericht erforderlich.

3.2 Betreuung in Vermögensangelegenheiten

Vermögensangelegenheiten sind alle Vorgänge rund um die Rente, Sparguthaben, Verwaltung von Immobilienbesitz, Erwerb und Veräußerung von Vermögensgegenständen, Geldanlage einschließlich Steuererklärungen. Die Vermögensverwaltung kann aber auch beschränkt werden (z. B. auf die Geltendmachung von Unterhaltsansprüchen oder die Taschengeldverwaltung bei einem Heimbewohner).

Solange der Betroffene aber nicht für geschäftsunfähig erklärt worden ist, kann er sich daneben ebenfalls um seine Finanzen kümmern. Deshalb muss gegebenenfalls hier zusätzlich ein **Einwilligungsvorbehalt** vom Betreuungsgericht ausgesprochen werden. Ein Einwilligungsvorbehalt ist aber selbst bei größeren Vermögen nicht unbedingt erforderlich. Den braucht es nur bei einer **konkreten Gefahr einer Vermögensschädigung** durch den Betreuten selbst (BGH, Beschluss vom 28. 7. 2015, XII ZB 92/15).

》 **Beispiel:** Im entschiedenen Fall war der Betroffene Eigentümer mehrerer Immobilien und eines Betriebs. Der BGH sah es als ausreichend an, bei Bedarf einen Einwilligungsvorbehalt für einzelne Objekte auszusprechen.

Wichtig: Es gehört auch zu den Pflichten des Vermögensbetreuers, den missbräuchlichen Zugriff Dritter zu verhindern. Die Zuweisung des Aufgabenkreises »Vermögensangelegenheiten« schließt die Befugnis zum **Widerruf einer Vorsorgevollmacht,** einer anderen Person erteilt worden ist, nicht ein. Wollen Sie dem Missbrauch durch eine derartige Vollmacht entgegentreten, müssen Sie beim Betreuungsgericht einen Antrag stellen, der Ihnen diesen Aufgabenkreis zusätzlich zuweist (BGH, Beschluss vom 28. 7. 2015, XII ZB 674/14.).

Vermögenssorge bringt Rechenschaftspflicht mit sich

Als Betreuer müssen Sie gleich zu Beginn der Betreuung dem Gericht ein **Vermögensverzeichnis** einreichen. Die erforderlichen Auskünfte erhalten Sie bei den Banken oder sonstigen Einrichtungen unter **Vorlage des Betreuerausweises.**

Als Betreuer müssen Sie zudem das Vermögen unter sinnvoller Berücksichtigung der Wünsche der betreuten Person wirtschaftlich, gewinnbringend (verzinslich) und mündelsicher anlegen. Die Geldanlage selbst ist vom Betreuungsgericht zu genehmigen. Mündelsicher sind alle Banken mit ausreichender Sicherungseinrichtung (also Großbanken, Volksbanken und Raiffeisenkassen sowie Stadt- und Kreissparkassen). Das Geld soll mit der Bestimmung angelegt werden, dass es nur mit Genehmigung des Betreuungsgerichts abgehoben werden kann **(sog. Sperrvermerk).**

! In Geldanlagen ungeübte Betreuer sollten einen unabhängigen Vermögensverwalter hinzuziehen, um gegebenenfalls bei Fehlanlagen die eigene Haftung auszuschließen.

Dem Betreuungsgericht ist einmal jährlich (unaufgefordert) ein **Bericht** über die persönlichen Verhältnisse des Betreuten und eine **Rechnungslegung** über sein Vermögen vorzulegen.

Von diesen Pflichten gibt es **Befreiungsmöglichkeiten für nahe Angehörige.** Als Eltern, Ehegatten Lebenspartner oder Abkömmlinge des Betroffenen, können Sie sich vom Gericht von der Rechnungslegung befreien lassen. Der Zeitraum für die Vorlage einer Vermögensübersicht kann auf zwei bis fünf Jahre verlängert werden. In der Praxis machen die Gerichte dies, wenn sie nach einiger Zeit gesehen haben, dass die Vermögensverwaltung ordnungsgemäß erfolgt. Zusätzlich gibt es, gerade bei Vermögen unter € 6 000,–, weitere Befreiungsmöglichkeiten. Diese sollten Sie mit dem zuständigen Rechtspfleger besprechen.

! Wenn Sie als Angehöriger über Bankvollmachten verfügen und außer der Regelung dieser Bankgeschäfte nichts betreuungsrechtlich Relevantes zu tun ist, kann der Bereich »Vermögensangelegenheiten« entfallen. Damit entfällt die Pflicht zur Rechnungslegung gegenüber späteren Erben (OLG Düsseldorf, Urteil vom 18. 12. 2014, 3 U 88/14). Das gilt zumindest dann, wenn der Vollmachtgeber selbst keine Rechnungslegung verlangt hat.

Vorsicht bei Geschenken aus dem Vermögen des Betreuten

Als Betreuer dürfen Sie grundsätzlich keine Schenkung im Namen des Betreuten machen (§§ 1908 i Abs. 2, 1804 Satz 1 BGB). Ein Verstoß dagegen macht die Schenkung nichtig! Sie kann zurückgefordert werden und Sie machen sich unter Umständen haftbar. Selbst das Vormundschaftsgericht darf die Schenkung nicht genehmigen. Vom Schenkungsverbot gibt es aber Ausnahmen.

Geschenke zu Geburtstagen, Weihnachten, Verlobung etc. an Angehörige sind erlaubt – selbstverständlich unter Berücksichtigung der Einkommens- und Vermögensverhältnisse des Betreuten.

Wann Sie die Genehmigung des Betreuungsgerichts brauchen

Etliche Entscheidungen sind so wichtig für den Betroffenen, dass sie nur mit Genehmigung des Gerichts getroffen werden dürfen. Dazu zählen **im Bereich Vermögensbetreuung:**

- Grundstücksgeschäfte wie zum Beispiel Kauf oder Verkauf, Nießbrauch, Dienstbarkeit, Vorkaufsrecht; auch die Belastung eines Grundstücks mit einer Hypothek (z. B. zur Finanzierung eines behindertengerechten Umbaus);

- Ausschlagung von Erbschaften oder Vermächtnissen oder Pflichtteilsverzichtserklärung;
- Kreditaufnahme (auch die Überziehung des Girokontos);
- bestimmte Geldanlagen, insbesondere bei **riskanten** Anlagearten wie Aktien oder Investmentfonds, bei denen der Verlust des betroffenen Vermögens droht;
- Abschluss von Verträgen, durch die der Betreute zu wiederkehrenden Leistungen für **länger als vier Jahre** verpflichtet werden soll (z. B. Übernahme der Pflege);
- Ausstattung wie die Mitgift oder Aussteuer zur Heirat.

3.3 Eine Postvollmacht ist oft unverzichtbar

Entscheidungen über den Telefonverkehr, die Entgegennahme, das Öffnen und Einbehalten der Post (§ 1896 Abs. 4 BGB) gehören nicht zu den Aufgabenkreisen, für die ein Betreuer bestellt wird. In vielen Fällen, insbesondere bei der Vermögensverwaltung, geht es aber nicht ohne. Der Aufgabenkreis kann deshalb darauf erweitert werden.

Sollten Sie zum Beispiel für einen demenziell erkrankten Menschen die Betreuung übernommen haben, kann Ihnen möglicherweise diese Aufgabe deutlich erschwert werden, wenn Sie die Post nicht öffnen dürfen. Dann muss es Ihnen natürlich möglich sein, die Post entgegenzunehmen.

Wichtig: Eine Postvollmacht allein reicht dagegen nicht aus, in den oben genannten Aufgabenkreisen wirksam für den Betroffenen zu handeln. Deshalb sollten Sie bei Bedarf unbedingt die Erweiterung des jeweiligen Aufgabenkreises beim Betreuungsgericht beantragen.

» **Beispiel:** Eine an Demenz erkrankte Frau hatte nur einen Betreuer für die Personensorge, der auch über eine Postvollmacht verfügte. Als der Ehemann das gemeinsame Testament widerrief, um zugunsten des Betreuers ein neues aufzusetzen, ließ er den Widerruf dem Betreuer zustellen. Dessen Postvollmacht reichte allerdings nicht für einen wirksamen Widerruf aus. Der Betreuer hätte auch für den Aufgabenkreis »Vermögenssorge« bestellt sein müssen. Das gemeinsame Testament blieb wirksam (OLG Karlsruhe, Beschluss vom 9. 6. 2015, 11 Wx 12/15).

3.4 Ende der Betreuung

Die Betreuung endet mit dem **Tod des Betreuten**. In diesem Fall müssen Sie aber noch ein paar wichtige Dinge erledigen:

- Mitteilung über den Todesfall an die Erben.
- Mitteilung über den Todesfall an das Betreuungsgericht (Abschlussbericht, Rückgabe der Bestellung, Schlussabrechnung).
- Bei unbekannten Erben das Nachlassgericht informieren.
- Information über den Tod des Betreuten an die Beziehungspartner (z. B. Bank, Rententräger, Jobcenter, Grundsicherung, Arbeitgeber, Vermieter etc.) geben.
- Aushändigung der Unterlagen an die Erben bzw. an das Nachlassgericht gegen Quittung.

Wichtig: Es gehört dagegen nicht mehr zu Ihren Aufgaben, wenn Sie nicht gleichzeitig zu den Erben zählen, den Nachlass abzuwickeln, die Bestattung zu organisieren oder Vermögens- bzw. Wohnungsangelegenheiten zu regeln. Dazu sind die Erben verpflichtet.

Die Betreuung endet auch, wenn das Gericht den Betreuer entlässt, weil er

- seine Aufgaben nicht mehr sachgerecht erfüllt,
- ein anderer wichtiger Grund für die Entlassung vorliegt (z. B. eine lange Erkrankung),
- ein anderer Betreuer vorrangig bestellt wird (z. B. ein ehrenamtlicher Betreuer),
- der Betreute eine andere gleich gut geeignete Person vorschlägt, die bereit und in der Lage ist die Betreuungsaufgaben wahrzunehmen.

B1 Die richtige Finanzplanung während Ihres Ruhestandes

1 Vermögensmanagement zu Rentenbeginn

1.1 Wo Sie bei Rentenbeginn finanziell stehen

Bürger müssen im Schnitt bei Eintritt ins Rentenalter rund **87 % ihres letzten Nettoeinkommens** für einen auskömmlichen Lebensabend erzielen. Das hat Universitätsprofessor Martin Werding von der Ruhr-Universität Bochum in einer Rentenstudie herausgefunden. Grundlage waren Daten von 20 000 Menschen in rund 11 000 Haushalten, die zwischen 1992 und 2011 in Rente gingen. Mittels ökonometrischer Methoden wurde deren Zufriedenheit mit ihrem Einkommen zwischen Renteneintritt und dem 75. Lebensjahr ermittelt und daraus diejenige **Rentenersatzquote** abgeleitet, bei der die Zufriedenheit unverändert bleibt.

Ergebnis: Einem Standardrentner mit € 1 000,–Monatsrente fehlen bei lückenloser Erwerbsbiografie künftig jeden Monat € 650,– netto in der Tasche – »€ 350,– mehr als bislang gedacht«, sagt Werding. Damit erreicht die Rente für Durchschnittsverdiener nur ein Niveau von 55,2 % des letzten Nettoeinkommens. Beim Standardrentner wurde ein durchschnittlicher Bruttoverdienst von rund € 34 000,– pro Jahr zugrunde gelegt.

1.2 Bestimmte Ausgaben fallen weg

Den sinkenden Einkünften stehen auch **wegfallende Aufwendungen** gegenüber. Der Aufwand für den Lebensunterhalt verringert sich jedoch meist nicht, auch weil Sie mehr Zeit zum Geldausgeben als während der Berufstätigkeit haben. Wohnungskosten könnten sinken, falls eine kleinere Wohnung gewählt wird. In jedem Falle sparen Sie sich nun die Ausgaben für die Altersvorsorge, etwa durch Lebensversicherungen oder Banksparpläne. Andererseits kommen womöglich neue Ausgaben hinzu.

》 **Beispiel:** Das Risiko der Pflegebedürftigkeit sollte zu Beginn des Ruhestands genau geprüft werden. Hierbei müssen Sie sich damit auseinandersetzen, welche zusätzlichen Aufwendungen auf Sie zukommen. Das ist wiederum davon abhängig, wie hoch der Pflegebedarf ist und ob der Pflegebedürftige zu Hause oder in einem Heim gepflegt wird. Zu prüfen sind die finanziellen Auswirkungen von zusätzlichen Leistungen aus der Pflegepflichtversicherung, die allenfalls eine Teilkasko-Absicherung bietet. Die Versorgungslücke für den Pflegefall lässt sich auch mit 65 oder 67 Jahren noch finanziell erträglich über eine private Pflegezusatzversicherung abdecken. Die Police kostet nur den Bruchteil einer Berufsunfähigkeitsversicherung, die zum Ende der Berufstätigkeit ihren Sinn verloren hat und gekündigt werden sollte. Ausnahme: Es besteht eine Police mit lebenslanger Leistung.

Bei der Planung und Bewertung der Finanzen im Ruhestand sollten Sie Notwendiges von Wünschenswertem unterscheiden und das Unvorhergesehene nicht vergessen.

Notwendiges

- Alle Kosten des Wohnens: Dazu gehören auch die Nebenkosten. Diese werden vor allem bei Eigentum gern vergessen (Grundsteuer, Versicherungen, Erhaltungsaufwand).
- Ernährung: Sie wollen essen und trinken.
- Kleidung / körperliche Hygiene.
- Mobilität: Brauchen Sie ein Auto? Dann sind Versicherungen, Steuern und Kraftstoff Ihr Thema. Fahren Sie alternativ Bahn? Dann sind Fahrkarten oder eine Bahn-Card Ihre wesentlichen Positionen. Vergessen Sie nicht die Kosten, die Sie aufwenden müssen, um den nächsten Bahnhof zu erreichen.
- Kommunikation: Telefone aller Art sowie Fernsehen, Radio und Computer und Internet.
- Versicherungen: Prüfen Sie, welche Sie wirklich noch brauchen.
- Sparbeträge, die Sie als Rücklage für die Anschaffung notwendiger Güter brauchen, z. B. Auto, Treppenlift, Rollator.

Wünschenswertes

- Reisen,
- Kultur.

Sicher kann man trefflich darüber streiten, ob Urlaub, Reisen und Kultur nicht etwas Notwendiges sind. Wir ordnen es der Kategorie »Wünschenswertes« zu. Zum Überleben braucht man eigentlich keinen Urlaub.

Unvorhergesehenes

In diese Kategorie fallen alle Rücklagen, z. B. für Reparaturen oder Ersatzanschaffungen für das Eigenheim oder das Auto. Eigentlich gehören hier auch die Versicherungsbeiträge hin. Versicherungen dienen schließlich dazu, finanzielle Folgen des Unvorhergesehenen abzufangen. Seien Sie vor allem ehrlich zu sich.

Planen Sie keine unrealistischen Wünsche. Was drei Monate Wunschurlaub im Jahr kosten, können Sie relativ schnell ermitteln: Rechnen Sie für sich und Ihren Partner € 150,– pro Tag, so kommen Sie auf € 13 500,–. Die Rechnung können Sie auch für jeden anderen Tagessatz nachvollziehen.

> **!** Seien Sie auch nicht zu optimistisch, was das Thema Einsparungen angeht. Schauen Sie sich Ihre Ausgaben an. Welche davon können Sie wirklich ohne Probleme und vor allem kurzfristig senken?

1.3 Verzehr und Erhalt Ihres vorhandenen Kapitals

Diese Entscheidung muss jeder für sich treffen, der Geld auf der Bank hat: Soll das Kapital so ausgezahlt werden, dass zu einem bestimmten Zeitpunkt nichts mehr übrig ist (Kapitalverzehr), oder in solchen Monatszahlungen, dass am Ende das gesamte Geld noch erhalten ist (Kapitalerhalt). Natürlich ist auch eine Zwischenlösung denkbar, die den vollständigen Verzehr zeitlich weiter hinausschiebt oder verhindert. Hier bietet sich als Entscheidungsgrundlage die statistische Lebenserwartung an, die etwa bei 85 Jahren liegt.

Um die Entscheidung treffen zu können, sollte man zunächst eine Vorstellung davon bekommen, wie lange die Ersparnisse überhaupt reichen würden. Beginnen wir mit der vorsichtigsten Variante, dem **Kapitalerhalt**. Der folgenden Tabelle können Sie entnehmen, wie viel Geld Sie unter Annahme einer bestimmten Verzinsung abzüglich Abgeltungsteuer (= Nettowertsteigerung) auf Lebenszeit monatlich entnehmen können, ohne die ursprüngliche Gesamtsumme anzugreifen.

Auszahlplan mit Kapitalerhalt

Gesamtsumme (€)	Monatsrente (€) bei jährlicher Wertsteigerung von		
	1 %	2 %	3 %
50 000,–	41,67	83,33	125,–
100 000,–	83,33	166,67	250,–
150 000,–	125,–	250,–	375,–
200 000,–	166,67	333,33	500,–
250 000,–	208,34	416,67	625,–
300 000,–	250,–	500,–	750,–

So lesen Sie die Tabelle: Wer ein Vermögen von € 100 000,– erhalten will und es schafft, das Geld für 1,0 % Rendite nach Steuern pro Jahr anzulegen, kann jeden Monat € 83,33 entnehmen.

Die riskanteste Variante wäre der völlige Verbrauch des Gelds, der **Kapitalverzehr**. Riskant deshalb, weil das Geldvermögen irgendwann aufgebraucht ist und Ihnen dann womöglich nur noch die gesetzliche Altersrente bleibt. Das schränkt den finanziellen Spielraum in höherem Alter erheblich ein, obwohl gerade dann womöglich hohe Pflegekosten zu bezahlen sind. Erfahrungsgemäß ist der Kapitalverzehr für Senioren ein **mentales Problem**, denn niemand will im Ernstfall völlig ohne Geldreserven dastehen. Doch der Wunsch nach Erhalt des Kapitals und hohen Erträgen ist zumeist nicht erfüllbar. Daher läuft es für viele Ruheständler zumindest auf den teilweisen oder vollständigen Kapitalverzehr hinaus. Die folgende Tabelle zeigt, wie viel Geld monatlich entnommen werden kann, bis das Konto auf null steht. Die angenommene Wertsteigerung versteht sich nach Abzug der Abgeltungsteuer.

Auszahlplan mit Kapitalverzehr

Gesamtsumme (€)	Entnahmejahre	Monatsrente (€) bei Wertsteigerung p. a. von		
		1 %	2 %	3 %
50 000,–	5	854,–	875,–	897,–
50 000,–	10	437,–	459,–	481,–
50 000,–	15	299,–	321,–	344,–
50 000,–	20	229,–	252,–	276,–
100 000,–	5	1 709,–	1 751,–	1 794,–
100 000,–	10	875,–	919,–	963,–
100 000,–	15	598,–	642,–	688,–
100 000,–	20	459,–	505,–	552,–

So lesen Sie die Tabelle: Wenn ein Vermögen von € 100 000,– nach und nach aufgezehrt werden soll und Sie es schaffen, das Geld für 1 % Rendite nach Steuern pro Jahr anzulegen, können Sie jeden Monat € 459,– entnehmen. Das Konto stünde dann nach 20 Jahren auf null. Braucht das Geld bei dieser Verzinsung nur zehn Jahre zu reichen, können Sie € 875,– Rente pro Monat verbrauchen, bis das Kapital aufgezehrt ist.

Auszahlpläne, die auf Kapitalverzehr angelegt sind, bergen größere Risiken als solche, bei denen das Vermögen erhalten bleibt. Rechnen Sie zwischendurch immer wieder mal aus, ob nach Ablauf des Auszahlplans mit Kapitalverzehr die sonstigen Einkünfte wie gesetzliche Altersrente, Betriebsrente oder Einnahmen aus Vermietung oder Verpachtung zur finanziellen Bewältigung des Alltags ausreichen würden.

> **Beispiel:** Die Internetseiten www.fmh.de und www.finanzpartner.de / altersvorsorge / entnahmeplan.htm bietet Ihnen die Möglichkeit, Ihren Kassensturz zu unterstützen und die Berechnung der realistischen Auszahlungssummen selbst vorzunehmen. Auch eine später geänderte Planung lässt sich auf Euro und Cent ausweisen. Wenn Sie z. B. € 150 000,– aus einer Lebensversicherung ausgezahlt bekommen und davon jeden Monat € 1 000,– verbrauchen wollen, reicht das genau 13 Jahre und fünf Monate lang, wenn Sie die vorhandene Summe, von der monatlich € 1 000,– entnommen werden, mit 1 % Nettorendite pro Jahr anlegen. Die Höhe der Entnahme ist für viele realistisch, da ja zum Leben noch die gesetzliche Rente bzw. Pension hinzukommen.

2 Wenn die Lebensversicherung fällig wird

2.1 Kapitalabfindung oder Rente?

Häufig ist im Alter zwischen 60 und 67 Zahltag für die Lebensversicherung, die häufig auch über den Betrieb abgeschlossen worden war (Betriebsrente). Dann gibt es die lang ersehnte Auszahlung. Nichts geht jedoch bei Versicherern automatisch und von allein. Im Versicherungsfall muss die Gesellschaft informiert werden – bei Tod sogar innerhalb von 48 Stunden durch die Angehörigen. Erleben Sie den Ablauf der Kapitallebens- oder Rentenversicherung, werden Sie meist einige Wochen vorher angeschrieben und nach den Modalitäten für die Auszahlung gefragt.

! Bevor das Geld auf ein Konto Ihrer Wahl überwiesen wird, will der Versicherer den Versicherungsschein im Original zugeschickt haben, mitunter auch die letzte Beitragsquittung (Kontoauszug). Machen Sie sich vorher unbedingt als Sicherheit eine Kopie, falls das Original auf dem Postweg verloren geht. Im Todesfall muss der Ehepartner, ein anderer Erbe oder sonstiger Bezugsberechtigter zusätzlich die Sterbeurkunde und den Erbschein vorlegen.

Erleben Sie als Versicherter den glücklichen Moment der Auszahlung Ihrer Lebensversicherung selbst, können Sie häufig wählen zwischen der einmaligen Auszahlung der Gesamtsumme (Kapitalabfindung) oder der monatlichen Auszahlung von kleinen Teilbeträgen (Rente). Das gilt auch für private Rentenversicherungen: Hier ist in aller Regel die Option vereinbart, statt Rente das volle Kapital zu wählen. Allerdings gilt das nur eingeschränkt für Riester-Renten: Da sind bei Rentenbeginn maximal 30 % Kapitalauszahlung erlaubt. Bei Basisrenten ist die Kapitalabfindung komplett verboten.

B1 | Die richtige Finanzplanung während Ihres Ruhestandes

! Es gibt keinen vernünftigen Grund, warum Sie bei Lebens- und Rentenversicherungen nach so vielen Jahren der Einzahlung nicht über den ganzen Betrag verfügen und über die weitere Verwendung selbst entscheiden sollen. Die Kapitalauszahlung schafft finanzielle Flexibilität. Verrentung bedeutet dagegen Einschränkung auf einen festen Monatsbetrag. Dafür muss man sich bei der Verrentung nicht selbst um die Anlage des Gelds kümmern (macht der Versicherer), und die Rente fließt zudem lebenslang.

Was für Sie das Richtige ist, lässt sich jedoch nicht pauschal sagen. Da spielt die individuelle Lebenserwartung eine Rolle, die leider oder Gott sei Dank niemand von uns kennt. Je länger Sie leben, desto sinnvoller erscheint die Verrentung. Warum? Im Prinzip ist die Rente sinnvoller, weil sie das **Langlebigkeitsrisiko** gut abdeckt. Egal wie alt Sie werden, die garantierte Rente wird bis zum Tod überwiesen. Anders bei der Kapitalabfindung: Da die Lebenserwartung weiter stark ansteigen dürfte, reicht das Geld selbst bei disziplinierter Einteilung vielleicht nicht bis zum Tod, zumal Sie sich selbst um die Wiederanlage kümmern müssen, die – wie zurzeit – nur sehr niedrige Zinsen bringt. Das schaffen die Lebensversicherer als große institutionelle Anleger zu deutlich besseren Konditionen.

Zudem hält das **Finanzamt** bei beiden Möglichkeiten die Hand in unterschiedlicher Höhe auf. Gerade die Kapitalabfindung ist hier von Nachteil. Leider wird das Geld auch bei Kapitalabfindung nicht immer zu 100 % überwiesen. Bei Vertragsabschluss vor 2005 wird bei Kapitalwahlrecht alles steuerfrei ausgezahlt, bei Verrentung wird jeden Monat ein Ertragsanteil abgezogen (18 % bei Auszahlungsbeginn im Alter von 65 Jahren). Für Neuabschlüsse von Kapitallebensversicherungen seit 1. 1. 2005 sieht es schlechter aus: Die sind im Prinzip zu 100 % einkommensteuerpflichtig. Ausnahme: Die Erträge werden nur zu 50 % besteuert, wenn im Vertrag mindestens 12 Jahre Laufzeit vereinbart sind, die Auszahlung erst nach Vollendung des 60. Lebensjahrs erfolgt (bei Abschluss ab 2012 des 62. Lebensjahrs) und im Todesfall mindestens 50 % der Versicherungssumme fließen.

2.2 Die Verrentung anderer Anlageformen ist gut zu überlegen

Während die Verrentung einer Kapitallebens- oder Rentenversicherung sinnvoll erscheint, da eine lebenslange Leistung erfolgt, ist das bei anderen Anlageformen oder auch bei Immobilien deutlich komplizierter und oft mit Nachteilen verbunden. Grund: Konkrete Beträge werden ermittelt und dann verrentet. Das kann durchaus dazu führen, dass noch mitten im Leben das Geld ausgeht. Denn bei einer typischen **Anlageverrentung** steht das Konto irgendwann auf null.

Um lange gut von der Altersversorgung leben zu können, muss sich das Vermögen auch im Ruhestand möglichst gut vermehren. Was tun? Typische Antwort der Banken und Fondsgesellschaften: Legen Sie das Geld in einen **Auszahlplan**. Das hat Vor- und Nachteile. Das Prinzip: Die Gesamtsumme wird auf ein Depot eingezahlt, von dem die monatliche Auszahlung abgeht. Zinssatz und Rentenhöhe werden für eine bestimmte Zeit – häufig mindestens vier Jahre – festgeschrieben. Am Ende der Zinsfestschreibung können Sie sich das gesamte Geld auszahlen lassen oder für eine weitere Frist neue Konditionen aushandeln. Häufig bieten Banken lediglich zehn Jahre Höchstlaufzeit an, Fondsgesellschaften dagegen unbegrenzt. In beiden Fällen gilt: Der Ertrag aus dem Depot unterliegt jährlich der Abgeltungsteuer, sofern der relativ geringe Sparerpauschbetrag von € 801,– pro Person und Jahr für Zinseinkünfte überschritten ist.

Beispiel: Startvermögen € 30 000,–; Abgeltungsteuer nicht berücksichtigt

So funktioniert ein Auszahlplan

Zins p. a. (%)	Auszahlbetrag (€) pro Monat bei einer Laufzeit von ... Jahren			
	5	10	15	20
1,00	512,75	262,76	179,49	137,91
2,00	525,58	275,79	192,80	151,51
3,00	538,49	289,11	206,58	165,77

Experten empfehlen den Auszahlplan der Bank nur, wenn lediglich eine kleine Summe zur Verfügung steht, da er zwar bequem, aber völlig unflexibel ist. Man muss sich für einige Jahre auf die vereinbarte monatliche Auszahlung beschränken; für außerplanmäßige Ausgaben – etwa eine Weltreise oder plötzliche Pflegebedürftigkeit – steht das gesamte Restgeld erst wieder zum Ende der Laufzeit zur Verfügung. Vorteil: Im Todesfall erhalten die Erben das Restkapital – bei einer privaten Rentenversicherung zumeist nichts. Ein Fondsauszahlplan ist deutlich flexibler als ein gleichartiger Plan der Bank, aber dafür gibt es keine Garantie über die Höhe der Rente. In guten Börsenzeiten wie von März 2009 bis März 2011 und von November 2011 bis März 2015 konnten Ruheständler eine hohe Fonds-Zusatzrente erzielen. In schlechten Börsenzeiten wie von Januar 2008 bis März 2009 und von Februar 2011 bis Oktober 2011 verursachte die Fonds-Zusatzrente ein rapides Zusammenschrumpfen des Depotkapitals.

3 Immobilie: Die Chance auf Werteverzehr des Eigenheims

Das vorhandene Eigenheim lässt sich in Deutschland neuerdings auch in eine »**Rente aus Stein**« umwandeln. Wie geht das? Das Haus wird **nicht verkauft**, sondern **verrentet**. Ruheständler können ihr Eigenheim beleihen, um die Rente aufzubessern. Die Modelle sind aber nicht ohne Tücke – und die Zusatzrente oft viel zu klein. Die Angebote sind sehr unterschiedlich und auf den ersten Blick auch kompliziert. Daher dürften die meisten Ruheständler über 65, von denen jeder Zweite eine Immobilie besitzt, wohl vorerst zurückhaltend sein. Doch wer Geld im Alter braucht, kann sein schuldenfreies Haus nicht essen. Daher blieb bislang nur der Verkauf, was viele nicht wollen. Das Modell »**Verzehr dein Haus**«, also die Immobilienrente, hat Charme.

3.1 Immobilie verrenten statt verkaufen?

Durch die Aufnahme eines langfristigen Immobiliendarlehens in Kombination mit einer Rentenversicherung wird von der R+V Lebensversicherung eine lebenslange monatliche Rentenzahlung garantiert, obwohl das Haus bzw. die Wohnung nicht verkauft wird. Das ist ziemlich neu in Deutschland. Zuvor wurde das Prinzip der »umgekehrten Hypothek« auf eine Einmalzahlung beschränkt (Immokasse / DKB), eine Rente bis maximal 90 gewährt (Investitionsbank Schleswig-Holstein) oder Rente und Dauerwohnrecht nur nach Verkauf geboten (Stiftung Liebenau). Bei R+V hat der Kunde auch beim Verkauf der Immobilie, etwa bei Einzug ins Pflegeheim, weiterhin einen Rentenanspruch.

Der Weg: Es ist für den Kunden nur ein einziger Darlehensvertrag nötig, dieser nennt sich »monatliche Immobilienrente mit grundpfandrechtlicher Sicherung«. Im Hintergrund hat R+V ein Rückversicherungspaket mit zwei Rentenversicherungen und einer Forderungsausfallversicherung geschnürt, um die Rentengarantie darzustellen. Die erste Police spart schon ab Vertragsbeginn die Rente ab 85 an, denn das Darlehen ist bis 85 kalkuliert. Es gibt jedoch kein gesondertes Kleingedrucktes für den Kunden, der bei Vertragsabschluss mindestens 65 und höchstens 80 Jahre alt sein darf und über lastenfreies Wohneigentum im Wert von mindestens € 250 000,– verfügt. Bei guter Lage sind bis zu 80 % des nachhaltigen Beleihungswerts als Basis für die Rente drin. Als Sicherheit lässt sich R+V im ersten Grundbuchrang ein Grundpfandrecht in Höhe des Haus-Marktwerts eintragen. An die Sicherheit des Kunden ist auch gedacht: Das Darlehen wird aus dem Sicherungsvermögen bezahlt; im Pleitefall der R+V würde der Sicherungsfonds der deutschen Lebensversicherer, Protektor, einspringen.

Die Immobilie muss eine entsprechende Restnutzungsdauer mit solidem Erhaltungszustand aufweisen. Vereinbart wird eine regelmäßige Besichtigung und Bewertung des Eigenheims. Die Kosten sind im Sollzins eingepreist. Überschuldungs- und Forderungsausfallschutz garantieren aber, dass der Kunde oder mögliche Erben keine Nachzahlungen bei Wertverfall leisten müssen.

Fazit: Die umgekehrte Hypothek bietet Hauseigentümern die kostengünstige Chance, mit einer Zusatzrente ihr im Haus gebundenes Vermögen teilweise wieder flüssig zu machen und trotzdem Eigentümer zu bleiben.

Der Markt hat inzwischen knapp 20 Angebote parat, die sich teilweise dramatisch unterscheiden und deshalb kaum vergleichbar sind.

3.2 Die umgekehrte Hypothek

Der Hausbesitzer beleiht seine Immobilie und bekommt im Gegenzug eine monatliche Rente oder einen einmaligen Kapitalbetrag. Die Auszahlungen sind steuerfrei. Er kann weiter in seinem Haus leben. Als Sicherheit für den Kredit wird eine Grundschuld eingetragen. Für das Darlehen fallen während der Laufzeit keine Raten an. Zins- und Tilgungszahlungen werden gestundet. Zurückgezahlt wird erst nach dem Tod oder bei Umzug in ein Pflegeheim – notfalls aus dem Verkauf.

3.3 Verkauf gegen Leibrente

Dabei wechselt das Haus gleich zu Vertragsbeginn den Eigentümer. Die bisherigen Besitzer können aber wohnen bleiben. Dazu wird ein lebenslanges Wohnrecht im Grundbuch eingetragen. Der Wert des Wohnrechts wird bei Berechnung der Leibrente abgezogen, da Sie trotz Verkauf die Miete ersparen. Zumeist trägt der neue Besitzer alle Instandhaltungskosten (Verhandlungssache). Neu sind Kombinationen aus zeitlich begrenzter Rente und lebenslangem Wohnrecht. Das erhöht die Rente leicht.

3.4 Die Rentenhypothek

Das ist ein ganz normales Immobiliendarlehen, aber speziell auf Senioren zugeschnitten. Die Laufzeit kann bis an das Lebensende reichen, wobei die Zinsen je nach Anbieter für die Dauer von 5, 10, 15 Jahren oder gleich für die gesamte Laufzeit festgeschrieben werden. Anders als bei der Umkehrhypothek müssen Sie die laufenden Zinskosten aber regelmäßig aus Ihrem Einkommen bestreiten. Tilgungszahlungen sind ebenfalls möglich, aber nicht zwingend vorgeschrieben. Getilgt wird am Ende der Laufzeit entweder aus dem Hausverkauf oder durch sonstiges Vermögen. Wird das Geld aus der Rentenhypothek in einen Auszahlplan eingezahlt, können Sie sich Ihre eigene Immobilienrente basteln. Bedingung: Das Geld muss in eine sichere Anlageform gesteckt werden.

3.5 Fazit: Verkaufen, verschulden oder verrenten?

Der Modelltest der Zeitschrift »Ökotest« ergab für ein 70-jähriges Ehepaar mit einem Haus im Wert von € 300 000,–: Die Ruheständler können zwischen € 335,– lebenslange Monatsrente und € 863,– zeitlich befristete Monatsrente erwarten bzw. zwischen € 69 800,– und € 200 000,– auf einen Schlag. Zu beachten sind dabei jedoch die Unterschiede, ob man Eigentümer bleibt oder nicht. Die Erträge dürften für viele Senioren viel zu niedrig sein, um die finanzielle Lücke im Alter nachhaltig zu schließen. Nur drei Anbieter offerierten überhaupt eine lebenslange Monatsrente. Dazu gehört auch die Umkehrhypothek von R+V. Sie bietet eine vergleichsweise sehr niedrige Rente, belässt das Haus aber im Eigentum des Rentners, der auch keinerlei Raten zahlen muss.

Beim sofortigen Verkauf sind im »Ökotest«-Beispiel zwischen € 420,– und € 693,– Monatsrente drin. Bei Zeitrenten mit 20 Jahren Laufzeit kann das Rentnerpaar jeden Monat rund € 500,– erwarten. Eine weitere Option wäre der Verkauf des Grundstücks ohne Haus gegen ein Erbbaurecht des Käufers für 99 Jahre. Mit dieser Bodenmiete lassen sich rund 90 % des Grundstückspreises erlösen und das eigene Haus dennoch weiter nutzen. Im Beispielfall bringt das womöglich € 80 000,– und damit € 300,– bis € 400,– Erbbauzins im Monat. Doch der Käufer des Erbbaurechts muss ja unbestimmte Zeit warten, ehe er das Grundstück selbst nutzen kann. Das führt zu Problemen und ist wohl eher für Besitzer einer vermieteten Immobilie interessant. Generell erscheint die Immobilienrente am ehesten für Eigentümer interessant, die keine Erben haben oder deren Erben gut versorgt sind.

4 Was gilt für das Sparen im Rentenalter?

Im Ruhestand ändert sich bei der Geldanlage eigentlich gar nichts. Wer sich sein Leben lang eher als Sparer betätigt, also einfache Produkte bevorzugt hat, wird auch im Rentenalter bei Sparbuch, Festgeld und Sparbriefen bleiben. Wer dagegen schon länger auch höhere Risiken eingegangen ist und sich quasi als Anleger betätigt hat, wird auch im Ruhestand neben einfachen Anlageformen auch festverzinsliche Wertpapiere, Investmentfonds und Aktien im Depot halten.

Geldanlage ist selbst im Ruhestand nicht so schwer, wie viele glauben. Sie sollten jedoch **drei Dinge beherzigen:**

- Notieren Sie, wie viel Geld Sie in naher Zukunft brauchen. Dieser Betrag wird gleich vom vorhandenen Vermögen abgezogen.
- Dann geht es um die Aufteilung des restlichen Vermögens, und da kommen fünf Töpfe infrage: kurzfristiges Geld (Sparbuch, Tages- und Festgeld, Bargeld), Gold, Anleihen, Immobilien und Aktien. Wie viel Geld in welchen Topf fließt, hängt von der angestrebten Sicherheit, Rendite und benötigten Verfügbarkeit des Geldes ab.
- Wenn dieser Plan steht, geht es um den kostengünstigen Einkauf und die preiswerte Verwaltung der benötigten Produkte. Bei Rentnern sollten Verfügbarkeit und Sicherheit vor Rendite gehen. Denn Sie wissen nicht, ob Sie plötzlich eine größere Menge Geld für den Pflegefall oder die spontane Lust an einer Weltreise benötigen.

4.1 Ein optimaler Anlage-Mix

Patentrezepte für den **optimalen Anlage-Mix** und die höchste Rendite können nicht einmal die besten Bank-Profis liefern. Bestenfalls gibt es zur Rendite Durchschnittswerte aus der Vergangenheit, die allerdings nicht für die Zukunft garantiert sind. Der klassische Grundsatz, je ein Drittel in Gold, Immobilien und Wertpapieren anzulegen, ist für Normalverdiener zu weit hergeholt, die im Schnitt im Rentenalter nur über € 65 000,– Vermögen pro Kopf verfügen. Denen hilft im Alltag z. B. Gold, die klassische Notwährung, die aber nicht als Zahlungsmittel anerkannt ist, gar nichts.

Doch es gibt einige Faustregeln, mit deren Hilfe auch Normalverbraucher ihrem optimalen Anlage-Mix sehr nahe kommen.

Fünf Punkte für den optimalen Anlage-Mix

1. Nicht alles Geld auf eine Karte setzen, sondern mehrere Eisen im Feuer behalten, also die Geldanlage auf mehrere Anlageformen streuen.

2. Nicht eine einzige Anlageform vergöttern, denn es gibt keine einseitige Überlegenheit auf Dauer.

3. Langfristig das Eigenheim erhalten, denn das bietet oft attraktiven Schutz vor der Geldentwertung sowie mietfreies Wohnen.

4. Auf solidem finanziellem Fundament auch mal ein höheres Risiko probieren, etwa mit Aktienfonds.

5. Den Anlage-Mix von Zeit zu Zeit überprüfen, besonders dann, wenn die Laufzeit von Geldanlagen sich ihrem Ende entgegenneigt oder ein Trend bei der Zinsentwicklung zu Ende zu gehen scheint.

4.2 Anlageformen für sicherheitsorientierte Sparer

Sparbuch: Wenn Ihre Bank partout nicht mehr als 1 % Zinsen zahlen will, Sie aber nicht auf das gute alte Sparbuch verzichten möchten, dann wechseln Sie eben zu einer anderen Bank, die mehr bietet. Oder schaffen Sie sich gleich ein Tagesgeldkonto an, das zumeist eine bessere Verzinsung bietet.

Tagesgeld: Tagesgeld avanciert immer mehr zur modernen Form der kurzfristigen Geldanlage mit wenig Vermögen, weil das Ersparte dabei sicher, einfach und schnell verfügbar arbeitet. Der feste Zins ist aber stets nur für einen Tag sicher, wie die Bezeichnung Tagesgeld treffend ausdrückt. Für Anleger mit wenig Geld ist dies jedoch ein Segen, dass die Banken vermehrt seit dem Jahr 2000 dieses Produkt den Geldmarktfonds der Investmentgesellschaften entgegengesetzt haben. Das Geld ist nämlich zumeist ohne die hohe Hürde von größeren Mindestanlagebeträgen zu guten Konditionen und ohne Nebenkosten angelegt – formal auf unbestimmte Zeit, aber täglich verfügbar. Selbst in Zeiten niedriger Zinsen sind 1 % bis 2 % Rendite pro Jahr möglich.

Festgeld: Festgeld eignet sich zur mittelfristigen Geldanlage, weil das Ersparte dabei sicher, einfach, zu fest vereinbartem Zins und schnell verfügbar angelegt ist. Festgeld – auch Termingeld genannt – kann man bei vielen Banken anlegen, zwischen einem Monat und mehreren Jahren. Vorteile: Bis zwei Werktage vor Ablauf der festen Sparfrist – daher die Bezeichnung Festgeld – können Sie entscheiden, ob Sie das Geld samt Zinsen wieder benötigen. Wenn Sie sich bis zwei Tage vor Ablauf des Termins nicht bei der Bank gemeldet haben, wird der verzinste Betrag automatisch um dieselbe Zeit verlängert. Zins und Zinseszins gehen sofort ins Ersparte mit ein.

Sparbrief: Auch bei einem Sparbrief liegt das Geld für die gesamte Laufzeit fest, meist für zwei bis sechs Jahre. Bei vielen Banken gibt es die Briefe, die als Urkunden ausgegeben werden, schon ab € 250,–, häufig aber erst ab € 1 000,– aufwärts. Der Kauf von Sparbriefen lohnt vor allem in Zeiten höchster Zinsen, weil dieser Spitzenzins dann lange konserviert werden kann.

5 Letztlich: Den Nachlass organisieren

An dieser Stelle soll es nur um die finanziellen Aspekte gehen. Dabei soll der Blickwinkel aus Ihrer Sicht erfolgen: als Ruheständler, der etwas vererben will. Was die Erben wann und wie am besten tun, bleibt hier also ausgespart. Wie auch immer: Bis zum Jahr 2020 geben die Deutschen wahrscheinlich ein **Viertel ihres Vermögens** an die nächste Generation weiter. Im Wesentlichen geht es dabei um Immobilien (47 %) und Geldvermögen (43 %). In der Regel umfasst das angehäufte Erbe also nicht einfach einen Geldbetrag, sondern kann auch Wohnungen, ein Haus, Wertpapiere, Firmenbeteiligungen, Kunstgegenstände und mehr enthalten. Zudem ist es kaum wahrscheinlich, dass Ihre Erben Ihre persönliche Anlagestrategie übernehmen. Wenn Sie mit der Übertragung des Vermögens also bestimmte Ziele und Zwecke verfolgen, sollten Sie das möglichst gut planen, in einem Erbvertrag oder Testament festschreiben und im Zweifel einen Testamentsvollstrecker mit der Umsetzung beauftragen.

Der wichtigste Planungspunkt betrifft – wie so oft im Leben – das Finanzamt: Es hält beim Erbe kräftig die Hand auf in Form der Erbschaftsteuer. Deren Höhe richtet sich nicht nur nach der Höhe des Vermögens, sondern auch nach der Erbschaftsteuerklasse, die wiederum vom Verwandtschaftsgrad der Erben abhängt: Ihre nächsten Angehörigen sind zum Glück in der niedrigsten Klasse I eingestuft.

Die aktuellen Sätze bei der Erbschaftsteuer

bei Vermögen bis ... €	Steuer (%) in Klasse		
	I	II	III
75 000	7	15	30
300 000	11	20	30
600 000	15	25	30
6 Mio.	19	30	30
13 Mio.	23	35	50
26 Mio.	27	40	50
darüber	30	43	50

Es gibt jedoch Freibeträge für nahe Angehörige, sodass Ehepartner und Kinder in aller Regel von der Erbschaftsteuer verschont bleiben. Als »allgemeiner Freibetrag« gilt: € 500 000,– für Ehe- und eingetragene Lebenspartner, € 400 000,– pro Kind, € 200 000,– pro Enkel und je € 100 000,– für alle Übrigen in Steuerklasse I, also Urenkel, Eltern und Großeltern. Unterm Strich bleibt auch das selbst bewohnte Eigenheim steuerfrei – bei Kindern nur bis 200 m² Wohnfläche und sofortiger Selbstnutzung für mindestens zehn Jahre.

Es gibt für Erben weitere Freibeträge, darunter den »Versorgungs-Freibetrag«: € 256 000,– für Ehe- und eingetragene Lebenspartner, € 10 300,– bis € 52 000,– pro Kind nach Alter. Hinzu kommen für den Ehepartner und die Kinder noch je € 41 000,– für Hausrat.

> **!** Im Testament können Sie auch bestimmte Auflagen machen, unter denen das Erbe anzutreten ist. So kann ein Kind verpflichtet werden, später das Grab zu pflegen. Sie können zudem bestimmte Vermögensvorteile wie Geld, Wertsachen, einzelne Möbelstücke, Gemälde oder anderes gezielt einer Person »vermachen«, die nicht zu den Erben gehört. Dieses Vermächtnis »beschwert« das Erbe. Das heißt: Der Begünstigte hat gegenüber den Erben dann nach Ihrem Tod einen gerichtlich durchsetzbaren Anspruch auf Erfüllung des Vermächtnisses.

Familienangehörige können in aller Regel nicht enterbt werden. Die gesetzliche Erbfolge sichert diesen Angehörigen den sogenannten Pflichtteil zu, der die Hälfte des gesetzlichen Erbteils umfasst: Ehepartner, Kinder (falls die nicht mehr leben, deren Kinder), Eltern (falls keine Abkömmlinge mehr leben), dem eingetragenen Lebenspartner. Ein gänzliches Enterben – etwa von unliebsamen Kindern – ist daher nicht möglich. Ausnahme: Der Betreffende hat sich »erbunwürdig« verhalten. Das ist dann der Fall, wenn er Ihnen nach dem Leben getrachtet hat oder wegen einer vorsätzlichen Straftat zu mindestens einem Jahr Freiheitsstrafe ohne Bewährung rechtskräftig verurteilt wurde. Aufpassen müssen Sie bei Schenkungen an Mitmenschen, die im Erbvertrag nicht bedacht sind: Die kann der Erbvertrags-Partner nach Ihrem Tod vom Beschenkten zurückverlangen.

B2 Rente, Pension und Steuern: Das müssen Sie wissen!

1 So werden Renten besteuert

1.1 Die nachgelagerte Besteuerung

Die Besteuerung der Renten ist durch das **Alterseinkünftegesetz** ab 2005 neu geregelt worden. **Abgekürzte** – z. B. Erwerbsminderungsrenten – **und nicht abgekürzte** – z. B. Altersrenten – »Leibrenten« werden seit 2005 **steuerlich gleich behandelt**. Es spielt also für die Höhe des steuerpflichtigen Anteils der Rente keine Rolle, ob die Rente zeitlich befristet ist oder nicht.

Renten aus Versicherungen, deren Beiträge in der Ansparphase als **Altersvorsorgeaufwendungen** steuerlich begünstigt sind, werden nun in der Auszahlungsphase **nachgelagert besteuert**. Betroffen sind:

- Renten aus der **gesetzlichen Rentenversicherung** (z. B. Altersrenten, Witwen- und Waisenrenten, Erwerbsminderungsrenten);
- Renten aus **berufsständischen Versorgungswerken;**
- Renten aus **landwirtschaftlichen Alterskassen;**
- Renten aus einer privaten **Rürup-Rente**.

Betriebspensionen (Betriebsrenten) und **Beamtenpensionen** werden dagegen als Versorgungsbezüge wie Arbeitslohn besteuert.

Da die (späteren) Rentenzahlungen zum Teil aus Beiträgen stammen, die von Ihnen aus versteuertem Einkommen gezahlt wurden, werden die Renten nicht sofort in voller Höhe besteuert.

Im Rahmen einer längeren **Übergangsregelung** steigt je nach Jahr des Rentenbeginns der steuerpflichtige Anteil von neu beginnenden Renten schrittweise an. **Erst Renten, die nach 2039 beginnen, müssen voll versteuert werden.**

Schrittweiser Übergang zur nachgelagerten Rentenbesteuerung

Der Besteuerungsanteil für Renten

Jahr des Rentenbeginns	Besteuerungsanteil	Jahr des Rentenbeginns	Besteuerungsanteil	Jahr des Rentenbeginns	Besteuerungsanteil
bis 2005	50 %	2017	74 %	2029	89 %
ab 2006	52 %	2018	76 %	2030	90 %
2007	54 %	2019	78 %	2031	91 %
2008	56 %	2020	80 %	2032	92 %
2009	58 %	2021	81 %	2033	93 %
2010	60 %	2022	82 %	2034	94 %
2011	62 %	2023	83 %	2035	95 %
2012	64 %	2024	84 %	2036	96 %
2013	66 %	2025	85 %	2037	97 %
2014	68 %	2026	86 %	2038	98 %
2015	70 %	2027	87 %	2039	99 %
2016	72 %	2028	88 %	2040	100 %

Der Rentenbeginn entscheidet über die Höhe des Besteuerungsanteils

Für die Höhe des steuerpflichtigen Anteils einer Rente ist nicht das Lebensalter bei Rentenbeginn entscheidend, sondern das Kalenderjahr, ab dem Ihre Rente tatsächlich bewilligt wird. **Je später die Rente beginnt, desto höher ist der steuerpflichtige Anteil der Rente.**

» **Beispiel:** Herr Schmidt ist seit 1985 Rentner. Sein Sohn ging im Jahr 2007 in Rente, der Enkel geht im Jahr 2036 in den Ruhestand. Der Besteuerungsanteil der Rente von Herrn Schmidt beträgt 50 % ab 2005. Für den Sohn gilt ein Besteuerungsanteil von 54 %, für den Enkel von 96 % bei Rentenbeginn.

Die Öffnungsklausel

Aufgrund einer »Öffnungsklausel« wird für Personen, die für ihre Rente **bis zum 31. 12. 2004 über einen Zeitraum von mindestens zehn Jahren Beiträge über dem Höchstbeitrag zur gesetzlichen Rentenversicherung** (West) gezahlt haben – egal, ob als freiwillig Versicherter oder als Pflichtversicherter –, nur der Teil der Rente nachgelagert besteuert, der auf den Beitragszahlungen unterhalb des Höchstbeitrages beruht. Der andere Teil der Rente wird mit dem niedrigeren Ertragsanteil besteuert.

Höchstbeitrag ist die Summe des Arbeitgeberanteils und des Arbeitnehmeranteils zur gesetzlichen Rentenversicherung West, und zwar auch für Beitragszahlungen in der ehemaligen DDR. Es reicht also nicht aus, dass Sie mit Ihrem Gehalt über der jeweiligen Beitragsbemessungsgrenze lagen. Sie müssen tatsächlich Beiträge über dem Höchstbeitrag gezahlt haben. Dabei kommt es nicht allein darauf an, dass Sie mindestens **in** zehn Jahren Beiträge über dem Höchstbeitrag gezahlt haben, wie die Finanzverwaltung meint. Der BFH hat zugunsten der Rentner entschieden, dass es auf die Jahre ankommt, **für** die gezahlt wird (BFH-Urteil vom 19. 1. 2010, X R 53/08, BFH/NV 2010 S. 986; Az. der Verfassungsbeschwerde 2 BvR 844/10). Für Angestellte bestand diese Möglichkeit allerdings nur bis zum Jahr 1997 im Rahmen der Höherversicherung nach § 234 SGB VI.

Die Finanzverwaltung hat klargestellt, dass die erforderlichen zehn Jahre oberhalb des Höchstbeitrags nicht nur bei Zahlungen an einen einzigen, sondern auch durch Einzahlungen an **mehrere Versorgungsträger** erreicht werden können.

Kommt für Sie die Öffnungsklausel infrage, müssen Sie einmalig einen **formlosen Antrag** mit Abgabe der Steuererklärung beim zuständigen Finanzamt stellen. Beifügen müssen Sie eine Bescheinigung des Rentenversicherungs- bzw. Versorgungsträgers, aus der die in den einzelnen Jahren geleisteten Beiträge ersichtlich sind und welcher Prozentanteil der Rente mit dem günstigeren Ertragsanteil steuerpflichtig ist.

Aus dem Besteuerungsanteil errechnet sich Ihr Rentenfreibetrag

Der schrittweise Übergang zur nachgelagerten Besteuerung von Renten erfolgt nach dem sog. **Kohortenprinzip.** Danach wird für den einzelnen Rentenbezieher die Besteuerungssituation im Jahr des Rentenbeginns »eingefroren«, bezogen auf den steuerfreien Teil. Das bedeutet:

- Der prozentuale Besteuerungsanteil teilt Ihre Rente in zwei Teile auf: Den Teil, den Sie versteuern müssen, und den Teil der Jahresrente, der steuerfrei bleibt. Dieser **steuerfreie Betrag** wird vom Finanzamt als **Rentenfreibetrag** festgeschrieben und gilt in dieser Höhe **für die gesamte Laufzeit der Rente**. Bei einer Altersrente gilt der Rentenfreibetrag damit lebenslang.

- Anders als beim bisherigen Ertragsanteil gilt der Prozentsatz des Besteuerungsanteils also nur zu Rentenbeginn bzw. im Jahr 2005 für Bestandsrenten, um den Rentenfreibetrag für die kommenden Jahre festzulegen. Später spielt der Besteuerungsanteil keine Rolle mehr. Das führt dazu, dass **künftige Rentenerhöhungen immer in voller Höhe steuerpflichtig** sind.

》 **Beispiel:** Herr Frenz erhält seit 2005 eine Jahresrente von € 18 000,– (€ 1 500,– monatlich). Sein Rentenfreibetrag beträgt € 9 000,– (50 % von € 18 000,–). Im Jahr 2006 musste er also € 9 000,– versteuern. Unterstellt man ab 2007 eine jährliche Rentensteigerung von 1 %, so beträgt die Jahresrente in 10 Jahren (2016) € 19 883,–. Herr Frenz muss im Jahr 2016 versteuern: € 19 883,–./. € 9 000,– = € 10 883,–. Das entspricht im Jahr 2016 einem steuerpflichtigen Anteil von 54 %.

Beziehen Sie **mehrere Renten,** zum Beispiel die gesetzliche Altersrente und eine Rürup-Rente oder Witwenrente, ermittelt das Finanzamt für jede Rente einen gesonderten Rentenfreibetrag. Gehen Sie **vorzeitig in Altersrente,** ist der frühere Rentenbeginn für den Besteuerungsanteil maßgebend. Auch wenn die vorzeitige Altersrente als Regelaltersrente weiterbezahlt wird, ändert sich an der Höhe Ihres Rentenfreibetrages nichts.

Was bei Rentenänderungen passiert

Bei einer **regelmäßigen Rentenanpassung** zum 1. Juli eines Jahres (normale Rentenerhöhung) ändert sich der Rentenfreibetrag nicht. Der Rentenanpassungsbetrag in Zeile 6 der Anlage R ist somit der Betrag, um den Ihr Jahresrentenbetrag im Vergleich zum Jahresrentenbetrag, der für den Rentenfreibetrag maßgeblich war, aufgrund einer regelmäßigen Rentenerhöhung angehoben wurde.

Ändert sich die Höhe Ihrer Rente, weil **Einkommen angerechnet** wird (z. B. Kürzung einer Halbwaisenrente wegen gestiegenen Einkommens), Sie **von einer Teil- zu einer Vollrente wechseln** oder die **Rente wegfällt,** wird der Rentenfreibetrag vom Finanzamt geändert. Und zwar in dem Verhältnis, in dem der neue geänderte Jahresbetrag der Rente zu demjenigen Jahresbetrag der Rente steht, der der Ermittlung des Rentenfreibetrages ursprünglich zugrunde gelegen hat. Zwischenzeitlich erfolgte regelmäßige Rentenanpassungen bleiben dabei unberücksichtigt. Beispielsweise wird bei einem Wechsel von einer vollen zu einer halben Rente auch der Rentenfreibetrag halbiert. Auch Rentennachzahlungen oder -rückzahlungen können zu einer Neuberechnung des Rentenfreibetrages führen.

Erhalten Sie nach Wegfall der Rente eine **andere Rente** aus der gesetzlichen Rentenversicherung (z. B. Altersrente im Anschluss an eine Erwerbsminderungsrente), wird für die neue Rente ein neuer Rentenfreibetrag ermittelt. Dabei ist der niedrigere Besteuerungsanteil der vorhergehenden Rente maßgeblich.

Bei einer **Witwen-/Witwerrente** handelt es um eine Folgerente aus derselben Versicherung, wenn der Verstorbene bereits eine Altersrente oder eine Erwerbsminderungsrente bezogen hat. Für die Folgerente wird vom Finanzamt ein günstigeres, fiktives Jahr des Rentenbeginns ermittelt, sofern die vorherige Rente der Verstorbenen nicht vor dem 1. 1. 2005 endete. Der Hinterbliebene erbt damit quasi den günstigeren Besteuerungsanteil des Verstorbenen.

Das gilt für Rentennachzahlungen

Renten werden grundsätzlich nach dem »Zuflussprinzip« besteuert, das heißt im Jahr der Zahlung. Auch wenn Sie noch eine Nachzahlung **für einen Zeitraum vor 2005** erhalten sollten, wird sie nicht mit dem früheren (günstigen) Ertragsanteil, sondern mit dem höheren Besteuerungsanteil versteuert.

Für zusammengeballt in einem Jahr ausgezahlte Rentennachzahlungen für mehrere Jahre gibt es als Steuervergünstigung die **Fünftelregelung.**

Häufig erhalten Sie zusammen mit einer Rentennachzahlung **Zinsen vom Rentenversicherungsträger** zum Ausgleich der durch die verspätete Zahlung aufgetretenen Nachteile.

Die Finanzverwaltung vertritt die Auffassung, dass auch die Zinsen, wie die Rente selbst, mit dem maßgeblichen Besteuerungsanteil steuerpflichtig sind. Das ist für Sie dann nachteilig, wenn Sie den **Sparer-Pauschbetrag unterschreiten.**

Im diesem Fall sollten Sie in Ihrer Steuererklärung die Zinsen nicht in der Anlage R eintragen. Teilen Sie dem Finanzamt mit, dass es sich bei den Zinsen um Einnahmen aus Kapitalvermögen nach § 20 Abs. 1 Nr. 7 EStG handelt und verweisen Sie hierzu auf das BFH-Urteil vom 13. 11. 2007, VIII R 36/05, BFH/NV 2008 S. 452. Dieses Urteil erging zwar zum alten Recht vor 2005, ist unseres Erachtens aber auch für das neue Recht entsprechend anzuwenden.

1.2 Die Besteuerung mit dem Ertragsanteil

Anders als die Renten aus der gesetzlichen Rentenversicherung werden Renten aus **privaten Versicherungen** seit 2005 weiterhin mit dem günstigeren **Ertragsanteil** besteuert. Das liegt daran, dass die Beiträge zu solchen Versicherungen nicht (mehr) steuerlich absetzbar sind und es auch keinen steuerfreien Arbeitgeberanteil gibt wie etwa bei der gesetzlichen Rente, Sie also die Beiträge aus versteuertem Einkommen zahlen müssen. Der Ertragsanteil ist der im Rentenbetrag enthaltene **Zinsanteil**. Mit dem Ertragsanteil besteuert werden insbesondere die folgenden Renten:

- Renten aus einer **privaten Rentenversicherung** (keine Riester- oder Rürup-Rente), außer es handelt sich um Zeitrenten; das gilt auch für eine fondsgebundene Rentenversicherung ;
- Renten aus einer **privaten Unfallversicherung;**
- Renten aus einer **privaten Berufsunfähigkeitsversicherung;**
- eine **private Veräußerungsrente** (ob der Sparer-Freibetrag für den Zinsanteil zu gewähren ist, ist vom BFH noch nicht entschieden: Az. X R 32 – 33 / 01) und eine private, in der Höhe unabänderliche **Versorgungsrente** im Zusammenhang mit der Übertragung eines Grundstücks (z. B. von den Eltern auf die Kinder);
- eine **Zusatzversorgungsrente** (z. B. von der VBL) an ehemalige Beschäftigte im öffentlichen Dienst (einzutragen auf der Rückseite der Anlage R).

Eine **Leibrente** ist eine Rentenzahlung, die an das Leben einer Person gebunden ist. Je nach Zeitdauer der Rente gibt es hier zwei verschiedene Rentenarten:

- Die **lebenslange Leibrente** wird so lange gezahlt, wie der Rentenbezieher oder eine andere Person lebt (z. B. Rente aus privater Rentenversicherung).
- Die **abgekürzte Leibrente** ist zwar auch an das Leben des Rentenbeziehers oder einer anderen Person gebunden, wird aber nur für eine bestimmte Dauer gezahlt (z. B. die private Berufsunfähigkeitsrente).

Der **Ertragsanteil** einer **lebenslangen Leibrente** beträgt zum Beispiel bei Rentenbeginn mit 65 Jahren seit 2005 nur 18 % (§ 22 EStG) und einer **abgekürzten Leibrente** bei 10-jähriger Laufzeit 12 % (§ 55 EStDV).

Je früher Ihre **lebenslange Leibrente** beginnt, desto länger ist (statistisch gesehen) Ihre Lebenserwartung und damit die Laufzeit Ihrer Rente und umso höher folglich der Ertragsanteil. Je länger (kürzer) die Laufzeit einer **abgekürzten Leibrente** ist, desto höher (niedriger) ist der Ertragsanteil.

Auszahlungen aus einer **Sofort-Rente** (Kombi-Rente) gegen Einmaleinzahlung sind ebenfalls **mit dem Ertragsanteil steuerpflichtig**. Voraussetzung für die günstige Ertragsanteilbesteuerung ist, dass die Gewährung einer lebenslangen Rente in Höhe eines bestimmten Geldbetrages vereinbart und ein Sinken des Rentenzahlbetrages ausgeschlossen ist. Das gilt auch, wenn die Rentenzahlung erst nach einer vereinbarten Aufschubzeit einsetzt.

1.3 Steuerfreie Renten und Kapitalabfindungen

Bestimmte gesetzliche Renten sind **steuerfrei,** insbesondere

- Renten aus der **gesetzlichen Unfallversicherung;**
- Leistungen aus einer **privaten Pflegeversicherung;**
- **Kriegs- und Schwerbeschädigtenrenten** sowie Renten für **Wehr- und Zivildienstbeschädigte;**
- Renten zur **Wiedergutmachung von NS-Unrecht** und **SED-Opferrenten;**
- Leistungen der Rentenversicherung für **Kindererziehung** für Mütter der Geburtsjahrgänge vor 1921;
- die **Rentenabfindung bei Wiederheirat;**
- die bedarfsorientierte **Grundsicherung im Alter** bzw. bei Erwerbsminderung;
- oft auch **ausländische Sozialversicherungsrenten**.

Freiwillige **Unterhaltsrenten**, die nicht mit einer Vermögensübertragung in Zusammenhang stehen, wo also **keine Gegenleistung** des Rentenempfängers vorliegt, sind beim Empfänger **nicht steuerpflichtig**. Ein Beispiel dafür sind wiederkehrende Zahlungen aufgrund eines Vermächtnisses bei vorherigem Verzicht auf das Pflichtteilsrecht.

Schadensersatzrenten werden gezahlt, wenn Menschen durch Unfall oder ärztliche Fehlbehandlung zu Schaden kommen oder getötet werden: Eine **Mehrbedarfsrente** gemäß ist **steuerfrei,** ebenso eine **Schadenersatzrente** für den Verlust von Unterhaltsansprüchen und wegen **entgangener Dienstleistungen** im Haushalt oder Betrieb sowie eine **Schmerzensgeldrente**. Eine laufende Schadensersatzrente dagegen, die als **Ersatz für** entgangene oder entgehende **Einnahmen** aus einer Berufstätigkeit geleistet wird, ist eine **Entschädigung** und wird steuerlich genauso behandelt wie die Einkünfte, an deren Stelle sie tritt.

Kapitalabfindungen und **Beitragserstattungen** aus gesetzlichen Alterssicherungssystemen sind in Einzelfällen gemäß § 3 Nr. 3 EStG **steuerfrei**. Das betrifft z. B. den Abfindungsbetrag einer Witwen-/Witwerrente oder -pension wegen Wiederheirat des Berechtigten und die Erstattung von Versichertenbeiträgen in bestimmten Fällen sowie vergleichbare Leistungen aus berufsständischen Versorgungseinrichtungen. Auch **Ausgleichszahlungen** nach § 48 Abs. 1 BeamtVG sind steuerfrei. Das gilt ebenfalls für **Kapitalabfindungen** nach den §§ 28 bis 35 und die Ausgleichszahlung nach § 38 Abs. 1 des Soldatenversorgungsgesetzes.

1.4 Die Besteuerung der Riester-Rente

Während der **Ansparphase** werden Erträge nicht besteuert. In der **Auszahlungsphase** sind die Rentenzahlungen aus mit Zulage oder Sonderausgabenabzug geförderten Altersvorsorgebeiträgen in vollem Umfang als »sonstige Einkünfte« zu versteuern (nachgelagerte Besteuerung gemäß § 22 Nr. 5 Satz 1 EStG). Das heißt, die Jahresrente abzüglich ggf. des Werbungskosten-Pauschbetrages geht voll in das zu versteuernde Einkommen ein.

Die Rentenauszahlungen aus **nicht geförderten** Altersvorsorgebeiträgen werden nur mit dem **Ertragsanteil** besteuert. Eine einmalige **Kapitalauszahlung** wird wie bei einer Kapitallebensversicherung besteuert.

1.5 Die Rentenbezugsmitteilung

Der Fiskus möchte die nicht lohnsteuerpflichtigen Rentenauszahlungen besser kontrollieren, um deren Besteuerung sicherzustellen. Daher müssen die **rentenauszahlenden Stellen** für jeden Veranlagungszeitraum gemäß § 22 a EStG eine **Rentenbezugsmitteilung bis zum 1. 3.** des Folgejahres elektronisch an eine zentrale Stelle bei der Deutschen Rentenversicherung Bund (DRV) versenden.

Diese **Mitteilungen liefern** müssen die gesetzlichen Rentenversicherungsträger, der Spitzenverband der landwirtschaftlichen Sozialversicherung (Alterskassen), die berufsständischen Versorgungswerke, Pensionskassen, Pensionsfonds, privaten Versicherungsunternehmen (auch ausländische, sofern zur Ausübung des Geschäftsbetriebs im Inland zugelassen) sowie Anbieter von Riester- und Rürup-Renten. Die Versicherer müssen ihre Mitglieder bzw. Kunden über die Rentenbezugsmitteilung an die DRV unterrichten, z. B. im Rentenbescheid oder in einer sonstigen Mitteilung.

Mitgeteilt werden die im Vorjahr ausgezahlten gesetzlichen und privaten Renten. Bei der DRV werden diese Daten dann unter der Fachaufsicht des Bundeszentralamtes für Steuern (BZSt) zusammengeführt und an die jeweils zuständige Landesfinanzbehörde übermittelt, die im automatisierten Verfahren eine Vorauswahl trifft und das Ergebnis an das zuständige **Wohnsitzfinanzamt** des Ruheständlers übermittelt. Wegen des Termins zum 1. März liegen den Finanzämtern in der Regel die Rentenbezugsmitteilungen bereits bei Bearbeitung der Einkommensteuererklärungen der Rentenbezieher vor. Eine Rentenbezugsmitteilung entbindet pflichtveranlagte Ruheständler aber nicht von der Abgabe einer Steuererklärung.

Da seit Ende 2008 die Steuer-Identifikationsnummern feststehen, werden die Rentner auffliegen, die in der Vergangenheit trotz Verpflichtung keine Einkommensteuererklärung abgegeben haben oder die Renteneinkünfte in ihren Steuererklärungen verschwiegen haben. Sie erhalten dann vom Finanzamt eine **Aufforderung zur Abgabe der fehlenden Steuererklärungen bzw. Nacherklärung der Renteneinkünfte** und müssen mit Steuernachzahlungen und Zinszahlungen rechnen. In schwereren Fällen kann auch ein Verfahren wegen **Steuerhinterziehung** drohen.

Werden jedoch die fälligen Steuererklärungen vor der Entdeckung durch das Finanzamt aufgrund der internen Prüfungsmitteilungen eingereicht, gilt dies als **Selbstanzeige** mit der Folge, dass man einem Ordnungswidrigkeits- oder Strafverfahren entgeht. Dann kommt es lediglich zu Steuernachzahlungen und ggf. Nachzahlungszinsen, nicht aber zu Bußgeldern oder Geldstrafen.

1.6 Müssen Rentner eine Steuererklärung abgeben?

Einkommensteuer müssen Rentner nur dann zahlen, wenn sie mit ihrem **zu versteuernden Einkommen über dem Grundfreibetrag** liegen. Da für Neurentner der steuerpflichtige Anteil der Rente steigt, erhöht sich auch das zu versteuernde Einkommen. Deshalb müssen in den kommenden Jahren immer mehr Rentner Steuern zahlen. Von der Frage, ob Einkommensteuer zu zahlen ist, ist die Frage zu unterscheiden, ob eine **Steuererklärung abzugeben** ist (sog. Pflichtveranlagung). Eine Pflicht zur Einreichung einer Steuererklärung besteht, wenn der Gesamtbetrag der Einkünfte den Grundfreibetrag übersteigt. Dieser liegt ab dem Jahr 2018 bei € 9 000,– für Alleinstehende und € 18 000,– für Verheiratete.

2 So werden Beamtenpensionen besteuert

2.1 Pensionen sind steuerlich Versorgungsbezüge

Pensionen bzw. Versorgungsbezüge erhalten vor allem Beamte im Ruhestand, Betriebsrentner (Werkspensionäre) und deren Hinterbliebene. Während es sich bei Renten steuerlich nicht um Arbeitslohn aus einem früheren Arbeitsverhältnis handelt, da sie aufgrund früherer Beitragszahlungen gezahlt werden, liegt der Fall bei Pensionen anders: Pensionen (Ruhegehälter) beruhen meist auf einer Versorgungszusage des Arbeitgebers, für die während der aktiven Berufstätigkeit keine Beiträge einbezahlt wurden. Sie werden also aufgrund eines früheren Arbeitsverhältnisses gezahlt und deshalb steuerlich als (nachträglicher) Arbeitslohn bei den Einkünften aus nichtselbstständiger Arbeit erfasst. Renten (sonstige Einkünfte nach § 22 EStG) und Pensionen (§ 19 EStG) werden also steuerlich **unterschiedlichen Einkunftsarten** zugerechnet.

Pensionen sind grundsätzlich in voller Höhe steuerpflichtig als Einkünfte aus nichtselbstständiger Arbeit. Dagegen sind Renten auch nach der Neuregelung durch das Alterseinkünftegesetz seit 2005 im Rahmen einer **Übergangsregelung** zur nachgelagerten Besteuerung nur mit einem (nun wesentlich höheren) Anteil als sonstige Einkünfte steuerpflichtig, der für jeden neuen Rentnerjahrgang schrittweise ansteigt. Um diese Ungleichbehandlung abzumildern, gewährt das Finanzamt für Pensionen einen Versorgungsfreibetrag, der für Neupensionäre schrittweise verringert wird.

Anders als bei einem Rentenbezieher ändert sich also im Grundsatz für Sie als Pensionär beim **Übergang in den Ruhestand** steuerlich nicht viel. Der Arbeitgeber behält monatlich Lohnsteuer ein. In Ihrer Steuererklärung tragen Sie das Ruhegehalt – wie bisher das Gehalt aus Ihrer aktiven Dienstzeit – in der Anlage N ein.

Vorteil für Versorgungsbezüge: Der Versorgungsfreibetrag

Einen steuerlichen Vorteil haben Sie als Pensionär im Vergleich zu aktiven Arbeitnehmern: Ihr Ruhegehalt zählt zu den Versorgungsbezügen, für die Sie den **Versorgungsfreibetrag** und den Zuschlag zum Versorgungsfreibetrag erhalten. Dadurch wird Ihre Steuerbelastung zumindest ein wenig abgemildert.

2.2 So viel bleibt von Ihrer Pension steuerfrei

Renten waren **bis 2004** nur mit dem günstigen Ertragsanteil steuerpflichtig. Zum Ausgleich erhielten Pensionäre den Versorgungsfreibetrag und den Arbeitnehmer-Pauschbetrag.

Mit dem Alterseinkünftegesetz aber werden **seit dem Jahr 2005** die gesetzlichen Renten schrittweise höher besteuert. Neurentner ab 2040 müssen ihre Rente in voller Höhe versteuern. Damit verlieren die Begünstigungen für Pensionäre ihre Rechtfertigung. Die steuerlichen Vorteile werden deshalb seit 2006 für Neupensionäre schrittweise abgebaut und die Ermittlung der steuerlichen Einkünfte von Versorgungsbezügen der Rentenbesteuerung angepasst. Für Versorgungsbezüge gibt es seit 2005 nicht mehr den Arbeitnehmer-Pauschbetrag. Zum Ausgleich erhalten Pensionäre einen Zuschlag zum Versorgungsfreibetrag.

Rente, Pension und Steuern: Das müssen Sie wissen! | **B2**

So werden die Einkünfte aus Versorgungsbezügen ermittelt

	Brutto-Versorgungsbezüge
./.	Versorgungsfreibetrag
./.	Zuschlag zum Versorgungsfreibetrag
./.	Werbungskosten-Pauschbetrag von € 102,– oder die tatsächlichen, höheren Werbungskosten
=	Einkünfte aus nichtselbstständiger Arbeit

Wie der Rentenfreibetrag bei Renten wird auch der stufenweise Abbau des Versorgungsfreibetrags samt Zuschlag nach dem **Kohortenprinzip** durchgeführt. Das bedeutet:

2.3 So wird der Versorgungsfreibetrag berechnet

Der Versorgungsfreibetrag und der Zuschlag zum Versorgungsfreibetrag (die Freibeträge für Versorgungsbezüge) werden zu Beginn Ihrer Pension ermittelt und **gelten grundsätzlich in dieser Höhe für die gesamte Laufzeit der Pension.**

Regelmäßige Anpassungen Ihrer Pension führen nicht zu einer Neuberechnung des Versorgungsfreibetrags. Nur in Ausnahmefällen wird in den Folgejahren der Versorgungsfreibetrag neu berechnet.

Die **Höhe des Versorgungsfreibetrags** hängt von zwei Faktoren ab:

- das Jahr, in dem Ihre Pension beginnt (Jahr des Versorgungsbeginns), entscheidet über Prozentsatz und Höchstbetrag;
- die Höhe der Bemessungsgrundlage für den Versorgungsfreibetrag (= maßgebende Versorgungsbezüge).

Das **Jahr des Versorgungsbeginns** ist grundsätzlich das Jahr, in dem der Anspruch auf die Versorgungsbezüge entstanden ist.

Bei **betrieblicher Altersvorsorge privater Arbeitgeber** gilt zudem: Erhalten Sie Bezüge wegen Erreichens einer Altersgrenze, ist das Jahr des Versorgungsbeginns das Jahr, in dem erstmals zum einen der Anspruch auf die Bezüge besteht **und** zum anderen das 63. Lebensjahr bzw. bei einer Schwerbehinderung das 60. Lebensjahr vollendet ist.

Erhalten Sie **zunächst Versorgungsbezüge wegen verminderter Erwerbsfähigkeit**, ist maßgebend für die Höhe des Versorgungsfreibetrages und des Zuschlages das Jahr des Beginns dieser Versorgungsbezüge. Werden diese dann in

B2 | Rente, Pension und Steuern: Das müssen Sie wissen!

Versorgungsbezüge wegen Erreichens der Altersgrenze umgewandelt, wird der Versorgungsfreibetrag neu berechnet. Dabei ist zu Ihren Gunsten weiterhin das Jahr des Beginns des Versorgungsbezugs wegen verminderter Erwerbsfähigkeit maßgebend.

Bemessungsgrundlage für die **Berechnung des Versorgungsfreibetrags** ist Ihre Pension für den ersten vollen Monat (bei Versorgungsbeginn vor 2005 für Januar 2005) mal zwölf. Sonderzahlungen (z. B. Urlaubs- oder Weihnachtsgeld), auf die Sie bei Pensionsbeginn (bzw. im Januar 2005) einen Rechtsanspruch haben, werden hinzuaddiert.

Betragen Ihre auf einen Jahresbetrag hochgerechneten maßgebenden **Versorgungsbezüge mindestens € 7 500,–**, haben Sie stets den für das Jahr des Versorgungsbeginns maximal möglichen Versorgungsfreibetrag erreicht.

Der **Zuschlag zum Versorgungsfreibetrag** wird unabhängig von der Höhe Ihrer Versorgungsbezüge gewährt. Versorgungsfreibetrag und Zuschlag zusammen dürfen aber maximal so hoch sein wie die Versorgungsbezüge. Negative Einkünfte sind also nicht möglich.

Vor allem im Jahr der Pensionierung müssen Sie folgende Regelung beachten: **Erhalten Sie nicht das ganze Jahr Versorgungsbezüge**, wird der Versorgungsfreibetrag und der Zuschlag zeitanteilig gekürzt um ein Zwölftel für jeden vollen Monat, für den Sie keine Versorgungsbezüge erhalten haben.

Erhalten Sie anstelle einer monatlichen Pension eine **Kapitalauszahlung / Abfindung,** handelt es sich dabei um eigenständige Versorgungsbezüge. Bemessungsgrundlage für die Berechnung des Versorgungsfreibetrages ist der Auszahlungsbetrag. Eine zeitanteilige Kürzung des Versorgungsfreibetrages und des Zuschlags wird hier erfreulicherweise nicht vorgenommen.

B3 Immobilienfinanzierung für Senioren

1 Baufinanzierungs-Strategien für Ältere

Drei Faktoren bestimmen die Finanzierung:
- das Alter bei Finanzierungsbeginn,
- das Einkommen und
- das Eigenkapital.

Alle drei Punkte haben eine ungleich größere Bedeutung als bei jüngeren Personen, die finanzieren wollen.

Wichtig für die Finanzierung ist der **Zeitpunkt des Renten- oder Pensionsbeginns.** Zu diesem Termin sollten im besten Fall alle Verbindlichkeiten beglichen oder doch die Restschuld beim Bau oder Kauf eines Objektes auf ein erträgliches Maß abgesenkt sein. Das heißt: In den Anfangsjahren der Finanzierung ist die Hauptlast des Gelddiensts zu leisten.

Wer z. B. ein **100 000-Euro-Darlehen aufnimmt,** um dieses in zehn Jahren abbezahlt zu haben, muss mit Kosten von rund € 1 000,- im Monat rechnen. Das ist in etwa doppelt so viel, als wenn das Darlehen innerhalb von 30 Jahren beglichen werden würde. Bei höheren Darlehen können auch schnell monatliche Verpflichtungen in Höhe von € 2 000,- anfallen.

Deshalb hat **bei Personen ab 50 auch das Eigenkapital eine große Bedeutung.** Gilt normalerweise eine Grenze von mindestens 20 %, so sollten hier eher 30 % oder mehr eingebracht werden. Dies ist natürlich abhängig vom Kapitalbedarf. Wer bei einem Kaufpreis von € 140 000,- rund € 40 000,- plus Nebenkosten mitbringt und erst 50 Jahre alt ist, hat zurzeit einen erträglichen Finanzdienst zu leisten. Wer ein Darlehen von € 100 000,- abbezahlen möchte, bei 2 % Zinsen und 6 % Tilgung und einer Zinsbindung über die gesamte Laufzeit, zahlt damit rund € 667,- im Monat - im Moment - und hat seinen Kredit nach 14 Jahren und vier Monaten getilgt. Das ist sicherlich für viele mit einem Alter ab 50 Jahren machbar. Bei einem Kreditvolumen von € 300 000,- wären dies im Moment € 2 000,-. Das heißt, ein Darlehen mit einem Volumen von € 300 000,- und € 2 000,- monatliche Belastung ist wiederum nur finanzierbar, wenn ein hohes Einkommen verfügbar ist oder beide Partner arbeiten.

Was die Zahlen auch deutlich machen: Nicht jeder schafft es, die monatliche Belastung bis zum Rentenalter auf null zu setzen. Dementsprechend sollten Bauherren oder Immobilienerwerber in diesen Fällen auch Finanzierungsformen wählen, die **eine Tilgungs- oder Ratenanpassung ermöglichen.** So gelingt es, in der Hauptfinanzierungsphase bereits einen Großteil der Restschuld zu tilgen, sodass sich in der Rentenphase die monatliche Belastung verringern lässt.

> **!** Tilgungsanpassung hilft Kosten zu senken in der Rentenphase. Inzwischen gibt es schon relativ viele Tarife, die wenigstens eine einmalige Tilgungsanpassung während der Finanzierungsphase ermöglichen. Besonders gute Tarife verlangen hierfür noch nicht einmal einen Zinsaufschlag.

Abzuraten ist grundsätzlich von allen **Bautarifen mit variabler Verzinsung,** da bei diesen das Problem der nicht kalkulierbaren Betragshöhe über die Laufzeit entsteht. Zwar kann in vielen Fällen die Finanzierung so gesteuert werden, dass der Kreditnehmer zum Zeitpunkt X in eine feste Verzinsung wechselt. Jedoch setzt dies eine genaue Kenntnis des Finanzierungsmarkts voraus. Doch nur Finanzprofis sind in der Lage, die Zinsentwicklung anhand von Indikatoren richtig einzuschätzen.

Wer sich den Traum von den eigenen vier Wänden erst in einem Zeitraum von bis zu 3,5 Jahren erfüllen will, sollte sich mit dem Thema **Vorratsdarlehen** oder **Forward-Darlehen** beschäftigen. Da die Bauzinsen zurzeit günstig sind, können sich Kreditnehmer bereits heute – gegen einen geringen Zinsaufschlag – die Zinsen für morgen sichern.

> **!** Vereinbaren Sie nach Möglichkeit auch Sondertilgungen. Diese gibt es in Höhe von 5 % bis 10 % des Darlehensbetrages jährlich. Der Vorteil: Zur Rente werden viele Lebensversicherungen fällig. Mit der Tilgung von Teilbeträgen ist es dann möglich, die Restschuld erheblich abzusenken. Allerdings kosten diese Tarife einen kleinen Zinsaufschlag von meist 0,1 %. Damit entfällt aber auch die Vorfälligkeitsentschädigung der Kreditgeber, die sie für entgangene Zinsgewinne sonst geltend machen.

Eine Besonderheit stellt die **Gegenfinanzierung über Investments** dar. Dies kann im Einzelfall interessant sein. Falls gute Geldanlagen vorhanden sind, die jährlich eine ordentliche Rendite abwerfen, ist es nicht immer sinnvoll, diese tatsächlich als Eigenkapital in die Finanzierung einzubringen. Hier sollte in jedem Fall eine Prüfung erfolgen mit einer fundierten Einschätzung, wie sich der Wert z. B. von Aktienanlagen, Investmentfonds oder Zertifikaten verhält. Ist auch eine längerfristig positive Wertentwicklung realistisch, lohnt sich der Einsatz von Eigenkapital nur bedingt. Bei Verkauf schneidet man die positive Entwicklung ab. Ist das Eigenkapital knapp, ist vielleicht ein Teilverkauf inte-

Immobilienfinanzierung für Senioren | **B3**

ressant, ist genügend Eigenkapital verfügbar, sollte man die positive Wertentwicklung mitnehmen und diese dann später in Sondertilgungen des Darlehens stecken, um so auch schneller zu finanzieren.

Eine Alternative wäre auch bei baldigen Geldzuflüssen aus Sparverträgen, **einen Teil des Kreditvolumens als variables Darlehen** aufzunehmen. Denn ein solches geht mit dem Vorteil einher, dass nach jedem Zinsabschnitt auch voll getilgt werden kann. Normalerweise bewegen sich die Zinsabschnitte bei einem variablen Darlehen zwischen drei und sechs Monaten. Der Hauptteil der Finanzierung sollte dann trotzdem aus einer klassischen Darlehensform bestehen, oder aus einem Kombidarlehen, das noch besprochen wird.

Falls der **Darlehensnehmer bereits über eine Immobilie verfügt,** sieht die Welt anders aus. Dies kann ein geerbtes Häuschen sein, was aber für die eigenen Bedürfnisse nicht passt, eine vermietete Immobilie oder das zu groß gewordene Haus, das nun gegen eine kleinere Wohnung eingetauscht werden soll. Hier gibt es unterschiedliche Herangehensweisen, je nachdem, ob das Objekt behalten oder verkauft, bereits lastenfrei oder noch nicht ist. **Der Idealfall:** Die Immobilie ist lastenfrei. Jetzt kann diese zur Finanzierung eingesetzt werden (siehe Realkredit).

Zweiter Fall: Die Immobilie soll verkauft werden. Wird die Veräußerung schnell realisiert, lässt sich damit das Eigenkapital verringern. Dauert es doch etwas länger bis zum Verkauf, kommen für die Zwischenzeit entweder ein variables Darlehen infrage, welches dann mit dem Verkaufserlös auf einen Schlag getilgt wird, oder eine von Banken offerierte Zwischenfinanzierung.

Handelt es sich um eine **vermietete Immobilie zur Altersversorgung,** gilt es, zu unterscheiden: Ist diese bereits abbezahlt, können die Mieteinnahmen mit zur Tilgung des Darlehens eingesetzt werden oder auf die Immobilie wird ein Realkredit aufgenommen. Sollte das Objekt nicht lastenfrei sein, so bleibt entweder nur die Option, die Differenz zwischen Verkaufserlös und Restschuld (plus Vorfälligkeitsentschädigung) als Eigenkapital einzubringen oder die vermietete Immobilie ganz außen vor zu lassen.

! Die genaue Strategie hängt auch immer von Ihrem Eigenkapitalbedarf, der Finanzierungsdauer und den eigenen finanziellen Möglichkeiten für die Tilgung ab. Kommen noch Immobilieneigentum oder spezifische Geldanlagen hinzu, die in die Finanzierung eingebracht werden sollen, ist in jedem Fall eine Beratung erforderlich, um alle Aspekte ausführlich zu erläutern.

2 Die besten Finanzierungsformen für Immobilien mit 60plus

Grundsätzlich gibt es kaum eigene Produkte für die Zielgruppe, sondern meist nur Finanzierungsformen, die besonders geeignet sind, manchmal aber auch Mogelpackungen, die den Häuslebauer mehr Geld als andere Finanzierungsformen kosten. Insgesamt handelt es sich um Produktvarianten, die **flexibler ausgestaltet sind als die klassische Annuitätenfinanzierung,** deswegen stehen diese Varianten hier auch besonders im Fokus. Speziell sind das Sonderformen des Hypothekendarlehens und des Bausparens wie:

2.1 Das Ratentilgungsdarlehen – schnell zum Haus

Das Ratentilgungsdarlehen ist eine Alternative zum Klassiker der Baufinanzierung, dem Annuitätendarlehen. Im Gegensatz zu diesem besteht das Ratentilgungsdarlehen nicht aus einer gleichbleibend hohen Rate, wobei sich nur das Verhältnis zwischen Tilgung und Zinslast ändert. Beim **Ratentilgungsdarlehen** besteht der Vertrag aus festen Konditionen, also einer **gleichbleibenden Zinsrate und Tilgungsrate.** Da sich die Restschuld aber abbaut und die Zinsen nur auf die Restschuld gezahlt werden, fällt monatlich die ratierliche Belastung auf die Kreditzinsen an. Monat für Monat bleibt somit mehr im Portemonnaie.

Die Tilgungsrate liegt jedoch meist deutlich höher als bei einem Annuitätendarlehen, z. B. bei 5 % oder mehr. Es kann jedoch auch ein fester Jahresbeitrag ohne prozentualen Bezug zur Darlehenssumme vereinbart werden. Weil der Darlehensnehmer seine Restschuld immer gleich hoch abbaut, die Zinsen auf die Restschuld aber kontinuierlich sinken, reduziert sich auch die finanzielle Belastung des Darlehensnehmers. Anders als beim Annuitätendarlehen kann es unterschiedliche Fälligkeiten für Tilgung und Darlehenszins geben.

Diese **Alternativen zum Annuitätendarlehen** werden deutlich weniger am Finanzierungsmarkt angeboten. Zum einen sind diese Kreditformen nur für finanzstarke Kunden interessant, da die anfängliche Belastung hoch ist. Zum anderen verdienen die Kreditgeber aufgrund der fallenden Zinseinnahmen weniger daran. Und: Die Laufzeit gegenüber einem Annuitätendarlehen ist meist auch kürzer.

Zwar bieten weder Versicherer noch Hypothekenbanken **Ratentilgungsdarlehen** an. Dennoch steigt die Anzahl der Angebote am Markt, da andere Finanzdienstleister, wie z. B. die KfW, zunehmend die Zielgruppe 50plus entdecken. Viele dieser Produkte sind wesentlich flexibler als das klassische Ratentilgungsdarlehen ausgestaltet. So sind häufig folgende Eckpunkte zusätzlich vereinbar:

- die Anpassung der monatlichen Raten bei Eintritt in die Renten- oder Pensionsphase,

- eine bestimmte Anzahl kostenloser Tilgungsanpassungen während der Zinsfestschreibung innerhalb einer Bandbreite zwischen etwa 1 % und 5 % und

- die Möglichkeit von Sondertilgungen bis zu 10 % im Jahr ohne Vorfälligkeitsentschädigung.

Durch die **hohe Flexibilität** ist gewährleistet, dass der Kreditnehmer die monatlichen Raten seiner finanziellen Situation weitestgehend anpassen kann. So entstehen keine unnötigen Belastungen. Wichtig ist auch, dass keine zusätzlichen Kosten beim Ratenwechsel auflaufen, gerade dann, wenn mehrfache Anpassungen erfolgen sollen.

! Entscheidende Voraussetzung, um auch von den Gestaltungsmöglichkeiten Gebrauch machen zu können, ist eine vorausschauende Planung. So sollten Kreditinteressierte sowohl finanzielle Engpässe als auch zusätzliche Mittel z. B. aus gebundenem Kapital (z. B. fälligen Sparbriefen), welches sie in die Finanzierung einbringen können, genau ermitteln. Alternativ dazu ist es auch im Einzelfall möglich, eine Laufzeitverkürzung zu erreichen, um vor Rentenbeginn ganz schuldenfrei zu sein. Allerdings wird dann der Häuslebauer nur um eine Vorfälligkeitsentschädigung herumkommen, wenn er dies auch vertraglich vereinbart hat.

2.2 Das Volltilgungsdarlehen – alles auf einen Streich

Das Volltilgungsdarlehen, manchmal von Banken auch **Konstantdarlehen** genannt, bietet eine Finanzierung über die gesamte Laufzeit. Es unterscheidet sich aber deutlich von den Konstantdarlehen der Bausparkassen.

Charakter des Volltilgungsdarlehens

Das Prinzip ist ganz einfach: Das Volltilgungsdarlehen ist ein **Annuitätendarlehen**, bei dem die Hypothek innerhalb der Laufzeit komplett getilgt wird. Das bietet für Kreditnehmer die Chance, den zeitlichen Ablauf der Finanzierung selbst zu bestimmen. Durch die Art der Vertragsgestaltung ist eine hohe Transparenz gegeben. Allerdings: Die Bindung an den Kreditanbieter ist dabei auch sehr hoch. So muss der Kreditnehmer den Zeitpunkt, bis zu dem das Darlehen komplett getilgt ist, genau einhalten. Das heißt, es ist weder eine Verkürzung noch eine Verlängerung der Laufzeit möglich, auch sind Tilgungsaussetzung sowie Sondertilgungen ausgeschlossen. Daher muss der Kreditwillige sich sehr genau überlegen, wie der Vertrag ausgestaltet sein soll, damit er ihn auch bis zum Ende durchhält.

In der Regel umfasst die Laufzeit zehn bis 20 Jahre, also einen kürzeren Zeitraum als bei herkömmlichen Annuitätendarlehen. Das bedeutet, dass die anfängliche Tilgung häufig bei mindestens 3 % liegt. Im Gegenzug erhält der Kreditnehmer die Gewähr, immer gleich hohe Raten zu zahlen. Das schafft Sicherheit und erleichtert weitere finanzielle Planungen. Ein **Zinsänderungsrisiko** besteht daher nicht. Auf der anderen Seite verzichtet der Kreditnehmer aber auch auf die Chance, später eine günstige Umschuldung vornehmen zu können und dadurch Kosten zu sparen. Als weiteren großen Nachteil bringt diese Finanzierungsvariante eine hohe monatliche Belastung mit sich. Somit ist diese Darlehensvariante meist nur für einkommensstarke Bauherren interessant.

> **!** Aufgrund der hohen Bindung an einen Anbieter ist es wichtig, vor Vertragsabschluss die Angebote genau zu überprüfen. Das betrifft sowohl den effektiven Jahreszins als auch die Laufzeit des Vertrages. Aufgrund der hohen monatlichen Belastung müssen Interessenten darauf achten, dass sie diese auch tatsächlich tragen können.
>
> Zurzeit sind die Zinsen niedrig, das bedeutet auch, dass ein Volltilgerdarlehen günstig zu haben ist. Zusätzlich verbessern hohe Tilgungsraten noch die Chance, an zinsgünstige Angebote heranzukommen. Für die Hauptzielgruppe des Volltilgerdarlehens – Personen mit **hohem Einkommen** und **hoher Bonität** – bietet sich somit die Möglichkeit, die Finanzierungskosten für ihre Immobilie insgesamt zu verringern. Zwar können Sondertilgungen nicht vereinbart werden, jedoch lassen sich diese ja über die Raten in den Finanzierungsablauf einpflegen.

2.3 Das Kombidarlehen – die Mischung machts

Neben den typischen Hypothekenkrediten gibt es verschiedene andere Finanzierungsvarianten – eine davon ist das Kombidarlehen. Wer einen solchen Vertrag abschließt, sichert sich die Chance, seinen Schuldenabbau **schneller** voranzutreiben.

Kombidarlehen sind teilvariable Darlehen. Sie bestehen nur zu einem bestimmten Teil aus einem klassischen Annuitätendarlehen mit einer Zinsbindungszeit zwischen fünf und 30 Jahren, der restliche Kreditbetrag wird durch ein variables Darlehen finanziert. Für diese Summe fallen also Zinsen an, welche **jeweils für drei Monate gelten** und von der Bank dann quartalsweise automatisch angepasst werden – sie können somit sinken oder steigen. Die Höhe der Zinsen orientiert sich am **Drei-Monats-Euribor,** einem Referenzzins, zu dem sich die europäischen Banken untereinander Geld leihen. Auf diesen Zins schlagen die Banken noch eine Marge auf.

Der besondere Vorteil des Kombidarlehens: Es bietet **hohe Sondertilgungsmöglichkeiten.** Der Kunde kann das variable Darlehen zu einem bestimmten Zeitpunkt, z. B. am Monatsende, unter Einhaltung einer Vorankündigungsfrist ganz oder teilweise zurückzahlen, ohne dass dafür ein Zinsaufschlag oder eine Vorfälligkeitsentschädigung anfällt. Zwar räumen Banken ihren Kunden auch bei klassischen Hypothekenkrediten Sondertilgungen ein, diese sind aber meist in der Höhe begrenzt.

Vorteile bei Leitzinssenkungen

Hinzu kommt: Senkt die Europäische Zentralbank den Euro-Leitzins, gibt der Euribor automatisch nach und profitiert davon auch der Kreditnehmer, da die Zinsen für sein variables Darlehen ebenfalls sinken. Für variable Darlehen fallen außerdem in der Regel **geringere Zinssätze** an als für Festdarlehen. Zudem rechnen einige Anbieter diese Darlehen nicht in die Beleihung hinein, wodurch sich gegebenenfalls auch der Zinssatz für das langfristige Darlehen verringert.

Derzeit sind Baufinanzierer, die ein Kombidarlehen aufgenommen haben, auf der Gewinnerseite. Die Europäische Zentralbank hat im Zuge der Finanzmarktkrise seit Mitte September 2008 den **Leitzins** im Euroraum mehrmals gesenkt, bis auf 0,00%. Ein Novum in der Geschichte der Notenbank.

Die Risiken

Entwickelt sich der Leitzinssatz hingegen in die andere Richtung, verteuert sich auch der variable Darlehensanteil und damit die Finanzierung insgesamt. Dies kann sich besonders dann verhängnisvoll auswirken, wenn der Baufinanzierer das Darlehen nicht wie vorgesehen zurückzahlen kann. Bei vielen Instituten hat der Kreditnehmer aber die Möglichkeit eine Zinsobergrenze, ein sogenanntes Cap, zu vereinbaren. Der Zins steigt dann nur maximal bis zu dieser Grenze. Andere Banken bieten dem Kunden ein **Wandlungsrecht** – er verfügt damit über die Option, sein variables Darlehen bei Bedarf in eine längerfristige Zinsbindung umzuwandeln. Allerdings erheben die Banken für beide Sicherheitsnetze üblicherweise Gebühren.

Ein weiterer **Haken von Kombidarlehen** besteht darin, dass sich der Kreditnehmer an die Bank bindet. Findet er einen Anbieter, der den Anteil des variablen Darlehens günstiger finanziert, müsste sich diese Bank mit dem zweiten Rang im Grundbuch begnügen, da im ersten Rang das längerfristig gebundene Darlehen der alten Bank steht. Damit würde sich jedoch ihr Ausfallrisiko erhöhen – was dazu führt, dass die Bank entweder einen Zinsaufschlag erhebt oder die Finanzierungsfrage ablehnt.

! Kombidarlehen sind besonders für Kreditnehmer geeignet, die in absehbarer Zeit mit einer größeren Summe, z. B. aus einer Erbschaft, dem Verkauf einer Altimmobilie oder aus Sparverträgen, Depots, Lebensversicherungen o. Ä., rechnen. Sie erzielen mit dieser Darlehensform ein hohes Maß an Flexibilität und darüber hinaus die Chance, an Zinssenkungen teilzunehmen. Allerdings sollte der Kreditnehmer die Zinsentwicklung im Auge behalten und den variablen Teil des Darlehens bei steigenden Zinsen in ein Darlehen mit Zinsbindung umwandeln oder den Darlehensteil tilgen.

2.4 Realkredit – wenn man schon eine Immobilie hat

Der Realkredit bedeutet einen Ausweg aus der Finanzierung, wenn bereits ein Objekt im Eigentum des Finanzierungswilligen ist. Dies trifft auch auf Unternehmer oder Selbstständige zu, falls aus Gründen steueroptimierter Einkünfte Banken nicht auf die tatsächliche Finanzkraft schließen können.

Erhöhtes Eigenkapital notwendig

Die wichtigste **Voraussetzung für einen Realkredit ist das Eigenkapital.** Die Kreditvergabe ist nur bis zu 60 % des Beleihungswerts oder 50 % des Verkehrswerts möglich. Der restliche Teil muss über Eigenmittel gedeckt sein. Die Bewertung des Objekts muss dabei durch einen unabhängigen Sachverständigen erfolgen. Ausführlich sind die Voraussetzungen in § 29 des Kreditwesengesetzes (KWG) dargelegt.

Allerdings hat das erhöhte Eigenkapital natürlich auch seinen Vorteil. Da durch Eigenkapital plus die Höhe des Objektwerts für Kreditgeber kaum ein Risiko vorhanden ist, und da, selbst wenn der Kunde nicht mehr zahlungsfähig ist, auch bei Zwangsversteigerungen kein Verlust für den Kreditgeber droht, kann ein anderes Verfahren gewählt werden. Daher werden häufig auch Hypotheken vergeben, die nicht im Grundbuch eingetragen werden. Manchmal geschieht das auch auf Basis einer **Grundschuld.** Aufgrund dieser Konstruk-

Immobilienfinanzierung für Senioren | **B3**

tion bieten Kreditgeber auch dementsprechend günstige Konditionen an. Ein Realkredit läuft immer über einen längeren Zeitraum, meistens von etwa 10 bis 30 Jahren. Das kann der Kreditnehmer weitestgehend mitbestimmen. Wird in diesem Zusammenhang eine Grundschuld vergeben, so erlischt diese nicht automatisch mit der Tilgung. Das hat den Vorteil für den Kreditnehmer, dass er einen weiteren Realkredit aufnehmen kann, zu entsprechend günstigen Konditionen. Daher eignen sich Realkredite auch sehr gut für den Vermögensaufbau mit Immobilien. Eine Löschung der Grundschuld muss allerdings gesondert beantragt werden.

Bei der Wahl der Kreditform gibt es mehrere Möglichkeiten. Denkbar sind Annuitätendarlehen, Ratentilgungsdarlehen oder auch eine Versicherungshypothek. Meistens wird der Realkredit jedoch in Form eines Annuitätendarlehens vergeben. So stehen bei einem Annuitätendarlehen z. B. variable Darlehen, Festzinsdarlehen oder die Kombination aus beiden, das Kombidarlehen, zur Verfügung.

! Leider gibt es immer noch Anbieter, die unechte Realkredite anbieten. Dabei wird ein Darlehen auf zwei Tranchen aufgeteilt. Eine der Tranchen liegt oberhalb des eigentlichen Realkreditvolumens. Dabei muss der Kreditnehmer zunächst die Tranche oberhalb des Realkredites bedienen. Die oberhalb des Realkreditrahmens angesetzte Tranche ist dabei deutlich teurer. Insoweit lohnt sich diese Konstruktion nicht. Sie ist auch **teurer** als ein herkömmliches Annuitätendarlehen. Daher sollte man davon besser die Finger lassen.

Der Vorteil von Realkrediten liegt in der relativ schnellen Bewilligung. Der Kreditnehmer muss nicht seine gesamten Vermögensverhältnisse offenlegen, seine Selbstauskunft zu den wirtschaftlichen Verhältnissen muss aber dennoch glaubhaft sein. Interessant ist diese Kreditform für alle, die Probleme haben, in relativ kurzer Zeit ihre **Vermögensverhältnisse** darzustellen. Auch wer z. B. eine größere Schenkung oder Erbschaft erhalten hat, sollte sich mit dem Thema Realkredit befassen. Allerdings ist auch für diesen Kredit ein entsprechendes Einkommen Voraussetzung, damit der Immobilienwunsch in Erfüllung geht.

2.5 Variables Darlehen auf Euribor-Basis

Mit **variablen Darlehen** können Kreditnehmer von niedrigeren Zinssätzen profitieren und ihr Darlehen flexibler zurückzahlen. Diese Finanzierungsform ist allerdings **nur für Immobilienerwerber mit einem guten Finanzpolster geeignet,** welche die Entwicklungen auf dem Zinsmarkt genauestens verfolgen. Bei einem klassischen variablen Darlehen werden die Zinsen frei angepasst und müssen nicht an den Euribor angepasst sein. Der Euribor (Euro InterBank Offered Rate) ist ein Referenz-Zinssatz für Termingelder in Euro im Interbankengeschäft.

Variable Darlehen sind Immobilienkredite mit variablem Zinssatz. Sie sind mit einer sehr kurzen Zinsbindungszeit versehen – statt einiger Jahre wie bei lang laufenden Annuitätendarlehen beträgt die **Zinsfestschreibung bei ihnen nur drei oder sechs Monate.** Nach Ablauf der Zinsfestsetzung oder nach dem ersten Quartal werden die Zinsen den aktuellen Marktbedingungen angepasst. Der Kreditnehmer hat dann aber auch – und darin liegt die Besonderheit dieser Darlehensform – die Möglichkeit, **das Darlehen komplett oder teilweise zurückzuzahlen,** ohne dass dafür eine Vorfälligkeitsentschädigung anfällt.

Sollten die Zinsen zu steigen beginnen, kann er auf ein Darlehen mit langer Zinsbindungszeit umsteigen. Eine Alternative hierfür ist entweder das Ansparen von weiterem Eigenkapital in dieser Zeit, um beim Wechsel zu einem Festzinsdarlehen einen Teil der Restschuld zu tilgen. Oder: Es steht zum Zeitpunkt X eine ordentliche Menge Geld zur Verfügung, welche einen Großteil des Darlehens oder dies gar vollständig ablöst.

Die Zinsen beim variablen Darlehen werden auf Basis des Euribor festgelegt – ein Zinssatz, den Banken zahlen, wenn sie sich untereinander Geld leihen. Der Zinssatz wird dann von den Banken frei festgelegt. Bei den meisten variablen Darlehen erfolgt die Anpassung der Zinsen vierteljährlich analog zu der Entwicklung des 3-Monats-Euribor-Satzes, jeweils zu Beginn des Quartals. Auf den Euribor schlagen die Kreditgeber zwar noch eine Gewinnmarge, dennoch ist der Zinssatz für Euribor-Darlehen zurzeit sehr günstig.

Zudem verlangen Banken auch für variable Darlehen eine **Bearbeitungsgebühr,** welche bis zu einem Prozent der Darlehenssumme betragen kann. Diese Kosten verteilen sich auf die Laufzeit – je schneller der Eigentümer also sein variables Darlehen kündigt oder zurückzahlt, desto stärker fällt die Gebühr bei den jährlichen Kosten ins Gewicht.

Je nach allgemeinem Zinsniveau kann ein variables Darlehen im Vergleich zu Annuitätendarlehen mit langfristiger Zinsbindung günstiger sein. Die eingesparten Zinsen lassen sich für Sondertilgungen einsetzen. Aber: Da der Zinssatz alle drei Monate neu festgelegt wird, besteht auch die Möglichkeit, dass sich der Kredit schnell verteuert.

! Der entscheidende Punkt bei einem variablen Darlehen: Die Zinsen muss der Kreditnehmer ständig im Auge behalten, sonst wird der Zeitpunkt für den Umstieg in ein Festzinsdarlehen verpasst. Dies verteuert dann die Finanzierung, wenn ohne Wechsel der Zinssatz bei

Immobilienfinanzierung für Senioren | **B3**

den variablen Darlehen steigt. Ein variables Darlehen ist zur Gesamtfinanzierung über einen Zeitraum von drei bis fünf Jahren in einer Niedrigzinsphase eine gute Entscheidung. Erfahrungsgemäß steigt der Zinssatz irgendwann wieder an.

Der Euribor orientiert sich am Leitzinssatz der Europäischen Zentralbank (EZB) und wird jeden Tag in der Zeitung veröffentlicht, sodass auch die vierteljährlichen Zinsanpassungen nachvollziehbar sind. **Doch Achtung:** Für die Höhe der Euribor-Rate sind nicht nur die Leitzinssätze der EZB ausschlaggebend. Auf dem Höhepunkt der Finanzkrise im Jahr 2008 war der Euribor-Satz kurzfristig auf über 5 % gestiegen, weil die Banken einander nur noch gegen hohe Risikozinsaufschläge untereinander Kapital leihen wollten.

! Aufgrund der aktuellen Niedrigzinsphase sind Euribor-Darlehen derzeit nicht günstiger als Festzinsdarlehen mit 10-jähriger Zinsbindung. Unter dem Aspekt der Ersparnis lohnen sie sich momentan also nicht. Wer hingegen über eine sehr gute Bonität und in absehbarer Zeit über hohe **Sondereinnahmen** z. B. in Form von Bonuszahlungen, Erbschaften, Immobilienverkäufen o. Ä. verfügt, welche er für die Tilgung einsetzen möchte, sollte ein solches Darlehen in Erwägung ziehen. Eine Möglichkeit der Risikoabsicherung besteht darin, für die kurzfristige Finanzierung dieser – noch nicht vorhandenen – Mittel ein variables Darlehen und für den größeren Teil der Finanzierung ein Festzinsdarlehen aufzunehmen.

Auch in einem anderen Fall spielen diese Darlehen eine wichtige Rolle: Man möchte sich **verkleinern.** Viele Ehepaare haben noch ein Häuschen im Grünen, dort sind die Kinder groß geworden und nun ist zu viel Platz und die Gartenarbeit wird auch beschwerlicher. Nicht wenige entscheiden sich dann wieder, in die Stadt zurückzuziehen und dort ein altersgerechtes Appartement zu kaufen. Doch Kauf- und Verkaufszeitpunkt liegen auseinander, nicht selten ist aber der Verkaufspreis höher als die Neuanschaffung. In diesem Fall kann quasi zur Überbrückung ein variables Darlehen ein guter Entschluss sein.

! Wer mehr Sicherheit bei einem variablen Darlehen einbauen möchte, kann sich für eine sogenannte Cap-Variante oder ein Cap-Darlehen entscheiden. Als Cap wird eine Zinsobergrenze bei einem variablen Darlehen bezeichnet. Für diese Zinsgrenze muss allerdings ein Zinsaufschlag in Kauf genommen werden.

Eine Sondervariante des variablen Darlehens ist das **Flex-Darlehen.** Hier kann analog zum Kombidarlehen das variable Darlehen in ein Festzinsdarlehen umgewandelt werden, in diesem Fall allerdings die komplette Restschuld.

B3 | Immobilienfinanzierung für Senioren

2.6 Sonderkredite – wenn nichts anderes geht

Es gibt immer wieder Situationen, da ist es sehr schwierig, eine Baufinanzierung auf den Weg zu bringen, obwohl sich doch eigentlich genug Geld in der Kasse befindet. Der Grund: Es mangelt an einer einwandfreien Bonität. Vielleicht weil der Kreditinteressent Streitigkeiten über Rechnungen führt oder weil sein Gesundheitszustand aus Sicht der Banken ein Risiko bedeutet. Die Gründe für eine Ablehnung eines Darlehens können vielfältig sein. Die Lösung des Problems: **Sonderkredite**.

Sonderkredite sind eigentlich nichts anderes als übliche Annuitätendarlehen. In diesem speziellen Fall jedoch handelt es sich um ausländische Anbieter, die in die Bresche springen. Der Grund, warum es ausländischen Anbietern leichter fällt, zu finanzieren: Schufa-Einträge haben für sie keine Bedeutung. Das liegt daran, dass die Banken in ihren Heimatländern über teilweise moderatere Kreditvergaberichtlinien verfügen als in Deutschland. Dabei werden meist ähnliche Annuitätendarlehen wie in Deutschland üblich angeboten.

Wird allerdings nicht in Euro finanziert, so handelt es sich um ein **Fremdwährungsdarlehen**. Bei Fremdwährungsdarlehen kann es allerdings zu Problemen kommen, wenn die Währung – z. B. Franken oder Pfund – gegenüber dem Euro steigt und sich damit die Restschuld erhöht. Das Risiko lässt sich nur über Währungszertifikate auf die fremde Währung begrenzen. Trotzdem ist ein Fremdwährungsdarlehen aufgrund des Währungsrisikos nichts für Otto Normalverbraucher, sondern nur für Kreditnehmer mit einem soliden Finanzwissen.

Voraussetzungen für Sonderkredite

Eigentlich unterscheiden sich die Voraussetzungen nicht wesentlich von denen für die Vergabe von Annuitätendarlehen in Deutschland. Über ein ausreichendes und dauerhaftes Einkommen muss der Kreditnehmer verfügen und eine werthaltige Immobilie finanzieren. Wie bei Annuitätendarlehen üblich, wird auch hier eine Eintragung ins Grundbuch vorgenommen. Wer allerdings bisher schon Probleme hatte, seine Kredite ordnungsgemäß zu bedienen oder seine Rechnungen zu begleichen, der sollte auch von Sonderkrediten die Finger lassen. Hier gilt als oberstes Gebot, erst die eigenen Finanzen auf eine solide Basis zu stellen. Ausgeschlossen sind Finanzierungen über Sonderkredite in jedem Fall dann, wenn ein Kreditnehmer bereits eine eidesstattliche Versicherung abgegeben hat oder gar eine **Verbraucherinsolvenz** vorliegt.

Die Zinsen für diese Kredite liegen natürlich deutlich über dem normalen Bauzinsniveau. Da es sich teilweise um sogenannte **zweitklassige Kredite** handelt, ist mit einem Zinsaufschlag von bis zu 3 % zu rechnen. Aufgrund dieser höheren Zinsen lohnen sich die Sonderkredite auch nur dann, wenn der Wunsch nach der Immobilie relativ kurzfristig umgesetzt werden soll und ein entsprechendes Einkommen vorliegt. Daher sollte genau überlegt werden, ob es sich nicht lohnt, die Schufa-Einträge auszusitzen und die Zeit mit der Bildung von Eigenkapital als Alternative zu überbrücken.

> **!** In jedem Fall ist von marktschreierischen Zeitungs- oder Internetangeboten abzuraten. Diese Angebote sind meist völlig überteuert und nicht selten geht es den Anbietern hauptsächlich um das Abschöpfen von hohen Bearbeitungskosten.

2.7 Modernisierungskredite – für den kleinen Geldbedarf

Wer einen eher geringen Finanzierungsbedarf hat, für den sind durchaus **Modernisierungskredite** eine gute Wahl. Der Vorteil dieser Kredite besteht darin, dass **meist keine Eintragung im Grundbuch** stattfindet. Entscheidend sind nur das persönliche Einkommen und die allgemeinen Vermögensverhältnisse des Kreditnehmers.

Investitionen in Haus oder Wohnung sind vernünftig – sei es, um das Objekt zu modernisieren, zu renovieren, altersgerecht umzubauen oder einen Dachausbau für eine weitere Person wie einen Pfleger vorzunehmen. Da hierbei meist nur kleinere Kreditsummen benötigt werden, bieten viele Kreditinstitute inzwischen Modernisierungskredite an. Die **vergebenen Darlehenssummen** belaufen sich in der Regel zwischen **€ 5 000,–** und **€ 50 000,–**. Die Laufzeit beträgt bis zu zehn Jahre und Sicherheiten müssen meist nicht erbracht werden. Ausnahmen gelten hier nur für Selbstständige.

Ein weiterer Vorteil ist, dass der **Kredit nicht im Grundbuch eingetragen werden muss.** Das spart zum einen Notargebühren, zum anderen wird kein weiterer Rang im Grundbuch belegt. Kriterien für die Vergabe sind die **Bonität und Finanzkraft des Kunden.** So gesehen ähneln die Produkte eher einem normalen Ratenkredit als einem klassischen Annuitätendarlehen. Gerade regionale Banken vergeben solche Kredite häufig zu günstigeren Zinsen, verbinden jedoch die Angebote mit der Pflicht, Handwerker aus der Region für die Maßnahmen einzusetzen. Achten sollten Kreditnehmer immer auf Sondertilgungsmöglichkeiten, die eine schnellere Tilgung ermöglichen. Außerdem: Kleinere Bauvorhaben sind meist über die Privathaftpflicht abgedeckt, sodass an dieser Stelle keine weiteren Kosten anfallen.

> Man sollte in diesem Zusammenhang nicht versäumen Alternativen zu überprüfen. Dies sind in erster Linie Bausparverträge, falls die Modernisierung nicht sofort ansteht, oder auch staatliche Fördermittel von der KfW oder von Landesbanken.

2.8 Zwischenfinanzierung – wer die Finanzierung nur kurz braucht

Diese Finanzierungsmöglichkeit ist interessant, wenn man seine Immobilie verkaufen will, um in eine kleinere, altersgerechte Wohnung einzuziehen. Da Kauf- und Verkaufszeitpunkt nicht selten auseinanderliegen, muss die Zeit für den Verkaufserlös überbrückt werden. Hierzu eignen sich **Zwischenfinanzierungen**. Zwar kann der Verkauf gerade bei eher unüblichen Liebhaberobjekten eine Weile dauern, doch in der Regel sind selbst diese Häuser gerade in Stadtnähe binnen Jahresfrist verkauft. Bei guten Lagen und nachgefragten Häusern oder Wohnungen ist das schon deutlich eher möglich. Für diese Fälle bietet sich der Zwischenkredit an.

> Vergleichen sollten Sie die Zwischenfinanzierung immer mit Konditionen für kurz laufende Kredite wie z. B. variable Darlehen.

3 Viele Auflagen für Ältere

Grundsätzlich stehen Kreditnehmern, die über 50 Jahre alt sind, die gleichen Finanzierungsangebote der Kreditinstitute zur Verfügung wie jüngeren. Doch gerade bei älteren Darlehensnehmern ziert sich ein Teil der Geldinstitute, vernünftige Angebote zu offerieren. Der Grund: Zum Beginn der Rentenzeit sind weniger zur Finanzierung verwendbare Einkünfte vorhanden. Viele Banken fürchten dann mögliche **Kreditausfälle**, weil der Kunde seine Raten nicht mehr bedienen kann.

Zwar wandelt sich langsam das Blatt und Kreditinstitute öffnen sich der Generation 50plus. Doch so schön viele Angebote klingen, für sie ist es teilweise immer noch schwierig, an einen Kredit zu kommen. Selbstverständlich hängt es vor allem auch vom Einzelfall ab, wie willkommen einer Bank die Kreditanfrage eines älteren Kunden ist. Einen 70- oder 80-jährigen Darlehensinteressent, der Eigentümer weiterer Immobilien, von Luxusgütern oder eines hohen Vermögens ist, wird sicher kein Institut abweisen. Wer jedoch eine solche **Vermögenslage** nicht vorweisen kann und z. B. eine komfortable Seniorenwohnung sucht, für den kann es schon anders aussehen, selbst wenn er erst 55 oder

Immobilienfinanzierung für Senioren | B3

60 Jahre alt ist. Eventuell wird er mit Verweis auf die Altersgrenze sofort abgelehnt oder er muss besondere Auflagen erfüllen.

Weil Ältere den Kredit – oder einen Großteil davon – im besten Falle vor der Rentenphase tilgen, müssen die Kreditinstitute mit kürzeren Laufzeiten rechnen. Auch kalkulieren sie ein höheres Rückzahlungsrisiko ein. Das führt einerseits zu Zinsaufschlägen, und auf der anderen Seite bedingt die kürzere Laufzeit, dass die Bank eine höhere Tilgungsrate von mindestens zwei Prozent verlangt. Manche Banken gewähren älteren Kreditnehmern auch von vornherein nur einen Beleihungswert zwischen 60 % bis 80 %. Auch wird von Kreditgebern zum Teil erwartet, dass der Kreditnehmer eine **Risikolebens- oder eine Restschuldversicherung** abschließt. Ist der Kunde bereits im Rentenalter, gibt es Institute, die möchten, dass er die Erbfolge offenlegt. Manche gewähren einen Kredit auch nur, wenn ein Erbe als zweiter Darlehensnehmer den Vertrag mitunterschreibt.

Selbstverständlich gibt es inzwischen auch einige Kreditinstitute, die ihre Kreditvergabe unabhängig vom Alter handhaben bzw. bei denen keine Altersgrenzen gelten. Dennoch, auch für ältere Verbraucher gilt: Selbst wenn eine Bank zur Kreditvergabe bereit ist, sollten Verbraucher nicht einfach das erstbeste Angebot annehmen, sondern **verschiedene Offerten vergleichen.**

! Gerade die Generation 60plus hat gegenüber jüngeren Kreditnehmern einen entscheidenden Vorteil: Häufig wurde bereits Vermögen angespart, sodass ein Hausbau oder Immobilienerwerb finanziell leichter fällt. Nicht selten sind auch die Kinder schon aus dem Haus, sodass nun mehr Einkünfte für die eigenen vier Wände zur Verfügung stehen; das beschleunigt die Finanzierung. Hat der Bauherr bereits eine erkleckliche Summe angespart, so sollte er diese unbedingt als Eigenkapital einsetzen. Dies verbessert die Position gegenüber potenziellen Kreditgebern und verringert die Tilgungslast. Zwar ist es schade, gute Geldanlagen aufzugeben, doch ist der Einsatz als Eigenkapital meist der bessere Schritt.

4 Finanzierungsalternativen mit 60plus

Trotz aller Angebote von Banken kann es schwierig sein, einen guten Vertrag zu bekommen. Dann heißt es, alternative Möglichkeiten auszuschöpfen, um den Traum von den eigenen vier Wänden trotzdem zu verwirklichen. Viele der älteren Generation haben einen **lang laufenden Kapitallebensversicherungsvertrag.** Dieser lässt sich als Sicherheit zur Finanzierung bei der Bank hinterlegen (= als Sicherheit abtreten). Auf diese Weise kann der Häuslebauer auch damit rechnen, eine verbesserte Zinskondition bei der Kreditaufnahme zu erhalten, da das Risiko der Bank überschaubarer ist, wenn der Vertrag zur Finanzierung eingesetzt wird.

Alternativ ist zu überlegen, ob nicht auch ein sogenanntes **Policendarlehen auf die Lebensversicherung** für die Finanzierung eingesetzt werden kann. Ein Policendarlehen ist ein Darlehen auf einen bestehenden Kapitallebensversicherungsvertrag – quasi wird das eigene Geld beliehen. Die Grundlage des Policendarlehens ist der Rückkaufswert der Lebensversicherung zuzüglich gutgeschriebener Gewinnanteile. Hierfür braucht der Versicherer keine Sicherheit; die sonst bei einer Kreditvergabe übliche Bonitätsprüfung entfällt. Der Antrag beim Versicherer ist formlos, die Auszahlung erfolgt meist rasch innerhalb von zwei bis drei Wochen.

Über das Policendarlehen wird das Eigenkapital entsprechend aufgestockt und verringert so die Höhe des Fremdkapitals. Allerdings sollte der Bauherr vorher genau überprüfen, ob sich das rechnet. Läuft der Vertrag vielleicht nur noch wenige Jahre, so ist es unwahrscheinlich, dass das Policendarlehen bis zur Fälligkeit getilgt werden kann. Dann wird die Versicherungsleistung mit einem entsprechenden Abschlag ausgezahlt. Das Policendarlehen ist übrigens nicht zu verwechseln mit der **Versicherungshypothek,** bei der ein neuer Vertrag zur Baufinanzierung abgeschlossen wird.

> **!** Das Versicherungsunternehmen teilt den aktuellen Rückkaufswert der Lebensversicherung auf Anfrage mit. Der Einsatz als Eigenkapital hat nur Sinn, wenn ein ordentlicher fünfstelliger Betrag zur Verfügung steht.

4.1 Bausparen kennt keine Altersgrenzen

Eine weitere Alternative sind Bausparverträge. Zum einen sollten Bauherren bestehende Bausparverträge mit in die Finanzierung einbinden. Zum anderen können sie zeitig vor Baubeginn noch einen Bausparvertrag abschließen, um ein Bauspardarlehen zu bekommen. Allerdings sollte der Bau- oder Kaufbeginn nicht in naher Zukunft liegen, sondern erst einige Jahre später stattfinden. Die »schnellsten« Tarife werden etwa nach zwei Jahren fällig. Voraussetzung: Es handelt sich um einen **Tarif für Soforteinzahler,** das heißt, der Sparer kann das Mindestspargutshaben zu Anfang auf einen Schlag einzahlen. In diesem Fall würde der Bausparer auch sofort ein wichtiges Kriterium der Zuteilung erfüllen. Doch nicht alle Bausparkassen bieten diese Tarife an.

Immobilienfinanzierung für Senioren | **B3**

Diese Form des Bausparens lohnt sich aber meist **nur für Baufamilien mit einem hohen Einkommen**, um in der späteren Tilgungsphase die Raten zahlen zu können. Auch muss der Finanzierungsinteressent in der Lage sein, entsprechende Summen ab € 100 000,– einzahlen zu können, um ohne eine zusätzliche Bankhypothek auszukommen. Der Vorteil: Die Tilgung des Bauspardarlehens erfolgt nach sieben bis zwölf Jahren. Sonderzahlungen – z. B. aus einer Altersversorgung oder einer ausgezahlten Lebensversicherung – können die Darlehenslast weiter ohne Mehrkosten drücken. Allerdings verzinsen Bausparkassen in vielen Fällen den Guthabenzins nur sehr schwach mit etwa 0,20 bis 0,75 %, damit der Darlehenszins ebenfalls niedrig bleibt. Eine Alternative bestünde darin, das Geld in einer höherverzinslichen Geldanlage wie z. B. Festgeld anzulegen und anschließend ein Hypothekendarlehen aufzunehmen.

4.2 Geld von privat

Seit einigen Jahren gibt es auf dem Markt eine weitere Alternative zur Bankfinanzierung, welche gerade bei geringerem Finanzierungsbedarf interessant ist: Darlehen von Privatleuten, die über **Onlineplattformen im Internet** angeboten werden. Über die Vermittlungsplattformen finden Geldgeber und Kreditnehmer zusammen. Der Vorteil: Der Kreditwillige stellt nicht nur seinen Kreditbedarf ein, sondern handelt auch selbst die Kriterien – Zinshöhe, Laufzeit und Sicherheiten –, unter denen er einen Vertrag abschließt, aus. Da Kreditzinsen derzeit deutlich höher sind als Anlagezinsen, ist dies auch für viele Geldgeber interessant.

Der Vermittler sorgt mittels einer Partnerbank dafür, dass das Geld beim Kreditnehmer landet und der Geldgeber wiederum seine Rückzahlung samt Zinsen erhält.

! Privatkredite können letztendlich nur ein Baustein der Finanzierung sein. Derzeit stellen zwar die zwei bedeutendsten Onlinevermittlungsplattformen für Privatkredite – Smava und Auxmoney – eine Alternative zum Kredit von der Bank dar. Interessenten sollten aber darauf achten, dass die Darlehenszinsen auch wirklich attraktiv sind. Interessant ist das Angebot nur für Bauherren, die einen geringen Finanzierungsbedarf haben, der für Hypothekenanbieter zu niedrig ist, oder die einen zusätzlichen Finanzierungsbaustein brauchen, aber Schwierigkeiten haben, über Kreditinstitute ein Darlehen zur Gesamtfinanzierung zu erhalten.

B3 | Immobilienfinanzierung für Senioren

B4 Krankenversicherung im Ruhestand: Ein Überblick

1 Was kostet die gesetzliche Krankenversicherung im Alter?

Häufig klagen privat versicherte Rentner über ihre teure Krankenversicherung. Doch auch die gesetzliche Krankenversicherung ist im Alter nicht so preiswert, wie sich das viele Rentner vorstellen. Dabei ist grundsätzlich zu unterscheiden:

- In der »KVdR« (»**Krankenversicherung der Rentner**«) müssen die **pflichtversicherten Rentner** nur für ihre **Rente**, Arbeitseinkommen und **Versorgungsbezüge** Beiträge zahlen. Die Rente unterliegt dem **halben Beitragssatz**, für Versorgungsbezüge wird der volle Beitragssatz fällig. Für **sonstige Einkünfte** wie z. B. Erträge aus Kapitalvermögen oder Einkünfte aus Vermietung und Verpachtung sind keine Beiträge zur GKV zu zahlen.

- Bei **freiwillig versicherten Rentnern** unterliegen Rente und zusätzlich auch alle Einkünfte neben der Rente bis zur Beitragsbemessungsgrenze dem **vollen Beitragssatz**. Das gilt sogar für Leistungen aus privaten Versicherungen wie z. B. einer privaten Unfallrente. Zusätzliche Einkünfte neben der gesetzlichen Rente können den Monatsbeitrag also erheblich verteuern.

Freiwillige Versicherung oft teurer als gedacht

Pflichtversicherte Rentner (»KVdR-Rentner«)	Freiwillig versicherte Rentner
Beitragsbemessung nur auf Grundlage der Rente, anderer Versorgungsbezüge und etwaiger Arbeitseinkommen (nicht dagegen der Kapitalerträge, Mieteinnahmen und anderer Einnahmen).	Bei der Beitragsbemessung werden **alle** Einnahmen berücksichtigt, insbesondere Rente, Versorgungsbezüge und Arbeitseinkommen, aber auch Kapitalerträge und Mieteinnahmen.
Es gilt der bundeseinheitliche allgemeine Beitragssatz der GKV.	Es gilt der bundeseinheitliche allgemeine Beitragssatz der GKV.
Auf Versorgungsbezüge zahlt der Rentner den vollen allgemeinen Beitragssatz.	Auf Versorgungsbezüge zahlt der Rentner den vollen allgemeinen Beitragssatz.

Pflichtversicherte Rentner (»KVdR-Rentner«)	Freiwillig versicherte Rentner
Der Krankenversicherungsbeitrag aus der gesetzlichen Rente wird je zur Hälfte vom Versicherten und dem Rentenversicherungsträger getragen. Einen etwaigen Zusatzbeitrag seiner Krankenkasse zahlt der Rentner allein.	Der freiwillig versicherte Rentner zahlt den Krankenversicherungsbeitrag allein, erhält jedoch einen Zuschuss des Rentenversicherungsträgers in Höhe der Hälfte des allgemeinen Beitragssatzes bezogen auf die gesetzliche Rente. Er bekommt jedoch keine Zuschüsse für sonstige Versorgungsbezüge oder andere Einnahmen.

In den Genuss der günstigen KVdR-Beiträge kommt nur ein ausgewählter Personenkreis: Neurentner können nur dann Mitglied in der KVdR werden, wenn sie **9 / 10 der zweiten Hälfte ihres Berufslebens** in der gesetzlichen Krankenversicherung versichert, d. h.

- pflichtversichert,

- als Familienangehöriger eines Mitglieds der Krankenkasse mit diesem **familienversichert** oder

- **freiwillig versichert** waren.

»Berufsleben« ist der Zeitraum zwischen der erstmaligen Aufnahme einer Erwerbstätigkeit und der Stellung des Rentenantrags.

! Da Renten mit ihrem Zahlbetrag beim Gesamteinkommen berücksichtigt werden, können schon verhältnismäßig kleine Renten zum Verlust des Anspruchs auf Mitversicherung führen. Allerdings zählt der Teil der Rente, der auf **Kindererziehungszeiten** (neu seit 1.8.217: Drei Jahre pauschal pro Kind) beruht, nicht als Einkommen. Das ist von großer Bedeutung bei freiwillig versicherten Rentnerehepaaren: Wer die Einkommensgrenze für die kostenlose Mitversicherung knapp überschreitet, sollte unbedingt die Einkommensberechnung von seiner Krankenkasse prüfen lassen.

Krankenversicherung im Ruhestand: Ein Überblick | **B4**

Was geschieht bei Weiterarbeit im Rentenalter?

Wer das Regelrentenalter erreicht hat und weiterarbeitet, **ohne** eine **Rente** zu beziehen, bleibt mit seinem Verdienst beitragspflichtig in der gesetzlichen Kranken- und Pflegeversicherung, sofern der Verdienst über der 450-Euro-Grenze liegt.

Wer eine Rente beantragt und **nach Rentenbeginn** weiterarbeitet oder eine neue Beschäftigung aufnimmt, ist ebenfalls beitragspflichtig in der gesetzlichen Kranken- und Pflegeversicherung, wenn der Verdienst die 450-Euro-Grenze übersteigt. Zu zahlen ist der ermäßigte Beitragssatz, da kein Anspruch auf Krankengeld mehr besteht.

Achtung: Sowohl pflicht- als auch freiwillig versicherte Rentner können **Kostenerstattung** anstelle der Behandlung auf Chipkarte wählen.

2 So bleibt die private Krankenversicherung im Alter bezahlbar

2.1 Maßnahmen gegen hohe Beiträge im Alter

Mit Erschrecken stellen viele fest, dass im Laufe der Jahre **ihre private Krankenversicherung immer teurer wird.** Da ist es nur ein schwacher Trost, dass auch in der Gesetzlichen die Beiträge in der Vergangenheit rasant gestiegen sind und dass Privatversicherte oft einen umfassenderen Versicherungsschutz als Kassenmitglieder genießen. Dementsprechend bilden bei der Bundesanstalt private Krankenversicherungen den häufigsten Anlass für Klagen (Adresse für Beschwerden: Bundesanstalt für Finanzdienstleistungsaufsicht, Postfach 150280, 10664 Berlin). Teilweise zahlen Privatversicherte aber auch nur deshalb einen hohen Beitrag, weil naheliegende Sparmöglichkeiten ungenutzt bleiben. Deshalb nachfolgend einige Tipps, was Sie alles bei zu hohen Beiträgen unternehmen können.

2.1.1 Selbstbehalt vereinbaren

Je höher die Selbstbeteiligung, umso niedriger der Beitrag. Wer Beitrag sparen möchte, sollte daher unbedingt den Wechsel von einem Tarif ohne Selbstbehalt in einen Tarif mit Selbstbehalt prüfen. Die **ersparte Prämie** legen Sie verzinslich an und können dann später im Krankheitsfall auf einen Kapitalstock zurückgreifen. Wer schon einen Selbstbehalt vereinbart hat, sollte dessen Erhöhung überlegen.

> **!** Die Beihilfetarife für Beamte sind allerdings (noch) oft ohne Selbstbehalte kalkuliert. Vertreter bieten Selbstbehalt-Tarife übrigens nicht immer von sich aus an, denn ein geringerer Beitrag bedeutet für sie geringere Provision.

Angeboten werden auch Tarife, bei denen die Versicherten die **Ausgaben** für ihre Gesundheit zum Teil **eigenverantwortlich** steuern können, so wird z. B. großzügiger erstattet, wenn Hilfsmittel nicht gekauft, sondern bei der Versicherung geliehen werden. So erhalten beispielsweise Versicherte eine Kostenerstattung von 100 % statt 80 %, wenn vor einem Facharzt der Hausarzt aufgesucht wurde (das soll unnötige Facharztbehandlungen vermeiden) und von 100 % statt 90 %, wenn Hilfsmittel über den Sammeleinkauf der Gesellschaft bezogen werden.

> **!** Manche neuen Tarife versprechen, die Kosten- und damit die Beitragsdynamik zu begrenzen. Sie erschweren andererseits aber den Beitragsvergleich und verlangen im Krankheitsfall regelmäßig einen Blick ins Kleingedruckte. Da diese Tarife teilweise gerade von solchen Gesellschaften angeboten werden, die in der Vergangenheit überdurchschnittliche Beitragssteigerungen verzeichneten, sollten Sie stets Vergleichsangebote einholen: Bei günstigen Gesellschaften gibt es manchmal für weniger Beitrag das volle Programm.

Selbstbeteiligung spart Geld

Keine Probleme beim Tarifwechsel: Den Wechsel von einem Tarif ohne Selbstbehalt in einen Tarif mit Selbstbehalt oder mit einem höheren Selbstbehalt können Sie problemlos bei Ihrem bisherigen Versicherer vornehmen. Weil Ihnen auch noch die bereits gebildeten Alterungsrückstellungen beitragsmindernd angerechnet werden, spart der Wechsel immer Geld.

Bei Großschadentarifen nachrechnen: Bei hohen Selbstbehalten (Großschadentarif) müssen Sie nachrechnen, ob der Beitragsnachlass Ihre Gesamtbelastung (Beitrag neu plus Selbstbehalt) deutlich senkt. Solche Tarife lohnen meist nur für Freiberufler und Selbstständige, die ihren Beitrag ganz aus eigener Tasche zahlen. Bei Arbeitnehmern übernimmt dagegen der Arbeitgeber die Hälfte des Beitrags, während der Selbstbehalt vom Arbeitnehmer allein zu tragen ist. Außerdem zu bedenken: Falls Ihnen später ein hoher Eigenanteil zu teuer wird und Sie zurück zu einem niedrigeren Selbstbehalt möchten, verlangen fast alle Gesellschaften eine erneute Gesundheitsprüfung, die mitunter zu einem Risikozuschlag führt.

Selbst zahlen und trotzdem sparen: Zunehmend bemühen sich private Krankenversicherer, ihren Kunden bei der Optimierung der Ausgaben für den Selbstbehalt zu helfen, z. B. durch eine Übersicht preiswerter Optiker, Sanitätshäuser oder Masseure. Manche Gesellschaften verhandeln bei überhöhten Rechnungen anstelle des Versicherten selbst mit dem Zahnarzt oder dem Dentallabor. Fragen Sie Ihren Versicherer, ob auch er einen solchen Service anbietet.

2.1.2 Wechsel in einen anderen Tarif

Verlangen Sie von Ihrem bisherigen Versicherer die Offenlegung aller im Neugeschäft angebotenen Tarife, die einen gleichartigen Versicherungsschutz beinhalten, unter Umständen aber beitragsgünstiger sind (am besten: schriftliches Alternativangebot). Mehrere gleichartige Tarife bietet etwa die Hälfte aller Unternehmen an. Die Versicherer dürfen Anträge auf den Wechsel in einen anderen, gleichartigen Tarif nicht ablehnen. Dieser **Umstufungsanspruch** ist gesetzlich festgeschrieben (§ 178 f VVG). Risikozuschläge oder Leistungsausschlüsse aufgrund eines Wechsels sind nur bei höherem Leistungsumfang erlaubt.

! Zwar ist bei einem Tarifwechsel zunächst Ihr aktuelles Alter und nicht etwa das niedrigere (und damit günstigere) Eintrittsalter der bereits bestehenden Versicherungspolice Grundlage der neuen Beitragsberechnung. Doch muss Ihnen der Versicherer Ihre bisher angesammelten Alterungsrückstellungen beim Neuabschluss automatisch beitragsmindernd anrechnen.

Alterungsrückstellungen sind der Betrag, den jeder Versicherer von den Prämienzahlungen der jüngeren Versicherten zur Seite legt, um damit im Alter – wenn die Inanspruchnahme von Leistungen und dadurch die Kostenbelastung des Versicherers stark steigt – Beitragssteigerungen abzumildern. Welche Summe an Alterungsrückstellungen er bisher angesammelt hat, lässt sich für jeden Versicherten individuell ermitteln.

! Manchmal bringt der Tarifwechsel trotz niedrigeren Beitrags sogar einen höheren Versicherungsschutz. Allein schon deshalb sollten Sie Ihren Versicherer unbedingt nach gleichartigen Tarifen fragen. Oft verweigern Unternehmen den Wechsel mit der Begründung, der neue Tarif sei nicht gleichartig. Juristen weisen jedoch darauf hin, dass das Merkmal gleichartig großzügig auszulegen ist. Wenn zwei Tarife beispielsweise die Kosten von Naturheilverfahren erstatten, sind sie gleichartig, auch wenn die Höhe der Erstattung unterschiedlich ausfällt. Hilft dieser Hinweis nicht, sollten Sie die Bundesanstalt für Finanzdienstleistungen (BaFin) in Berlin einschalten.

Vorsichtshalber sollten Sie sich nicht auf die Aussagen Ihres Vertreters verlassen, sondern selbst vergleichen, ob der neue Tarif in seinem Leistungsumfang dem alten entspricht. Die **wichtigsten Merkmale für Ihren Tarifvergleich** nennt Ihnen die folgende **Checkliste:**

- Bis zu welchem GOÄ-Satz (Gebührenordnung für Ärzte) werden Arztrechnungen bezahlt?
- Welche Kosten werden für Heilmittel / physikalische Therapien (Massage, Fango) und Hilfsmittel erstattet (Brille, Kontaktlinsen, Hörgerät, Prothesen, Rollstuhl, Heimdialyse)?
- Kostenerstattung für Heilpraktiker und Psychotherapie?
- Vorsorgeuntersuchungen gleich oder umfangreicher als in der gesetzlichen Krankenversicherung?
- Welche Unterbringung (Ein-, Zwei- oder Mehrbettzimmer)?
- Chefarztbehandlung mitversichert?
- Bis zu welchem GOÄ-Satz werden Arztrechnungen bezahlt?
- Bis zu welchem GOZ-Satz (Gebührenordnung für Zahnärzte) werden Arztrechnungen bezahlt?
- Welcher Prozentsatz der Kosten wird für Zahnbehandlung und Zahnersatz / kieferorthopädische Leistungen erstattet?
- Kostenerstattung in den Anfangsjahren geringer? Wartezeiten?
- Richtet sich die Kostenerstattung nach dem Rechnungsbetrag (Vorteil: alle Kosten werden berücksichtigt) oder gilt eine Summenbegrenzung (dann oft nur Teilerstattung)?
- Werden Laborkosten nach Rechnungsbetrag oder »ortsüblichen Preisen« (dann Gefahr von Eigenbeteiligung) erstattet?
- Wie hoch ist der Selbstbehalt?
- Wie wird Leistungsfreiheit belohnt (Beitragsrückerstattung oder dauerhafter Beitragsnachlass; wenn ja, für welche Tarifteile)?
- Schutz im Ausland (Dauer, Krankenrücktransport, Geltung auch für außereuropäische Reisen)?
- Leistungen bei ambulanten und stationären Kuren?

2.1.3 Leistungsumfang einschränken

Beitrag spart auch die **Kündigung überflüssiger Tarifteile**. Überprüfen Sie deshalb alle zwei bis drei Jahre den Umfang Ihres privaten Krankenversicherungsschutzes.

! Nicht selten wird bei genauerem Hinsehen ein unbezahlbarer Tarif wieder erschwinglich. Bei künstlichen Zähnen ist ein Zahntarif überflüssig. Noch anfallende Rechnungen können Sie aus den dann eingesparten Prämien bezahlen. Wer eine teure Zahnbehandlung abgeschlossen hat, wählt eine niedrigere Erstattungsquote von z. B. 80 % statt vorher 100 %. Kranken(haus)tagegeldpolicen sollten Ruheständler umgehend kündigen, da sie im Krankheitsfall keinen Verdienstausfall mehr erleiden und deshalb trotz Beitragszahlung kein Tagegeld ausgezahlt erhalten. Für Arbeitnehmer ist das Krankenhaustagegeld entbehrlich, da sie über Lohnfortzahlung und Krankengeld ausreichend abgesichert sind.

Sparen können Sie außerdem durch den Wechsel zu einem **Tarif mit reduzierten Leistungen**. Überlegenswert sind Einschränkungen in folgenden Fällen:

- **Unterkunft im Krankenhaus** statt im Ein- nur noch im Zweibettzimmer oder statt im Zweibettzimmer nur noch im Mehrbettzimmer (aber Vorsicht: manche Chefärzte behandeln dann nicht; manche Versicherer zahlen dann nur noch den diensthabenden Arzt),
- Verzicht auf **Chefarztbehandlung** im Krankenhaus,
- eingeschränkte Leistungen beim **Zahnersatz**,
- Reduzierung des **Krankenhaustagegeldes**.

Vor allem der Verzicht aufs Ein- oder Zweibettzimmer spart im vorgerückten Alter oft einen Hunderter im Monat oder noch mehr. Fragen Sie Ihren Vertreter auch nach Spartarifen, die unter Namen wie **Basistarif**, **Grundschutztarif** oder **Kompakttarif**, neuerdings auch **Eco-Tarif** oder **Elementartarif**, angeboten werden.

! Vorsicht bei Billigtarifen, deren Lücken im Versicherungsschutz erst dann auffallen, wenn Versicherte auf unbezahlten Rechnungen sitzen bleiben. Billigtarife leisten eingeschränkt oder gar nicht bei speziellen Untersuchungsmethoden, Hilfsmitteln (Brille, Hörgerät, Rollstuhl), Massage, Kuren, Behandlungen im Ausland oder durch Heilpraktiker und Psychotherapeuten. Manchmal sind die Regelsätze der Gebührenordnungen zugleich die Höchstsätze bei der Erstattung. Wenn ein Arzt mehr berechnet, muss dann der Patient die Differenz aus eigener

Tasche zahlen. Außerdem zu bedenken: Wegen des niedrigen Beitrags können auch nur vergleichsweise geringe Altersrückstellungen gebildet werden, sodass im Alter bei Billigtarifen die Gefahr überproportionaler Beitragssteigerungen besteht.

2.1.4 Unbedingt Umstellungsangebote beachten

Besonders hart betroffen von Beitragserhöhungen sind ältere Versicherte, die vor Jahren einen Tarif abgeschlossen haben, der heute nicht mehr angeboten wird. Bei solchen **geschlossenen Tarifen** treiben Kostensteigerungen im Gesundheitswesen die Ausgaben des Versicherers in die Höhe, während der gesunde Neuzugang als Ausgleich fehlt. Drastische Beitragserhöhungen sind die Folge. Bei Schließung eines Alttarifs bieten die Versicherer den Wechsel in einen (offenen) Nachfolge-Tarif an, und zwar ohne Gesundheitsprüfung. Erfahrungsgemäß ist es fast immer ratsam, dieses Angebot anzunehmen.

! Lesen Sie stets sorgfältig das Kleingedruckte in der Post Ihres Krankenversicherers. Schon die Mitteilung »redaktionelle Änderung im Tarifwerk« kann ein versteckter Hinweis auf eine Tarifschließung sein. Beachten Sie außerdem, dass Wechsel-Angebote nur befristet gelten. Immer wieder kommt es deshalb vor, dass Versicherte Umstellungsangebote verpassen. Erscheint Ihnen Ihr Beitrag besonders teuer, sollten Sie vorsichtshalber nachfragen, ob Ihr Tarif überhaupt noch angeboten wird bzw. ob Ihr Versicherer aktuell andere Tarife vertreibt, die im Leistungsumfang Ihrem Tarif vergleichbar sind. Gegebenenfalls bietet es sich dann an, innerhalb des Unternehmens beitragssparend den Tarif zu wechseln.

2.1.5 Zusatztarif zur Beitragssenkung abschließen?

Steigende Lebenserwartung und medizinischer Fortschritt treiben die Beiträge der privat Krankenversicherten in die Höhe. Immer mehr Unternehmen bieten ihren Kunden deshalb **Beitragssicherungsprogramme,** auch als Beitragssenkungs- oder **Beitragsentlastungstarife** bezeichnet, an.

Die Idee: Versicherte leisten während ihres Berufslebens höhere Beiträge als erforderlich und werden dafür im Ruhestand finanziell entlastet. Das angesammelte Kapital führt im Alter entweder zu einer **prozentualen Beitragsermäßigung** oder einer **Senkung des Beitrags um einen festen Euro-Betrag,** der sich durch Gewinnbeteiligung noch steigern kann. Die Beitragsreduzierung wird meist lebenslang vereinbart.

Krankenversicherung im Ruhestand: Ein Überblick | **B4**

Der **Weg der Kapitalansammlung** zur späteren Beitragsentlastung, meist ab dem 65. Lebensjahr, ist unterschiedlich:

- Entweder erfolgt ein Aufschlag auf die Grundprämie, oder es wird
- zusätzlich zur bestehenden Police ein gesonderter Versicherungsvertrag abgeschlossen, der beispielsweise ab einem bestimmten Termin die Zahlung einer festen monatlichen Rente vorsieht.

Der Unterschied ist von Bedeutung. Arbeitnehmer erhalten nämlich auch zur Beitragssenkung einen **Arbeitgeberzuschuss** in Höhe von 50 % der Aufwendungen, sofern folgende Voraussetzungen erfüllt sind:

- Die **Beitragssenkung** muss integrierter Bestandteil einer Krankheitskostenvoll- oder -zusatzversicherung sein; es darf sich also um keine rechtlich selbstständigen Zusatzbeiträge handeln.

- Die **Beitragszahlungen** müssen sich auf die gesamte Versicherungsdauer erstrecken (ist nicht bei allen Angeboten der Fall). Bei Kündigung darf der Versicherte keinerlei finanziellen Ausgleich für seine Beitragszahlungen, etwa in Form eines Rückkaufswerts, erhalten.

- Das **Mindestalter** für den Abschluss eines Beitragssenkungstarifs beträgt 20, das Höchstalter 54 Jahre.

Der Vorteil des Arbeitgeberzuschusses wird also mit dem schwerwiegenden Nachteil erkauft, dass **bei einem Wechsel des Versicherers** die bisher gezahlten Beiträge für die Altersentlastung ebenso verloren gehen wie beispielsweise die Altersrückstellung.

! Beitragssenkungstarife sind keine garantierte Beitragsbremse im Alter. Was die Leistungen eines Beitragssenkungstarifs im Alter wert sein werden und ob eine garantierte Beitragssenkung von zum Beispiel € 100,– in 10 oder 15 Jahren nach Abzug der Inflation noch ausreicht, ist heute kaum abzuschätzen. Da der Wettbewerb zwischen den Unternehmen zunimmt, erscheint eine Tarifgestaltung, die die Bindung an einen Versicherer noch verstärkt, nicht ideal. Abgesehen davon ist der Arbeitgeberzuschuss oft schon durch den normalen Krankenversicherungsbeitrag ausgeschöpft. Außerdem ist der Zusatzbeitrag regelmäßig auch noch im Alter, wenn die Prämiensenkung bereits greift, weiterzuzahlen. Überlegen Sie deshalb, ob für Ihre Vorsorge nicht auch eine private Rentenversicherung oder ein Bank- bzw. Investmentsparplan in eigener Regie in Betracht kommt, den Sie flexibel gestalten und im Notfall vorzeitig auflösen können.

2.1.6 Wechsel der Versicherungsgesellschaft

Die Privatversicherer kalkulieren ihre Beiträge äußerst unterschiedlich. Erscheint Ihnen Ihr Beitrag unvertretbar hoch, sollten Sie unbedingt Angebote von anderen Unternehmen einholen. Der Wechsel eines Unternehmens ist allerdings problematisch, weil Sie die bisher **angesammelten Alterungsrückstellungen nicht »mitnehmen« können.** Sie gehen Ihnen nach derzeitigem Recht verloren. Das neue Unternehmen wird Sie – entsprechend dem mit steigendem Alter zunehmenden Kostenrisiko – deshalb häufig (aber nicht immer) nur zu einem höheren Beitrag versichern.

Richtig wechseln spart Geld

Vergleich von Beitrag und Leistungsumfang: Wegen der unterschiedlichen Prämienkalkulation kommt es immer wieder vor, dass sogar Versicherte mit höherem Eintrittsalter bei der Konkurrenz niedrigere Beiträge zahlen. Vorausgesetzt, der Gesundheitszustand ist nicht allzu schlecht. Ein Beitragsvergleich lohnt also. Kündigen Sie jedoch nicht wegen geringer Beitragsunterschiede. Prüfen Sie sorgfältig, ob der neue Beitrag auch die gleichen Versicherungsleistungen einschließt.

Vorsicht bei Unternehmen mit vielen verschiedenen Tarifen: Erkundigen Sie sich nach der Anzahl der Tarifwerke eines Unternehmens. Je mehr unterschiedliche Tarife angeboten werden, umso größer die Gefahr der schnellen »Vergreisung«. Unternehmen mit vielen verschiedenen Tarifen sollten Sie eher meiden.

Nicht zu früh kündigen: Auf keinen Fall sollten Sie den alten Vertrag kündigen, bevor die neue Gesellschaft Ihren Antrag angenommen hat. Den alten Vertrag können Sie meist mit einer Frist von drei Monaten zum Ende des Versicherungsjahres beenden. Bei Beitragserhöhungen innerhalb von vier Wochen.

2.1.7 Weitere Maßnahmen

Risikozuschlag kontrollieren

Vorausgesetzt, Ihr Gesundheitszustand hat sich zwischenzeitlich gebessert, können Sie eine **Aufhebung des Risikozuschlags** verlangen. Besorgen Sie sich ein ärztliches Attest und legen Sie es Ihrer Versicherungsgesellschaft vor.

Beitragszuschuss überprüfen

Privat versicherte Rentner erhalten – mit Ausnahme der Beihilfeberechtigten – einen Beitragszuschuss zu ihrer Rente, und zwar in gleicher Höhe wie die Mitglieder in der Krankenversicherung der Rentner (KVdR). Höchstens jedoch die Hälfte des Krankenversicherungsbeitrags. Der Zuschuss wird monatlich mit der Rente ausgezahlt. Bei einer Rente von beispielsweise € 2 000,– und 7,3 % Beitragszuschuss sind das immerhin € 146,–, die den eigenen Aufwand zur privaten Krankenversicherung schmälern. Den Beitragszuschuss gibt es jedoch nur auf Antrag.

3 Krankenversicherung für Ruheständler im Ausland

3.1 Gesetzliche Krankenversicherung

3.1.1 Abkommensstaaten der gesetzlichen Versicherungen

Inwiefern die gesetzlichen Krankenkassen in Deutschland für Leistungen im Ausland aufkommen, hängt davon ab, ob Deutschland mit diesen Staaten durch spezielle Regelungen der sozialen Sicherheit verbunden ist.

Dabei muss unterschieden werden in folgende Gruppen von Ländern:

- **Mitgliedsstaaten:** Staaten der Europäischen Union (EU – Belgien, Bulgarien, Dänemark, Estland, Finnland, Frankreich, Griechenland, Irland, Italien, Lettland, Litauen, Luxemburg, Malta, Niederlande, Österreich, Polen, Portugal, Rumänien, Schweden, Slowakei, Slowenien, Spanien, Tschechien, Ungarn, das Vereinigte Königreich und Zypern), des europäischen Währungsraums (EWR – EU-Länder, Island, Liechtenstein, Norwegen) und die Schweiz.

- **Abkommensstaaten:** Länder, mit denen Deutschland ein Abkommen über soziale Sicherheit geschlossen hat – Bosnien-Herzegowina, Kroatien, Mazedonien, Montenegro, Serbien, Türkei, Tunesien.

- Staaten, die kein Mitgliedsstaat sind und mit denen Deutschland kein Abkommen über soziale Sicherheit geschlossen hat.

3.1.2 Wohnortverlegung ins europäische Ausland

Rentner, die ihren Wohnort innerhalb der EU verlegen, profitieren von den Sozialversicherungsabkommen. Dies führt dazu, dass sie sich – in der Regel – nicht um eine neue gesetzliche Krankenversicherung kümmern müssen. Das heißt, eine weitere Krankenversicherung muss dann nicht abgeschlossen werden, wenn keine neue sozialversicherungspflichtige Tätigkeit aufgenommen wird. Rentner sind somit weiterhin über die Krankenversicherung der Rentner (KVdR) abgesichert.

Einzige Ausnahme bildet hier Dänemark. Dort gelten bestimmte Regelungen, wenn der Rentner nicht die dänische Staatsbürgerschaft hat. Die Sozialabkommen gelten grundsätzlich auch für Staaten mit einem nationalen Gesundheitsdienst. Eine Pflichtversicherung gibt es dort nicht. Dennoch können im Einzelfall noch weitere Einschränkungen hinzukommen. Bezieht der Pensionär noch weitere Renten aus anderen Mitgliedstaaten der EU, werden die Karten neu gemischt. Dann kann es durchaus zu einer neuen Krankenversicherungspflicht im neuen Wohnsitzland kommen.

> **!** Wer mehrere Renten aus unterschiedlichen Staaten der EU bekommt, sollte sich von seiner Krankenkasse beraten lassen. Die Fälle sind relativ selten und daher Einzelfallentscheidungen.

Wer nun in seiner neuen Heimat eine sozialversicherungspflichtige Beschäftigung aufnimmt, unterliegt immer der dortigen Sozialversicherungsgesetzgebung. Eine Versicherung aus Deutschland ist dann in der Regel nicht möglich.

Einschränkungen bei der Versicherung bestehen jedoch für die überseeischen Gebiete von Frankreich und Großbritannien, hier gelten zum Teil räumliche Beschränkungen für die deutsche Kranken- und Pflegeversicherung. Nicht immer ist es dann möglich, die deutschen Versicherungen beizubehalten.

> **!** Bei der Mitgliedschaft der deutschen Kranken- und Pflegeversicherung wird die Zahlungsweise beibehalten, eventuell fallen jedoch zusätzlich Gebühren bei der Überweisung aus dem Ausland an.

Grundsätzlich unterschieden werden muss auch, wenn eine andere als die deutsche Staatsbürgerschaft vorliegt. Bei Staatsbürgerschaft außerhalb der EU oder der EWR-Staaten gelten für Versicherte andere Regelungen. In diesen Fällen kann es gut sein, dass doch eine neue Versicherungspflicht bei der Wohnsitzverlegung ins Ausland entsteht. Darüber Auskunft erteilt in diesen Einzelfällen die Krankenkasse des Versicherten.

> **!** Zuständig in Deutschland für Fragen hinsichtlich einer Krankenversicherung im Ausland ist die von den Unternehmen der gesetzlichen Krankenversicherung (GKV) gegründete Deutsche Verbindungsstelle Krankenversicherung – Ausland (DVKA). Sie ist verantwortlich für die Durchführung der entsprechenden Sozialversicherungsabkommen und steht so als Ansprechpartner zur Verfügung (www.dvka.de).

Sachleistungen

Grundsätzlich erhalten Rentner im Ausland die dort üblichen Leistungen. Dadurch kann es passieren, dass es bestimmte, möglicherweise gewohnte Sachleistungen gar nicht gibt oder nur gegen Zuzahlung oder vielleicht auch zusätzliche

Leistungen, die in Deutschland nicht üblich sind. Insoweit muss der Auswanderer sich an die anderen Regeln gewöhnen. Hierzu informiert die örtliche Krankenversicherungsstelle. Wichtig sind dort der teilweise veränderte Eigenanteil bei Ärzten, Zahnärzten oder Apothekern. Es ist jedoch davon auszugehen, dass der Leistungsumfang etwa ähnlich ist wie in Deutschland. Ausnahmen bilden hier zum Teil die überseeischen Provinzen von Frankreich und Großbritannien. Geldleistungen hingegen bezieht der Krankenversicherte in jedem Fall über Deutschland.

! In vielen Ländern liegen die Informationen zu Sachleistungen nur in der Landessprache vor. Wichtige Informationen sind über die Seiten der Europäischen Kommission abrufbar: http://ec.europa.eu.

Natürlich ist es auch weiterhin möglich, für medizinische Behandlungen nach Deutschland zu kommen. Diese gelten uneingeschränkt für die Versicherten selbst. Ausnahmen kann es allerdings bei Familienangehörigen geben. Wichtig ist hierbei die bestätigte Anspruchsbescheinigung E121 beziehungsweise alternativ S1; nur wenn diese vom neuen Wohnsitzland eingetragen wurde, besteht die Möglichkeit auch in Deutschland entsprechende Leistungen zu erhalten.

Darüber hinaus kann sich der Rentner auch in anderen EU- oder EWR-Staaten behandeln lassen. Zum Beispiel ist der Wohnort des deutschen Ruheständlers Spanien und er lässt sich in Frankreich ärztlich versorgen. Notwendig hierfür wird dann allerdings die europäische Krankenversicherungskarte (EHIC). Die Sachleistungen sind hierbei jedoch eingeschränkt und dienen der notwendigen ärztlichen Versorgung. Sind weiter gehende Behandlungen angezeigt, so können diese nur im jetzigen Wohnsitzland oder Deutschland vorgenommen werden. Die EHIC ist damit praktisch eine »Notfalllösung«.

Wird dennoch eine Behandlung in einem anderen europäischen EU- oder EWR-Staat angestrebt, so muss der Versicherte sich zunächst »grünes Licht« von seiner deutschen Krankenversicherung einholen. Sind Familienangehörige im neuen Wohnsitzland versichert, so ist dort von der zuständigen Krankenkasse das Okay zu geben. Das gleiche Verfahren gilt auch für Rentner, die in bestimmten Staaten wie z.B. Finnland, Großbritannien oder in den EWR-Staaten leben. Hier ist meist der Wohnortträger für die Zustimmung zuständig. Da es in diesem Zusammenhang zu sehr komplexen Sachverhalten kommen kann, wenn z.B. eine Untersuchung und Behandlung in mehreren Staaten angestrebt wird, sollte dann die deutsche Krankenkasse zu dem Ablauf befragt werden. Unter Umständen sind mehrere unterschiedliche Anträge in Kombination mit der europäischen Krankenversicherungskarte zu stellen.

B4 | Krankenversicherung im Ruhestand: Ein Überblick

! Die Zustimmung der Krankenkasse wird über den Anspruchsberechtigungsschein E121 beziehungsweise S1 signalisiert. Um einem möglichen Zeitverzug entgegenzuwirken, sind die entsprechenden Anträge schnellstmöglich zu stellen.

3.1.3 Wohnsitzwechsel in einen Abkommensstaat

Abkommensstaaten sind Länder, die weder zur EU noch zu den EWR-Staaten gehören. Mit diesen Staaten hat Deutschland ein bilaterales Abkommen zum Krankenversicherungsschutz für Rentner geschlossen.

Hierzu gehören:

- Mazedonien,
- Kosovo,
- Bosnien und Herzegowina,
- Kroatien,
- Montenegro,
- Serbien,
- Türkei,
- Tunesien.

Diese Vereinbarungen betreffen hauptsächlich die Pflichtversicherten in den gesetzlichen Krankenversicherungen, für diese bleibt die Absicherung grundsätzlich weiterhin bestehen, sofern es keine landesspezifischen Sonderregelungen gibt.

Wichtig ist für den Kosovo, dass dort die Sachleistungen bei der für den Rentner zuständigen Krankenkasse erfragt werden müssen, hier gelten teilweise Einschränkungen. Der Versicherungsschutz gilt nur, wenn keine Beschäftigung ausgeübt wird oder keine weiteren Rentenleistungen im neuen Wohnsitzland beantragt werden.

! Für freiwillig Versicherte in der GKV endet meist die Versicherungspflicht in Deutschland mit dem Wechsel ins neue Wohnsitzland. Daher sollte dringend vor der Auswanderung überprüft werden, inwieweit es möglich ist, eine neue Krankenkasse zu finden. Auf die Zahlung des Beitrags hat der Wechsel des Wohnsitzlandes keine Auswirkungen, die Beitragspflicht bleibt in Deutschland bestehen. Allerdings können zusätzliche Kosten für Überweisungen aus dem Ausland entstehen.

Wechselt der Rentner seinen Wohnsitz außerhalb der EU-Länder, EWR oder anderer Abkommensstaaten, so erlischt auch die Möglichkeit einer Weiterversicherung. Dabei spielt es keine Rolle, ob der oder die Betroffenen Pflicht- oder Freiwilligversicherte sind. Das heißt, Betroffene müssen entweder eine Pflichtversicherung im neuen Wohnsitzland finden oder in eine auf das spezialisierte private Krankenversicherung wechseln.

Sachleistungen

Grundsätzlich übernimmt die deutsche Krankenkasse die Kosten für ärztliche Dienstleistungen sowie Medikamente und Hilfsmittel. Diese Regeln gelten auch für die mitversicherten Familienangehörigen. Diese Kosten werden über den örtlichen Krankenversicherungsträger zunächst bezahlt, dieser holt sich die Aufwendungen dann von der deutschen Krankenkasse wieder. Geldleistungen sind ausgeschlossen.

Für jedes einzelne Land mit einem Abkommensstatus gibt es einen eigenen Anspruchsberechtigungsschein auch für die mitversicherten Familienangehörigen. Dieser muss dem örtlichen Krankenversicherungsträger vorgelegt werden, nur dann können auch Sachleistungen in Anspruch genommen werden. Auch gibt der Wohnortträger darüber Auskunft, welcher Leistungsumfang im Wohnsitzland geboten wird.

Bei Rückkehr oder vorübergehendem Aufenthalt wieder in Deutschland ist es wichtig, die Krankenkasse rechtzeitig zu informieren; nur so ist dann sichergestellt, dass auch Leistungen in Deutschland bezahlt werden. Die Krankenkasse ist dann auch verpflichtet, den Rentner über die dann bestehenden Leistungsansprüche zu informieren.

3.2 Private Krankenversicherung in der EU

Nach den Musterbedingungen MB/KK der privaten Krankenversicherungen erstreckt sich der Versicherungsschutz auch außerhalb Deutschlands. Weltweit gilt der Schutz für einen Monat, dies entspricht den Leistungen einer Auslandsreisekrankenversicherung. Im EU-Raum und innerhalb der EWR-Mitgliedstaaten besteht der Schutz hingegen zeitlich unbegrenzt.

Einschränkungen kann es hinsichtlich der Leistungen geben, so wird grundsätzlich nur das gezahlt, was tariflich auch in Deutschland zu leisten wäre. Das heißt, fallen höhere Kosten an, muss der Versicherte diese gegebenenfalls zusätzlich zu seinem sonstigen Selbstbehalt zahlen. Der Umzug ins Ausland muss dem Krankenversicherungsunternehmen in jedem Fall angezeigt werden.

! Interessierte sollten sich auch nach einer Auslandsvereinbarung ihres Krankenversicherers erkundigen. Manchmal ist dieser Zusatz zum Vertrag wichtig, damit es keine Probleme bei der Kostenübernahme gibt. Auch die Erstattungsmodalitäten können im Einzelfall anders sein als gewohnt.

3.2.1 Private Krankenversicherung außerhalb der Abkommensstaaten

Wer z. B. in die USA, Kanada, Südafrika oder Thailand auswandern will, der benötigt eine spezielle private Krankenversicherung, die abweichend von den Musterbedingungen auch vor Ort zahlt. Tatsächlich gibt es einige Anbieter, die auch einen zeitlich unbegrenzten Schutz für Rentner oder Pensionäre offerieren.

Allerdings ist ein internationaler Krankenversicherungsschutz nicht unbedingt billig; wer mit etwa 60 Jahren einsteigt, muss im Monat mit etwa € 500,– und bei chronischen Krankheiten sogar mit zu bis € 1 000,– rechnen, hinzukommen bei einigen Tarifen noch geringe Selbstbeteiligungen bei Krankheit oder Krankenhausaufenthalten. Bei höheren Selbstbeteiligungen sinkt dann allerdings auch der Beitrag. Da die meisten Auswanderer sich jedoch für ein einzelnes Land entschieden haben, bieten einige Versicherer auch hierfür Spezialtarife an.

» **Beispiel:** So hat die Würzburger Versicherung in Zusammenarbeit mit dem BDAE e. V. (Bund der Auslands-Erwerbstätigen) eine Vereinbarung über einen Gruppentarif, der auch Rentnern zugutekommt. Zum Beispiel gibt es einen Tarif für den unbefristeten Aufenthalt in Südafrika, dieser beinhaltet eine Selbstbeteiligung von € 250,– im Kalenderjahr. Rentner müssen dann rund € 210,– im Monat zahlen, ein Rentner-Ehepaar also rund € 420,–. Allerdings gibt es in diesen Fällen keinen Versicherungsschutz für Zahnersatz, sondern dieser muss noch einmal mit € 100,– pro Monat hinzugekauft werden, dabei werden 80 % bis zu einer Obergrenze von € 2 500,– übernommen. Für Zahnersatz ist jedoch eine Wartezeit von acht Monaten festgelegt.

Dieses Beispiel zeigt, dass ein privater Krankenversicherungsschutz im Ausland zwar nicht billig, aber sicherlich für die meisten auswanderungswilligen Rentner bezahlbar sein dürfte. Allerdings sollten die Vertragsbedingungen genau unter die Lupe genommen werden, es handelt sich zum Teil um ausländische Versicherer, die nicht den deutschen Musterbedingungen der Krankenversicherer unterliegen.

> Ein Makler, der sich auf diese Klientel spezialisiert hat, ist der Versicherungsmakler Fuss in München. Weitere Informationen befinden sich auf folgender Homepage: www.auslandskrankenversicherungen-fuss.com.

3.3 Beihilfe für Pensionäre im Ausland

Als Anspruchsberechtigter erhält man seine Beihilfe zur Krankenversicherung in Deutschland. So werden meist 50 % der Kosten übernommen, allerdings gilt diese Regelung nur noch auf dem Papier. Tatsächlich werden die Leistungen über eine je nach Besoldungsgruppe wirksame Kostendämpfungspauschale reduziert.

Das gleiche Prinzip gilt auch weltweit und ist somit nicht auf EU- oder EWR-Staaten begrenzt. Hierbei sind jedoch einige Punkte zu beachten. Die Beihilfe wird nach deutschen Regeln berechnet. Das heißt, ist z. B. eine Operation im Ausland teurer als von der Beihilfestelle in Deutschland für eine hiesige Operation berechnet, so wird der Beihilfeanteil entsprechend gekürzt. Die Kostendifferenz bleibt so beim Beihilfeberechtigten hängen.

> Bei einigen Krankenversicherern ist eine zusätzliche Absicherung gegen Beihilfekürzungen möglich. Diese fängt dann auch die Kostendämpfungspauschale auf. Hierzu sollten Betroffene sich rechtzeitig mit ihrem Krankenversicherer in Verbindung setzen.

B4

B5 Die neue Pflegeversicherung: Pflegegrade und Leistungen für Betroffene

1 Aus Pflegestufen werden Pflegegrade

Seit Anfang 2017 gibt es statt der bisherigen drei Pflegestufen fünf Pflegegrade. Die Überleitung ins neue Recht geschah automatisch nach einfachen Rechenregeln. Eine Neu-Begutachtung fand nicht statt. Besonders vorteilhaft ist die Neuerung für verwirrte bzw. demenzkranke Menschen. Das Gesetz spricht hier von »Einschränkung der Alltagskompetenz« (EA).
Aus der Pflegestufe 0 wurde der Pflegegrad 2. Aus Pflegestufe I wurde bei gleichzeitiger EA der Pflegegrad 3. Bei Pflegebedürftigen ohne EA gilt nur der Sprung um eine Stufe: So wurde etwa aus Pflegestufe II der Pflegegrad 3. Aus der folgenden Tabelle können Sie entnehmen, wie die Überleitung in die neuen Pflegegrade zum Jahreswechsel 2016/17 nach den gesetzlichen Regeln umgesetzt wurde.

Aus Pflegestufen werden Pflegegrade

Bisher	Seit 2017
Pflegestufe 0	Pflegegrad 2
Pflegestufe 1	Pflegegrad 2
Pflegestufe 1 + Eingeschränkte Alltagskompetenz (Demenz)	Pflegegrad 3
Pflegestufe 2	Pflegegrad 3
Pflegestufe 2 + Eingeschränkte Alltagskompetenz (Demenz)	Pflegegrad 4
Pflegestufe 3	Pflegegrad 4
Pflegestufe 3 + Eingeschränkte Alltagskompetenz (Demenz)	Pflegegrad 5
Härtefall	Pflegegrad 5

In § 45a SGB XI findet man eine Liste von **13 Voraussetzungen für eine Einschränkung der Alltagskompetenz.** Diese müssen nicht alle erfüllt sein. Es reicht, wenn zwei der unten genannten Punkte vorliegen. Dabei muss einer der Sachverhalte der Punkte 1 bis 9 erfüllt sein. Der andere Punkt kann aus den anderen Bereichen stammen. Ist dies der Fall, so liegt eine erhebliche Einschränkung der Alltagskompetenz vor.

Die 13 gesetzlichen Prüfkriterien für Einschränkungen der Alltagskompetenz:

1. unkontrolliertes Verlassen des Wohnbereiches (Weglauftendenz);
2. Verkennen oder Verursachen gefährdender Situationen;
3. unsachgemäßer Umgang mit gefährlichen Gegenständen oder potenziell gefährdenden Substanzen;
4. tätlich oder verbal aggressives Verhalten in Verkennung der Situation;
5. im situativen Kontext inadäquates Verhalten (Anm. d. Red.: Erklärung weiter unten);
6. Unfähigkeit, die eigenen körperlichen und seelischen Gefühle oder Bedürfnisse wahrzunehmen;
7. Unfähigkeit zu einer erforderlichen Kooperation bei therapeutischen oder schützenden Maßnahmen als Folge einer therapieresistenten Depression oder Angststörung;
8. Störungen der höheren Hirnfunktionen (Beeinträchtigungen des Gedächtnisses, herabgesetztes Urteilsvermögen), die zu Problemen bei der Bewältigung von sozialen Alltagsleistungen geführt haben;
9. Störung des Tag-und-Nacht-Rhythmus;
10. Unfähigkeit, eigenständig den Tagesablauf zu planen und zu strukturieren;
11. Verkennen von Alltagssituationen und inadäquates Reagieren in Alltagssituationen;
12. ausgeprägtes labiles oder unkontrolliert emotionales Verhalten;
13. zeitlich überwiegend Niedergeschlagenheit, Verzagtheit, Hilflosigkeit oder Hoffnungslosigkeit aufgrund einer therapieresistenten Depression.

2 Leistungen der Pflegeversicherung bei Pflegegrad 1

Das neue Pflegerecht sollten insbesondere auch Menschen im Blick haben, deren **Selbstständigkeit geringfügig eingeschränkt ist**. Dies dürfte beispielsweise für Personen mit mäßigen, rein motorischen Einschränkungen etwa aufgrund von Wirbelsäulen-, Gelenkerkrankungen oder mit einer Restlähmung nach Schlaganfall infrage kommen. Die Betroffenen haben häufig Probleme mit dem Gehen und Stehen, auch ihre Feinmotorik ist häufig gestört – und vielfach haben sie Schmerzen.

Bei diesen Arten von Gesundheitsstörungen war bislang eine Anerkennung als pflegebedürftig nicht möglich. Auch die sogenannte Pflegestufe 0 kam für die Betroffenen bislang nicht infrage. Soweit die Betroffenen dennoch bislang durch den Medizinischen Dienst begutachtet wurden, wurden Anträge auf Anerkennung als pflegebedürftig abgelehnt. Der neue **Pflegegrad 1** wurde eigens auf diesen Personenkreis zugeschnitten.

! Schon bei geringen Einschränkungen der Selbstständigkeit sollten Sie die Begutachtung beantragen. Mit der Anerkennung als pflegebedürftig mit Pflegegrad 1 haben die Betroffenen eine ganze Reihe von Leistungsansprüchen. Ihnen stehen zwar nicht die kompletten Leistungen der Pflegeversicherung zu. Sie haben aber Anspruch auf Leistungen, die in dem Sinne »präventiv« sind, dass sie dazu beitragen, den Verbleib in der häuslichen Umgebung sicherzustellen und eine Zunahme der Pflegebedürftigkeit zu vermeiden.

» **Beispiel:** Sie haben Anspruch auf den (zweckgebundenen) Entlastungsbetrag für Angebote zur Unterstützung im Alltag und Pflegeleistungen in Höhe von monatlich € 125,–. Somit können Sie entsprechende Angebote im Wert von € 125,– monatlich in Anspruch nehmen. Weiterhin haben Sie monatlichen Anspruch auf Pflegehilfsmittel im Wert von bis zu € 40,– und auf € 4 000,– für konkrete Maßnahmen zur Wohnungsanpassung, die dazu beitragen, dass Sie in Ihrem gewohnten Wohnumfeld wohnen bleiben können. Soweit Sie in einer ambulant betreuten Wohngemeinschaft (interessant als Alternative zum Pflegeheim) leben, haben Sie Anspruch auf einen Wohngruppenzuschlag in Höhe von € 214,– monatlich. Voraussetzung ist dabei, dass Sie mit mindestens zwei und höchstens elf weiteren Personen in einer gemeinsamen Wohnung zum Zwecke der gemeinschaftlich organisierten Versorgung leben und davon mindestens zwei weitere Personen pflegebedürftig sind.

B5 | Die neue Pflegeversicherung: Pflegegrade und Leistungen für Betroffene

Wichtig für pflegende Angehörige: Arbeitnehmer, die Angehörige aus diesem Personenkreis pflegen, können das Pflegezeit- und das Familienpflegezeitgesetz seit dem 1. 1. 2017 nutzen. Die Betroffenen haben künftig Anspruch auf eine Familienpflegezeit und auf eine Pflegezeit nach dem Pflegezeitgesetz sowie auf eine Arbeitsbefreiung für maximal zehn Arbeitstage zur Organisation der Pflege. Dies gilt allerdings nur für Arbeitnehmer, die in Unternehmen mit mehr als 15 (bei der Pflegezeit) bzw. mehr als 25 (bei der Familienpflegezeit) Beschäftigten tätig sind.

Pflegeberatungsanspruch

Auch schon beim Pflegegrad 1 sollten Betroffene die **Pflegeberatung** in Anspruch nehmen. Eine kompetente Beratung kann den Betroffenen helfen, ihre verzweigten Leistungsansprüche zu nutzen. Die Beratung kann dabei in der Wohnung der Betroffenen stattfinden. Sie können alle sechs Monate einen Beratungsbesuch durch eine zugelassene Pflegeeinrichtung, durch eine von den Landesverbänden der Pflegekassen anerkannte Beratungsstelle mit nachgewiesener pflegefachlicher Kompetenz oder durch eine von der Pflegekasse beauftragte, jedoch von ihr nicht beschäftigte Pflegefachkraft abrufen. Die Vergütung hierfür in Höhe von maximal € 23,- pro Besuch übernimmt die Pflegekasse.

3 Leistungen für zu Hause lebende Pflegebedürftige (ab Pflegegrad 2)

3.1 Die Häusliche Pflege ist verbessert

Etwa **70 % der Pflegebedürftigen leben (noch) zu Hause,** also in ihren eigenen vier Wänden, in einer Wohngruppe oder in der Wohnung oder dem Haus ihrer Angehörigen. In vielen Fällen werden sie allein von den Angehörigen betreut, häufig nehmen sie aber auch die Leistungen eines Pflegedienstes in Anspruch.

! Wenn Pflegebedürftigkeit droht, sollte man sich umgehend um das komplette Angebot ambulanter Leistungen kümmern, die am jeweiligen Wohnort oder an dem Ort, in den man umziehen möchte, zur Verfügung stehen. Dabei sollte man von vornherein auch Tages- und Nachtpflege, Kurzzeit- und Verhinderungspflege in den Blick nehmen und nicht nur an die »klassischen« Leistungen der Pflegeversicherung, wie zum Beispiel Pflegegeld und Pflegesachleistungen durch einen Pflegedienst, denken.

Die neue Pflegeversicherung: Pflegegrade und Leistungen für Betroffene | **B5**

> **Beispiel:** Elvira Maier ist 86 Jahre alt und nach einem Schlaganfall halbseitig gelähmt. Sie hat Pflegegrad 3. Gepflegt wird sie von ihrer Tochter Erika. An drei Tagen in der Woche nimmt sie aber morgens Leistungen eines ambulanten Pflegedienstes in Anspruch. Ihre Tochter erhält daher nur ein anteiliges Pflegegeld. Sie macht zwei Mal im Jahr einen dreiwöchigen Urlaub. In dieser Zeit wird ihre Mutter in einem örtlichen Pflegeheim versorgt. Positiver Nebeneffekt dabei: Elvira Maier kann so das Pflegeheim kennenlernen und probieren, ob sie sich dort wohlfühlen könnte. Für den Fall, dass Tochter Erika einmal krank werden sollte, haben sich zwei Nachbarinnen bereits bereit erklärt bei der Pflege einzuspringen. Diese können dann aus dem Etat, den die Pflegeversicherung für die Verhinderungspflege zur Verfügung stellt, finanziert werden. Zudem nutzt Elvira Maier an Wochentagen, an denen ihre Tochter durch ihre Berufstätigkeit verhindert ist, das Angebot einer örtlichen Tagespflege. Auch dies wird weitgehend durch ihre Pflegekasse finanziert.

Wenn sich **Pflegebedürftigkeit ankündigt,** sollten Sie Folgendes vorab klären:

- **Welche Heime in der Region** bieten Kurzzeitpflege an – und zu welchen Bedingungen?

- **Welche Nachbarn, Bekannten oder Verwandten** können – teilweise finanziert durch die sogenannte Verhinderungspflege – einspringen, wenn ein pflegender Angehöriger krankheits- oder urlaubsbedingt ausfällt oder einfach »Luft« von der Pflege benötigt?

3.2 Tages- und Nachtpflege nutzen

Seit Anfang 2015 haben alle zu Hause betreuten Pflegebedürftigen Anspruch auf ein – je nach Grad der Pflegebedürftigkeit – unterschiedlich hohes Budget für Leistungen einer Tages- oder Nachtpflege. Wichtig dabei ist, dass **durch die Inanspruchnahme der Tages- oder Nachtpflege die anderen Leistungsansprüche nicht mehr eingeschränkt** werden. Zusätzlich bestehen die vollen Ansprüche auf Pflegegeld bzw. die Dienstleistungen ambulanter Pflegedienste. Oder um es im modernen Jargon zu formulieren: Die Tages- und Nachtpflege gibt es **nicht nur für Krisenzeiten,** in denen ein besonderer Betreuungsbedarf besteht, sondern als **Dauerleistung.**

Im Extremfall kann damit ein Pflegebedürftiger bei schwerster Beeinträchtigung seiner Selbstständigkeit an fünf Tagen in der Woche tagsüber das Angebot einer ambulanten Tagespflege nutzen und zudem die ganze Woche über morgens und abends von einem Pflegedienst betreut werden. Die Kosten werden von der Pflegeversicherung übernommen.

! Zudem gibt es bei ambulanter Betreuung und Pflege arbeitsrechtliche Regelungen, von denen pflegende Angehörige profitieren: Seit Anfang 2015 haben diese, soweit sie in Unternehmen mit mehr als 25 Beschäftigten tätig sind, einen **Rechtsanspruch auf Familienpflegezeit,** das heißt eine Verkürzung ihrer Arbeitszeit auf 15 oder mehr Stunden in der Woche für maximal zwei Jahre.

Der damit verbundene **Einkommensrückgang** kann durch ein rückzahlbares staatliches Darlehen teilweise kompensiert werden. Außerdem haben pflegende Angehörige, die in einem Unternehmen mit mehr als 15 Beschäftigten arbeiten, Anspruch auf eine bis zu sechsmonatige Freistellung von der Arbeit (Pflegezeit), wahlweise auch auf eine Arbeitszeitverkürzung.

3.3 Das Pflegegeld ist frei verfügbar

Die am häufigsten in Anspruch genommene Leistung ist das **Pflegegeld.** Anspruch hierauf haben Pflegebedürftige, die von Angehörigen, Nachbarn oder Freunden gepflegt werden und nicht in einem Pflegeheim leben.

Das Pflegegeld wird abgestuft **nach dem Grad der Pflegebedürftigkeit gezahlt.** Es wird auf das Konto des Pflegebedürftigen überwiesen. Die Betroffenen können hierüber frei verfügen. Über die Verwendung des Geldes müssen sie keine Rechenschaft abgeben.

Monatliche Leistungen der Pflegeversicherung seit dem 1. 1. 2017 bei der Pflege zu Hause: Pflegesachleistung

Pflegegrad 1	–
Pflegegrad 2	€ 316, –
Pflegegrad 3	€ 545, –
Pflegegrad 4	€ 728, –
Pflegegrad 5	€ 901, –

Die oben genannten Beträge werden nur dann gezahlt, wenn **während des gesamten Monats Pflegebedürftigkeit bestand.** Tritt die Pflegebedürftigkeit im Laufe eines Monats ein, wird das Pflegegeld anteilig gezahlt. Der Monat wird dabei generell mit 30 Tagen angesetzt.

» **Beispiel:** Der Medizinische Dienst der Krankenversicherung (MDK) stellt bei Herrn G. Pflegegrad 2 fest. Die Pflegebedürftigkeit besteht ab dem Tag, an dem Herr G. einen schweren Schlaganfall erlitten hatte. Das war der 11. 1. Dann erhält Herr G. für den Rest-Januar – für 20 Tage also – Pflegegeld. Das sind € 211,– (= € 316,– ÷ 30 Tage × 20 Tage).

Ebenso erfolgt nur eine **anteilige Auszahlung,** wenn die Pflege um mehr als vier Wochen unterbrochen wird, beispielsweise durch eine

- stationäre Krankenhausbehandlung,
- stationäre medizinische Rehabilitationsmaßnahmen oder
- häusliche Krankenpflege mit Grundpflege und hauswirtschaftlicher Versorgung, bezahlt von der Krankenkasse.

Die 4-Wochen-Frist beginnt mit der Aufnahme ins Krankenhaus oder der Reha-Maßnahme bzw. mit dem Tag der ersten Krankenpflege.

» **Beispiel:** Frau L. muss vom 21. 4. bis einschließlich 31. 5. ins Krankenhaus. Der Aufenthalt dauert länger als vier Wochen. Betroffen sind die Monate April und Mai. Die Zahlungen des Monats April werden um 10 / 30 gekürzt, die des Monats Mai entfallen.

Bei jeder Maßnahme beginnt die 4-Wochen-Frist erneut. Ausnahme: Zwei Maßnahmen folgen unmittelbar aufeinander.

» **Beispiel:** Folgt auf einen zehntägigen Krankenhausaufenthalt unmittelbar eine Rehabilitationsmaßnahme im Umfang von drei Wochen, so werden die Zeiten zusammengezählt. Sie gelten als »eine« Maßnahme.

Das **Pflegegeld** wird **monatlich in der Regel im Voraus gezahlt.** Die private Pflegeversicherung zahlt allerdings vielfach rückwirkend. Kommt es zu Überzahlungen (z. B. weil ein Krankenhausaufenthalt erfolgte), so sind die Leistungen anteilig zurückzuzahlen bzw. werden mit den Zahlungen des Folgemonats verrechnet. Im Falle des Todes des Pflegebedürftigen wird das Pflegegeld bis zum Ende des Sterbemonats gezahlt.

3.4 Das sind die Pflichten bei Pflegegeldbezug

Regelmäßige Beratung muss sein

Wer Pflegegeld bezieht, nimmt in aller Regel Laienpflege von Angehörigen in Anspruch. Um sicherzustellen, dass diese Pflege nicht zu einer Fehlversorgung führt, müssen **Pflegegeldempfänger** eine **regelmäßige Beratung nachweisen.**

! In Pflegegrad 2 und 3 ist einmal halbjährlich eine solche Beratung vorzunehmen. In Pflegegrad 4 und 5 einmal vierteljährlich (§ 37 Abs. 3 SGB XI). Die Beratung muss von entsprechenden, für die häusliche Pflege zugelassenen Fachkräften durchgeführt werden. Der beauftragte Pflegedienst erstellt einen Bericht, der an die Pflegekasse weitergeleitet wird. Die Kosten der Beratung trägt die Pflegekasse.

Bei nicht genutzter Beratung drohen Sanktionen

Die Pflegekasse kann **bei fehlender Beratung das Pflegegeld kürzen** oder sogar ganz entziehen. Die Beratung ist auf jeden Fall sinnvoll und sollte immer genutzt werden. Nicht nur wegen der eventuellen Sanktionen, sondern auch, weil Sie dabei Hilfe und Tipps im Umgang mit der Pflege bekommen.

Was steuerlich und sozialversicherungsrechtlich zu beachten ist

Das Pflegegeld stellt beim Pflegenden **keine steuerpflichtige Einnahme** dar. Auch werden **keine Sozialversicherungsbeiträge** darauf erhoben. Geben Sie als Pflegebedürftiger das Geld weiter an die Pflegekraft, so stellt das Geld auch bei dieser keine Einnahme im Sinne des Steuer- und Sozialversicherungsrechts dar. Durch eine solche Zahlung verliert diese nicht das Recht auf die beitragsfreie Familienversicherung in der Krankenversicherung. Erst wenn Sie als Pflegebedürftiger mehr als das Pflegegeld zahlen, so gilt der übersteigende Teil für den Empfänger als steuer- und sozialversicherungspflichtige Leistung.

Pflegegeld wird auch ins europäische Ausland überwiesen

Pflegegeld-Bezieher können diese Leistung daher bei einem längeren Auslandsurlaub und sogar bei einem Umzug weiter erhalten. Die Leistung kann dabei aber auf Dauer nur in ein Land der Europäischen Union, des Europäischen Wirtschaftsraumes (EWR) oder die Schweiz »exportiert« werden. Soweit die Pflegebedürftigkeit im Ausland erst eintritt, beauftragt die deutsche Pflegeversicherung ortsansässige qualifizierte Pflegekräfte, zumeist Ärzte, mit der Begutachtung oder entsendet eigene Ärzte.

Wichtig: Das alles gilt allerdings nicht für Versicherte, die in einem Land außerhalb der EU und des EWR einen Langzeiturlaub machen bzw. dorthin umziehen. Hier gibt es das Pflegegeld nach wie vor nur bei einem vorübergehenden Aufenthalt für die Dauer von längstens sechs Wochen.

Die neue Pflegeversicherung: Pflegegrade und Leistungen für Betroffene | **B5**

3.5 Die Dienstleistungen eines Pflegedienstes

Pflegebedürftige, die zu Hause leben, haben das Recht, auf Kosten ihrer Pflegekasse die Leistungen eines **ambulanten Pflegedienstes** in Anspruch zu nehmen. Viele Pflegebedürftige nehmen diese Leistungen allerdings nicht im vollen möglichen Umfang, sondern als »**Kombinationsleistung**« in Anspruch.

! Pflegeexperten raten, Pflegedienste flexibel und rechtzeitig zu nutzen und im Zweifelsfall Leistungen von Pflege-Profis zumindest hinzuzubuchen. Die Nutzung professioneller Dienstleister kann gerade dann auch sinnvoll sein, wenn der Pflegefall plötzlich eintritt. Man kann zunächst einmal die Dienstleistungen eines Pflegedienstes nutzen und sich von den Profis abschauen, wie Pflege funktioniert, wie man beispielsweise jemanden im Bett aufrichtet. Wenn ein Angehöriger sich später zutraut, die Pflege allein bewältigen zu können, kann der Vertrag mit dem Pflegedienst gekündigt werden. Stattdessen kann man dann erstmals Pflegegeld oder mehr Pflegegeld in Anspruch nehmen, gerade wenn es sich um einen Pflegebedürftigen mit beginnender Demenz handelt.

Die Bezahlung des Pflegedienstes erfolgt nach einem vereinbarten Vergütungssystem für die einzelnen Sachleistungen (wie etwa Waschen). Die Abrechnung erfolgt direkt zwischen Pflegedienst und Pflegekasse. Soweit die Leistungen eines Pflegedienstes das jeweils vorgegebene Budget überschreiten, wird der zusätzliche Betrag dem Pflegebedürftigen in Rechnung gestellt.

3.6 Betreuungsleistungen sind wie Pflegeleistungen abrechenbar

Ambulante Dienste können neben der Grundpflege und hauswirtschaftlichen Versorgung für alle Pflegebedürftigen auch **Betreuungs- und Entlastungsleistungen** anbieten und von den Pflegekassen bezahlt bekommen. Dazu zählen »Aktivitäten im häuslichen Umfeld, die dem Zweck der Kommunikation und der Aufrechterhaltung sozialer Kontakte dienen«, und »Unterstützung bei der Gestaltung des häuslichen Alltags«. Diese Leistungen können seit 2017 voll gleichberechtigt abgerechnet werden. Gegebenenfalls kann ein Pflegebedürftiger als Pflegesachleistungen auch nur Betreuungs- und Entlastungsleistungen in Anspruch nehmen.

! Sprechen Sie Ihren Pflegedienst darauf an, welche Möglichkeiten bei Ihnen vor Ort angeboten werden. Erkundigen Sie sich auch bei Pflegeberatungsstellen.

Monatliche Leistungen der Pflegeversicherung bei der Pflege zu Hause: Etat für Pflegesachleistungen

Pflegegrad 1	–
Pflegegrad 2	€ 689, –
Pflegegrad 3	€ 1 298, –
Pflegegrad 4	€ 1 612, –
Pflegegrad 5	€ 1 995, –

3.7 So lassen sich Geld- und Sachleistungen kombinieren

Viele Pflegebedürftige bzw. deren Angehörige bevorzugen Kombinationsleistungen. Möglich ist es etwa, unter der Woche den Pflegebedürftigen durch einen Pflegedienst betreuen zu lassen, am Wochenende die Pflege aber selbst zu übernehmen. Ausgehend vom Umfang der in Anspruch genommenen professionellen Pflegeleistung wird das Pflegegeld um den prozentualen Anteil gekürzt, der beim Etat für die Profi-Pflege nicht in Anspruch genommen wurde.

» **Beispiel:** Liegt Pflegegrad 3 vor, so beträgt das monatliche Pflegegeld € 545,–; die maximale häusliche Sachleistung € 1 298,–. Werden z. B. für € 649,– Sachleistungen, also nur die Hälfte des dafür zur Verfügung stehenden Etats abgerufen, so sind nur 50 % der Sachleistungen verbraucht. Deshalb können noch 50 % des Pflegegelds (= € 272,50) beansprucht werden.

Achtung: Die **Aufteilung der Leistungen in Sach- und Geldleistungen** ist für die Pflegekassen verwaltungsaufwendig. Daher soll die einmal gewählte Aufteilung nicht beliebig verändert werden. Pflegebedürftige sind an die einmal gewählte Aufteilung **sechs Monate lang gebunden.**

! Eine vorzeitige Änderung seiner Entscheidung muss dem Pflegebedürftigen aber zugestanden werden, wenn eine wesentliche Änderung (z. B. Veränderung der Pflegesituation) in den zum Zeitpunkt der ursprünglichen Aufteilungs-Entscheidung vorgelegenen Verhältnissen eingetreten ist. Wenn etwa ein pflegender Angehöriger wegen einer Arbeitsaufnahme nicht mehr im bisherigen Umfang für die Pflege zur Verfügung steht, können jederzeit in erhöhtem Umfang Sachleistungen beansprucht werden. Falls die Pflegekasse dies anders sieht, sollte man auf § 48 Abs. 1 SGB X verweisen. Dort heißt es: »Soweit in den tatsächlichen oder rechtlichen Verhältnissen, die beim Erlass eines Verwaltungsaktes mit Dauerwirkung vorgelegen haben, eine wesentliche Änderung eintritt, ist der Verwaltungsakt mit Wirkung für die Zukunft aufzuheben«.

Die 6-Monats-Frist ist ebenfalls nicht zu beachten, wenn der Pflegebedürftige nur noch die Pflegesachleistung oder nur noch das Pflegegeld in Anspruch nehmen will oder Pflegegeld oder Pflegesachleistung neben der teilstationären Pflege bezogen wird.

! Wenn pflegende Angehörige die Last der Pflege nicht allein schultern können (oder wollen), sollten sie nicht nur die Einschaltung eines ambulanten Pflegedienstes in Betracht ziehen. Oft ist stattdessen oder zusätzlich die Nutzung einer Tages- oder Nachtpflege sinnvoller – und unter Umständen auch weit günstiger. So kann man beispielsweise den Rahmen für ein solches teilstationäres Angebot voll ausschöpfen (das sind beispielsweise bis zu € 1 612,– bei Pflegegrad 4) und dennoch erhält der Pflegebedürftige weiterhin das volle Pflegegeld, vorausgesetzt, die Leistungen eines Pflegedienstes werden nicht noch zusätzlich genutzt. Diese Regelung gilt seit Anfang 2015.

3.8 Wann das »Poolen« von Pflegeleistungen infrage kommt

Pflegebedürftige können jetzt Leistungen flexibler als bisher in Anspruch nehmen, indem sie ihre Leistungen gemeinsam mit anderen abrufen. In der Gesetzesbegründung wird dieses Verfahren als »poolen« bezeichnet, womit **das Zusammenlegen von Ansprüchen** in einem »Pool« gemeint ist. Geregelt ist das in § 36 Abs. 4 SGB XI. Dort heißt es: »Mehrere Pflegebedürftige können häusliche Pflegehilfe gemeinsam in Anspruch nehmen«.

Für mehrere Pflegebedürftige, die zum Beispiel in der Nachbarschaft, in einem Gebäude, in einer Wohngruppe oder in einer Wohn- oder Hausgemeinschaft wohnen, können so Wirtschaftlichkeitsreserven erschlossen werden. Das ist möglich, wenn der Gesamtzeitaufwand einer Pflegekraft durch unmittelbar nacheinander erbrachte Hilfeleistungen in einer Wohngruppe minimiert wird.

So können Mittel freigesetzt werden, die sich für Betreuungsleistungen der gemeinsam »poolenden« Gruppe verwenden lassen. **Einsparmöglichkeiten** ergeben sich insbesondere durch das Einkaufen und Kochen für eine größere Anzahl von Personen. Bei der Betreuung sind beispielsweise gemeinsames Singen, Basteln, Turnen und Gedächtnistraining möglich, genauso aber auch Spaziergänge, der (betreute) Besuch bei Verwandten oder der gemeinsame Gang zum Friedhof.

! Das »Poolen« macht neue Wohnformen – etwa Wohngemeinschaften von Älteren – attraktiver. Wer gemeinsam wohnt, kann so seine Pflege selbstbestimmter organisieren und bessere Pflegeleistungen erhalten. Zudem werden **ambulant betreute Pflege-Wohngruppen mit einer Pflegekraft** zusätzlich gefördert. Unter bestimmten Umständen gibt es für solche Wohngemeinschaften je Pflegebedürftigen € 214,– pro Monat zusätzlich (§ 38 a SGB XI).

3.9 Keine Pflegesachleistungen im Ausland

Die **Kosten von Pflegesachleistungen** werden im Ausland generell nicht übernommen. Der Europäische Gerichtshof befand hierzu am 16. 7. 2009 (Az. C-208/07): Wer im Ausland professionelle ambulante oder stationäre Pflege benötigt, muss einen großen Teil der Kosten selbst übernehmen. Er bekommt innerhalb der EU und dem EWR lediglich das niedrigere Pflegegeld.

! Wer Pflegesachleistungen erhält, sollte vor dem Antritt der Auslandsreise rechtzeitig aufs frei verwendbare Pflegegeld umsteigen. Dies geht in aller Regel mit einem formlosen Antrag. Eine Begründung hierfür ist nicht erforderlich. Denn Pflegebedürftige haben die freie Wahl zwischen Sach- und Geldleistungen.

4 Leistungen zur Erleichterung der Pflege

4.1 Pflegehilfsmittel

Die Pflegekasse soll durch Hilfsmittel, die die Pflege erleichtern, eine selbstständigere Lebensführung ermöglichen. Dazu zählen alle **Produkte, die im Rahmen der Pflege eingesetzt und verbraucht werden,** wie etwa Desinfektionsmittel, Schutzbekleidung (z. B. Einmal-Handschuhe, Fingerlinge, Mundschutz) und saugende Betteinlagen.

Eine **ärztliche Verordnung** ist nicht erforderlich. Der Medizinische Dienst der Krankenversicherung (MDK) oder die Pflegefachkraft geben eine entsprechende Empfehlung an die Pflegekasse. Diese berät den Pflegebedürftigen oder den Pflegenden.

Die neue Pflegeversicherung: Pflegegrade und Leistungen für Betroffene | **B5**

! Den Antrag auf Übernahme der Mittel können Sie mündlich oder schriftlich stellen. Ein Antragsformular finden Sie, wenn Sie in einer Internet-Suchmaschine »Antrag auf Kostenübernahme für zum Verbrauch bestimmte Pflegehilfsmittel« eingeben. Auch bei geringer Beeinträchtigung der Selbstständigkeit (Pflegegrad 1) besteht ein Rechtsanspruch auf die Finanzierung von Pflegehilfsmitteln durch die Pflegekasse.

Deckelung auf € 40,- pro Monat

Die Pflegekasse übernimmt für solche zum Verbrauch bestimmten Artikel **pro Monat maximal € 40,-**. Von der Pflegekasse erhalten Sie ein vollständiges Hilfsmittelverzeichnis. Manchmal ist die Abgrenzung zu einer medizinisch notwendigen Hilfe (das sind Leistungen der Krankenkasse) nicht ganz klar. Da hilft der Arzt. Dieser verordnet z. B. Windeln, die nicht zu den Pflegehilfsmitteln zählen.

Darüber hinaus gibt es noch die sog. **technischen Pflegehilfsmittel**. Auch hierauf besteht – bei Vorliegen der Voraussetzungen – ein Rechtsanspruch (auch bei Pflegegrad 1). Darunter fallen u. a. Rollstühle, Pflegebetten oder Notrufsysteme. Auch Hilfen, die zwar fest verankert werden müssen, aber keine baulichen Veränderungen in der Wohnung erfordern, gehören dazu, z. B. Bad-Lift oder Handgriffe, die im Bad eingebaut werden müssen. Die Deckelung auf € 40,- pro Monat umfasst diese Hilfen nicht.

Pflegehilfsmittel und Maßnahmen zur Verbesserung des Pflegeumfelds

Immer wieder taucht das Problem auf, wie technische Pflegehilfsmittel zu unterscheiden sind von Maßnahmen zur Verbesserung des Pflegeumfelds. Die Abgrenzung kann vereinfacht wie folgt erklärt werden: Um als Pflegehilfsmittel anerkannt zu werden, muss die Maßnahme **baulich leicht reversibel oder unerheblich** sein. Weiterhin müssen die eingebauten **Gegenstände in einer anderen Wohnung wieder verwendbar** sein.

Die technischen Hilfsmittel werden in aller Regel ausgeliehen oder vermietet. In diesem Fall fallen **keine Zuzahlungen für den Pflegebedürftigen** an.

Pflegehilfsmittel zur Erleichterung der Pflege

Pflegehilfsmittel können die Situation eines Pflegebedürftigen verbessern. Das ist sicherlich gut und wünschenswert, aber **nicht Voraussetzung für die Bewilligung eines Hilfsmittels**. Es reicht, wenn durch das Hilfsmittel die Pflege erleichtert wird (SG Stuttgart, Urteil vom 12. 11. 2013, S 16 P 6795/09).

» **Beispiel:** Im entschiedenen Fall ging es um die **Finanzierung einer teilbaren Seitenstütze für ein Pflegebett.** Ein schwerstpflegebedürftiger Mann war gelähmt und musste im Bett gepflegt werden. Um sitzend essen zu können, musste sich der Betroffene mit beiden Händen an den Seitengittern seines Pflegebettes festhalten. Das Pflegepersonal musste dann – etwa bei der Anreichung des Essens – Verrenkungen vornehmen und über das Seitengitter hinweggreifen. Abhilfe kann hierbei eine teilbare Seitenstütze schaffen, wobei klar ist, dass damit allein die Situation der Pflegenden und nicht die des Gepflegten verbessert wird.

4.2 Verbesserung des Pflegeumfelds

Manchmal müssen auch **Vorkehrungen in der Wohnung** getroffen werden, damit die Pflege durchgeführt oder erleichtert werden kann. So kann es notwendig sein, für Rollstuhlfahrer die Türen verbreitern zu lassen. Im Bad erleichtert ein Lift oftmals das Waschen oder Baden erheblich, gegebenenfalls kann auch eine bodengleiche (barrierefreie) Dusche erforderlich sein.

! Für solche Verbesserungen übernehmen die Pflegekassen seit 2015 bis zu € 4 000,–. Hierauf haben **alle Pflegebedürftigen** Anspruch, auch mit Pflegegrad 1.

Voraussetzungen für die Gewährung des Zuschusses:

- Die Maßnahme muss auf Dauer angelegt sein.
- Sie muss an dem Ort erfolgen, an dem der Pflegebedürftige seinen Lebensmittelpunkt hat.

Folgende Ziele sollen mit einer solchen Maßnahme realisiert werden:

- **Häusliche Pflege** soll dadurch überhaupt erst ermöglicht oder aber erleichtert werden,
- eine **Überforderung des Pflegenden oder des Pflegebedürftigen** soll vermieden werden,
- **selbstständige Lebensführung** soll ermöglicht und
- **die Abhängigkeit von einer Pflegekraft** verringert werden.

! Diese Liste ist naturgemäß nicht vollständig. Lassen Sie sich vom MDK oder der betreuenden Pflegefachkraft beraten. Die Pflegekassen beschäftigen für diese Probleme spezielle Wohnberater. Den Antrag auf Zuschuss stellen Sie bei Ihrer Pflegekasse. Maßnahmen, die der allgemeinen Lebensführung dienen, z.B. Verbesserung der Wärmedämmung, Brandschutzmaßnahmen oder Reparaturen, sind nicht zuschussfähig.

Erleichterung der Pflege reicht als Anspruchsvoraussetzung

Mit einem Urteil vom 25. 11. 2015 (Az. B 3 P 3/14 R) hat das BSG die **Hürden für die Genehmigung von Zuschüssen gesenkt.** Wohnungsanpassungsmaßnahmen können nun schon dann bezuschusst werden, wenn durch die baulichen Veränderungen die Pflege in zentralen Bereichen des Hilfebedarfs deutlich und spürbar einfacher wird, und dadurch auch die Pflegeperson entlastet wird.

Wohnungsanpassung für Demenzkranke

Für Personen mit einer **Einschränkung der Alltagskompetenz** (wie etwa Alzheimerkranke) kommen ähnliche Wohnungsanpassungsmaßnahmen infrage wie für nicht demente Pflegebedürftige. Es geht darum, die Betroffenen vor den für sie oftmals nicht vorhersehbaren Konsequenzen ihres eigenen Handelns zu schützen:

- So können schwer entriegelbare Sicherungen an Fenstern in oberen Stockwerken angebracht werden, sodass sich diese nur noch einen Spaltbreit öffnen lassen. Heißwasserhähne sollten markiert und ein Heißwasserboiler auf eine niedrige Temperatur eingestellt werden. Wenn eine neue Wasch- oder eine Geschirrspülmaschine gekauft wird, sollte diese mit einem Aqua-Stopp ausgestattet sein. Das Bügeleisen sollte sich bei längerer Nichtbenutzung eigenständig ausschalten. Nicht benutzte Steckdosen sollten abgedeckt werden.

- Besonders sinnvoll dürften in vielen Fällen Herdsicherungen sein. Beantragen Sie vor dem Einbau einer Herdsicherung deren Finanzierung bei der zuständigen Pflegekasse. Bei Ablehnung können Sie Widerspruch und Klage einlegen. Die Chancen, eine Klage zu gewinnen, dürften gut sein. Vorausgesetzt, der oder die Pflegebedürftige ist noch in der Lage, selbstständig zu kochen.

- Um Feuer frühzeitig zu bemerken, sind **Rauchmelder** inzwischen fast in allen Bundesländern Pflicht. Rauchmelder allein reichen allerdings nicht. Es muss sichergestellt sein, dass jemand im Haus über einen Schlüssel für die Wohnung verfügt und bei einem Alarm reagieren kann. Ggf. können Rauchmelder auch mit einem Hausnotrufsystem kombiniert werden. Der Alarm wird dann direkt an eine Notrufzentrale weitergeleitet.

B5 | Die neue Pflegeversicherung: Pflegegrade und Leistungen für Betroffene

! Sprechen Sie mögliche Maßnahmen zur Wohnungsanpassung schon beim Besuch des Pflegegutachters an. Sinnvoll ist es, schon zur Vorbereitung dieses Besuchs eine Pflege- bzw. Wohnberatung zu kontaktieren. Die Adressen dieser Beratungsstellen gibt es u. a. bei den Kranken- bzw. Pflegekassen. Maßnahmen zur Wohnungsanpassung werden von der Pflegekasse komplett bezahlt, soweit sie genehmigt werden. Allerdings nur bis zum Höchstbetrag von € 4 000,–.

Mehrfache Bezuschussung zur Wohnungsanpassung

Ein **Zuschuss zur Wohnungsanpassung** kann mehrfach bezahlt werden. Möglich ist dies nicht nur bei steigender Pflegebedürftigkeit, sondern auch nach einem Umzug (BSG, Urteil vom 18. 4. 2007, B 3 P 8/06 R).

» **Beispiel:** Im entschiedenen Fall hatte ein 1936 geborener Ruhestandsbeamter, der an multipler Sklerose (MS) leidet, in dem von ihm selbst erbauten Einfamilienhaus zunächst die Wohnung im Erdgeschoss genutzt. An dem **behindertengerechten Umbau der Dusche** hatte sich die private Pflegekasse im Jahr 2002 mit dem Höchstbetrag von € 4 000,– beteiligt. Im Jahr 2003 zog der Pflegebedürftige in die im Keller liegende Einliegerwohnung um. Die größere Erdgeschosswohnung wurde von Tochter und Schwiegersohn genutzt. In der neu bezogenen Einliegerwohnung musste nun das Badezimmer behindertengerecht umgebaut und ein Treppenlift zur Überwindung einer Höhendifferenz zwischen den Zimmern eingebaut werden.

Die Urteilsbegründung: Der Umzug – und damit auch der **behindertengerechte Umbau der neuen Wohnung** – sei zum einen erforderlich gewesen, um dem Kläger ein jederzeitiges selbstständiges Verlassen und Zurückkehren in die Wohnung zu ermöglichen. In der alten Wohnung sei dies nicht möglich gewesen. Zum anderen reichten auch andere nachvollziehbare Erwägungen, um einen Umzug und erneute Umbaumaßnahmen zu rechtfertigen. Und nachvollziehbar sei der Wunsch, zur Verringerung des Arbeitsaufwands bei der Haushaltsführung in eine kleinere Wohnung im eigenen Haus umzuziehen, einem erwachsenen Kind und dessen Ehepartner bzw. Familie die bisher genutzte größere Wohnung zu überlassen und auch eigentumsrechtlich einen Generationenwechsel herbeizuführen. Nicht zwingend erforderlich für den Zuschuss sei dagegen, dass sich der Pflegebedarf krankheits- oder behinderungsbedingt verändert haben müsse.

Zusätzliche Förderung neuer Wohnformen

Ambulant betreute Pflege-Wohngruppen mit einer Pflegekraft werden zusätzlich gefördert. Es gibt ein befristetes Programm zur Gründung ambulanter Wohngruppen mit einer Förderung von € 2 500,– pro Person (maximal € 10 000,– je Wohngruppe) für notwendige Umbaumaßnahmen in der gemeinsamen Wohnung (§ 45 e SGB XI). Für das Programm stehen zunächst – das ist im Gesetz festgelegt – 30 Millionen Euro zur Verfügung. Der Rechtsanspruch auf entsprechende Leistungen endet, sobald diese Summe aufgebraucht ist.

> **!** Beim skizzierten Programm gilt in besonderer Weise der Grundsatz »Wer zuerst kommt, mahlt zuerst«. Ein Antragsformular finden Sie, wenn Sie in einer Internet-Suchmaschine »Antrag auf Gewährung einer Förderung zur Gründung von ambulant betreuten Wohngruppen« eingeben. Dabei handelt es sich um ein Formular der Knappschaft. Es kann aber auch von Versicherten anderer Pflegekassen genutzt werden. Sie sollten nur im Kopf des Formulars den Schriftzug »Knappschaft« entfernen.

Diese Leistungen gibt es **zusätzlich** zu den oben bereits erwähnten »normalen« Leistungen zur Wohnungsanpassung für Wohngemeinschaften.

5 Diese Leistungen gibt es im Pflegeheim

5.1 Über den Wechsel ins Pflegeheim kann frei entschieden werden

Viele Pflegebedürftige wollen so lange wie möglich innerhalb ihrer eigenen vier Wände verbleiben. Daher wird bislang nur etwa ein Drittel der Pflegebedürftigen in Pflegeheimen versorgt. Vor der Aufnahme in ein Heim verlangen die meisten Pflegeheime eine **Heimnotwendigkeitsbescheinigung.**

Im Gesetz ist eine solche Bescheinigung nicht vorgesehen; de facto stellen die Pflegekassen sie jedoch aus. Es handelt sich um eine Bescheinigung, welche Leistungen die Pflegekasse für die Pflegebedürftigen übernimmt. Diese Bescheinigung muss gegebenenfalls auch dem Sozialhilfeträger vorgelegt werden, wenn die Einkünfte und das Vermögen der Betroffenen zusammen mit den Leistungen der Pflegekasse nicht ausreichen, um die Kosten des Heimaufenthalts zu decken und zusätzliche Sozialhilfeleistungen beantragt werden müssen.

B5 | Die neue Pflegeversicherung: Pflegegrade und Leistungen für Betroffene

! Pflegebedürftige, die in ein Pflegeheim einziehen möchten, sollten vorab bei ihrer Pflegekasse vorsprechen und sich nach dem Vorgehen erkundigen. Streng genommen müssen die Betroffenen – soweit sie bisher bereits pflegebedürftig sind – dabei keinen Antrag auf Übernahme der Heimkosten stellen. Eigentlich reicht eine Mitteilung. Dennoch sehen die meisten Pflegekassen hierfür ein Antragsverfahren vor. Im Internet findet man einen Musterantrag, wenn man in einer Suchmaschine »Antrag auf Leistungen der vollstationären Pflege« eingibt.

In diesem Antragsformular ist noch die Frage nach **dem Grund des Wechsels ins Heim** enthalten. Vorgesehen sind hier als Gründe:

- Fehlende Pflegeperson,
- drohende oder bereits eingetretene Überforderung der Pflegeperson,
- räumliche Gegebenheiten im häuslichen Bereich ermöglichen keine häusliche Pflege,
- fehlende Bereitschaft der vorhandenen Pflegeperson,
- Eigen- oder Fremdgefährdung des Pflegebedürftigen.

! Wer pflegebedürftig ist und keine Angehörigen hat, die bereit sind, ihn zu pflegen, sollte hier die erste oder die vierte vorgegebene Möglichkeit ankreuzen. Oder: Wer allein in seiner Wohnung lebt, bereits einen Schlaganfall erlebt hat und befürchtet, in der eigenen Wohnung hilflos liegen zu bleiben, sollte die fünfte Möglichkeit ankreuzen.

Pflegebedürftigen steht es – zumindest was die Pflegeversicherung betrifft – völlig frei, sich entweder für die ambulante oder stationäre Pflege zu entscheiden. Etwas anders sieht es unter Umständen aus, wenn der **Sozialhilfeträger** mit ins Spiel kommt.

Eine Überprüfung durch das Sozialamt ist nach wie vor möglich

Ein erheblicher Teil der Pflegebedürftigen, die derzeit in einem Pflegeheim leben bzw. künftig in ein Heim ziehen, wird **die monatlichen Pflegeheimkosten nicht aus dem eigenen Einkommen sowie dem Zuschuss der Pflegeversicherung tragen können**. Die Restkosten trägt in solchen Fällen vielfach das Sozialamt (und holt sich diese manchmal von unterhaltspflichtigen Kindern der Betroffenen zurück). Das Sozialamt verlangt in solchen Fällen auch meist eine **Heimnotwendigkeitsbescheinigung**. Das Amt wird dann ggf., bevor eine Kostenübernahmezusage erfolgt, überprüfen, ob ein Wechsel ins Pflegeheim notwendig ist.

Die neue Pflegeversicherung: Pflegegrade und Leistungen für Betroffene | B5

Das Hauptaugenmerk dürfte dabei auf mögliche **Alternativen zum Wechsel ins Pflegeheim** gelegt werden. Dabei wird es um Fragen gehen wie:

- Ist durch eine Wohnungsanpassung ein Verbleib in den eigenen vier Wänden möglich?
- Kann durch eine verstärkte Nutzung einer Tagespflegeeinrichtung ein Wechsel ins Pflegeheim verhindert werden?

Die Klärung solcher Fragen ist dabei möglicherweise durchaus im Interesse der Betroffenen. Gegebenenfalls kommen dabei interessante Alternativlösungen zustande.

» **Beispiel:** Eine 86-Jährige hat Pflegegrad 3 und wird von ihrer berufstätigen Tochter betreut. Sie nutzt das Angebot einer Tagespflege an drei Tagen in der Woche. An diesen Tagen bringt ihre Tochter sie morgens auf dem Weg zur Arbeit in die Tagespflege und holt sie auf dem Rückweg nachmittags wieder ab. Die Tagespflege wird aus dem hierfür vorgesehenen Etat der Pflegeversicherung finanziert. Aufgrund einer Verschlechterung der gesundheitlichen Situation der Mutter wäre eine fünftägige Nutzung der Tagespflege erforderlich. Doch hierfür reicht der für die Tagespflege bei Pflegegrad 3 vorgesehene Etat der Pflegeversicherung nicht aus. Letzteres ist ein entscheidender Grund für den Wunsch von Anne S. (und ihrer Tochter) zu einem Wechsel in ein Pflegeheim. In einem solchen Fall kann mit dem örtlichen Sozialamt ggf. vereinbart werden, dass das Amt die verbleibenden Restkosten für die Tagespflege übernimmt.

! Wer möglicherweise im Pflegeheim auf eine Unterstützung des Sozialamts angewiesen sein wird, sollte wissen, für welche Pflegeheime das Sozialamt Kosten übernimmt. Denn die Heimentgelte – und damit auch die vom Sozialamt zu übernehmenden Restkosten – fallen je nach gewähltem Heim unterschiedlich aus. Die Sozialämter verfahren hierbei je nach Wohnort unterschiedlich. In finanziell besonders schlecht aufgestellten Kommunen wird das Sozialamt in der Regel besonderen Wert auf niedrige Heimkosten legen.

Die Pflegeversicherung übernimmt im Rahmen der im nächsten Kapitel genannten **pauschalen Leistungsbeträge** die pflegebedingten Aufwendungen, die Aufwendungen der Betreuung und die Aufwendungen für Leistungen der medizinischen Behandlungspflege. Die Kosten für Unterkunft und Verpflegung sowie für Investitionskosten muss der Pflegebedürftige selbst tragen.

B5 | Die neue Pflegeversicherung: Pflegegrade und Leistungen für Betroffene

> **!** Der von der Pflegekasse zu übernehmende Betrag darf 75 % des tatsächlichen Heimentgelts nicht übersteigen. Der Pflegebedürftige muss also mindestens 25 % des Heimentgelts selbst tragen. Diese Regelung hat allerdings in der Praxis keinerlei Bedeutung, da der selbst vom Pflegebedürftigen zu übernehmende Anteil an den Heimkosten durchweg ohnehin deutlich über 25 % liegt.

5.2 Leistungsbeträge für die stationäre Pflege

Ein **Umzug in ein Pflegeheim** wird generell seit 2017 nur bei Pflegebedürftigen nennenswert gefördert, die mindestens Pflegegrad 2 haben. Auch Pflegebedürftigen mit Pflegegrad 1 steht es frei, in ein Pflegeheim zu ziehen. Sie werden hier allerdings von ihrer Pflegekasse nur mit dem (niedrigen) Geldbetrag gefördert, der ihnen auch »in den eigenen vier Wänden« als Etat für Betreuungsleistungen zur Verfügung stünde, mit monatlich maximal € 125,–.

Monatliche Sachleistungen der Pflegeversicherung an Pflegebedürftige, die stationär betreut werden

Pflegegrad 1	€ 125, –
Pflegegrad 2	€ 770, –
Pflegegrad 3	€ 1 262, –
Pflegegrad 4	€ 1 775, –
Pflegegrad 5	€ 2 005, –

Die **mit zunehmender Pflegebedürftigkeit steigenden Zuschüsse** für die Pflege gehen aus der Tabelle hervor. Am höchsten sind die Zuschüsse künftig bei Pflegegrad 5 mit monatlich € 2 005,–. Zum Vergleich: Würden die Betroffenen in den eigenen vier Wänden leben, so würde ihnen monatlich ein Etat in Höhe von € 1 995,– zur Verfügung stehen. Der Unterschied ist also verschwindend gering.

> **!** Interessenkonflikte zwischen Pflegeheim und Bewohnern kann es bei einer längeren Abwesenheit des Pflegebedürftigen geben – bedingt etwa durch einen Krankenhausaufenthalt oder einen Urlaub. Hierzu trifft § 87a SGB XI eine Regelung: Soweit der Zeitraum der Abwesenheit mehr als drei Tage dauert, sind Abschläge von mindestens 25 % der Pflegevergütung sowie der Entgelte für Unterkunft und Verpflegung vorzusehen.

5.3 Gleiche Pflegekosten für alle Heimbewohner

Seit 2017 ist der nach den Leistungen der Pflegeversicherung verbleibende Teil der **Pflegekosten,** den die Betroffenen selbst entrichten müssen, **für alle Heimbewohner ab Pflegegrad 2 gleich.** Dies regelt § 84 Abs. 2 SGB XI. Dieser enthält folgende Rechenanweisung: Jedes Pflegeheim muss zunächst Pflegesätze für die jeweiligen Pflegegrade »nach Art und Schwere der Pflegebedürftigkeit« ermitteln. Davon ausgehend müssen für die vollstationäre Pflege »einrichtungseinheitliche Eigenanteile« ermittelt werden. Nach den bis Ende 2016 geltenden Regelungen **stieg der Eigenanteil von Pflegestufe zu Pflegestufe an** – was unter anderem zur Folge hatte, dass eine Höherstufung der Pflegebedürftigen in eine höhere Pflegestufe nicht unbedingt im Interesse der Betroffenen lag.

Nun ist dieser Aspekt unerheblich geworden. Der **Eigenanteil an den Pflegekosten steigt nun nicht mehr,** wenn jemand zunehmend unselbstständiger wird und in einen höheren Pflegegrad eingestuft wird. Dies schafft natürlich einerseits für die Betroffenen ein Stück Kalkulationssicherheit. Beim Einzug ins Pflegeheim weiß man – bis auf die jährlichen Anpassungen –, mit welchen Kosten man künftig zu rechnen hat (in der Regel bis zum Tod).

Weitere Folgen der Neuerung:

- Zum einen wird künftig innerhalb der Heimbewohner so etwas wie eine **»Querfinanzierung«** stattfinden. Wer Pflegegrad 2 hat, wird dann deutlich »zu viel« zahlen. Personen mit Pflegegrad 4 oder 5 werden dafür entlastet.

- Zum anderen wird hierdurch die **Belastung von Personen mit niedrigem Pflegegrad kräftig steigen,** was viele in Zukunft von einem frühzeitigen Umzug ins Pflegeheim – etwa bereits mit Pflegegrad 2 – abschrecken wird. Der Umzug wird dann vielfach aus finanziellen Gründen eher ab Pflegegrad 3 oder 4 erfolgen.

Das Bundesgesundheitsministerium schätzt optimistischerweise den ab 2017 **auf Heimbewohner zukommenden Eigenanteil an den Pflegekosten** im Schnitt auf € 580,– im Monat. Meist dürfte mit deutlich höheren Beträgen zu rechnen sein. Hinzu kommen noch in jedem Fall die »Hotelkosten«.

=== **»Hotelkosten« und »Investitionskosten« muss der Pflegebedürftige übernehmen**

Zu den »Restkosten« für die Pflege kommen noch die jeweils heimindividuellen monatlichen Kosten für Unterkunft und Verpflegung (»Hotelkosten«) sowie Investitionskosten hinzu. Hier gibt es eine erhebliche Spannbreite zwischen den einzelnen Heimen.

Investitionskosten sind die Kosten für das Gebäude, für dessen Herstellung und Pflege, für die Möbel, die Küche, aber auch die Datenverarbeitung der Verwaltung. Die Kosten werden über Jahre/ Jahrzehnte verteilt (»abgeschrieben«) und auf die Bewohner umgelegt.

Zu den **Hotelkosten** zählen natürlich auch die Zubereitung und das Bereitstellen von Speisen und Getränken; die Ver- und Entsorgung (Strom, Wasser, Heizung, Abfall), die Reinigung aller Räumlichkeiten der Einrichtung, die Wartung und Unterhaltung der Gebäude.

! Die Kosten für Unterkunft und Verpflegung und die Investitionskosten müssen vom Heim getrennt ausgewiesen werden. Sie werden nicht von den Pflegekassen übernommen und werden vom Heimbewohner selbst getragen.

Betreuungsangebote sind für die Heime verpflichtend

Das Pflegestärkungsgesetz II führt noch eine weitere Verbesserung für die Pflegebedürftigen ein: Künftig kann jeder versicherte pflegebedürftige Heimbewohner in den Genuss **zusätzlicher Betreuungsangebote** kommen.

B6 Die Haftpflichtversicherung: Für Senioren unverzichtbar

Eine Privathaftpflichtversicherung ist – selbstverständlich auch für die Generation 60plus – die wichtigste Police überhaupt. Denn das persönliche **Haftungsrisiko** besteht auch im fortgeschrittenen Alter. Wenn Sie andere Menschen oder Sachgegenstände schädigen, kann es teuer für Sie werden. Deshalb ist es wichtig, dass Sie über eine gute Absicherung mit ausreichend hohen Versicherungssummen verfügen.

Die Tarife der privaten Haftpflichtversicherung wurden in den vergangenen Jahren **für Senioren** deutlich verbessert. Beispielsweise wurden die Versicherungssummen erhöht und es sind häufig Leistungen enthalten, die alte Verträge nicht einschließen. Mit in den Versicherungsumfang gehören bei vielen Versicherungsunternehmen mittlerweile z. B. Schäden durch kleine Bauvorhaben, deliktunfähige Kinder, Schäden an gemieteten oder geleasten Sachen sowie Gefälligkeitsschäden.

Ältere Versicherungsnehmer sollten jedoch unbedingt darauf achten, dass bestimmte Zusatzleistungen in ihrem Versicherungsschutz eingeschlossen sind, die mit zunehmendem Alter an Bedeutung gewinnen, wie beispielsweise **Schlüsselverlust, Allmählichkeitsschäden oder Schutz für deliktunfähige Erwachsene.** Diese Risiken sind oftmals gegen einen geringen Aufpreis versicherbar.

1 Wann haften Sie?

Schnell ist es geschehen: Sie sind bei Freunden und verschmutzen durch Umwerfen einer Weinkaraffe den teuren Teppich. Oder: Sie verursachen als Fußgänger aus Unaufmerksamkeit einen Unfall. Solche Fälle gehen zulasten des **Verursachers,** denn: Wenn Sie anderen einen Schaden zufügen, und sei es auch nur aus Unachtsamkeit, müssen Sie diesen ersetzen. Die Verpflichtung zu dieser Haftung für die Schädigung Dritter ergibt sich aus § 823 Abs. 1 BGB.

»Wer vorsätzlich oder fahrlässig das Leben, den Körper, die Gesundheit, die Freiheit, das Eigentum oder ein sonstiges Recht eines anderen widerrechtlich verletzt, ist dem anderen zum Ersatz des daraus entstehenden Schadens verpflichtet.«

Diese Art der Haftung wird auch **Verschuldenshaftung** genannt: Es haftet grundsätzlich der Verursacher eines entstandenen Schadens, wenn er volljährig ist, und zwar nicht nur, wenn er vorsätzlich, sondern auch wenn er fahrlässig gehandelt hat. Zudem muss die schädigende Handlung rechtswidrig und ursächlich für den Schaden gewesen sein. Als rechtswidrig gilt jede Schädigung eines anderen, die entweder aus einem aktiven Handeln oder auch einem Unterlassen resultiert. Ohne ein solches Verschulden am Schaden, kann der Geschädigte keinen Anspruch auf Schadensersatz geltend machen.

Grundsätzlich unterscheidet das Rechtssystem zwischen grober und leichter Fahrlässigkeit. Eine **leichte Fahrlässigkeit** liegt vor, wenn der Verursacher des Schadens die im Verkehr erforderliche Sorgfalt außer Acht lässt, die ein gewissenhafter Durchschnittsmensch an den Tag legen würde.

» **Beispiel:** Sie wollen einen alten Balkonblumenkasten aus Beton entsorgen. Beim Abmontieren rutscht Ihnen der Kasten aus der Hand und verletzt einen anderen Hausbewohner.

Grob fahrlässig handelt eine Person, welche die im Verkehr erforderliche Sorgfalt in ungewöhnlich hohem Maße verletzt. Dies ist gegeben, wenn die Anforderungen an die Sorgfalt jedem anderen in der Situation des Betroffenen ohne Weiteres aufgefallen wäre.

» **Beispiel:** Weil Sie ihn nicht die Treppe heruntertragen wollen, werfen Sie den Blumenkasten vom Balkon in den Hinterhof des Hauses, dabei wird ein anderer Hausbewohner schwer verletzt.

Im Schadenfall leistet die private Haftpflichtversicherung sowohl bei leichter als auch bei grober Fahrlässigkeit. Bei **vorsätzlich verursachten Schäden** leistet der Versicherer grundsätzlich nicht. Das gilt sowohl für billigend in Kauf genommene Schäden (bedingter Vorsatz) und für wissentlich und willentlich herbeigeführte Schäden (bewusster Vorsatz).

Neben der Verschuldenshaftung gibt es einige weitere Haftungstatbestände, bei denen der Geschädigte Anspruch auf Schadensersatz hat, ohne dass der Schädiger ein schuldhaftes Verhalten an den Tag gelegt haben muss. Das ist bei der **Gefährdungshaftung** der Fall: Damit ist gemeint, dass bereits der Besitz von Tieren oder das Betreiben von Fahrzeugen, bestimmten Anlagen oder Unternehmen eine Gefährdung der Umgebung herbeiführen kann.

Für diese Gefährdung haftet der Tierhalter, Kfz-Eigentümer, Öltankbesitzer o. Ä. Solche Risiken sind nicht im Versicherungsschutz der Privathaftpflicht inbegriffen, sondern können nur durch **spezielle** Haftpflichtversicherungen abgesichert werden.

2 Welche Schäden sind abgesichert?

Die private Haftpflichtversicherung tritt ein, wenn ein Geschädigter gegen den Verursacher des Schadens **Schadensersatzansprüche** geltend macht. Sie übernimmt, bis zur Höhe der vereinbarten Versicherungssumme, die Kosten für

- Personenschäden
- Sachschäden und
- Vermögensschäden.

Im Rahmen des Schadensersatzes muss der Zustand hergestellt werden, der bestehen würde, wenn der zum Ersatz verpflichtende Umstand nicht eingetreten wäre. Allerdings braucht sich der Geschädigte bei Personen- und Sachschäden nicht auf eine **Naturalleistung** einlassen, sondern kann stattdessen statt der Herstellung einen **Geldbetrag** verlangen. In der Praxis überwiegt diese Form des Schadensersatzes, da sich Geschädigte beispielsweise die Ersatzsache lieber selbst besorgen oder die Reparatur veranlassen beziehungsweise bei einer Gesundheitsverletzung den behandelnden Arzt lieber selbst aussuchen.

Teuer kann es insbesondere werden, wenn **Personen** zu Schaden kommen, deshalb ist es wichtig, für solche eine möglichst hohe Versicherungssumme zu vereinbaren. Der Verursacher muss zum einen für die Heilkosten, also Arzt-, Arznei-, Krankenhaus-, Bergungs-, Krankentransport-, Kur- und Heilgymnastikkosten der betroffenen Person, sowie für die Aufwendungen naher Verwandter zum Besuch des Verletzten im Krankenhaus aufkommen. Darüber hinaus ist er auch verpflichtet, für Vermögensfolgeschäden, die sich aus dem Personenschaden ergeben, aufzukommen. Benötigt der Geschädigte beispielsweise nach dem eigentlichen Heilverfahren eine weitere Behandlung oder Hilfsmittel (Heilmittel, Pflegekraft u. a.), ist der Schädiger hier ebenfalls zu Schadensersatz verpflichtet. Kann der Geschädigte nicht mehr arbeiten, besteht die Schadensersatzleistung unter Umständen in einer lebenslangen Rente.

3 Das leistet die Versicherung im Schadenfall

Verursachen Sie einen Schaden und kann der Geschädigte Ihnen gegenüber aufgrund gesetzlicher Regelungen Schadensersatzansprüche geltend machen, so übernimmt die private Haftpflichtversicherung in diesem Fall die Zahlungen, die Sie leisten müssen, bis zur Höhe der im Versicherungsvertrag vereinbarten Versicherungssumme abzüglich einer eventuellen Selbstbeteiligung. Voraussetzung dafür ist, dass die Art des Schadens im Versicherungsschutz enthalten – also gedeckt – ist.

B6 | Die Haftpflichtversicherung: Für Senioren unverzichtbar

Da nicht jeder Schaden automatisch dazu führt, dass der Geschädigte Ihnen gegenüber einen Schadensersatzanspruch geltend machen kann, prüft der Versicherer bei jedem Fall zunächst, ob für den Schaden überhaupt Versicherungsschutz besteht und eine Haftung gegeben ist. Können Sie nicht für einen Schaden haftbar gemacht werden, wehrt der Versicherer unbegründete Schadensersatzansprüche ab. Im Falle eines Rechtsstreits mit demjenigen, der den Anspruch auf Schadensersatz stellt, führt der Versicherer den Prozess und trägt die Kosten. Insofern übernimmt die private Haftpflichtversicherung bei unberechtigten Haftungsansprüchen die Funktion einer Art »passiver« Rechtsschutzversicherung.

Das leistet die private Haftpflichtversicherung

Voraussetzung ist der Deckungsanspruch des Versicherungsnehmers.

- Prüfung der Haftpflichtfrage
- Befriedigung berechtigter Ansprüche
- Abwehr unberechtigter Ansprüche

4 Welche Risiken sind abgedeckt?

Die private Haftpflichtversicherung schützt den Versicherungsnehmer und seine Familie/Ehepartner vor Haftungsansprüchen anderer. Sie bietet Schutz in vielen Situationen des täglichen Lebens. Abgedeckt sind alle Vorgänge in der Freizeit, beim Sport, beim Einkauf, bei privaten Ausflügen, im Urlaub sowie im Straßenverkehr, wenn der Versicherte an diesem als Fußgänger, Radler, Rollschuh- oder Skateboard-Fahrer teilnimmt. Außerdem bietet sie sowohl dem Mieter als auch dem Eigentümer Schutz bei Schäden, die von der Wohnung oder dem Haus ausgehen, in dem er wohnt, auch Bauvorhaben bis zu einer gewissen Kostengrenze sind abgedeckt. Alles, was beruflich bedingte Schäden verursacht, bleibt allerdings außen vor. Hierfür gibt es meist eigenständige Versicherungen.

Die Allgemeinen Versicherungsbedingungen für die Privathaftpflichtversicherung (AHB PHV) und die Besonderen Bedingungen und Risikobeschreibungen (BBR PHV) regeln das Verhältnis zwischen Versicherungsnehmer und Versicherungsgesellschaft. Unter anderem sind hier auch die Risiken, die der Versicherer abdeckt, konkret geregelt. Als Empfehlung dienen die vom Gesamtverband der deutschen Versicherungswirtschaft formulierten Standardbedingungen, die Versicherer können bei der Formulierung der eigenen ABH und BBR von diesen abweichen. Die BBR PHV vieler Gesellschaften enthalten

Klauseln, die bestimmte in den AHB stehende Aus schlüsse aufheben oder einschränken. Daraus ergibt sich, dass der Schutz in den Versicherungstarifen und von Versicherer zu Versicherer unterschiedlich ausfallen kann.

Wichtiger Zusatz – die Vorsorgeversicherung

Ein meist kaum beachteter Punkt bei der Privathaftpflicht, aber im Einzelfall dennoch sehr wichtig: die Vorsorgeversicherung, die automatisch in der Police enthalten ist. Sie dient der vorübergehenden Übernahme von bestimmten Versicherungsrisiken, die bei Versicherungsbeginn noch nicht bekannt waren. Hier hilft nun die Vorsorgedeckung, welche die Absicherung zusätzlicher Risiken übernimmt, die normalerweise nicht Vertragsbestandteil der Privathaftpflicht sind. Dieser ersatzweise Versicherungsschutz ist allerdings beschränkt und wird normalerweise bis zu einem Jahr gewährt. Auch die Haftungssummen sind begrenzt. Der Vorteil für den Verbraucher: Während der Übergangszeit ist das Risiko kostenfrei mitversichert. Ein typischer Fall ist – gerade bei Älteren – der Kauf eines Hundes. Damit ändern sich auch die Risiken für den Versicherer, die bei Vertragsabschluss nicht bekannt waren. Weiterer Fall: der Anbau, der am Haus vorgenommen wird, um eine Wohnung für einen Angehörigen zu erstellen, der die Senioren pflegen soll. Diese Risikoänderungen müssen dem Versicherer innerhalb eines Monats angezeigt werden.

Zwei Teile bestimmen die Vorsorgeversicherung: Neurisiken oder die Erhöhung des Risikos. Man spricht hier auch von der Erhöhung des quantitativen oder des qualitativen Risikos. Bei einem Neurisiko muss der Versicherte später einen eigenständigen Vertrag abschließen. Wie beispielsweise beim Hund benötigt der Hundehalter eine separate Tierhalterhaftpflicht. Eine Risikoerhöhung wäre gegeben, wenn statt eines bisherigen Dackels ein Kampfhund gehalten würde. Hier müsste der Versicherte den Vertrag anpassen lassen. Bestimmte Risiken sind von der Vorsorgeversicherung ausgenommen. Kraftfahrzeuge, die für den öffentlichen Verkehr zugelassen sind, fallen nicht unter diesen vorläufigen Deckungsschutz und beispielsweise Umweltrisiken. Eine weitere Einschränkung gibt es auch bei der Vorsorgeversicherung selbst. So gilt bei Neurisiken meist nur eine verminderte Schadensdeckung. Im Schadenfall muss der Versicherungsnehmer in jedem Fall nachweisen, dass er keine Meldefristen versäumt hat. Die Vorsorgeversicherung ist als ein Notnagel anzusehen. In jedem Fall ist es richtig, sich zeitig um eine eigenständige Risikoabdeckung für das Neurisiko oder die Risikoerhöhung zu kümmern.

! Sammeln Sie deshalb die entsprechenden zeitlichen Belege, sodass die Gesellschaft sich nicht auf das Versäumen von Meldefristen berufen kann. Dies ist besonders wichtig, wenn ein Schadenfall eintritt.

Zu unterscheiden ist auch der Grad der Gefahrenerhöhung. Es gibt Risiken, die normalerweise bereits im Versicherungspaket enthalten sind. Beispielsweise wenn ein Mieter zum Hauseigentümer wird, so handelt es sich um eine Gefahrenerhöhung, da der Vertragsabschluss ja als Mieter durchgeführt wurde. Da dieses Risiko aber zum bestimmungsmäßigen Umfang der Versicherung zählt, so hat dies keine Auswirkungen auf den bestehenden Vertrag.

! Bedenken Sie, dass Sie jede wesentliche Risikoänderung, solange dies nicht im bestimmungsmäßigen Umfang der Police enthalten ist, oder jedes neue Deckungsrisiko melden müssen. Beide Seiten, sowohl der Versicherte als auch das Assekuranzunternehmen, müssen sich über die vertraglichen Änderungen einigen. Lehnen Sie den neuen Vertrag ab, so entfällt die Vorsorgedeckung des Vertrages, auch rückwirkend. Einen zwischenzeitlichen Schaden müssten Sie dann selbst begleichen.

5 Welche Risiken sind nicht abgedeckt?

Trotz des weitreichenden Versicherungsschutzes der Privathaftpflicht gibt es auch einige Grenzen der Absicherung. Geregelt sind diese Ausschlüsse in den AHB im Anhang des Vertrages. Je nach Versicherer können diese oder Teile davon jedoch durch die Besonderen Bedingungen und Risikobeschreibungen (BBR PHV) wieder eingeschlossen werden beziehungsweise darin auch noch weitere Versicherungseinschränkungen festgelegt sein.

Bestimmte Risiken bleiben jedoch tatsächlich ausgeschlossen. Einige dieser Gefahren kann der Versicherte nur durch weitere Haftpflichtversicherungen absichern.

Ausschlüsse (die jedoch in leistungsstarken Tarifen teils doch über die BBR PHV eingeschlossen sein können):

Schäden bei Versicherten des gleichen Vertrags

Gilt die Privathaftpflichtpolice für eine Familie, so sind die Schäden innerhalb der Familie nicht mitversichert, da dies ein Eigenschaden ist, aus dem kein Anspruch erwächst.

Schäden von Angehörigen in häuslicher Gemeinschaft

Auch für Schadenfälle von Angehörigen des Versicherten, die mit ihm in häuslicher Gemeinschaft leben, kommt die Versicherung nicht auf.

Gemietete, geliehene, geleaste, gepachtete oder in Besitz gebrachte Sachen

Es besteht kein Versicherungsschutz für alle geliehenen, gepachteten oder geleasten Sachen, die durch den Versicherungsnehmer beschädigt werden. Eine Ausnahme: gemietete Gebäude (Wohnungen).

Übertragung von Krankheiten

Die Schäden, die aus der Übertragung von Krankheiten erwachsen, sind nicht Bestandteil der Privathaftpflicht. Das Gleiche gilt auch für alle Krankheiten, die von Tieren des Versicherungsnehmers übertragen werden, die in seinem Besitz sind oder die er verkauft hat.

Schäden aus Persönlichkeits-, Namensrechts- oder Urheberrechtsverletzungen

Ebenso sind Ansprüche aus dem Namens- oder Persönlichkeitsrecht ausgeschlossen, beispielsweise, wenn der Versicherte Texte ohne Zustimmung des Urhebers auf seiner Homepage präsentiert.

Schäden durch Diskriminierung, Belästigung o. Ä.

Nicht Bestandteil sind auch Schäden, die durch Diskriminierung, Anfeindungen oder Ähnliches beispielsweise in Vereinen entstanden sind.

Schäden bei Übermittlung elektronischer Daten

Ausgeschlossen sind auch alle Tätigkeiten, die im Zusammenhang mit dem Austausch, der Übermittlung oder der Unterdrückung von Daten geschehen. Kann jedoch der Versicherte nachweisen, dass er versehentlich wichtige Daten gelöscht hat und daraufhin Schäden entstanden sind, so ist dies im Versicherungsschutz enthalten. Auch Schäden, die beispielsweise durch Internetnutzung entstanden sind, gehören mit zum Deckungsumfang.

Gewässerschäden

Gewässer- und Umweltschäden sind von der Haftung in der Privathaftpflichtversicherung ausgeschlossen. Kleinere Öltanks sind allerdings über die besonderen Bedingungen im Versicherungsschutz der Privathaftpflichtversicherung häufig enthalten.

Schäden durch eigene Haustiere

Das Halten von zahmen Haustieren, gezähmten Kleintieren und Bienen ist abgesichert, für Hunde, Pferde oder wilde Tiere gilt der Schutz nicht. Nicht abgedeckt sind auch Schäden, die der Versicherte durch eigene Haustiere erleidet.

Schäden durch Ehrenamt

Ein Versicherungsausschluss gilt auch für öffentliche/hoheitliche ausdrücklich als ehrenamtliche Tätigkeit bezeichnete Ehrenämter sowie solche, bei denen es sich um eine sogenannte verantwortliche Tätigkeit handelt. Das Gleiche gilt für wirtschaftliche/soziale Ehrenämter mit beruflichem Charakter wie z. B. Betriebs- und Personalrat o. Ä.

Ohne Versicherungsschutz steht man allerdings auch dann häufig nicht da. Ehrenämter werden meist durch öffentlich-rechtliche Institutionen abgesichert und für Vereine gibt es zum Teil auch Spezialversicherungen.

! Überprüfen Sie vor Übernahme eines Ehrenamtes den Versicherungsschutz und die Haftungsfreistellung. Gerade wer eine Entscheidungsbefugnis hat, kann auch schnell mal einen (teuren) Fehler begehen. Einige Versicherer bieten auch den Einschluss des Ehrenamtes an.

Ehrenamtliche Tätigkeiten, bei denen der Versicherte nicht in verantwortungsvoller Position tätig ist, sind jedoch in der Regel im Schutz der Privathaftpflichtversicherung enthalten.

Sonderfall E-Bikes

Gerade auch bei der Generation 60plus sind E-Bikes oder Pedelecs beliebt. Nach Schätzung des Gesamtverbandes der Deutschen Versicherungswirtschaft (GDV) sind inzwischen mehr als 1 Mio. E-Bikes und Pedelecs im Straßenverkehr unterwegs. Doch nicht immer besteht ein Versicherungsschutz über die Haftpflicht, hier sollten Sie die Erläuterungen für den Versicherungstarif studieren. Grundsätzlich sind Elektrofahrräder bis zu 250 Watt und mit einer Höchstgeschwindigkeit von maximal 25 km/h durch Zusatzleistung des Motors bei den meisten Haftpflichtversicherern im Versicherungsschutz enthalten. Sie werden damit so gestellt wie unmotorisierte Fahrräder. Aufpassen muss man also bei einer Leistung von mehr als 250 Watt. Auch E-Pedelecs oder Speed-Pedelecs mit Geschwindigkeiten von teilweise bis zu 45 km/h müssen separat wie bei einem Mofa eine eigene Haftpflichtversicherung bekommen. Selbstverständlich sind Fahrräder mit Schiebehilfe im Versicherungspaket enthalten. Bei Rädern mit Anfahrunterstützung sollte der Versicherte jedoch einen Blick in seinen Haftpflichtversicherungsvertrag werfen, da es hier möglich ist, dass dies nicht durch den Versicherungstarif gedeckt ist.

C1 So erstellen Sie Ihre rechtssichere Patientenverfügung

1 Selbstbestimmung bis zum Tod

Ob Unfall oder schwere Erkrankung – es gibt zahlreiche medizinische Situationen, die einen Patienten in einen entscheidungsunfähigen Zustand versetzen können. Und das kann jeden jederzeit treffen. Plötzlich wie etwa ein schwerer Schlaganfall oder schleichend wie eine fortgeschrittene Demenz. Die Entscheidung darüber, wie es mit einem weitergehen soll, kann der Betroffene dann nicht mehr selbst treffen, Angehörige können und dürfen es ebenfalls nicht.

Mit einer Patientenverfügung – auch Patientenbrief oder Patiententestament genannt – haben Sie die Möglichkeit, das Dilemma zu lösen. Mit einer Patientenverfügung erleichtern Sie nicht nur Medizinern die Entscheidung, bestimmte Behandlungsmaßnahmen zu ergreifen oder zu unterlassen. Denn Ärzte und Pfleger sind grundsätzlich zu allen lebenserhaltenden Maßnahmen verpflichtet. Anders sieht es aus, wenn ein eindeutiger Patientenwille vorliegt. So ist der Abbruch lebenserhaltender Maßnahmen in diesem Fall für die handelnden Personen straffrei (BGH, Urteil vom 25. 6. 2010, 2 StR 454/09).

Damit der Patientenwille als eindeutig anerkannt wird, muss er formal und inhaltlich den gesetzlichen Vorschriften zur verbindlichen Patientenverfügung und inhaltlich den aktuellen Anforderungen der BGH-Rechtsprechung genügen. Deshalb sollten Sie auch bestehende Verfügungen auf ihre Wirksamkeit anhand der nachfolgenden Ausführungen überprüfen. Denn durch die hohen Anforderungen an den Inhalt der Verfügung ist ein Gutteil der bestehenden Verfügungen heute womöglich nicht mehr wirksam.

2 Gesetzliche Voraussetzung einer wirksamen Patientenverfügung

2.1 Der aktuelle Wille hat immer Vorrang

Die »verbindliche Patientenverfügung«, die in § 1901 a BGB gesetzlich geregelt ist, gibt Ihnen die Möglichkeit, in gesunden Tagen festzulegen, wie Sie medizinisch behandelt werden wollen, wenn Sie im Fall einer schweren Erkrankung später nicht mehr dazu in der Lage sind. Andernfalls laufen Sie Gefahr, dass man bei Ihnen alles medizinisch Mögliche versucht, um Sie am Leben zu halten, auch wenn Sie sich in einer finalen Lebensphase befinden. Denn dazu sind Ärzte und Pflegepersonal grundsätzlich verpflichtet.

Die Verfügung richtet sich in erster Linie an die Ärzte und das Pflegepersonal, aber auch an Ihre Angehörigen und eventuellen Betreuer. Schließlich ist Ihr engeres persönliches Umfeld gefordert, Ihren medizinischen Willen durchzusetzen, wenn Sie es nicht mehr können.

» **Beispiel:** Sie wollen auf keinen Fall über einen längeren Zeitraum künstlich mittels einer Magensonde ernährt werden. Nutzen Sie deshalb die Patientenverfügung, um Ärzte und Betreuer zu verpflichten, eine derartige Behandlung zu unterlassen, wenn Sie sie aus eigener Kraft nicht mehr ablehnen können.

Wichtig: Die Patientenverfügung wird nur berücksichtigt, wenn Sie wirklich nicht mehr in der Lage sind, Ihren Behandlungswillen zu äußern. Der **aktuelle Wille** eines einwilligungsfähigen Patienten **geht** der Patientenverfügung **immer vor!**

» **Beispiel:** Sie können aufgrund einer schweren Erkrankung keine Nahrung mehr auf normalem Wege aufnehmen, wollen aber dennoch so lange wie möglich weiterleben. In diesem Fall wird Ihnen trotz entgegenstehender Patientenverfügung eine Magensonde gelegt.

Es gibt **keine Alternative.** Sie können die Entscheidung über die Art und Weise der ärztlichen Behandlung keiner anderen Person – etwa durch eine Vorsorgevollmacht – übertragen. Es handelt sich um eine **höchstpersönliche Entscheidung,** für die Sie immer selbst verantwortlich bleiben.

2.2 Die formalen Seiten der Verfügung

Freiwilligkeit

Insbesondere, wenn Sie zur Behandlung in ein Krankenhaus oder ein Pflegeheim kommen, werden Sie heute obligatorisch danach gefragt, ob Sie eine Patientenverfügung verfasst haben. Daraus dürfen Sie nicht schließen, dass Sie dazu verpflichtet sind.

! Bestimmte Pflegeheime lehnen es aus religiösen, ethischen oder sonstigen Gründen ab, Patientenverfügungen zu beachten. Unter Umständen werden Sie bei vorhandener Verfügung nicht aufgenommen. Das ist zwar unzulässig, nützt Ihnen aber im Ernstfall wenig. In diesem Fall sollten Sie ein anderes Heim wählen. Erkundigen Sie sich deshalb, wie das von Ihnen gewählte Heim zu diesem Thema steht.

So erstellen Sie Ihre rechtssichere Patientenverfügung | **C1**

In der Regel ist die Frage nach Ihrer Patientenverfügung reine Routine. Dadurch wird sichergestellt, dass Ihr Wille im Fall des Falles, der schließlich nie ausgeschlossen werden kann, beachtet wird. Lassen Sie sich davon nicht unter Druck setzen.

! Nehmen Sie die Frage nach einer bestehenden Patientenverfügung, wenn nicht schon geschehen, zum Anlass, darüber nachzudenken. Sie brauchen aber nicht das angebotene Verfügungsformular zu verwenden.

Volljährigkeit des Verfassers

Der Verfasser einer Patientenverfügung muss volljährig sein. Er soll über die geistige und sittliche Reife verfügen, in Gesundheitsangelegenheiten wirklich eigenverantwortlich bestimmen zu können.

Ist ein verständiger **Minderjähriger** derart erkrankt, sind die gesetzlichen Vertreter, in der Regel die Eltern, gefordert. Sie müssen sich mit den behandelnden Ärzten auseinandersetzen, was das Beste für den Patienten ist.

Einwilligungsfähigkeit

Wer eine Patientenverfügung aufsetzen möchte, muss **nicht geschäftsfähig** sein. Es kommt lediglich auf die **Einwilligungsfähigkeit des Betroffenen** an. Deshalb kann im Einzelfall auch nur eine unter gesetzlicher Betreuung stehende Person eine Patientenverfügung abfassen, nicht etwa sein Betreuer. Das gilt selbst dann, wenn ein Betreuer vom Betreuungsgericht für den Aufgabenkreis »Gesundheitssorge« bestellt worden ist.

Einwilligungsfähig ist der Betroffene, wenn er Art, Bedeutung, Tragweite und auch die Risiken der Maßnahme zu erfassen und seinen Willen hiernach zu bestimmen vermag. Ausreichend ist die natürliche Einsichts- und Steuerungsfähigkeit.

» **Beispiel:** Ein schwer an Krebs erkrankter Patient lehnt es im Endstadium seiner Erkrankung ab, sich eine Magensonde legen zu lassen. Er will »endlich sterben« und schreibt das auch in einer Patientenverfügung so nieder. Mit der Magensonde wäre es aber möglich, ihn bis zu seinem Tod mit Flüssigkeit und Schmerzmitteln optimal zu versorgen. Auch hier ist grundsätzlich der Patientenwille entscheidend. Ausnahme: Der Patient ist durch die bisherige Schmerzmittelbehandlung in seiner Entscheidungsfähigkeit so beeinträchtigt, dass man von einer Entscheidungsunfähigkeit ausgehen muss. In derartigen Fällen wird der Patient so behandelt, als hätte er keine Verfügung abgefasst.

Aber auch hier dürfen **keine Zwangsmaßnahmen** gegen den erklärten Willen des Patienten in die Wege geleitet werden (BGH, Beschlüsse vom 20. 6. 2012, XII ZB 99/12 und XII ZB 130/12). In derartigen Fällen ist das Betreuungsgericht einzuschalten, das dann die Aufgabe hat, den mutmaßlichen Patientenwillen zu ermitteln.

Keine Beurkundungspflicht, Schriftform reicht

Eine Patientenverfügung muss schriftlich abgefasst und – um etwaige Zweifel auszuräumen – unterschrieben werden (§ 1901 a BGB). Das ist aber auch schon alles an Formvorschriften.

Nur wenn ein Patient körperlich nicht mehr in der Lage ist, selbst zu unterschreiben, weil er beispielsweise durch einen Schlaganfall **schreibunfähig** geworden ist, ist ein **Notar** hinzuzuziehen. Der beglaubigt dann das Handzeichen, mit dem der Patient die Verfügung unterzeichnet hat.

Handschriftlichkeit vom ersten bis zum letzten Wort wie bei einem eigenhändigen Testament ist ebenfalls nicht vorgeschrieben. Deshalb dürfen Sie eine Verfügung mit vorformulierten Textbausteinen verwenden. Diesen Mustertext brauchen Sie lediglich in den vorgegebenen Alternativen durch Ankreuzen zu konkretisieren und persönlich mit Ort und Datum zu unterschreiben.

Auch Zeugen sind bei der Errichtung nicht erforderlich. Diese Maßnahmen sind unter Umständen aber sinnvoll, da im Zweifel der mutmaßliche Wille des Verfügenden ermittelt werden muss. Die Beteiligten bei der Errichtung einer Patientenverfügung, insbesondere auch Zeugen, können hierüber Auskunft geben. Das darf auch Ihr Arzt sein (s. u.). Der kann dies jedenfalls besser beurteilen als ein Notar, der auch nur medizinischer Laie ist.

Kommt für Sie eine notarielle Beurkundung in Betracht, brauchen Sie sich von den Kosten nicht schrecken zu lassen. Die sind bei einer reinen Patientenverfügung mit € 60,– plus Mehrwertsteuer noch hinnehmbar. Der Geschäftswert für eine Patientenverfügung ist gem. § 36 Abs. 2 GNotKG nach billigem Ermessen zu bestimmen. Im Regelfall gehen Notare von einem Geschäftswert von € 5 000,– aus.

Achtung: Weil das Geschäft mit der bloßen Patientenverfügung für Notare oft nicht attraktiv ist, wird man Ihnen deshalb nahelegen, noch eine zusätzliche **Vorsorgevollmacht, die über das rein Medizinische hinausgeht,** notariell beurkunden zu lassen. Ob das in Ihrem konkreten Fall nötig ist, können Sie im folgenden Beitrag zur Vorsorgevollmacht nachlesen.

! Wer einen zweiten Wohnsitz im Ausland hat, sollte sich nach den dort geltenden Vorschriften in Sachen Patientenverfügung erkundigen und gegebenenfalls eine weitere Verfügung entsprechend den Landesvorschriften abfassen. So wird zum Beispiel eine (deutsche) Patientenverfügung, die die vorgegebenen, regional geltenden Formvorschriften nicht einhält, in Spanien nicht anerkannt.

Keine Pflicht zum Arztgespräch

Ein vorangehendes Beratungsgespräch mit einem Arzt ist ebenfalls nicht vorgeschrieben, aber schon wegen der verschiedenen medizinischen Fragen im Zusammenhang mit der Verfügung sinnvoll. Selbst wenn Sie unter Abschnitt V umfangreiche medizinische Erläuterungen zu den typischen Verfügungsinhalten finden, ist das individuelle Arzt-Patienten-Gespräch zu diesem Thema immer eine gute Ergänzung. Hinzu kommt, dass sich medizinische Erkenntnisse stets im Wandel befinden.

Am einfachsten ist es deshalb, wenn Sie der Patientenverfügung immer ein Beratungsgespräch mit einem Arzt Ihres Vertrauens vorausgehen lassen. Der Arzt kann im Zweifel bestätigen, dass Sie zum fraglichen Zeitpunkt einwilligungsfähig waren.

Das Ganze wird allerdings nicht von Ihrer Krankenversicherung bezahlt. Sie müssen sich deshalb auf Kosten zwischen € 25,- und € 50,- einstellen, die Ihnen der Arzt in Rechnung stellt. Manche Ärzte verlangen sogar mehr. Fragen Sie vorher, was für das Beratungsgespräch berechnet wird, bevor Sie sich darauf einlassen. Bei langjährigen guten Patienten wird der Arzt vielleicht sogar auf eine private Rechnungsstellung verzichten.

Ein ausführliches Arztgespräch zum Thema Patientenverfügung hat den weiteren Vorteil, dass der Arzt in Zweifelsfällen vom Betreuungsgericht angehört wird.

» **Beispiel:** Die Angehörigen einer nach einem Narkoseunfall im Koma liegenden Patientin sind sich nicht einig, ob weitere lebensverlängernde Maßnahmen eingestellt werden sollen, obwohl eine Patientenverfügung vorliegt. Hier kann der beratende Arzt, der mit der Patientin die Verfügung seinerzeit besprochen hat, helfen, den wahren Willen der Patientin festzustellen.

Keine Aktualisierungspflicht

Die Patientenverfügung wird nicht automatisch nach einer bestimmten Zeit ungültig, solange Sie sie nicht widerrufen. Sinnvoll, aber nicht vorgeschrieben ist es, die Patientenverfügung in nicht allzu langen Zeitabständen zu erneuern bzw. durch eine erneute Unterschrift zu aktualisieren. Dadurch dokumentieren Sie, dass Sie Ihren ursprünglichen Willen nach wie vor aufrechterhalten wollen. Machen Sie das nicht, besteht die Gefahr, dass eine Verfügung, die älter als zwei Jahre ist, möglicherweise nicht beachtet wird.

! Wenn Sie mit der regelmäßigen Aktualisierung einmal angefangen haben, sollten Sie damit nicht aufhören. Auch dann besteht die Gefahr, dass Ihre Verfügung nicht beachtet wird. Wegen der ausbleibenden Bestätigungen können Zweifel daran aufkommen, ob Sie noch daran festhalten wollen bzw. ob Sie sich zuletzt noch darüber im Klaren waren, was Sie verfügt hatten.

Haben Sie Ihre Patientenverfügung in gesunden Tagen verfasst, empfiehlt es sich, die Verfügung auf jeden Fall bei Ausbruch einer schweren Erkrankung noch einmal zu überdenken, gegebenenfalls an die neue Situation anzupassen und mit Datum und Unterschrift zu aktualisieren – am besten nach Rücksprache mit dem behandelnden Arzt. Erfahrungsgemäß ändert sich in derartigen Fällen oft die Einstellung zu Krankheit und Tod.

Keine Reichweitenbegrenzung

Eine Patientenverfügung muss auch dann beachtet werden, wenn der Tod nicht unmittelbar bevorsteht (BGH, Beschluss vom 17. 9. 2014, XII ZB 202/13). Das ist insbesondere in Wachkomafällen oder bei weit fortgeschrittenen Demenzerkrankungen bedeutsam. Wünschen Sie für diesen Fall den Verzicht auf lebenserhaltende Maßnahmen, ist das grundsätzlich zu respektieren.

! Sogenannte christliche Patientenverfügungen sehen das nicht vor. Wollen Sie keine Einschränkung Ihrer Verfügung auf den unmittelbaren Sterbevorgang, sollten Sie das bei der Formulierung des Textes unbedingt berücksichtigen.

Jederzeitige Widerrufbarkeit

Eine Patientenverfügung kann jederzeit formlos widerrufen werden (§ 1901 a Abs. 1 Satz 3 BGB). Zwar muss die für die anstehende Behandlung maßgebende Festlegung in der Patientenverfügung in schriftlicher Form vorliegen, dennoch ist der Widerruf der Patientenverfügung jederzeit **ohne Formerfordernisse** wirksam. Der Widerruf der Patientenverfügung kann auch mündlich oder durch nonverbales Verhalten (etwa durch Zerreißen der Patientenverfügung) erfolgen. Erforderlich ist nur, dass die Willensänderung hinreichend deutlich zum Ausdruck kommt.

Kein Bevollmächtigungszwang

Da sich die Patientenverfügung direkt an die behandelnden Ärzte und das Pflegepersonal wendet, brauchen Sie in der Verfügung keine Person zur Durchsetzung Ihres Willens zu bevollmächtigen. Aber die Erfahrung zeigt, dass es besser ist, wenn jemand von Anfang an da ist, der Ihren Willen umsetzt. Andernfalls besteht die Gefahr, dass erst das Betreuungsgericht angerufen werden muss, um einen Betreuer zu bestellen. Dieser Vorgang kann sehr zeitraubend sein.

Am besten bestimmen Sie schon in der Patientenverfügung selbst die Person, die diese Aufgabe für Sie wahrnimmt. Das kann neben nahen Angehörigen der Hausarzt, ein Anwalt, ein Vertreter Ihrer Kirchengemeinde oder jemand vom Pflegedienst sein. Deshalb sehen praktisch alle Musterpatientenverfügungen eine Rubrik vor, in der Sie »vorsorglich« eine Person benennen, die sich im Fall des Falles mit den behandelnden Ärzten auseinandersetzt. Informieren Sie die ausgewählte Person.

! Bedenken Sie bei der Auswahl der bevollmächtigten Person, dass diese sich im Fall der Fälle womöglich nicht in der Lage sieht, die emotionale Last und Verantwortung für den endgültigen Tod der Mutter, des Vaters, des Partners, Geschwisterteils etc. zu tragen. Viele kommen nicht damit zurecht, dass ein ihnen nahestehender Mensch aus dem Leben scheidet, und versuchen ihn, solange es geht, bei sich zu halten.

Eindeutigkeit des Patientenwillens

Der Gesetzgeber hat ausdrücklich festgelegt, dass der Patientenwille, der unter den oben genannten Bedingungen festgehalten worden ist, **absolute Verbindlichkeit** hat – auch gegen die Indikationsstellung des Arztes und die persönlichen Wertvorstellungen von Angehörigen und gegebenenfalls Betreuer. Der in der Patientenverfügung geäußerte **Wille** für die konkrete Situation ist sowohl für behandelnde Ärzte, Pfleger und Heime als auch für Bevollmächtigte und Betreuer **bindend**.

Keiner dieser Beteiligten darf eine Entscheidung gegen den in der Patientenverfügung getroffenen Willen treffen. Das heißt, eine **situationsgenaue Patientenverfügung** ist absolut verbindlich. Immer vorausgesetzt, die Verfügung ist situationsgenau. Ist dies nicht gegeben, wird der Patient zunächst so behandelt, als gebe es keine Verfügung (BGH, Beschluss vom 6. 7. 2016, XII ZB 61/16).

> **Beispiel:** Eine nach einem Schlaganfall seit Jahren im Koma liegende Patientin wird über eine Sonde mit Nahrung und Medikamenten versorgt. In ihrer Patientenverfügung heißt es zwar, dass unter anderem dann, wenn aufgrund von Krankheit oder Unfall ein schwerer Dauerschaden des Gehirns zurückbleiben würde, »lebensverlängernde Maßnahmen unterbleiben« sollten. Das reicht aber nach höchstrichterlicher Rechtsprechung nicht, um lebensverlängernde Maßnahmen abzubrechen. Die Formulierung ist zu allgemein gehalten.

Wichtig: Selbst wenn eine Verfügung aufgrund mangelnder Eindeutigkeit nicht anerkannt wird, bedeutet das aber noch lange nicht, dass der Wille des Patienten nicht beachtet wird. Wie in diesen Fällen vorgegangen wird, lesen Sie im nächsten Abschnitt. Besser ist es allerdings, wie unten empfohlen, die Verfügung so präzise wie möglich zu formulieren.

2.3 Wenn keine eindeutige Regelung oder gar keine Patientenverfügung vorliegt

Der Patientenwille muss ermittelt werden

Ist keine Patientenverfügung vorhanden bzw. treffen die Festlegungen der Patientenverfügung nicht auf die aktuelle Lebens- und Behandlungssituation zu, müssen Behandlungswunsch und mutmaßlicher Wille des Patienten anderweitig ermittelt werden.

Erst dann kann entschieden werden, ob eine ärztliche Maßnahme durchgeführt wird. Bei der Ermittlung des mutmaßlichen Willens sind insbesondere frühere mündliche oder schriftliche Äußerungen des Patienten heranzuziehen. Dazu zählen insbesondere seine ethischen und religiösen Überzeugungen, aber auch alle sonstigen persönlichen Wertvorstellungen.

Deshalb wird auch eine Patientenverfügung aus der Zeit vor Inkrafttreten der gesetzlichen Neuregelung beachtet (BGH, Urteil vom 25. 6. 2010, 2 StR 454/09). Das gilt selbst dann, wenn diese seinerzeit nicht formgerecht abgefasst worden ist, weil sie beispielsweise nicht richtig unterschrieben wurde, oder weil sie den derzeitigen inhaltlichen Anforderungen nicht mehr entspricht. Schließlich gilt es, den wahren Patientenwillen zu ermitteln.

Das ist Aufgabe des (gegebenenfalls erst zu bestellenden) Betreuers bzw. der bevollmächtigten Person, keinesfalls die des behandelnden Arztes. Dabei dürfen die persönlichen Wertvorstellungen des Betreuers bzw. Bevollmächtigten nicht zugrunde gelegt werden.

! Da sich der mutmaßliche Patientenwille nicht ohne Weiteres feststellen lässt, sollten Sie beim Abfassen Ihrer Patientenverfügung immer ergänzen, aufgrund welcher persönlichen Wertvorstellungen über Leben und Tod Sie Ihre konkreten Behandlungswünsche so und nicht anders geäußert haben. Machen Sie das insbesondere dann, wenn Sie vorformulierte Textbausteine für Ihre Verfügung verwenden – und zwar am besten handschriftlich.

Wenn Sie sich nicht sicher sind, was Sie hier schreiben sollen, halten Sie fest, was Sie zum Beispiel noch von der Zukunft erwarten, welche Erfahrungen Sie schon mit schweren Erkrankungen oder anderen Schicksalsschlägen gemacht haben, ob Sie es ertragen können, auf fremde Hilfe angewiesen zu sein und welche Rolle Religion für Sie spielt.

Weiterbehandlung bei nicht feststellbarem Willen

Für diesen Fall hat der Gesetzgeber keine Regelung getroffen. Hier gilt der Grundsatz »in dubio pro vita«, im Zweifel für das Leben. Das bedeutet aber nicht, dass betroffene Patienten jede nur erdenkliche Behandlung erhalten. Kein Arzt ist verpflichtet, medizinische Maßnahmen zu ergreifen, die er nicht für indiziert hält.

Dennoch müssen Sie gerade in den typischen Wachkomafällen davon ausgehen, dass der betroffene jahrelang mittels künstlicher Ernährung und entsprechender Pflege am Leben gehalten wird.

3 Wann ist das Betreuungsgericht einzuschalten?

3.1 Der Betreuungsrichter entscheidet nur im Konfliktfall

Verweigert ein Betreuer oder eine bevollmächtigte Person aufgrund der Patientenverfügung eine Untersuchung, eine Heilbehandlung oder einen ärztlichen Eingriff,

- obwohl die Maßnahme aus ärztlicher Sicht angezeigt ist, und
- besteht die Gefahr, dass der Patient aufgrund dessen einen schweren oder länger dauernden gesundheitlichen Schaden erleidet oder sogar stirbt,

muss das Betreuungsgericht angerufen werden (§ 1904 Abs. 2 BGB).

Nur bei Meinungsverschiedenheiten über die weitere Behandlung entscheidet der Richter. Dieser muss dann versuchen, den mutmaßlichen Willen des Patienten zu ermitteln. Sind sich Betreuer bzw. bevollmächtigte Person untereinander oder im Verhältnis zum behandelnden Arzt dagegen einig, braucht das Gericht nicht angerufen zu werden. Wird es dennoch angerufen, weil sich die Beteiligten nicht sicher sind, erteilt es ein sogenanntes Negativattest, dass eine gerichtliche Genehmigung nicht erforderlich ist.

Wichtig: Dasselbe gilt, wenn der Bevollmächtigte oder Betreuer zunächst in lebenserhaltende Maßnahmen zugestimmt hat, weil er glaubte, dies entspreche dem Willen des Patienten, nun aber ein Ende der Maßnahmen erreichen will. Hier ist eine richterliche Genehmigung ebenfalls nur dann erforderlich, wenn der behandelnde Arzt anderer Meinung ist.

3.2 Wenn kein Betreuer bestellt worden ist

Die beste Patientenverfügung nützt nichts, wenn niemand da ist, der Ihren Willen umsetzt. Selbst Ehepartner oder Kinder können nur dann rechtsverbindlich für Sie entscheiden, wenn sie als Bevollmächtigte dazu von Ihnen beauftragt oder wenn sie als rechtlicher Betreuer vom Gericht eingesetzt sind.

In der Regel wird der Betreuer ein naher Angehöriger oder eine geeignete Person Ihres Vertrauens sein. Selbstverständlich sollten Sie die ausgesuchte Person über diese Aufgabe informieren. Das machen Sie am besten, indem Sie ihr eine Kopie der von Ihnen beiden unterschriebenen Original-Patientenverfügung aushändigen.

Wenn Sie im Rahmen Ihrer Patientenverfügung keine Person bevollmächtigen, Sie zu vertreten bzw. existiert keine wirksame Verfügung, geht es nicht ohne Betreuungsgericht. Das bestellt dann einen Betreuer für Sie, der sich um die Durchsetzung Ihres Patientenwillens kümmert. Dadurch kann viel Zeit verloren gehen.

4 Wie detailliert müssen die Verfügungen sein?

4.1 Informieren Sie sich über die verschiedenen medizinischen Ausgangssituationen

Um eine Patientenverfügung interessengerecht und wirksam abzufassen, sollten Sie sich auch über die hier relevanten medizinischen Fragen informieren. Im Folgenden finden Sie deshalb wichtige Informationen zu den typischen Krankheitssituationen, die durch eine Patientenverfügung abgedeckt werden können.

Gehirnschädigung

Ist eine Gehirnschädigung weit fortgeschritten, sodass sie mit dem Verlust der Fähigkeit, Einsichten zu gewinnen, Entscheidungen zu treffen und mit anderen Menschen in Kontakt zu treten, einhergeht, handelt es sich häufig um Zustände von Dauerbewusstlosigkeit oder um wachkomaähnliche Krankheitsbilder. Diese gehen mit einem vollständigen oder weitgehenden Ausfall der Großhirnfunktionen einher. Diese Patienten sind nicht mehr in der Lage, bewusst zu denken, gezielte Bewegungen auszuführen oder Kontakt zu anderen Menschen aufzunehmen. Gleichzeitig sind lebenswichtige Körperfunktionen wie Atmung, Darm- oder Nierentätigkeit noch vorhanden. Auch die Fähigkeit zu Empfindungen ist nicht ausgeschlossen.

Wachkoma-Patienten sind bettlägerig, pflegebedürftig und müssen künstlich mit Nahrung und Flüssigkeit versorgt werden. In seltenen Fällen können sich auch bei Wachkoma-Patienten nach mehreren Jahren noch günstige Entwicklungen einstellen, die ein weitgehend eigenständiges Leben erlauben. Eine sichere Voraussage, ob die betroffene Person zu diesen wenigen gehören wird oder zu denen, die ihr Leben lang als Pflegefall betreut werden müssen, ist bislang nicht möglich.

Bei Gehirnschädigungen infolge eines weit fortgeschrittenen Hirnabbauprozesses, wie sie am häufigsten bei Demenzerkrankungen (z.B. Alzheimer-Erkrankung) eintreten, werden im Verlauf der Erkrankung die Patienten zunehmend unfähiger, Einsichten zu gewinnen und mit ihrer Umwelt verbal zu kommunizieren. Die Fähigkeit zu Empfindungen bleibt dagegen erhalten. Im Spätstadium erkennt der Kranke selbst nahe Angehörige nicht mehr und ist schließlich auch nicht mehr in der Lage, trotz Hilfestellung Nahrung und Flüssigkeit auf natürliche Weise zu sich zu nehmen.

Schmerzlindernde Behandlung

Wenn es um die Frage der fachgerecht lindernden Behandlung einschließlich der Gabe von Morphin geht, sollten Sie wissen, dass diese in der Regel nicht lebensverkürzend wirkt. Nur in Extremsituationen kann gelegentlich die notwendige Dosis von Schmerz- und Beruhigungsmitteln so hoch sein, dass eine geringe Lebenszeitverkürzung eintritt (sog. erlaubte indirekte Sterbehilfe).

Hunger und Durst

Hunger und Durst als subjektive Empfindungen zu stillen, zählt zu jeder lindernden Therapie. Viele schwerkranke Menschen haben kein Hungergefühl. Das gilt praktisch für alle Sterbenden und wahrscheinlich auch für Wachkoma-Patienten.

Das Durstgefühl ist bei Schwerkranken zwar länger als das Hungergefühl vorhanden, aber künstliche Flüssigkeitsgabe hat nur sehr begrenzten Einfluss darauf. Das Durstgefühl kann besser durch Anfeuchten der Atemluft und durch fachgerechte Mundpflege gelindert werden.

Die Zufuhr großer Flüssigkeitsmengen bei Sterbenden kann schädlich sein, weil sie unter anderem zu Atemnotzuständen infolge von Wasseransammlung in der Lunge führen kann.

Wiederbelebende Maßnahmen

Wiederbelebungsmaßnahmen mindern das Leiden nicht. Sie dienen der Lebenserhaltung. Gelegentlich können bei geplanten medizinischen Eingriffen wie z. B. Operationen kurzfristig Probleme auftreten, die sich durch Wiederbelebungsmaßnahmen beheben lassen, ohne dass es zu Folgeschäden kommt.

4.2 Verfügungen so präzise wie möglich formulieren

Allgemein gehaltene Verfügung nicht ausreichend

Nach Möglichkeit sollte eine Patientenverfügung den genauen Wunsch festhalten, welche Maßnahmen die behandelnden Ärzte bei welchem zu erwartenden Krankheitsverlauf für den Fall der Entscheidungsunfähigkeit des Patienten treffen bzw. unterlassen sollen. Liegt ein medizinischer Befund bei einer Erkrankung vor, ist es sinnvoll, auf dieses konkrete Krankheitsbild und dessen Verlauf einzugehen.

Für den Fall, dass kein spezifisches Krankheitsbild beim Abfassen der Patientenverfügung vorliegt, sollte diese so präzise wie möglich gehalten werden. Das heißt, auch hier sind zwei verschiedene Fallkonstellationen zu unterscheiden:

- Zum einen kann der Wunsch nach einem Behandlungsabbruch in bestimmten Situationen festgehalten werden. Dabei ist zusätzlich die Einsicht festzuhalten, dass dies unmittelbar zum Tode führen kann.

- Zum anderen kann der Wunsch auf Fortführung einer Behandlung und auf medizinische Maximalbetreuung niedergelegt werden.

! Vermeiden Sie Allgemeinplätze wie »unwürdiges Dahinvegetieren«, »Apparatemedizin« oder »ich will nicht an Schläuchen hängen«. Das macht die Verfügung unter Umständen völlig wertlos. Auch eine allgemeine Äußerung wie »Ich wünsche keine lebenserhaltenden Maßnahmen« ist viel zu unkonkret. So müssen Sie beispielsweise darlegen, dass Sie den Abbruch einer künstlichen Ernährung in einer bestimmten Behandlungssituation wünschen und diese auch konkret benennen.

Ergänzen Sie Ihre Verfügung, auch schon bestehende, soweit dies Ihrem Wunsch entspricht, um folgenden Passus:

Auch wenn der Tod nicht unmittelbar bevorsteht (z. B. Komafälle), wünsche ich sterben zu dürfen, und verlange:
- keine künstliche Ernährung (weder über eine Sonde durch den Mund, die Nase oder die Bauchdecke noch über die Vene) und
- keine Flüssigkeitsgabe (außer zur Beschwerdelinderung).

Dann sind Sie auf der sicheren Seite, was die aktuelle BGH-Rechtsprechung anbetrifft.

4.3 Aktive Sterbehilfe ist nach wie vor tabu

Aktive Sterbehilfe wird strafrechtlich verfolgt. Die Grenzen sind aber oft fließend. Als aktive Sterbehilfe bezeichnet man die Verkürzung des verlöschenden Lebens durch eine aktive Einflussnahme auf den Krankheits- und Sterbeprozess vor Eintritt des Hirntodes. Wer eine solche aktive Handlung durchführt und damit letztlich den Tod des Patienten verursacht, macht sich unabhängig vom Vorliegen einer entsprechenden Patientenverfügung gemäß § 216 StGB strafbar.

Zulässig ist dagegen die Gabe von Schmerzmitteln oder anderen Medikamenten, wenn sie zur Leidensminderung medizinisch angezeigt sind und der Patient bzw. sein Bevollmächtigter oder Betreuer ihrer Verabreichung zustimmt. Das gilt auch in den Fällen, in denen diese Medikamente als unbeabsichtigte Nebenwirkung das Leben des Patienten verkürzen können (sog. indirekte Sterbehilfe).

Anders sieht es dagegen aus, wenn eine Patientenverfügung in bestimmten Krankheitsfällen einen Behandlungsabbruch verlangt. Diese passive Sterbehilfe ist nicht nur zulässig, sie muss bei wirksamer Verfügung auch geleistet werden.

So ist eine gezielte Schmerzlinderung dann straflos, wenn sie nicht nur zu einer Bewusstseinstrübung führt, sondern auch eine lebensverkürzende Wirkung mit sich bringt. Eine palliativmedizinische Behandlung ist sogar ärztliche Pflicht, wenn der Patient im Sterben liegt.

Selbst eine Schmerztherapie, die mit einer lebensverkürzenden Auswirkung als unbeabsichtigte Nebenfolge einhergeht, ist straffrei und kann unproblematisch in einer Patientenverfügung gewünscht werden.

Diese sogenannte indirekte Sterbehilfe soll ein Sterben in Würde und Schmerzfreiheit entsprechend dem erklärten oder mutmaßlichen Patientenwillen ermöglichen.

4.4 Kein Anspruch auf Maximalbehandlung

Der Wunsch nach medizinischer Maximalbehandlung kann nur im Rahmen des generellen Heil- und Pflegeauftrags eines Arztes bindend sein. Sind die Maßnahmen nicht mehr medizinisch indiziert, kann ein Arzt auch durch eine Patientenverfügung nicht dahin gehend gezwungen werden.

5 Wie Sie die Patientenverfügung am besten aufbewahren

Vorschriften gibt es hierzu keine, aber die Patientenverfügung muss den behandelnden Ärzten im Original vorliegen. Sie sollten sie deshalb so verwahren, dass sie jederzeit auffindbar ist. Eine Verwahrung bei den Betreuungsgerichten ist grundsätzlich nicht möglich.

! Stellen Sie sicher, dass Ihr Hausarzt und/oder nahe Angehörige von der Existenz und dem Aufbewahrungsort wissen und die Patientenverfügung den behandelnden Ärzten zuleiten können. So wird Ihr Arzt eine Kopie der Verfügung zu Ihren sonstigen Behandlungsunterlagen nehmen.

Ebenfalls hilfreich ist ein Hinweiskärtchen für den Geldbeutel, auf dem Sie festhalten, dass und wo eine Patientenverfügung niedergelegt ist. Soweit Sie aber noch dazu in der Lage sind, sollten Sie z. B. bei der Aufnahme in ein Krankenhaus von sich selbst aus auf die bestehende Patientenverfügung hinweisen. Normalerweise werden Sie auch danach gefragt.

Bei notariell beurkundeten oder beglaubigten Vorsorgevollmachten und Betreuungsverfügungen, die auch eine Patientenverfügung enthalten, besteht die Möglichkeit, diese im Zentralen Vorsorgeregister zu hinterlegen. Dieses befindet sich in öffentlich-rechtlicher Trägerschaft bei der Bundesnotarkammer. Auch als Privatperson können Sie diese Möglichkeit nutzen. Näheres zu dem Verfahren und den Kosten erfahren Sie unter:

www.vorsorgeregister.de

Bundesnotarkammer
Zentrales Vorsorgeregister
Postfach 080151
10001 Berlin
Telefon: 030 / 38 38 660
Fax: 030 / 38 38 66 77

kostenlose Servicenummer: 0800 / 35 50 500
Mo.–Do. 7:00–17:00 Uhr, Fr. 7:00–13:00 Uhr

C2 So sorgen Sie mit einer Vorsorgevollmacht für den Ernstfall vor

1 Warum die Vorsorgevollmacht für alle sinnvoll ist

1.1 Eine Patientenverfügung reicht nicht

Junge wie alte Menschen können plötzlich durch einen Unfall oder eine Krankheit in eine Situation geraten, in der sie nicht mehr entscheidungsfähig und somit auf fremde Hilfe angewiesen sind. Für diesen Fall gilt es, vorzusorgen. Deshalb sollten Sie sich beizeiten mit dem Problem befassen, nicht erst, wenn es schon zu spät ist. Mit einer **Patientenverfügung**, ist es allerdings nicht allein getan. Denn nicht nur über medizinische Maßnahmen muss in derartigen Fällen entschieden werden, sondern ganz normale Alltagsprobleme sind zu bewältigen – vom Bankgeschäft bis hin zu Behördengängen usw. Kurz: Jeder braucht jemanden, der in dieser Situation effektiv handelt.

Dieser Fall ist deshalb auch rechtlich geregelt – im **Betreuungsrecht**. Das heißt, im Fall des Falles wird das **Betreuungsgericht** angerufen, um für den Betroffenen einen Betreuer zu bestellen. Diese missliche Situation lässt sich aber in den meisten Fällen vermeiden, indem man rechtzeitig mit den erforderlichen Vollmachten vorsorgt.

Dazu hat sich im Laufe der letzten Jahre die sogenannte **Vorsorgevollmacht** als das geeignete und allgemein anerkannte Mittel entwickelt.

Achtung: Verwechseln Sie die Vorsorgevollmacht, um die es hier geht, nicht mit der Vollmacht, die Sie unter Umständen im Zusammenhang mit einer Patientenverfügung erteilt haben. Die gilt nur in medizinischen Angelegenheiten. Auch wenn viele Vorsorgevollmachten eine Bevollmächtigung zur Gesundheitssorge/Pflegebedürftigkeit beinhalten, ersetzt das wiederum nicht die Patientenverfügung. Am besten regeln Sie die sehr persönlichen medizinischen Behandlungswünsche in einer separaten Patientenverfügung.

1.2 Eine Betreuerbestellung lässt sich vermeiden

Während sich die Patientenverfügung direkt an die behandelnden Ärzte wendet und sich im Wesentlichen auf medizinische Maßnahmen beschränkt, geht die Vorsorgevollmacht weiter. Sie dient dazu, eine Person zu bevollmächtigen, die sich einerseits um alle finanziellen (**sog. vermögensrechtlichen**) Angelegenheiten kümmert und darüber hinaus Entscheidungen über ärztliche Behandlungen, Pflegemaßnahmen und sonstige im Rahmen einer Pflege oder Betreuung erforderlichen Maßnahmen (**sog. persönliche Angelegenheiten**) an Ihrer Stelle trifft.

Mit der Vorsorgevollmacht haben Sie die Möglichkeit, weiter selbstbestimmt zu leben, indem Sie eine Person Ihres Vertrauens beauftragen, im Notfall Sie bzw. Ihre Interessen zu vertreten, eben dann, wenn Sie sich selbst nicht mehr vertreten können.

> **!** Es ist ein weitverbreiteter Irrtum, dass sich Eheleute bei Geschäften oder auch in medizinischen Angelegenheiten gegenseitig vertreten können oder dass gar nahe Angehörige das können. Das geht bei Eheleuten nur begrenzt und bei Angehörigen gar nicht. Nur Eltern vertreten ihre minderjährigen Kinder von Gesetzes wegen.

Wer solch eine umfassende Vertretung wünscht, muss eine Vorsorgevollmacht abfassen oder zumindest mit einer Betreuungsverfügung dafür sorgen, dass das Gericht eine bestimmte Person zum Betreuer bestellt.

Wichtig: Die Vorsorgevollmacht geht normalerweise einer gerichtlichen Betreuerbestellung vor. Das heißt, mit einer Vorsorgevollmacht können Sie verhindern, durch womöglich vollkommen fremde Personen wie etwa einen Berufsbetreuer rechtlich vertreten zu werden. Das Gericht darf eine einmal **erteilte Vollmacht nicht übergehen** (BGH, Beschluss vom 7. 3. 2012, XII ZB 583/11).

Kommt es zum Betreuungsverfahren, weil es zum Beispiel von dritter Seite angeregt worden ist, muss die bevollmächtigte Person die **Vorsorgevollmacht dem Gericht vorlegen**. Deshalb sollte sie am besten in schriftlicher Form mit Unterschrift und Datum vorliegen.

Auch wenn dem einen oder anderen die Person des Bevollmächtigten nicht gefällt, kann die Wahl nicht ohne Weiteres infrage gestellt werden, indem man ein **Sachverständigengutachten ohne konkreten Anlass** beantragt. Das ist nur erforderlich, wenn Zweifel an einer freien Willensentscheidung des Vollmachtgebers bestehen. In allen anderen Fällen ist ein derartiges Verfahren schon wegen der stigmatisierenden Wirkung eines solchen Gutachtens im Verhältnis zu Dritten unzulässig (BGH, Beschluss vom 18. 3. 2014, XII ZB 370/14).

> **!** Die Vorsorgevollmacht ist nicht beschränkt auf den Fall, dass Sie aufgrund geistiger Einschränkungen nicht mehr in der Lage sind, eigenverantwortlich zu handeln. Auch wenn Sie zum Beispiel aufgrund einer Gehbehinderung Ihre Angelegenheiten nicht mehr voll wahrnehmen können, ist sie ein geeignetes Mittel.

2 Wie Sie eine wirksame Vorsorgevollmacht erteilen

2.1 Rechtliche Voraussetzungen

Wichtig ist, dass derjenige, der die Vollmacht ausstellt, zum Zeitpunkt der Ausstellung **geschäftsfähig** ist, andernfalls ist die Vollmacht nicht wirksam. Die bloße **Einwilligungsfähigkeit** wie bei der Patientenverfügung reicht hier nicht. Geschäftsfähigkeit ist die Fähigkeit, mit freiem Willen rechtlich bindende Willenserklärungen abzugeben, etwa um Verträge zu schließen.

Es gibt **keine Formvorschriften**. Weder ist es erforderlich, die Vollmacht schriftlich abzufassen noch notariell beurkunden zu lassen. Es müssen **keine Zeugen** hinzugezogen werden. Theoretisch würde es reichen, wenn Sie beispielsweise die infrage kommenden Vertragspartner mündlich informieren. Theoretisch!

! Sinnvoll und somit empfehlenswert ist es dennoch, die Vollmacht schriftlich zu erteilen und sicherzustellen, dass die bevollmächtigte Person die Vollmacht im Bedarfsfall im Original vorlegen kann. Das heißt nicht, dass die Urkunde sofort ausgehändigt werden muss. Das können Sie machen, brauchen es aber nicht. Schließlich liegt hierin eine gewisse Missbrauchsgefahr.

Auf jeden Fall sollte die Vollmacht bei Bedarf schnell auffindbar sein. Nur so hat ein Gegenüber (z. B. ein Heimträger) die Möglichkeit, die Bevollmächtigung schnell und problemlos zu überprüfen.

Bei Vollmachten zur Abwicklung umfangreicher Geschäfte ist es dagegen schon wegen des erhöhten Beweiswerts sinnvoll, die Vollmacht notariell beurkunden zu lassen oder zumindest die Unterschrift amtlich beglaubigen zu lassen. Andernfalls ist damit zu rechnen, dass die Bevollmächtigung nicht anerkannt wird, auch wenn sie es eigentlich müsste.

! Wollen Sie in puncto Akzeptanz auf Nummer sicher gehen und zumindest Ihre Unterschrift amtlich beglaubigen lassen, geht das auch ohne Notar. Die kommunalen Betreuungsbehörden dürfen Unterschriften und Handzeichen unter Vorsorgevollmachten und Betreuungsverfügungen öffentlich beglaubigen. Die Beglaubigung durch den Urkundsbeamten der Betreuungsbehörde steht einer Beglaubigung durch den Notar gleich.

Wichtig: Sollen unter Umständen Grundstücksgeschäfte durch den Bevollmächtigten abgewickelt werden, geht an der notariellen Beurkundung kein Weg vorbei. Dabei muss es gar nicht immer um den Verkauf oder eine sonstige Übertragung einer Immobilie gehen. Oft sind auch andere Grundstücksverfügungen plötzlich erforderlich, die nur mit notariell beurkundeter Vollmacht möglich sind.

> **Beispiel:** Ein Ehepaar ist jeweils zur Hälfte Eigentümer des gemeinsam bewohnten Hauses. Durch einen Schlaganfall wird die Frau von einem auf den anderen Tag entscheidungs- und somit geschäftsunfähig. Um den behindertengerechten Umbau des Hauses finanzieren zu können, muss der Mann eine Hypothek aufnehmen. Ohne eine notariell beurkundete Vorsorgevollmacht ist das nicht ohne Weiteres möglich. In diesem Fall muss erst ein Betreuer für Vermögensangelegenheiten vom Gericht bestellt werden.

Wie das Beispiel deutlich macht, sollten Sie bei Immobilieneigentum unbedingt eine Vorsorgevollmacht erteilen – und zwar eine notariell beurkundete!

Weitere Vorteile der notariellen Beurkundung:

– Rechtliche Beratung bei der Formulierung.
– Feststellung der Geschäftsfähigkeit des Vollmachtgebers; auch wenn der Notar kein Arzt ist, gelten seine Feststellungen als starkes Indiz.
– Möglichkeit, bei Verlust des Originals weitere Ausfertigungen zu erhalten, das heißt Kopien des Originals, die das Original im Rechtsverkehr ersetzen.
– Banken müssen die Vollmacht akzeptieren, auch wenn sie bankinterne Vollmachten bevorzugen.

Allerdings ist das Ganze nicht kostenlos. Die Notarkosten richten sich immer nach dem sogenannten Geschäftswert. Bei einem Vermögen von € 50 000,– beträgt die Gebühr etwa € 240,–, bei € 200 000,– etwa € 470,–, jeweils zuzüglich Mehrwertsteuer. Die Notargebühren fallen nur einmalig an. Ein ärztliches Gutachten ist nicht notwendig. Auch bei sehr großen Vermögen ist die anfallende Notargebühr auf etwa € 2 500,– begrenzt. Die rechtliche Beratung ist im Preis inbegriffen.

> **!** Wenn Sie eine Rechtsschutzversicherung haben, werden die Notarkosten möglicherweise im Rahmen des Beratungsrechtsschutzes im Erb- und Familienrecht von der Versicherung erstattet. Erkundigen Sie sich gegebenenfalls vor der Beurkundung bei Ihrem Versicherer.

Die Beglaubigung durch die für Sie zuständige Betreuungsbehörde kostet vermögensunabhängig nur € 10,– (§ 6 v BgBG).

Spielen Immobilien bzw. Verfügungen darüber bei Ihnen keine Rolle, weil Sie keinen Grundbesitz haben, können Sie vorformulierte Vollmachtsmuster verwenden, soweit sie inhaltlich für Sie geeignet sind. Der Text kann, muss aber nicht vollständig eigenhändig geschrieben werden. Auf jeden Fall sollten Sie die Vollmachtsurkunde mit Ort und Datum versehen und natürlich unterschreiben. Die Unterschrift der bevollmächtigten Person ist nicht erforderlich, schadet aber auch nicht.

! Privat erstellte Vorsorgevollmachten werden von Banken und Sparkassen ungern akzeptiert. Die meisten Kreditinstitute akzeptieren nur Vollmachten, die unter Verwendung der bankeigenen Vollmachtsformulare erstellt werden oder notariell beurkundet worden sind. Das sollten Sie vorab mit der Bank klären. Lassen Sie die Vollmacht am besten von der zuständigen Betreuungsbehörde beglaubigen.

2.2 Die Auswahl der zu bevollmächtigenden Person

Bevollmächtigen Sie nur eine Person Ihres Vertrauens

Das Wichtigste an einer Vorsorgevollmacht ist die richtige Auswahl des Bevollmächtigten. Deshalb werden Sie in der Regel einen Angehörigen auswählen. Bedenken Sie dabei, dass die bevollmächtigte Person nicht nur Ihr absolutes Vertrauen genießen, sondern darüber hinaus geeignet sein muss, die ihr übertragenen Aufgaben erledigen zu können.

Wer in geschäftlichen Dingen vollkommen unerfahren ist, kommt daher weniger infrage. Ein entsprechender **Sachverstand** und ausreichendes **Durchsetzungsvermögen** zur Erledigung aller Aufgaben sind erforderlich. Man denke zum Beispiel allein an die Schwierigkeiten bei der richtigen Geldanlage, wenn es um die Vermögensbetreuung geht.

! Auch wegen eines möglichen Missbrauchs der Vollmacht muss die Auswahl des Bevollmächtigten sorgfältig erfolgen! Denn eine staatliche Kontrolle wie bei einem gerichtlich bestellten Betreuer findet nicht statt. Grundvoraussetzung für einen geeigneten Bevollmächtigten ist deshalb ein gegenseitiges und nach Möglichkeit ein schon über einen längeren Zeitraum bestehendes Vertrauensverhältnis zwischen Ihnen und dem Bevollmächtigten.

Insbesondere dann, wenn es um Vollmachten zum persönlichen Lebensbereich geht, sollte der Bevollmächtigte Ihre Grundeinstellung und Ihre Wünsche kennen und Verständnis dafür aufbringen. Beachten Sie dabei, dass es bei verwandtschaftlichen und freundschaftlichen Bindungen in gewissen Entscheidungssituationen zu einem Konflikt zwischen den Interessen des Vollmachtgebers und des Bevollmächtigten kommen kann.

» **Beispiel:** Ihre Tochter bringt es nicht übers Herz, Sie in der geschlossenen Abteilung des Pflegeheims unterbringen zu lassen, obwohl Sie aufgrund einer fortschreitenden Demenz zur »Heimflucht« neigen und sich dadurch wegen Ihrer Diabeteserkrankung schon des Öfteren selbst in Lebensgefahr gebracht haben.

! Bevor Sie eine bestimmte Person bevollmächtigen, sollten Sie sich außerdem überlegen, ob etwa Altersgründe oder ein zu weit entfernter Wohnsitz dagegen sprechen könnten. Und klären Sie, ob Ihr Wunschkandidat überhaupt diese verantwortungsvolle Aufgabe übernehmen möchte.

Bei der Auswahl des Bevollmächtigten sind außerdem die gesetzlichen Voraussetzungen zu beachten. Das heißt, der Bevollmächtigte muss eine **geeignete Person** sein. Eine geschäftsunfähige Person kann nicht Bevollmächtigter werden. Im Übrigen reichen aber bloße Zweifel am Charakter oder den intellektuellen Möglichkeiten nicht aus, um eine Person vom Betreuungsgericht für ungeeignet erklären zu lassen. Anders sieht es dagegen aus, wenn die bevollmächtigte Person zum Beispiel schon wegen Vermögensdelikten straffällig geworden und von Ihnen zur Vermögensbetreuung bestimmt worden ist.

Probleme kann es auch geben, wenn Sie jemanden aussuchen, der in einem **Abhängigkeitsverhältnis** oder in einer anderen engen Beziehung zu einer Anstalt, einem Heim oder einer sonstigen Einrichtung steht, in der der Vollmachtgeber untergebracht ist oder wohnt. Selbst wenn diese Personen nicht generell davon ausgeschlossen sind, als Bevollmächtigte tätig zu werden, kann im Einzelfall seitens des Betreuungsgerichts ein Betreuer bestellt werden. Das kommt vor, wenn sich beispielsweise aufgrund von Informationen durch Dritte herausstellt, dass die Bevollmächtigung Ihren Interessen zuwiderläuft.

Auch mehr als eine Person darf bevollmächtigt werden

In manchen Fällen ist es sinnvoll, für unterschiedliche Aufgabenbereiche verschiedene Personen zu bevollmächtigen.

So sorgen Sie mit einer Vorsorgevollmacht für den Ernstfall vor | C2

» **Beispiel:** Sie wollen Ihre Tochter bevollmächtigen, sich im Vorsorgefall um Ihre persönlichen Angelegenheiten zu kümmern, da sie nicht voll berufstätig ist und mehr Zeit hat als Ihr Sohn. Ihr Sohn erscheint Ihnen dagegen als Bankmitarbeiter für Vermögensangelegenheiten geeigneter. Hier besteht die Möglichkeit, für den persönlichen Bereich die Tochter mit einer Vorsorgevollmacht auszustatten und für den Vermögensbereich den Sohn.

Ebenfalls möglich ist es, **mehrere Personen** mit demselben Aufgabenbereich zu bevollmächtigen. **Nachteil:** Die Bevollmächtigten müssen sich stets einig sein, was zu tun ist. Das kann im Einzelfall zu Problemen führen und will gut überlegt sein, wenn Interessenkonflikte zu erwarten sind.

» **Beispiel:** Sie bevollmächtigen Ihre beiden Söhne per notarieller Urkunde, Sie im Vorsorgefall in Vermögensangelegenheiten zu vertreten. Als der Verkauf des Hauses ansteht, um die Kosten für das Pflegeheim für Sie abzudecken, will einer der Söhne nicht zustimmen.

Auch für den Fall, dass die von Ihnen bevollmächtigte Person zum Zeitpunkt, in dem der Vorsorgefall eintritt, selbst nicht in der Lage ist, Sie zu vertreten, oder es aus welchen Gründen auch immer nicht will, gilt es, vorzusorgen. Deshalb empfiehlt es sich, eine **Ersatzperson** zu benennen, die bei Bedarf einspringt.

» **Beispiel:** Sie und Ihre Frau haben sich gegenseitig mit einer Vorsorgevollmacht ausgestattet, die gemeinsame Tochter haben Sie zur Ersatzbevollmächtigten bestimmt. Als Sie beide bei einem Verkehrsunfall schwere Verletzungen erleiden, können Sie sich nicht gegenseitig vertreten. Hier kann die Ersatzperson sofort einspringen.

Beachten Sie bei einer Ersatzbevollmächtigung aber, diese in der Vollmachtsurkunde nicht als solche zu bezeichnen. Das könnte sonst dazu führen, dass ein Gegenüber den »Ersatzfall« nicht gleich anerkennt und die Ersatzperson zunächst handlungsunfähig ist, bis die Situation geklärt ist.

! Regeln Sie den »Ersatzfall« intern und erteilen Sie beiden Personen nach außen eine uneingeschränkte Vollmacht.

Sie können zusätzlich festlegen, dass die bevollmächtigte Person **Untervollmachten** erteilen darf, um bei eigener Verhinderung eine Vertretung zu haben. Das will aber gut überlegt sein. Hier wissen Sie schließlich nicht, wer für Sie handelt. Unter Umständen ist eine Untervollmacht aber auch unerlässlich, wenn etwa Spezialkenntnisse erforderlich sind.

| 241

> **Beispiel:** Ihre mit der Vermögensverwaltung betraute Tochter fühlt sich mit der Verwaltung Ihrer vermieteten Wohnungen überfordert und möchte eine professionelle Wohnungsverwaltungsfirma einschalten.

Wie Sie den Missbrauch der Vollmacht verhindern

Vorbeugend kommt es zum Schutz vor Missbrauch insbesondere darauf an, eine besonders vertrauenswürdige Person zum Bevollmächtigten zu ernennen. Bei der Gestaltung der Vollmacht sollten Sie außerdem darauf achten, dass die Befugnisse des Bevollmächtigten genau festgelegt sind.

Um einen künftigen Streit zu vermeiden, gilt es auch, zu regeln, ob der Bevollmächtigte beispielsweise eine Vergütung erhalten soll oder Vermögen des Vollmachtgebers für sich selbst verwenden darf.

Solange Sie geschäftsfähig sind, können Sie die Vollmacht jederzeit **formlos** widerrufen. Lassen Sie sich in diesem Fall unbedingt die Originalurkunde zurückgeben. Das gilt auch für die notariell beurkundete.

! Zusätzlich oder alternativ kann es sinnvoll sein, Dritte (Banken, Gericht) über den Widerruf zu informieren.

Sind Sie selbst nicht mehr in der Lage, den Bevollmächtigten zu überwachen, bestellt unter Umständen das Betreuungsgericht einen **Kontroll- oder Vollmachtsbetreuer**. Das ist jedoch nur dann möglich, wenn der konkrete Verdacht vorliegt, dass der Bevollmächtigte bewusst zum Nachteil des Vollmachtgebers handelt (BGH, Beschluss vom 1. 8. 2012, XII ZB 438/11).

> **Beispiel:** Der Ehemann einer entscheidungsunfähigen Frau will vollkommen überraschend das gemeinsame Haus auf die familienfremde Pflegekraft der Frau übertragen. Die Kinder des Ehepaares haben den Verdacht, dass der Mann von der Pflegekraft unzulässig unter Druck gesetzt worden ist. Sie wenden sich an das Betreuungsgericht und stellen einen Antrag auf Kontrollbetreuung.

Der Kontrollbetreuer kann hier gegebenenfalls die **Vollmacht widerrufen** und Schadensersatzansprüche geltend machen.

Wichtig: Auch wenn Angehörigen die Erteilung einer Vorsorgevollmacht an eine bestimmte Person nicht immer gefällt, kann nicht ohne konkreten Anhaltspunkt ein **psychiatrisches Gutachten** beim Betreuungsgericht beantragt werden, um die Zurechnungsfähigkeit des Vollmachtgebers überprüfen zu lassen. Das ist schon allein wegen der **stigmatisierenden Außenwirkung** für den Betroffenen unzulässig (BGH, Beschluss vom 18. 3. 2014, XII ZB 370/14).

Auf alle Fälle steht das **Wohl des Betreuten** bzw. Vollmachtgebers im Vordergrund. Streitigkeiten zwischen den Angehörigen über die richtige Vertretung des Betroffenen können deshalb zur Entziehung der Vorsorgevollmacht führen (BGH, Beschluss vom 7. 8. 2013, XII ZB 671/12).

» **Beispiel:** Im entschiedenen Fall hatte eine Frau ihrer einen Tochter eine umfassende Vorsorgevollmacht erteilt. Die andere Tochter wollte das hintertreiben. Obwohl die nicht bevollmächtigte Tochter davon profitierte, wurde der bevollmächtigten Tochter die Vollmacht vom Gericht entzogen, um weitere Streitigkeiten zulasten der Mutter zu verhindern.

3 Welche Inhalte können festgelegt werden?

3.1 Sinn und Zweck der Vollmacht sind entscheidend

Vorsorgevollmacht ist nicht gleich Vorsorgevollmacht. Sie haben die Möglichkeit der **Einzelvollmacht** oder der **Generalvollmacht**.

! Achten Sie darauf, die Vollmacht nach außen hin nicht als Vorsorgevollmacht zu bezeichnen. Denn gerade weil diese nur für den Fall Ihrer Entscheidungs- bzw. Handlungsunfähigkeit gelten soll, besteht die Gefahr, dass ein Gegenüber diese Bedingung erst einmal nachgewiesen haben will. Das macht die bevollmächtigte Person im Notfall handlungsunfähig. Sie erreichen damit das Gegenteil von dem, was die Vorsorgevollmacht eigentlich will. Beschränken Sie sich deshalb auf eine interne Abmachung, wann die Vollmacht zum Einsatz kommen soll. Die kann dann gegebenenfalls dem Betreuungsgericht vorgelegt werden.

Streichen Sie deshalb in älteren Mustertexten noch gebräuchliche Formulierungen wie »Der Bevollmächtigte darf erst von der Vollmacht Gebrauch machen, wenn der Vollmachtgeber selbst nicht mehr handeln kann.«.

Einzelvollmacht

Sollen nur einzelne Aufgaben erfüllt werden, kann für jede Aufgabe eine einzelne Vollmacht erteilt werden. Typischer Fall ist hier die **Kontovollmacht** oder die Vollmacht in Verbindung mit einer Patientenverfügung.

Einzelvollmachten haben den Nachteil, dass unter Umständen für die nicht abgedeckten Bereiche eine gerichtliche Betreuerbestellung erforderlich wird.

Das können Sie mit einer umfassenden Generalvollmacht vermeiden. Die darf aber nicht pauschal formuliert sein, sondern muss die verschiedenen Bereiche differenziert benennen.

Generalvollmacht

Soll eine vollständige Übertragung aller Angelegenheiten erfolgen, kommt eine umfassende Generalvollmacht zur Regelung aller vermögensrechtlichen und persönlichen Angelegenheiten infrage. Selbstverständlich kann eine Vollmacht auch nur zur Vertretung in allen vermögensrechtlichen Angelegenheiten oder nur zur Vertretung in allen persönlichen Angelegenheiten erteilt werden.

Wichtig ist, dass Sie alle in Ihrem konkreten Fall infrage kommenden Bereiche abdecken, um nicht doch am Ende für diese Bereiche einen Betreuer durch das Betreuungsgericht bestellt zu bekommen.

3.2 Die Inhalte im Einzelnen

Erteilen Sie keine »Generalvollmacht«, indem Sie die bevollmächtigte Person pauschal mit Ihrer Vertretung »in allen Angelegenheiten« beauftragen. Besser ist es, den Umfang und die einzelnen Bereiche, für die die Bevollmächtigung gelten soll, möglichst detailliert aufzuführen. Dazu zählen vor allen Dingen die Vermögensverwaltung und persönliche Angelegenheiten wie Gesundheitsfragen, Pflegebedürftigkeit und Aufenthalts- und Wohnungsangelegenheiten.

Umfang und Ende der Vollmacht

Je nach Sinn und Zweck der Vollmacht kann diese auf eine Gültigkeit zu Lebzeiten begrenzt werden, über den Tod hinaus ihre Gültigkeit behalten bzw. erst mit dem Tod gültig werden. Daher kann eine Vorsorgevollmacht auch eine **transmortale Vollmacht** sein, die zu Lebzeiten und noch nach dem Tod des Vollmachtgebers gilt (OLG Karlsruhe, Urteil vom 14. 9. 2015, 11 Wx 71 / 15).

Sie bleibt sogar wirksam, wenn der Vollmachtgeber einen **Testamentsvollstrecker** eingesetzt hat (OLG München, Urteil vom 15. 11. 2011, 34 Wx 388 / 11).

》 **Beispiel:** Im entschiedenen Fall hatte sich der bevollmächtigte Ehemann nach dem Tod seiner Ehefrau seinen Vermächtnisanspruch auf Übertragung der Immobilie selbst erfüllt. Das Grundbuchamt lehnte die Eintragung des Ehemannes als neuen Eigentümer ab und forderte die Genehmigung durch den Testamentsvollstrecker. Die ist hier aber nicht erforderlich.

Die Vollmacht wird in solchen Fällen nicht eingeschränkt. Sie steht eigenständig neben der Testamentsvollstreckung.

! Soll die Vollmacht über den Tod hinaus gelten, nehmen Sie dies am besten ausdrücklich in die Urkunde mit auf.

Grundsätzlich bestimmen Sie, wie weit die Befugnisse des Bevollmächtigten reichen sollen. Mit **Ausnahme** der sogenannten **höchstpersönlichen Rechtsgeschäfte** wie Eheschließung, Testamentserrichtung und dem Wahlrecht darf die bevollmächtigte Person somit alle Rechtsgeschäfte vornehmen, die Sie selbst hätten vornehmen können.

Wenn es nur darum geht, ein eigenhändig errichtetes Testament in die amtliche Verwahrung zu geben, reicht die Vorsorgevollmacht aus (OLG München, Beschluss vom 25. 6. 2012, 31 Wx 213/12). Hierfür ist auch keine notarielle Beurkundung der Vollmacht erforderlich.

» **Beispiel:** Im entschiedenen Fall hatte eine Frau eine Vorsorgevollmacht erteilt. Die Vollmacht sah unter anderem die »Vertretung gegenüber Behörden und Gerichten und zur Verwaltung des Vermögens sowie die Vornahme aller hierzu notwendigen Rechtsgeschäfte« vor. Als die bevollmächtigte Person das privatschriftliche Testament der Frau in die amtliche Verwahrung geben wollte, lehnte das Amtsgericht dies ab. Zu Unrecht.

Achtung: Mit der Vollmacht erhält der Bevollmächtigte nicht automatisch die Erlaubnis, Ihr Vermögen für eigene Zwecke zu verwenden. Eine Vollmacht ist keine Schenkung.

! Soll der Bevollmächtigte sich auch selbst beschenken dürfen – z. B. Gelder von Konten zu eigenen Gunsten verwenden dürfen –, muss ihm das ausdrücklich im Rahmen der Vollmacht gestattet werden. Das sogenannte In-sich-Geschäft ist durch § 181 BGB untersagt. Lassen Sie sich gegebenenfalls juristisch von einem Rechtsanwalt oder Notar beraten.

Wer sich oft im **Ausland** aufhält oder sogar dort einen Zweitwohnsitz unterhält, sollte bedenken, dass die Vorsorgevollmacht dort womöglich nicht ausreicht. So reicht beispielsweise zur Nachlassabwicklung in Spanien eine Vorsorge- und Generalvollmacht nicht aus, selbst wenn die Weitergeltung über den Tod hinaus angeordnet wurde. Nach spanischem Recht endet eine Vollmacht automatisch mit dem Tod des Vollmachtgebers.

Vermögensverwaltung

Die einzelnen Befugnisse des Bevollmächtigten müssen nicht einzeln aufgezählt werden. Trotzdem sollten die wesentlichen Vermögensbereiche, auf die sich die Vollmacht bezieht, ausdrücklich angesprochen werden.

Weil sich eine **Befugnis zur gerichtlichen Vertretung** und zur Vornahme von Prozesshandlungen nicht automatisch aus einer Vertretungsbefugnis im rechtsgeschäftlichen Bereich ergibt, sollte diese ebenfalls ausdrücklich erteilt werden.

Prüfen Sie auch, ob Sie die Befugnis erteilen wollen, Schenkungen vorzunehmen und in Ihrem Namen mit sich selbst Rechtsgeschäfte abzuschließen (vgl. auch unseren Tipp zum Umfang der Vollmacht).

Orientieren Sie sich am besten an folgender **Checkliste,** wenn Sie sich nicht sicher sind, welche vermögensrechtlichen Bereiche durch die Vollmacht abgedeckt sein sollen:

Checkliste: Welche vermögensrechtlichen Bereiche soll Ihre Vollmacht abdecken?

– Soll Ihre bevollmächtigte Person Ihr Vermögen verwalten und alle Rechtsgeschäfte in diesem Zusammenhang, insbesondere Vermögens-, Steuer-, Renten-, Sozial-, Erb- und sonstige Rechtsangelegenheiten vornehmen dürfen?

– Soll Ihre bevollmächtigte Person Verträge aller Art in Ihrem Namen abschließen dürfen?

– Soll sich die Bevollmächtigung auch auf Grundstücksgeschäfte erstrecken?

– Soll Ihr Bevollmächtigter berechtigt sein, Sie bei Banken, Behörden, Versicherungen, Renten- und anderen Sozialleistungsträgern zu vertreten?

– Soll Ihr Bevollmächtigter Verbindlichkeiten eingehen dürfen?

– Wollen Sie, dass Ihr Bevollmächtigter berechtigt ist, Schenkungen vorzunehmen?

Persönliche Angelegenheiten

Die Befugnisse des Bevollmächtigten in persönlichen Angelegenheiten orientieren sich an den gesetzlich geregelten Befugnissen eines Betreuers. Grundsätzlich ist es zulässig, dem Bevollmächtigten die **Entscheidungsbefugnis** darüber zu übertragen,

– ob ärztliche Untersuchungen und Behandlungen vorgenommen oder Heilbehandlungen abgebrochen werden sollen;

- ob Maßnahmen der Unterbringung in einer geschlossenen Einrichtung oder einer geschlossenen Station sowie freiheitsentziehende oder beschränkende Maßnahmen (z. B. das Anbringen von Bettgittern, das Fixieren mit einem Gurt, die Verabreichung von Schlafmitteln und Psychopharmaka) und alle sonstigen Maßnahmen, die den Vollmachtgeber daran hindern, sich frei zu bewegen, zu ergreifen sind. **Achtung:** Bei diesen sehr weit gehenden Maßnahmen muss das Betreuungsgericht trotz Vorsorgevollmacht eingeschaltet werden. Das Bundesverfassungsgericht hält hier eine Kontrolle durch das Gericht für unerlässlich (BVerfG, Beschluss vom 10. 6. 2015, 2 BvR 1967/12);

- wo sich der Vollmachtgeber aufhalten und mit wem dieser Kontakt haben darf;

- ob er in ein Pflegeheim, Hospiz, Krankenhaus oder in eine ähnliche Einrichtung aufzunehmen ist;

- ob die bisherige Wohnung aufgelöst werden soll.

! Als Vollmachtgeber sollten Sie die Vollmacht unter anderem dazu nutzen, alle Ihre höchstpersönlichen Belange so zu regeln, dass Sie Ihre bisherigen Lebensgewohnheiten im Rahmen des tatsächlich Möglichen auch in Zukunft beibehalten können. Typischer Fall: Sie möchten auch im Pflegeheim bestimmte Möbelstücke oder Bilder verwendet wissen.

Eine genaue Unterscheidung zwischen dem vermögensrechtlichen und persönlichen Bereich einer Vollmacht ist vielfach nicht möglich. Oft hängt das eine mit dem anderen zusammen. So wird beispielsweise bei der Frage, ob eine Rehabilitationsmaßnahme durchgeführt werden soll, nicht nur Ihre persönliche Vorstellung eine Rolle spielen, sondern auch die Finanzierung. Und damit sind sowohl Fragen des vermögensrechtlichen als auch des persönlichen Bereichs betroffen. Deshalb kann es sinnvoll sein, für den vermögensrechtlichen Bereich zumindest auch dem bloß »persönlichen Betreuer« Befugnisse einzuräumen.

4 Welche Pflichten hat der Bevollmächtigte?

Ein Bevollmächtigter erhält im Rahmen seiner Tätigkeit oft umfangreiche Rechte eingeräumt, damit er für seinen Auftraggeber effektiv handeln kann. Allerdings hat er auch Pflichten: Alles, was er als Bevollmächtigter erhält, muss er an den Vollmachtgeber herausgeben. Damit der Vollmachtgeber nicht die Kontrolle verliert, hat er gegenüber dem Bevollmächtigten ein umfassendes Auskunftsrecht, welche Geschäfte dieser mit der Vollmacht vornimmt.

Im Zweifel muss der Bevollmächtigte über alle getätigten Geschäfte Rechnungen vorlegen. Verstirbt der Vollmachtgeber, können auch die Erben diese **Rechnungslegung** noch im Nachhinein verlangen.

Ausnahme: Es handelt sich um regelmäßig getätigte Kontoabhebungen von Geldern, die für das tägliche Leben des Vollmachtgebers erforderlich waren. Das gilt insbesondere, wenn jahrelang wegen des Vertrauensverhältnisses keine Abrechnungen oder Quittungen vorgelegt werden mussten (OLG Schleswig, Urteil vom 18. 3. 2014, 3 U 50/13).

! Soll der Bevollmächtigte von einer Rechnungslegung befreit werden, regeln Sie das am besten ausdrücklich in der Vollmacht. Ohne eine solche Befreiung ist dem Bevollmächtigten dringend geraten, ein Kassenbuch über Barabhebungen zu führen. Sonstige Ausgaben sind mit Rechnungen, Quittungen oder sonstigen Belegen festzuhalten.

5 Wie die Vollmacht aufbewahrt werden sollte

Die Vollmacht hat nur dann Sinn, wenn die von Ihnen bevollmächtigte Person im Ernstfall Zugriff darauf hat – und zwar auf das **Original**. Eine Kopie reicht nicht. Deshalb sollten Sie einen geeigneten Aufbewahrungsort aussuchen und natürlich den Bevollmächtigten entsprechend informieren. Selbstverständlich ist es Ihnen unbenommen, die Urkunde sofort dem Bevollmächtigten auszuhändigen. Das sollten Sie aber nur machen, wenn wirklich kein Missbrauch zu befürchten ist.

Notariell beurkundete oder beglaubigte Vorsorgevollmachten und Betreuungsverfügungen werden im **Zentralen Vorsorgeregister** hinterlegt. So ist sichergestellt, dass im Fall des Falles das Betreuungsgericht frühzeitig von der Vollmacht erfährt. Ein fremder Betreuer wird dann normalerweise nicht mehr bestellt.

Als Privatperson können Sie ebenfalls diese Möglichkeit nutzen. Näheres zu dem Verfahren und den Kosten finden Sie unter:

www.vorsorgeregister.de
oder
Bundesnotarkammer
Zentrales Vorsorgeregister
Postfach 08 01 51
10001 Berlin
Telefon 030 / 38 38 66 0
Fax 030 / 38 38 66 77

oder unter der kostenlosen Servicenummer
0800 / 35 50 500
Mo.–Do. 7:00–17:00 Uhr, Fr. 7:00–13:00 Uhr.

Es werden nur Ihre Daten (Name und Adresse von Ihnen und der bevollmächtigten Person) registriert. Die Vollmacht selbst wird nicht in Berlin hinterlegt. Die Gebühren betragen weniger als € 20,–.

6 Betreuungsverfügung statt Vorsorgevollmacht?

6.1 Was macht den Unterschied?

Wenn Sie keine Person Ihres Vertrauens mit der Wahrnehmung Ihrer persönlichen und finanziellen Angelegenheiten beauftragt haben oder die beauftragte Person aus welchen Gründen auch immer für diese Aufgabe nicht infrage kommt, bestellt das Betreuungsgericht bei Bedarf auf Antrag oder von Amts wegen einen Betreuer für Sie.

In diesem Fall berücksichtigt das Gericht bei der Auswahl des Betreuers trotzdem Ihren Willen. Das heißt, der Betreuungsrichter wird Sie persönlich anhören, solange das noch geht. Ist das nicht mehr möglich, können Sie trotzdem Einfluss nehmen, indem Sie durch eine sogenannte **Betreuungsverfügung** festlegen, wen Sie als Betreuungsperson wünschen.

Ihre Wünsche werden dann berücksichtigt, wenn Ihre Wahl nicht Ihrem Wohl widerspricht. Dies wird vom Gericht überprüft.

In eine Vorsorgevollmacht kann auch die Bestimmung aufgenommen werden, dass der Bevollmächtigte der gesetzliche Betreuer werden soll, wenn trotz der Vollmacht eine Betreuung notwendig werden sollte.

| 249

> **!** Bevor Sie eine Person in der Betreuungsverfügung benennen, sollten Sie sich ebenso wie bei der Vorsorgevollmacht überlegen, ob etwa Altersgründe oder ein zu weit entfernter Wohnsitz dagegensprechen könnten.

Außerdem sollten Sie sich über einen wesentlichen **Unterschied** zwischen **Vorsorgevollmacht** und **Betreuungsverfügung** im Klaren sein. Die Vorsorgevollmacht setzt auf staatlich nicht kontrolliertes Vertrauen. Anders als beim Betreuer. Der ist rechenschaftspflichtig. Trotzdem kommt es auch hier zu Missbrauchsfällen, die allerdings leichter auffallen. Der Schaden ist aber erst einmal entstanden.

Wichtig: Die Betreuungsverfügung kommt erst zum Tragen, wenn das Betreuungsgericht es aus gesundheitlichen Gründen für erforderlich hält, dass eine andere Person für Sie handelt. Darin liegt ein wesentlicher Nachteil der Betreuungsverfügung, denn ein Betreuungsverfahren braucht immer seine Zeit. Mit einer Vorsorgevollmacht kann sofort in Ihrem Sinne gehandelt werden.

Formvorschriften gibt es ebenfalls keine. Doch empfiehlt es sich generell, die Verfügung **schriftlich** abzufassen. Selbstverständlich können Sie damit auch zum Notar gehen. Hier gilt im Prinzip dasselbe wie bei der Vorsorgevollmacht. Deshalb auch hier die Empfehlung, das eine mit dem anderen zu kombinieren, wie Sie dem Beispiel für eine Vorsorgevollmacht im nachfolgenden Abschnitt entnehmen können.

Im Gegensatz zur Vorsorgevollmacht können bei der Betreuungsvollmacht **erhebliche Kosten** entstehen, die grundsätzlich der Betreute zu zahlen hat. So erhält ein Berufsbetreuer mit Hochschul- oder Fachhochschulausbildung z. B. derzeit € 44,– **pro Stunde** im Rahmen einer Vergütungspauschalierung. Der ehrenamtliche Betreuer, also ein Freund oder Familienangehöriger, erhält eine Aufwandspauschale von derzeit € 399,– pro Jahr, auf die natürlich auch verzichtet werden kann.

Dagegen darf ein weiterer **Vorteil der Vorsorgevollmacht** nicht unterschätzt werden. Sie dient nämlich in vielen Fällen der Absicherung der Erben. Denn Erbstreitigkeiten führen oftmals dazu, dass über das Nachlassvermögen, insbesondere die Konten, nicht verfügt werden kann. Das gesamte Vermögen liegt somit brach.

Mithilfe einer **Vollmacht**, die **über den eigenen Tod hinaus** wirksam ist (sog. transmortale Vollmacht), lässt sich das verhindern. Denn der Bevollmächtigte kann auch ohne Erteilung eines Erbscheins über das Nachlassvermögen verfügen. So wird sichergestellt, dass z. B. Beerdigungskosten problemlos beglichen werden können und das Vermögen weiter verwaltet werden kann.

» **Beispiel:** Eine kinderlose Witwe, die über einen großen Bestand an Mietshäusern verfügt, möchte, dass der Anwalt ihres Vertrauens auch nach ihrem Tod das Vermögen bis zur endgültigen Nachlassabwicklung weiter betreut. Sie erteilt ihm deshalb eine Vorsorgevollmacht über ihren Tod hinaus.

6.2 Wie Sie die Betreuungsverfügung am besten aufbewahren

Grundsätzlich gilt auch hier, dass die Betreuungsverfügung im Fall einer notwendigen Betreuerbestellung sofort beim Betreuungsgericht abgeliefert werden kann. In einigen Bundesländern besteht derzeit die Möglichkeit, eine Betreuungsverfügung direkt beim Betreuungsgericht zu hinterlegen. Informieren Sie sich bei Ihrem Amtsgericht, ob das bei dem für Sie zuständigen Gericht auch in Betracht kommt.

Außerdem sollte die benannte Person informiert sein. Das machen Sie am besten, indem Sie ihr eine Kopie bzw. das Original aushändigen. Darüber hinaus haben Sie ebenso wie bei der Vorsorgevollmacht die Möglichkeit, die Verfügung beim Zentralen Vorsorgegericht zu hinterlegen.

7 Weitere sinnvolle Vollmachten

7.1 Bankvollmacht

Eine Vorsorgevollmacht für Vermögensangelegenheiten des Vollmachtgebers berechtigt den Bevollmächtigten auch dann zu einer Verfügung über ein Bankkonto des Vollmachtgebers, wenn für dieses keine gesonderte Bankvollmacht erteilt worden ist (LG Detmold, Urteil vom 14. 1. 2015, 10 S 110/14). Dennoch akzeptieren viele Banken nur eine Vollmacht, die auf ihren hauseigenen Formularen ausgefüllt ist. Diese kann dann neben der Vorsorgevollmacht oder einer gerichtlich angeordneten Betreuung bestehen.

! Bevor Sie sich auf lange Auseinandersetzungen mit der Bank einlassen, verwenden Sie solange noch die bankinternen Vordrucke. Auf die zitierte Entscheidung sollten Sie sich dennoch berufen, wenn der Vorsorgefall eingetreten ist, das heißt, wenn der Vollmachtgeber nicht mehr in der Lage ist, eine Bankvollmacht zu erteilen.

C2 | So sorgen Sie mit einer Vorsorgevollmacht für den Ernstfall vor

Klären Sie auf alle Fälle mit der Bank, ob sie Vollmachten in einer Vorsorgevollmacht oder Generalvollmacht anerkennt und ob eine Kopie dieser Vollmacht bei der Bank hinterlegt werden muss.

Diese Bankvollmacht gilt normalerweise zu Lebzeiten des Vollmachtgebers und regelt weitgehende Befugnisse für den Bevollmächtigten, insbesondere

– Verfügung über das jeweilige Guthaben auf dem Konto,

– Errichtung weiterer Konten und Depots,

– Inanspruchnahme von bereits eingeräumten Krediten,

– Überziehung des Kontos bis zur Höhe des Dispositionskredits,

– An- und Verkauf von Wertpapieren und

– Zugriff auf Schließfächer und Verwahrgegenstände.

Die Vollmacht gilt auch dann noch, wenn dem Vollmachtgeber ein Betreuer zur Seite gestellt wird, der zugleich für die Vermögenssorge zuständig ist. Der Betreuer muss sich – wenn er die Vollmacht löschen will – mit der Bank in Verbindung setzen und gegebenenfalls die Genehmigung des Betreuungsgerichts einholen.

Auch hier gilt: Aufgrund der weitreichenden Befugnisse sollte sich der Vollmachtgeber genau überlegen, wen er als Bevollmächtigten benennt.

Wenn Sie wollen, dass die bevollmächtigte Person über Ihren Tod hinaus handeln kann, haben Sie die Möglichkeit, die **Bankvollmacht über den Tod hinaus** zu erteilen. Das erreichen Sie mit der sogenannten **transmortalen Vollmacht,** die bereits zu Ihren Lebzeiten gilt. Die Erben haben aber das Recht, diese Vollmacht zu widerrufen. Selbst der Widerruf eines der Erben einer Erbengemeinschaft reicht hierzu aus.

Anders die sogenannte **postmortale Vollmacht.** Diese wird erst dann wirksam, wenn der Vollmachtgeber verstorben ist. Der Bevollmächtigte hat erst dann Verfügungsmöglichkeit über das Konto, wenn er sich durch einen Ausweis legitimiert und eine Sterbeurkunde des Vollmachtgebers vorweisen kann. Diese Vollmacht kann ebenfalls von den Erben widerrufen werden.

7.2 Postvollmacht

Auch die Post händigt nicht jeder in Ihrem Haushalt oder gar in der Nachbarschaft lebenden Person Postsendungen an Sie aus. Dafür ist eine Postvollmacht erforderlich. Beim Ausstellen einer Postvollmacht sollte klar definiert werden, welche Art der Post der Bevollmächtigte entgegennehmen darf.

Wenn Sie die Person Ihres Vertrauens auch zum Empfang sogenannter eigenhändiger Post bevollmächtigen wollen, muss hierfür eine gesonderte Unterschrift geleistet werden, da eigenhändige Post auch für den Absender einen besonderen Stellenwert hat. Unter »eigenhändiger Post« versteht man Post, die nur an Sie zu übergeben ist.

Die Vollmacht muss dem Vollmachtnehmer ausgehändigt werden, damit er das Schriftstück auf Verlangen des Zustellers oder der zuständigen Poststelle vorlegen kann.

7.3 Vollmacht gegenüber behandelnden Ärzten und Pflegepersonal – Entbindung von der ärztlichen Schweigepflicht

Haben Sie eine Patientenverfügung hinterlegt und darin eine Person Ihres Vertrauens bevollmächtigt, Sie in allen medizinischen Fragen zu vertreten, braucht diese Person keine zusätzliche Entbindung von der ärztlichen Schweigepflicht. Andere Personen, auch Angehörige, aber schon. Das gilt insbesondere für nichteheliche Lebenspartner.

Denn Ärzte sind gesetzlich verpflichtet, alles im Zusammenhang mit Ihrer medizinischen Behandlung geheim zu halten. Verstoßen sie dagegen, machen sie sich strafbar. Daher müssen die behandelnden Ärzte von ihrer ärztlichen Schweigepflicht gegenüber näher bezeichneten Dritten entbunden werden – und zwar von Ihnen. Nur dann dürfen sie mit den betreffenden Personen über Details Ihrer medizinischen Behandlung und Ihren Gesundheitszustand sprechen. Dasselbe gilt für das Pflegepersonal.

Ebenfalls sinnvoll ist es, dass dem Bevollmächtigten zusätzlich die Befugnis übertragen wird, die behandelnden Ärzte gegenüber Dritten von der Schweigepflicht zu entbinden, z. B. gegenüber Lebensversicherern oder Trägern der Sozialversicherung.

Entscheidungsbefugnisse über Ihre medizinische Behandlung haben diese Personen deswegen nicht. Es ist aber nicht ausgeschlossen, dass sie angehört werden, wenn es darum geht, Ihren Patientenwillen zu ermitteln. Das kann vorkommen, wenn keine oder eine unwirksame Patientenverfügung vorliegt.

C3 Wie Sie Ihr Testament rechtssicher errichten, ändern und widerrufen

1 Vorsicht! Formfehler machen Testamente unwirksam

Wer als künftiger **Erblasser** seinen Nachlass testamentarisch regeln will, muss unbedingt gesetzliche Formvorschriften beachten. Sonst ist der »Letzte Wille« juristisch unwirksam. Es tritt das Gegenteil von dem ein, was Sie wollten: die **gesetzliche Erbfolge.**. Und das kann manch unliebsame Überraschung mit sich bringen – insbesondere bei kinderlosen Ehepaaren.

Aber auch als künftiger **Erbe** sollten Sie wissen, auf was es bei der Testamentserrichtung ankommt, um gegebenenfalls die Eltern beispielsweise dabei zu unterstützen. Aber auch Ehepaare, die sich gegenseitig zu Erben einsetzen wollen, um die Versorgung des Überlebenden sicherzustellen, dürfen hier keine Fehler machen.

2 Grundvoraussetzungen für die Testamentserrichtung

2.1 Eine Vertretung ist nicht möglich

Ein Testament kann nur höchstpersönlich errichtet werden (§ 2064 BGB). Jegliche Vertretung ist ausgeschlossen. Selbst ein Bevollmächtigter – auch nicht, wenn er eine General- oder Vorsorgevollmacht hat – darf dies für den Erblasser erledigen. Dasselbe gilt für einen vom Betreuungsgericht bestellten Betreuer. Auch er darf kein Testament für die betreute Person verfassen, selbst wenn er für die Vermögenssorge zuständig ist.

Ausnahmen bestätigen die Regel: In unaufschiebbaren Eilfällen kann ein **Nottestament** von einer anderen Person errichtet werden.

2.2 Der Erblasser muss testierfähig sein

- Testierfähigkeit bei schlechtem Gesundheitszustand
- Was gilt bei betreuungsbedürftigen Erblassern?

Testierfähig ist jede Person, die **geistig gesund** ist. Personen, die geisteskrank sind, unter Geistesschwäche oder Bewusstseinsstörungen leiden, sind nicht testierfähig, wenn sie die Bedeutung und Tragweite der testamentarischen Regelung nicht erkennen (§ 2229 Abs. 4 BGB).

Die Testierunfähigkeit und somit die Anfechtbarkeit eines Testaments muss derjenige beweisen, der behauptet, der Erblasser sei testierunfähig gewesen. Die von der Rechtsprechung aufgestellten Hürden sind hier sehr hoch.

Wichtig: Die Testierfähigkeit ist unabhängig von dem rechtlichen **Schwierigkeitsgrad der letztwilligen Verfügung.** Eine einfache Erbeinsetzung wird nicht anders beurteilt als eine komplizierte Nachlassregelung (OLG München, Beschluss vom 14. 8. 2007, 31 Wx 16/07, NJW-RR 2008 S. 164).

Eine **gesetzliche Betreuung** ändert grundsätzlich nichts an der Testierfähigkeit. Es müssen vielmehr echte, das heißt begründete Zweifel an der Testierfähigkeit bestehen. Die können beispielsweise auf fachärztliche Gutachten gestützt werden (OLG München, Beschluss vom 31. 10. 2014, 34 Wx 293/14, NJW-RR 2015 S. 138).

Gerade bei auf Durchblutungsstörungen beruhenden Demenzerkrankungen kann der geistige Zustand wechselhaft sein. In »**lichten Momenten**« ist die Errichtung eines Testaments juristisch möglich. Bei chronisch verlaufenden Alzheimer-Erkrankungen ist ab einem bestimmten Schweregrad der Erkrankung die Testierfähigkeit nicht mehr vorhanden. Sogenannte »lichte Momente« sind medizinisch nicht mehr möglich (OLG München, Beschluss vom 1. 7. 2013, 31 Wx 266/12).

! Im Zweifelsfall empfiehlt es sich, von vornherein einen Facharzt für Psychiatrie oder Neurologie zu beauftragen, die Testierfähigkeit positiv feststellen zu lassen. Das Attest eines Hausarztes bietet – gerade bei medizinischen Grenzfällen – oft keine ausreichende Sicherheit. Bei einem notariellen Testament überzeugen sich die Notare zwar von der Testierfähigkeit eines Erblassers. Allerdings sind Notare keine Mediziner. Ein Irrtum ist daher nicht ausgeschlossen und das Testament somit anfechtbar.

2.3 Der Erblasser muss Testierwillen haben

Wer sein Testament macht, muss sich vollständig darüber im Klaren sein, was er da macht und welche rechtlichen Folgen dies hat. So stellt zum Beispiel die Erteilung einer über das eigene Ableben hinaus wirksamen Kontovollmacht oder Vorsorgevollmacht keine Testamentserrichtung dar (BGH, Beschluss vom 22. 7. 2015, IV ZB 20/15). Auch eine bloße Absichtserklärung, ein Testament errichten zu wollen – gleich in welcher Form –, reicht deshalb für eine wirksame letztwillige Verfügung nicht aus.

> **Beispiel:** Eine Mutter verspricht in Form einer handschriftlichen Vollmacht einem ihrer Söhne, ihn zum Erben zu machen. Es ist aber bekannt, dass sie das Ganze noch notariell beurkunden lassen will. Kommt es nicht mehr dazu, liegt mangels eines abschließend umgesetzten Testierwillens kein formgültiges Testament vor.

Am Testierwillen mangelt es selbst dann, wenn der »Letzte Wille« an sich formwirksam erklärt worden ist, aber die Gesamtumstände am Testierwillen Zweifel aufkommen lassen (BayObLG, Beschluss vom 4. 2. 2000, 1 C BR 16/99, FamRZ 2000 S. 1251). Im entschiedenen Fall fand sich in einem Notizbuch die zusammenhangslose Bemerkung »Otto ist Erbe«.

! Um Unklarheiten gar nicht erst aufkommen zu lassen, sollte der Erblasser seine letztwillige Verfügung mit »Mein Testament« oder »Mein Letzter Wille« überschreiben.

3 Handschriftlich oder notariell? Der Erblasser hat die Wahl

3.1 Das handschriftliche Testament

Eigenhändig heißt wirklich eigenhändig

Bei einem handschriftlichen Testament sind Sie als Erblasser gezwungen, den vollständigen Text von Hand zu schreiben. Maschinenschriftlich oder am Computer verfasst ist das Testament unwirksam! Darüber hinaus muss es vollständig lesbar sein. Schon nicht entzifferbare einzelne Wörter können die gesamte Verfügung unwirksam machen (OLG Schleswig, Beschluss vom 16. 7. 2015, 3 Wx 19/15, MDR 2015 S. 1188). Bei unsicherer, schwer leserlicher Schrift sollte deshalb besser ein notarielles Testament aufgesetzt werden.

Zudem ist der Begriff »Schriftform« eng auszulegen. Das heißt, das gesamte Testament ist handschriftlich und in Textform niederzulegen. Werden Teile des Testaments mit Bildern und Zeichnungen kombiniert (z. B. Pfeildiagramm zur Darstellung der Erbfolge), genügt das nicht dem Schriftformerfordernis (OLG Frankfurt/Main, Urteil vom 11. 2. 2013, 20 W 542/11, MDR 2013 S. 985).

Hat eine andere Person den Text von Hand geschrieben, ist die Verfügung ebenfalls ungültig. **Ausnahme:** das gemeinschaftliche Testament.

Es ist auch nicht gestattet, einem Erblasser die Hand zu führen. Eine **Hilfestellung beim Schreiben** ist jedoch erlaubt. So darf zum Beispiel der Arm abgestützt werden, wenn die Hand stark zittert (OLG Hamm, Urteil vom 11. 9. 2001, 15 W 224/01, FamRZ 2002 S. 269).

Die Unterschrift ist zwingend

Verwenden Sie am besten **keinerlei Abkürzungen** von Vor- und Familiennamen. Unterschreiben Sie möglichst mit vollem Vor- und Zunamen (§ 2247 Abs. 3 Satz 1 BGB).

Unterschreibt der Erblasser nicht mit seinem Namen, sondern zum Beispiel mit »Euer Vater«, ist die Verfügung zwar nicht automatisch unwirksam. Hier lassen die Gesamtumstände in der Regel den Erblasser eindeutig erkennen. Lassen Sie es dennoch nicht darauf ankommen!

Wichtig: Setzen Sie Ihre **Unterschrift an das Ende des Textes,** also nicht seitlich und nicht über den Text. Es hat zwar schon Gerichte gegeben, die dies akzeptiert haben, aber auch darauf sollte man sich nicht verlassen.

» **Beispiel:** Eine kinderlose Erblasserin hatte in ihrem handschriftlichen Testament verschiedene Anordnungen getroffen und auf eine Liste von Erben verwiesen, die dem Testament angehängt war. Unterschrieben hatte sie nur die allgemeine Anordnung, die Erbenliste dagegen nicht. Das Nachlassgericht hatte deshalb das Testament für unwirksam erklärt, sodass die gesetzliche Erbfolge hier eintrat (OLG München, Beschluss vom 7. 10. 2010, 31 x 161/10, NJW-RR 2011 S. 156).

Unschädlich ist es dagegen, wenn Sie sich **mit der Unterschrift Zeit lassen.** Selbst eine erst ein Jahr später erfolgte Unterzeichnung macht aus einem bislang unwirksamen Testament ein wirksames.

Bei Zweifeln an der Echtheit und Eigenhändigkeit einer letztwilligen Verfügung muss ein schriftvergleichendes Gutachten durch das Nachlassgericht eingeholt werden (OLG Düsseldorf, Beschluss vom 8. 5. 2013, 3 Wx 47/12). Allerdings reicht eine nur 75 %ige Wahrscheinlichkeit als Nachweis nicht aus (OLG Düsseldorf, Beschluss vom 17. 11. 2014, I-25 Wx 84/14).

Auf Schönheit kommt es ansonsten nicht an. Schreibpapier und Schreibstift sind nicht entscheidend. Vom edlen Büttenpapier bis hin zum Schmierzettel ist alles erlaubt. Hauptsache die Form stimmt! Dennoch besteht bei unüblichen Testamentsformen die Gefahr, dass der letzte Wille als solcher nicht anerkannt wird. Die Gerichte urteilen hier alles andere als großzügig.

» **Beispiel:** Das Oberlandesgericht Hamburg erkannte die handschriftlichen Anmerkungen »V. ist meine Haupterbin« und »D.L. 10. 1. 2011« eines Erblassers, die er auf zwei Aufklebern auf einem Fotoumschlag niedergeschrieben hatte, nicht als wirksames Testament an (OLG Hamburg, Urteil vom 8. 10. 2013, 2 W 80/13).

Angabe von Ort und Datum sollten nicht fehlen

Versehen Sie Ihr Testament mit Ort und Datum, selbst wenn dies nicht zwingend vorgeschrieben ist. So kommen erst gar keine Zweifel auf, wenn Sie zum Beispiel ein weiteres Testament verfassen. Das gilt insbesondere dann, wenn das eine inhaltlich vom anderen abweicht.

Achtung: Wenn Sie Ihr Testament im **Ausland** abfassen, gilt möglicherweise ausländisches Recht, selbst wenn Sie Deutscher sind. Deshalb spielt hier die Ortsangabe eine große Rolle.

Aufgepasst bei nachträglichen Ergänzungen

Ein Testament kann auf **mehreren losen Blättern** errichtet werden, wenn aus der Gesamtheit der Schriftstücke sich eine einheitliche Willenserklärung ergibt (OLG Hamm, Beschluss vom 19. 9. 2012, 15 W 420/11, FGPrax 2013 S. 28).

! Sollte Ihr Testament mehrere Seiten umfassen, nummerieren Sie diese am besten. Sie können – müssen aber nicht – jede Seite unterschreiben. Wichtig ist die **Unterschrift am Schluss des Textes.**

Nachträge müssen ebenfalls von der Unterschrift gedeckt sein. Denkbar ist, dass Sie hierfür zwischen Text und Unterschrift von vornherein genügend Platz lassen und den Nachtrag separat unterschreiben. Selbstverständlich müssen auch die Nachträge handschriftlich verfasst sein.

Wichtig: Es reicht nicht, wenn der ergänzende Text mit einem **Kürzel** wie zum Beispiel »D.O.« für »die Obengenannte« unterschrieben wird (OLG Celle, Urteil vom 22. 9. 2011, 6 U 117/10, FamRZ 2012 S. 156).

Der Aufbewahrungsort ist beliebig

Wo Sie Ihr eigenhändig geschriebenes Testament aufbewahren, ist Ihre Sache. Auf alle Fälle sollten Sie einen Ort wählen, an dem es für **Hinterbliebene** leicht zu finden ist. Am besten informieren Sie die Hinterbliebenen oder eine andere Vertrauensperson über den konkreten Aufbewahrungsort.

Wichtig: Wer ein Testament im Besitz hat, muss es unverzüglich an das jeweilige Nachlassgericht herausgeben – und zwar ab dem Zeitpunkt, in dem dieser erfahren hat, dass der Erblasser verstorben ist. Andernfalls macht sich diese Person strafbar. Diese **Ablieferungspflicht** besteht auch dann, wenn der Besitzer das Testament als widerrufen oder ungültig einordnet. Diese Entscheidung steht allein dem Nachlassgericht zu.

> **!** Müssen Sie als Erblasser befürchten, dass Ihr Testament verschwindet, oder wollen Sie einfach nur auf Nummer sicher gehen, dass es nicht durch Zufall zum Beispiel bei der Wohnungsauflösung untergeht, empfiehlt sich die **amtliche Verwahrung**.

Hinterlegen Sie es bei einem Amtsgericht Ihrer Wahl, dann erhalten Sie als Nachweis einen Hinterlegungsschein. Diesen sollten Sie ebenfalls an einem sicheren Ort aufbewahren. Aber selbst wenn er später nicht auffindbar ist, ist das Testament in jedem Fall existent.

Seit dem 1. 1. 2012 gibt es ein **Zentrales Testamentsregister** bei der Bundesnotarkammer. Das hat den Vorteil, dass das Standesamt des Sterbeortes direkt das Zentrale Testamentsregister benachrichtigt. Das wiederum benachrichtigt dann seinerseits das zuständige Nachlassgericht über sämtliche verwahrten Testamente und Erbverträge. Hier werden allerdings nur Testamente hinterlegt, die notariell beurkundet oder in die amtliche Verwahrung gegeben worden sind.

3.2 Das gemeinschaftliche Testament

=== Nur Eheleute und eingetragene Lebenspartnerschaften können ein gemeinschaftliches Testament errichten

Eheleute und eingetragene Lebenspartnerschaften haben die Möglichkeit, handschriftlich ein gemeinsames Testament so zu errichten, dass einer von ihnen den ganzen Testamentstext niederschreibt, diesen mit Ort und Datum versieht, ihn unterschreibt und der andere danach nur noch unterschreibt (§ 2267 BGB bzw. § 10 Abs. 4 Lebenspartnerschaftsgesetz).

> **!** Der mit unterschreibende Ehegatte sollte aus Beweisgründen nicht nur seine Unterschrift daruntersetzen, sondern auch noch einen kurzen Text einfügen, diesen mit Ort und Datum versehen und erst dann unterschreiben. Hierzu reicht es zum Beispiel aus, wenn er schreibt: »Dieses Testament ist auch mein Testament.«

Ein gemeinschaftliches Ehegattentestament kann auch so errichtet werden, dass ein Ehegatte das Testament schreibt und der andere erst Jahre später beitritt (OLG München, Beschluss vom 1. 12. 2011, 31 Wx 249/10, FamRZ 2012 S. 581). Im entschiedenen Fall lagen sechs Jahre zwischen den Unterschriften.

Wichtig: Das Ehegattentestament kann auch ohne Schlusserbeneinsetzung (z. B. Einsetzung der gemeinsamen Kinder) errichtet werden. Dann tritt nach dem Tod des Längerlebenden die gesetzliche Erbfolge ein (OLG Hamm, Beschluss vom 11. 9. 2015, 15 W 142/15).

Wie Sie Ihr Testament rechtssicher errichten, ändern und widerrufen | C3

Unverheiratete Paare können **kein gemeinschaftliches Testament** errichten. Es spielt keine Rolle, ob die Eheschließung kurz bevorsteht. Hier bleibt nur die Möglichkeit, einen **Erbvertrag** zu schließen.

! Wollen Sie sich als nicht eheliche Partner gegenseitig testamentarisch begünstigen oder beerben, machen Sie deshalb jeder für sich ein Testament nach den oben aufgeführten Formvorschriften – und wenn es auch auf demselben Blatt Papier sein sollte.

Die Umdeutung in ein Einzeltestament ist ausnahmsweise möglich

Fehlt bei einem gemeinschaftlichen Testament die Unterschrift des anderen Ehegatten, ist das Testament grundsätzlich unwirksam. Es kann nur dann in ein wirksames Einzeltestament umgedeutet werden, wenn der unterzeichnende Ehegatte wollte, dass seine Verfügungen sofort wirksam sein sollen – unabhängig davon, ob der andere Ehegatte noch unterschreibt (OLG München, Urteil vom 23. 4. 2014, 31 Wx 22/14, NJW 2014 S. 2514).

Das gilt auch bei **einseitiger Testierunfähigkeit** (OLG München, Beschluss vom 19. 5. 2010, 31 Wx 38/10, NJW-RR 2010 S. 1382).

Achtung: Umgekehrt geht das nicht. Unterschreibt diejenige Person nicht, die das Testament verfasst hat, ist die gesamte Verfügung unwirksam (OLG München, Beschluss vom 25. 9. 2010, 31 Wx 42/08, FamRZ 2008 S. 1378).

» **Beispiel:** Im entschiedenen Fall hatte die Ehefrau des Erblassers den Text für ein gemeinschaftliches Testament niedergeschrieben, aber nicht unterzeichnet. Ihr Mann hatte dagegen einen Zusatz zu dem Text, in dem es heißt: »Den Verfügungen dieses Testaments schließe ich mich an«, daruntergeschrieben und auch unterschrieben. Die Verfügung wurde auch nicht als Einzeltestament zugunsten der Frau anerkannt.

Ganz wichtig: Bedenken Sie die Wechselbezüglichkeit

Die Verfügungen in einem gegenseitigen Testament sind in der Regel **wechselbezüglich**. Das heißt, es muss zwischen zwei gegenseitigen Verfügungen eine innere Abhängigkeit bestehen, sodass die eine Verfügung mit der anderen steht und fällt (§ 2270 Abs. 1 BGB). Typischer Fall: Eheleute setzen sich gegenseitig zu Alleinerben ein, die gemeinsamen Kinder sollen den Längstlebenden beerben (sog. Berliner Testament). Ein solches Abhängigkeitsverhältnis muss für jede einzelne Verfügung gesondert festgestellt werden. Es gibt keinen Automatismus.

Was im Scheidungsfall passiert

Im Scheidungsfall wird das gemeinsame Testament insgesamt unwirksam! Das gilt auch dann, wenn die Scheidung erst beantragt ist, der andere aber schon zugestimmt hat.

Ausnahme: Die Verfügung wäre auch so getroffen worden. Das kann zum Beispiel der Fall sein, wenn ein Kind als Erbe des Längerlebenden eingesetzt worden ist.

» **Beispiel:** Ein Ehepaar verfasst ein gemeinschaftliches Testament, in dem die Eheleute sich gegenseitig zu Erben einsetzen und nach dem Tod des Längstlebenden das gemeinsame Kind. Nach der Scheidung gerät das Testament in Vergessenheit. Der Mann stirbt zuerst, danach die inzwischen wieder verheiratete Frau. Als sie stirbt, streiten sich der neue Ehemann und das Kind, wer Erbe geworden ist. Hier kann man zugunsten des Kindes davon ausgehen, dass es Alleinerbe seiner Mutter geworden ist und dem zweiten Ehemann nur der Pflichtteil zusteht.

3.3 Das Testament vor dem Notar

Hierfür gehen Sie zu einem **Notar Ihrer Wahl**. Normalerweise erklären Sie dann dem Notar im Regelfall in einem Vorgespräch mündlich, was Sie testamentarisch geregelt haben möchten. Der Notar fasst das Ganze dann in juristisch wirksame Worte.

! Ein Notar ist nicht zur Erforschung Ihrer familiären Verhältnisse verpflichtet. Möchten Sie zum Beispiel bestimmte Ziele mit Ihrer testamentarischen Regelung bewirken – wie etwa die Ausbootung missliebiger Erben –, müssen Sie dies klipp und klar zum Ausdruck bringen. Lassen Sie sich auch nicht darauf ein, dass ein Notariatsmitarbeiter das Vorgespräch mit Ihnen führt, solange es sich nicht um einen Notarassessor als amtlich bestellter Vertreter des Notars handelt.

Das Testament wird dann an das Amtsgericht **zur besonderen amtlichen Verwahrung** gegeben bzw. in Baden-Württemberg das staatliche Notariat. Seit dem 1. 1. 2012 kommt es in die zentrale Testamentsverwahrung.

Eine mit einer **Vorsorgevollmacht** ausgestattete Person darf ein privatschriftliches Testament seines Vollmachtgebers in die besondere amtliche Verwahrung geben. Sinn und Zweck dieser Art der Verwahrung ist es, den Erhalt der Urkunde und die Geheimhaltung des Inhalts sicherzustellen sowie die Urkunde vor Unterdrückung, Fälschung und Veränderung zu schützen (OLG München, Beschluss vom 25. 6. 2012, 31 Wx 213/12, FamRZ 2013 S. 156).

Das Amtsgericht bzw. das Notariat erteilt dann den **Verwahrungsschein mit Verwahrungsnummer.** Diesen sollten Sie, auch wenn bei der amtlichen Verwahrung des privatschriftlichen Testamentes das Standesamt des Geburtsortes informiert wird, aus Gründen der Vereinfachung sorgfältig bei Ihren Dokumenten aufbewahren. Man kann ja nie wissen!

Sonderfall: Sie können ein schon **fertiges Testament** dem Notar offen oder verschlossen übergeben (§ 2232 BGB). Das muss dann ausnahmsweise nicht handschriftlich verfasst und unterschrieben sein. Nachteil: Sie haben hier keine Beratung, müssen aber trotzdem die vollen Notargebühren zahlen.

4 Das Testament in Eil- und Notfällen

4.1 Selbst in Notfällen nach Möglichkeit nur mit Notar

Ein Notar kann auch außerhalb seiner Diensträume und üblichen Dienstzeiten zur Niederschrift bestellt werden – selbstverständlich gegen eine etwas höhere Gebühr. Der Notar muss grundsätzlich auch am Wochenende oder außerhalb üblicher Bürozeiten erscheinen, sofern Sie ihn dann auch erreichen können. Dies wird gerade in Großstädten schwierig werden. Kann tatsächlich ein Notar rechtzeitig beauftragt werden, muss von dieser Möglichkeit Gebrauch gemacht werden. Ansonsten ist das Testament unwirksam.

4.2 In unaufschiebbaren Eilfällen das Nottestament

Das Bürgermeistertestament

Sollte es nicht gelingen, einen Notar rechtzeitig zu erreichen, kann der Erblasser seinen Letzten Willen auch gegenüber dem **Bürgermeister sowie zweier Zeugen** erklären (§ 2249 BGB). Man spricht hier von dem sogenannten Bürgermeistertestament.

Diese Möglichkeit besteht auch, wenn der Erblasser zum Beispiel durch eine Naturkatastrophe von der Außenwelt abgeschnitten ist und ein notarielles Testament nur unter erheblichen Schwierigkeiten errichtet werden könnte (§ 2250 BGB). Dieser Fall wird wohl eher selten vorkommen.

Das Dreizeugentestament

Im äußersten Notfall bei **akuter Todesgefahr** genügt sogar die mündliche Erklärung vor drei beliebigen Zeugen (§ 2250 BGB). Dieses sogenannte Dreizeugentestament kommt infrage, wenn zum Beispiel das Mitglied einer Seilschaft in akute Lebensgefahr gerät oder in einem Sterbehospiz, Pflegeheim oder Krankenhaus kein zeitlicher Aufschub mehr möglich ist.

Besteht keine Lebensgefahr, gibt es keinen Grund, auf eine notarielle Beurkundung zu verzichten. Gerade in dicht besiedelten Wohngebieten gibt es zu den üblichen Bürozeiten genügend Notare, die binnen kürzester Zeit an das Krankenbett eilen können.

Allein die Schreibunfähigkeit eines Erblassers reicht nicht für ein Nottestament. War also ein **Notar erreichbar,** sind derartige Verfügungen unwirksam (OLG München, Urteil vom 14. 7. 2009, 31 Wx 141/08, FamRZ 2009 S. 1945).

Auf jeden Fall muss beim Nottestament so früh wie möglich nach der mündlichen Erklärung des Erblassers von den Zeugen eine Niederschrift darüber angefertigt werden, was der Erblasser als Letzten Willen geäußert hat. Diese Niederschrift muss dann von allen drei Zeugen unterschrieben werden, nach Möglichkeit auch vom Erblasser.

Die Niederschrift ist anzufertigen, solange der Erblasser noch lebt. **Und ganz wichtig:** Der Text ist dem Erblasser **wortwörtlich vorzulesen.** Wird der Text nur inhaltlich dem Erblasser noch einmal dargelegt, führt dies zur Unwirksamkeit des Dreizeugentestaments (LG Nürnberg-Fürth, Urteil vom 12. 8. 2008, 7 T 5033/08).

Wichtig: Als Zeuge darf nicht mitwirken, wer durch das Testament bedacht werden soll oder als Testamentsvollstrecker vorgesehen ist.

Überlebt der Erblasser, bleibt das **Nottestament zunächst gültig.** Nach Ablauf von **drei Monaten** nach der Errichtung wird es kraft Gesetzes unwirksam (§ 2252 BGB) – vorausgesetzt, der Erblasser liegt nicht im Koma und ist nicht außerstande, zwischenzeitlich ein formal korrektes Testament zu errichten, das dann kein Nottestament mehr ist.

5 Das Testament mit Auslandsbezug

5.1 Der gewöhnliche Aufenthalt entscheidet über das anzuwendende Recht

Immer mehr Familien haben grenzüberschreitende Bezüge. Sei es durch Auslandsvermögen (z. B. Ferienwohnung), sei es durch unterschiedliche Aufenthaltsorte von Berufspendlern, Grenzbewohnern, Auslandsstudenten, Profisportlern. Aber auch internationale Patchwork-Familien oder Pflegebedürftige, die aus Kostengründen ihren Lebensabend im Ausland verbringen, können betroffen sein. Das hat Einfluss auf das anzuwendende Erbrecht.

Bisher unterlag die »Rechtsnachfolge von Todes wegen« in Deutschland dem Recht des Staates, dem der Erblasser zum Zeitpunkt seines Todes angehörte (sog. Staatsangehörigkeitsprinzip). War der Erblasser Deutscher, galt deutsches Erbrecht – und zwar unabhängig davon, wo er lebte. War der Erblasser ein in Deutschland lebender Holländer, galt niederländisches Erbrecht. Dies hat sich durch die EU-Erbrechtsverordnung geändert.

Seit dem 17. 8. 2015 unterliegt die gesamte Rechtsnachfolge von Todes wegen, sei es durch gesetzliche Erbfolge, Testament oder Erbvertrag, grundsätzlich dem Recht des Staates, in dem der Erblasser zum Zeitpunkt seines Todes seinen letzten gewöhnlichen Aufenthalt hatte. Dies ist zum Beispiel bei einem Deutschen, der seinen gewöhnlichen Aufenthalt in Spanien hat, spanisches Erbrecht.

Geltung hat diese Regelung zunächst für alle EU-Staatsbürger, die ihren »**gewöhnlichen Aufenthalt« in einem anderen Land der EU** haben. Den gewöhnlichen Aufenthalt hat jemand dort, wo er nicht nur vorübergehend verweilt. Entscheidend sind dabei die tatsächlichen Verhältnisse. Es kommt darauf an, wo der **Schwerpunkt der sozialen Kontakte** liegt, insbesondere in familiärer und beruflicher Hinsicht.

So kann ein gewöhnlicher Aufenthalt im Ausland bestehen, obwohl man noch in Deutschland einen Wohnsitz unterhält und auch einen Wohnsitz angemeldet hat. Als »nicht vorübergehend« gilt ein von Beginn an beabsichtigter zeitlich zusammenhängender Aufenthalt von mehr als sechs Monaten Dauer. Kurzfristige Unterbrechungen bleiben dabei unberücksichtigt.

Wichtig: Anzuwenden ist die neue Verordnung auf **Todesfälle ab dem 17. 8. 2015** (Art. 83 Abs. 1 EU-ErbVO). Aber die Verordnung gilt nicht überall. **Dänemark, Irland und Großbritannien** haben die Verordnung nicht umgesetzt, sodass es dort bei deren derzeitigen Regelungen bleibt.

5.2 Treffen Sie eine Rechtswahl

Wenn Sie Ihren gewöhnlichen Aufenthalt im Ausland (z. B. in Spanien) haben, aber dennoch wollen, dass im Fall Ihres Todes deutsches Erbrecht und nicht spanisches angewendet werden soll, müssen Sie künftig eine entsprechende Rechtswahl treffen. Das kann auch das Recht eines Drittstaates sein, also eines Landes, in dem die Verordnung nicht gilt.

Die **Rechtswahl ist formbedürftig.** Damit sie gültig ist, müssen die Formvorschriften wie bei einem eigenhändigen Testament eingehalten werden. Das heißt, es bedarf einer eigenhändig ge- und unterschriebenen Erklärung, in der bestimmte Daten anzugeben sind. Selbstverständlich können Sie die Erklärung auch notariell beurkunden lassen bzw. in einem notariellen Testament treffen.

! Wenn Sie unsicher sind, wo beispielsweise Ihr gewöhnlicher Aufenthalt ist, was die Neuregelung für Sie ganz konkret bedeutet, oder wenn Sie sonstige Fragen in Bezug auf die Regelung Ihres Nachlasses haben, lassen Sie sich unbedingt von spezialisierten Anwälten (Fachanwalt für Erbrecht) oder Notaren beraten!

6 Wie wird ein Testament widerrufen, geändert oder ergänzt?

6.1 Der Letzte Wille muss nicht das letzte Wort sein

Sie können, wenn Sie ein Testament allein errichtet haben, dieses jederzeit ganz oder zum Teil widerrufen, ändern oder ergänzen (§ 2253 BGB). Umgekehrt gilt: Ein einmal wirksam errichtetes Testament bleibt selbst dann gültig, wenn sich die Umstände erheblich geändert haben, solange Sie es nicht widerrufen oder ändern.

» **Beispiel:** Der Erblasser erfährt kurz vor seinem Tod, dass er neben seinen ehelichen Kindern noch ein nicht eheliches Kind hat. Dennoch ändert er seine letztwillige Verfügung, die nur die ehelichen Kinder begünstigt, nicht. Hier bleibt es bei der testamentarischen Anordnung. Dem nicht ehelichen Kind steht deshalb nur ein Pflichtteilsanspruch zu.

Achtung: Ein solches Testament kann aber unter Umständen angefochten werden. Lesen Sie hierzu unseren Beitrag zur **Anfechtung** von Testamenten.

! Überprüfen Sie regelmäßig Ihr Testament, ob es tatsächlich noch Ihrem »letzten Willen« entspricht bzw. ob sich die Rechtslage inzwischen geändert hat. Möglicherweise hat dies Auswirkungen auf Ihre bisherige Testamentsgestaltung.

6.2 Auf was Sie bei nachträglichen Änderungen unbedingt achten müssen

Der Widerruf ist nur formgerecht gültig

In jedem Fall muss der Erblasser beim Widerruf genauso testierfähig sein wie beim ursprünglichen Abfassen. Denn der Widerruf kann nur – genauso wie die Testamentserrichtung – höchstpersönlich vorgenommen werden.

Beachten Sie außerdem, dass Sie ein **wechselbezügliches Ehegattentestament** nicht allein widerrufen können. Ehepartner haben nur die Möglichkeit, ihr gemeinsames Testament zusammen zu widerrufen, zu ändern oder zu ergänzen. Das heißt, nach dem Tod des erstversterbenden Ehegatten kann das Testament in der Regel nicht mehr geändert werden (KG Berlin, Beschluss vom 19. 12. 2014, 6 W 155/14, MDR 2015 S. 226).

» **Beispiel:** Haben Sie und Ihr Ehepartner den Klassiker »Berliner Testament« gewählt, in dem Sie sich gegenseitig zu Erben einsetzen, kann dies nur gemeinsam widerrufen werden.

Ausnahme: Sie erklären den Widerruf gegenüber einem **Notar**, der dann die Erklärung dem anderen förmlich zustellt. In diesem Fall wird die gesamte Regelung ebenfalls unwirksam. Dann ist der andere Ehegatte gewarnt, dass das gemeinsame Testament mit ziemlicher Sicherheit abgeändert werden wird und kann selbst entsprechend reagieren.

! Will ein Ehegatte ein gemeinschaftliches Testament gegenüber einem geschäfts- und testierunfähig gewordenen Ehegatten widerrufen, muss der Betreuer für den Geschäftskreis Vermögensverwaltung bestellt sein. Es reicht nicht aus, wenn er eine Postvollmacht hat (OLG Karlsruhe, Beschluss vom 9. 6. 2015, 11 Wx 12/15, NJW-RR 2015 S. 1031). Sorgen Sie deshalb dafür, dass der Betreuer den Aufgabenkreis »Vermögensverwaltung« zugeteilt bekommt, wenn sich diese Situation abzeichnet.

Setzen sich Eheleute in einem gemeinsamen Testament gegenseitig zu Erben ein und bestimmen die gemeinsamen Kinder zu Schlusserben, ist der überlebende Ehegatte in der Regel wegen der Wechselbezüglichkeit an die Einsetzung der Kinder gebunden. Es gilt, was die Eheleute bei Testamentserrichtung gewollt haben (OLG Bamberg, Beschluss vom 6. 11. 2015, 4 W 105/15). Anders kann es aussehen, wenn andere Personen als die eigenen Kinder als Schlusserben eingesetzt worden sind (§ 2270 Abs. 2 BGB).

» **Beispiel:** Ein Ehepaar hatte in einem gemeinschaftlichen Testament die Nichte der Frau als Schlusserbin eingesetzt. Nachdem der Ehemann vorverstorben war, hatte die Frau das gemeinschaftliche Testament widerrufen und in einem späteren Einzeltestament eine andere Person als Erben eingesetzt. Hier wurde der Widerruf des gemeinschaftlichen Testaments mangels wechselbezüglicher Verfügung als wirksam anerkannt. Denn beim Fehlen verwandtschaftlicher Beziehung zwischen dem Erstverstorbenen und dem eingesetzten Schlusserben fehlt es am »Näheverhältnis« (OLG Koblenz, Beschluss vom 13. 12. 2006, 2 U 80/06, NJW-RR 2007 S. 1599).

Dasselbe gilt im Prinzip für die Einsetzung **karitativer Organisationen** oder **Pflegekinder.**

Wenn Sie sich vom Ehepartner getrennt haben:

In diesem Fall bleibt das den anderen begünstigende Einzeltestament und auch das gemeinschaftliche Testament gültig. Erst mit Zustellung des Scheidungsantrages an einen Partner oder bei dessen Zustimmung zum Scheidungsantrag wird das Testament ungültig (§ 2277 BGB).

Wollen Sie schon vorher von dem Testament loskommen, müssen Sie dies wie oben beschrieben über einen notariellen Widerruf veranlassen. Das Testament bleibt in diesem Fall sogar ungültig, wenn die Expartner wieder heiraten.

Wichtig: Überprüfen Sie, wenn Sie selbst häufig im Ausland leben oder über Auslandsvermögen verfügen, ob Sie von der seit 17. 8. 2015 geltenden EU-Erbrechtsverordnung betroffen sind und Ihr Testament gegebenenfalls ergänzen müssen, wenn Sie deutsches Erbrecht auf Ihren Nachlass angewendet wissen wollen.

Welche Widerrufsmöglichkeiten gibt es?

Widerrufstestament nach § 2254 BGB

Sie können Ihr Testament – gleichgültig, ob Sie es eigenhändig geschrieben haben oder ob es notariell beurkundet worden ist – durch ein neues sogenanntes »Widerrufstestament« aus der Welt schaffen.

Ein notarielles Testament lässt sich sogar durch ein eigenhändig geschriebenes Testament widerrufen. Und umgekehrt kann ein eigenhändiges Testament durch ein notarielles Testament widerrufen werden. Auch ein von Ehegatten gemeinsam geschlossener notarieller Erbvertrag kann durch ein gemeinsames Ehegattentestament widerrufen werden (§ 2292 BGB).

> **Beispiel:** »Mein Testament vom ... widerrufe ich hierdurch in seinem gesamten Inhalt.« oder: »Das in meinem Testament vom ... angeordnete Vermächtnis zugunsten meiner Nichte ... über € ... widerrufe ich hiermit. Der übrige Inhalt des Testamentes bleibt bestehen.«

Vernichtung des vorhandenen Testamentes nach § 2255 BGB

Sie können Ihr Testament auch einfach **zerreißen, zerschneiden, verbrennen** usw. **Aber:** Das mit Ihrem Ehegatten zusammen errichtete Testament dürfen Sie nur mit ihm zusammen vernichten.

Beachten Sie dies nicht, bleibt das Testament wirksam, auch wenn es als Urkunde nicht mehr existiert. In solchen Fällen kann dann der Inhalt, wenn es zum Prozess kommt, zum Beispiel durch Zeugenaussagen festgestellt werden. An diesen Nachweis werden aber strenge Anforderungen gestellt.

Rücknahme des Testamentes aus der amtlichen Verwahrung nach § 2256 BGB

Wenn Sie ein vor einem Notar beurkundetes Testament aus der Verwahrung des Amtsgerichts (in Baden-Württemberg aus der Verwahrung des staatlichen Notariats) zurücknehmen, was Sie jederzeit können, liegt darin **automatisch der Widerruf** der Verfügung. Das gilt auch dann, wenn Sie es weiterhin aufbewahren (OLG München, Beschluss vom 11. 5. 2005, 31 Wx 19/05, ZEV 2005 S. 432).

Anders sieht es dagegen aus, wenn Sie Ihr hinterlegtes handschriftliches Testament aus der Verwahrung nehmen. Dieses bleibt gültig (BayObLG, Beschluss vom 9. 3. 2005, 1Z BR 108/04, NJW-RR 2005 S. 957)!

―― Jüngere Verfügung geht nach § 2258 BGB älterer Verfügung vor

Wenn Sie ein völlig neues Testament errichten, ohne das erste ausdrücklich zu widerrufen, der Inhalt des zweiten sich aber mit dem Inhalt des ersten nicht vereinbaren lässt, gilt das erste Testament als widerrufen.

» **Beispiel:** Im ersten Testament setzen Sie Ihren Neffen A zum Alleinerben ein, im zweiten Ihren Neffen B. Hier widerspricht die zweite Verfügung der ersten; ohne dass dies ausdrücklich erwähnt wird, gilt das erste Testament damit als komplett widerrufen.

! Um Klarheit zu schaffen, nehmen Sie in Ihr Testament den Satz auf: »Vorsorglich widerrufe ich hiermit alle vorher errichteten Verfügungen von Todes wegen.« Das machen auch Notare zur Sicherheit, um eindeutig festzulegen, dass nur das aktuelle Testament gelten soll.

―― Veränderung des Testaments

Wenn Sie das Testament nur ändern wollen, indem Sie Teile durchstreichen, mit Ungültigkeitsvermerken versehen oder anders unkenntlich machen, ist nur dieser Teil widerrufen. Allerdings ist hier ein Rechtsstreit oft vorprogrammiert. Wer durch die Änderungen benachteiligt ist, wird unter Umständen behaupten, dass diese nicht vom Erblasser stammen.

! Schreiben Sie das Testament besser insgesamt neu oder nehmen Sie die Änderungen in einen separaten Nachtrag auf. Dieser sollte dann allerdings mit Ort und Datum versehen sein und ist zwingend zu unterschreiben.

=== Auch Widerruf des Widerrufs möglich

Selbst das geht, soweit Sie sich an die oben dargestellten Spielregeln halten. In diesem Fall wird dann wieder das erste Testament wirksam (§ 2257 BGB). Es wird so behandelt, als sei es nicht widerrufen worden. Die gesetzliche Erbfolge tritt dadurch also nicht ein.

! Damit keine Zweifel an Ihrem Letzten Willen aufkommen, sollten Sie ausdrücklich erklären, dass das alte Testament wieder aufleben soll – oder auch nicht.

C4 Wann ist ein Erbvertrag eine Alternative zum Testament?

1 Bevor Sie einen Erbvertrag abschließen

1.1 Erbvertrag und Testament – ein Unterschied?

Als Erblasser können Sie Ihren Nachlass anstatt durch ein Testament auch durch einen Erbvertrag regeln. Anders als das Testament ist **der Erbvertrag keine einseitige Erklärung des Erblassers. Er ist eine verbindliche Vereinbarung mit einem oder mehreren anderen,** zumeist dem, den man als Erben einsetzen möchte. Das heißt, Sie können als künftiger Erblasser mit Ihrem Ehepartner, einer verwandten oder fremden Person einen Vertrag darüber schließen, wen Sie als Erben oder Vermächtnisnehmer haben möchten. Auch der Vertragspartner – der Ehepartner oder der nichteheliche Lebenspartner – kann im selben Vertrag seinerseits einen Erben einsetzen oder ein Vermächtnis anordnen.

Ein Erbvertrag ist deshalb dann sinnvoll, wenn Sie auch für Ihre Erben oder Vermächtnisnehmer **bindende Vereinbarungen für die Zukunft** wollen. Das kann gegebenenfalls mit einem Pflichtteilsverzichtsvertrag verbunden werden, um sich so sicher vor Pflichtteilsansprüchen zu schützen.

1.2 Besser Erbvertrag oder Testament? – Vor- und Nachteile

Wenn Sie sich nicht sicher sind, was in Ihrem Fall besser ist, hilft Ihnen die nachfolgende **Übersicht**

- **Vorteile eines Erbvertrags**

  Besondere Bedeutung hat der Erbvertrag für **nichteheliche Lebenspartner. Denn sie können** kein gemeinschaftliches Testament errichten. Mit einem Erbvertrag können sie dagegen vergleichbare Regelungen treffen.

  Durch die starke Bindung des Vertrages ist der Vertragserbe mit seinen **Ansprüchen auch wirklich gesichert.** Das ist vor allen Dingen wichtig, wenn zum Beispiel eines von mehreren Kindern die Pflege der Eltern übernimmt und dafür einen größeren Nachlassanteil versprochen bekommt. Dasselbe gilt für den Erblasser. Auch er kann sich per Erbvertrag bestimmte Dinge absichern, wie das Beispiel im nächsten Punkt deutlich macht.

C4 | Wann ist ein Erbvertrag eine Alternative zum Testament?

Wenn Sie zum Beispiel bei **behinderten Kindern** oder **anderen Sozialhilfeempfängern in der Familie** sicherstellen wollen, dass das Erbe nicht an den Sozialhilfeträger fällt, kann ein Erbvertrag mit einer dritten Person hilfreich sein. Eine Regelung, nach der ein Vertragserbe sich verpflichtet, den Sozialhilfeempfänger im Gegenzug zur Erbschaft finanziell zu unterstützen, ist zulässig (BGH, Urteil vom 20. 10. 1993, BGHZ S. 368; BGH, Urteil vom 19. 1. 2011, NJW 2011 S. 1586).

Sie können mit einem **Pflichtteilsverzichtsvertrag** sicherstellen, dass keine unerwünschten Pflichtteilsansprüche gestellt werden. Das kann zum Beispiel dann sinnvoll sein, wenn ein nichteheliches Kind vorab »ausgezahlt« werden möchte. Das war früher nach dem Nichtehelichenerbrecht mit dem so genannten Erbersatzanspruch möglich.

Sie können mit dem Erbvertrag einen Ehevertrag verbinden (Ehe- und Erbvertrag), ohne dass für den Ehevertrag besondere Gebühren entstehen (§ 46 KostO).

- **Nachteile eines Erbvertrags**

Das Besondere eines Erbvertrags besteht darin – wie bei anderen Verträgen auch –, dass Sie als Erblasser normalerweise an diesen Vertrag gebunden sind und ihn nicht mehr allein ändern oder widerrufen können. Sie verlieren als Erblasser mit dem Abschluss eines Erbvertrages Ihre unbeschränkte Testierfreiheit. Ein Testamentswiderruf ist bis zuletzt möglich. Das gilt auch für ein mit Ihrem Ehepartner errichtetes gemeinschaftliches Testament.

Sie müssen strenge **notarielle Formvorschriften** beachten. Der Erbvertrag muss notariell beurkundet werden. Privatschriftlich wäre ein solcher Vertrag ungültig.

Kostenmäßig schlägt der Erbvertrag mit den **doppelten Gebühren** zu Buche wie ein einseitiges notarielles Testament. Aber er kostet nicht mehr als ein gemeinschaftliches Testament.

! Lassen Sie sich **zusätzlich** zu unseren Ausführungen unbedingt auch von dem beurkundenden Notar, ohne den es nicht geht, ausführlich beraten und lassen Sie sich vor der Beurkundung einen Entwurf geben; dies verursacht keine besonderen Kosten.

2 Was können Sie mit einem Erbvertrag regeln?

2.1 Auf den Zweck kommt es an

≡ **Wenn Sie nur Ihren persönlichen Nachlass regeln wollen**

Dann reicht Ihnen der **einseitige Erbvertrag**. Das bedeutet, dass Sie als Erblasser handeln. Ihr Vertragspartner wird von Ihnen normalerweise anderweitig in die Pflicht genommen. Man spricht hier von einem entgeltlichen Erbvertrag.

» **Beispiel:** Sie sind allein stehend, wohnen in Ihrem eigenen Haus und werden pflegebedürftig. Sie wollen aber nicht in ein Pflegeheim, weil Sie bisher schon von einer Person betreut wurden, die Sie auch weiterhin pflegen würde. Weil Ihr laufendes Einkommen nicht reicht, eine Vollpflege bezahlen zu können, vereinbaren Sie mit der Pflegeperson, dass sie jetzt keine Entlohnung erhält, bei Ihrem Tod aber Ihre Alleinerbin wird. Sie schließen deshalb mit ihr einen Erbvertrag. Darin verpflichtet sich die Pflegeperson, Sie auf Lebenszeit zu pflegen, als Gegenleistung setzen Sie sie zu Ihrer Alleinerbin ein.

Oft geht auch die Initiative vom künftigen Erben aus, wenn dieser zum Beispiel als Gegenleistung für einen Hausbau auf einem Grundstück des Erblassers sicherstellen will, das Grundstück später zu erben oder ein Wohnrecht im Haus zu erhalten. Dann wird er unter Umständen eine erbvertragliche Bindung wollen, weil ihm ein Testament zu wenig ist.

Weil Sie als Erblasser aber trotz dieser erbvertraglichen Zusage noch zu Lebzeiten dieses Grundstück anderweitig veräußern oder belasten könnten (§ 2286 BGB), wird von den Notaren zu Recht empfohlen, in den Erbvertrag noch zusätzlich **zwei weitere Vereinbarungen** aufzunehmen:

1. einen Verfügungsunterlassungsvertrag (§ 137 Satz 2 BGB), wonach Sie sich verpflichten, eine solche Verfügung zu Lebzeiten nicht vorzunehmen,

2. eine bedingte Grundstücksübertragungsverpflichtung für den Fall, dass die Verpflichtung zuvor Ziff. 1 doch nicht eingehalten werden sollte. Eine solche Verpflichtung kann dann im Grundbuch vorgemerkt werden (§ 883 BGB), so dass jeder etwaige Käufer von einem Kauf Abstand nehmen würde.

Sollte die Pflegeperson in einem solchen Fall die Pflegeleistungen nicht mehr erbringen können, so können Sie als Erblasser von dem Erbvertrag zurücktreten (§ 2295 BGB, BGH, Urteil vom 5. 10. 2010, NJW 2011 S. 224).

C4 | Wann ist ein Erbvertrag eine Alternative zum Testament?

Wenn beide Vertragsparteien ihren Nachlass regeln wollen

In diesem Fall kommt ein **zweiseitiger Erbvertrag** infrage.

» **Beispiel:**

- Die Ehepartner setzen sich in einem Erbvertrag gegenseitig zu Alleinerben ein. Der Überlebende setzt die gemeinsamen Kinder vertraglich zu Erben ein.
- Partner einer nichtehelichen Lebensgemeinschaft – gleich, ob heterosexuell oder homosexuell – setzen sich erbvertraglich gegenseitig zu Alleinerben ein. Der Überlebende setzt eine dritte Person, die beiden nahe steht, zum Alleinerben ein.

Es können unter Umständen auch noch mehr Personen an dem Vertrag beteiligt sein.

» **Beispiel:** Drei unverheiratete Geschwister setzen sich zu Erben ein. Erben des Erstversterbenden werden die zwei Überlebenden. Alleinerbe des Zweitversterbenden wird der letzte Überlebende. Und Erben des Letztversterbenden werden eine oder mehrere Personen oder eine gemeinnützige Einrichtung.

2.2 Die Regelungen im Einzelnen

Anordnungen, mit denen Sie sich binden

Im Prinzip kann der Erbvertrag alles enthalten, was auch Inhalt eines Testaments sein kann. Aber nicht alle erbrechtlichen Regelungen können **mit vertraglicher Bindung** vereinbart werden. Das geht **nur bei drei Arten von Anordnungen:**

- **Erbeinsetzung,** wenn zum Beispiel die Tochter für ihre Pflegeleistung als alleinige Erbin eingesetzt wird, obwohl weitere Geschwister vorhanden sind,
- **Vermächtnisanordnung,** wenn zum Beispiel der Bruder zwar nicht erben soll, aber ein bestimmtes Grundstück bekommen soll, und
- **Auflagenanordnung,** wenn zum Beispiel der gesunde Bruder Alleinerbe werden soll, aber sich gleichzeitig verpflichten soll, die kranke Schwester zeitlebens finanziell zu unterstützen.

Anordnungen, mit denen Sie sich nicht binden

Auf die **Einsetzung eines Testamentsvollstreckers, die Entziehung des Pflichtteils**, die Vorgaben über die **Aufteilung des Nachlasses (Teilungsanordnung)** und die **Benennung eines Vormunds oder Pflegers** kann sich die vertragliche Bindung nicht erstrecken (§ 2278 Abs. 2 BGB).

Achtung, wenn Sie bindende und nicht bindende Anordnungen gleichzeitig treffen

Das heißt, Sie können einen **Teil der Anordnungen mit vertraglicher Bindung** gestalten, die dann nicht widerruflich sind, und einen **Teil als testamentarische Anordnung, die jederzeit wie ein Einzeltestament oder wie ein gemeinschaftliches Testament widerrufen** werden kann (§ 2299 BGB). Deshalb besteht beim Erbvertrag **die Gefahr, dass im Nachhinein unklar ist, wie was gemeint war.**

» **Beispiel:** Ehegatten setzen sich gegenseitig zu Alleinerben ein, die gemeinschaftlichen Kinder zu sogenannten »Schlusserben«. Der Überlebende wendet seinem Neffen außerdem einen Geldbetrag als Vermächtnis zu.

Hier kann bestimmt werden, dass die gegenseitige Erbeinsetzung und die Schlusserbeneinsetzung vertraglich bindend sind. Das Vermächtnis für den Neffen ist dagegen einseitig. Es kann damit vom Überlebenden jederzeit – auch nach dem Tod des Zuerststerbenden – allein widerrufen werden kann. Der Widerruf erfolgt wie der Testamentswiderruf.

! Machen Sie bei einem Erbvertrag im Vertrag selbst deutlich, ob Sie sich mit den einzelnen Verfügungen vertraglich tatsächlich binden wollten, oder sich die Widerrufbarkeit vorbehalten wollen. Andernfalls muss im Nachhinein durch Auslegung festgestellt werden, was Sie tatsächlich wollten. Sprechen Sie deshalb bei der Beurkundung des Erbvertrags mit dem beurkundenden Notar darüber, wenn dieser nicht von sich selbst aus die Frage mit Ihnen erörtert.

3 Trotz Erbvertrag noch über das eigene Vermögen verfügen?

3.1 Grundsatz: Verfügungsberechtigung bleibt

Obwohl die vertraglichen Anordnungen eines Erbvertrags mit Vertragsschluss bindend werden, wirken sie sich erst mit dem Tod des Erblassers – wie jede letztwillige Verfügung – aus. Denn nur für diesen Fall ist sie ja getroffen worden. Eine vertragliche Bindung bedeutet lediglich, dass ein Vertragsteil nicht mehr ohne den anderen den Erbvertrag ändern oder aufheben kann.

Deshalb ist in § 2286 BGB ausdrücklich klargestellt, dass der Erblasser zu seinen Lebzeiten **jederzeit über sein Vermögen verfügen** kann, auch wenn dies im Widerspruch zum Erbvertrag steht.

» **Beispiel:** Der Erblasser hat in einem Erbvertrag seinen Neffen zum Alleinerben eingesetzt. Er kann jetzt trotzdem noch von seinem Sparkonto Geld abheben und dieses verbrauchen. Er kann vor allem noch einzelne **Vermögensstücke verkaufen.** Dann tritt an die Stelle des Gegenstandes der Verkaufserlös.

In dem Beispielsfall mit der Pflegeverpflichtung könnte der Vertragspartner den Erbvertrag aber auch anfechten oder den Rücktritt erklären, wenn der Erblasser entgegen der vertraglichen Absprache das Haus noch zu Lebzeiten verkaufen oder verschenken würde.

3.2 Ausnahme vom freien Verfügungsrecht

Schenkungen, die den Vertragserben oder Vertragsvermächtnisnehmer beeinträchtigen, kann der Erblasser zwar noch vornehmen. Er löst damit aber unter Umständen Ersatzansprüche des Vertragserben oder Vertragsvermächtnisnehmers gegen den Beschenkten aus.

Das setzt allerdings voraus, dass der Erblasser hat seine **Verfügungsfreiheit missbraucht.** Nur wenn es ihm darum ging, die Rechte des vertraglich Bedachten zu schmälern, kann dieser den geschenkten Gegenstand vom Beschenkten nach dem Tod des Erblassers wieder zurückverlangen (§§ 2287, 2288 BGB).

Zu solchen Situationen kann es kommen, wenn nach dem Tod eines Ehepartners der Überlebende wieder heiratet und wegen des mit ihm geschlossenen bindenden Erbvertrags keine testamentarischen Änderungen mehr vornehmen kann.

» **Beispiel:** Die Eheleute M und F haben vor einem Notar einen Erbvertrag geschlossen, wonach sie sich gegenseitig zu Alleinerben und auf den Tod des Überlebenden die gemeinschaftlichen Kinder zu Schlusserben eingesetzt haben. Nach dem Tod des zuerst Versterbenden heiratet der Überlebende wieder. Die Kinder haben im Vertrauen auf ihre Erbeinsetzung auf den Tod des Überlebenden den Pflichtteil jedoch nicht verlangt.

Nach der Wiederverheiratung der Frau kommt es zu erheblichen Missstimmungen zwischen ihr und den Kindern. Um die Kinder zu ärgern, verschenkt F an ihren zweiten Ehepartner einen wertvollen Nachlassgegenstand, obwohl der diesen überhaupt nicht benötigt.

In einem solchen Fall können die Kinder den verschenkten Gegenstand nach dem Tod des Erblassers wieder zurückverlangen. Ist der Gegenstand nicht mehr vorhanden, können sie Geldersatz verlangen. Im Streitfall müssen die Kinder die Schenkung und die missbräuchliche Handlungsweise des Erblassers aber beweisen (BGH, Urteil vom 26. 2. 1986, NJW 1986 S. 1755).

Grundsätzlich lässt sich sagen, dass der Erblasser seine **Verfügungsmacht nicht missbrauchen** darf. Das heißt, der Erblasser muss ein **lebzeitiges Eigeninteresse** an der Schenkung haben.

Wichtig: Der Beschenkte muss dem / den Vertragserben auf Verlangen Auskunft über das erhaltene Geschenk nach Eintritt des Erbfalls geben (§§ 2287, 2288 BGB).

4 Formvorschriften für den Erbvertrag

4.1 Abschluss des Erbvertrages

Ein Erbvertrag kann **nur vor einem Notar** geschlossen werden. Privatschriftliche Erbverträge sind ungültig. Selbstverständlich müssen der oder die Erblasser **dieselben persönlichen Voraussetzungen** mitbringen, wie jemand, der ein formgültiges Testament abfassen will.

Der Erbvertrag wird bei **gleichzeitiger Anwesenheit aller Vertragspartner** vor einem Notar abgeschlossen. Persönlich anwesend muss aber nur der Erblasser sein. Derjenige, der keine erbrechtliche Verfügung trifft, kann sich durch einen Bevollmächtigten vertreten lassen.

Der Notar veranlasst anschließend die **amtliche Verwahrung** des Erbvertrages. **Ausnahme:** Die Vertragsschließenden wollen keine amtliche Verwahrung und geben darüber eine Erklärung ab. Bei Verwahrung erhalten die Parteien aber auf jeden Fall einen Hinterlegungsschein.

Hinweis: Wenn einer der Vertragspartner Ausländer ist, dann sollten Sie zunächst klären, ob nach diesem Recht des anderen Staates ein Erbvertrag überhaupt zulässig ist. Denn wegen der rechtlichen Kompliziertheit ist in manchen Staaten – wie zum Beispiel Italien oder Spanien – ein Erbvertrag gar nicht zulässig.

Auch im Rahmen eines **Scheidungsverfahrens** können Sie einen Erbvertrag schließen. Das gerichtliche Protokoll, mit dem ein Scheidungsvergleich festgehalten wird, ist einer notariellen Beurkundung gleichgestellt ist (§ 127 a BGB). Hier kommt es nicht selten vor, dass den Kindern das gemeinsame Haus durch eine erbvertragliche Vermächtniszuwendung gesichert werden soll.

4.2 Wenn andere letztwillige Verfügungen bestehen

Wenn diese vor dem Erbvertrag errichtet worden sind

Ein von Ihnen bereits errichtetes Testament wird ungültig, wenn dadurch der erbvertraglich Bedachte beeinträchtigt wird (§ 2289 BGB). Wenn ein weiterer Erbvertrag zwischen denselben Personen geschlossen wird, so wird der erste Erbvertrag ungültig, soweit er dem zweiten widerspricht (§ 2290 BGB).

Stirbt aber der durch den Vertrag Bedachte vor dem Erblasser, kann eine frühere Verfügung von Todes wegen wieder aufleben (OLG Zweibrücken, Beschluss vom 4. 3. 1999, FamRZ 1999 S. 1545). Wenn Sie das nicht wollen, müssen Sie das ausdrücklich bei Abschluss des aktuellen Vertrages so bestimmen. Andernfalls wird der Vertrag ausgelegt. Machen Sie den Notar unbedingt darauf aufmerksam!

Wenn nach dem Erbvertrag noch letztwillige Verfügungen getroffen worden sind

An sich darf der Erblasser keine anders lautende Verfügung treffen. Macht er es trotzdem, werden ein nach dem Erbvertrag errichtetes Testament wie auch ein späterer Erbvertrag insoweit ungültig, als der zuerst erbvertraglich Bedachte im Zeitpunkt des Todestages durch die nachfolgende letztwillige Verfügung beeinträchtigt wird (§ 2289 BGB).

» **Beispiel:** Eheleute haben sich gegenseitig zu Alleinerben und ihre Kinder zu Schlusserben eingesetzt; beide Anordnungen sind bindend erfolgt. Nach dem Tod des Zuerststerbenden macht der Überlebende ein Testament und bestimmt einen Testamentsvollstrecker.

Diese Testamentsvollstreckung verstößt gegen den bindenden Erbvertrag, der das nicht vorsah. Sie ist deshalb unwirksam. Aber: Die Eheleute hätten im Erbvertrag die Klausel vorsehen können, dass der Überlebende noch einen Testamentsvollstrecker einsetzen kann. Dann dürfte er dies noch in einem Testament nachholen.

Ausnahme: Der im ersten Erbvertrag Bedachte stimmt dem späteren Erbvertrag zu. Diese Möglichkeit sieht das Gesetz in § 2291 BGB ausdrücklich vor. Die Zustimmung muss allerdings notariell beurkundet sein.

Wenn der erbvertraglich **Bedachte »in guter Absicht« durch ein späteres Testament beschränkt** werden soll, ist dies nach § 2289 BGB zulässig. Das gleiche gilt, wenn der Erblasser dem erbvertraglich Bedachten den Pflichtteil entziehen könnte (§ 2294 BGB). Gehört der Bedachte in einem solchen Fall nicht zum Kreis der Pflichtteilsberechtigten, so wird er so behandelt, als wäre er ein Abkömmling. Insofern kann der Erbvertrag geändert werden.

5 Wie kommen Sie von einem Erbvertrag wieder los?

5.1 Einverständliche Vertragsaufhebung

Ein Erbvertrag zwischen denselben Vertragspartnern kann normalerweise **nur durch einen notariellen Vertrag wieder aufgehoben** werden.

Wichtig für Ehepaare: Haben Sie einen Erbvertrag geschlossen, können Sie diesen sogar durch ein Testament – auch durch ein eigenhändig geschriebenes – wieder aufheben (§ 2292 BGB). Das Testament muss dann allerdings ein gemeinschaftliches Testament sein. Beachten Sie hierbei unbedingt die Formvorschriften für Testamente. Es spielt auch keine Rolle, ob der Erbvertrag Teil eines Ehevertrages ist und ob er beim Amtsgericht (in Ba-Wü: beim Staatlichen Notariat) verwahrt wird oder nicht.

5.2 Rücktritt vom Vertrag

Sowohl Sie als auch Ihr Vertragspartner können vom Erbvertrag zurücktreten, wenn der **Rücktritt im Vertrag ausdrücklich vorbehalten** wurde (§ 2293 BGB). Mit dem Rücktritt eines Vertragsteils wird der Erbvertrag ungültig.

Ein Rücktritt ist aber nur so lange möglich, wie beide Partner noch leben. Danach kann der Überlebende nur noch die »Erbschaft« ausschlagen. Dann kann er allerdings bei zweiseitigen Verträgen wieder über seinen Nachlass verfügen, wie er will. **Ausnahme:** Bei einem Ehegattenerbvertrag mit Wiederverheiratungsklausel kann der überlebende Ehegatte bei Wiederheirat vom Vertrag zurücktreten.

Es können aber auch **unvorhergesehene Umstände** eintreten. Macht sich zum Beispiel der erbvertraglich Bedachte einer **Verfehlung** schuldig, die den Erblasser berechtigt, ihm den Pflichtteil zu entziehen oder – falls der Bedachte nicht zum Kreis der Pflichtteilsberechtigten gehört – es ihm gestatten würde, einem Abkömmling den Pflichtteil zu entziehen, kann der Erblasser vom Erbvertrag zurücktreten (§ 2294 BGB).

Lesen Sie hierzu, welche Gründe zur Pflichtteilsentziehung berechtigen. Denken Sie aber daran, dass Sie als Erblasser bzw. die Ersatzerben in einem Streitfall **die Rücktrittsvoraussetzungen beweisen** müssen.

Erfüllt Ihr Vertragspartner nicht die Leistungen, zu denen er sich Ihnen gegenüber verpflichtet hat, indem er zum Beispiel nicht die lebenslange Pflege erbringt, können Sie zurücktreten. Bereits erbrachte Leistungen kann Ihr Vertragspartner dann aber zurückverlangen. Geht das nicht, steht ihm ein Anspruch in Geld zu (§ 2295 BGB, BGH, Beschluss vom 5. 10. 2010, NJW 2011 S. 224).

Die Rücktrittserklärung muss vor einem Notar beurkundet werden. Sie muss dem Vertragspartner förmlich zugestellt werden, damit er auch nachweislich Kenntnis davon erhält (§ 2296 BGB).

5.3 Anfechtung des Erbvertrags

Da der Erbvertrag die Parteien bindet, können sowohl Sie als auch Ihr Vertragspartner bei einem Irrtum den Erbvertrag anfechten. Voraussetzung ist,

- dass Sie sich bei Vertragsabschluss über Inhalt und Bedeutung irrten oder
- durch Drohung zum Abschluss gezwungen worden sind oder
- dass nach Abschluss des Erbvertrags ein neuer Pflichtteilsberechtigter hinzugekommen ist, den es bisher als solchen nicht gegeben hat.

》 **Beispiel:** Sie sind kinderlos und setzen in einem Erbvertrag Ihren Neffen zum Alleinerben ein. Nach Abschluss des Vertrages adoptieren Sie ein Kind. Jetzt können Sie den Erbvertrag innerhalb eines Jahres nach der Adoption anfechten (§ 2281 BGB; § 2279 BGB). Danach ist die Anfechtung für Sie und das Adoptivkind ausgeschlossen.

Selbst wenn das **Vertrauensverhältnis zwischen Erblasser und Vertragserben zwischenzeitlich zerstört** wird, kann dies zur Anfechtung berechtigen – unabhängig davon, wer Schuld daran hat. Es reicht aus, dass der Erblasser in seinen Erwartungen enttäuscht wurde (BayObLG, Beschluss vom 10. 11. 1999, FamRZ 2000 S. 1053; in einem Fall, in dem die Erblasserin ihren Arzt gegen lebenslange medizinische Betreuung vertraglich zum Erben eingesetzt hatte, dieser dann aber die im selben Haus befindliche Praxis verlegt hatte).

Die Anfechtungserklärung muss von einem **Notar** beurkundet werden (§ 2281 BGB; § 2282 BGB). Anfechten können Sie aber nur **binnen eines Jahres**, nachdem Sie den Grund erfahren haben bzw. nach Ende der Bedrohung (vgl. OLG Frankfurt/Main, Beschluss vom 6. 6. 1997, FamRZ 1998 S. 194). Hier hatte der Erblasser den Vertrag sogar erst sechs Jahre später durchgelesen, festgestellt, dass er sich vertraglich gebunden hatte, und wegen Irrtums angefochten. Das nützte ihm allerdings nichts. Schließlich hätte er von dem konkreten Vertragsinhalt früher erfahren können.

Nach dem Tod des Erblassers können auch **andere Personen** den Erbvertrag anfechten, wenn der Irrtum erst dann entdeckt wird und der Erblasser nicht sein Anfechtungsrecht verloren hatte (§ 2285 BGB). Dafür gelten dieselben Grundsätze wie bei der Anfechtung des Testaments.

5.4 Was gilt bei Trennung oder Scheidung?

Haben Verlobte oder Eheleute einen Erbvertrag geschlossen, wird **dieser bei bei rechtskräftiger Scheidung unwirksam** (§ 2279 BGB). Stirbt der Verlobte vor der Heirat, wird der Vertrag dagegen nicht unwirksam, wenn sich aus dem Vertrag nichts anderes ergibt.

Bei einem noch **laufenden Scheidungsverfahren** wird der Vertrag nur unwirksam, wenn der Erblasser den Scheidungsantrag eingereicht hat oder ihm zugestimmt hat (§§ 2279 Abs. 2, 2077 BGB).

! In allen anderen Fällen bleibt es während der **Trennungsphase** beim bisherigen Vertrag. Dasselbe gilt für nichteheliche Lebensgemeinschaften. Diese sollten sich deshalb unbedingt für den Fall der Trennung ein Rücktrittsrecht vorbehalten.

C4 | Wann ist ein Erbvertrag eine Alternative zum Testament?

C5 Wann ist Schenken eine wirkliche Alternative zum Vererben?

1 Wann ist Schenkung sinnvoller als Vererbung?

Wenn Sie etwas zum Verschenken haben

Wer Vermögen hat, überlegt sich in der Regel, ob er es schon zu Lebzeiten »mit warmen Händen« oder erst nach seinem Tode auf seine Erben übertragen will. Denn alles, was Ihr Eigentum ist, können Sie auch verschenken, das heißt im Wege der **vorweggenommenen Erbfolge** übertragen, zum Beispiel

- Geldbeträge,
- Wertgegenstände wie Schmuck, Gemälde, Briefmarkensammlungen,
- Wertpapiere,
- Häuser und Eigentumswohnungen,
- unbebaute Grundstücke (Bauplatz),
- Mehrfamilienhäuser oder Teile davon (beispielsweise $1/2$, $1/3$ oder $1/4$)
- landwirtschaftliche Betriebe,
- Handwerksbetriebe,
- freiberufliche Praxen (Arztpraxis oder Rechtsanwaltsbüro),
- sonstige Unternehmen sowie Beteiligungen an einem Unternehmen (beispielsweise ein GmbH-Anteil oder eine Kommanditbeteiligung) usw.

Sie können sich alle oder einen Teil der Erträge wie zum Beispiel Mieteinnahmen (Nießbrauch), bei Immobilien auch ein Wohnungsrecht, zurückbehalten.

Aber: Beachten Sie dabei, dass insbesondere bei Immobilien, aber auch bei Kapitalvermögen der Ehepartner **häufig Miteigentum** hat. Ohne seine **Zustimmung** dürfen Sie dann nicht allein darüber verfügen. Selbst wenn das, was Sie einem anderen zuwenden wollen, Ihnen allein gehört, können Sie unter Umständen nur mit Zustimmung Ihres Ehepartners wirksam darüber verfügen. Das ist immer dann der Fall, wenn es sich praktisch um **Ihr gesamtes Vermögen** handelt.

C5 | Wann ist Schenken eine wirkliche Alternative zum Vererben?

Auf die Motive kommt es an

Die **Hauptgründe** für die sogenannte **vorweggenommene Erbfolge** sind der Wunsch

- die eigenen **Kinder** anlässlich ihrer **Eheschließung bzw. Familiengründung zum Beispiel beim Hauskauf oder -bau** zu unterstützen. Oder es geht darum, dass das Kind **wirtschaftlich selbstständig wird,** indem man zum Beispiel das Startkapital für ein Geschäft zur Verfügung stellt. Dies ist der wohl häufigste Fall;

- **Angehörige zu versorgen,** bspw. ein in Not geratenes oder krankes Kind, aber auch Bruder oder Schwester, mit eigenem Wohnraum, mit Mieteinnahmen oder Kapitalerträgen;

- den **nichtehelichen Lebenspartner/die Lebenspartnerin** vor dem Tod zu versorgen und so künftigen Streit mit den Verwandten zu vermeiden;

- **Schenkung- und Erbschaftsteuer zu sparen,** indem man die Freibeträge in 10-Jahres-Abständen ausschöpft, oder **Einkommensteuer zu sparen** durch Verteilung des Vermögens und somit der steuerpflichtigen Erträge;

- aber auch die **Belohnung des mitarbeitenden Angehörigen** für geleistete Dienste und seine Altersabsicherung.

- Manchmal geht es auch darum, sich frühzeitig »arm zu schenken«, wenn man zum Beispiel **Pflichtteilsansprüche vermeiden** möchte, die nichteheliche Kinder oder Kinder aus einer anderen Ehe geltend machen könnten. Auch hier gibt es eine 10-Jahres-Frist.

- Aber auch, wenn es darum geht, **Streit unter den künftigen Erben** zu vermeiden, kann eine lebzeitige Verteilung des Nachlasses sinnvoll sein.

- Denkbar ist auch der Fall, dass zum Beispiel ein **Hauseigentümer die Lasten nicht mehr tragen** oder eine erforderliche große Reparatur nicht finanzieren kann, weil sein Einkommen nicht reicht. Auch hier kann eine Schenkung, zum Beispiel mit einem lebenslangen Wohnrecht verbunden, die Lösung sein.

Aber: Je nach Motiv kommen **unterschiedliche Arten der Zuwendung** infrage. Zum einen ist nicht alles eine Schenkung, was Sie als solche bezeichnen würden. Denn eine **Schenkung im rechtlichen Sinne** setzt voraus, dass für den übertragenen Gegenstand keinerlei Gegenleistung gewährt wird und sich beide Seiten darüber im Klaren sind. In der Praxis sind daher die reinen Schenkungen ohne jede Gegenleistung eher die Ausnahme. Verbreitet ist dagegen die so genannte **gemischte Schenkung,** wenn der **Wert des geschenkten Gegenstandes höher ist als die Gegenleistung.**

Wann ist Schenken eine wirkliche Alternative zum Vererben? | C5

» **Beispiel:** Ein Vater überträgt auf seinen Sohn ein Wohnhaus zu einem »Preis« von 50 % des wirklichen Wertes, weil der Vater den Geldbetrag zur Einzahlung in eine Lebensversicherung (für seine eigene Altersversorgung) braucht. Diese Übertragung ist zum Teil eine Schenkung und zum Teil ein Kauf, eben eine gemischte Schenkung.

Geschenkt ist hier nur das halbe Haus. Zum anderen ist **auch nicht jede unentgeltliche Vermögenszuwendung eine Schenkung** im rechtlichen Sinne, sodass ganz unterschiedliche Rechtsfolgen ausgelöst werden, wenn Sie Vermögen übertragen.

Sie sollten sich deshalb im Vorfeld – egal was Sie vorhaben – genau informieren. Andernfalls lösen Sie Folgen aus, die Sie wahrscheinlich so nicht gewollt haben.

» **Beispiel:** Sie übertragen Ihr Haus auf Ihre Tochter und gehen stillschweigend davon aus, dass diese Sie dafür im Alter pflegen wird. Dann haben Sie Ihr Haus verschenkt und müssen die Schenkung rückgängig machen, wenn das Sozialamt innerhalb von 10 Jahren nach der Schenkung Pflegeheimkosten für Sie übernehmen muss.

Sie haben ein Hausgrundstück auf Ihren Sohn übertragen, weil Sie dachten, er müsse diese Zuwendung auf jeden Fall im Verhältnis zu seinen Geschwistern ausgleichen. Das ist aber ohne konkrete Vereinbarung nicht ohne weiteres der Fall.

Es kommt also sehr auf Ihre **individuelle Situation** an, wenn Sie Vermögen zu Lebzeiten übertragen wollen. So spielt es zum Beispiel eine große Rolle, ob die bedachten Kinder Geschwister haben oder ob Sie vielleicht nur Ihre leiblichen Kinder bedenken möchten, das Schwiegerkind aber außen vor halten möchten.

! Verzichten Sie bei größeren Vermögenswerten auf keinen Fall auf **fachkundigen Rat,** zumal Sie bei Grundstücksübertragungen ohnehin einen Notar hinzuziehen müssen. Machen Sie dabei unbedingt deutlich, was Ihre persönlichen Motive sind. Dann können bei der Vertragsgestaltung zum Beispiel Dinge wie eine Ausgleichungspflicht in der späteren Erbteilung berücksichtigt werden oder nicht.

2 Welche Arten der Schenkung gibt es?

2.1 Die ganz normale Schenkung

Wann ist diese Art der Schenkung sinnvoll?

Wollen Sie einfach jemandem etwas Gutes tun oder wollen Sie bestimmte Vermögenswerte, die Ihnen besonders am Herzen liegen, einfach schon zu Lebzeiten einer bestimmten Person zukommen lassen, um sie aus der Erbauseinandersetzung herauszuhalten. Dabei handelt es sich um den **Normalfall einer Schenkung**. Das heißt, der Schenker und der Beschenkte einigen sich darüber, dass ein bestimmter **Vermögenswert unentgeltlich** den Eigentümer wechselt.

» **Beispiel:** Eine Witwe, die ins Pflegeheim geht und ihren Haushalt auflösen muss, möchte ihrer Freundin eine Sammlung Meissner Porzellanfiguren zukommen lassen. Sie weiß, dass ihre Erben keinen Sinn dafür haben.

Eine Mutter möchte ihrer Tochter verschiedene wertvolle Schmuckstücke zu Lebzeiten schenken, damit es später nach ihrem Tode mit der Schwiegertochter keinen Ärger gibt.

Wie läuft die Schenkung ab?

Die Schenkung wird im Alltag dadurch vollzogen, indem die Sache vom Eigentümer an den Empfänger übergeben wird – immer vorausgesetzt, der Empfänger will die Sache auch. Es handelt sich hier um eine so genannte »**Handschenkung**«, die **formlos durch tatsächlichen Vollzug** vonstatten geht.

Hat dagegen die Witwe ihrer Freundin bzw. die Mutter der Tochter zum Beispiel erst in einem Brief versprochen, ihr die Schmuckstücke zum nächsten Geburtstag zu schenken, ist noch keine wirksame Schenkung erfolgt. **Die schriftliche Verpflichtung im Brief reicht nicht** aus. Die Mutter müsste theoretisch dieses **Versprechen notariell beurkunden** lassen(§ 518 Abs. 1 Satz 1 BGB). Der potenzielle Schenker kann es sich jetzt noch einmal anders überlegen, er war noch zu nichts verpflichtet.

Wichtig: Besteht die **Gefahr, dass der Schenker verstirbt,** bevor die Übergabe stattfindet, sollte man deshalb eine andere Art der Schenkung wählen.

Hinweis: Wenn Sie Immobilien übertragen wollen: Hier ist der **Weg zum Notar unerlässlich.** Soll also eine Eigentumswohnung, ein Haus oder ein Grundstück verschenkt werden, muss auf jeden Fall ein Notar den Schenkungsvertrag beurkunden. Das gilt für alle Grundstücksgeschäfte.

Man kann auch etwas verschenken und sich trotzdem gewisse Rechte vorbehalten. So können Sie sich zum Beispiel an einem verschenkten Mietshaus den **Nießbrauch grundbuchrechtlich eintragen lassen,** und zwar entweder bezüglich aller Erträge oder nur eines Teils (so genannter Quoten-Nießbrauch). Das bedeutet, dass Sie zu Lebzeiten beispielsweise die Mieteinnahmen weiterhin auf Ihr Konto überweisen lassen, obwohl ein anderer als Eigentümer im Grundbuch eingetragen ist.

Welche erbrechtlichen Auswirkungen hat die Schenkung?

Wenn Erben durch die Schenkung benachteiligt werden

Eine **Ausgleichungspflicht unter Abkömmlingen des Schenkers,** also insbesondere unter Geschwistern, besteht **ausnahmsweise.** Ein Ausgleich muss nur stattfinden, wenn der Schenker dies bei der Schenkung so bestimmt hat. Dann muss diese Zuwendung später auf den Erbteil des Beschenkten nach dem Tod des Schenkers angerechnet werden. Je nachdem, was gewollt ist, sollten Sie eine **entsprechende Erklärung abgeben** – am besten aus Beweisgründen schriftlich. Eine notarielle Beurkundung ist aber nicht erforderlich, sofern keine Immobilie verschenkt wird.

Dasselbe gilt für die **Anrechnung auf den Pflichtteil** (§ 2315 BGB): Nur wenn eine Anrechnung vom Schenker gewollt ist, kommt es dazu. Die Anrechnung auf den Pflichtteil findet dann aber nicht nur unter den Abkömmlingen, sondern auch bei anderen Pflichtteilsberechtigten (z. B. Eltern, Ehegatten) statt.

Stirbt der Schenker innerhalb von 10 Jahren nach der Schenkung, können diejenigen, die jetzt einen Pflichtteilsanspruch haben, einen so genannten »**Ergänzungs-Pflichtteilsanspruch**« zusätzlich verlangen. Das heißt, der Pflichtteil wird nicht nur aus dem hinterlassenen Nachlass berechnet, sondern aus dem Nachlass plus dem Wert des verschenkten Gegenstandes (§ 2325 BGB). Aber: der Wert des verschenkten Gegenstands reduziert sich pro Jahr, dass seit der Schenkung vergangen ist um 1/10. Nach 10 Jahren wird die Schenkung gar nicht mehr berücksichtigt.

Hat der derjenige, der einen solchen Pflichtteilsergänzungsanspruch geltend macht, selbst vom Schenker eine Schenkung erhalten, wird diese Schenkung auf den Anspruch angerechnet (§ 2327 BGB): z. B. der Vater, der verstorben ist, hat nicht nur seiner Ehefrau, die Alleinerbin wurde, ein Haus geschenkt, sondern auch der Tochter eine größere Geldsumme. Hier gilt die 10-Jahres-Frist und die Abschmelzungsregelung, nach der der Wert der Schenkung pro Jahr sinkt, nicht. Das bedeutet, dass diese Schenkung immer auf den Pflichtteilsergänzungsanspruch anzurechnen ist.

C5 | Wann ist Schenken eine wirkliche Alternative zum Vererben?

Bei Schenkungen unter Ehegatten beginnt die 10-Jahres-Frist erst mit der Auflösung der Ehe, in der Regel dem Tod des Ehegatten, zu laufen (§ 2325 Abs. 3 BGB). Daher werden solche Schenkungen fast immer mit dem vollen Wert zu berücksichtigen sein.

Aber auch wenn nichts auszugleichen ist, könnte die Schenkung wegen »Missbrauchs« unter Umständen rückgängig gemacht werden.

Wenn sich Eheleute etwas zuwenden

Zahlt zum Beispiel der Ehemann als Alleinverdiener die Annuitäten für das gemeinsame Haus, schenkt er seiner haushaltsführenden Ehefrau nichts. Hierin liegt vielmehr in den meisten Fällen eine so genannte **ehebedingte Zuwendung,** die die wirtschaftliche Situation der Frau verbessern hilft. Dasselbe gilt für alle anderen Vermögenszuwendungen, die dazu dienen, aufseiten des wirtschaftlich schwächeren Ehepartners einen Ausgleich zu schaffen (vgl. OLG München, Urteil vom 20. 7. 2001, NJW-RR 2002 S. 3).

Rechtlich treten hier nicht die typischen Schenkungsfolgen auf. So gibt es zum Beispiel auch keine Rückforderung wegen Undanks. **Ausnahme:** Sieht sich der »beschenkte« Ehepartner später Pflichtteilsansprüchen ausgesetzt, wird die ehebedingte Zuwendung doch wie eine Schenkung rechtlich beurteilt. Das lässt sich durch eine Vereinbarung vermeiden.

2.2 Schenkung auf den Todesfall

Wann ist diese Art der Zuwendung sinnvoll?

Wenn Sie etwas verschenken möchten, also aus dem Nachlass herausnehmen wollen, aber bis zu Ihrem Tode in Ihrem Besitz behalten möchten, können Sie die so genannte Schenkung auf den Todesfall wählen. Wollen Sie zum Beispiel ein wertvolles Gemälde oder Schmuck einer bestimmten Person außerhalb Ihres Nachlasses zukommen lassen, haben Sie **verschiedene Möglichkeiten.**

Wie läuft diese Art der Schenkung ab?

Entweder Sie geben ein **Schenkungsversprechen** ab, das genauso **formal abgefasst** werden muss **wie ein Testament.** Beachten Sie deshalb unbedingt die Formvorschriften beim privatschriftlichen Testament.

Oder Sie **vollziehen die Schenkung schon zu Lebzeiten,** indem Sie sich mit dem Bedachten über den Eigentumsübergang einigen – am besten schriftlich aus Beweisgründen.

> **Beispiel:** Eine Erblasserin möchte ein bestimmtes Gemälde einem guten Freund vermachen, es aber bis zu ihrem Tode in ihrer Wohnung hängen lassen. Sie gibt dem Freund eine schriftliche Schenkungserklärung, aus der hervorgeht, dass er Eigentümer des Bildes geworden ist.

Da es sich in der zweiten Variante jetzt um fremdes Eigentum handelt, macht sich der Schenker unter Umständen sogar schadensersatzpflichtig, wenn die Sache zum Beispiel durch sein Verschulden beschädigt wird. Dem könnte man allerdings vorbeugen, indem man jegliche Haftung – am besten schriftlich – ausschließt.

Bei **Grundstücken** muss die Schenkung notariell beurkundet und ins Grundbuch eingetragen werden.

Welche erbrechtlichen Folgen hat die Schenkung auf den Todesfall?

Die **Schenkung fällt hier nicht in den Nachlass.** Der Beschenkte hat einen direkten Herausgabeanspruch gegen die Erben. Er kann sofort darüber verfügen und hat mit der Erbteilung nichts zu tun.

Hinweis: Wenn der Empfänger vor dem Schenker sterben sollte: In diesem Fall würden seine Erben den geschenkten Gegenstand beim Tod des Schenkers herausverlangen können. Dies kann der Schenker allerdings ausschließen. Hierzu muss er mit dem Beschenkten zusätzlich die Bedingung vereinbaren, dass der Beschenkte den Schenker überlebt. Dann fällt die Schenkung wieder zurück in das Vermögen des Schenkers und somit auch in dessen Nachlass.

Aber: Auch die Schenkung auf den Todesfall unterliegt den Einschränkungen des **Pflichtteilsrechts.** Das heißt, der Pflichtteilsberechtigte hat hier ebenfalls einen Pflichtteilsergänzungsanspruch.

2.3 Schenkung durch Vertrag zugunsten Dritter

Wann ist diese Art der Schenkung sinnvoll?

Wenn Sie **bis zuletzt die Verfügungsmöglichkeit** behalten wollen, kommt diese weitere Möglichkeit, außerhalb des Nachlasses Vermögen zu übertragen, infrage. Juristen sprechen von dem so genannten »**Vertrag zugunsten Dritter**« (§ 328 Abs. 1 BGB).

C5 | Wann ist Schenken eine wirkliche Alternative zum Vererben?

Wie läuft diese Art der Schenkung ab?

Hier wird das vom Schenker abgegebene Angebot auf Abschluss eines Schenkungsvertrages erst mit Zugang an den Beschenkten wirksam. Das Angebot kann auch noch nach dem Tod des Schenkers dem Beschenkten zugehen. Hat der Schenker einer anderen Person **Vollmacht** erteilt, kann diese noch nach dem Tod die Erklärung abgeben. Die Vollmacht erlischt nicht zwangsläufig mit dem Tod des Schenkers (§§ 672 Satz 1, 168 Satz 1 BGB). Der Bevollmächtigte kann deshalb die Annahmeerklärung des Beschenkten jetzt noch annehmen. Auf diese Art und Weise kommt **nach dem Tod des Schenkers der Schenkungsvertrag** zustande.

Diese Vorgehensweise durch **Vertrag zugunsten Dritter** empfiehlt sich, wenn Sie sich als Schenker vorbehalten wollen, die beabsichtigte Zuwendung bis zuletzt ohne großen Aufwand rückgängig zu machen. **Denn Vollmachten lassen sich jederzeit widerrufen.**

Wenn Sie sich für diese Variante interessieren, gehen Sie am besten zu Ihrer Bank oder Sparkasse. Die **Kreditinstitute haben Formulare vorrätig,** mit deren Hilfe Sie solche Verträge in Bezug auf Sparkonten oder Wertpapierdepots vorbereiten können.

Typische Fälle sind der **Lebensversicherungsvertrag** mit der Benennung eines Bezugsberechtigten, aber auch die Vereinbarung mit der eigenen Bank, ein Sparkonto-Guthaben nach seinem Tode an eine bestimmte Person auszahlen zu lassen. Dasselbe gilt für Girokonten oder Wertpapierdepots. Auch Bausparverträge können mit der Klausel versehen werden, dass das Guthaben beim Tode des Bausparers einer bestimmten Person zukommen soll.

Formvorschriften müssen nicht eingehalten werden. Sie können auch mündlich getroffen werden. Banken oder Bausparkassen verlangen aber die Schriftform. Und Versicherungen sind verpflichtet, über den geschlossenen Vertrag einen Versicherungsschein auszustellen und dem Versicherungsnehmer zu übergeben.

Hinweis: Wenn sich Ihre persönlichen Verhältnisse geändert haben: Vergessen Sie nach Abschluss eines solchen Vertrages nicht, ihn wieder zu ändern, wenn sich **Ihre persönlichen Verhältnisse zum Beispiel durch Scheidung geändert** haben! Ohne schriftlichen Widerruf der Begünstigung bleibt es dabei. Der einstmals benannte Empfänger bekommt die Leistung ausbezahlt (vgl. OLG Hamm, Urteil vom 13. 3. 2002, VersR 2002 S. 1409).

Erbrechtliche Auswirkungen der Schenkung zugunsten Dritter

Diese Schenkung fällt ebenfalls nicht in den Nachlass, sie birgt aber für den Beschenkten ein **Risiko.** Der Erbe kann nämlich die **Schenkung widerrufen,** solange sie nicht von dem Beschenkten angenommen worden ist. Dieser Fall ist denkbar, wenn der Beschenkte nichts von seinem Glück weiß bzw. erst später nach dem Widerruf davon erfährt.

! Wenn Sie den Widerruf der Schenkung durch die Erben verhindern wollen, weisen Sie am besten Ihre Versicherung oder Ihr Kreditinstitut an, den Betrag direkt an den Beschenkten auszuzahlen, und verzichten Sie gleichzeitig darauf, diese Anweisung widerrufen zu können. Die Kreditinstitute haben hierfür **Formulare,** mit denen Sie ohne Widerrufsvorbehalt über Ihr Konto für den Todeszeitpunkt verfügen können. Das hindert Sie selbstverständlich nicht daran, zu Lebzeiten über das Guthaben zu verfügen, soweit Sie das wollen. Haben Sie alles aufgebraucht, hat sich die Schenkung erübrigt. Sie brauchen ja dem Beschenkten nichts von Ihrer ursprünglich guten Absicht zu sagen.

3 Wann kann eine lebzeitige Vermögensübertragung rückgängig gemacht werden?

3.1 Bei Notbedarf des Schenkers

Eine Rückforderung ist immer dann möglich, **wenn der Schenker nicht mehr für seinen eigenen Unterhalt sorgen oder gesetzliche Unterhaltsansprüche gegenüber Verwandten oder seinem Ehegatten nicht erfüllen kann** (§ 528 BGB). Häufig erfolgt diese Rückforderung über den Umweg über das Sozialamt. Insbesondere ältere Menschen, deren Altersversorgung häufig für die hohen Kosten eines Pflegeheimaufenthaltes nicht ausreicht, müssen indirekt das verschenkte Vermögen zurückfordern.

Die Rückforderung erfolgt selbst dann, wenn **der Schenker inzwischen verstorben** ist (BGH, Urteil vom 25. 4. 2001, FamRZ 2001 S. 1037). Sind allerdings zwischen der Schenkung und dem Eintritt der Bedürftigkeit 10 Jahre verstrichen, besteht nach § 529 Abs. 1 BGB kein Herausgabeanspruch mehr. Das gilt selbst dann, wenn der Schenker sich schon früher im Heim befunden hat und klar war, dass die Sozialhilfe eines Tages einspringen muss (BGH, Urteil vom 26. 10. 1999, NJW 2000 S. 728).

C5 | Wann ist Schenken eine wirkliche Alternative zum Vererben?

Bei Immobilienschenkungen war lange die Frage umstritten, wann die 10-Jahres-Frist beginnt, wenn sich der Schenker ein lebenslanges Nutzungsrecht an der Immobilie vorbehalten hat. Diese Fallkonstellation ist in der Praxis relativ häufig, insbesondere wenn es sich um selbstbewohnte Immobilien handelt, die schon zu Lebzeiten aus steuerlichen Gründen an Kinder verschenkt werden. In einem Urteil vom 19. 7. 2011 (Az. X ZR 140/10, ZErb 2011, S. 338) hat der Bundesgerichtshof aber klargestellt, dass die Frist des § 529 Abs. 1 BGB bereits mit dem Abschluss des formwirksamen Schenkungsvertrags und dem Antrag auf Umschreibung im Grundbuch beginnt.

! Wollen Sie auf jeden Fall verhindern, dass zum Beispiel Ihre Kinder wider Erwarten eines Tages das »geschenkte« Vermögen zurückgeben müssen, weil das Sozialamt es so will, sollten Sie dem wie folgt vorbeugen. Treffen Sie – am besten schriftlich – eine Vereinbarung, nach der die Vermögensübertragung nicht »unentgeltlich« erfolgt. Vereinbaren Sie zum Beispiel als Gegenleistung eine Pflegeverpflichtung. Dann haben Sie nichts verschenkt. Der Empfänger muss ja etwas tun. Dasselbe gilt für andere Gegenleistungen wie zum Beispiel ein eingeräumtes Wohnrecht oder eine Rentenzahlung.

Sollte der Fall aber schon eingetreten sein, dass das verschenkte Vermögen wegen Notbedarfs zurückverlangt wird, brauchen die Beschenkten nicht unbedingt den **Vermögensgegenstand als solchen zurückzugeben,** wie es das Gesetz an sich verlangt. Das kann nämlich bei Hausgrundstücken, in die die Beschenkten zwischenzeitlich investiert haben, unwirtschaftlich sein. Hier reicht es, wenn der Unterhaltsbedarf des Schenkers zum Beispiel mittels einer angemessenen Unterhaltsrente abgedeckt wird (BGH, Urteil vom 17. 9. 2002, NJW-RR 2003 S. 53) – natürlich nur bis zum Wert der Schenkung.

3.2 Wenn der Beschenkte sich als undankbar erweist

Eine Schenkung können Sie **widerrufen,** wenn der Beschenkte sich Ihnen oder einem nahen Angehörigen gegenüber als »**grob undankbar**« erwiesen hat (§ 530 BGB).

» **Beispiel:** Bedrohung des Lebens, körperliche Misshandlungen, schwere Beleidigung oder hartnäckige Weigerung des Beschenkten, ein vom Schenker vorbehaltenes Recht wie eine Rentenzahlung zu erfüllen (BGH, Urteil vom 5. 2. 1993, NJW 1993 S. 1577). Bei Schenkung unter Eheleuten zählt auch ehewidriges Verhalten dazu.

! Wenn Sie sich den Ärger ersparen wollen, den »groben Undank« nachweisen zu müssen, minimieren Sie dieses Risiko. Vereinbaren Sie vertraglich ein **Rückforderungsrecht für bestimmte Fälle**. Als Beispiel für ein vereinbartes Rückforderungsrecht können genannt werden:

- Der Erwerber veräußert den geschenkten Gegenstand ohne vorherige Zustimmung des Schenkers,
- der Erwerber gerät in Vermögensverfall (Zwangsvollstreckung, Insolvenz),
- bei Zuwendung an den Ehegatten: Die Ehe wird geschieden,
- beim Tod des Erwerbers vor dem Veräußerer.

Bei Immobilien kann das Rückforderungsrecht sogar im Grundbuch durch eine **Vormerkung** gesichert werden (BGH, Urteil vom 13. 6. 2002, FamRZ 2002 S. 1399).

3.3 Wegen Missbrauchs der Schenkung zu Ungunsten eines (Vertrags-)Erben

Wer sich schon **durch einen Erbvertrag oder ein gemeinschaftliches Testament über sein Vermögen für den Todesfall gebunden** hat, kann zwar über sein Vermögen nach wie vor verfügen. Verschenken darf er Vermögensteile aber nur in Grenzen.

Denn wer als künftiger Erblasser **in »missbräuchlicher Absicht«** schenkt, muss damit rechnen, dass der Beschenkte nach dem Todesfall das Geschenk an den (Vertrags-)Erben herausgeben muss (§ 2287 BGB).

! Wollen Sie als Schenker verhindern, dass die Schenkung wegen »Missbrauchs« von den Erben herausverlangt wird, sollten Sie die Schenkungsvereinbarung entsprechend formulieren. Vereinbaren Sie mit dem Beschenkten am besten schriftlich, dass Sie ein persönliches Interesse an der Schenkung hatten. Zum Beispiel ließe sich vereinbaren, dass die Schenkung ein Dankeschön für die Pflege- und Betreuungsleistung sein solle – das Ganze natürlich aus Beweisgründen schriftlich, auch wenn es sich ansonsten um eine sogenannte Handschenkung handeln sollte. So etwas lässt sich auch noch nachträglich machen. Bei Immobilien ist aber immer notarielle Beurkundung erforderlich.

3.4 Wegen Gläubigerbenachteiligung

Aber auch Gläubiger des Schenkers können Rückforderungsrechte haben. Wenn der Schenker seine **Gläubiger benachteiligen** will, steht diesen nach dem Anfechtungsgesetz ein **Anfechtungsrecht** zu. Dieses Recht ist aber im Regelfall auf eine Zeitdauer von vier Jahren seit der Zuwendung begrenzt.

4 Was gilt, wenn der Empfänger noch minderjährig ist?

Häufig bringen Schenkungen keinen rein rechtlichen Vorteil. Dann muss nach § 107 BGB und § 1909 BGB für den Abschluss eines Schenkungsvertrages ein Pfleger bestellt werden. Bei Grundstücksübertragungen brauchen Sie sogar eine vormundschaftsgerichtliche Genehmigung (§§ 1629 Abs. 2 Satz 1, 1795, 181 BGB). Wann ein rein rechtlicher Vorteil vorliegt, ist leider nicht immer leicht erkennbar. Es gilt der Grundsatz, dass aus dem Vermögen des Minderjährigen, das er vor Abschluss hatte, nichts aufgegeben und keine neue Belastung übernommen werden darf.

>> **Beispiel:** Ein Großvater schenkt seinen minderjährigen Enkeln ein Mietshaus, das noch mit Hypotheken belastet ist. Die Hypotheken können zwar aus den Mieteinnahmen bedient werden, trotzdem gehen die Enkel eine Verpflichtung gegenüber der kreditgebenden Bank ein. Sie haben mit der Schenkung nicht nur einen rechtlichen Vorteil erlangt, sondern auch die Verpflichtung aus der Hypothek. In einem solchen Fall reicht nicht nur ein Pfleger, vielmehr muss für **jedes minderjährige Kind** ein Pfleger vom Vormundschaftsgericht bestellt werden. Vormundschaftsgericht ist das Amtsgericht, in Württemberg das Staatliche Notariat.

C6 Wie Sie Ihren digitalen Nachlass regeln können

1 Digitale Daten sind vererblich

1.1 Digitalen Nachlass zu Lebzeiten regeln

Bei einer Nachlassregelung denken viele nur an materielle Werte wie Grundstücke, Vermögen oder Wertgegenstände. Doch auch **digitale Daten** zählen dazu, etwa Benutzerkonten und Profile bei Internetdiensten und elektronische Daten, die im Internet, auf einer Hardware (z. B. PC, Laptop, Tablet-PC, Smartphone) und auf deren Datenträgern verwahrt werden und die nach dem Tod des Benutzers weiter bestehen bleiben.

》 **Beispiel:** E-Mail-Accounts, die Mitgliedschaft in sozialen Netzwerken oder bei einer Partnervermittlung, Aktivitäten auf Internetauktions-Plattformen oder Fotos in der Cloud, Konten bei kostenpflichtigen Streaming-Portalen (z. B. Spotify), die eigene Homepage, der Einsatz eines Fitnessarmbandes, die »Smart Home«-Steuerung des Einfamilienhauses oder das Online-Banking.

Nehmen Sie im Todesfall Ihre **Zugangsdaten mit ins Grab**, können die Erben Ihren digitalen **Nachlass nicht verwalten.** Dabei laufen beispielsweise Nutzerkonten und online geschlossene Verträge auch im Todesfall grundsätzlich weiter. Ihren Erben drohen unter Umständen **finanzielle Schäden,** wenn sie handlungsunfähig sind (z. B. Kosten für weiter bestehende Premium-Mitgliedschaften bei einem Online-Dienst oder für Abonnements). Daneben können wichtige oder persönliche **Daten verloren gehen,** wenn die Zugangsdaten den Angehörigen nicht vorliegen.

Deshalb ist es schon zu Lebzeiten wichtig, für Klarheit zu sorgen, **wie und an wen** Sie Online-Konten und Passwörter nach dem Tod weitergeben möchten und **was** für einen Account oder eine Mitgliedschaft geregelt werden soll.

Beachten Sie dabei: Die Rechtslage ist aber nicht eindeutig. Denn in Deutschland fehlen derzeit (noch immer) gesetzliche Regelungen zum digitalen Nachlass. Erkundigen Sie sich bei den jeweiligen Providern und Web-Dienstleistern nach dem Umgang mit dem digitalen Nachlass (z. B. gewähren einige den Zugriff auf das Konto nach Vorlage der Sterbeurkunde und/oder eines Erbscheins).

1.2 Den Erben trifft die Verantwortung

Notebook, Tablet-PC oder Smartphone gehen im Wege der sogenannten »**Gesamtrechtsnachfolge**« auf den Erben über (§ 1922 BGB). Das heißt, alle bestehenden Rechte und Pflichten des Erblassers übernimmt der Rechtsnachfolger. Dabei umfasst das Eigentum an der **Hardware** auch die darauf gespeicherten Daten (z. B. haben Sie Zugriff auf den Rechner, dürfen Sie als Erbe gespeicherte E-Mails des Verstorbenen lesen, genauso wie wenn Sie alte Briefe auf dem Dachboden finden).

Sind die Daten hingegen auf einem **Server** eines Internetproviders oder eines Web-Dienstleisters verfügbar (z. B. Online-Postfach, Daten in einer Cloud), gehören sie zunächst dem jeweiligen **Anbieter**. Hier geht das Telekommunikationsgeheimnis dem Erbrecht vor. Grundsätzlich darf und kann ein Erbe nur dann darauf zugreifen, wenn er über die entsprechenden Zugangsdaten verfügt.

1.3 Was Sie nicht digital vererben können

Musik-, eBook-, Filme- oder Spielesammlungen stellen mitunter ebenfalls nicht ganz unerhebliche Werte dar, die man gerne auf seine Erben übertragen möchte. Doch für diese Alltagsgüter erwerben Sie nur **eingeschränkte, personalisierte Nutzungsrechte**.

Im Todesfall kommt es hier zum Konflikt zwischen dem erbrechtlichen Grundsatz der Gesamtrechtsnachfolge (z. B. wird der Erbe Eigentümer der »analogen« Bibliothek oder CD-Musiksammlung) und dem »Kleingedruckten« mancher Internetprovider oder Web-Dienstleister (z. B. Amazon, Apple, Spotify). So verbleibt häufig das digitale Vermögen beim Anbieter, weil es in der Regel mit einem Nutzerkonto verbunden ist.

Beachten Sie: Die Weitergabe des Passwortes für solche Zugänge ist durch die Nutzungsbedingungen der Anbieter zwar untersagt. Doch der Besitz des jeweiligen Endgeräts geht auf den Erben über (z. B. ein eReader). Ist der Erblasser noch angemeldet, können die Erben auf die digitalen Daten faktisch zugreifen (z. B. die eBooks weiterhin lesen oder die Musik aus dem iTunes-Store anhören).

Wie Sie Ihren digitalen Nachlass regeln können | **C6**

2 Wie Sie die digitale Nachlassverwaltung vorbereiten

2.1 1. Schritt: Passwörter sicher verwalten

Um Missbrauch zu vermeiden, gilt noch immer das Motto: »Passwörter behält man für sich!« Doch das führt im Todesfall in eine Sackgasse. Stattdessen sollten Sie Ihre **Benutzerdaten aufschreiben und sicher verwahren** (z. B. können Sie dazu einen »Passwort-Manager« benutzen).

! Als Nutzer eines solchen Verwaltungs-Programmes müssen Sie sich nur noch ein einziges Passwort merken: das sogenannte **»Master-Passwort«**. Das öffnet Ihnen den Zugang zum »Passwort-Manager«. Geben Sie das Master-Passwort unbedingt an Ihren digitalen Nachlassverwalter weiter und vergessen Sie nicht, ihn auch über Passwortänderungen zu informieren.

2.2 2. Schritt: Eine Übersicht über Online-Aktivitäten erstellen

Damit Ihre Erben den digitalen Nachlass sichten und dann verwalten können, sollten Sie eine **umfassende Liste** sämtlicher Online-Konten und Internet-Aktivitäten erstellen. Es empfiehlt sich eine tabellarische Übersicht, in der Sie folgende **Rubriken** berücksichtigen sollten:

- Die Art des AccountsE-Mail-Account (z. B. bei t-online, web.de, gmx, Hotmail, gmail);

- Soziale Netzwerke (z. B. Facebook, Twitter, Google, Xing, LinkedIn, stayfriends);

- Online-Shopping-Konten (z. B. Amazon, eBay, Zalando);

- Online-Banking und Online-Zahlungen (z. B. PayPal, ClickandBuy). **Beachten Sie:** Bei Online-Konten einer Bank oder Versicherung wenden Sie sich direkt an das Unternehmen. Hier gelten besondere Regeln, die je nach Institut unterschiedlich sind;

- Foto- und Video-Streaming-Dienste (z. B. Flickr, Instagram, YouTube);

- Entertainment (z. B. iTunes, Spotify, maxdome, Netflix);

C6 | Wie Sie Ihren digitalen Nachlass regeln können

- Foren (z. B. Gutefrage, GameStar, Kochrezepte, Computerhilfen).
- Die Zugangsdaten Notieren Sie Ihren (Benutzer-)Namen und das Pass-/Kennwort. **Denken Sie daran:** Da nicht jeder Dienst verlangt, dass Sie sich mit Ihrem »richtigen« Namen anmelden, müssen Sie auch den sogenannten »Nickname« aufschreiben!
- **Und:** Haben Sie verschiedene Accounts bei einem oder bei mehreren Anbietern unter unterschiedlichen Namen angelegt, ist auch das festzuhalten.
- Was mit dem Account geschehen soll Löschen oder Weiterbetreuung des Accounts durch eine Vertrauensperson; gegebenenfalls Aufrechterhaltung im »Gedenkzustand« (z. B. bei Facebook);
- Kündigung von kostenpflichtigen (Premium-)Mitgliedschaften (z. B. bei Xing), Abonnements (z. B. Online-Tageszeitungen) und Diensten (z. B. Spotify, Netflix);
- Offene Rechnungen (z. B. bei Online-Shops) prüfen und gegebenenfalls bezahlen, danach Account deaktivieren und etwaige Newsletter abbestellen.

Sie können diese Checkliste natürlich auf Papier anlegen. Doch am besten speichern Sie sie auf einem verschlüsselten oder zumindest mit einem Kennwort geschützten **USB-Stick,** der sicher **verwahrt werden** kann (z. B. in einem Tresor oder Bankschließfach, bei einem Notar). Denken Sie auch daran, diese Liste zu aktualisieren!

2.3   3. Schritt: Einen digitalen Nachlassverwalter benennen

Wer soll das digitale Erbe verwalten?

Betrauen Sie eine **Vertrauensperson** aus der Familie oder aus Ihrem Freundeskreis damit, Ihren digitalen Nachlass zu regeln – möglichst eine mit guter Technik- und Internetkompetenz. Teilen Sie Ihrer Vertrauensperson mit, wo sie die Übersicht über das digitale Erbe im Todesfall findet (z. B. wo Sie den USB-Stick deponiert haben und wie das Zugangspasswort lautet).

Möglich ist auch, einen **kommerziellen Anbieter** mit der digitalen Nachlassverwaltung zu beauftragen. Doch seien Sie vorsichtig, schließlich geben Sie einer (unbekannten) Firma Passwörter und vertrauliche, persönliche Informationen preis.

Erteilen Sie die Vollmacht »über den Tod hinaus«

Damit das digitale Erbe in Ihrem Sinne verwaltet wird, sollten Sie Ihrer Vertrauensperson eine **Vollmacht** erteilen, die »**über den Tod hinaus**« gilt. Diese Vollmacht sollten Sie aus Beweisgründen schriftlich verfassen (z. B. hand- oder maschinenschriftlich). Sie müssen die Vollmachtsurkunde auf jeden Fall mit dem Ausstellungsort und einem Datum versehen und **eigenhändig unterschreiben**.

Beachten Sie: Für den Fall, dass Ihr digitaler Nachlassverwalter nicht zugleich auch Ihr Erbe ist, kann eine Vollmacht über den Tod hinaus jederzeit durch den/die Erben **widerrufen** werden. Dies können Sie durch den Ausschluss des Widerrufsrechts in der Vollmachtsurkunde allein nicht verhindern. Dazu ist vielmehr erforderlich, dass Sie als Vollmachtgeber die Erbeinsetzung beispielsweise mit der **Auflage** versehen oder unter die **Bedingung** stellen, dass der Erbe die Vollmacht nicht widerruft. Lassen Sie sich deshalb bei der Vollmachterteilung rechtlich beraten.

Die digitale Nachlassverwaltung können Sie auch in einem **Testament** regeln oder dort den Aufbewahrungsort der Account-Übersicht sowie den Namen Ihres digitalen Nachlassverwalters benennen. **Passwörter** sollten Sie jedoch nicht ins Testament aufnehmen. Denn bei jeder Passwortänderung müssen Sie auch das Testament ändern! Das wird – sofern Sie das Testament von einem Notar haben aufsetzen lassen und bei ihm hinterlegen – auf Dauer teuer.

3 Was tun, wenn die Konten nicht bekannt sind?

Verfügen die Erben über keine Aufstellung der Online-Aktivitäten des Verstorbenen, können **kommerzielle Anbieter** bei der Regelung des digitalen Nachlasses weiterhelfen (z. B. prüfen, welche Verträge, Profile oder Konten existieren und wie diese abzuwickeln sind).

! Entscheiden Sie sich für eine kommerzielle Unterstützung bei der Verwaltung des digitalen Nachlasses, sollten Sie sich vorab gründlich über das Leistungsangebot der jeweiligen Anbieter informieren. Lesen Sie das »Kleingedruckte« und achten Sie dabei nicht nur auf die Fragen des Datenschutzes, sondern auch auf die entstehenden Kosten.

4 Was tun, wenn Zugangsdaten fehlen?

Fehlen die Zugangsdaten, weil der digitale Nachlass nicht oder unzureichend geregelt wurde, müssen sich die Hinterbliebenen **direkt an die Anbieter der Online-Dienste** wenden, um Profile und Online-Konten einsehen und verwalten zu können.

Viele Unternehmen haben standardisierte Verfahren entwickelt, nach denen die Konten eines Verstorbenen aufgelöst werden können. **Deutsche Anbieter** verlangen in der Regel eine Sterbeurkunde und/oder einen Erbschein. Anders sieht es bei **ausländischen Anbietern** aus. Diese müssen auch bei Vorlage eines Erbscheins die Daten nicht herausgeben.

Über die Homepage des Bundesverbandes der Verbraucherzentralen können Sie sich über die Löschmöglichkeiten von Kundenkonten der wichtigsten Internetanbieter informieren (www.vzbv.de; Stichwort: Löschen). Über hier nicht gelistete Anbieter erteilt die Internetseite justdelete.me Auskunft.

D1 Ihre Rechte als (älterer) Patient

1 Ihr gutes Recht beim Arztbesuch

1.1 Immer mit Vertrag

Wer sich in ärztliche Behandlung begibt, schließt einen Vertrag mit dem Arzt ab, selbst wenn keine schriftliche Vereinbarung darüber getroffen wird. Das gilt sogar für die telefonische Beratung.

Seit dem 1. 1. 2013 ist dies im Bürgerlichen Gesetzbuch ausdrücklich geregelt (§ 630 a BGB). Dort wurde der Behandlungsvertrag als neuer Vertragstyp festgeschrieben.

1.2 Dürfen Sie Ihren Arzt frei wählen?

Gesetzlich Versicherte unterliegen Beschränkungen

Sind Sie Mitglied einer gesetzlichen Krankenkasse, haben Sie grundsätzlich das Recht, den Arzt Ihres Vertrauens aufzusuchen, sofern dieser eine kassenärztliche Zulassung hat. Etwas anderes gilt nur, wenn Sie am sogenannten **Hausarztmodell** teilnehmen.

Mit dem Hausarztmodell übernimmt Ihr Hausarzt eine »Lotsenfunktion«. Sie müssen ihn immer zuerst aufsuchen. Er koordiniert dann die weitere Behandlung, wenn nötig auch mit den entsprechenden Fachärzten. Damit sollen unnötige Behandlungen und Mehrfachuntersuchungen vermieden werden. Ausnahmen gelten nur für Notfälle, eine augen-, kinderärztliche oder gynäkologische Behandlung. In diesen Fällen kann sich der Patient auch direkt an den entsprechenden Facharzt wenden.

Die Krankenkassen haben die Hausarztmodelle unterschiedlich ausgestaltet. Bei einigen Kassen gibt es als Prämie für die Teilnahme eine Rückerstattung von Beiträgen, während bei anderen geringere Zuzahlungen für Medikamente anfallen. Allen gemeinsam ist jedoch, dass sich sowohl der jeweilige Arzt als auch der Patient durch eine entsprechende Vereinbarung mit der Kasse zur Teilnahme verpflichten müssen.

Haben Sie sich für das Hausarztmodell entschieden, verpflichten Sie sich,

- mindestens **ein Jahr lang immer erst zu Ihrem Hausarzt** zu gehen,
- ambulante **fachärztliche Leistung** nur aufgrund einer **Überweisung** durch Ihren Hausarzt in Anspruch zu nehmen und

D1 | Ihre Rechte als (älterer) Patient

- den gewählten Hausarzt innerhalb dieses Zeitraums nur dann zu wechseln, wenn ein **wichtiger Grund** vorliegt (z. B. ist das Vertrauensverhältnis nachhaltig gestört).

! Seit dem 1. 1. 2013 können Sie die Teilnahmeerklärung innerhalb von **zwei Wochen** nach deren Abgabe in Textform oder persönlich bei der Krankenkasse vor Ort ohne Angabe von Gründen **widerrufen**. Zur Fristwahrung genügt die rechtzeitige Absendung. Die Frist beginnt mit der Belehrung der Krankenkasse über diese Möglichkeit, frühestens jedoch mit der Abgabe der Erklärung.

Sofern es nicht möglich ist, den Widerruf persönlich bei der Krankenkasse abzugeben, sollten Sie den Widerruf per **Einschreiben / Rückschein** versenden. So kann später bei Zweifel genau nachgewiesen werden, wann der Brief aufgegeben und wann er angekommen ist.

Geht der Widerruf rechtzeitig zu, ist damit die Vereinbarung nichtig. Sie sind dann nicht an das Hausarztmodell gebunden. Widerrufen Sie nicht oder erfolgt Ihr Widerruf nicht fristgerecht, müssen Sie sich **mindestens ein Jahr** lang an diese Vereinbarung halten, bevor Sie kündigen können.

! Informieren Sie sich unbedingt **vor einer solchen Teilnahme** bei Ihrer Krankenkasse über die Kündigungsmöglichkeiten. Klären Sie auch ab, ob sich die Vereinbarung ohne eine Kündigung automatisch verlängert oder ohne Ihr Zutun ausläuft.

Wollen Sie auf keinen Fall bei Ihrem Hausarzt bleiben, setzen Sie sich mit Ihrer Krankenkasse in Verbindung. In den meisten Fällen wird man sich hier zur weiteren Kostenübernahme bereit erklären.

Weitere Einschränkungen bestehen bei der **ambulanten Behandlung im Krankenhaus:**

- Geht es um eine ambulante Behandlung **nach einem stationären Krankenhausaufenthalt,** wie zum Beispiel eine Grundversorgung nach einer Operation, sind nur fünf Behandlungen innerhalb von 14 Tagen nach Entlassung des Patienten erlaubt. Dieser Zeitraum kann allerdings mit Zustimmung des einweisenden Arztes verlängert werden.

  Eine **Ausnahme** wird nur für einige hoch spezialisierte ambulante Behandlungen wie etwa eine Strahlentherapie gemacht.

- Auch wenn Sie zunächst zur **ambulanten Behandlung im Krankenhaus** waren, weil Sie sich zum Beispiel am Sonntagmorgen beim Joggen eine Bänderzerrung zugezogen haben, dürfen Sie den Krankenhausarzt nicht weiter in Anspruch nehmen.

Danach sind Sie als gesetzlich versicherte Person verpflichtet, sich von einem niedergelassenen Arzt mit Kassenzulassung weiterbehandeln zu lassen. Auf **eigene Kosten** können Sie sich selbstverständlich weiterbehandeln lassen, solange es Ihnen notwendig erscheint.

Kaum Einschränkungen für Privatpatienten

Als Privatversicherte unterliegen Sie normalerweise keinen Beschränkungen. **Ausnahme:** Sie haben einen Tarif gewählt, der dem Hausarztmodell in etwa entspricht (sog. **Primärarztmodell**). Dann sind auch Sie verpflichtet, vor der Konsultation eines Spezialisten zunächst einen Primärarzt aufzusuchen. Halten Sie sich nicht daran, riskieren Sie, auf einem Teil der Kosten (z. B. in Höhe von 20 %) sitzen zu bleiben.

Beachten Sie: Diese Regelung kann auch zu Ihren Lasten gehen, wenn Sie zu einem Facharzt für innere Medizin gehen, der sich »**hausärztlicher Internist**« nennt (BGH, Urteil vom 18. 2. 2009, IV ZR 11/07, VersR 2009 S. 623).

! Schauen Sie bei besonderen Tarifen besser noch mal in den Vertrag oder fragen Sie gleich bei der Versicherung nach!

1.3 Darf ein Arzt Patienten ablehnen?

Wenn der Arzt nicht will

Grundsätzlich besteht **kein Vertragszwang**. Auch der Arzt darf sich seine Patienten aussuchen – zumindest der Privatarzt. **Ausnahme:** Notfälle.

Eine Notfallbehandlung muss selbstverständlich auch erfolgen, wenn der Patient **keine Krankenversicherung** hat, weil zum Beispiel Hartz-IV-Leistungen noch nicht beantragt worden sind. Dann kommt das Sozialamt für die Kosten auf (BSG, Urteil vom 19. 5. 2009, B 8 SO 4/08 R).

Der zugelassene **Kassenarzt** darf die Behandlung nur in begründeten Fällen ablehnen. Dazu zählen:

- wenn Sie Ihre Krankenversicherungs- bzw. Gesundheitskarte nicht vorlegen (VG, Frankfurt, Urteil vom 18. 10. 2005, 21 BG 1565/05, MedR 2006 S. 670),
- fehlendes Vertrauensverhältnis,
- nicht befolgte ärztliche Verordnungen wie etwa ein Rauchverbot,
- Überlastung des Arztes,
- gewünschte sachfremde Behandlung und Wunschrezepte,

- querulatorisches oder beleidigendes Benehmen des Patienten,
- Verlangen nach nicht indizierten und somit unwirtschaftlichen Behandlungsmethoden,
- Verlangen nach Sterbehilfe oder Schwangerschaftsabbruch ohne medizinische Indikation,
- Verlangen nach riskanten Eingriffen ohne Not,
- Bitte um Hausbesuch außerhalb des üblichen Praxisbereichs ohne zwingenden Grund, insbesondere wenn andere Praxisärzte näher liegen, oder
- Verlangen nach Überweisung an einen anderen Arzt zur Kontrolle der Befunde des zuvor behandelnden Arztes.

Lehnt Ihr Arzt Sie als Kassenpatienten ab und nimmt **nur noch Privatpatienten** an, sollten Sie deswegen mit Ihrer Krankenkasse in Verbindung treten. Gleiches gilt, wenn er Sie ohne eine Begründung ablehnt oder Sie die Begründung nicht nachvollziehen können.

Anders sieht es dagegen wieder aus, wenn ein Arzt die Behandlung wegen **mangelnder Fachkenntnisse** ablehnt. In einem solchen Fall muss er Sie sogar weiterüberweisen.

1.4 Wann kommt der Arzt ins Haus?

Es gibt keinen generellen Anspruch auf Hausbesuche. Nur wenn ein **Notfall** vorliegt und Sie nicht in der Lage sind, selbst in die Praxis zu kommen, muss der Arzt nach Hause kommen.

Im Übrigen gilt: Ein Arzt braucht nicht zu einem Patienten nach Hause zu kommen, wenn er zur fraglichen Zeit andere Patienten versorgen muss oder ohne eigenes Verschulden an der Fahrt gehindert wird. Ferndiagnosen oder Therapieempfehlungen am Telefon dürfen allerdings grundsätzlich nicht gegeben werden.

! Wenn die Voraussetzungen für einen Hausbesuch gegeben sind, übernimmt bei gesetzlich Versicherten die Krankenkasse die Mehrkosten.

Privatversicherte müssen ein Wegegeld zahlen, das sich nach der gefahrenen Kilometerzahl, dem Wochentag und nach der Uhrzeit bemisst. Die Rechnung wird aber in der Regel anstandslos von der Versicherung gezahlt.

Ihre Rechte als (älterer) Patient | **D1**

1.5 Welche Pflichten hat der behandelnde Arzt?

Jeder Arzt hat Sorgfaltspflichten einzuhalten

Wenn Ihr Arzt eine Behandlung aus wirtschaftlichen Gründen ablehnt

Wenn Sie zum Arzt gehen, dürfen Sie eine Behandlung erwarten, die nach den zum Zeitpunkt der Behandlung bestehenden, allgemein anerkannten fachlichen Standards erfolgt (§ 630 a BGB). Das heißt, der Arzt schuldet Ihnen eine **Dienstleistung**. Hält er sich nicht daran, macht er sich grundsätzlich schadensersatzpflichtig.

In Betracht kommt hier die Zahlung von Schmerzensgeld. Auch Aufwendungen (z. B. Fahrtkosten oder Verdienstausfall), die Ihnen dadurch entstehen, dass aus diesem Grund weitere Behandlungen nötig werden, können Sie gegebenenfalls ersetzt verlangen. Wichtig ist aber, dass Sie diese in einem Rechtsstreit **genau darlegen und beweisen** müssen, was oft Probleme bereitet.

Seine Behandlungsmöglichkeiten sind aber durch das **Wirtschaftlichkeitsgebot** der Krankenversicherungen beschränkt.

» **Beispiel:** Medikamente, die nicht offiziell für eine bestimmte Krankheit zugelassen sind, dürfen normalerweise auch dann nicht verschrieben werden, wenn ihre Wirkung nachgewiesen ist (sogenannter **Off-Label-Use**).

Ihr Arzt ist hier in der Zwickmühle. Verschreibt er das Medikament trotzdem, kann er von der Krankenkasse in Regress genommen werden. Verschreibt er Ihnen das Medikament dagegen nicht, kann er sich Ihnen gegenüber unter Umständen sogar strafbar machen, wenn Sie dadurch zu Schaden kommen.

» **Beispiel:** Sie haben ein ohnehin schon angegriffenes Herz, weshalb die bei Ihnen vorgesehene Chemotherapie ein erhöhtes Risiko mit sich bringt. Das für Sie besser verträgliche, weil herzschonende Präparat wird normalerweise nur Patienten im fortgeschrittenen Krankheitsstadium gegeben. Dazu zählen Sie zwar nicht, möchten aber das verträglichere, leider auch teurere Präparat verabreicht bekommen.

Es gibt aber Ausnahmesituationen, in denen Sie doch einen Anspruch auf den **Off-Label-Use** haben. Die Kriterien hierfür hat das Bundessozialgericht (BSG, Urteil vom 19. 3. 2002, B 1 KR 37/00 R, NJW 2003 S. 460) wie folgt festgelegt:

- Es muss eine **lebensbedrohliche oder schwere Erkrankung** vorliegen, die die Lebensqualität nachhaltig beeinträchtigt. Die Schwere der Krankheit muss aber überdurchschnittlich sein – wie zum Beispiel multiple Sklerose (BSG, Urteil vom 26. 9. 2006, B 1 KR 01/06 R, NZS 2007 S. 489).

- Es darf weiterhin **keine zugelassene Therapiealternative** bestehen wie zum Beispiel im Fall von multipler Sklerose für die Behandlung mit Polyglobin (BSG, Urteil vom 27. 3. 2007, B 1 KR 17/06 R).

- Die Off-Label-Anwendung muss einen begründbaren **Erfolg** versprechen. Dabei können auch Erkenntnisse, die außerhalb des Zulassungsverfahrens gewonnen worden sind, entscheidend sein. Voraussetzung ist, dass in einschlägigen Fachkreisen ein Konsens über den voraussichtlichen Nutzen der Therapie besteht (BSG, Urteil vom 28. 2. 2008, B 1 KR 5/07 R, NZS 2008 S. 482). Nur in extrem seltenen Fällen dürfen keine positiven Forschungsergebnisse verlangt werden.

! Versuchen Sie, gemeinsam mit dem Arzt die Erstattung durch Ihre Krankenkasse zu klären. Erhalten Sie einen ablehnenden Bescheid, besteht immer noch die Möglichkeit, dagegen vorzugehen – gegebenenfalls auch in einem gerichtlichen **Eilverfahren**. Orientieren Sie sich bei der Begründung an den oben genannten Kriterien.

Achtung: Sie haben keinen Anspruch auf Erstattung der Kosten, die durch die Selbstbeschaffung des Medikaments vor der ersten Ablehnung bzw. vor Ablauf einer Frist von sechs Wochen nach dem Antrag auf Erstattung durch die Krankenkasse entstehen. Warten Sie deshalb nach Möglichkeit die Entscheidung der Krankenkasse ab, wenn nicht gerade ein Notfall vorliegt.

Wann haben Sie einen Anspruch auf Heilungserfolg?

Grundsätzlich steht bei einem Behandlungsvertrag nicht der Erfolg, sondern die **Behandlung** im Vordergrund. Denn der Behandlungsvertrag ist kein Werkvertrag, sondern ein besonderer Typ des Dienstvertrags.

Ausnahme: ärztliche Behandlungen, bei denen bestimmte medizinische Erfolge oder technische Leistungen wie beispielsweise Prothesen, Korsetts oder Schuheinlagen dazugehören. In diesen Fällen stehen Ihnen deshalb bei mangelhafter Leistung Nachbesserungsansprüche, Schadensersatz und gegebenenfalls sogar Schmerzensgeld zu.

Ihre Rechte als (älterer) Patient | **D1**

》 Beispiel:

- Bei einer Sterilisationsoperation soll eine künftige Schwangerschaft ausgeschlossen werden. Werden Sie trotzdem schwanger, steht Ihnen ein Schadensersatz zu – und zwar unter anderem wegen des Unterhaltsschadens, der Ihnen entstanden ist.

- Grundsätzlich besteht auch ein Anspruch auf Nachbesserung, wenn etwa eingesetzte Brücken später wieder herausfallen. Weitere Honorarforderungen dürfen Ihnen dann ebenfalls nicht in Rechnung gestellt werden. Ist der Zahnersatz sogar so unbrauchbar, dass eine Neuanfertigung hergestellt werden muss, ist das Honorar zurückzuerstatten (OLG Oldenburg, Urteil vom 27. 2. 2008, 5 U 22/07, VersR 2008 S. 781).

Was muss ein Arzt alles dokumentieren?

Jeder Arzt muss alle für Ihre Behandlung wichtigen Umstände aufzeichnen (§ 630 f BGB). Die **Aufzeichnungen müssen mindestens zehn Jahre** aufbewahrt werden. Dazu gehören:

- die Aufzeichnungen über den Krankheits- und Behandlungsverlauf,
- Arztbriefe mitbehandelnder Ärzte,
- Röntgenbilder,
- Laborbefunde (z. B. EKG, EEG, Laborwerte),
- die Karteikarte, die der Arzt über Sie selbst angelegt hat, bzw. ein Ausdruck aus der elektronischen Akte sowie
- Hinweise, ob und inwieweit Sie über die ärztlichen Maßnahmen aufgeklärt wurden und ob Sie eingewilligt haben.

! Selbstverständlich steht Ihnen als Patient ein **Einsichtsrecht in Ihre Krankenakte** zu. Dabei sind Sie nicht verpflichtet, dem Arzt mitzuteilen, warum Sie die Unterlagen einzusehen wünschen.

| 307

Was umfasst die Schweigepflicht?

Gegenüber Angehörigen

Der **Arzt und seine Mitarbeiter** dürfen Informationen über Sie, Ihre Erkrankung, deren Behandlung und alles, was Sie ihm darüber hinaus noch anvertraut haben, nicht an andere Personen weitergeben. Das gilt auch für Ihre nächsten Angehörigen.

Die Schweigepflicht trifft natürlich nicht nur den Arzt allein, sondern auch sein **Personal**. Ist es Ihnen nicht recht, wenn in einer offen gestalteten und hellhörigen Praxis andere Patienten mithören, bitten Sie um eine diskretere Abwicklung etwa in einem Nebenraum.

Sie können jedoch den Arzt von seiner Schweigepflicht entbinden, wenn Sie zum Beispiel nichts dagegen haben oder gar wünschen, dass sich Ihr Ehepartner, Verwandte oder Freunde nach Ihrem Befinden erkundigen.

Es ist auch ratsam, die Entbindung von der Schweigepflicht in eine Vorsorgevollmacht mit aufzunehmen. So kann der Bevollmächtigte in jedem Fall auch Auskünfte erhalten.

Im Rahmen der Behandlung

Ohne Ihre ausdrückliche Einverständniserklärung darf der Arzt in bestimmten Fällen Ihr **mutmaßliches Einverständnis** unterstellen – und zwar wenn

- der Arzt gegebenenfalls ohne Ihr Wissen einen **Konsiliararzt** einschaltet, mit dem er sich fachlich berät,
- Sie den Arzt wechseln und der nachbehandelnde Arzt den Untersuchungsbefund und bisherigen Behandlungsverlauf braucht oder
- Sie bewusstlos sind und nächste Angehörige informiert werden müssen.

Zu Abrechnungszwecken

Für die Abrechnung muss der Arzt Ihre Patientendaten an Ihre Krankenkasse oder Krankenversicherung weiterleiten. Sind Sie **gesetzlich versichert,** geschieht dies Sie müssen also keine Zustimmung hierzu erteilen.

Bei **Privatpatienten** muss der Arzt dagegen vor der Weiterleitung der Daten die **ausdrückliche Zustimmungvon Gesetzes wegen.** des Patienten einholen. Aus diesem Grund bittet man Sie als Privatpatient zu Beginn der Behandlung, den Arzt diesbezüglich von seiner Schweigepflicht zu entbinden.

Bei ansteckenden Krankheiten

Außerdem besteht in bestimmten Fällen sogar eine **gesetzliche Offenbarungspflicht**. So müssen zum Beispiel ansteckende Krankheiten, insbesondere Geschlechtskrankheiten, im Krankheitsfall dem Gesundheitsamt mitgeteilt werden.

Gegenüber Versicherungen

Versicherungen (z. B. private Kranken-, Lebens-, Berufsunfähigkeits- oder Unfallversicherungen) verlangen häufig schon **bei Vertragsschluss** eine generelle Entbindung von der ärztlichen Schweigepflicht. Rechtlich problematisch ist das Ganze, wenn der Patient formularmäßig für alle künftigen Erkrankungen oder gegenüber allen ihn behandelnden Ärzten eine Schweigepflichtentbindung erteilt. Dies geht in aller Regel **zu weit**.

Achten Sie deshalb darauf, dass lediglich die für die **Begründung** des Versicherungsverhältnisses erforderlichen Daten übermittelt werden. In der Zukunft können Sie dann **von Fall zu Fall** entscheiden, ob Sie Ihren Arzt der Versicherung gegenüber von der Schweigepflicht entbinden.

» **Beispiel:** Fragt eine Versicherung danach, welche Erkrankungen in den letzten fünf Jahren bestanden haben, darf Ihr Arzt nicht auf Erkrankungen aus den davorliegenden Zeiträumen hinweisen, soweit diese nicht in den angefragten Zeitraum nachwirken.

Lassen Sie sich deshalb von allen Angaben des Arztes eine **Kopie** geben. Dann können Sie nachweisen, in welchem Umfang Sie Ihrer Auskunftspflicht nachgekommen sind, wenn es im Nachhinein Streit darüber geben sollte.

Über den Tod hinaus

Die Schweigepflicht besteht über den Tod hinaus – auch gegenüber den Erben, insbesondere wenn es der Patient so verfügt hat. Eine **Ausnahme** gilt nur dann, wenn ein höher zu bewertendes Interesse bei den Angehörigen besteht. Hier kann man von einer mutmaßlichen Einwilligung ausgehen (OLG München, Urteil vom 9. 10. 2008, 1 U 2500/08, VersR 2009 S. 982).

» **Beispiel:** Sie benötigen die Angaben des Arztes zur Durchsetzung von Rentenansprüchen oder Schadensersatzansprüchen wegen Behandlungsfehlern.

Auch hier kann eine **Vorsorgevollmacht** dem Bevollmächtigten nach dem Tod des Vollmachtgebers wertvolle Dienste leisten, denn diese erlischt in der Regel nicht mit dem Tod. So können auch danach noch Auskünfte eingeholt werden.

Ihr Recht auf medizinische Aufklärung

Bei der medizinischen Aufklärungspflicht handelt es sich um eine **Hauptpflicht Ihres Arztes**. Er muss Sie über sämtliche für die Einwilligung in die Behandlung entscheidenden Umstände aufklären (§ 630 e BGB). Ein Verstoß hiergegen kann zu Schadensersatzansprüchen führen.

Der Arzt muss Sie detailliert über die **geplante Maßnahme** aufklären:

- über Art und Umfang,
- Durchführung,
- die zu erwartenden Folgen und Risiken,
- die Notwendigkeit und Dringlichkeit sowie
- die Eignung und die Erfolgsaussichten im Hinblick auf Therapie und Diagnose.
- Es müssen auch Behandlungsalternativen genannt werden, wenn mehrere gleichermaßen indizierte und übliche Methoden zu wesentlich unterschiedlichen Belastungen, Risiken oder Heilungschancen führen können.

Die Aufklärung muss **mündlich** durch den behandelnden Arzt oder zumindest eine Person, die die entsprechende Maßnahme durchführen dürfte, erfolgen. Die Aufklärung muss in jedem Fall so **rechtzeitig** erfolgen, dass der Patient ausreichend Zeit zum Überlegen hat. Außerdem muss die Aufklärung für den Patienten **verständlich** sein, wobei auf die Verständnismöglichkeiten des betreffenden Patienten Rücksicht genommen werden muss.

Der Patient muss auch **Kopien** der Unterlagen erhalten, die er im Zusammenhang mit der Aufklärung oder Einwilligung unterzeichnet hat.

Auch über **Befund** und **Diagnose** muss der Arzt Sie grundsätzlich **wahrheitsgetreu** aufklären. In bestimmten Fällen ist der Arzt allerdings nicht der ganzen Wahrheit verpflichtet, wenn z. B. in der momentanen Situation des Patienten aus medizinischer Sicht jede Aufregung vermieden werden muss oder ein Schwerkranker unmissverständlich zu verstehen gibt, dass er die Wahrheit über seine Erkrankung nicht wissen will. Der Arzt darf dabei aber das Selbstbestimmungsrecht des Patienten nie aus dem Auge verlieren.

! Wenn Sie uneingeschränkt aufgeklärt werden wollen, sollten Sie das Ihrem Arzt ausdrücklich mitteilen. Er ist dann daran gebunden.

Möchten Sie sich dagegen diesen Belastungen nicht aussetzen oder wünschen Sie nur eine grobe Erklärung, sollten Sie Ihr »Recht auf Nichtwissen« ebenfalls unmissverständlich zum Ausdruck bringen.

Ihre Rechte als (älterer) Patient | **D1**

Ihr Recht auf wirtschaftliche Aufklärung

Gesetzlich Versicherte müssen für verschiedene Behandlungen Zuzahlungen leisten. Deshalb werden Sie von Ihrem Arzt wissen wollen, was hier auf Sie zukommt.

Weiß der Arzt, dass eine vollständige Übernahme der Behandlungskosten durch die Krankenversicherungen nicht gesichert ist oder hat er zumindest die **Vermutung,** dann muss er den Patienten **vor Beginn** der Behandlung über die voraussichtlichen Kosten der Behandlung in Textform informieren (§ 630 c Abs. 3 BGB). Hält sich Ihr Arzt nicht daran, haben Sie gegebenenfalls einen Anspruch auf Schadensersatz oder Sie müssen möglicherweise die Arztrechnung nicht bezahlen.

》 **Beispiel:** Ein Arzt, der einem krebskranken Patienten eine kostspielige Therapie anbietet, von der nach den bislang vorliegenden Erkenntnissen keinerlei therapeutische Wirkung zu erwarten ist und deren Kosten allenfalls in Einzelfällen von den Krankenkassen übernommen werden, muss seinen Patienten mit aller Deutlichkeit auf die wirtschaftlichen Folgen hinweisen.

Dasselbe gilt, wenn eine stationäre Behandlung nicht erforderlich ist, also auch eine ambulante Behandlung medizinisch ausreichend ist.

Es kann aber auch mal umgekehrt kommen: So hat Sie Ihr Arzt über bessere Behandlungsmethoden aufzuklären, selbst wenn Sie als Kassenpatient dafür tiefer in die Tasche greifen müssen, wie dies insbesondere bei zahnprothetischen Maßnahmen wegen des höheren Eigenanteils schnell passieren kann (OLG Oldenburg, Urteil vom 14. 11. 2007, 5 U 61/07, VersR 2008 S. 1652).

Wenn Sie **privat versichert** sind, gibt es normalerweise nur beim Zahnarzt Zuzahlungen. Da Ihr Arzt aber nicht wissen kann, welche Bedingungen Ihr Versicherungsvertrag enthält, müssen Sie sich grundsätzlich **selbst informieren.** Fragen Sie deshalb Ihre Versicherung im Zweifelsfall, ob die Kosten für die beabsichtigte Therapie wirklich erstattet werden. Andernfalls trifft Sie ein Mitverschulden, wenn das Plazet Ihrer Versicherung ausbleibt (OLG Köln, Urteil vom 23. 3. 2005, VersR 2005 S. 1589).

》 **Beispiel:** In dem entschiedenen Fall hatte ein Zahnarzt einem Patienten gegenüber behauptet, dass die umfangreiche Implantatbehandlung vollständig von der privaten Krankenversicherung übernommen werde. Gleichwohl ging das Gericht davon aus, dem Patienten hätte klar sein müssen, dass bei kostenaufwendigen Zahnbehandlungen Eigenanteile zu erbringen sind. Den Patienten traf deswegen ein Mitverschulden in Höhe von 50 % der nicht erstatteten Kosten.

1.6 Wenn Termine nicht eingehalten werden

Wie lange darf man Sie warten lassen?

Hierzu gibt es keine gesetzliche Regelung. Bei **mehr als einer halben Stunde Wartezeit** sollte man Sie allerdings zumindest informieren, damit Sie die Zeit anderweitig nutzen oder den Termin verschieben können. Andernfalls macht sich der Arzt Ihnen gegenüber schadensersatzpflichtig, wenn Ihnen zum Beispiel ein Verdienstausfall entsteht.

Voraussetzung ist allerdings ein **Verschulden des Arztes**. Ist ein Arzt beispielsweise als Belegarzt tätig und wird er zu einem Notfall gerufen, trifft ihn kein Verschulden. **Ausnahme:** Man hätte Sie rechtzeitig informieren können.

Aber auch eine einmalige Verzögerung der Behandlung von über zwei Stunden reicht normalerweise nicht aus, um dem Arzt einen **Organisationsfehler** vorwerfen zu können. Sie müssen schon darlegen und beweisen können, dass es in der betreffenden Praxis immer oder doch meistens zu derartigen Wartezeiten kommt und dass es bei besserer Organisation anders sein würde.

Was geschieht, wenn Sie den Termin nicht einhalten?

Ihr Arzt darf keine pauschalierte »Entfallgebühr« verlangen (z. B. in einem Formblatt der Praxis geregelt), wenn Sie zu einem Termin nicht erscheinen. Denn in der Regel können immer wieder Patienten dazwischengeschoben werden. Aber insbesondere dann, wenn die geplante Behandlung länger dauert, wie zum Beispiel bei der Durchführung einer ambulanten Operation, wird der Arzt seinen **Praxisablauf** darauf einrichten, dass keine weiteren Patienten erscheinen.

Wenn Sie dann nicht kommen oder unpünktlich erscheinen, führt dies oft zu einer Störung des Praxisbetriebs und kann zu einem konkreten **Liquidationsausfall** führen. In diesem Fall darf der Arzt seine vereinbarte Vergütung verlangen, selbst wenn er Sie **nicht behandelt** hat. Er muss sich nur anrechnen lassen, was er durch Ihr Ausbleiben oder verspätetes Kommen erspart hat.

Hier kommt es übrigens nicht auf Ihr Verschulden an (§ 615 BGB). Voraussetzung ist nur, dass

- ein fester Behandlungstermin vereinbart war und
- für Sie erkennbar war, dass die reservierte Zeit aller Voraussicht nach nicht für andere Patienten benutzt werden kann.

! Sagen Sie deshalb bei Verhinderung einen vereinbarten Termin so früh wie möglich ab!

Ihre Rechte als (älterer) Patient | **D1**

1.7 Wie Sie Einsicht in Ihre Patientenakte bekommen

Jeder Patient hat das Recht, auf Verlangen **unverzüglich Einsicht** in die vollständige, ihn betreffende Patientenakte zu bekommen (§ 630 g BGB). Verweigert der Arzt dies, muss er seine Weigerung begründen. Die Einsichtnahme kann aus therapeutischen Gründen eingeschränkt werden, beispielsweise bei Patienten mit psychiatrischen Erkrankungen.

Will Ihr Arzt die Originalunterlagen nicht herausgeben und lässt deshalb **Kopien** anfertigen, müssen Sie diese bezahlen. Dabei darf er € 0,50 pro kopierte DIN-A4-Seite verlangen. Sie können aber auch eine elektronische Abschrift verlangen (z. B. auf CD).

Röntgenaufnahmen oder Ähnliches muss der Arzt Ihnen aushändigen, wenn Sie diese für einen anderen Arzt benötigen. Sie sind aber als Patient zur Rückgabe verpflichtet.

Darüber hinaus gibt es weitere **Einschränkungen** Ihres Rechts auf Einsichtnahme. So darf Ihr Arzt zum Beispiel subjektive Einschätzungen, die mit dem Krankheitsverlauf nicht unmittelbar zusammenhängen, zurückhalten oder unkenntlich machen.

Auch die **Erben** haben ein Einsichtsrecht, sofern sie ein begründetes (vermögensrechtliches) Interesse haben und die Einsichtnahme dem ausdrücklichen oder mutmaßlichen Patientenwillen entspricht. Vermuten die Erben zum Beispiel, dass der Erblasser aufgrund eines Behandlungsfehlers verstorben ist, dann ist eine Einsichtnahme in die Krankenakten erforderlich, um Schadensersatz geltend zu machen.

Dies gilt auch für die nächsten Angehörigen, aber nur, soweit diese immaterielle Interessen geltend machen (zum Beispiel Schmerzensgeld).

Hat der Patient allerdings ausdrücklich vor seinem Tod geäußert, dass er die Geheimhaltung seiner Patientendaten auch über den Tod hinaus wünscht, hat dies Vorrang.

Geht es um eine beabsichtigte Strafanzeige, steht das Recht auf Einsicht nahen Angehörigen, wie zum Beispiel Lebensgefährten, die nicht Erben sind, ebenfalls zu.

2 Wenn Sie ins Krankenhaus müssen

2.1 Was Sie bei der Aufnahme berücksichtigen sollten

Grundsätzlich brauchen Sie eine Einweisung

Ohne Einweisung geht es für Kassen- wie für Privatpatienten, abgesehen von **Notfällen**, nicht. Hält Ihr behandelnder Arzt eine stationäre Weiterbehandlung für unerlässlich, wird er Sie daher in ein Krankenhaus einweisen.

Ist die Einweisung medizinisch indiziert, ist er sogar dazu verpflichtet, auch wenn Sie selbst gar nicht wollen. Andernfalls macht er sich schadensersatzpflichtig, sofern deswegen eine schwere Erkrankung nicht rechtzeitig erkannt wird.

» **Beispiel:** Ein Hausarzt hatte einen Patienten wegen einer Grippe aufgesucht. Am nächsten Tag berichtete die Ehefrau des Patienten von erheblichen Verwirrtheitszuständen in der vergangenen Nacht. Daraufhin riet der Hausarzt dem Mann, sich ins Krankenhaus einweisen zu lassen. Dieser folgte der Empfehlung aber nicht. Erst am darauffolgenden Tag, als sich sein Zustand weiter verschlechterte, kam es zur Einlieferung in eine Klinik. Dort stellte man eine Hirnhautentzündung fest (OLG Zweibrücken, Urteil vom 20. 8. 2002, 5 U 25/05, NJW 2005 S. 307).

Dürfen Sie das Krankenhaus frei wählen?

Normalerweise beinhaltet eine Einweisung ein oder mehrere infrage kommende Krankenhäuser. Im Prinzip gilt, dass Sie das Krankenhaus **frei wählen** dürfen. Am einfachsten ist es dabei, wenn Sie das Krankenhaus Ihrer **Wahl dem Arzt vorschlagen**. Weist Ihr Arzt Sie dann in ein Krankenhaus ein, müssen in der Regel auch die gesetzlichen Krankenkassen die Behandlungskosten tragen.

Wollen Sie allerdings in eine **Spezialklinik** eingewiesen werden, weil diese für eine bestimmte Operationsmethode bekannt ist oder eine Behandlung bietet, die sonst nicht möglich wäre, sollten Sie auf alle Fälle **vorher** die Kostenübernahme durch Ihre Krankenkasse abklären.

Ziehen Sie allerdings als **gesetzlich versicherte** Person ohne zwingenden Grund ein anderes Krankenhaus vor, als das, das zur Erstversorgung zuständig ist, müssen Sie damit rechnen, dass Ihnen die eventuell anfallenden **Mehrkosten** auferlegt werden. Wünschen Sie aufgrund Ihrer Religionszugehörigkeit ein bestimmtes **konfessionelles Krankenhaus**, darf das aber weder der einweisende Arzt noch die Krankenkasse verweigern.

Bei Zweifeln an der Notwendigkeit eines krankheitsbedingten Aufenthalts darf der **Medizinische Dienst** im Auftrag der Krankenkasse die Behandlungsunterlagen einsehen, um so eine eventuelle Fehlbelegung festzustellen (BSG, Urteil vom 23. 7. 2002, B3 KR 64/01 R, NJW 2003 S. 845).

Ist der Patient nämlich nicht (mehr) krank im Sinne einer stationären Behandlungsbedürftigkeit, sondern zum Beispiel ein **austherapierter Pflegefall**, braucht die Krankenkasse für die Kosten nicht aufzukommen. In diesem Fall muss er damit rechnen, dass das Krankenhaus die Rechnung ihm direkt schickt (BGH, Urteil vom 9. 5. 2000, VI ZR 173/99, NJW 2000 S. 3429).

! Achten Sie darauf, wenn zum Beispiel ein Angehöriger ein Pflegefall wird, dass dieser nicht unnötig lange im Krankenhaus bleibt. Hier ist vielmehr Eile bei der Suche nach einem Pflegeheimplatz angesagt. Wenden Sie sich am besten an den Sozialdienst der Klinik, wenn sich eine derartige Entwicklung abzeichnet.

Als **Privatpatient** dürfen Sie jederzeit eine Spezialklinik aufsuchen, wenn dort die erforderliche notwendige Heilbehandlung geboten wird. Auf die **Kosten** brauchen Sie hier normalerweise nicht zu achten, wenn diese nicht in einem auffälligen Missverhältnis stehen und in den AGB Ihrer Versicherung keine Einschränkung gemacht wird.

Ausnahme: Sie haben zum Beispiel einen Tarif, der eine Kostenbegrenzung auf 150 % der durch die Bundespflegesatzverordnung bzw. das Krankenhausentgeltgesetz für öffentlich geförderte Kliniken vorgegebenen Entgelte vorsieht. Das ist zulässig (BGH, Urteil vom 24. 6. 2009, IV ZR 212/07, VersR 2009 S. 1210). Im entschiedenen Fall blieb der Patient einer privaten Sportklinik nach einer Knieoperation auf ca. € 14 000,– sitzen.

Wenn **Bewusstlose** ins Krankenhaus eingeliefert werden, kommt zwar kein Aufnahmevertrag zustande. Trotzdem muss die Krankenkasse oder der Privatpatient für die Kosten aufkommen. Es handelt sich hier um eine sogenannte »Geschäftsführung ohne Auftrag«. Das gilt aber nur für die normalen Krankenhausleistungen.

Wer kommt für die Kosten einer Begleitperson auf?

Bei kleineren Kindern ist häufig die Aufnahme einer **Begleitperson** erforderlich. Sie sollten sich das unbedingt vom einweisenden Arzt oder vom Stationsarzt **schriftlich** bestätigen lassen. Die Begleitperson muss nicht mit dem Patienten verwandt sein. In einem solchen Fall bekommt das Krankenhaus von der Krankenkasse des Patienten pro Tag einen bestimmten Betrag. Bei Privatpatienten kommt es auf die vertragliche Vereinbarung an.

In allen anderen Fällen muss die Begleitperson die Rechnung **selbst bezahlen.** Stellen Sie sich in diesem Fall auf Kosten von circa € 50,– bis € 60,– pro Kalendertag ein.

Welche Krankenhaus-AGB müssen Sie hinnehmen?

Grundsätzlich sind die Krankenhaus-AGB von Ihnen zu akzeptieren, auch wenn nicht alles erlaubt ist, was in Vertragsbedingungen manchmal festgehalten ist. Vor allem müssen sie **schriftlich** vereinbart, von beiden Vertragsparteien **unterzeichnet** und im Hinblick auf den meist nicht besonders guten Gesundheitszustand des Patienten **verständlich** formuliert sein.

! Da es bei einer Krankenhausaufnahme oft recht schnell geht, wird Ihnen unter Umständen die nötige Ruhe fehlen, alles genau durchzulesen, was Sie unterschreiben sollen. Lassen Sie sich eine **Kopie** der von Ihnen unterschriebenen AGB geben und überprüfen Sie bei Bedarf, ob die Bedingungen überhaupt zulässig sind. Wenn nicht, können Sie sich im Nachhinein auf deren Unwirksamkeit berufen und den Rechnungsbetrag entsprechend kürzen.

Zahlen Sie deshalb bei Zweifeln an der Rechtmäßigkeit zumindest nicht, solange der Betrag noch nicht von Ihrer Krankenversicherung erstattet worden ist. Beachten Sie dabei die gesetzten Zahlungsfristen. Schon bezahlte Beträge müssen auf jeden Fall rückerstattet werden, wenn die Vereinbarung unwirksam ist.

Welche Klauseln in einem Krankenhausaufnahmevertrag im Einzelnen zulässig sind, zeigt Ihnen die nachfolgende **Übersicht:**

- **Wahlleistung »Ein- oder Zweibettzimmer«**

  Es ist nicht zulässig, dass man verschiedene Wahlleistungen miteinander koppelt. Ein Ein- oder Zweibettzimmer darf also nicht nur »im Paket« mit der Chefarztbehandlung angeboten werden.

  Beachten Sie außerdem, dass man Ihnen die Unterbringung im Ein- oder Zweibettzimmer für den Aufnahme- und Entlassungstag **nur einmal** berechnet (BGH, Beschluss vom 31. 10. 2002, III ZR 60/02, VersR 2003 S. 52). Eine anderslautende Vertragsbedingung bzw. Berechnung ist unzulässig.

- **Wahlleistung »Chefarztbehandlung«**

  Wer den Chefarzt bestellt hat, hat grundsätzlich Anspruch auf höchstpersönliche Behandlung durch ihn. Eine **Vertretervereinbarung** in den Allgemeinen Geschäftsbedingungen ist nur dann wirksam, wenn sie für die Fälle

Ihre Rechte als (älterer) Patient | **D1**

einer unvorhersehbaren Verhinderung getroffen worden ist. Darüber hinaus kommt als Vertreter hier nur der ständige ärztliche Vertreter in Betracht (BGH, Urteil vom 20. 12. 2007, III ZR 1044/07, VersR 2008 S. 493).

Dementsprechend muss man Sie so früh wie möglich über eine vorhersehbare Verhinderung Ihres Wahlarztes unterrichten und Ihnen anbieten, dass an dessen Stelle ein bestimmter Vertreter zu den vereinbarten Bedingungen die wahlärztlichen Leistungen erbringt. Andernfalls brauchen Sie den Chefarztzuschlag nicht zu zahlen.

Insbesondere bei der Vereinbarung von **Wahlleistungen** sollten Sie auf der Hut sein. Sonst bleiben Sie möglicherweise selbst auf den Kosten sitzen. Auch wenn man Sie grundsätzlich über deren Kosten und Inhalt informieren muss, setzt eine wirksame Wahlleistungsvereinbarung keinen detaillierten Kostenvoranschlag wie bei einem Handwerker voraus (BGH, Urteil vom 8. 1. 2004, III ZR 375/02, NJW 2004 S. 668).

- **Haftungsausschluss**

Eine Regelung, nach der sich der Krankenhausträger von einer Mithaftung für eventuelle Fehler eines selbstliquidierenden Chef- oder Belegarztes freizeichnen lässt, ist nur zulässig, wenn man Sie bei Unterzeichnung der Vereinbarung deutlich und unmissverständlich auf diese Klausel und ihre Tragweite hinweist.

- **Sogenannte »Sektions-Klausel«**

Manche Aufnahmeverträge (z. B. von Universitätskliniken) enthalten sogenannte »Sektions-Klauseln«. Diese regeln, dass ohne vorherige Zustimmung des verstorbenen Patienten oder seiner Angehörigen eine **Obduktion** durchgeführt werden kann – und zwar auch dann, wenn sie nicht zur Feststellung der Todesursache notwendig ist.

Wenn Sie dies nicht wünschen, müssen Sie als Patient der Sektions-Klausel **ausdrücklich widersprechen.** Unabhängig davon haben Angehörige die Möglichkeit, der Obduktion zu widersprechen, wenn der Patient verstorben ist – immer gesetzt den Fall, Sie wissen von der unterschriebenen Sektions-Klausel.

Es gibt auch die Möglichkeit, in einer **Patientenverfügung** zu diesem Thema Stellung zu nehmen und einer Sektion zu widersprechen. Daran ist das Krankenhaus dann in jedem Fall gebunden.

Wer hier als **Angehöriger** auf Nummer sicher gehen will, sollte das Krankenhauspersonal rechtzeitig danach fragen. Informieren wird man Sie über eine beabsichtigte Obduktion nicht ohne Weiteres.

2.2 Ihre Rechte im Krankenhaus

Dürfen Sie die Behandlung durch bestimmte Ärzte ablehnen?

Für Kassenpatienten besteht **grundsätzlich keine freie Arztwahl,** da sie im Gegensatz zu Privatpatienten den Vertrag mit dem Krankenhausträger schließen. Dennoch muss man Sie über die behandelnden Ärzte aufklären. Außerdem dürfen Sie Ihre Einwilligung in eine Behandlung davon abhängig machen, dass ein bestimmter Arzt diese durchführt.

Einen Anspruch auf **Chefarztbehandlung** haben Sie in dem Moment, wenn nur dieser eine bestimmte Operation durchführen kann, weil er zum Beispiel als Einziger über das nötige fachliche Können verfügt. Hier darf die Chefarztbehandlung nicht als Wahlleistung extra abgerechnet werden. Unterschreiben Sie also keine entsprechende Wahlleistung. Andernfalls müssen Sie diese extra bezahlen – aber nur, wenn man Sie richtig aufgeklärt hat.

Wann darf bei sterbenden Patienten die Behandlung abgebrochen werden?

Wie lange eine medizinische Behandlung das Leben eines sterbenden Patienten verlängern darf, ist höchst umstritten. Ein Arzt ist grundsätzlich zur Lebenserhaltung verpflichtet, andererseits darf er auch nicht ohne Einwilligung des Patienten Behandlungsmaßnahmen ergreifen.

Ihr **Selbstbestimmungsrecht** als Patient geht stets vor. Das heißt aber nicht, dass Sie bestimmte Maßnahmen, die den Sterbevorgang beschleunigen, verlangen können. Denn **aktive Sterbehilfe** dürfen Ärzte und Pfleger selbst in aussichtslosen Fällen **niemals** leisten. Sie dürfen allenfalls entsprechend Ihrem erklärten oder mutmaßlichen Willen durch den Abbruch lebensverlängernder Maßnahmen dem Sterben seinen natürlichen Lauf lassen.

In der Praxis bedeutet dies, dass ein Sterbender, der im Vollbesitz seiner geistigen Kräfte und bei klarem Bewusstsein ist, den Abbruch der Behandlung verlangen kann und der Arzt dies respektieren muss.

Anders sieht es dagegen aus, wenn Sie als Patient nicht mehr in der Lage sind, Ihren Willen zu bekunden. Hier hilft Ihnen eine **Patientenverfügung** weiter, die sowohl vom Arzt als auch vom Betreuer berücksichtigt werden muss. Was Sie im Einzelnen zur Patientenverfügung wissen sollten, zeigt Ihnen die nachfolgende **Übersicht:**

Ihre Rechte als (älterer) Patient | **D1**

- Rechtliche Voraussetzungen für eine verbindliche Patientenverfügung Alle **volljährigen** Personen können mit einer schriftlichen Patientenverfügung im Voraus festlegen, ob und wie sie später ärztlich behandelt werden wollen, wenn sie später nicht mehr in der Lage sind, ihren Willen selbst zu äußern. Künftig sind Betreuer und Bevollmächtigte in diesem Fall an die Verfügung gebunden. Das heißt, sie müssen prüfen, ob die Verfügung der aktuellen Lebens- und Behandlungssituation entspricht, sodass sie gegebenenfalls Ihren Willen umsetzen müssen.

- Es besteht **kein Zwang**, eine Patientenverfügung zu verfassen. Sie können eine bestehende Verfügung jederzeit formlos widerrufen.

- Liegt keine Patientenverfügung vor oder entspricht die Verfügung nicht der aktuellen Situation, muss der Betreuer oder Bevollmächtigte entsprechend Ihrem **mutmaßlichen Willen** entscheiden, ob er in die Untersuchung, die Behandlung oder den ärztlichen Eingriff einwilligt.

- Eine **Reichweitenbegrenzung**, die den Patientenwillen in bestimmten Fällen für unbeachtlich erklärt, hat der Gesetzgeber nicht vorgesehen.

- Die Entscheidung über bestimmte ärztliche Maßnahmen treffen der Arzt und Betreuer bzw. Bevollmächtigte zusammen. Der Arzt prüft, was medizinisch indiziert ist und erörtert die Maßnahme mit dem Betreuer bzw. Bevollmächtigten. Dies sollte möglichst unter **Einbeziehung naher Angehöriger** oder sonstiger Vertrauenspersonen geschehen.

- Sind sich die Beteiligten einig, bedarf es keiner Anrufung des Betreuungsgerichts. Bestehen hingegen **Meinungsverschiedenheiten**, müssen folgenschwere Entscheidungen vom Betreuungsgericht genehmigt werden.

Wenn Sie entlassen werden wollen / sollen

Wollen Sie **entgegen dem ärztlichen Rat** entlassen werden, sind Sie verpflichtet, ein Formular zu unterschreiben. Darin erklären Sie, dass Sie auf eigene Gefahr und gegen den ärztlichen Rat das Krankenhaus verlassen.

Möchten Sie länger als medizinisch notwendig im Krankenhaus bleiben, weil Sie beispielsweise noch keinen Pflegeheimplatz haben, wird Ihnen der Entlassungstermin trotzdem vorgeschrieben. In einem solchen Fall können Sie eine häusliche Pflege in Betracht ziehen. Wenden Sie sich dazu an die **Sozialdienste** im Krankenhaus oder Ihre Kranken- oder Pflegekasse. Auf jeden Fall brauchen Sie hierfür eine **ärztliche Verordnung**.

Ist eine **ambulante** Weiterbehandlung möglich, muss die Krankenversicherung für einen weiteren Krankenhausaufenthalt nicht mehr aufkommen. Das gilt selbst dann, wenn sie für den Patienten aufwendiger ist (OLG Koblenz, Urteil vom 20. 4. 2007, 10 U 216/06, VersR 2008 S. 339).

Als **Privatpatient** haben Sie nur dann einen Anspruch auf häusliche Pflege, wenn Ihr Vertrag dies vorsieht.

3 Kosten und Abrechnung

3.1 Ihre Rechte als gesetzlich Versicherter

Warum müssen Sie manche Behandlungen selbst zahlen?

Die Krankenkassen gewähren nur Leistungen, die im jeweiligen Fall **erforderlich, ausreichend, zweckmäßig und wirtschaftlich** sind. Dabei dürfen die Leistungen das notwendige Maß nicht überschreiten. Leistungen, die nicht notwendig oder unwirtschaftlich sind, brauchen gemäß § 12 SGB V nicht erstattet zu werden. Für solche Leistungen werden Sie in der Regel selbst zur Kasse gebeten. **Ausnahmen** bestätigen die Regel.

Neben den von den Kassen gewährleisteten Behandlungen bieten heute Ärzte sogenannte **individuelle Gesundheitsleistungen (IGeL)** an. Diese werden grundsätzlich nicht von den Kassen übernommen und müssen daher vom Patienten selbst gezahlt werden. Da es sich hierbei um eine attraktive Einnahmequelle handelt, sollten Sie bei diesem Angebot auf der Hut sein. Entnehmen Sie der nachfolgenden **Übersicht**, was bei IGeL-Leistungen zu beachten ist:

- Sie dürfen nicht zu einer IGeL-Leistung gedrängt werden.

- Für die Entscheidung zu einer IGeL-Leistung muss man Ihnen ausreichend Zeit einräumen. Lassen Sie sich nicht unter Druck setzen.

- Eine medizinische Leistung, die eine Kassenleistung ist, darf von einem Kassenarzt nicht privat abgerechnet werden. Es muss also ganz deutlich sein, dass es sich um eine **zusätzliche Leistung** handelt, die von der Kassenleistung abweicht.

Ihre Rechte als (älterer) Patient | **D1**

- Wenn Sie von sich aus eine gewisse Symptomatik beschreiben oder wenn Beschwerden oder Symptome für eine Früherkennungsuntersuchung vorliegen, ist die Untersuchung eine Kassenleistung. Sie darf nicht als IGeL-Leistung privat in Rechnung gestellt werden!
- Über IGeL muss ein **schriftlicher** Vertrag **vor** der Behandlung abgeschlossen werden, der alle Einzelleistungen und deren Kosten aufführt (LG Mannheim, Urteil vom 18. 1. 2008, 1 S 99/07, VersR 2008 S. 823).

  Vorher muss man Sie außerdem über die Leistung selbst aufklären, die Gründe, warum die Leistung nicht von den Krankenkassen gezahlt wird, die Kosten der Leistung, den therapeutischen Sinn der Leistung, mögliche Risiken und Nebenwirkungen, alternative Behandlungsmethoden und das Risiko einer Nichtbehandlung.
- Nach Abschluss der Behandlung ist der Arzt verpflichtet, eine **Rechnung** auszustellen.
- IGeL-Leistungen sind nach der **Gebührenordnung für Ärzte** (GOÄ) abzurechnen.
- Wenn Sie nur IGeL-Leistungen in Anspruch nehmen, brauchen Sie **keine Versicherungskarte** abzugeben.

Wenn Sie **freiwillig versichertes Mitglied** sind, können Sie sich von Ihrem Arzt privat behandeln lassen. Dann geht die Rechnung an Sie direkt. Anschließend legen Sie die Originalrechnung Ihrer Krankenkasse vor. Erstattet wird dann der Betrag, den Sie bei der Abrechnung über die Krankenversicherungskarte hätten zahlen müssen. Abgezogen wird allerdings noch ein Betrag für den zusätzlichen Verwaltungsaufwand.

Achtung: Rechnet der Arzt nach der GOÄ ab, tragen Sie auch die Differenz zur Kassenleistung.

! Bevor Sie eine private Zahlungsvereinbarung unterschreiben, sollten Sie sich bei Ihrer Krankenkasse erkundigen, ob diese Leistung nicht auch als normale Kassenleistung abgerechnet werden kann – immer vorausgesetzt, dass Sie sich von einem kassenärztlich zugelassenen Arzt behandeln lassen.

Wie lange müssen Sie auf eine Entscheidung der Kasse warten?

In vielen Fällen wird vor der geplanten Behandlung von der Krankenkasse geprüft, ob und in welcher Höhe die Kosten hierfür übernommen werden.

D1 | Ihre Rechte als (älterer) Patient

> **Beispiel:** Sie wollen sich eine neue Krone für einen oder mehrere Zähne machen lassen. In einem solchen Fall müssen Sie zunächst den vom Zahnarzt erstellten Heil-und Kostenplan bei Ihrer Kasse einreichen.

Die Antwort ließ bisher meist lange auf sich warten. Durch eine Gesetzesänderung gibt es nun für die Kassen **Fristen,** innerhalb derer sie eine Entscheidung treffen müssen (§ 13 Abs. 3 a SGB V):

- Grundsätzlich muss die Kasse **innerhalb von drei Wochen** nach Eingang des Antrags entscheiden.
- Wird zusätzlich zum Antrag ein Gutachten oder eine Stellungnahme des Medizinischen Dienstes der Krankenkassen nötig, verlängert sich diese Frist auf **fünf Wochen.**
- Im Bereich der Zahnmedizin kann sich die Frist auf **sechs Wochen** erweitern, wenn ein bestimmtes Gutachterverfahren durchgeführt wird.

Kann die Krankenkasse diese **Fristen nicht einhalten,** muss sie Ihnen dies mitteilen und auch begründen. Wird kein ausreichender Grund (z. B. der plötzliche krankheitsbedingte Ausfall mehrerer Sachbearbeiter oder des Gutachters) angegeben, dann gilt die beantragte Leistung nach Ablauf der Frist als genehmigt. Nehmen Sie die Leistung nach Ablauf der Frist dann in Anspruch, muss Ihnen Ihre Krankenkasse diese Kosten erstatten.

3.2 Ihre Rechte als Privatpatient bzw. Selbstzahler

Wie wird abgerechnet?

Grundsätzlich rechnet der Arzt bei Privatpatienten nach der Gebührenordnung für Ärzte (GOÄ) bzw. Gebührenordnung für Zahnärzte (GOZ) ab. Für jede Leistung ist im Gebührenverzeichnis eine bestimmte Punktzahl aufgeführt. Diese Punkte multipliziert der Arzt mit dem Punktwert 5,82873 Cent bzw. 5,62421 Cent. So erhält er den **einfachen Gebührensatz.**

Allerdings darf der Arzt das 1,8- bis 3,5-Fache des Regelsatzes verlangen. Erst wenn der 2,3-fache Satz überschritten wird, muss die Rechnung besonders **begründet** werden. Dabei genügt es nicht, wenn der Arzt die allgemeinen Bewertungskriterien wiederholt und beispielsweise lediglich schreibt, es habe sich um einen besonders schwierigen Krankheitsfall gehandelt. Die Begründung muss vielmehr die konkrete patientenbezogene Position verständlich und nachvollziehbar in Schlagworten darlegen.

Alles was unter dem 2,3-fachen Satz liegt, wird von den Krankenversicherungen in der Regel unproblematisch erstattet. Das müssen sie auch, selbst wenn nur durchschnittliche Leistungen erbracht werden (BGH, Urteil vom 8. 11. 2007, III ZR 94/07, NJW-RR 2008 S. 436).

! Verlangt Ihr Arzt mehr als den mittleren Gebührensatz, ohne ihn ausreichend zu begründen, sollten Sie die Rechnung **erst zahlen,** wenn Ihre Krankenversicherung die Kosten **vollständig erstattet** hat. Andernfalls weisen Sie den Arzt darauf hin, dass er eine entsprechende Begründung nachreichen möge. Schließlich ist er für den besonderen Aufwand beweispflichtig.

Erbringt Ihr Arzt Leistungen, die bei gesetzlich und privat Versicherten identisch sind, wie zum Beispiel bestimmte **Laborleistungen,** darf nicht höher abgerechnet werden als nach dem bundeseinheitlichen Leistungsverzeichnis (BEL). Es gibt keinen sachlichen Grund für die Höhervergütung (LG Heidelberg, Urteil vom 25. 1. 2008, 7 O 303/05, VersR 2008 S. 911). Kürzt Ihre Versicherung hier die Erstattung, brauchen Sie dem Arzt auch nicht den vollen Betrag zu zahlen.

! Häufig sind Sie vertraglich dazu verpflichtet, in bestimmten Fällen **vor Behandlungsbeginn eine Kostenzusage** einzuholen. Aber auch wenn das nicht der Fall ist, empfiehlt sich eine solche Vorgehensweise immer dann, wenn Sie sich nicht sicher sind, ob Ihre Krankenversicherung die Kosten übernimmt.

Wann darf der Arzt von der Gebührenordnung abweichen?

Eine generelle Abweichung ist unzulässig. Will Ihr Arzt also mehr abrechnen, muss eine diesbezügliche **Honorarvereinbarung** getroffen werden, **bevor** Sie behandelt werden. Eine nachträgliche Vereinbarung ist gemäß § 134 BGB unwirksam. So kann zum Beispiel ein Schwerverletzter oder schwerkranker Patient, der ins Krankenhaus eingeliefert wird, keine wirksame Honorarvereinbarung treffen.

Eine Honorarvereinbarung ist an eine bestimmte **Form** gebunden. Sie muss

- schriftlich getroffen werden,
- den Umfang erkennen lassen, in dem vom Gebührenrahmen der GOÄ abgewichen werden soll, und
- darauf hinweisen, dass eine Erstattung zum Beispiel von der Beihilfe oder einer privaten Krankenversicherung möglicherweise nicht in vollem Umfang gewährleistet ist.

Die Vereinbarung darf **keine weiteren** Erklärungen beinhalten. Schon die Aufnahme einer Zahlungsfrist ist unzulässig. Dasselbe gilt für die Erläuterung zur Begründung für die Abweichung von der GOÄ. Als Patient haben Sie Anspruch darauf, eine Durchschrift der Vereinbarung zu bekommen. Gibt man Ihnen keine, ist die Vereinbarung zwar nicht nichtig, berechtigt Sie aber zur Leistungsverweigerung. Grund: Das geforderte Honorar wird nicht fällig.

Verwendet Ihr Arzt **standardisierte Vordrucke**, unterliegt das Ganze den gesetzlichen Regelungen zu den Allgemeinen Geschäftsbedingungen. Es hat zur Folge, dass die Honorarvereinbarung unwirksam ist. Denn eine Honorarvereinbarung ist rechtlich stets eine Individualvereinbarung. Selbst die Umstände, unter denen Ihnen eine Honorarvereinbarung abverlangt wird, müssen stimmen.

》 **Beispiel:** Einem Patienten wurde nach einer 2-stündigen Zahnbehandlung in einer Behandlungspause eine Honorarvereinbarung zur Unterschrift vorgelegt. Die Vereinbarung war hier unwirksam (OLG Celle, Urteil vom 11. 9. 2008, 11 U 88/08, VersR 2009 S. 224).

Folge: Gezahlt werden muss in diesen Fällen immer nur das, was die Gebührenordnung normalerweise vorsieht.

Wann wird die privatärztliche Rechnung fällig?

Im Voraus darf Ihr Arzt gar nichts verlangen, auch **keinen Vorschuss** (OLG Karlsruhe, Urteil vom 24. 5. 2007, 19 U 88/06, VersR 2008 S. 339). Fällig ist eine Arztrechnung nach § 12 GOÄ nur dann, wenn sie bestimmte formale Kriterien erfüllt. Danach muss eine korrekte Rechnung Folgendes enthalten:

- Diagnose,
- Datum und Bezeichnung der Leistung,
- Ordnungsnummer des Gebührenverzeichnisses und
- den berechneten Steigerungssatz und bei Überschreitung des Stellenwertes eine schriftliche Begründung.

Fehlt es an einem der oben genannten Punkte, brauchen Sie die Rechnung eigentlich nicht zu bezahlen. Wollen Sie aber das gute Verhältnis zu Ihrem Arzt nicht unnötig belasten, sollten Sie sich deswegen mit ihm in Verbindung setzen.

! Haben Sie **Zweifel an der Richtigkeit der Arztrechnung,** die Sie mit dem Arzt nicht direkt beseitigen können, wenden Sie sich an die zuständige Ärztekammer. So können Sie womöglich einen Rechtsstreit vermeiden. Welche das ist, erfahren Sie über die

Bundesärztekammer
Herbert-Lewin-Platz 1
10623 Berlin
Tel.: 030 / 4004560
www.bundesaerztekammer.de

Honoraransprüche **verjähren innerhalb von drei Jahren.** Maßgeblich für den Beginn der Verjährung ist weder der Vertragsschluss noch das Datum der Behandlung, sondern die Stellung einer prüffähigen Arztrechnung. Die Verjährung beginnt nicht genau an dem Tag, sondern erst mit dem Schluss des Kalenderjahres, in dem die Schlussrechnung gestellt worden ist.

》 **Beispiel:** Stellt der Arzt seine Rechnung am 15. 4. 2013, dann beginnt die Verjährungsfrist trotzdem erst am 31. 12. 2013. Dies gilt unabhängig davon, ob er die Rechnung am 2. 1. 2013 gestellt hat oder am 30. 12. 2013. In allen drei Fällen fängt die Frist gleichermaßen erst am 31. 12. 2013 an zu laufen und endet am 31. 12. 2016.

D1 | Ihre Rechte als (älterer) Patient

D2 Was tun, wenn Ihr Arzt einen Fehler macht?

1 Patientenrechte bei Aufklärungs- und Behandlungsfehlern

1.1 Wann liegt ein Arzthaftungsfall vor?

Wenn Ärzte Fehler machen, sind die Folgen für die Betroffenen oft schwerwiegender als in vielen anderen Berufen. Schließlich geht es hier hauptsächlich um **Schäden an Ihrer Gesundheit**. Gerade in Arzthaftungsfällen spielt daher das **Schmerzensgeld** häufig eine größere Rolle als der Vermögensschaden. Grundsätzlich gibt es **zwei Arten** von Arzthaftungsfällen: den Aufklärungs- und den Behandlungsfehler.

Ob ein **Arzt** oder ein **Krankenhaus** für Aufklärungs- oder Behandlungsfehler geradestehen muss, hängt nicht nur davon ab, ob ihnen ein Fehler unterlaufen ist. Entscheidend ist vielmehr, dass der Fehler für den Schaden ursächlich war und den Arzt ein **Verschulden** trifft.

Beachten Sie: Die im Patientenrechtegesetz festgelegten Grundsätze betreffen nicht nur behandelnde Ärzte, sondern **alle** »**Behandler**«, die im medizinischen Bereich tätig sind. Die nachfolgenden Ausführungen sind deshalb grundsätzlich auch auf alle anderen Heilberufe wie **Heilpraktiker, Physiotherapeuten und Chiropraktiker** anwendbar.

1.2 Haftung für unzureichende Aufklärung

Behandlung ohne Aufklärung ist Körperverletzung

Grundsätzlich darf es keine medizinische Behandlung ohne Aufklärung geben. Aufklärung ist die rechtliche Voraussetzung für Ihre wirksame Zustimmung zur anstehenden Behandlung. Die wirksame Zustimmung ist wiederum erforderlich, weil jede Behandlung ohne Einwilligung rechtlich eine **Körperverletzung** ist.

Ausnahme: Ist es nicht möglich, den Patienten aufzuklären, weil er zum Beispiel bewusstlos ist, kommt es darauf an, ob die medizinische Handlung dem **mutmaßlichen Willen** des Patienten entspricht. Dasselbe gilt, wenn bei einem in Narkose befindlichen Patienten eine Operationserweiterung erforderlich wird.

Konnte der Patient nicht aufgeklärt werden, muss dies **nachgeholt** werden. Juristen sprechen von der sogenannten »**Sicherungsaufklärung**«.

D2 | Was tun, wenn Ihr Arzt einen Fehler macht?

» **Beispiel:** Ein bewusstloser Patient hat eine Blutkonserve erhalten. In diesem Fall ist der Patient, wenn er wieder zu Bewusstsein kommt, über das Risiko einer HIV-Infektion aufzuklären.

Liegt eine wirksame **Patientenverfügung** vor, die den geplanten Eingriff ausdrücklich untersagt, darf auch eine sinnvolle oder notwendige Behandlung nicht durchgeführt werden.

» **Beispiel:** Ein Patient hat verfügt, am Ende seines Lebens auf keinen Fall über eine Magensonde ernährt zu werden. Nachdem er durch einen Schlaganfall in eine Art Wachkoma gefallen ist, darf ihm keine Magensonde zur künstlichen Ernährung gelegt werden, auch wenn dies zu seinem Tod führt.

Ansonsten gilt, dass jeder ärztliche Eingriff, der ohne Ihre wirksame Einwilligung vorgenommen wird, eine **rechtswidrige Körperverletzung** ist.

Das Wie und Wann der Aufklärung

Wer aufzuklären hat

Grundsätzlich muss **der behandelnde Arzt persönlich** aufklären. In Krankenhäusern mit Aufgabenteilung ist das nicht immer möglich. Gesetzlich vorgeschrieben ist daher, dass die aufklärende Person über eine **entsprechende Qualifikation** verfügen muss. Deshalb kommt nur ein Arzt für diese Aufgabe infrage. Das wird, wenn der Chefarzt nicht persönlich aufklärt, der Stations- oder Oberarzt sein. Die Verantwortung für die richtige Aufklärung bleibt beim Chefarzt.

Worüber aufgeklärt werden muss

Das Patientenrechtegesetz hat die Art und Weise der medizinischen Aufklärung ausdrücklich geregelt (§ 630 e BGB). Der Arzt muss Sie über sämtliche für die Einwilligung wesentlichen Umstände so aufklären, dass Sie sich insbesondere über **Art und Tragweite** des vorgesehenen Eingriffs und über dessen **Risiken** einschließlich etwaiger Misserfolgsrisiken im Klaren sind. Gleich, ob es um eine harmlose Untersuchung, einen operativen Eingriff oder nur um eine Medikation geht, der Patient muss wissen, auf was er sich einlässt.

Dasselbe gilt auch für Therapien. Nicht erforderlich sind exakte medizinische Details.

Wichtig: Es ist auch über **seltene Risiken** aufzuklären, wenn diese dem Eingriff spezifisch anhaften, für den Laien überraschend sind und durch die Verwirklichung des Risikos die Lebensführung des Patienten schwer belastet würde (BGH, Urteil vom 10. 10. 2006, VI ZR 74/05, NJW 2007 S. 217). Grundsätzlich gilt, dass die Anforderungen hier umso größer sind, je weniger dringlich der Eingriff ist. Deshalb sind die Anforderungen an die Risikoaufklärung bei **kosmetischen Operationen** oder **medizinisch nicht notwendigen** Eingriffen wie einer LASIK-Operation (Korrektur von Fehlsichtigkeit durch Augenlasern) am strengsten.

》 **Beispiel:**

- Ein Arzt klärte eine Patientin vor einer Fettabsaugung nicht darüber auf, dass der gewünschte kosmetische Erfolg nur durch eine weitere Operation (hier Haut- und Bauchdeckenstraffung) erreichbar ist. Außerdem muss er darüber aufklären, dass bei der Fettabsaugung mit unregelmäßigen Konturen zu rechnen ist.

- Bei einer LASIK-Operation muss der Patient schonungslos darüber informiert werden, dass es zu einem Sehkraftverlust bis hin zur Erblindung kommen kann (OLG Koblenz, Urteil vom 29. 10. 2014, 5 U 732/14, MDR 2015 S. 213).

Umgekehrt kann es vorkommen, dass ein Patient **trotz ärztlicher Aufklärung** beispielsweise aus religiösen Gründen eine **medizinische Behandlung ablehnt**. Ist er dabei im vollen Besitz seiner geistigen Kräfte, so darf ihm die angebotene Behandlung **nicht aufgezwungen** werden. Das gilt auch dann, wenn der Patient lebensbedrohlich erkrankt oder verunglückt ist. Andernfalls setzt sich der behandelnde Arzt der Gefahr aus, eine Straftat zu begehen.

Wenn es verschiedene Behandlungsmethoden gibt

Welche Behandlungsmethode gewählt wird, ist grundsätzlich Sache des Arztes. Er muss Sie aber über die verschiedenen Behandlungsmöglichkeiten aufklären, insbesondere wenn diese mit einem **geringeren Risiko** verbunden sind, zu wesentlich **unterschiedlichen Belastungen** führen können oder einen **größeren Behandlungserfolg** versprechen.

》 **Beispiel:** Ein Patient wurde wegen einer als Karzinom diagnostizierten Hautveränderung am Penis operiert. Hierbei erfolgte eine Teilresektion der Eichel. Vor der Operation wurde der Kläger nur über die Risiken einer operativen Teilentfernung aufgeklärt. Eine Aufklärung über eine Behandlungsalternative in Form der Strahlentherapie

(Brachietherapie) erfolgte nicht. Auf seine Frage nach einer Strahlentherapie wurde ihm vielmehr erklärt, sie komme bei ihm nicht in Betracht (OLG Frankfurt/Main, Urteil vom 18. 12. 2014, 15 U 20/14). Diese Therapie führte jedoch später beim Patienten zur vollständigen Heilung. Das Schmerzensgeld betrug € 30 000,–.

Will der Arzt eine **Außenseitermethode** anwenden, muss der Patient neben den Risiken und den mit einem Misserfolg des Eingriffs verbundenen Gefahren insbesondere auch darüber unterrichtet werden, dass der geplante Eingriff **nicht medizinischer Standard** und seine Wirksamkeit statistisch nicht abgesichert ist (BGH, Urteil vom 22. 5. 2007, VI ZR 35/06, NJW 2007 S. 2774).

Dasselbe gilt für die sogenannte »**Neulandmedizin**«. Auch bei neuen Behandlungsmethoden ist der Patient darüber aufzuklären, dass es sich hier um eine Methode handelt, die **noch nicht lange** praktiziert wird, und dass es daneben noch herkömmliche Verfahren gibt. Der Patient muss wissen, worin die wesentlichen Unterschiede und Risiken liegen.

》 **Beispiel:** In einem Fall des OLG Hamm (Urteil vom 25. 2. 2014, 26 U 157/12, GesR 2014 S. 413) litt eine Patientin seit Jahren unter Rückenschmerzen. Da ein konservatives Vorgehen nicht zum Erfolg führte, wurde ihr eine Operation angeraten. Die Operationsaufklärung erfolgte frühzeitig. Einen Tag vor der Operation wurde der Patientin mitgeteilt, dass das Verfahren geändert worden sei.

Nach der Operation waren die Beschwerden der Patientin stärker als zuvor. Es war eine axiale Schraube zwischen die Wirbelkörper eingebracht worden. Das später eingeholte Gutachten ergab, dass die angewandte Methode eine Neulandmethode mit einer extrem hohen Komplikationsrate ist. Wäre die Patientin darüber aufgeklärt worden, hätte sie sicherlich die Standardoperation gewählt.

Der Arzt braucht über neue Methoden, die er **nicht anwendet,** erst dann aufzuklären, wenn diese Standard geworden sind oder der Patient danach fragt.

Wichtig: Eine mangelhafte Risikoaufklärung führt nur dann zu einem Schadensersatzanspruch, wenn sich **gerade das »unterschlagene« Risiko** wie etwa im Beispiel oben verwirklicht hat. Ist es aus anderen Gründen zu einer Schädigung gekommen, spielt der Aufklärungsmangel keine Rolle.

Auf die Rechtzeitigkeit kommt es an

Eine ordnungsgemäße Aufklärung setzt zudem voraus, dass sie rechtzeitig erfolgt ist. Der Patient muss die Möglichkeit haben, in Ruhe über das Für und Wider des Eingriffs **nachzudenken**. Dabei kommt es auf den Einzelfall an. So muss ein Patient zum Beispiel **vor Operationen spätestens am Vortag** aufgeklärt werden.

! Bei einschneidenden und / oder medizinisch anspruchsvollen Behandlungen ist es oft besser, sich von einer nahestehenden Person begleiten zu lassen. Denn oft ist der Patient selbst zu aufgeregt, um wichtige Details mitzubekommen oder die »richtigen« Fragen zu stellen.

Bei **ambulanten** Eingriffen kann es im Einzelfall ausreichen, wenn der Patient **erst am Tag des Eingriffs** aufgeklärt wird. Bei zeitlich und sachlich **nicht dringlichen** Eingriffen ist **besonders früh** aufzuklären – je nach Einzelfall schon bei der Festlegung des Operationstermins. Auch in Fällen, in denen **nicht sicher** ist, ob der Eingriff überhaupt erforderlich wird, besteht die **Pflicht zur frühzeitigen Aufklärung.**

» **Beispiel:** Zeichnet sich bei einer Schwangeren schon vor der Geburt ab, dass eine Kaiserschnittgeburt erforderlich werden könnte, weil das Kind sehr groß ist, muss die Frau **so früh wie möglich** darüber entsprechend aufgeklärt werden. Anders sieht es aus, wenn keine Anzeichen für eine Kaiserschnittgeburt sprechen. Eine vorsorgliche Aufklärung ist hier nicht erforderlich.

Wichtig: Wollen Sie sich als Patient in einem Schadensfall auf eine verspätete Aufklärung berufen, müssen Sie konkret darlegen und nachweisen, dass Sie dadurch in Ihrer Entscheidungsfreiheit beeinträchtigt waren.

Verständlichkeit ist Pflicht

Kein Arzt muss medizinisches Detailwissen vermitteln. Wichtig ist, dass der Patient versteht, um was es bei der Behandlung geht. Dabei kommt es darauf an, mit wem es der Arzt zu tun hat. Das heißt, dass er bei medizinischen Laien in verständlicher **Umgangssprache** aufzuklären hat. Bei einem Ausländer mit **Verständigungsschwierigkeiten** ist es deshalb erforderlich, eine weitere Person hinzuzuziehen.

Auch **einwilligungsunfähige** Patienten, die zum Beispiel aufgrund einer Demenz nicht rechtlich wirksam aufgeklärt werden können, sollen zumindest in das Behandlungsgeschehen einbezogen werden. Auch mit ihnen müssen Behandelnde sprechen und – entsprechend ihren Verständnismöglichkeiten – die wesentlichen Umstände einer bevorstehenden Maßnahme erläutern.

Aufklärungsbögen alleine genügen nicht

Die häufig bei Operationen eingesetzten Aufklärungsbögen ersetzen die persönliche Aufklärung nicht. Sie lassen, wenn sie vom Patienten unterschrieben worden sind, nur die Vermutung zu, dass aufgeklärt worden ist. Ob der Patient den Inhalt gelesen und verstanden hat, beweist ein unterschriebenes Formular dagegen nicht. Deshalb ist die **persönliche Aufklärung unerlässlich**. Der Arzt muss sich davon überzeugen können, dass er verstanden worden ist.

Nicht immer ist der Patient selbst derjenige, der aufgeklärt werden muss

Grundsätzlich muss **der Patient immer selbst** aufgeklärt werden. Bei **minderjährigen Patienten** sind die sorgeberechtigten **Eltern** die richtigen Aufklärungsadressaten – jedenfalls bei Kindern bis zum 14. Lebensjahr. Zwischen 14 und 18 Jahren muss der einsichtsfähige jugendliche Patient normalerweise **mitaufgeklärt** werden. Andernfalls begeht der Arzt einen Aufklärungsfehler, der im Schadensfall zur Haftung führen kann.

Bei **einwilligungsunfähigen** Erwachsenen ist der Betreuer oder die mit einer Vorsorgevollmacht in medizinischen Angelegenheiten ausgestattete Person der richtige Aufklärungsadressat. Sollte noch keine Betreuungsperson festgelegt sein, muss das Betreuungsgericht angerufen werden.

! Um diese Situation zu vermeiden, empfiehlt es sich zumindest in medizinischen Angelegenheiten, eine Vertrauensperson zu bevollmächtigen. Dies kann im Rahmen einer Patientenverfügung oder Vorsorgevollmacht geschehen.

Wichtig: Bei Geburten kommt normalerweise **nur die Mutter** als Aufklärungsadressatin infrage, nicht der werdende Vater.

Dokumentation ist oberste Pflicht

Der behandelnde Arzt muss die Aufklärungsmaßnahmen genau dokumentieren (§ 630 f BGB). Dies hat fälschungssicher zu geschehen. Dokumentationsmängel gehen im Streitfall zulasten des Arztes.

1.3 Wer haftet wann für eine fehlerhafte Behandlung?

Der Stand der Wissenschaft ist entscheidend

Nicht jede fehlgeschlagene ärztliche Behandlung ist das Ergebnis eines Behandlungsfehlers. Davon ist erst auszugehen, wenn der Arzt vom **medizinischen Standard** abweicht und dem Patienten dadurch ein Schaden entstanden ist. Medizinischer Standard ist das, was dem aktuellen anerkannten Stand der Wissenschaft entspricht. Weder bestimmen erst in wenigen Spezialkliniken erprobte Methoden den ärztlichen Standard, noch kann der Patient **die neueste und modernste apparative Technik** verlangen. Selbst nach Etablierung neuer Methoden oder neuer medizinischer Geräte ist eine gewisse Übergangszeit bis zur standardmäßigen Anwendung hinzunehmen. Aus diesen Gründen bedarf es in einem Arzthaftungsverfahren stets eines **medizinischen Sachverständigengutachtens**. Der medizinische Sollstandard kann sich auch aus

- gesetzlichen Vorschriften (z. B. Transfusionsgesetz mit Regelungen über das Vorgehen bei Blutspenden und Blutübertragungen, Transplantationsgesetz über Organverpflanzungen) oder
- Richtlinien der Bundesärztekammer oder von speziellen Ärzteverbänden ergeben.

Der Arzt muss stets so handeln, wie es von einem gewissenhaften und aufmerksamen Arzt aus Sicht seines Fachbereichs vorausgesetzt und erwartet wird. Der **Facharztstandard** ist deshalb höher als der Standard eines Allgemeinmediziners.

Welche Behandlungsfehler können zur Haftung führen?

Behandlungsfehler »Übernahmeverschulden«

Übernimmt ein Arzt die Behandlung eines Patienten, obwohl er den erforderlichen medizinischen Standard **nicht gewährleisten** kann, spricht man von einem Übernahmeverschulden. Gemeint sind die Fälle, in denen

- der Arzt die Grenzen seines Fachgebietes überschreitet und den Facharztstandard nicht gewährleisten kann oder
- die technisch-apparative Ausstattung des Arztes nicht ausreicht.

Der Arzt ist hier **verpflichtet**, an einen Spezialisten zu überweisen.

D2 | Was tun, wenn Ihr Arzt einen Fehler macht?

Andererseits kann ein Notfallpatient, der in die nächstgelegene Klinik eingewiesen wird, nicht den Standard einer Spezialklinik erwarten. Die behandelnden Ärzte **müssen** ihn aber, wenn es erforderlich und machbar ist, **in die Klinik verlegen**, die im konkreten Fall die bessere Behandlung ermöglicht.

» **Beispiel:** Ein Patient mit schweren Brandverletzungen ist **nach der ersten Notfallversorgung** in eine Spezialklinik zu verlegen, wenn es sein Zustand erlaubt.

Behandlungsfehler »Organisationsverschulden« und »Unzureichende Hygiene«

Von einem Organisationsverschulden spricht man, wenn der Arzt oder die Krankenhausleitung die Pflicht, die Behandlung sachgerecht zu koordinieren und zu überwachen, verletzt. Betroffen sind insbesondere Verstöße gegen

- die personelle Mindestausstattung,
- Hygienevorschriften,
- die Pflicht, einen angemessenen medizinischen Vorrat bereitzuhalten,
- die Überwachungspflicht des Personals sowie
- die Pflicht zur regelmäßigen Wartung der medizinischen Apparate.

» **Beispiel:**
- Auf einer Intensivstation muss ständig ein qualifizierter Facharzt anwesend sein.
- Bei einer Kniepunktion müssen stets Handschuhe getragen werden.
- Technische Geräte müssen funktionieren.

Darüber hinaus müssen allgemeine und besondere Verkehrssicherungspflichten beachtet werden (z. B. Schutz vor Lagerungsschäden, Stürzen, Schutz von Kindern und Suizidgefährdeten).

Problemfall: Multiresistente Keime

Multiresistente Keime wie MRSA im Krankenhaus stellen nach wie vor ein hohes Infektionsrisiko dar. Deshalb haben alle Bundesländer aufgrund des »Hygienegesetzes« Rechtsverordnungen erlassen, in denen die wesentlichen Grundsätze zur Hygiene geregelt sind.

Für Betroffene, die sich im Krankenhaus mit multiresistenten Keimen infiziert haben, bleibt das **Nachweisproblem,** dass dies durch mangelhafte Krankenhaushygiene verursacht wurde. Die Rechtsprechung geht davon aus, dass absolute Keimfreiheit nicht erreichbar ist. Eine Haftung des Behandlers kommt daher nur dann in Betracht, wenn die Keimübertragungen durch die gebotenen hygienischen Maßnahmen zuverlässig hätten verhindert werden können.

Allerdings haben Krankenhäuser nach § 23 Abs. 4 IfSchG (Infektionsschutzgesetz) sicherzustellen, dass die aufgetretenen Infektionen fortlaufend in einer gesonderten Niederschrift aufgezeichnet und bewertet werden, wie auch die daraus gezogenen Schlussfolgerungen und deren Umsetzung. Ein Krankenhausträger muss daher nachweisen, dass er dies beachtet hat.

Behandlungsfehler »Unterlassene Befunderhebung«

Von einem Befunderhebungsfehler spricht man, wenn der Arzt erforderliche Diagnosebefunde oder Kontrollbefunde nicht erstellt. Kann der Arzt selbst den Befund nicht erheben (z. B. mangels notwendiger Spezialkenntnisse oder entsprechender apparativer Ausstattung), muss er entweder den Patienten an einen anderen Arzt **überweisen** oder aber einen anderen Arzt **hinzuziehen.**

Der Befunderhebungsfehler ist als **grober Behandlungsfehler** einzustufen, wenn die Unterlassung einer aus medizinischer Sicht gebotenen Befunderhebung einen groben ärztlichen Fehler darstellt, also schlechterdings nicht mehr verständlich und generell geeignet ist, den eingetretenen Schaden zu verursachen.

》 **Beispiel:** Beim plötzlichen Auftreten von massiven stechenden Kopfschmerzen muss sich die Befunderhebung auch auf den Ausschluss einer Subarachnoidalblutung (Blutung zwischen den Hirnhäuten) einschließlich ihrer Vorstufe »Warning Leak« (sogenannte Warnblutung) erstrecken. Deshalb haftet ein Krankenhaus für eine nicht erkannte Subarachnoidalblutung, wenn der Patient aufgrund später erneut aufgetretener Subarachnoidalblutungen schwere Gesundheitsschäden erleidet (OLG Hamm, Urteil vom 9. 11. 2012, I- 26 U 142/09).

D2 | Was tun, wenn Ihr Arzt einen Fehler macht?

Unter mehreren Untersuchungsmethoden muss der Arzt diejenige auswählen, die bei optimaler Effizienz **die geringsten schädlichen Auswirkungen** hat.

Behandlungsfehler »Diagnoseirrtum«

Ein Diagnoseirrtum liegt vor, wenn der Arzt die von ihm selbst erhobenen oder sonst vorliegenden Befunde **falsch interpretiert.**

» **Beispiel:** Ein kleiner Junge kommt mit 40 Grad Fieber als Notfall in die Kinderarztpraxis. Doch der Arzt diagnostiziert statt Hirnhautentzündung nur eine Magen-Darm-Grippe. Aufgrund der Fehldiagnose mussten dem heute siebenjährigen Kind Beine und Fingerglieder amputiert werden. Hier spricht man von einem »groben« Diagnoseirrtum.

Aber **nicht jede falsche** Diagnose löst Schadensersatzansprüche aus. Selbst Diagnoseirrtümer, die objektiv gesehen auf einer Fehlinterpretation der erhobenen Befunde basieren, führen nicht automatisch zur Haftung. Hat der Arzt eine **vertretbare Diagnose** getroffen, muss er erst dann weitere diagnostische Maßnahmen treffen, wenn sich später eine Symptomatik zeigt, die mit der zunächst getroffenen Diagnose nicht mehr übereinstimmt.

Abgrenzungsproblem: Diagnosefehler oder Befunderhebungsfehler?

Die Abgrenzung zwischen Diagnosefehler und Befunderhebungsfehler ist wichtig für die **Beweislastverteilung.** Für eine Umkehr der Beweislast zugunsten des Patienten reicht eventuell schon ein **einfacher Befunderhebungsfehler.** Handelt es sich dagegen um einen **Diagnosefehler,** dann muss dieser **»grob«** bzw. fundamental sein, damit der Patient in den Genuss einer Beweiserleichterung kommt. Die Anforderungen an einen »groben« Diagnosefehler sind aber sehr hoch, weil das Nichterkennen einer Erkrankung häufig **nicht auf einem vorwerfbaren Verhalten** des Arztes beruht, sondern die Symptome einer Erkrankung nicht eindeutig erkennbar sind.

Anders ist das beim Befunderhebungsfehler: Er liegt vor, wenn der Arzt eine zweifelsfrei erforderliche Befunderhebung **nicht vornimmt** (z. B. Abtasten, Röntgen). Bereits ein »einfacher« Verstoß gegen diese Verhaltenspflicht kann zu Beweiserleichterungen führen, wenn sich später herausstellt, dass der Arzt bei dieser Untersuchung die Erkrankung sehr wahrscheinlich noch rechtzeitig erkannt hätte.

Behandlungsfehler »Falsche Therapie«

Ein Therapiefehler liegt vor, wenn **trotz richtiger** Befunderhebung und Diagnose die durchgeführte Behandlung gegen anerkannte medizinische Soll-Standards verstößt – sei es durch aktives Tun oder Unterlassen. Es genügt nicht, wenn eine anerkannte Heilmethode gewählt wird, sie muss auch **richtig angewendet** werden.

Bei einem **Therapieauswahlfehler** wählt der Arzt die falsche Methode für die Behandlung einer Krankheit. Der Arzt ist grundsätzlich frei in der Therapiewahl. So ist selbst die Anwendung einer **Außenseitermethode** nach entsprechender Aufklärung kein Behandlungsfehler.

Die **Therapiefreiheit endet** allerdings da, wo die gewählte Methode zur Behandlung völlig ungeeignet ist oder es eine Methode gibt, die bei weniger Risiken einen besseren Heilungserfolg verspricht. Gibt es mehrere Methoden, die gleich Erfolg versprechend und risikoreich sind, aber unterschiedliche Risikoarten und Belastungen für den Patienten bedeuten, **wählt der Patient** zwischen den infrage kommenden Methoden.

Beachten Sie: Therapien, die erst in wenigen **Spezialkliniken** erprobt werden, sind kein Sollstandard. Von einem Behandlungsfehler kann man hier nur sprechen, wenn neue Methoden risikoärmer sind und/oder bessere Heilungsaussichten bieten und **im Wesentlichen unumstritten** sind.

Behandlungsfehler »Mangelnde therapeutische Aufklärung« oder »Sicherungsaufklärung«

Der Arzt ist dem Patienten gegenüber zur therapeutischen Aufklärung bzw. Sicherungsaufklärung verpflichtet. Er muss den Patienten nicht nur behandeln, sondern ihn auch über alles informieren, was zur **Sicherung des Heilungserfolgs** und zu einem therapiegerechten Verhalten und zur Vermeidung möglicher Selbstgefährdungen beiträgt.

Diese Pflicht spielt erst **nach der Behandlung** eine Rolle und ist **nicht zu verwechseln** mit der Aufklärungspflicht vor der Behandlung. Im Gegensatz zu Aufklärungsfehlern vor der Behandlung wird die mangelhafte therapeutische Aufklärung haftungsrechtlich **wie ein Behandlungsfehler** behandelt. Das hat Konsequenzen für die **Beweislast**.

Die therapeutische Aufklärung hat die Aufgabe, den Patienten zu bestimmten Verhaltensweisen anzuhalten. Typische Fälle sind:

D2 | Was tun, wenn Ihr Arzt einen Fehler macht?

- Ratschläge in allgemeiner gesundheitlicher Hinsicht (z. B. nicht rauchen, keinen Alkohol trinken),
- Hinweise zur Befolgung ärztlicher Verordnungen sowie zur Medikamenteneinnahme und zu möglichen Nebenwirkungen,
- Diätvorschläge,
- sonstige Verhaltensmaßregeln,
- Hinweise auf die Dringlichkeit weiterer Untersuchungen und Kontrollen,
- Information über ein mögliches Ansteckungsrisiko sowie der
- Hinweis auf behandlungsbedingte Fahruntüchtigkeit.

Auch die Aufklärung über die **richtige Nachsorge** zählt dazu. Der Arzt muss auch darauf hinwirken, dass sich der Patient, soweit erforderlich, wieder vorstellt. Die Nachsorgepflicht kann so weit gehen, dass der Arzt, wenn er neue und bedeutsame Untersuchungsergebnisse erhalten hat, den **Patienten einbestellen** muss. Selbst wenn eine Wiedervorstellung schon angeraten war, entbindet dies den Arzt nicht von der Pflicht zur besonderen Benachrichtigung.

》 **Beispiel:** Eine Patientin lässt im Rahmen einer Blutuntersuchung von Ihrem Hausarzt auch die Schilddrüsenhormone untersuchen. Die Untersuchung ergibt, dass ein bestimmter Wert sehr hoch ist und somit eine massive Unterfunktion vorliegt. Der Arzt ist verpflichtet, mit der Patientin Kontakt aufzunehmen. Es reicht nicht, zu warten, bis sie sich wie vereinbart wieder vorstellt oder anruft.

Darüber hinaus treffen den Arzt und sein Personal nach Operationen und ambulanten Eingriffen unter Kurznarkose (Dämmerschlaf) bestimmte **Überwachungspflichten**. Hier muss sichergestellt sein, dass der Patient nicht unbemerkt geht.

》 **Beispiel:** Ein Patient möchte nach einer Dämmerschlafnarkose im Zusammenhang mit einer Darmspiegelung so schnell wie möglich nach Hause. Er erklärt dem Praxispersonal, mit dem Taxi fahren zu wollen. Da der Taxistand aber **auf der anderen Straßenseite** liegt, muss sich der Patient vom bestellten Fahrer in der Praxis **abholen lassen.**

1.4 Keine Haftung ohne Ursachenzusammenhang

Auch wenn Sie anhand der bisherigen Ausführungen davon ausgehen, dass Sie Opfer eines ärztlichen Aufklärungs- oder Behandlungsfehlers geworden sind, haftet Ihr Arzt nicht unbedingt. Zum einen muss Ihnen ein **Gesundheitsschaden** entstanden sein und zum anderen müssen Sie **beweisen**, dass zwischen dem Arztfehler und dem Schaden ein **Ursachenzusammenhang** besteht.

» **Beispiel:** Ihr Arzt hat es wie in dem Beispiel oben versäumt, Sie über das Laborergebnis zu informieren. Die festgestellte Schilddrüsenunterfunktion ist dadurch länger als nötig unbehandelt geblieben. Trotzdem ist dies unerheblich, solange Ihnen dadurch kein nachweisbarer Gesundheitsschaden entstanden ist.

Besonders schwierig ist der Nachweis bei **Aufklärungsfehlern**. Denn auch der nicht ordnungsgemäß aufgeklärte Patient hätte in vielen Fällen der Behandlung bei ordnungsgemäßer Aufklärung zugestimmt.

» **Beispiel:** Bei einer Magenspiegelung besteht das Risiko einer Perforation der Speiseröhre. Wenn versäumt worden ist, den Patienten darüber aufzuklären, muss der Patient dennoch nachweisen, dass er bei Kenntnis dieses Umstandes von der Untersuchung Abstand genommen hätte. Hier haftet der Arzt nicht, selbst wenn sich das Risiko realisiert. Anders sieht es nur aus, wenn es durch einen Behandlungsfehler zu der Verletzung der Speiseröhre gekommen ist.

An der Ursächlichkeit fehlt es ebenfalls, wenn der Gesundheitsschaden selbst bei ordnungsgemäßer Aufklärung **möglicherweise eingetreten** wäre (BGH, Urteil vom 13. 6. 2006, VI ZR 323/04, NJW 2006 S. 2477).

» **Beispiel:** Im entschiedenen Fall (sog. Robodoc-Fall) war einer Patientin eine Hüftgelenksprothese nach der damals neuen »Robodoc«-Methode eingesetzt worden. Sie wurde vor der Operation darauf hingewiesen, dass es sich um eine neue Operationsmethode handelt und bei Hüftgelenksoperationen allgemein das Risiko einer Nervenschädigung bestehe.

Man hatte sie allerdings nicht darüber aufgeklärt, dass sogenannte Neuland-Methoden grundsätzlich unbekannte Risiken mit sich bringen können. Tatsächlich kam es bei ihr zur Nervenschädigung. Diese hätte allerdings auch bei der konventionellen Operationsmethode eintreten können. Da sie über das allgemeine Risiko aufgeklärt worden war, konnte sie keine Verletzung der Aufklärungspflicht geltend machen (BGH, Urteil vom 13. 6. 2006, VI ZR 323/04, NJW 2006 S. 2477).

1.5 Ohne Verschulden keine Haftung

Schadensersatzansprüche gegen einen Arzt bestehen nur, wenn ihn ein Verschulden trifft. Verschulden heißt, dass dem Arzt **vorsätzliches oder fahrlässiges Verhalten** vorgeworfen werden kann. Die meisten Arztfehler sind dabei auf fahrlässiges Verhalten zurückzuführen.

- Vorsätzlich handelt, wer **mit Wissen und Wollen** seine Pflicht verletzt und dabei Leben, Körper, Gesundheit, Freiheit des Patienten Schaden zufügt. Der Arzt kann sich hier nicht darauf berufen, er habe an die Folgen seines Verhaltens nicht gedacht und insbesondere den Eintritt des durch sein Verhalten verursachten Schadens nicht gewollt.
- Fahrlässig handelt, wer die **im Verkehr erforderliche Sorgfalt** außer Acht lässt.
- Die grobe Fahrlässigkeit ist eine Fahrlässigkeitsstufe, bei der die im Verkehr erforderliche Sorgfalt in besonders schwerem Maße verletzt worden ist, wenn schon **einfachste und ganz nahe liegende** Überlegungen nicht angestellt wurden sowie das nicht beachtet wurde, was im gegebenen Fall jedem einleuchten musste.

Als Maßstab wird stets der **Stand der Wissenschaft** zugrunde gelegt, der von einem durchschnittlichen Arzt erwartet werden kann. Selbstverständlich müssen Sie dabei berücksichtigen, dass bei einem Facharzt ein anderer Maßstab anzulegen ist als bei einem Arzt für Allgemeinmedizin.

1.6 Wenn Sie als Patient ein Mitverschulden trifft

In diesem Fall kann die Ersatzpflicht des Arztes **ganz oder zumindest teilweise ausgeschlossen** sein (§ 254 Abs. 1 BGB). Dasselbe gilt für das Schmerzensgeld.

> **Beispiel:** Der Patient folgt den ärztlichen Anordnungen nicht und versäumt nach einer Sterilisation einen Kontrolltermin. Kommt es hier später zu einer ungewollten Schwangerschaft, wird es schwer sein, den Arzt für den Kindesunterhalt in Anspruch zu nehmen (BGH, Urteil vom 30. 6. 1992, NJW 1992 S. 2961).

Grundsätzlich sind Geschädigte verpflichtet, ihren Schaden so gering wie möglich zu halten. Juristen sprechen hier von der **Schadensminderungspflicht** nach § 254 Abs. 2 BGB. So kann zum Beispiel von Ihnen verlangt werden, dass Sie sich einer **Nachoperation** unterziehen – vorausgesetzt, dies ist einfach, gefahrlos und nicht mit besonderen Schmerzen verbunden und bietet eine sichere Aussicht auf Heilung oder verspricht eine wesentliche Besserung. Das gilt aber nur, wenn eine solche Operation von mehreren Ärzten ernstlich angeraten wird.

2 Welche Schäden werden Ihnen als Patient ersetzt?

Schadensersatzansprüche aufgrund eines ärztlichen Kunstfehlers können **Vermögens- und Schmerzensgeldansprüche** sein. Dabei stehen für den betroffenen Patienten die Schmerzensgeldansprüche oft im Vordergrund, da die reinen Heilbehandlungskosten, die durch den Gesundheitsschaden entstanden sind, in der Regel von den Krankenkassen und -versicherungen übernommen werden.

2.1 Typische Vermögensschäden

==== Heilbehandlungskosten

In der Regel werden auch die durch einen ärztlichen Kunstfehler erforderlich gewordenen Heilbehandlungskosten von der gesetzlichen oder privaten Krankenversicherung übernommen. Die gesetzlichen Krankenversicherungen können sich diese Kosten nach § 116 SGB V und die privaten Krankenversicherungen nach § 86 VVG von dem haftenden Arzt bzw. dessen Haftpflichtversicherung zurückholen.

Auch **Besuche von Angehörigen** und die damit verbundenen Fahrtkosten gelten als Heilbehandlungskosten. Auf einzelnen Schadenspositionen bleiben geschädigte Patienten allerdings sitzen (z. B. Zuzahlungen für Arzneien, Massagen und Rehabilitationsmaßnahmen).

Sofern bei gesetzlich Krankenversicherten eine **privatärztliche Leistung** zur Heilung der Schadensfolgen erforderlich ist, zählen diese ebenfalls zu den dem Patienten direkt zu erstattenden Kosten.

==== Vermehrte Bedürfnisse

Diese Schadensposition umfasst alle Mehraufwendungen, die dazu dienen, die durch den Arztfehler entstandenen Einschränkungen im Leben **auszugleichen**. Dazu zählen insbesondere:

– Ernährungskosten (z. B. für eine spezielle Diät),

– fortdauernd notwendige Massagen,

– Kurkosten,

– orthopädische Schuhe,

– besondere Körperpflegemittel,

– Kosten im Zusammenhang mit einer Beschäftigung in einer Werkstatt für Behinderte,

- Pflegedienste,
- Mehrverbrauch an Strom, Wasser und Heizung sowie
- Kosten für den behindertengerechten Umbau der Wohnung oder eines Fahrzeugs.

Wenn Sie noch berufstätig sind: Erwerbsschaden

Hierzu zählt der **gesamte Verdienstausfall** (z. B. der Arbeitslohn, schließlich Urlaubsgeld, Sonderzahlung, Überstundenvergütung und Prämien). Selbst zulässige Nebeneinkünfte wie zum Beispiel Trinkgeld werden berücksichtigt.

Bei **Selbstständigen** kann der entgangene Gewinn geltend gemacht werden. Lehrlinge bekommen nicht nur die Lehrlingsvergütung, sondern auch den Schaden ersetzt, der ihnen durch den verspäteten Eintritt ins Berufsleben entsteht.

Denkbar sind auch höhere Ausbildungskosten und der Ersatz einer Rentenminderung, wenn der Geschädigte nicht mehr versicherungspflichtig tätig sein kann. Dasselbe gilt, wenn er nur noch verminderte Beiträge zur gesetzlichen Rentenversicherung einzahlt.

Unterhaltsschaden

Wenn Angehörige gegen den geschädigten Patienten einen Unterhaltsanspruch haben, diesen aber nicht mehr ganz oder gar nicht erfüllt bekommen können, müssen diese Kosten ebenfalls vom Schädiger getragen werden.

Ein ersatzpflichtiger Unterhaltsschaden liegt auch dann vor, wenn Eltern für ein »ungewolltes« Kind aufkommen müssen, weil zum Beispiel eine Sterilisation fehlgeschlagen ist (BGH, Urteil vom 14. 11. 2006, VI ZR 48/06, NJW 2007 S. 989).

! Da man als geschädigter Patient schnell Gefahr läuft, einzelne Schadenspositionen zu vergessen, sollten Sie sich eine Tabelle erstellen, in die Sie alle in Ihrem Fall infrage kommenden Kosten eintragen. So können Sie sicherstellen, nichts Wichtiges zu vergessen. Orientieren Sie sich bei der Kategorisierung an den oben aufgeführten Schadensarten (Heilbehandlungskosten, vermehrte Bedürfnisse, Erwerbsschaden, Haushaltsführungsschaden, Unterhaltsschäden).

2.2 Daneben steht Ihnen Schmerzensgeld zu

Wer Opfer eines ärztlichen Aufklärungs- oder Behandlungsfehlers geworden ist, dem steht **zusätzlich** ein Schmerzensgeld zu – (§ 253 BGB) – oft der **wichtigste Schadensersatzposten**.

Dabei lässt sich feststellen, dass gerade im Bereich der Arzthaftung in gravierenden Fällen die Schmerzensgeldbeträge stark gestiegen sind. So wurde der bislang höchste Schmerzensgeldbetrag in Höhe von € 650 000,– in einem Fall zugesprochen, in dem ein 4-jähriges Kind durch einen Behandlungsfehler für den Rest seines Lebens schwerbehindert bleiben wird (Kammergericht Berlin, Urteil vom 16. 2. 2012, 20 U 157/10, NJW-RR 2012 S. 920).

Die Höhe des Anspruchs richtet sich nach Art, Umfang und Dauer der erlittenen Schmerzen, sowie der Auswirkung der eingetretenen Schädigung für das tägliche Leben des Patienten.

3 Wie kommen Sie zu Ihrem Recht?

3.1 Wer ist der richtige »Gegner« für Ihre Ansprüche?

Ambulante Behandlung in der Arztpraxis

Handelt es sich um den **allein praktizierenden Arzt,** haftet dieser für eigene Fehler, die seines Personals und seiner Urlaubsvertretung.

Handelt es sich um eine **Gemeinschaftspraxis,** sind alle Ärzte gemeinsam in der vertraglichen Haftung (als sogenannte »Gesamtschuldner«). Auch wenn Sie daher grundsätzlich von jedem der Ärzte Schadensersatz fordern können, sollten Sie zunächst gegen denjenigen Arzt vorgehen, der den Fehler begangen hat. Haben mehrere Ärzte der Praxis den Fehler begangen, so sind alle Anspruchsgegner.

! Verwechseln Sie nicht **Gemeinschaftspraxis und Praxisgemeinschaft.** Bei Letzterer arbeiten mehrere Ärzte lediglich räumlich zusammen. Hier haftet immer nur der behandelnde Arzt.

Ambulante Behandlung im Krankenhaus

Bei einer ambulanten Krankenhausbehandlung haftet, wer zur Abrechnung gegenüber den Krankenkassen berechtigt ist. Das ist in der Regel der **Klinikträger.**

Stationäre Behandlung

Totaler Krankenhausvertrag (der Regelfall)

Bei Fehlern im Krankenhaus ist grundsätzlich der **Krankenhausträger** Anspruchsgegner (Stadt, Gemeinde etc., aber auch das Krankenhaus selbst, wie regelmäßig bei Universitätskliniken).

Belegarztvertrag (sogenannter »gespaltener Krankenhausvertrag«)

Der **Arzt** haftet für eigene Fehler sowie für Fehler bei den von ihm veranlassten Leistungen der nachgeordneten Ärzte. Gehört der Belegarzt einer Gemeinschaftspraxis an, haften alle Ärzte der Praxis als Gesamtschuldner (BGH, Urteil vom 8. 11. 2005, VI ZR 319/04, NJW 2006 S. 437). Die **Klinik** haftet für alle anderen Leistungen.

Krankenhausvertrag mit Zusatzleistungen

Wenn keine besonderen Vereinbarungen getroffen worden sind, haftet der **Klinikträger** für alle ärztlichen und nicht ärztlichen Leistungen. Der **Arzt** haftet für seine liquidationsfähigen Leistungen persönlich.

Notarzt

Wenn die Notfallrettung öffentlich-rechtlich organisiert ist, kommt es zur Amtshaftung sowohl für Fehler des Notarztes wie für Fehler der Rettungssanitäter (BGH, Urteile vom 25. 9. 2007, K ZR 48/05 und K ZR 14/06).

3.2 Das Patientenrechtegesetz leistet Ihnen im Prozess Schützenhilfe

Auch wenn Sie als geschädigten Patienten grundsätzlich die **Darlegungspflicht** für die erheblichen Tatsachen trifft, stellen die Gerichte an die Betroffenen hier nur maßvolle Anforderungen. Es reicht deshalb, wenn der klagende Patient den **tatsächlichen Ablauf** eines Behandlungsgeschehens vorträgt und die **Möglichkeit** einer durch den Arzt herbeigeführten Körper- und Gesundheitsschädigung darstellt.

Die **Gerichte müssen** alle Aufklärungsmöglichkeiten ausschöpfen, obwohl im Zivilprozess normalerweise kein Amtsermittlungsgrundsatz herrscht. Das Gericht ist verpflichtet, Tatsachengrundlagen für den Sachverständigen herauszuarbeiten. Vorhandenen alternativen Aufklärungsmöglichkeiten hat das Gericht **von Amts wegen** nachzugehen. Darüber hinaus muss das Gericht sich selbst ein Bild von dem Behandlungsgeschehen und seinen Ursachen verschaffen. Deswegen ist die **Hinzuziehung eines Sachverständigen** in Arzthaftungsprozessen unerlässlich.

Der Patient muss ausreichend Zeit und Gelegenheit haben, zu den schriftlichen und mündlichen Stellungnahmen der Sachverständigen Stellung zu nehmen und gegebenenfalls selbst einen Gutachter beauftragen können. Der **Gutachter muss** auf Wunsch des Patienten das Gutachten im Verfahren mündlich erläutern.

Wichtig: Da dem Gutachter hier besondere Bedeutung zukommt, kann er wegen der Besorgnis der Befangenheit die Begutachtung ablehnen, wenn er beispielsweise als Oberarzt in einer Universitätsklinik tätig ist und die beklagte Klinik als akademisches Lehrkrankenhaus mit der Universitätsklinik kooperiert (OLG Schleswig, Beschluss vom 30. 6. 2014, 16 W 81/14).

Privatgutachten sind ebenso zu beachten wie vom Gericht in Auftrag gegebene Gutachten (BGH, Urteil vom 11. 11. 2014, VI ZR 76/13, NJW 2015 S. 411).

Was der Patient beweisen muss

Grundsätzlich muss in einem Schadensersatzprozess der **Geschädigte** die Tatsachen darlegen und beweisen, die seinen Anspruch begründen. Somit müssen Sie in einem Arzthaftungsfall drei Dinge beweisen:

- den Behandlungsfehler als solchen,
- den Gesundheitsschaden und
- den Zusammenhang zwischen Behandlungsfehler und Gesundheitsschaden.

Für einen medizinischen Laien ist das nicht einfach. Um hier »Waffengleichheit« herzustellen, räumt Ihnen das Patientenrechtegesetz in § 630 h BGB folgende **prozessuale Privilegien** ein.

Umkehr der Beweislast bei groben Behandlungsfehlern

Steht fest, dass Sie Opfer eines groben Behandlungsfehlers wegen eines massiven Verstoßes gegen medizinische Standards geworden sind, müssen Sie als Patient nicht beweisen, dass die fehlerhafte Behandlung ursächlich geworden ist für Ihren Gesundheitsschaden. Umgekehrt muss der Arzt das Gegenteil beweisen, dass der Fehler **nicht** für den Schaden verantwortlich ist.

> **Beispiel:** Eine Frauenärztin verzichtete auf eine dringend gebotene histologische Untersuchung eines auffälligen Brustknotens, der sich später als bösartiger Tumor erwies. Die Brust musste wegen der unterbliebenen Untersuchung später vollständig entfernt werden (Kommissionsentscheidung der Gutachter und Schlichtungsstelle für ärztliche Behandlungen bei der Landesärztekammer Hessen vom 28. 2. 2014, III / 2 / 17074). Die Patientin erhielt ein Schmerzensgeld von € 80 000,–.

Umkehr der Beweislast bei voll beherrschbarem Risiko

Hat sich ein allgemeines Behandlungsrisiko verwirklicht, das für den Arzt voll beherrschbar war, und haben Sie dadurch einen Gesundheitsschaden erlitten, wird **von Gesetzes wegen vermutet,** dass der Arzt dafür verantwortlich ist.

> **Beispiel:** Bei einer Herzkatheter-Untersuchung waren aus einer Spülleitung Luftblasen in das linke Koronarsystem einer Patientin gelangt. Es kam zu einer Luftembolie mit schweren Folgen. Das Gericht hat entschieden, dass es sich hierbei um die Verwirklichung eines voll beherrschbaren Risikos handelt, sodass der Klägerin Beweiserleichterungen zustehen. Da die Klinik nicht beweisen konnte, dass sie kein Verschulden trifft, wurde sie zur Zahlung eines Schmerzensgeldes in Höhe von € 60 000,– sowie zum weiteren Schadensersatz verurteilt (OLG Schleswig, Urteil vom 29. 8. 2014, 4 U 21/13).

Umkehr der Beweislast bei Verletzung der Aufklärungspflicht

Tragen Sie vor, nicht richtig aufgeklärt worden zu sein, muss der Arzt beweisen, dass er Ihre Einwilligung zu der Behandlung eingeholt hat und Sie entsprechend den gesetzlichen Anforderungen nach § 630 e BGB aufgeklärt hat. Ist dazu nichts dokumentiert, wird weiterhin vermutet, dass eine ordnungsgemäße Aufklärung nicht stattgefunden hat.

Genügt die Aufklärung nicht den Anforderungen des § 630 e, kann der Arzt sich darauf berufen, dass der Patient auch im Fall einer ordnungsgemäßen Aufklärung in die Maßnahme eingewilligt hätte. Beweisen muss er das aber nur, wenn der Patient seinerseits einen echten Entscheidungskonflikt behaupten kann (BGH, Urteil vom 30. 9. 2014, VI ZR 443/13, NJW 2015 S. 123).

Was tun, wenn Ihr Arzt einen Fehler macht? | **D2**

» **Beispiel:** Bei einer Leistenbruchoperation war es zu einer Darmverletzung gekommen. Für den Eingriff existieren mehrere Operationstechniken. Die angewandte Technik war gegenüber der alternativ möglichen Technik mit einem größeren Risiko einer Darmverletzung verbunden. In dem Krankenhaus wurde zum Behandlungszeitpunkt die alternative Technik nicht angeboten. Darüber hätte man den Patienten aufklären müssen. Da dies nicht erfolgt ist und der Kläger bei richtiger Aufklärung in einen Entscheidungskonflikt geraten wäre, war die behandelnde Klinik zum Schadensersatz verpflichtet (OLG Koblenz, Urteil vom 15. 10. 2014, 5 U 976/13).

Umkehr der Beweislast bei Verletzung der Dokumentationspflicht

Hat der Arzt eine medizinisch gebotene wesentliche Maßnahme und ihr Ergebnis entgegen § 630 f Abs. 1 oder 2 BGB **nicht** in der Patientenakte **aufgezeichnet** oder hat er die Patientenakte entgegen § 630 f Abs. 3 BGB nicht aufbewahrt, wird vermutet, dass er diesen Behandlungsschritt nicht gemacht hat.

» **Beispiel:** Ein Patient erleidet nach einer Operation eine Thrombose und stirbt, weil er keine Thromboseprophylaxe erhalten hat. Der Arzt widerspricht, kann die Gabe der Thromboseprophylaxe aber nicht anhand der Patientenakte nachweisen. Es wird als bewiesen unterstellt, dass sie nicht erfolgt ist.

Der Arzt kann sich nicht damit entlasten, dass seine Behandlungsdokumentation insgesamt mangelhaft ist (BGH, Urteil vom 11. 11. 2014, VI ZR 76/13, NJW 2015 S. 411). Dasselbe gilt für den Nachweis einer ordnungsgemäßen Aufklärung. Nur was dokumentiert ist, zählt im Prozess.

Umkehr der Beweislast bei mangelnder Befähigung des Arztes

War der Arzt für die von ihm vorgenommene Behandlung **nicht ausreichend qualifiziert,** wird vermutet, dass die mangelnde Befähigung für den Eintritt der Verletzung des Lebens, des Körpers oder der Gesundheit ursächlich war. Das gilt insbesondere für Berufsanfänger (z. B. Assistenzärzte).

3.3 Nutzen Sie Ihr Recht auf Einsicht in die Patientenakte

Als Patient haben Sie das Recht, Einblick in Ihre Patientenakte zu nehmen und gegebenenfalls Abschriften der Aktenmappe in Papierform oder Kopien der elektronischen Dokumentationen und Bilder gegen Auslagenersatz zu erhalten (§ 630 g BGB). Das Einsichts- und Kopierrecht gilt auch für die Erben. In der Regel geschieht dies in der Praxis oder Klinik.

Die Einsicht darf nur verweigert werden, »soweit ihr sonstige erhebliche Rechte Dritter« entgegenstehen oder »erhebliche therapeutische Gründe« vorliegen.

So braucht man Ihnen zum Beispiel nicht die Privatadresse des behandelnden Arztes zu nennen (BGH, Urteil vom 20. 1. 2015, VI ZR 137/14, MDR 2015 S. 333). Aber auch, wenn ein verstorbener Patient verfügt hat, dass Dritte keine Einsicht nehmen sollen, darf sie verweigert werden. Ein therapeutischer Verweigerungsgrund besteht, wenn der Patient durch die Akteneinsicht psychisch unvertretbar belastet werden könnte.

3.4 Die Ansprüche verjähren nach drei Jahren

Die Verjährung von Schadensersatz- und Schmerzensgeldansprüchen tritt erst nach **drei Jahren** ein. Die Verjährung wird durch außergerichtliche Verhandlungen mit der Versicherung des Anspruchsgegners oder durch die Einschaltung einer Schlichtungsstelle gehemmt. Nichtsdestotrotz sollten Sie bedenken, dass sich die **Beweissituation** durch den Zeitablauf **verschlechtert**.

Beachten Sie: Die Verjährung wird weder dadurch gehemmt, dass der Medizinische Dienst der Krankenkasse ein Gutachten erstattet, noch durch ein Schlichtungsverfahren vor einer Ärztekammer.

Die Verjährungsfrist beginnt mit **Ende des Jahres,** in dem es zur Schädigung kam. Außerdem kommt es für den Fristbeginn auf Ihre Kenntnis vom Aufklärungs- bzw. Behandlungsfehler an (BGH, Urteil vom 10. 10. 2006, VI ZR 74/05, NJW 2007 S. 217). Spätestens **nach 30 Jahren** ist jedoch der Anspruch ohne »Wenn und Aber« verjährt.

Teilt Ihnen die Versicherung mit, dass sie Ihre Forderung ablehnt, müssen Sie **binnen sechs Monaten** klagen. Ihr Anspruch gegen den Arzt bleibt Ihnen zwar erhalten, doch haben Sie in der Versicherung sicherlich den potenteren Schuldner. Spätestens dann, wenn Sie von der gegnerischen Versicherung eine gültige Abfuhr bekommen, sollten Sie **zum Anwalt gehen** – und zwar zu einem auf Arzthaftungsrecht spezialisierten.

Ob ein Anspruch verjährt ist, ist aber nicht immer ganz einfach zu erkennen. Selbst bei einer bereits **lange zurückliegenden Behandlung** brauchen Schmerzensgeld- und Schadensersatzansprüche nicht verjährt zu sein. Solange der Patient in seiner laienhaften Beurteilung nicht erkennen kann, dass ein Aufklärungs- oder Behandlungsfehler vorliegt, ist die Verjährungsfrist noch nicht in Gang gesetzt.

3.5 Beweissicherungsmaßnahmen bei Verdacht auf einen Haftungsfall

Wenn Sie den Verdacht haben, von Ihrem Arzt oder im Krankenhaus falsch behandelt worden zu sein und dadurch einen Schaden erlitten haben, sollten Sie schnellstmöglich die Beweise hierfür sichern:

- Fertigen Sie so früh wie möglich ein **Gedächtnisprotokoll** mit allen wichtigen Details über die Behandlung an.

- Halten Sie die **Namen** der Ärzte, des Pflegepersonals und von möglichen Zeugen fest.

- Verlangen Sie Einsicht in Ihre Krankenunterlagen.

- Setzen Sie sich mit Ihrer **Krankenkasse** in Verbindung. Krankenkassen sind verpflichtet, Sie in Arzthaftungsfragen zu unterstützen, zu beraten und Ihnen gegebenenfalls mit einem Gutachten zu helfen.

- Mit demselben Anliegen können Sie sich auch an Ihre **private Krankenversicherung** wenden.

- Soweit Ihnen Privatrechnungen vorliegen, sollten Sie diese als **Belege** für Ihre Behandlung **sammeln.**

4 Sonderfall: Tipps zum Umgang mit IGeL-Angeboten Ihres Arztes

Das Arzt-Patienten-Verhältnis ist sensibel. Der Arzt kennt den Patienten häufig seit Jahren, u. U. seit Jahrzehnten; er hat u. U. vertrauliche Informationen über seinen Patienten und dessen Familie – und der Patient möchte das Verhältnis zum Mediziner nicht etwa durch Querelen belasten. Dennoch ist es, gerade wenn es um IGeL-Leistungen geht, wichtig, dass Patienten dazu kommen, sich selbst als »**Kunden**« zu sehen und ihren Arzt als »**Anbieter**«.

D2 | Was tun, wenn Ihr Arzt einen Fehler macht?

Eine umfassende, allgemeingültige Zusammenstellung von IGeL-Leistungen existiert nicht. Zudem unterscheiden sich die einzelnen IGeL-Leistungen erheblich voneinander.

So gibt es Leistungen, die grundsätzlich **nicht zum Leistungskatalog der gesetzlichen Krankenversicherung** gehören, etwa die Entfernung einer »normalen« Alterswarze. Es gibt Leistungen, die zwar keine Pflichtleistungen der gesetzlichen Kassen sind, aber freiwillige Leistungen sein können (zum Teil gilt dies für Akupunktur). Darüber hinaus gibt es Leistungen, die – je nach Indikation – durchaus auch eine Pflichtleistung der Krankenkassen sind (etwa Belastungs-EKG). Diese Unterscheidungen werden bei den folgenden Beispielen aufgegriffen und näher erläutert.

Mit IGeL-Leistungen bietet der Arzt bietet seinen Kunden kostenpflichtige Leistungen an. Entsprechend sollte man sich bei einem IGeL-Angebot nicht viel anders verhalten als bei einem Angebot, das z. B. ein Versicherungsagent macht, von dem man jahrelang betreut wird.

Genau das schlägt auch die **Kassenärztliche Bundesvereinigung** in ihrem gemeinsam mit der Bundesärztekammer und dem Deutschen Netzwerk evidenzbasierte Medizin e. V. herausgegebenen Ratgeber »Selbst zahlen?« vor. Dort heißt es: »Ehe Sie bereit sind, für eine Leistung Geld auszugeben, sollten Sie sich darüber informieren, ob diese Leistung sinnvoll und nützlich ist. Das gilt in der Medizin ebenso wie in anderen Bereichen des Lebens«.

Gut fährt man sicherlich, wenn man diesem Rat folgt und in folgenden **fünf Schritten** verfährt:

- Den Arzt nach der Notwendigkeit fragen,
- um Bedenkzeit bitten,
- ggf. eine zweite Meinung einholen,
- die Vereinbarung und den Kostenvoranschlag prüfen;
- nach der Behandlung: die Rechnung prüfen.

4.1 Fragen an den Arzt

Fragen Sie Ihren Arzt, warum die IGeL-Leistung für Ihr spezielles gesundheitliches Problem sinnvoll ist. Die Leistung sollte für Sie einen konkreten **Nutzen** haben. In aller Regel gibt es wissenschaftliche Studien über die Sinnhaftigkeit und Wirksamkeit von Untersuchungen und Behandlungen. Soweit Ihr Arzt Ihnen eine IGeL-Leistung vorschlägt, können Sie ihn also fragen, ob und ggf. wie gut Nutzen und Wirksamkeit der Anwendung in wissenschaftlichen

Untersuchungen nachgewiesen wurden. Zur Aufklärung über alle für die Behandlung wesentlichen Umstände gehört auch die Erläuterung von Risiken der Maßnahme, ihrer Dringlichkeit und **Erfolgsaussichten**. Nicht zuletzt muss der Arzt den Patienten vor Beginn der Behandlung in Textform über die **Behandlungskosten** informieren. Diese Aufklärungspflichten bestehen bei gesetzlich wie bei privat Versicherten.

Fragen sollten Sie auch, warum die Untersuchung oder Behandlung nicht von Ihrer gesetzlichen oder auch privaten Krankenversicherung bezahlt wird.

Zusätzlich soll das neue Patientenrechtsgesetz, das das Bundeskabinett am 23. 5. 2012 verabschiedet hat, für mehr Rechtssicherheit in der Arzt-Patient-Beziehung sorgen.

4.2 Zweite Meinung einholen

Ihr Arzt hat Ihnen eine IGeL-Maßnahme vorgeschlagen und er hält sie für sinnvoll. Es gibt aber kaum eine IGeL-Maßnahme, die unumstritten ist. Deshalb ist es ratsam, eine zweite ärztliche Meinung einzuholen. Dafür müssen Sie nicht unbedingt einen anderen Arzt aufsuchen. Insbesondere im Umfeld der gesetzlichen Krankenkassen gibt es zahlreiche kostenlose Angebote zum Einholen einer zweiten Meinung: vom **Teledoktor der Barmer GEK** über **AOK Duo** bis zu den Beratungsstellen der Kassen(zahn)ärztlichen Vereinigungen.

! Bei der Suche nach einer kompetenten Zweitberatung hilft Ihnen neben Ihrer Krankenkasse auch die Unabhängige Patientenberatung Deutschland (UPD) mit 22 regionalen Beratungsstellen und einem bundesweiten Beratungstelefon: 0800 / 0117722 (kostenlos aus dem Festnetz).

4.3 Vereinbarung und Kostenvoranschlag prüfen

§ 18 Abs. 8 des Bundesmantelvertrag-Ärzte, der zwischen der Kassenärztlichen Bundesvereinigung und dem Spitzenverband der Gesetzlichen Krankenversicherung geschlossen wurde, regelt, dass Vertragsärzte (also Ärzte, die gesetzlich Krankenversicherte behandeln dürfen) von einem Versicherten nur dann eine Vergütung fordern dürfen, »wenn und soweit der Versicherte vor Beginn der Behandlung ausdrücklich verlangt, auf eigene Kosten behandelt zu werden, und dieses dem Vertragsarzt schriftlich bestätigt«. Dafür muss eine **Honorarvereinbarung** abgeschlossen werden. Die Honorarvereinbarung muss den »ausdrücklichen Wunsch nach privatärztlicher Behandlung und Privatliquidation der ärztlichen Leistungen trotz bestehenden Versicherungsschutzes im Rahmen der gesetzlichen Krankenversicherung« dokumentieren.

4.4 Nach der Behandlung: Die Rechnung prüfen

Gab es keine schriftliche Vereinbarung über eine IGeL-Maßnahme, die die genannten Kriterien erfüllt, so sind Patienten nicht verpflichtet, die Rechnung des Arztes zu bezahlen. Zuletzt entschied dies das Amtsgericht München in einem rechtskräftigen Urteil vom 28. 4. 2010 (Az. 163 C 34297/09). Die Entscheidung brachte dem Versicherten immerhin € 1 328,63 ein. Das Gericht befand, aus der Honorarvereinbarung gehe nicht hinreichend klar hervor, dass der Versicherte selbst die privat abgerechnete Behandlung gewollt habe.

! Soweit Patienten in der Praxis des Arztes »überfahren« wurden und ohne eine hinreichend klare schriftliche Vereinbarung mit einer IGeL-Leistung behandelt wurden, können sie ggf. auch ein bereits gezahltes Honorar zurückverlangen. Die Betreffenden sollten sich dabei an ihre Krankenkasse wenden und dieser den Sachverhalt schildern. Die Krankenkasse kann daraufhin die zuständige Kassenärztliche Vereinigung einschalten. Diese wiederum kann den Arzt auffordern, das erhaltene Honorar zurückzuzahlen.

E1 Verkehrsrecht für Senioren von »Abbiegen« bis »Zebrastreifen«

Abbiegen

Beim Abbiegen gibt es **drei Haupttücken:** das richtige Blinken, Einordnen und die Umschaupflicht.

Wer abbiegt, muss dies allen anderen Verkehrsteilnehmern deutlich und klar durch **Blinken**anzeigen. Rechtsabbieger müssen sich **möglichst weit rechts und Linksabbieger möglichst weit links einordnen.**

Wichtig: Insbesondere LKW brauchen zum Abbiegen viel Platz. Deshalb ordnen sie sich zwangsläufig zunächst in die **entgegengesetzte Fahrtrichtung** bzw. links neben der eigentlichen Abbiegespur ein. Nachfolgende Autofahrer, die dies nicht beachten, tragen beim eventuellen Zusammenstoß deshalb das überwiegende Verschulden (OLG Köln, Urteil vom 13. 10. 1994, NZV 1995, 74). Andererseits trifft den Lkw-Fahrer in dieser gefahrenträchtigen Situation eine verstärkte **Umschaupflicht.** Das heißt, er darf nicht darauf vertrauen, der nachfolgende Verkehr werde wegen des gesetzten Blinkers nicht überholen. Deshalb wird bei einem Unfall der Schadensbetrag gequotelt.

Aber auch als **Pkw-Fahrer** können Sie in die Situation kommen, beim Rechtsabbiegen zunächst nach links ausscheren zu müssen, um zum Beispiel in eine »Einfahrt steil« hereinfahren zu können (OLG Hamm, Urteil vom 29. 11. 1990, NZV 1991, 268). Dem Abbieger wurde im entschiedenen Fall vorgeworfen, er habe sich nicht ausreichend davon überzeugt, dass der von hinten herannahende Verkehr die Abbiegeabsicht erkannt hat. Er hätte den Unfall – ein Auto von hinten fuhr ihm in die rechte Seitentür – durch Stotterbremse und gegebenenfalls Vorbeifahrenlassen verhindern können. Er erhielt deshalb eine Teilschuld in Höhe von 30 %. Je nach konkreter Verkehrssituation haftet der von hinten kommende Autofahrer überhaupt nicht. Er haftet nämlich nur, wenn man ihm den Vorwurf machen kann, trotz **unklarer Verkehrslage** weitergefahren zu sein (OLG Hamm, Urteil vom 16. 1. 1996, NJWE-VHR 1996, 144).

Grundsätzlich wird beim Abbiegen von allen Autofahrern verlangt, sich **wiederholt umzuschauen.** Das gilt insbesondere an schwer erkennbaren Seitenwegen (OLG Hamm, Urteil vom 9. 10. 1992, StVE Nr. 84a zu § 9 StVO). Nur so kann ausgeschlossen werden, dass andere Verkehrsteilnehmer gefährdet werden. Besonders **Radfahrer** sollen dadurch geschützt werden. So müssen Sie sich auf jeden Fall nach einem Halt an der Ampel vergewissern, dass sich neben Ihnen kein Radfahrer eingeordnet hat. Bei Sichtbehinderung heißt das, sich langsam vorantasten.

Sie dürfen zum Beispiel auch nicht, wenn Sie an einer Ampel stehen, beim Anfahren darauf vertrauen, dass der rechts daneben befindliche Radfahrer stehen bleibt und dem Fahrzeug den Vortritt lässt.

Selbst wenn sich der **Radfahrer im »toten Winkel«** befindet, müssen Sie ihn vor dem Abbiegen durch Umschau gesehen haben (KG Berlin, Urteil vom 28. 4. 1988, NZV 1989, 122, und OLG Bremen, Urteil vom 12. 3. 1991, StVE Nr. 83 zu § 9 StVO).

Die **wiederholte Umschaupflicht entfällt ausnahmsweise,** wenn die Verkehrssituation für den nachfolgenden Verkehr eindeutig ist. Befindet sich zum Beispiel ein Linksabbieger dicht an einer ununterbrochenen Linie und blinkt, um bei erstbester Gelegenheit links einzuscheren, trifft ihn keine Schuld, wenn ein anderer Verkehrsteilnehmer hier überholt.

Abschleppen bzw. abgeschleppt werden

Abschleppen fahruntüchtiger Fahrzeuge

Beim Abschleppen eines mit einer Panne **liegen gebliebenen Fahrzeuges** ist Folgendes zu beachten:

- Wollen Sie ein Fahrzeug mit Ihrem Pkw abschleppen, dann müssen Sie die **nächstgelegene Werkstatt** ansteuern,
- **Autobahnen** sind an der nächstgelegenen Ausfahrt zu verlassen,
- bei beiden Fahrzeugen muss die **Warnblinkanlage** eingeschaltet sein,
- der Fahrer des abgeschleppten Fahrzeuges braucht keinen Führerschein zu haben!

Von zulässigem Abschleppen kann allerdings keine Rede mehr sein, wenn die Entfernung sehr groß ist. Das OLG Celle (Urteil vom 8. 12. 1994, StVE Nr. 11 zu § 18 StVO) hielt eine Entfernung von 45 km, um einen betriebsunfähigen Pkw vom Händler zu sich nach Hause zur Reparatur zu schleppen, für eindeutig zu lang.

Folge war: Das Gericht warf dem Fahrer einen Verstoß gegen § 18 Abs. 1 StVO vor. Obendrein wurde er wegen Fahrens ohne Fahrerlaubnis zu einer ordentlichen Geldstrafe verurteilt. Er hätte zum Fahren eines »dreiachsigen Zuges« Führerscheinklasse 2 gebraucht. Außerdem fuhr er ohne erforderlichen Versicherungsschutz, weil das abgeschleppte Fahrzeug nicht versichert war.

Abschleppen verbotswidrig geparkter Fahrzeuge

Hier ist zu unterscheiden zwischen **Privatgrundstücken und dem öffentlichen Verkehrsraum**.

Das Fahrzeug steht auf einem Privatgrundstück
Wer ohne Erlaubnis auf einem **Privatgrundstück** parkt (z. B. »Parkplatz nur für Kunden«), begeht strafrechtlich gesehen einen **Hausfriedensbruch** (§ 123 StGB). Zivilrechtlich handelt es sich um eine so genannte »**Besitzstörung**«, die der Besitzer des Grundstücks beseitigen darf (§ 858 ff. BGB). Mit anderen Worten: Parkt jemand auf Ihrem Grundstück, **dürfen Sie ihn grundsätzlich abschleppen lassen.**

Bevor Sie jedoch einen Abschleppdienst beauftragen, sollten Sie versuchen, ob Sie den Fahrer **anderweitig erreichen** können, zum Beispiel durch Herbeihupen oder Herumfragen in der Nachbarschaft. Vielleicht lässt sich auch das **Fahrzeug wegschieben?** Sonst könnte es Ihnen passieren, dass Sie hinterher auf den Kosten sitzen bleiben. Denn selbst als Betroffener müssen Sie den Schaden so gering wie möglich halten. Insbesondere sollte man sich davor hüten, jemanden ohne Not auf die Weise erziehen zu wollen (z. B. AG Rastatt, Urteil vom 8. 4. 1999, DAR 1999, 321).

Außerdem darf man sich auch nicht allzu viel Zeit lassen, wenn es nicht ohne Abschleppen geht. Denn § 859 Abs. 3 BGB fordert, dass Sie »**sofort**« handeln. Was ist aber darunter zu verstehen? Das Amtsgericht München (Urteil vom 9. 9. 1992, DAR 1993, 30) hielt eine Wartezeit von zwei bis drei Stunden noch für ausreichend. Ob Sie danach Ihr Abschlepprecht verwirkt haben , hängt davon ab, inwieweit von dem Falschparker eine Beeinträchtigung ausgeht.

Kommt es so weit, dass Sie ein **Abschleppunternehmen beauftragen,** lassen Sie das Fahrzeug nicht auf dessen – womöglich weit entfernt liegenden – Hof schleppen. Es darf nur auf einem nahe gelegenen Parkplatz abgestellt werden.

Das sollten Sie schon im eigenen Interesse berücksichtigen, denn als Auftraggeber sind Sie zunächst Kostenschuldner. Das heißt, Sie müssen die **Abschleppkosten** erst einmal vorlegen. Diese erhalten Sie aber gemäß § 823 Abs. 2 BGB wegen Verstoßes gegen ein Schutzgesetz im Wege des **Schadensersatzes** zurück. Darin enthalten sind auch die **Kosten für die Halterauskunft.**

Die allgemein übliche Methode der Abschleppunternehmer, dem Falschparker sein Fahrzeug nur gegen Cash herauszugeben, ist an sich unzulässig wegen verbotener Rechtsbesorgung für den Auftraggeber (z. B. OLG München, Urteil vom 23. 12. 1999, NJW 2000, 1347). Allerdings werden die meisten Betroffenen doch eher zahlen, als sich auf lange juristische Raufhändel einzulassen.

Wird Ihr Parkplatz bloß **zugeparkt,** sodass der Parkplatz als solcher frei bleibt, haben Sie dieselben Rechte wie oben dargestellt. Das gilt auch für das Versperren einer Ausfahrt. Kommen Sie in dieser Situation nicht aus Ihrer Garage heraus, dürfen Sie für kurze Strecken ein Taxi nehmen und die Kosten dem Falschparker auferlegen.

Zum Eigentor kann es werden, wenn Sie ein Fahrzeug, das Ihren Privatparkplatz belegt hat, zuparken. Dann darf der zugeparkte Autofahrer nämlich Ihr Fahrzeug wegen Nötigung abschleppen lassen (OVG Saarlouis, Urteil vom 6. 5. 1993, StVe Nr. 81 zu § 12 StVO).

Das Fahrzeug ist verbotswidrig auf öffentlichem Verkehrsraum geparkt

Wird ein Fahrzeug auf öffentlichem Verkehrsraum (Straße, Gehweg etc.) entgegen den Bestimmungen der StVO verkehrswidrig abgestellt, müssen Sie damit rechnen, dass im absoluten und eingeschränkten Halteverbot, von gekennzeichneten Behindertenparkplätzen, markierten Fußgängerüberwegen, an abgelaufenen oder nicht in Gang gesetzten Parkuhren und von Anwohnerparkplätzen abgeschleppt wird.

Es kommt nicht darauf an, dass es durch Ihr Fahrzeug zu einer Behinderung kommen muss. Schon allein wegen der **negativen Vorbildwirkung** darf abgeschleppt werden (VHG Mannheim, Urteil vom 3. 1. 1995, NZV 1996, 46; in einem Fall, in dem ohne konkrete Behinderung ein Anwohnerparkplatz ohne Berechtigung belegt worden war).

Ob in diesen Fällen dann auf einen in der Nähe gelegenen Parkplatz **umgesetzt** oder **abgeschleppt und sichergestellt** wird, hängt vom Einzelfall ab. Häufig lässt der innerstädtische Verkehr keine Umsetzung zu, sodass in der Regel auf das **Gelände des Abschleppunternehmers** gefahren wird. Die Herausgabe des Fahrzeugs wird häufig dann von der **Zahlung der Kosten** abhängig gemacht, wenn die Polizei damit einverstanden ist. Der Fahrzeugführer und auch der Fahrzeughalter können nach den Polizeigesetzen der Länder für die Kosten zur Kasse gebeten werden. Gegebenenfalls müssen auch die Kosten für eine Leerfahrt getragen werden.

Achtung: Haben Sie Ihr **Fahrzeug ordnungsgemäß abgestellt** und wird inzwischen eine nicht angekündigte Halteverbotsregelung wegen Straßenbauarbeiten getroffen, darf dann zwar Ihr Fahrzeug abgeschleppt werden (BVerwG, Urteil vom 11. 12. 1996, NZV 1997, 246). Die Kosten brauchen Sie aber nur zu tragen, wenn die Neuregelung 48 Stunden vorher angekündigt worden ist (OVG Münster, Urteil vom 23. 5. 1995, DAR 1995, 377). Stellen Sie Ihr Auto während Ihres Urlaubs erlaubterweise auf öffentlichem Parkraum ab, sollten Sie auf alle Fälle jemanden beauftragen, hin und wieder nach den Schildern zu schauen.

Selbst wenn Sie eine Anwohnerparkberechtigung haben, bewahrt Sie das nur vor horrenden Parkgebühren. Sie schützen aber nicht vor berechtigten Abschleppmaßnahmen, z. B. wenn in Ihrer Parkzone eine Baustelle angekündigt und eingerichtet wird (VGH Mannheim, Beschluss vom 19. 8. 2003, NZV 2004, 430).

Abstand

Sicherheitsabstand

Bei Auffahrunfällen ist **die Missachtung des erforderlichen Sicherheitsabstandes** die häufigste Ursache. Als einfache Faustregel für den richtigen Abstand gilt der **halbe Tachowert**. Auf jeden Fall muss er reichen, um auch bei plötzlichem Bremsen des Vordermannes rechtzeitig zum Stehen zu kommen (OLG Karlsruhe, Urteil vom 13. 7. 1987, NJW-RR 1988, 1075).

Im **Stadtverkehr** werden allerdings häufig **Ausnahmen** von den allgemeinen Sicherheitsabstandsregeln gemacht, wenn nicht gerade mit dem plötzlichen Abbremsen des Vordermannes zu rechnen ist.

So ist zum Beispiel bei grüner Welle nicht mit dem Abbremsen zu rechnen, im **Ampelbereich** dagegen doch! Im Stoßverkehr reicht ansonsten als Sicherheitsabstand ein Viertel Ihres Tachowertes – allerdings bei höchster Bremsbereitschaft (OLG Hamm, Beschluss vom 16. 11. 1993, StVE Nr. 56 zu § 4 StVO).

Beim **Anfahren** ist es ebenfalls normal, dass der erforderliche Abstand zunächst nicht eingehalten wird, weil der Hintermann in der Regel nicht mit dem plötzlichen Abbremsen des Vordermannes rechnen muss. So entschied das OLG Karlsruhe in einem Fall, in dem der Vordermann wegen eines abrupten Spurwechsels eines Dritten vor sich noch einmal abbremsen musste und es deshalb zum Auffahrunfall kam (Urteil vom 26. 7. 1991, NZV 1992, 323). Das Gericht lastete deshalb dem Auffahrenden kein Mitverschulden an.

Anders sieht es aus, wenn der Vordermann an einer **Vorfahrtsstraße** zunächst verkehrsbedingt hält, dann anfährt und plötzlich wieder abbremst. Hier heißt es für den Hintermann Abstand halten, weil er das Abbremsen des Vordermanns mit einkalkulieren muss (LG Baden-Baden, Urteil vom 13. 12. 1991, NZV 1992, 412). Im entschiedenen Fall ging die Schuldverteilung 50 : 50 aus.

Seitenabstand

Ganz wichtig beim Vorbeifahren bzw. beim Überholen ist der richtige Seitenabstand. Er hängt von den Gesamtumständen – wie Witterungsverhältnisse, eigene Geschwindigkeit und dem Verhalten des zu Überholenden – ab. Der allgemein geläufige Meter Abstand reicht in vielen Fällen nicht aus. So muss zum Beispiel ein **Radfahrer** mit einem Abstand von 1,5 m bis 2 m normalerweise überholt werden (OLG Hamm, Urteil vom 22. 1. 1991, 466). Dasselbe Gericht stellte fest, dass selbst bei einer Geschwindigkeit von nur 30 km/h der Seitenabstand eines entgegenkommenden Pkw von einem Radfahrer mindestens 1 mbetragen müsse (Urteil vom 23. 1. 1997, NZV 1997, 479).

Alkohol

Wer einen Trunkenheitsgrad von **1,1 ‰** und mehr erreicht, begeht eine Straftat wegen Trunkenheit im Straßenverkehr und wird nach dem Strafgesetzbuch nach § 316 bestraft. Für Radfahrer liegt die Strafbarkeitsgrenze bei 1,6 ‰ (OLG Karlsruhe, Beschluss vom 28. 7. 1997, NZV 1997, 486).

Messung des Alkoholgehalts

Das Messgerät »Alcotest 7410« ist nicht geeignet zur Messung der Alkoholkonzentration im Atem und zur Annahme einer absoluten Fahruntüchtigkeit. Das Messergebnis kann aber ein Hinweis sein bei der Prüfung einer relativen Fahrunsicherheit (OLG Stuttgart, Beschluss vom 13. 1. 2004, DAR 2004, 409).

Wartezeit

Nach Trinkende müssen mindestens **20 Minuten** vergehen, ehe eine Atemalkoholmessung verwertbare Ergebnisse liefert. Wesentlich wichtigeres Kriterium, so das OLG Hamm, ist jedoch eine zehnminütige Kontrollzeit vor der Messung. Hat z. B. der Polizeibeamte so lange zusammen mit dem Alkoholsünder gewartet und dann eine Messung vorgenommen, reicht diese Wartezeit aus. Ob seit Trinkende tatsächlich 20 Minuten vergangen sind, muss nicht zusätzlich ermittelt werden (OLG Hamm, Beschluss vom 23. 8. 2004, NZV 2005, 109).

Nachtrunk

Wer einen Unfall baut, sich vom Unfallort entfernt und dann »nicht ganz unerhebliche Mengen« an Alkohol zu sich nimmt, verletzt seine Aufklärungsobliegenheit. Denn so kann nicht festgestellt werden, ob der Fahrer bereits zum Zeitpunkt des Unfalls unter Alkoholeinfluss stand (LG Chemnitz, Urteil vom 19. 3. 2002, NZV 2003, 426).

Ampel

Dass rote Ampeln nicht überfahren werden, ist allgemein bekannt. Weniger bekannt sind sonstige **Verhaltensregeln im Ampelbereich:**

Rotlicht

heißt, es muss vor der Kreuzung, im Normalfall vor den Haltelinien angehalten werden. Selbst wenn Sie den geschützten Bereich, Fußgängerampel oder Kreuzung, nicht überfahren haben, begehen Sie schon einen Rotlichtverstoß. Bei kameraüberwachten Anlagen kann es Ihnen passieren, dass Sie als Rotlichtsünder **geblitzt** werden, obwohl Sie die Haltelinie aufgrund eines Rückstaus zwar überfahren haben, aber nicht in den Kreuzungsbereich eingefahren sind. Sollten Sie den Blitz wahrnehmen, merken Sie sich am besten die Autonummer Ihres Vorder- oder Hintermannes als später nötigen Zeugen. Selbstverständlich können auch eventuelle Beifahrer als Zeugen aussagen. Denn hier kann man Ihnen keinen Rotlichtverstoß vorwerfen.

Das **Umfahren von Rotlichtampeln** ist grundsätzlich nicht verboten, wenn Sie vor einer Kreuzung zulässigerweise nach rechts abbiegen, wenden und dann nach rechts in der ursprünglichen Fahrtrichtung weiterfahren (OLG Düsseldorf, Beschluss vom 15. 2. 1993, NZV 1993,243). Verboten ist es dagegen, eine Ampel zum Beispiel über ein Tankstellengelände zu umgehen und dabei über Rad- und Gehweg zu fahren. Darin sah das Bayrische Oberste Landesgericht (Beschluss vom 19. 10. 1993, NZV 1994, 80) einen Rotlichtverstoß nach § 37 Abs. 2 StVO. Im entschiedenen Fall wurde der Fahrer nur deshalb nicht verurteilt, weil er glaubhaft dargelegt hat, dass er tatsächlich tanken wollte, die Tankstelle aber geschlossen war.

Gelblicht

Bei **Gelblicht** darf die Ampelanlage nur noch durchfahren werden, wenn mittleres Bremsen nicht mehr ausreicht (OLG Hamm, Urteil vom 20. 1. 1992, NZV 1992, 409). Wer dennoch bei Gelb stark abbremst, macht nichts verkehrt, haftet also nicht bei einem Auffahrunfall. Für den Abstand ist grundsätzlich der Nachfolger verantwortlich.

Umgekehrt kann von Ihnen nicht verlangt werden, dass Sie einen Auffahrunfall riskieren. Reicht der Bremsweg bei mittlerem Bremsen bis zum Kreuzungsbereich nicht aus, dürfen Sie auf das Gewaltbremsen verzichten und vorsichtig in die Kreuzung einfahren (OLG Düsseldorf, Beschluss vom 10. 10. 1991, NZV 1992, 201). Im entschiedenen Fall war ein Autofahrer trotz späten Gelbs weitergefahren und hatte bei Rot die Kreuzung überfahren. Grund: Der Hintermann war mit hoher Geschwindigkeit herangekommen. Das Gericht wertete den Rotlichtverstoß als zulässige Notstandshandlung.

Eine **gelb blinkende Vorampel** bedeutet: Sie schaffen es nicht mehr bei Grün oder Gelb durch die kommende Ampel. Sie müssen daher anhalten und dürfen nicht Gas geben, um die Ampel doch noch bei Grün zu passieren (OLG Hamm, Urteil vom 16. 5. 2003, DAR 2004, 89).

Grünlicht

Selbst Grünlicht ist mit Vorsicht zu überfahren, schließlich können sich noch Nachzügler im Ampelbereich befinden und die sind grundsätzlich bevorrechtigt (so z. B. OLG Koblenz, Urteil vom 18. 3. 1985, StVE Nr. 33 zu § 37 StVO). Ansonsten gilt der Grundsatz, dass ohne konkreten Anlass vor einer grünen Ampel das Tempo weder wesentlich verlangsamt noch angehalten werden darf. Ausnahme: Eine Vorampel beginnt gelb zu blinken. Dann ist das Abbremsen vor der grünen Ampel nicht verkehrswidrig (OLG Hamm, Urteil vom 16. 3. 1994, NZV 1995, 25). Im entschiedenen Fall kam es wegen des Abbremsens zu einem Auffahrunfall.

Ampelversagen

Auf das richtige **Funktionieren der Lichtzeichenanlage** muss der Autofahrer vertrauen können (BGH, Urteil vom 3. 12. 1991, NZV 1992, 108). Kommt es zu einem Schadensfall, weil die Anlage nicht ordnungsgemäß eingerichtet worden ist – insbesondere was die Programmierung und Schaltung anbetrifft –, haftet Ihnen die Straßenverkehrsbehörde.

Ist dagegen eine **Ampel ausgefallen,** müssen Sie davon ausgehen, dass die Ampeln im gesamten Kreuzungsbereich nicht funktionieren. Deshalb vorsichtig in die Kreuzung hineintasten!

Auffahrunfall

Kommt es zu einem Auffahrunfall, liegt das Verschulden in den Regel beim auffahrenden Hintermann. Entweder hat er den erforderlichen Sicherheitsabstand nicht eingehalten oder nicht aufgepasst. Diese grundsätzliche Vermutung ist ein sog. **Anscheinsbeweis**, der aber widerlegt werden kann. Das heißt, die Vermutung entfällt, wenn der Hintermann nachweisen kann, dass zum Beispiel der Vordermann plötzlich und völlig unerwartet gebremst hat – verkehrsbedingtes Bremsen ausgeschlossen (z. B. OLG Hamm, Urteil vom 5. 9. 1979, NJWE-VHR 1998, 157). Allerdings kommt es hier normalerweise nur zu einer Teilschuld des Vordermannes.

Verkehrsrecht für Senioren von A bis Z | **E1**

Bei sogenannten **Kettenauffahrunfällen** wird der Schaden – je nach Verursachungsbeitrag – gequotelt (§ 17 Abs. 1 StVG). Fehlen zum Beispiel konkrete Anhaltspunkte für die Alleinschuld des Letztauffahrenden, wird häufig 50:50 mit dem mittleren bei einer Dreierkombination gequotelt. Grund: die **Bremswegverkürzung** für den Hintermann (z. B. AG Bad Doberau, Urteil vom 30. 6. 1995, DAR 1995, 409).

Bei **Massenkarambolagen** einigen sich die Kfz-Haftpflichtversicherer in der Regel im Verhältnis von 25 % : 75 % zulasten des jeweiligen Hintermannes.

Autobahn

Ausbremsen

Wer zur **Warnung des Hintermannes, einen größeren Abstand** (hier 10 m bei einer Geschwindigkeit von 170 km/h bis 180 km/h) **einzuhalten,** die Bremslichter bloß aufleuchten lässt, begeht keine Straftat (OLG Köln, Beschluss vom 17. 9. 1996, NZV 1997, 318). Selbst wenn es dadurch zu einem Unfall des Hintermannes kommt, trifft den Vordermann daran kein Mitverschulden (so OLG Karlsruhe, Urteil vom 11. 1. 1991, StVE Nr. 48 zu § 4 StVO).

Wenn das Ganze allerdings dazu dient, den **Hintermann tatsächlich auszubremsen,** müssen Sie mit einem Strafverfahren wegen Nötigung rechnen.

Benzinmangel

Benzinmangel gilt auf Autobahnen als Autofahrertodsünde. Darin liegt ein **eklatanter Verstoß** gegen § 23 StVO (sonstige Pflichten eines Fahrzeugführers), sodass Sie mit einer ordentlichen Geldbuße rechnen müssen (OLG Düsseldorf, Beschluss vom 30. 12. 1999, DAR 2000, 223). Außerdem gelten Sie als liegen geblieben im Sinne des § 15 StVO. Das heißt, Sie müssen alle erforderlichen **Sicherungsmaßnahmen** ergreifen, die § 15 StVO von Ihnen verlangt: Unverzüglich versuchen, auf den Seitenstreifen zu fahren, Warnblinkanlage sofort einschalten, Warndreieck in etwa 100 m Entfernung aufstellen. Andernfalls können Sie nach § 1 Abs. 2 StVO wegen allgemeiner Straßenverkehrsgefährdung belangt werden.

Abgesehen davon handelt ein Autofahrer **grob fahrlässig,** wenn er trotz funktionierender Tankuhr liegen bleibt. Kommt es hier zu einem Auffahrunfall, verliert er seinen Anspruch gegen den Kaskoversicherer (OLG Hamm, Urteil vom 17. 6. 1993, NZV 1994, 75). Im entschiedenen Fall war ein Sattelschlepper auf das liegen gebliebene Fahrzeug aufgefahren. Die Autobahn hatte an dieser Stelle keine Standspur.

| 361

Schlimmstenfalls kann es, wenn Menschen in dieser Situation zu Schaden oder gar zu Tode kommen, sogar eine Verurteilung wegen fahrlässiger Körperverletzung bzw. wegen fahrlässiger Tötung nach den §§ 230, 222 StGB geben.

Dichtes Auffahren

In Extremfällen kann zu dichtes Auffahren einen so schweren Verkehrsverstoß darstellen, dass der Tatbestand der **Nötigung** nach § 240 StGB erfüllt ist. Das ist zum Beispiel dann gegeben, wenn Sie nicht einmal mehr das Autokennzeichen des Dränglers durch Ihren Rückspiegel erkennen können. In einem Fall, in dem der Drängler nicht dauerhaft, sondern nur auf einer Strecke von 900 m mit einer Geschwindigkeit von 145 km/h dreimal für jeweils eine Sekunde auf weniger als 10 m an den Vordermann heranfuhr, hielt das Bayerische Oberste Landesgericht allerdings eine Geldbuße von ca. € 200,– für ausreichend (Beschluss vom 2. 3. 1994, NZV 1994, 241). Straffrei bleiben Sie auch, wenn Sie nur für wenige Sekunden vorübergehend zu dicht auffahren, um zum Überholen anzusetzen.

Einfahren

Beim Einfahren auf der Autobahn müssen Sie sich zunächst in den Verkehrsfluss auf der Normalspur (rechte Spur) einfügen. Erst danach, wenn Sie die konkrete Verkehrssituation auf der linken Fahrspur überschauen und für die anderen Verkehrsteilnehmer Ihr Verhalten berechenbar machen, dürfen Sie zum Überholen ansetzen (OLG Hamm, Urteil vom 25. 2. 1992, StVE Nr. 49 zu § 18 StVO). Im entschiedenen Fall hatte ein Pkw-Fahrer unmittelbar vom Beschleunigungsstreifen auf die Überholspur gewechselt und war dort mit einem mit ca. 169 km/h herannahenden Pkw kollidiert. Dafür erhielt er die Alleinschuld am Unfall.

Wenn **mehrere Fahrzeuge hintereinander** einfahren wollen, darf dies nur hintereinander geschehen. Das heißt, der Hintermann muss dem Vordermann den Vortritt lassen, indem er seine Fahrweise anpasst (OLG Hamburg, Urteil vom 14. 7. 1999, DAR 2001, 307).

Besondere Rücksicht wird verlangt, wenn vor Ihnen ein LKW auf die Autobahn auffährt, auch wenn Sie die Vorfahrt haben. Hier müssen Sie gegebenenfalls vom Gas heruntergehen und zusätzlich Abbremsen, um dem schwerfälligen Vordermann das Einfädeln zu erleichtern. Andernfalls müssen Sie mit einer erheblichen Haftung aus Betriebsgefahr rechnen (vgl. OLG Karlsruhe, Urteil vom 2. 5. 1995, DAR 1996, 287).

Geschwindigkeit

Noch dürfen Sie auf vielen deutschen Autobahnen so schnell fahren, wie Sie möchten. Natürlich immer unter der Voraussetzung, dass die Geschwindigkeit den Wetter- und Straßenverhältnissen angepasst ist.

Die meisten europäischen Länder haben auf Autobahnen eine **Geschwindigkeitsbegrenzung** von zwischen 110 und 130 km/h. Außerdem gibt es eine **Mindestgeschwindigkeit**. Diese Geschwindigkeit liegt zwischen 45 und 60 km/h. Das Fahrzeug muss diese Geschwindigkeit bauartbedingt erreichen können. Im Übrigen ist die Geschwindigkeit dem Verkehrsfluss und den Straßenverhältnissen (beispielsweise Schnee oder Nebel) anzugleichen und kann auch niedriger liegen.

Liegt sie aber zum Beispiel bei einem LKW extrem niedrig, weil er sich am Ende einer Steigungsstelle befindet, muss der Fahrer rechtzeitig warnen. Andernfalls trifft ihn ein Mitverschulden bei einem Auffahrunfall (OLG Frankfurt a. M., Urteil vom 19. 3. 1998, NJW-RR 1998, 1554).

Wer **bei Tageslicht** und schönem Wetter auf einer fast leeren Autobahn unterwegs ist, fährt mit 200 bis 210 km/h noch nicht zu schnell. Das gilt auch dann, wenn die Autobahn eine leichte Linkskurve macht (AG Stuttgart, Urteil vom 7. 1. 2003, DAR 2003, 228).

Nachts muss deutlich vorsichtiger gefahren werden. Einem Autofahrer, der bei Dunkelheit mit 170 Sachen unterwegs war, wurde nach einem Auffahrunfall grobe Fahrlässigkeit bestätigt. Er war auf der Überholspur hinter mehreren Fahrzeugen hergefahren (»Kolonne«) und hatte zu spät bemerkt, dass sein Vordermann anfing zu bremsen (OLG Düsseldorf, Urteil vom 10. 10. 2002, NZV 2003, 289).

Rechtsfahrgebot

Auch auf Autobahnen gilt das Rechtsfahrgebot. Notorisches Linksfahren ist – trotz schnellen Autos – verboten. Wer die Überholspur nicht freigibt und das Überholtwerden durch andere Fahrzeuge verhindert, läuft sogar Gefahr, wegen Nötigung im Straßenverkehr strafrechtlich belangt zu werden.

Einen Verstoß gegen das Rechtsfahrgebot begeht auch, wer ohne sachlichen Grund auf dreispurigen Autobahnen die Mittelspur durchgehend befährt.

——— Stadtautobahn

Geschwindigkeitsüberschreitungen auf Stadtautobahnen gelten als innerörtliche Verstöße (KG Berlin, Beschluss vom 28. 3. 2001, NZV 2002, 47).

——— Standspur

Die Standspur (auch Pannenstreifen oder Seitenstreifen genannt) darf nur **in Notfällen** benutzt werden (§ 2 Abs. 2 StVO). Eine solche Situation liegt z. B. vor bei ungewöhnlichen Straßenverhältnissen wie Glatteis, Unfall oder einem entgegenkommenden Falschfahrer. Wenn nach einem Unfall für Hilfsfahrzeuge eine freie Gasse gebildet werden soll, darf die Standspur ebenfalls benutzt werden. Das Vorbeifahren an einem Stau, um schneller zur nächsten Ausfahrt zu gelangen, ist unzulässig (BGH, Beschluss vom 6. 5. 1981, StVE Nr. 16 zu § 2 StVO). Wenn Sie erwischt werden, müssen Sie sogar mit einer strafrechtlichen Verurteilung wegen Straßenverkehrsgefährdung durch falsches Rechtsüberholen nach § 315c Abs. 1 Nr. 2b StGB rechnen (BverfG, Beschluss vom 22. 8. 1994, DAR 1995, 154).

——— Stau

Das Blinken am Stauende, um den nachfolgenden Verkehr zu warnen, ist seit 1997 offiziell erlaubt (BGBl. 1997 I S. 2928), ist aber keine Pflicht (vgl. OLG Zweibrücken, Urteil vom 28. 5. 1997, NZV 1998, 24).

——— Überholen

Besonders auf Autobahnen müssen Sie das **Rechtsüberholverbot** beachten. Nur wenn der Verkehr sehr dicht ist und sich Fahrzeugschlangen bilden, darf die rechte Fahrzeugschlange schneller fahren als die linke (§ 7 Abs. 2 StVO). **Motorradfahrer** dürfen bei einem Stau nicht durch die Fahrzeugkolonnen durchfahren (OLG Düsseldorf, Beschluss vom 30. 4. 1990, VRS 79, 139).

Das Überholverbot gilt aber nur zwischen den Benutzern der Normalspuren. Zweigen zum Beispiel ein oder mehrere Fahrstreifen in eine andere Richtung nach rechts ab, darf auf diesen Spuren schneller gefahren werden. Sie dürfen dann also rechts an den Fahrzeugen vorbeifahren, die auf der links weiterführenden Autobahn weiterfahren (§ 42 Abs. 6 Nr. 1f StVO). Das gilt aber nicht für den Verzögerungsstreifen an Autobahnabfahrten. Hier darf nur rechts überholt werden, wenn der durchgehende Verkehr Kolonne fahren muss.

Verkehrsrecht für Senioren von A bis Z | **E1**

Beifahrer

Gurtanlegepflicht

Als Fahrer sind Sie nicht verpflichtet, dafür zu sorgen, dass sich der Beifahrer anschnallt (BayObLG, Beschluss vom 27. 8. 1993, StVE Nr. 30 zu § 21 a StVO). Etwas anderes gilt natürlich bei **Kindern,** die Sie im Auto mitnehmen. Hier können Sie im schlimmsten Fall wegen fahrlässiger Tötung durch Unterlassung belangt werden.

Kommt es zu einem Unfall, trägt der nicht angegurtete Beifahrer genauso wie ein nicht angegurteter Fahrer ein **Mitverschulden** an seinem Unfallschaden. Je nach den Umständen kann das bis zu 50 % ausmachen. Im Allgemeinen liegt jedoch die Quote bei 20 % bis 23 % (so z. B. OLG Hamm, Urteil vom 21. 6. 1995, NZV 1996, 33). Nur in **Ausnahmefällen** kann der Mitverschuldensanteil ganz entfallen (BGH, Urteil vom 20. 1. 1998, NZV 1998, 148). Im entschiedenen Fall befand sich der Beifahrer in halb liegender Position auf der Rückbank des Fahrzeugs, als es zu einer Kollision mit einem Gegenverkehrsfahrzeug kam, dessen Fahrer einen BAK von 1,83 ‰ hatte. Das Gericht sah den Verschuldensanteil des Unfallverursachers als so hoch an, dass das Nicht-angeschnallt-Sein im vorliegenden Einzelfall unbedeutend war (so auch im Ergebnis, wenn auch mit anderem Sachverhalt, LG Stuttgart, Urteil vom 4. 12. 2003, NZV 2004, 409).

Störung durch Beifahrer

Wenn ein Beifahrer auf den Fahrer so einwirkt, dass er dadurch einen Unfall verursacht, kann er vom geschädigten Dritten oder auch vom Fahrer direkt nach § 823 BGB auf Schadensersatz in Anspruch genommen werden. Wer sich allerdings zu sehr ablenken lässt, trägt dann doch an den Folgen das überwiegende Verschulden (OLG Hamm, Urteil vom 18. 10. 1994, NZV 1995, 481). In diesem Falle ließ sich der Fahrzeuglenker von seiner Beifahrerin durch ein auf seine Wange geklebten Sticker vier Sekunden lang vom Verkehr ablenken. Er musste 3/4 des Schadens tragen.

Bei **Hunden als Beifahrer** ist besondere Vorsicht geboten. Sie lassen sich nicht anschnallen und werden deshalb häufig im Fußraum vor dem vorderen Beifahrersitz ungesichert mitgeführt. Kommt es zu einem Unfall, z. B. wenn der Hund in den Fußraum des Fahrers hinüberkriecht, muss man sich als Autofahrer den Vorwurf der groben Fahrlässigkeit gefallen lassen (OLG Nürnberg, Urteil vom 14. 10. 1993, StVE Nr. 43 zu § 61 VVG). Versicherungsrechtlich hatte dies im entschiedenen Fall zur Folge, dass der Fahrer von der Kaskoversicherung seinen Schaden nicht ersetzt bekam. Das Gericht stellte fest, dass Tiere entweder auf der Rückbank oder hinter einem Gitter mitzuführen seien.

| 365

―― Schäden durch Beifahrer

Beifahrer, die durch unachtsames Öffnen der Türen andere Verkehrsteilnehmer schädigen, haften dafür persönlich. Das gilt auch für Kinder ab 10 Jahren, wenn sie einigermaßen verständig sind (LG Mainz, Urteil vom 16. 11. 1999, DAR 2000, 273). Den Schaden bezahlen muss dann die private Haftpflichtversicherung, soweit eine vorhanden ist.

Dasselbe gilt, wenn ein Beifahrer den Zündschlüssel betätigt, um Radio zu hören, aber zu weit dreht, sodass das Fahrzeug anspringt und ein anderes beschädigt.

═══ Beleidigung

Beleidigungen und unfreundliche Gesten im Straßenverkehr sind kein Kavaliersdelikt, sondern Straftaten und können teuer werden. Sie sollten deshalb insbesondere im Umgang mit Polizisten und Politessen Zurückhaltung üben. Denn hier trifft die Beschimpfung nicht nur den Beamten persönlich, sondern auch seinen Dienstherren, den Staat. Die Folge derartiger Ausrutscher ist in den meisten Fällen eine Anzeige.

Die Höhe der Strafe richtet sich nach den Umständen der Tat und den wirtschaftlichen Verhältnissen des Täters. Zehn bis 30 Tagessätze sind die Regel, ein Tagessatz beträgt den 30. Teil eines Monatsnettogehalts. Generell gilt: Je obszöner die Beleidigung, desto teurer wird es. Tätlichkeiten oder Nötigung können sogar zum Entzug der Fahrerlaubnis führen. Selbstbeherrschung lohnt sich also. **Aber:** Die Bezeichnung eines Polizeibeamen als »Wegelagerer« ist in der Regel unschädlich.

═══ Blinken

Wer **abbiegt,** beim **Überholen** ausschert und sich **wieder einordnen** will, in ein **Grundstück einfährt,** vom Fahrbahnrand – auch aus der **zweiten Reihe** heraus – anfährt, muss dies rechtzeitig und deutlich durch Blinken ankündigen. Blinken muss auch, wer einer **abknickenden Vorfahrtsstraße** folgt. Dass diese Regelung vielen Autofahrern weitgehend unbekannt ist, zeigt eine Entscheidung des OLG Oldenburg (Urteil vom 3. 12. 1992, NZV 1994, 26). Fahren Sie dagegen geradeaus weiter und verlassen die Vorfahrtsstraße, brauchen Sie nicht zu blinken.

Häufig kommt der Fall vor, dass ein vorfahrtberechtigter Autofahrer den Fahrtrichtungsanzeiger betätigt und dann doch nicht abbiegt, sei es, dass er es sich anders überlegt hat, sei es, dass er erst hinter der Kreuzung am rechten Fahrbahnrand halten will. Diese Verkehrssituation ist besonders gefahrenträchtig, weil der wartepflichtige Verkehr **auf das Blinkzeichen vertraut.** Kommt es in dieser Situation zum Unfall, trifft den Vorfahrtsberechtigten das Hauptverschulden.

In **Einzelfällen** kann es anders kommen, wie eine Entscheidung des OLG Oldenburg zeigt (Beschluss vom 25. 5. 1992, NZV 1992, 454): Danach ist das Vertrauen des Wartepflichtigen grundsätzlich zwar dann geschützt, wenn der Vorfahrtberechtigte blinkt und zusätzlich seine Fahrgeschwindigkeit verringert. Der Vertrauensschutz soll aber nicht eingreifen, wenn in geringer Entfernung hinter der untergeordneten Straße weitere Straßen einmünden oder sich Einfahrten befinden, auf die sich das Blinkzeichen beziehen könnte. Vorsicht ist auf alle Fälle geboten, und zwar auch für den Vorfahrtsberechtigten, denn nicht alle Gerichte entscheiden so.

Bremsweg

Aus der Länge des Bremsweges wird im Zusammenhang mit Verkehrsunfällen häufig auf die Geschwindigkeit der beteiligten Fahrzeuge geschlossen. Schreck und Reaktionszeit werden zusätzlich als so genannte **Bremsverzögerung** mit berücksichtigt. Deshalb ist der Bremsweg stets länger, als eine eventuell vorhandene Brems- oder Blockierspur ergibt. Die Bremswegberechnung wird von Sachverständigen durchgeführt, die hierzu unter anderem auch Tabellen benutzen.

Dauerparken

Wer nur über eine »Laternengarage« verfügt, braucht keine Bedenken zu haben, sein Fahrzeug selbst für die Dauer eines mehrwöchigen Urlaubs auf der Straße zum Parken abzustellen. Voraussetzung ist allerdings, dass es sich um ein **zugelassenes und betriebsbereites Fahrzeug** auf einem **öffentlich zulässigen Parkraum** handelt.

Wird **unangekündigt ein Halte- oder Parkverbotsschild** an der Stelle aufgestellt, wo Sie bislang erlaubterweise geparkt haben, darf ihr Fahrzeug trotzdem abgeschleppt werden.

Anhänger ohne Zugmaschine (z. B. **Wohnwagen**) dürfen dagegen nicht länger als zwei Wochen abgestellt werden (§ 12 Abs. 3 b StVO). Nicht unter die Vorschrift fallen Wohnmobile, es sei denn, das Wohnmobil wird zu längerem Wohnen benutzt. Sind Sie dagegen auf der Durchreise, dürfen Sie in Ihrem **Wohnmobil** auf dem Parkplatz nächtigen und ein kurzes Schläfchen halten.

Einfahrt in den fließenden Verkehr

Wer in den **fließenden Verkehr** einfährt, darf diesen nicht gefährden. Notfalls muss er sich **einweisen** lassen (§ 10 StVO). Nach einer Entscheidung des OLG Celle muss aber der Einfahrende nicht damit rechnen, dass sich andere Verkehrsteilnehmer grob verkehrswidrig verhalten, indem sie zum Beispiel mit überhöhter Geschwindigkeit herannahen. Es hielt deshalb im konkreten Fall – der herannahende Fahrer war statt der erlaubten 50 km/h 70 km/h gefahren – eine Einweisung für nicht erforderlich (OLG Celle, Urteil vom 9. 3. 1976, StVE Nr. 22 zu § 10 StVO).

In diesem Sinne entschied auch das Bayerische Oberste Landesgericht (Beschluss vom 28. 11. 1984, StVE Nr. 14 zu § 10 StVO). Danach muss auch beim Rückwärtsfahren aus einem Grundstück **nur beim Vorliegen besonderer Umstände ein Einweiser** hinzugezogen werden. Das ist zum Beispiel nötig, wenn die Grundstückseinfahrt vom fließenden Verkehr nur schlecht erkennbar ist. Der in den Verkehr Einfahrende darf darauf vertrauen, dass der Fahrzeugführer des fließenden Verkehrs seine Geschwindigkeit seiner Sichtweite anpasst und deshalb rechtzeitig bremsen kann, wenn sich ein anderer auf die Fahrbahn hineintastet.

Besonders gefahrenträchtig ist das Einfahren, wenn es über einen **Gehweg** erfolgt. Hier muss der Autofahrer äußerst sorgfältig auf die Fußgänger achten und diese durchlassen bzw. erst weiterfahren, wenn ganz sicher ist, dass diese das Fahrzeug passieren lassen wollen. Als Autofahrer dürfen Sie nie darauf vertrauen, der Fußgänger bleibe stehen (OLG Düsseldorf, Urteil vom 29. 8. 1977, StVE Nr. 4 zu § 10 StVO).

Dasselbe gilt natürlich auch gegenüber **Radfahrern.** Sie brauchen aber nicht mit einem verbotswidrig auf dem **Gehweg** fahrenden Radfahrer zu rechnen, wenn Sie aus einer Grundstückseinfahrt herausfahren. Dieser hat im Fall einer Kollision nicht nur für Ihren, sondern auch für seinen Schaden aufzukommen (OLG Karlsruhe, Urteil vom 14. 12. 1990, StVE Nr. 20 zu § 10 StVO).

Sie müssen allerdings damit rechnen und sich darauf einstellen, dass Radfahrer den Radweg in falscher Richtung befahren. Hier trifft Sie bei einer Kollision das überwiegende Verschulden (grundlegend BGH, Urteil vom 15. 7. 1986, NJW 1986, 2651). Der Mitverschuldensanteil des Radfahrers kann bis zu einem Drittel ausmachen (z. B. OLG Hamm Urteil vom 24. 6. 1996, NZV 1997, 123). Das heißt, er haftet in diesem Umfang für den Schaden beim Unfallgegner.

Verkehrsrecht für Senioren von A bis Z | **E1**

Entziehung der Fahrerlaubnis

Entziehung heißt, der Führerschein wird **eingezogen** und **vernichtet**. Gleichzeitig wird eine **Sperrfrist** festgesetzt, innerhalb derer eine neue Fahrerlaubnis von der Verwaltungsbehörde nicht erteilt werden darf. Die Entziehung kann durch ein **Gericht** oder die **Verwaltungsbehörde** erfolgen:

Entziehung durch das Gericht

Begeht jemand eine **strafbare Handlung** im Zusammenhang mit dem Führen eines Kfz, entzieht ihm das Gericht die Fahrerlaubnis, soweit sich aus der Tat ergibt, dass er zum Führen von Kraftfahrzeugen ungeeignet ist (§ 69 StGB). Wegen einer **Ordnungswidrigkeit,** z. B. nach dem Bußgeldkatalog, kann die Fahrerlaubnis dagegen nicht vom Gericht entzogen werden.

Typische Fälle, in denen entzogen wird, weil mangelnde Fahrfähigkeit unterstellt wird, sind

- Straßenverkehrsgefährdung (§ 315 c StGB),

- Trunkenheit am Steuer (§ 316 StGB),

- unerlaubtes Entfernen vom Unfallort (§ 142 StGB), obwohl der Täter weiß oder wissen kann, dass bei dem Unfall ein Mensch getötet oder nicht unerheblich verletzt worden oder an fremden Sachen bedeutender Schaden entstanden ist, und

- Vollrausch (§ 323 a StGB), in dem die Straßenverkehrsgefährdung, die Trunkenheit am Steuer oder das unerlaubte Entfernen vom Unfallort begangen worden ist.

Häufig kommt es für die Zeit zwischen der Tatbegehung und der rechtskräftigen Entziehung durch das Gericht zur **vorläufigen Entziehung,** wenn zum Beispiel ein alkoholisierter Autofahrer auf frischer Tat ertappt wird und die Polizei den Führerschein gleich einbehält. Eine endgültige Entscheidung über die vorläufige Entziehung erfolgt in diesem Fall aber erst durch den Richter. Was die Polizei macht, ist letztlich nur eine vorübergehende Sicherstellung. Gegen diese können Sie sich allerdings nur selten erfolgreich zur Wehr setzen, selbst wenn Sie schon zu diesem Zeitpunkt alle entlastenden Umstände vortragen können.

Entziehung durch die Verwaltungsbehörde

Stellt sich heraus, dass ein Führerscheininhaber **ungeeignet zum Führen von Kraftfahrzeugen** ist, muss die Verwaltungsbehörde die Fahrerlaubnis entziehen. Gründe dafür sind

- körperliche oder geistige Mängel,
- die Teilnahme am Straßenverkehr unter erheblicher Einwirkung alkoholischer oder anderer berauschender Mittel oder
- ein erheblicher Verstoß gegen verkehrsrechtliche Vorschriften oder Strafgesetze.

Beispiel: Ein Fahrradfahrer, der im Besitz einer Fahrerlaubnis der Klasse III war, ist wegen Trunkenheitsfahrten mit einem Fahrrad zweimal nach § 316 StGB verurteilt worden. Daraufhin forderte ihn die Verwaltungsbehörde auf, ein medizinisch-psychologisches Gutachten über seine Eignung zum Führen von Kraftfahrzeugen beizubringen. Da sich der trinkfreudige Radler weigerte, entzog ihm die Verwaltungsbehörde die Fahrerlaubnis. Das Bundesverwaltungsgericht hielt diese Maßnahme für rechtens. Aufgrund der Trunkenheitsfahrten mit dem Fahrrad seien die Bedenken der Behörde berechtigt (Urteil vom 24. 1. 1989, NZV 1989, 205).

Ein Autofahrer ließ seinen Wagen bei laufendem Motor und mit eingeschalteten Scheinwerfern auf einem Parkplatz stehen. Dabei ragte der Frontbereich des Wagens ca. einen Meter in die Fahrbahn hinein. Der Fahrer selbst saß, ordentlich angegurtet, auf dem Fahrersitz – und schlief seinen Rausch aus (Blutalkoholkonzentration: 2,21 ‰). Das war Grund genug, ihm den Führerschein zu entziehen (OVG Saarlouis, Beschluss vom 18. 9. 2003, NZV 2004, 484).

Das heißt, Sie können wegen **Krankheit, hohen Alters, Alkoholismus, Rauschgiftsucht, Medikamentenmissbrauch, charakterlicher Mängel** etc. die Fahrerlaubnis entzogen bekommen. Fahrerlaubnisentzug droht auch, wenn Ihr **Flensburger Punktekonto** voll ist.

In der Regel bereitet die Verwaltungsbehörde die Entscheidung vor, indem sie die gefürchtete **medizinisch-psychologische Untersuchung** (kurz MPU genannt) verlangt. Das Gutachten soll feststellen, ob der Autofahrer geistig und körperlich geeignet ist. Hinweise, dass dagegen Bedenken bestehen, erhält die Verwaltungsbehörde durch die Polizei, durch Mitteilung des Kraftfahrt-Bundesamtes über Eintragungen im Verkehrszentralregister, vom Prüfer anlässlich der Fahrprüfung, von den Justizbehörden, von anderen Amtsstellen und gegebenenfalls sogar von privater Seite.

Die Entziehung der Fahrerlaubnis durch die Verwaltungsbehörde ist ein **Verwaltungsakt,** der zunächst mit Widerspruch und gegebenenfalls mit Anfechtungsklage auf dem **Verwaltungsrechtsweg** angefochten wird.

Nachdem die deutsche Fahrerlaubnis entzogen wurde, darf innerhalb Deutschlands auch nicht mehr mit einem ausländischen Führerschein gefahren werden! Dabei ist es gleichgültig, ob diese **ausländische Fahrerlaubnis** vor oder nach der Entziehung des deutschen Führerscheins erworben wurde (VGH Mannheim, Beschluss vom 11. 2. 2003, DAR 2003, 383).

Fahreignung von Senioren: Freiwillige Selbstkontrolle

Einen Pflichttest für die Fahrtüchtigkeit von Senioren gibt es nicht. Seit Jahren wird darüber diskutiert, ob hochbetagte Verkehrsteilnehmer zu regelmäßigen Tauglichkeitstests verpflichtet werden sollten. Die Unfallzahlen älterer Verkehrsteilnehmer sind dabei nicht unbedingt aussagekräftig. Obwohl ein Viertel der 65 Millionen Führerscheinbesitzer in Deutschland 65 Jahre und älter ist, sind sie an nur zwölf Prozent der Unfälle beteiligt. Allerdings legen ältere Autofahrer auch weniger Kilometer zurück – was wiederum die Verkehrssicherheit beeinflusst,

Viele Senioren sind aber durchaus willens, ihre Fähigkeiten in Sachen Autofahren überprüfen zu lassen. In der Schweiz oder in Dänemark ist dies seit langem üblich. Bei einer Umfrage der Dekra unter 1 000 Verkehrsteilnehmern sprachen sich 64 % der über 60-Jährigen für eine Pflichtuntersuchung aus. Für einen freiwilligen Test plädierten sogar 69 %.

Die Deutsche Gesellschaft für Verkehrspsychologie empfiehlt, einen Gesundheitscheck ab dem 60. Lebensjahr zu machen und alle fünf Jahre zu wiederholen, ab dem 70. Lebensjahr alle 24 Monate.

Bei Fahrtests für Senioren gibt es keine einheitlichen Kriterien. Deshalb haben Verkehrsclubs, Fahrlehrerverbände oder Prüforganisationen wie TÜV oder Dekra eigene Angebote, die sich aber erheblich unterscheiden und zwar auch in den Kosten. So verlangt die Dekra € 230,–, während ein ähnliches Programm beim TÜV € 149,– kostet.

Der Gesundheitscheck der Dekra orientiert sich an der gängigen medizinisch-psychologischen Untersuchung, im Volksmund »Idiotentest« genannt. Er ist aber speziell auf Senioren zugeschnitten. Zu Beginn sollen die Teilnehmer zunächst eine Selbsteinschätzung abgeben. Anschließend wird diese bei einem computergestützten Reaktionstest und einer ärztlichen Untersuchung mit der Realität verglichen.

Der ADAC bietet gemeinsam mit dem Fahrlehrerverband einen Fahr-Fitness-Check an. Bei diesem Angebot kommt ein Fahrlehrer nach Hause und fährt als Beifahrer auf der Hausstrecke mit. Die anschließende Beurteilung über die Fahrtüchtigkeit erfolgt absolut vertraulich.

Das empfiehlt der Deutsche Verkehrssicherheitsrat (DVR):

- **Medikamente:** Fahrer, die Medikamente einnehmen, sollten sicherstellen, dass diese nicht ihre Fahrtauglichkeit beeinflussen.

- **Sehtest:** Autofahrer ab 40 Jahren sollten einmal im Jahr ihre Sehschärfe bei Dämmerung und Nacht überprüfen lassen.

- **Hörtest:** Ab 60 Jahren wird das Gehör zunehmend schwächer und sollte alle zwei Jahre überprüft werden.

- **Reaktionstest:** Ab 60 Jahren empfiehlt es sich, Aufmerksamkeit, Wahrnehmung und Reaktionsgeschwindigkeit regelmäßig testen zu lassen. Zuständig dafür sind z.B. Begutachtungsstellen für Fahreignung (TÜV, Dekra).

- **Fahrstunden:** Wer lange nicht gefahren ist, kann eine Auffrischung der Verkehrsregeln und eine Probefahrt in Fahrschulen buchen. Auf Übungsplätzen können brenzlige Situationen in einer sicheren Umgebung geprobt werden, etwa beim Fahrlehrerverband. Verkehrsklubs wie der ADAC bieten Sicherheitstrainings an, bei denen etwa die Vollbremsung auf nasser Fahrbahn geübt wird.

Fahrtenbuchauflage

Die Verwaltungsbehörde kann einem Fahrzeughalter die Führung eines Fahrtenbuches auferlegen, wenn mit einem seiner auf ihn zugelassenen Fahrzeuge ein **Verstoß gegen Verkehrsvorschriften** begangen worden ist und der **Fahrer nicht ermittelt werden kann.** In solchen Fällen muss nämlich das Verfahren gegen den Halter eingestellt werden. Um dies künftig zu verhindern, kann mit der Fahrtenbuchauflage verlangt werden, dass vor jeder einzelnen Fahrt Name, Vorname und Anschrift des Fahrzeugführers, amtliches Kennzeichen des Fahrzeugs, Datum und Uhrzeit des Beginns der Fahrt und nach der Beendigung unverzüglich Datum und Uhrzeit mit Unterschrift eingetragen werden (§ 31a StVZO).

Bereits wenn Sie den Anhörungsbogen des Ordnungsamtes nicht zurückschicken oder sich weigern, Angaben zum Kreis der Fahrzeugbenutzer zu machen, kann es zu einer Fahrtenbuchauflage kommen. Denn dann geht das Ordnungsamt davon aus, dass Sie Ihre **Mitwirkungspflicht** nicht erfüllen (OVG Lüneburg, Beschluss vom 4. 12. 2003, NZV 2004, 432).

Das **Verhältnismäßigkeitsgebot** ist jedoch zu wahren. Trotzdem ist die Fahrtenbuchauflage unter Umständen schon nach einer Ordnungswidrigkeit, die nur mit drei Punkten in Flensburg geahndet wird, fällig. So sah zum Beispiel das OVG Münster (Beschluss vom 14. 3. 1995, DAR 1995, 339) die Auflage für ein Jahr als verhältnismäßig an **bei einer Überschreitung der zulässigen Höchstgeschwindigkeit** von 50 km/h um 28 km/h. Hier war allerdings bereits eine Fahrtenbuchandrohung vorausgegangen. Auch ein **einmaliger Rotlichtverstoß** gilt als ausreichender Grund (VGH Mannheim, Urteil vom 9. 4. 1991, NZV 1991, 408). Bei einem normalen Rotlichtverstoß ohne Gefährdung anderer Verkehrsteilnehmer ist eine Fahrtenbuchauflage von einem halben Jahr ausreichend (VG Lüneburg, Urteil vom 21. 7. 2004, 5 A 96/03).

Die Maßnahme ist aber nur dann rechtmäßig, wenn die Verfolgungsbehörde, sprich die Polizei, ihre **Ermittlungsmöglichkeiten ausgeschöpft** hat. Das heißt, der Halter muss innerhalb von zwei Wochen über den Verstoß befragt werden. Kommt hierbei nichts heraus, und auch die Befragung von Nachbarn oder Angehörigen ergibt nichts, können in der Regel die Ermittlungen eingestellt werden.

Bei bloßer **Nichtbeantwortung der Frage im Anhörungsbogen,** ob er selbst gefahren sei, kann nicht ohne weiteres auf die Ablehnung des Halters geschlossen werden, an der Täterfeststellung mitzuwirken (OVG Bremen, Urteil vom 3. 8. 1993, NZV 1994, 168).

Es nützt aber nichts, zu behaupten, den Anhörungsbogen nicht erhalten zu haben. Die Gerichte unterstellen, dass bei den Straßenverkehrsbehörden die Post ordentlich rausgeht. Eine Postzustellungsurkunde ist deshalb nicht erforderlich (VGH Kassel, Urteil vom 23. 3. 2005, 2 UE 583/04).

Eine Fahrtenbuchauflage ist aber in diesem Stadium des Verfahrens noch nicht zu erwarten. Gefährlich wird es erst dann, wenn Sie sich bei weiterem Nachhaken der Ermittlungsbeamten beharrlich weigern, mitzuhelfen. Übrigens nützt es Ihnen nichts, wenn Sie den Übeltäter nach der Verjährung angeben (OVG Berlin, Beschluss vom 30. 6. 1976, StVE Nr. 3 zu § 31a StVZO). Das ändert nichts an der Zulässigkeit der Fahrtenbuchauflage.

Das Fahrtenbuch ist nach Ablauf der Auflage noch **sechs weitere Monate aufzubewahren.** Es ist auch damit zu rechnen, dass Beamte der Straßenverkehrsbehörde oder die Polizei das Fahrtenbuch kontrollieren. Wird es nicht ordentlich geführt, wird dies als Ordnungswidrigkeit geahndet.

Fahrverbot

Die Ahndung einer Ordnungswidrigkeit oder einer Verkehrsstraftat kann als Nebenfolge mit einem Fahrverbot belegt werden. Das Fahrverbot ist von der **Entziehung der Fahrerlaubnis** zu unterscheiden.

Beim Fahrverbot darf für die Dauer von ein bis drei Monaten kein Kraftfahrzeug im Straßenverkehr geführt werden. Anders als bei der Entziehung der Fahrerlaubnis, bei der die Fahrerlaubnis erlischt und der Betroffene eine neue Fahrerlaubnis erwerben muss, behält der Betroffene seine Fahrerlaubnis. Der Betroffene muss lediglich für die Dauer des Fahrverbots seinen **Führerschein bei der Behörde abgeben** (Führerscheinbehörde, Gericht, Staatsanwaltschaft).

Beruht das Fahrverbot auf einer Ordnungswidrigkeit, hat der Betroffene vier Monate Zeit, den Führerschein abzugeben. Diese Regelung greift jedoch nur dann, wenn gegen den Betroffenen in den vergangenen zwei Jahren nicht bereits ein Fahrverbot verhängt wurde.

Wer trotz Fahrverbots ein Kraftfahrzeug im Straßenverkehr führt, macht sich strafbar und kann mit einer Freiheitsstrafe bis zu einem Jahr oder mit Geldstrafe bestraft werden.

Ein Fahrverbot wird nach einer groben oder beharrlichen Pflichtverletzung im Straßenverkehr ausgesprochen. Im Bußgeldkatalog werden bestimmte Verkehrsverstöße, die immer wieder zu schweren Unfällen führen und in aller Regel auf besonders großen Leichtsinn, grobe Nachlässigkeit oder Gleichgültigkeit zurückzuführen sind, mit einem Regelfahrverbot belegt. In diesen Fällen wird widerlegbar ein grober oder beharrlicher Pflichtverstoß vermutet. Eine nähere Prüfung der groben oder beharrlichen Pflichtverletzung erfolgt erst auf begründeten Vortrag des Betroffenen. Wird dem Vortrag des Betroffenen stattgegeben, kann die Führerscheinbehörde vom Regelfahrverbot absehen.

Das Fahrverbot wird mit der Rechtskraft der zugrunde liegenden Entscheidung wirksam. Die Berechnung der Dauer des Fahrverbots beginnt aber erst mit dem Tage der Abgabe des Führerscheins bei der Behörde. Wird der Führerschein nicht freiwillig herausgegeben, wird er beschlagnahmt.

Fußgänger

Fußgänger – gleich welchen Alters – sollten Sie als Autofahrer immer gut im Auge behalten. Beim Vorbeifahren an einem die Straße überquerenden Fußgänger dürfen Sie zum Beispiel hinter ihm weiterfahren, müssen aber beobachten, ob er nicht unter Umständen plötzlich kehrtmacht.

Erhöhte Vorsicht ist immer dann geboten, wenn Sie Unsicherheiten beim Fußgänger erkennen, was gerade bei älteren Menschen häufig der Fall ist. Verhält sich ein Fußgänger auf der Fahrbahn offensichtlich verkehrswidrig, indem er sich zum Beispiel beim Laufen einen Pullover über den Kopf zieht, heißt es ebenfalls: aufgepasst!

Beachten Sie außerdem, dass Inliner in die Kategorie »Fußgänger« fallen und sich dementsprechend zu verhalten haben.

Kinder haften sogar erst, wenn sie zum fraglichen Zeitpunkt mindestens zehn Jahre alt waren (§ 828 BGB). Bis zur Reform des Schadenersatzrechtes im Jahr 2002 lag die Altersgrenze generell bei sieben Jahren. Grund: Jüngere Kinder sind aufgrund ihrer psychischen und physischen Fähigkeiten noch nicht in der Lage, Situationen und Gefahren im komplexen Straßenverkehr zu verstehen und richtig einzuschätzen.

» **Beispiel:** Ein neunjähriges Kind läuft beim Spielen auf die Straße, sodass der Fahrer eines PKW plötzlich ausweichen muss und dabei parkende Fahrzeuge beschädigt. Nach geltendem Recht ist es zu jung, um für den Unfall zur Verantwortung gezogen zu werden. Ausgenommen von dieser Regelung bleiben jedoch vorsätzlich herbeigeführte Schäden: Wirft etwa ein achtjähriges Kind Pflastersteine von einer Brücke auf die Fahrbahn, muss es für den dadurch entstandenen Schaden haften.

Allerdings können auch ältere Kinder von der Haftung für einen von ihnen verursachten Schaden ausgenommen werden, wenn ihnen »die zur Erkenntnis der Verantwortlichkeit erforderliche Einsicht« fehlt, wie dies zum Beispiel bei einem geistig behinderten Kind der Fall sein kann.

Können Kinder als Schadenverursacher nicht haftbar gemacht werden, müssen dennoch manchmal die Eltern zahlen. Passen Eltern oder andere Aufsichtspersonen nachweislich nicht richtig auf die Kleinen auf, müssen sie für den Schaden einstehen.

Geschwindigkeit

Ob innerorts, außerorts oder auf Autobahnen, ob mit Geschwindigkeitsbegrenzung oder ohne, als Autofahrer dürfen Sie immer nur so schnell fahren, dass Sie Ihr Fahrzeug beherrschen. Sie müssen Ihre Geschwindigkeit den konkreten Straßen-, Verkehrs-, Sicht- und Wetterverhältnissen sowie Ihren persönlichen Fähigkeiten und dem Fahrzeug anpassen. Im Prinzip darf also immer nur so schnell gefahren werden, dass Sie innerhalb der übersehbaren Strecke halten können. Auf sehr schmalen Fahrbahnen, auf denen entgegenkommende Fahrzeuge gefährdet werden könnten, wird sogar verlangt, dass Sie innerhalb der Hälfte der übersehbaren Strecke halten können (§ 3 Abs. 1 StVO).

Selbst eine geringfügige Überschreitung kann böse Folgen haben, wie folgende Entscheidung zeigt: Ein betrunkener Fußgänger überquerte einen Fußgängerüberweg trotz roter Ampel und kollidierte dort mit einem PKW, der statt der erlaubten 50 km/h 60 Sachen draufhatte. Das OLG Hamm (Urteil vom 31. 1. 1994, NZV 1994, 276) verurteilte den Autofahrer zu einem Drittel Haftungsquote. Denn der Sachverständige wies nach, dass bei Einhaltung der vorgeschriebenen 50 km/h bei gleicher Reaktion ein noch rechtzeitiges Bremsen drei Meter vor dem Fußgänger möglich gewesen wäre.

Darüber hinaus gibt es noch einige andere wichtige Verhaltensregeln, was die Geschwindigkeit anbetrifft:

- Wer die Vorfahrt eines anderen Verkehrsteilnehmers zu beachten hat, muss zeigen, dass er warten wird (§ 8 Abs. 2 StVO). An Kreuzungen und Einmündungen darf daher nur mit verminderter Geschwindigkeit herangefahren werden.

- Auch der Vorfahrtsberechtigte darf nicht zu schnell in den Kreuzungsbereich einfahren. Kommt es zu einem Unfall, kann es zu einer Mithaftung von 30 % zulasten des Vorfahrtsberechtigten kommen (OLG Köln, Urteil vom 12. 1. 1994, NZV 1994, 320).

An Haltestellen öffentlicher Verkehrsmittel ist äußerst vorsichtig vorbeizufahren (§ 20 Abs. 1 StVO). Gerade hier ist nicht nur mit aussteigenden Fahrgästen zu rechnen, sondern auch mit Fahrgästen, die von der anderen Straßenseite hraneilen, um den Bus oder die Bahn noch zu erreichen. Selbst wenn die innerorts zulässige Höchstgeschwindigkeit von 50 km/h normalerweise gefahren werden kann, ist hier Schrittgeschwindigkeit angesagt (OLG Hamm, Urteil vom 21. 3. 1991, NZV 1991, 467).

- An Fußgängerüberwegen muss die Geschwindigkeit so gering sein, dass Fußgänger, die die Fahbahn erkennbar überqueren wollen, dies ungefährdet können (§ 26 Abs. 1 StVO). Die Überquerungsabsicht ist nach einer Entscheidung des OLG Karlsruhe (Beschluss vom 13. 9. 1991, NZV 1992, 330) aber nicht schon dann erkennbar, wenn sich der Fußgänger bloß in der Nähe des Fußgängerüberwegs aufhält oder etwa parallel zur Fahrbahn auf den Fußgängerweg zugeht. Es müssen vielmehr konkrete Anhaltspunkte für die Absichten des Fußgängers vorliegen.

Glatteis

Nach gefestigter Rechtsprechung des Bundesgerichtshofes sind öffentliche Straßen außerhalb geschlossener Ortschaften nur an besonders gefährlichen Stellen zu bestreuen. Eine besonders gefährliche Stelle liegt vor, wenn auf winterlichen Straßen die Gefahren trotz erhöhter Sorgfalt nicht oder nicht rechtzeitig erkannt und deshalb auch nicht gemeistert werden können. Hier soll nach besten Kräften gestreut bzw. geräumt werden (BGH, Beschluss vom 26. 3. 1987, StVE Nr. 52 zu § 823 BGB).

Innerorts besteht die Streupflicht auf Fahrbahnen, wenn nicht unbedeutender Verkehr herrscht und die Stelle außerdem gefährlich ist. Die Gefährlichkeit kann sich dabei auch aus einem besonders hohen Verkehrsaufkommen ergeben, die bei winterlichen Straßenverhältnissen ohne Räum- und Streumaßnahmen zu einem Verkehrschaos führen würden. So z. B. an einer beampelten Kreuzung in einer zweispurigen Einbahnstraße (OLG Nürnberg, Urteil vom 28. 8. 2003, NZV 2004, 641).

Halterhaftung

Wenn der Fahrer nicht ermittelt werden kann, wird bei Verstößen gegen Halte- und Parkvorschriften der Halter eines Fahrzeuges zur Kasse gebeten. Zwar muss er nicht das verhängte Bußgeld bezahlen, er trägt aber die Kosten des Verfahrens. Die Kostenentscheidung kann innerhalb von zwei Wochen nach der Zustellung angefochten werden (§ 25 a StVG).

Halteverbot

Absolutes Halteverbot

Im Geltungsbereich von absoluten Halteverbotsschildern (Zeichen 283) und auf Autobahnen einschließlich Seitenstreifen (§ 18 Abs. 8 StVO) ist jedes Halten verboten. Gemeint ist selbstverständlich nur willkürliches Stehenbleiben, verkehrs- oder pannenbedingtes Stehenbleiben fällt nicht darunter. Ungewolltes Liegenbleiben wird aber dann zum verbotswidrigen Halten, wenn Sie den Fehler beheben oder das Fahrzeug abschleppen lassen könnten (OLG Frankfurt, Urteil vom 30. 9. 1987, NJW 1988, 1803). Gerade auf Autobahnen, wo regelmäßig Polizeifahrzeuge vorbeifahren, fällt es schnell auf, wenn ein defektes Auto etliche Stunden stehen bleibt. Der Strafzettel lässt hier nicht lange auf sich warten.

Selbst wenn kein Schild das Halten verbietet, gibt es absolute Tabustellen. Das sind unter anderem

- enge und unübersichtliche Straßenstellen,
- der Bereich von scharfen Kurven,
- Beschleunigungsstreifen und Verzögerungsstreifen,
- Fußgängerüberwege sowie bis zu 5 m davor,
- Bahnübergänge,
- Feuerwehrzufahrten und
- Taxistände.

Hier ist jedes, selbst das kürzeste Halten auf der Fahrbahn verboten (BVerwG vom 14. 5. 1992, NZV 1993, 44) – und erst recht das Parken.

Eingeschränktes Halteverbot

Das eingeschränkte Halteverbot erkennen Sie normalerweise an dem einschlägigen Verkehrszeichen (Zeichen 286), das allgemein als Parkverbotsschild bezeichnet wird. Ein eingeschränktes Halteverbot ist schließlich nichts anderes als ein Parkverbot. Es darf gehalten werden – nur nicht länger als 3 Minuten. Alles, was länger dauert, fällt in die Kategorie parken.

Zum Ein- und Aussteigen oder zum Be- und Entladen ohne vermeidbare Verzögerung darf es schon einmal ein bisschen länger dauern. Wenn Sie also zum Beispiel Ihr Kind im Kindergarten abgeben und sich der Vorgang etwas länger als drei Minuten hinzieht, sollten Sie dies im Fall eines Verwarnungszettels unbedingt vortragen. Schließlich lässt es sich leicht nachweisen, dass Sie Ihr Kind zum fraglichen Zeitpunkt an dieser Stelle abgeliefert haben. Dasselbe gilt für den Fall, dass Sie zum Beispiel mehrere Getränkekisten in Ihre Wohnung tragen müssen. Dann dürfen Sie ebenfalls trotz Parkverbots vor Ihrem Haus halten – gegebenenfalls länger als drei Minuten. Kaufen Sie leichte Gegenstände ein und brauchen mehr als 3 Minuten dafür, müssen Sie sich allerdings einen zulässigen Parkplatz suchen.

Selbst wenn Sie erlaubtermaßen halten, sollten Sie Folgendes beachten:
- möglichst auf dem rechten Seitenstreifen oder zumindest auf der rechten Fahrbahnseite und stets platzsparend halten,
- in Einbahnstraßen scharf rechts oder links halten,
- in zweiter Reihe nur ausnahmsweise halten, nur auf der rechten Fahrbahnseite und nie länger als drei Minuten. Hier kann bei Gefahr für den fließenden Verkehr ausnahmsweise Warnblinklicht benutzt werden. Angemessene Behinderungen sind von den anderen Verkehrsteilnehmern hinzunehmen.

Hupe

Hupen – akustisch oder mit Licht – dürfen Sie nur beim Überholen außerhalb geschlossener Ortschaften (§ 5 Abs. 5 StVO) oder wenn Gefahr droht. Wer bei Gefahr nicht hupt, macht sich sogar unter Umständen mitschuldig, wenn durch das Hupen ein Schadensfall so nicht eingetreten wäre.

》 **Beispiel:** Sie sitzen in einem stehenden Fahrzeug und merken, dass ein rangierendes Fahrzeug auf Sie zufährt. Hier heißt es hupen!

Hupen als **Aufforderung zum verkehrsgerechten Verhalten** ist ebenfalls nur bei Gefahr zulässig. **Lichthupe als Zeichen für Vorfahrtsverzicht** ist verboten.

Kinder

In **Spielstraßen** ist besondere Vorsicht geboten. Sie müssen jederzeit damit rechnen, dass Kinder hinter parkenden Autos hervorlaufen und unachtsam die Straße betreten. Bei spielenden Kindern am Fahrbahnrand müssen Sie notfalls sogar ganz anhalten oder nur »tastend« weiterfahren (OLG Karlsruhe, Beschluss vom 14. 4. 2004, NZV 2004, 421).

Kreisverkehr

Auch im Kreisverkehr gilt das **Rechtsfahrgebot** (OLG Hamm, Urteil vom 18. 11. 2003, DAR 2004, 90). Dazu gehört auch, dass die **Mittelinsel tabu** ist und nicht als »Abkürzung« benutzt werden darf (OLG Hamm, Urteil vom 4. 6. 2004, 27 U 87/03). Im entschiedenen Fall hatte ein Autofahrer genau dies getan und war über die abgegrenzte, aber grundsätzlich befahrbare Mittelinsel gefahren. Es kam zum Unfall und zum Streit, wer sich zuerst im Kreisverkehr befunden habe. Ergebnis: Bei diesem Verkehrsverstoß werden bei entgegenstehenden Aussagen der Beteiligten die Kosten nicht hälftig geteilt. Sondern der Fahrer, der die Insel überfuhr, trägt zwei Drittel der Kosten.

Das **Blinken** beim Einfahren in den Kreisverkehr ist verboten, auch im Kreisel selbst darf nicht geblinkt werden. Das Ausfahren dagegen ist durch Blinken nach rechts anzuzeigen. Im Kreisverkehr darf außerdem **weder gehalten noch geparkt** werden!

Landstraße

Fernlicht

Mit Fernlicht dürfen Sie nie auf Straßen mit durchgehender, ausreichender Beleuchtung fahren (§ 17 Abs. 2 Satz 2 StVO), ansonsten immer wenn es je nach Verkehrslage nötig ist. Das heißt, innerorts kann nur äußerst selten, außerorts dagegen regelmäßig aufgeblendet gefahren werden, solange Sie niemanden blenden. Kommt Ihnen ein Auto entgegen, müssen Sie abblenden, bevor es in Ihr Licht gerät, selbst wenn der Entgegenkommende nicht abblendet. Abgeblendet werden muss auch vor Kurven. Was für den Fernlichteinsatz beim Überholen gilt, erfahren Sie weiter unten.

Geschwindigkeit

Hinter dem **Ortsschild** darf auf die zulässige Geschwindigkeit (maximal 100 km/h) beschleunigt werden, soweit nicht eine Geschwindigkeitsbegrenzung oder die Sicht- und Straßenverhältnisse weniger gebieten. Fehlt ausnahmsweise das Ortsschild, müssen Sie sich daran orientieren, wo das bebaute Gebiet aufhört bzw. der Charakter der geschlossenen Ortschaft noch offensichtlich und eindeutig ist (OLG Düsseldorf, Beschluss vom 14. 1. 1983, StVE Nr. 56 zu § 3 StVO). Kommt das Ortsschild vor dem Ende der Bebauung, geht dies nicht zu Ihren Lasten. Hier dürfen Sie beschleunigen.

Überholen

Nach Einbruch der Dunkelheit braucht man auf Landstraßen trotz Blendgefahr für den Vordermann häufig Fernlicht zum Überholen. So ist es zwar nach § 17 StVO allgemein verboten, Fernlicht bei geringem Abstand zum Vordermann zu benutzen, beim Überholen muss es hingenommen werden (OLG Saarbrücken, Urteil vom 9. 9. 1971, StVE Nr. 2 zu § 17 StVO). Andererseits wird vom Überholten ebenfalls nicht verlangt, dass er sofort abblendet.

Ansonsten gilt für das Überholen auf Landstraßen, der zu Überholende darf nicht mehr beschleunigen. Er muss seine Geschwindigkeit sogar vermindern, wenn sonst Gefahr zum Beispiel durch den Gegenverkehr entstünde.

Lärmschutzzone

Geschwindigkeitsbeschränkungen in Lärmschutzzonen – an diese Schilder müssen Sie sich halten! Denn die **Geschwindigkeitsbeschränkung** dient dem Schutz der Menschen, die in dieser Zone wohnen. Sie sollen vor unzumutbarem Lärm und Abgasen bewahrt werden. Wer die Schilder missachtet und wesentlich zu schnell unterwegs ist, muss mit der »Denkzettel- und Besinnungsmaßnahme eines Fahrverbotes« rechnen (OLG Karlsruhe, Urteil vom 2. 3. 2004, NZV 2004, 369). Im entschiedenen Fall fuhr ein Autofahrer um 5 Uhr morgens mit 147 km/h durch eine Lärmschutzzone. Erlaubt waren aber nur 100 km/h.

Messmethoden bei der Verkehrskontrolle

Zur Verkehrskontrolle bei **Geschwindigkeitsbegrenzungen, Sicherheitsabständen und Lichtzeichenanlagen** werden verschiedene Messverfahren eingesetzt. Hundertprozentig sichere Angaben kann kein Messverfahren machen. Deshalb werden überall **Toleranzabzüge** gemacht. Für die erwischten Verkehrssünder ist es aber darüber hinaus wichtig, **weitere Fehlerquellen** darlegen zu können, um den Messwert so gering wie möglich zu halten. Je nach Höhe der Überschreitung droht nämlich ein Fahrverbot und natürlich auch ein entsprechend hoher → Punkteeintrag in Flensburg.

Für Betroffene haben wir die nachfolgenden Übersichten zur aktuellen Rechtsprechung zusammengestellt. Wer sich darüber hinaus informieren möchte, kann dies anhand des Buches »Fehlerquellen bei polizeilichen Messverfahren« von Rechtsanwalt Wolf Dieter Beck und Diplomphysiker Ulrich Löhle, erschienen im Deutschen Anwaltverlag.

Geschwindigkeitsmessung mit technischen Mitteln

Beim Verfahren zur Geschwindigkeitskontrolle werden Radarmessungen durch stationäre Einrichtungen oder Movingradar aus dem fahrenden Polizeifahrzeug, Lasermessgeräte, Lichtschrankengeräte, Koaxialkabelmessverfahren (wie z. B. Trafipot-S), Spiegelmessverfahren usw. eingesetzt. Doch selbst Geschwindigkeitsmessungen durch Nachfahren (mit und ohne geeichte Tachometer sowie mit und ohne fotografische Abstandsüberwachung) kommen zum Einsatz.

In der Rechtsprechung geht man davon aus, dass es bei standardisierten technischen Messverfahren ausreicht, wenn das angewendete Messverfahren und der berücksichtigte Toleranzwert angegeben werden, sofern keine Anhaltspunkte für einen konkreten Messfehler vorliegen (BGH, Beschluss vom 19. 8. 1993, NZV 1993, 485). Dieser Rechtsprechung haben sich die Oberlandesgerichte im Wesentlichen angepasst.

Dennoch gibt es immer wieder Entscheidungen, die zugunsten der betroffenen Verkehrssünder ausgegangen sind, wie Ihnen die nachfolgende Rechtsprechungsübersicht zur Geschwindigkeitsmessung aus den letzten Jahren zeigt.

Hinterherfahren mit Tachometervergleich

Beim Nachfahren müssen Feststellungen zum Abstand, der Länge der Messstrecke, zur Eichung und zum Sicherheitsabschlag gemacht werden (OLG Köln, Beschluss vom 5. 11. 1993, NZV 1994, 290).

Nachts müssen außerdem die Beleuchtungsverhältnisse notiert werden. Außerdem muss festgehalten werden, ob von dem vorausfahrenden Fahrzeug die Umrisse oder nur die Rücklichter erkennbar waren.

Weiterhin erforderlich ist bei dieser nicht automatisierten Messmethode, dass der Abstand gleich bleibend und nicht allzu groß ist (OLG Hamm, Beschluss vom 27. 1. 1995, NZV 1995, 199).

Beim Nachfahren in einem Dienstfahrzeug ist ein Sicherheitsabzug von 20 % ausreichend, aber auch erforderlich (OLG Celle, Beschluss vom 16. 3. 2004, NZV 2004, 419).

Wer sich mittels eines **Radarwarngerätes** vor dem Erwischtwerden bei Geschwindigkeitsmessungen schützen möchte, schafft eine **Gefahr für die öffentliche Sicherheit, verstößt gegen das Fernmeldeanlagengesetz** und macht sich damit **strafbar**. Das gilt auch, wenn Sie das Gerät nicht in Betrieb haben, aber jederzeit anschließen können (VGH Mannheim, Beschluss vom 29. 10. 2002, DAR 2003, 89).

Sollten Sie schon im Besitz eines solchen Gerätes sein und den Kauf mittlerweile bereuen, können Sie das Gerät jederzeit dem Verkäufer zurückgeben. Der **Kaufvertrag** über ein Kfz-Radarwarngerät ist nämlich wegen Verstoßes nach § 138 Abs. 1 BGB **wegen Sittenwidrigkeit nichtig** (BGH, Urteil vom 23. 2. 2005, VIII ZR 129/04).

Abstandsmessung

Bei Abstandsmessung gilt ebenfalls, dass bei anerkannten technischen Verfahren keine Einzelheiten zur Durchführung von Funktionsprüfungen, Beachtung der Richtlinien für die Bedienung und zur ordnungsgemäßen Aufstellung des Gerätes gemacht werden müssen, wenn keine konkreten Anhaltspunkte für eine Fehlfunktion vorliegen (BayObLG, Urteil vom 27. 10. 1993, DAR 1994, 122). Selbst die unterschiedlichen Verfahren zur Abstandsmessung von Autobahnbrücken werden von der Rechtsprechung überwiegend als zuverlässig anerkannt. Trotzdem gibt es auch hier verkehrssünderfreundliche Entscheidungen.

Verkehrsrecht für Senioren von A bis Z | **E1**

──── Rotlichtmessung

Bei einem Rotlichtverstoß ermitteln standardisierte Messgeräte, wie lange die Ampel schon auf Rot stand. Ein Blick in den Bußgeldkatalog zeigt Ihnen warum: War die Ampel schon länger als eine Sekunde rot, bleibt es nicht bei den sonst üblichen € 90,00 Bußgeld. Der Spaß kostet € 200,00 – plus vier Punkte in Flensburg plus ein Monat Fahrverbot. Deshalb sollten Sie auch hier wissen, was die Rechtsprechung im Einzelnen zu den Messverfahren sagt.

Messverfahren	Entscheidung
Rotlichtkameraaufnahme	Automatische Rotlichtkameras unterliegen der Eichpflicht. Bei nicht geeichten Geräten beweist die Kamera nur den Rotlichtverstoß als solchen, sodass vom einfachen Tatbestand auszugehen ist (KG Berlin, Beschluss vom 16. 3. 1992, NZV 1992, 251). In einer amtsgerichtlichen Verurteilung wegen eines Rotlichtverstoßes sind Angaben zu den fotografisch festgehaltenen Daten und zur Art des eingesetzten Gerätes zu machen (OLG Karlsruhe, Beschluss vom 29. 12. 1992, NZV 1993, 323).
Rotlichtüberwachung durch Polizeibeamte	Hier ist festzustellen, ob die Sicht oder der Standort des überwachenden Polizeibeamten überhaupt genaue Beobachtungen zuließ (OLG Hamm, Beschluss vom 28. 4. 1995, VM 1993, 21). Wird zur Messung eine geeichte Stoppuhr verwendet, genügt zum Ausgleich etwaiger Messfehler ein Abzug in Höhe der Verkehrsfehlergrenze der Stoppuhr (hier 0,5 %) zuzüglich eines Wertes von 0,3 Sekunden (BayObLG, Beschluss vom 6. 3. 1995, StVE Nr. 47 zu § 37 StVO).

──── Wer darf eigentlich messen?

Diese Frage trat in Hessen auf, nachdem sich Folgendes ereignet hatte: Der Leiter einer kommunalen Ordnungsbehörde mietete bei einer Privatfirma ein Geschwindigkeits-Messgerät. Er konnte selbst mit dem Gerät gar nicht umgehen und beauftragte die Firma, die Messungen durchzuführen, die Filme zu entwickeln und selbige beim Ordnungsamt abzuliefern. Ort und Zeitpunkt der Kontrollen bestimmte der Behördenleiter. So nicht, meinte das OLG Frankfurt (2 Ss Owi 388/02; vgl. auch AG Bruchsal 5 OWi 410 Js 13889/08). Nach einem Erlass des Hessischen Innenministeriums ist die Geschwindigkeitsüberwachung eine hoheitliche Aufgabe und darf nicht von Privatfirmen übernommen werden.

Nebel

Generell darf bei **schlechten Sichtverhältnissen** – insbesondere bei Nebel – nur äußerst zurückhaltend gefahren werden. Bei **Sichtweiten unter 50 m** höchstens 50 km/h. Wenn es nötig ist, noch langsamer (so z. B. OLG Schleswig, Urteil vom 12. 8. 2004, 7 U 153/03). Das gilt für **alle Straßen, auch Autobahnen** (§ 3 Abs. 1 Satz 3 StVO). Auf Schnellstraßen helfen Ihnen bei der Abstandsermittlung die alle **50 m stehenden Streckenpfosten**. Selbstverständlich ist bei noch schlechterer Sicht und je nach Straßenzustand noch langsamer zu fahren.

Nebel stellt grundsätzlich eine unklare Verkehrslage im Sinne des § 5 Abs. 3 Nr. 1 StVO dar. Es darf deshalb **nicht überholt werden**. Es muss mit **Abblendlicht** gefahren werden. Fernlicht ist da, wo es generell zulässig ist, nicht verboten, aber auch nicht besonders sinnvoll. Nebelscheinwerfer dürfen nur bei erheblicher Sichtbehinderung benutzt werden, Nebelschlussleuchten nur bei Sichtweiten unter 50 m.

Nötigung

Von einer Nötigung im Straßenverkehr spricht man, wenn durch das verkehrswidrige Verhalten eines Autofahrers ein anderer zu einem bestimmten Verhalten gezwungen wird oder gezwungen werden soll.

Gemeint sind zum Beispiel diese Fälle:

- **extrem dichtes Auffahren,** um das Freigeben der Überholspur zu erzwingen,
- **bewusstes Blockieren der Überholspur,**
- **Erhöhung der eigenen Geschwindigkeit** durch den Autofahrer, der gerade überholt werden soll und so das Überholtwerden verhindern will,
- **Schneiden beim Überholen.**

Natürlich ist nicht jede dieser Verhaltensweisen gleich eine Nötigung im Sinne des § 240 StGB. Wann sie konkret vorliegt und als Straftat geahndet werden kann, zeigt Ihnen die folgende Rechtsprechungsübersicht.

Verkehrsrecht für Senioren von A bis Z | **E1**

Tatumstände	Entscheidung
Nötigung durch dichtes Auffahren	Der Angeklagte fuhr mit einer Geschwindigkeit von 120–130 km/h für mehrere Sekunden mit Lichthupe und Fernlicht auf höchstens 5 m auf den Vordermann heran, überholte anschließend rechts und schnitt den Überholten, wodurch dieser zum äußersten Linksfahren und scharfen Abbremsen gezwungen war (OLG Stuttgart, Urteil vom 27. 3. 1995, NZV 1995 285).
	Aber: Bei einer Geschwindigkeit von 130 km/h auf einer Autobahn sah das Bayerische Oberste Landesgericht in einem Auffahren bis auf 5–10 m für ca. 14 Sekunden ohne Hup- oder Lichtsignal keine Nötigungsabsicht (Beschluss vom 8. 4. 1993, StVE Nr. 25 § 240 StGB). Ähnlich entschied dasselbe Gericht auch in einem weiteren Dränglerfall.
Nötigung durch Lückenspringen	Wer ständig überholt und sich dabei mutwillig in Lücken eindrängt, sodass er Entgegenkommende und Überholte über zwei Kilometer hin zum Bremsen und Ausweichen zwingt, begeht eine Nötigung (OLG Köln, Urteil vom 16. 1. 1979, StVE Nr. 5 zu § 240 StGB).
Nötigung durch Nichtfreigabe der Überholspur	Dieses Verhalten wird häufig auf Autobahnen praktiziert, um den Hintermann zu einem bestimmten Verkehrsverhalten zu erziehen. In der Regel wertet die Rechtsprechung es nicht als Nötigung, im Einzelfall ist dies aber nicht ausgeschlossen (OLG Köln, Beschluss vom 28. 7. 1992, NZV 1993, 36).
	Es kommt darauf an, ob dem Vordermann eine »verwerfliche Gesinnung« vorgeworfen werden kann.
Nötigung durch Verhindern des Überholtwerdens	Wer ein zulässiges Überholen bewusst dadurch verhindert, dass er seine eigene Geschwindigkeit erhöht und anschließend wieder herabsetzt, begeht eine Nötigung (BayObLG, Urteil vom 20. 2. 1986, StVE Nr. 11 zu § 240 StGB).
Nötigung durch Schneiden	Wird der Geschnittene zum Abbremsen gezwungen, um einen Zusammenstoß zu verhindern, liegt eine gewaltsame Nötigung vor (OLG Stuttgart a. a. O.).

Achtung: Auch wenn keine Nötigung vorliegt, kann es zu einer Verurteilung wegen einer Verkehrsordnungswidrigkeit kommen. Wer zum Beispiel die Überholspur nicht freigibt, verstößt gegen das Rechtsfahrgebot.

Parken

Wer sein Fahrzeug länger als drei Minuten abstellt, der parkt (§ 12 Abs. 2 StVO). Verboten wird das Parken in der Regel durch einschlägige Park- oder Halteverbotsschilder. Ist kein Schild vorhanden, darf dennoch nicht überall geparkt werden. Unzulässig ist es unter anderem auch, ohne Schild nach § 12 Abs. 3 StVO zu parken:

- vor und hinter Kreuzungen und Einmündungen bis zu je fünf Meter von den Schnittpunkten der Fahrbahnkanten,
- wenn dadurch gekennzeichnete Parkflächen nicht benutzt werden können, also das Herein- und Herausfahren verhindert wird,
- vor Grundstücksein- und -ausfahrten, auf schmalen Straßen auch ihnen gegenüber
- bis zu je 15 m vor und hinter Haltestellenzeichen,
- vor und hinter Andreaskreuzen innerorts bis zu je fünf Meter, außerorts bis zu je 50 m,
- auf Vorfahrtsstraßen außerhalb geschlossener Ortschaften,
- vor Bordsteinabsenkungen, über Schachtdeckeln und anderen Verschlüssen und
- selbstverständlich überall da, wo auch ohne Schild ein absolutes Halteverbot besteht.

Wer hier parkt, verstößt gegen die einschlägigen Bußgeldvorschriften. Je nach Schwere verursacht der Verstoß Kosten und Punkte. Wenn Sie Pech haben, werden Sie auch noch abgeschleppt. Dennoch gibt es **zahlreiche Einzelfälle,** in denen Sie sich gegen einen Strafzettel wehren können:

- Wer sein Fahrzeug im **(eingeschränkten) Parkverbot** abstellt, es aber dabei im Auge behält, begeht keinen Parkverstoß, weil er es nicht verlässt. Er kann ja jederzeit wegfahren (OLG Oldenburg, Beschluss vom 6. 8. 1993, NZV 1993, 491).
- Auch wenn Sie Ihr Fahrzeug nicht im Auge behalten, aber binnen drei Minuten wieder zurück sind, begehen Sie keinen Parkverstoß. Sie haben sich an die Spielregeln des eingeschränkten Halteverbotes gehalten (OLG Düsseldorf, Beschluss vom 26. 3. 1993, NZV 1993, 205). Dasselbe gilt, wenn Sie die Dreiminutengrenze nicht überschreiten und die **vorgeschriebene Parkscheibe nicht benutzen** (OLG Oldenburg, Beschluss vom 6. 8. 1993 NZV 1993, 491). Und: Wer eine **Panne** hat, parkt ebenfalls nicht.

- Die **Parkflächenbenutzung behindern Sie nicht,** wenn die Behinderung erst durch ein weiteres Fahrzeug eingetreten ist, das nach Ihnen gekommen ist (OLG Hamm, Beschluss vom 27. 10. 1982, StVE Nr. 31 zu § 12 StVO). Dieser Fall kommt zum Beispiel vor, wenn die Parkflächen von vorn und hinten zugänglich sind.

- Das **Parkverbot vor Ein- und Ausfahrten, auf engen Fahrbahnen auch gegenüber,** gilt für die normale Breite einer Toreinfahrt. Es schützt den Berechtigten und seine Besucher. Er selbst darf deshalb an dieser Stelle parken (so z. B. OLG Düsseldorf, Beschluss vom 8. 1. 1994, NZV 1994, 162). Parken (also länger als drei Minuten stehen bleiben) darf auch ein Fremder dort, wenn er jederzeit wegfahren bzw. **ohne große Zeitverzögerung** erreicht werden kann (OLG Düsseldorf, Beschluss vom 15. 2. 1994, NZV 1994, 288). Als Parker sollten Sie in einem solchen Fall einen gut sichtbaren Hinweiszettel an Ihrem Fahrzeug anbringen, um tatsächlich schnell erreicht werden zu können.

  Ansonsten gelten dieselben Grundsätze wie beim Abschleppen. Als beeinträchtigter Grundstückseigentümer können Sie den fremden Parker wegen Belästigung im Straßenverkehr nach § 1 Abs. 2 StVO verkehrsrechtlich verfolgen lassen. **Beharrliches Blockieren** einer Ausfahrt kann sogar den Tatbestand der Nötigung erfüllen. Das ist zum Beispiel denkbar, wenn jemand ständig Ihre Ausfahrt als Parkplatz benutzt. Hier hilft dann nur noch eine Anzeige.

  Unzulässiges Parken gegenüber einer Grundstücksausfahrt liegt nicht vor, wenn das Grundstück noch mit **einmaligem Rangieren** verlassen werden kann (OLG Saarbrücken, Beschluss vom 25. 2. 1994, NZV 1994, 328).

- In einem **Wendehammer** oder einer **Wendeschleife** dürfen Sie parken, solange dort kein Verbotsschild steht. Das Parkverbot in Kurven gilt hier nicht (OLG Brandenburg, Beschluss vom 3. 11. 2003, DAR 2004, 283).

Beachten Sie, dass für **Behindertenparkplätze besonders strenge Regeln** gelten:

- Inhaber eines reservierten **Behindertenparkplatzes** dürfen ihren Parkplatz Nichtbehinderten nicht beliebig zur Verfügung stellen (so jedenfalls VG Berlin, Gerichtsentscheid vom 14. 3. 1995, NZV 1996, 48). Im entschiedenen Fall bestätigte das Gericht, dass das Auto einer »guten Nachbarin« der parkberechtigten Behinderten zu Recht abgeschleppt worden sei. Das Parkverbot hier unterliege nicht der Disposition der Berechtigten.

- Der Behinderte muss das Fahrzeug aber nicht selbst lenken. Er darf es einem anderen Fahrer überlassen, ohne dass sein Vorrecht erlischt.

- Verbotswidriges Parken auf einem Behindertenparkplatz rechtfertigt ein sofortiges Abschleppen durch die Polizei (BVerwG, Beschluss vom 27. 5. 2002, DAR 2002, 470).

Parkhaus

Wer sein neuwertiges Auto mit geöffnetem Fenster in die Tiefgarage eines Flughafens stellt, muss damit rechnen, dass das Radio gestohlen wird. Einen Diebstahl wollte die Polizei verhindern und ließ das Fahrzeug **abschleppen**. Für diese Kosten muss der Halter des Wagens aufkommen (VGH München, Urteil vom 16. 1. 2001, 24 B 99.1571, NJW 2001, 1960).

Ein Parkhausbetreiber haftet bei **Diebstahl** nicht. Das gilt auch dann, wenn das Parkhaus mit Videokameras überwacht wird. Er muss die bei ihm abgestellten Fahrzeuge auch nicht gegen Diebstahl versichern. Denn die meisten Fahrzeuge sind bereits über eine Teilkaskoversicherung gegen Diebstahl versichert (OLG Düsseldorf, Urteil vom 1. 6. 2001, DAR 2001, 503).

Ein Mann stürzte sich in selbstmörderischer Absicht von einem Parkhaus. Er überlebte, weil er auf einem Autodach landete. Die Haftpflichtversicherung des (versuchten) **Selbstmörders** muss für den Schaden aufkommen (BGH, Urteil vom 25. 6. 1997, DAR 1997, 447).

Parklücke

Hin und wieder gibt es Streit zwischen den Autofahrern um eine frei gewordene Parklücke. Hier gilt § 12 Abs. 5 Satz 1 StVO: **Wer zuerst kommt, mahlt zuerst.** Wer die Parklücke zuerst erreicht und einfahrbereit ist, hat Vorrang. Steht ein Fahrer bereit, um rückwärts in eine Parklücke zu fahren, hat er Vorfahrt – und nicht der, dem es gelingt, vorwärts einzufahren.

Wer allerdings hinter einer Reihe von parkenden Fahrzeugen in der Hoffnung wartet, dass demnächst ein Parkplatz frei wird, hat **kein Vortrittsrecht** (OLG Düsseldorf, Beschluss vom 23. 12. 1991, NZV 1992, 199).

Auch das beliebte **Freihalten von Parklücken** durch Personen ist nach allgemeiner Meinung wegen Verstoßes gegen § 1 Abs. 2 StVO (allgemeine Verkehrsbehinderung) unzulässig. Trotzdem haben Sie als benachteiligter Autofahrer nicht das Recht, Selbstjustiz zu üben (BayObLG, Urteil vom 7. 2. 1995, NZV 1995, 327). Im entschiedenen Fall hatte ein PKW-Fahrer einen Parklückenfreihalter durch langsames Einfahren in die Parklücke verjagen wollen. Er ging sogar so weit, den anderen mit der Stoßstange gegen das Schienbein zu stoßen.

Das war dem Gericht zu viel, es wollte eine Notwehrlage nicht anerkennen und verurteilte deshalb den Autofahrer wegen **Nötigung**.

In solchen Fällen können Sie nur den Parkplatz Ihrerseits blockieren, bis der andere nachgibt. Einer Anzeige können Sie im Hinblick auf die Rechtslage gelassen entgegensehen. Oder: Sie geben sich geschlagen, erstatten aber Anzeige gegen den anderen Autofahrer und seinen Helfer. Hierzu sollten Sie sich dessen Kfz-Kennzeichen notieren und möglichst Zeugen hinzuziehen. Das ist zwar sehr aufwendig, und meistens macht man es doch nicht, in Extremfällen kann es aber ganz nützlich sein.

Wer bei der Parkplatzsuche eine **Lücke erst spät erkennt** und deshalb plötzlich abbremst, haftet bei einem daraus resultierenden Auffahrunfall zu zwei Dritteln. Denn ein »zwingender Grund« zu unvermitteltem oder starkem Abbremsen liegt nicht vor (KG Berlin, Urteil vom 22. 11. 2001, NZV 2003, 42).

Parkplatz

- Auf **öffentlichen Parkplätzen** gelten grundsätzlich die **allgemeinen Verkehrsregeln** (BayObLG, Beschluss vom 24. 2. 1982, MDR 1982, 693). Wichtig ist dies insbesondere für die Vorfahrtsregelung »rechts vor links«, die demnach auch auf solchen Parkplätzen zu beachten ist.

- Anders verhält es sich auf reinen **Privatparkplätzen** (z. B. Werksparkplatz, der nur Betriebsangehörigen und Mitarbeitern von Fremdfirmen zur Verfügung steht oder Parkplätzen von Einkaufszentren).
  - Hier kann der Eigentümer bestimmen, was gelten soll – zum Beispiel allgemein die StVO (OLG Köln, Urteil vom 11. 6. 1992, StVE Nr. 99 zu § 8 StVO). Das geht dann meist aus entsprechenden Hinweisschildern im Einfahrtbereich des Parkplatzes hervor. In Kreuzungsbereichen ohne konkrete Vorfahrtsregelung gilt dann »rechts vor links«.
  - Stellt ein Unternehmer dagegen auf seinem Gelände einzelne »Vorfahrtgewähren«-Schilder ohne jede weitere Regelung auf, gelten diese im jeweiligen Kreuzungsbereich (OLG Köln, Urteil vom 23. 6. 1993, NZV 1994, 398).
  - Wird nicht auf die StVO verwiesen und keine andere Regelung getroffen, heißt es vorsichtig fahren. Es gilt nun das Gebot der gegenseitigen Rücksichtnahme (siehe auch Rückwärtsfahren).

  Diese genannten Grundsätze betreffen selbstverständlich auch **privat betriebene Parkhäuser**.

- Die **Einrichtung von Anwohnerparkplätzen** im Innenstadtbereich können Sie laut OVG Schleswig (Urteil vom 12. 8. 1991, NJW 1993, 1092) nicht gerichtlich erzwingen. Dies sei eine politische Planungsentscheidung.

  Anspruch auf eine **Sonderparkberechtigung** haben nur Autofahrer, die ihren **Hauptwohnsitz** in der Straße mit dem Sonderparkbereich haben (so u. a. VGH Kassel, Beschluss vom 20. 10. 1992, NJW 1993, 1091).

  Wer aber **als Anwohner ein fremdes Fahrzeug nachweislich ständig fährt**, darf trotz ortsfremder Zulassung laut VGH München nicht von der Anwohnerparkberechtigung ausgeschlossen werden (Urteil vom 21. 9. 1995, DAR 1995, 503).

  Teilen sich zwei Familienangehörige, die in unterschiedlichen Anwohnerparkzonen wohnen, ein Auto (so genanntes »**Familien-Car-Sharing**«), haben sie Anspruch auf zwei Parkausweise (VG Berlin, Urteil vom 1. 3. 2002, NZV 2003, 53).

Parkschein

- Viele Parkplätze in den Großstädten sind heute nur noch **mit Parkschein** zu nutzen. Dieser muss gut lesbar am Fahrzeug ausgelegt werden. Dennoch entschied das Bayerische Oberste Landesgericht, dass es ausreiche, den Parkschein auf der Abdeckplatte des Gepäckraumes abzulegen (Beschluss vom 31. 7. 1995, DAR 1995, 454).

  Dies gelte auch dann, wenn es auf dem Parkschein hieße, »von außen gut lesbar **hinter die Windschutzscheibe legen**«. Falls schon eine Verwarnung unter dem Scheibenwischer klemmt, sollten Sie den tatsächlich erworbenen Parkschein als Beweismittel aufheben.

- Manchmal ist unklar, ob auf einem auf der Straße markierten Parkplatz ein oder zwei Fahrzeuge Platz haben sollen. In Zeiten kleinster Kleinwagen finden oft **zwei Fahrzeuge auf einer Parkfläche** Platz. Trotzdem muss für jeden Wagen ein eigener Parkschein gezogen werden! Denn der Parkschein gilt pro Wagen, nicht pro weiß markierter Fläche (OLG Koblenz, Beschluss vom 9. 7. 2003, DAR 2004, 108).

Verkehrsrecht für Senioren von A bis Z | **E1**

Polizei

Aufgaben

Polizeibeamte sind nicht nur für Recht und Ordnung bzw. die öffentliche Sicherheit zuständig, sie sind auch der verlängerte Arm der Staatsanwaltschaft. Im Straßenverkehr sind sie zuständig für

- die **Beschlagnahme** (z. B. des Führerscheins),
- die Durchführung von **Blutproben** bei Verdacht einer Alkoholfahrt – dazu darf sogar die Wohnung des Verdächtigen betreten werden,
- **Straßenverkehrskontrollen,**
- **vorläufige Festnahmen** und
- **Verwarnungen nach dem Verwarnungskatalog. Bußgelder** (alles, was über € 40,– hinausgeht) dürfen nicht kassiert werden!

Zuständig ist die Polizei auch für die **Regelung des Straßenverkehrs.** Die Weisungen sind zu befolgen und gehen anderen Verkehrsregeln vor (§§ 44 Abs. 2 Satz 1, 36 StVO).

Bei **Unfällen** muss die Polizei den Verkehr sichern und regeln, gegebenenfalls mit Absperrungen und Verkehrszeichen (§ 44 Abs. 2 StVO). **Schaulustige,** die bei Unfällen entgegen den Weisungen der Polizei die Bergungsarbeiten behindern, können neuerdings in Bayern sogar mit einem **Bußgeld** bestraft werden.

Handlungspflicht

Die Polizei ist verpflichtet, bei allen **Straftaten einzuschreiten.** Ansonsten gilt das **Opportunitätsprinzip:** Bei Ordnungswidrigkeiten kann die Polizei einschreiten, sie muss es aber nicht: z. B. wenn sie einen Kfz-Fahrer beobachtet, der nicht angeschnallt ist. Das gilt insbesondere, wenn kein anderer durch den Verstoß behindert wird.

Wer aber auf öffentlichem Verkehrsraum zugeparkt worden ist, hat einen Anspruch darauf, dass die gerufene Polizei kommt. Sie muss gegen den Halter verkehrsordnungsrechtlich vorgehen und gegebenenfalls ein Abschleppunternehmen beauftragen. Anders verhält es sich auf einem privaten Parkplatz, hier müssen Sie als Zugeparkter selbst aktiv werden.

Wenn Sie zur Polizei gehen und dort mündlich eine Anzeige wegen eines Straßenverkehrsdeliktes erstatten wollen, **muss diese Anzeige schriftlich aufgenommen werden** (§ 158 StPO). Ausnahme: Bei **leichten Ordnungswidrig-**

keiten kann von einer Anzeige abgesehen werden. Gemeint sind so genannte **Formalverstöße.** Dazu gehört z. B. die minimale Überschreitung der Dreiminutengrenze im eingeschränkten Halteverbot.

Hinzuziehungspflicht bei einem Unfall

Bei **Blechschäden** braucht die Polizei nicht zu kommen. Sie muss es aber, wenn sie gerufen wird. **Anders verhält es sich**

- bei Personen- oder hohen Sachschäden (zurzeit über € 1 300,-, vgl. LG Düsseldorf, Beschluss vom 4. 11. 2002, NZV 2002, 103) oder
- wenn sich die Gegner über den Hergang des Unfalls oder die Schuldfrage nicht einigen können.

Ist an dem Unfall ein **Mietwagen beteiligt,** muss ebenfalls die Polizei hinzugezogen werden. Dazu sind Sie gegenüber dem Fahrzeugverleiher verpflichtet.

Wer aber allzu leichtfertig gerade bei hohen Sachschäden auf die Polizei verzichtet, läuft Gefahr, nach § 7 AKB seinen Versicherungsschutz **in der Kaskoversicherung** wegen Verletzung der Aufklärungspflicht zu verlieren.

Aber: Bei einem **Unfall ohne Drittbeteiligung** brauchen Sie die Polizei nicht zu rufen, wenn dies nicht ausdrücklich in Ihren Versicherungsbedingungen geregelt ist (OLG Nürnberg, Urteil vom 28. 1. 1993, StVE Nr. 23 zu § 7 AKB). Also nachschauen! Anders bei Drittschäden, wie zum Beispiel Leitplankenbeschädigungen! Hier ergibt sich die Aufklärungspflicht aus den Grundsätzen zur Unfallflucht.

Kontrollen

Allgemeine Verkehrskontrollen darf die Polizei aufgrund von § 36 Abs. 5 StVO durchführen. Dazu zählt unter anderem das Anhalten, um die Verkehrstüchtigkeit des Fahrers zu überprüfen. Erlaubte Mittel hierzu sind die Winkerkelle, rote Leuchte oder andere eindeutige Zeichen. Derartigen Weisungen müssen Sie Folge leisten, wenn nicht gerade etwas Unmögliches verlangt wird, wie zum Beispiel eine Rotlichtampel zu überfahren. Es ist aber noch kein Verstoß gegen § 36 Abs. 5 StVO, wenn Sie erst mit einer gewissen Verzögerung reagieren, aber noch rechtzeitig zum Stehen kommen (OLG Köln, Urteil vom 21. 3. 1980, StVE Nr. 8 zu § 36 StVO).

Die Polizei ist berechtigt, **Führerscheinkontrollen** durchzuführen, Personalangaben dürfen dabei nicht verweigert werden. Geschieht dies im Zusammenhang mit einer angeblichen Verkehrsordnungswidrigkeit, muss dem Fahrer aber zuvor erklärt werden, was ihm konkret vorgeworfen wird (OLG Düsseldorf, Urteil vom 29. 8. 1979, StVE Nr. 12 zu § 24 StVZO).

Verkehrsrecht für Senioren von A bis Z | **E1**

Prüfplakette

Bis zum 1. 1. 2010 war am vorderen Kennzeichen eine Plakette für die Abgasuntersuchung (ASU- Plakette), am hinteren Kennzeichen die TÜV- Plakette anzubringen- vorausgesetzt das Kfz entsprach den jeweiligen Anforderungen. Basierend auf einer EU-Regelung wurde dieses System zum 1. 1. 2010 geändert. Mit der Folge ist, dass die ASU nun in der Hauptuntersuchung (HU) enthalten ist und es nunmehr nur noch **eine Plakette,** am hinteren Kennzeichen, gibt.

Untersuchungspflichtig sind grundsätzlich **alle Kraftfahrzeuge** und Anhänger, § 29 StVZO.

Pkw mit Erstzulassung müssen beispielsweise nach 36 Monaten zur Hauptuntersuchung erscheinen, danach alle 24 Monate, Anlage VIII zu § 29 StVZO. Der Anlage VIII zu § 29 StVZO sind auch die Intervalle für andere Kraftfahrzeuge, wie Motorräder und Lkw, zu entnehmen.

Der **genaue Termin** ergibt sich aus der Prüfplakette. Nach Überschreiten von zwei Monaten liegt ein Verstoß gegen § 29 StVZO vor.

Hat das Kraftfahrzeug die Untersuchung »bestanden«, wird eine **Prüfbescheinigung** ausgestellt und die **Plakette** wird **erneuert.**

Wird die Plakette erteilt, gilt das Fahrzeug zum Zeitpunkt der Untersuchung als vorschriftsmäßig. Geringe Mängel, die die Sicherheit nicht beeinträchtigen, sind kein Hindernis für die Erteilung der TÜV-Plakette. Als Halter bleiben Sie auch nach der erfolgreichen TÜV-Untersuchung für den verkehrssicheren Zustand Ihres Fahrzeugs verantwortlich.

Zur regelmäßigen Hauptuntersuchung müssen Sie übrigens auch, wenn Sie das **Fahrzeug in absehbarer Zeit nicht benutzen werden,** zum Beispiel wegen eines Fahrverbotes oder wegen eines Führerscheinentzugs (OLG Oldenburg, Beschluss vom 23. 9. 1980, StVE Nr. 3 zu § 29 StVZO). Dasselbe gilt bei **vorübergehender Stilllegung,** zum Beispiel weil Sie Ihr Wohnmobil im Winter abmelden.

Punkte

Punkte gibt es für rechtskräftige Bußgeldbescheide und gerichtliche Entscheidungen, in denen wegen einer Verkehrsordnungswidrigkeit ein **Bußgeld von mindestens € 60,00** ausgesprochen wird. Eine Ausnahme gilt nur dann, wenn allein aus wirtschaftlichen Gründen von der Regelbuße abgewichen wird und deshalb diese Grenze erreicht oder unterschritten wurde. Wie viel Punkte es für einzelne Verstöße gibt, ist verbindlich im Gesetz geregelt: Je nach Schwere der Verfehlung werden für Ordnungswidrigkeiten 1 bis 4 Punkte eingetragen.

Auch rechtskräftige **Entscheidungen der Strafgerichte** werden in Flensburg registriert, wenn **Straftaten** im Zusammenhang mit dem Straßenverkehr begangen wurden. Unerheblich ist, ob der Verstoß durch Strafbefehl oder Urteil geahndet wird. Verkehrsstraftaten werden mit 5 bis 7 Punkten bewertet. Wird das **Verfahren eingestellt** oder endet eine Gerichtsverhandlung mit **Freispruch**, so werden weder beim Vorwurf einer Ordnungswidrigkeit noch bei Straftaten Punkte eingetragen

Reaktionsfehler

Wer einen Unfall verursacht oder einen Verkehrsverstoß begeht, weil er in einer plötzlichen Gefahrenlage infolge eines Schrecks, Verwirrung oder Überraschung falsch handelt, den trifft **kein Verschulden**.

» **Beispiel:** Typische Reaktionsfehler ist das reflexhafte Bremsen bei einer plötzlichen Reifenpanne (BGH, Urteil vom 16. 3. 1976, StVE Nr. 3 zu § 276 BGB). Im entschiedenen Fall war das Fahrzeug durch das »falsche« Bremsen ins Schleudern geraten, an eine Leitplanke geprallt und mit dem nachfolgenden Fahrzeug zusammengestoßen. Dabei gab es Tote und Schwerverletzte.

Dem Fahrer kann keine Fahrlässigkeit vorgeworfen werden. Auch eine Ordnungswidrigkeit oder gar eine strafbare Tat hatte er nicht begangen.

Etwas anderes gilt, wenn die Reaktion ersichtlich falsch war. Typische Fälle dafür sind Reaktionsfehler infolge Rauchens oder das Verreißen des Steuers wegen einer heruntergefallenen Kassette. Derartiges ist nicht entschuldbar und führt häufig sogar wie bei der heruntergefallenen Kassette zum Verlust des Kaskoversicherungsschutzes (so z. B. OLG München Urteil vom 24. 1. 1992, r+s 1993, 49).

Aber auch in den entschuldbaren Fällen ist natürlich die Ersatzpflicht für die eingetretenen Personen- oder Sachschäden nicht ausgeschlossen. Sie sind nach § 7 Abs. 1 StVG zu ersetzen.

Anders sieht es mit Schadensersatzansprüchen aus, die über die §§ 823 ff. BGB abgewickelt werden. Betroffen ist hier insbesondere das Schmerzensgeld, das es bei einem echten Reaktionsfehler nicht gibt.

Verkehrsrecht für Senioren von A bis Z | **E1**

═ Reaktionszeit

Bevor Sie in einer Gefahrenlage tatsächlich bremsen, brauchen Sie stets eine gewisse Reaktionszeit. Diese Vorbremszeit wird bei Sachverständigengutachten zur Ermittlung von Fahrgeschwindigkeiten und Sicherheitsabständen stets mit berücksichtigt.

Sind Sie außerorts von der Gefahr schuldlos überrascht worden, wird Ihnen außerdem eine **Schrecksekunde** zugebilligt, die allerdings meistens kürzer als eine Sekunde bemessen wird. Es gibt sie auch nur, wenn es sich um eine **unerwartete Gefahr** handelt, auf die Sie nicht gefasst zu sein brauchen. Dazu gehört z. B., dass von einem voranfahrenden LKW plötzlich ein Teil der Ladung auf die Straße fällt.

Haben Sie sich dagegen selbst verkehrswidrig verhalten und sind beispielsweise zu schnell gefahren, wird Ihnen die Schrecksekunde nicht zugestanden. Innerorts gibt es wegen der nötigen ständigen Reaktionsbereitschaft ohnehin keinen Zeitbonus.

═ Reifen

Die Hauptrillen müssen eine Profiltiefe von mindestens 1,6 mm haben (§ 36 Abs. 5 StVZO). **Achtung:** Das ist die **unterste Grenze!** Was darunter liegt, wird als Ordnungswidrigkeit geahndet. Nicht erforderlich ist, dass alle Reifen gleichmäßig abgefahren sind.

Wer mit nicht verkehrssicheren Reifen unter der Mindestprofilgrenze fährt, begeht eine nicht unerhebliche **Gefahrerhöhung** im Sinne des § 23 VVG und kann dadurch seinen Kaskoversicherungsschutz nach § 25 VVG verlieren. In der bloßen **Notfahrt zur nächsten Werkstatt** oder zum nahen Standort liegt allerdings keine Gefahrerhöhung. Wer auf trockener Fahrbahn mit abgefahrenen Reifen bremsen muss, braucht sich ebenfalls beim Unfall keine Gefahrerhöhung anrechnen zu lassen. In diesem Fall sind laut OLG Karlsruhe abgefahrene Reifen nicht nur genauso gut, wenn nicht sogar spurtreuer als einwandfreie Reifen (Urteil vom 1. 10. 1992, r+s 1993, 449).

Darüber hinaus gilt seit dem 29. 11. 2010 eine **Winterreifenpflicht,** abhängig von den Witterungsverhältnissen. Wer dennoch mit Sommerreifen bei winterlicher Witterung angetroffen wird muss mit einem Bußgeld von € 40,-, bei Behinderung des Verkehrs sogar bis zu € 80,-, rechnen.

Reißverschlussverfahren

Ist auf Straßen mit mehreren Parallelfahrspuren ein Fahrstreifen blockiert oder zu Ende, müssen die am Weiterfahren gehinderten Fahrzeuge auf die freie Spur überwechseln können. Das geschieht im so genannten Reißverschlussverfahren (§ 7 Abs. 4 StVO)

Wie dabei vorzugehen ist, regelt § 11 Abs. 5 StVO: »Bei einer Verengung von Fahrstreifen (zwei Fahrstreifen gehen in einen über bzw. wenn einer verlegt ist) müssen sich die Fahrzeuge, die auf beiden Fahrstreifen daherkommen, unmittelbar vor der Verengung bzw. dem Hindernis wechselweise einordnen, um die Flüssigkeit des Verkehrs zu erhalten.« Mit dem Einfädeln dürfen Sie also erst unmittelbar vor Beginn der Verengung beginnen!

Wer als Einfädler vergisst, sich durch die beim Spurwechsel erforderliche zweite Rückschau davon zu überzeugen, dass er auch wirklich die Spur gefahrlos wechseln kann, trägt unter Umständen einen Haftungsanteil von 80 % (so z. B. LG Bielefeld, Urteil vom 5. 7. 1995, DAR 1995, 486).

Rotlichtverstoß

Als Verkehrsordnungswidrigkeit

Ob Sie einen **einfachen oder einen qualifizierten Rotlichtverstoß** begangen haben, ist wichtig für die Rechtsfolgen. Denn für die meisten Autofahrer ist die schlimmste Folge weniger das zu zahlende Bußgeld, sondern das **einmonatige Regelfahrverbot beim qualifizierten Verstoß**.

Ein **qualifizierter Rotlichtverstoß** liegt vor, wenn Sie jemanden gefährdet oder eine Sachbeschädigung gleichzeitig begangen haben oder über einer Sekunde Rotlichtdauer lagen.

Informieren Sie sich anhand der **nachfolgenden Rechtsprechungsübersicht** darüber, ob in Ihrem speziellen Fall vom Regelfahrverbot abgesehen werden kann. Die Voraussetzungen für ein Fahrverbot liegen nicht vor, wenn der fragliche **Rotlichtverstoß weder auf grobem Leichtsinn, grober Nachlässigkeit oder Gleichgültigkeit beruht und hierdurch andere Verkehrsteilnehmer weder abstrakt noch konkret gefährdet worden sind.** Wie in anderen Einzelfällen entschieden wurde, können Sie der nachfolgenden **Rechtsprechungsübersicht** entnehmen.

Verkehrsrecht für Senioren von A bis Z | **E1**

Gericht	Entscheidung
AG Aachen, Urteil vom 2. 9. 1994, NZV 1995, 41	Ein als Außendienstmitarbeiter tätiger Pkw-Fahrer war unter Zeitdruck unterwegs. Einen Moment lang hatte er wegen eines voranfahrenden Lkw keine Einsicht in den durch die Ampel geschützten Kreuzungsbereich. Da sich dort kein Fahrzeug oder Fußgänger befand, kam es trotz überfahrenen Rotlichts zu keiner konkreten Gefährdung anderer. Im Übrigen war durch die Zeitspanne in der Ampelschaltung auch keine abstrakte Gefährdung anderer gegeben. Im entschiedenen Fall wurde allerdings die Höhe des Bußgeldes um DM 50,– heraufgesetzt, weil vom Fahrverbot abgesehen wurde.
OLG Düsseldorf, Beschluss vom 27. 9. 1994, NZV 1995, 35	Ein qualifizierter Rotlichtverstoß bei einer Baustellenampel, die nur zur Regelung des Verkehrs in dem nur einspurig befahrenen Baustellenbereich eingerichtet ist, ist grundsätzlich ausgeschlossen. Der hinter der Regelung steckende Schutz des Querverkehrs spielt hier keine Rolle.
OLG Hamm, Beschluss vom 5. 5. 1994, NZV 1995, 82	Ein qualifizierter Rotlichtverstoß liegt nicht vor, wenn er auf einem so genannten Mitzieheffekt beruht. Im entschiedenen Fall stand der Betroffene parallel auf einer Geradeausspur neben einer Rechtsabbiegerspur. Er startete, obwohl nur die Rechtsabbiegerspur Grün bekam und verursachte im Kreuzungsbereich einen Unfall mit Sachschaden. Das Gericht sah wegen des geringen Handlungsunwertes trotz der eingetretenen Gefährdung vom Regelfahrverbot ab.
OLG Oldenburg, Beschluss vom 23. 11. 1994, NZV 1995,119	Bei einem Rotlichtverstoß auf einer einspurig befahrbaren Brücke fehlt es ebenfalls an einer Gefährdung des Querverkehrs. Kein Regelfahrverbot.
OLG Hamm, Beschluss vom 16. 10. 1995, DAR 1996, 69	Wer als Ortsunkundiger durch den Mitzieheffekt in die Kreuzung einfährt, braucht ebenfalls kein Fahrverbot hinzunehmen.
OLG Oldenburg, Beschluss vom 2. 4. 1993, DAR 1993,440	Das Gericht macht das Fahrverbot beim sog. Frühstarter davon abhängig, ob bei kurz bevorstehender Umschaltung der Ampel auf Rot-Gelb-Licht noch eine Gefährdung des Querverkehrs bestanden hat.
OLG Oldenburg, Beschluss vom 28. 3. 1995, NZV 1995, 405	Bei einem selbstständigen Taxiunternehmer sah das Gericht vom Regelfahrverbot wegen der zu erwartenden Existenzgefährdung ab. Aber: Das Gericht muss nachprüfbare Feststellungen hierzu treffen. Die bloßen Behauptungen des Betroffenen reichen nicht, um von einem Fahrverbot abzusehen (OLG Hamm, Beschluss vom 1. 4. 1996, 2 Ss Owi 259 / 96).

Gericht	Entscheidung
BayObLG, Beschluss vom 18. 4. 1994	Das Gericht lehnte das Regelfahrverbot ab, weil die betroffene Autofahrerin aus Unachtsamkeit eine Ampel für einen Fußgängerüberweg übersehen hatte. Sie war kurz zuvor nach rechts eingebogen und musste deshalb den von links kommenden bevorrechtigten Verkehr beobachten. Zu einer Behinderung oder sonstigen Beeinträchtigung anderer Verkehrsteilnehmer war es nicht gekommen.
BayObLG, Beschluss vom 9. 1. 1996, DAR 1996	Bei einem Mitzieheffekt entfällt das Regelfahrverbot nicht, wenn es zu einer Schädigung des Querverkehrs gekommen ist. Das gilt auch bei ansonsten nicht rücksichtslosem Verhalten.

Aber: Allein der Umstand, dass sich der verkehrsrechtlich nicht vorbelastete Betroffene in der Hauptverhandlung **geständig, reuig und einsichtig** zeigt, reicht nicht aus, vom Regelfahrverbot abzusehen (OLG Düsseldorf, Beschluss vom 4. 4. 1995, NZV 1995, 366). Dafür müssen schon besondere objektive Umstände vorliegen (OLG Köln, Urteil vom 19. 11. 2002, NZV 2003, 138). Ein »Augenblicksversagen« reicht nur selten als Entschuldigung (nicht ausreichend: OLG Köln, Urteil vom 19. 11. 2002, NZV 2003, 138; ausreichend: AG Bersenbrück, Urteil vom 4. 11. 2002, NZV 2003, 151). Trotzdem sollten Sie sich aus taktischen Gründen einsichtig zeigen, wenn Sie sich gegen ein Regelfahrverbot erfolgreich zur Wehr setzen wollen.

Schätzung durch die Polizei

Schätzt ein Polizeibeamter, dass die Ampel »bereits ca. zwei Sekunden« oder »bereits ziemlich lange« rotes Licht zeigte, genügt dies nicht als Nachweis für einen qualifizierten Rotlichtverstoß. Denn das Schätzen von Zeitabläufen ist immer mit einem hohen Unsicherheitsfaktor behaftet (OLG Köln, Beschluss vom 7. 9. 2004, NZV 2004, 651).

Versicherungsrechtliche Auswirkung

Beim so genannten qualifizierten Rotlichtverstoß kann es Ihnen zu allem Ärger noch passieren, dass Sie Ihren **Kaskoversicherungsschutz wegen grober Fahrlässigkeit** verlieren. So geschehen und höchstrichterlich bestätigt in dem Fall einer Autofahrerin, die an einer gut ausgebauten übersichtlichen Kreuzung das Rotlicht übersehen und dadurch einen Unfall verursacht hatte (BGH, Urteil vom 8. 7. 1992, StVE Nr. 40 zu § 61 VVG). Der von ihr vorgetragene Reaktionsfehler nützte ihr nichts, denn laut BGH war der Konzentrationsmangel im konkreten Fall unentschuldbar. Allerdings muss man in diesem Fall nicht noch mit einer strafrechtlichen Verfolgung rechnen.

Beim **Mitzieheffekt auf Parallelfahrbahnen,** wenn unterschiedliche Lichtzeichen gegeben werden, ist die Rechtsprechung nicht eindeutig. Nach OLG Hamm (Urteil vom 6. 2. 1991, StVE Nr. 36 zu § 61 VVG) liegt in einem derartigen Augenblicksversagen keine grobe Fahrlässigkeit (ebenso OLG München, Urteil vom 17. 2. 1995, NZV 1996, 1116). Das OLG Celle hingegen bejahte die grobe Fahrlässigkeit in derselben Verkehrssituation (Urteil vom 27. 10. 1994, NZV 1995, 363). Hier war es allerdings so, dass der Rotlichtsünder ortskundig und großstadterfahren war und ihm deshalb die angeblich irritierende Verkehrs- und Ampelsituation nicht abgenommen wurde.

Generell haben Sie als **Führerscheinneuling oder Ortsunkundiger bei verwirrender Ampelregelung** die besten Chancen gegenüber Ihrer Versicherung. Auf keinen Fall sollten Sie zu Ihrer Entschuldigung vortragen, von der Sonne geblendet worden zu sein. Wer fährt, obwohl er nichts sieht, handelt besonders sorgfaltswidrig!

Rückschaupflicht

Beim **Abbiegen, Überholen, Anfahren, Einfahren und Fahrstreifenwechsel müssen** Sie sich durch Rückschau stets absichern, dass Sie »freie Bahn haben«. Grundsätzlich genügt hierzu der Blick in den Rück- und Seitenspiegel, soweit Sie auf beiden Seiten Spiegel haben. Dabei dürfen Sie den »**toten Winkel«** nicht vergessen. Das heißt, entweder müssen Sie tatsächlich über die Schulter nach hinten schauen oder Sie haben einen speziellen Spiegel, der durch Verkleinerung den toten Winkel zeigt. Bei einem derartigen Spiegel sollten Sie aber nicht vergessen, dass die Verkleinerung über die Entfernung des nachfolgenden Verkehrs täuscht.

Beim **Abbiegen wird zusätzlich die zweite Rückschau** unmittelbar vor dem Vorgang verlangt. Dasselbe gilt für das An- und Einfahren und den Fahrspurwechsel.

Auf die zweite Rückschau dürfen Sie nur dann verzichten, wenn jede Gefährdung anderer ausgeschlossen ist. Bei ihr muss unbedingt über die Schulter geschaut werden, egal wie technisch perfekt Ihre Spiegel ausgestattet sind.

Im Ernstfall wird der Richter dem Rückschaupflichtigen vorhalten, er hätte bei Beachtung der Rückschaupflicht den anderen Verkehrsteilnehmer sehen müssen. Da nützt es nichts, wenn Sie beteuern, sich sogar mehrfach umgeschaut zu haben.

Rückwärtsfahren

Beim Rückwärtsfahren ist es ganz wichtig, keinen anderen Verkehrsteilnehmer zu gefährden (§ 9 Abs. 5 StVO). Notfalls müssen Sie sich **einweisen lassen**. Ansonsten dürfen Sie überall für kurze Strecken rückwärts fahren. Davon sind allerdings gemäß § 18 Abs. 7 StVO **Autobahnen und Kraftfahrstraßen (Zeichen 331) ausgenommen**. Außerdem müssen Sie folgende Spielregeln beachten:

Rückwärtsfahren ist erlaubt

- zum Abbiegen in Grundstücke,
- zum Ausparken aus einer Grundstückseinfahrt,
- zur Vermeidung des Wendens,
- beim Vorbeifahren am Ziel und
- zum Einparken.

Aber:

- Rückwärtsfahren in die **falsche Richtung**, zum Beispiel in eine Einbahnstraße, ist außer zum Einparken generell verboten.
- Sie müssen **stets bremsbereit** sein und bei Gefahr sofort anhalten können.
- Wer trotz schlechter Sicht flott rückwärts fährt, verliert unter Umständen seinen **Kaskoversicherungsschutz** wegen grober Fahrlässigkeit nach § 61 VVG (OLG Schleswig, Urteil vom 7. 11. 1991, r+s 93, 49).

Wer in **Parkhäusern oder auf Parkplätzen** rückwärts fährt, darf mit der Rücksichtnahme anderer Verkehrsteilnehmer rechnen. Denn der hohe Sorgfaltsmaßstab beim Rückwärtsfahren dient hauptsächlich dem fließenden Straßenverkehr (LG Braunschweig, Urteil vom 19. 1. 1994, StVE Nr. 91 zu § 9 StVO). In Parkhäusern und auf Parkplätzen muss also **jeder Fahrer besonders vorsichtig und bremsbereit fahren und sich auf rangierende Fahrzeuge einstellen.** Trotzdem bleibt auch hier das überwiegende Verschulden beim Rückwärtsfahrenden. Im entschiedenen Fall wurde es mit einer Zwei-Drittel-Haftungsquote festgelegt.

Auf eine Haftungsquote von einem Drittel entschieden die Richter in folgendem Fall: Ein Autofahrer parkte **rückwärts aus einer Grundstückseinfahrt** aus. Dadurch bedingt stand er kurzzeitig quer auf der Fahrbahn. Es kam zum Unfall mit einem zweiten Verkehrsteilnehmer. Dieser hätte allerdings aufgrund der Entfernung und seiner Geschwindigkeit genug Zeit (hier: 5 Sekunden) gehabt, um zu reagieren und den Zusammenstoß zu vermeiden. Der Autofahrer aus dem fließenden Verkehr haftete daher zu zwei Dritteln (LG Hannover, Urteil vom 21. 8. 2002, DAR 2003, 75).

Verkehrsrecht für Senioren von A bis Z | **E1**

Saisonkennzeichen

Viele Autofahrer melden Ihr Fahrzeug im Sommer ab und steigen auf Fahrrad oder Motorrad um. Zur Vereinfachung des An- und Abmeldens wurden so genannte Saisonkennzeichen eingeführt, aus denen der Anmeldezeitraum hervorgeht. Außerhalb des Zulassungszeitraums dürfen solche Fahrzeuge nicht abgestellt werden:

- an Straßen,
- auf öffentlichen Parkplätzen,
- in Parkhäusern.

Wer sich an diese Regeln nicht hält, wird abgeschleppt und muss die Kosten dafür tragen. Zusätzlich fallen € 40,00 Bußgeld und drei Punkte in Flensburg an. Wer mit abgelaufenem Saisonkennzeichen im Straßenverkehr unterwegs ist, zahlt € 50,00 Bußgeld und erhöht sein Punktekonto in Flensburg ebenfalls um drei Punkte.

Schleudern

Wer bei Wasserglätte oder Glatteis ins Schleudern gerät, muss sich den Vorwurf des Zu-schnell-Fahrens oder unrichtigen Bremsens gefallen lassen. Laut BGH kann nämlich ein Fahrzeug auf nasser, schmieriger Straße durch **Gaswegnehmen und weiches Herunterschalten die Schleudergefahr beträchtlich verringern**. Bei Glatteis müssen Sie sich sogar darauf einstellen, dass Ihr Vordermann ins Schleudern gerät (OLG Nürnberg, Urteil vom 29. 5. 1992, NZV 1993, 149).→ Glatteis

Konkret bedeutet dies, dass Sie Ihren **Sicherheitsabstand entsprechend vergrößern** müssen, um rechtzeitig in dieser Situation richtig reagieren zu können. Im entschiedenen Fall wurde dem Auffahrenden wegen zu geringen Sicherheitsabstandes eine Mithaftung von einem Viertel des Schadens auferlegt.

Sicherheitsgurt

Nur bei **Fahrten mit Schrittgeschwindigkeit** (z. B. auf Parkplätzen oder beim Rückwärtsfahren) dürfen Sie auf den Sicherheitsgurt verzichten. Wer sich auf gesundheitliche oder andere körperliche Gründe berufen kann, hat die Möglichkeit, sich von der allgemeinen Anschnallpflicht befreien zu lassen. Dazu müssen Sie einen Antrag bei der zuständigen Verkehrsbehörde stellen und ein ärztliches Attest vorlegen.

Laut BGH gibt es jedoch **kaum einen gesundheitlichen Grund, auf das Anschnallen zu verzichten** (Urteil vom 29. 9. 1992, NZV 1993, 23). Die meisten vermeintlichen Hinderungsgründe ließen sich durch geeignete Maßnahmen beseitigen. Sie laufen angesichts dieser Rechtsprechung beim Verzicht auf den Sicherheitsgurt aus medizinischen Gründen Gefahr, doch einen erheblichen Mitverschuldensanteil auferlegt zu bekommen, wenn durch das Nichtanschnallen bestimmte Unfallverletzungen eintreten.

Stoppschild

Ob die Vorfahrtstraße frei ist oder nicht: Sie müssen am Stoppschild **immer halten**. Selbst langsames Rollen ist unzulässig. Wer ein Stoppschild überfährt, handelt **grob fahrlässig im Sinne des § 61 VVG und verliert dadurch seinen Anspruch bei der Kaskoversicherung** (OLG Zweibrücken, Urteil vom 12. 2. 1991, StVE Nr. 37 b zu § 61 VVG). **Aber:** War das Schild ohne vorherige Ankündigung am rechten Fahrbahnrand aufgestellt, die sonstige Beschilderung eher verwirrend und die Sichtverhältnisse schlecht, liegt laut OLG Nürnberg keine grobe Fahrlässigkeit vor (Urteil vom 21. 12. 1995, 8 U 2423 / 95 n.n. v.).

Straßenbahn

Die Straßenbahn hat **immer Vorfahrt**! Wenn Sie also z. B. links abbiegen möchten, sich dafür auf einer Fahrbahn mit Straßenbahnschienen einordnen und einen Unfall mit der Straßenbahn haben, müssen Sie für die Hälfte der Kosten aufkommen. Zwar geht von der Straßenbahn schon aufgrund ihres langen Bremswegs eine höhere Betriebsgefahr aus als von einem Pkw. Trotzdem haftet der Bahnbetreiber nicht für den gesamten Schaden. Denn gerade aus dieser höheren Betriebsgefahr ergibt sich für den Autofahrer eine erhöhte Vorsichtspflicht (KG Berlin, Urteil vom 26. 1. 2004, 12 U 182 / 02).

Straßenverkehrsgefährdung

Zahlreiche Verkehrsordnungswidrigkeiten erfüllen zusätzlich den Straftatbestand des §§ 315 b StGB ff. (Straßenverkehrsgefährdung, gefährliche Eingiffe in den Straßenverkehr). Dann bleibt es nicht beim Bußgeldverfahren, sondern es kommt zu einer Anklage, die günstigstenfalls im Strafbefehlsverfahren geahndet wird.

Von einer Straßenverkehrsgefährdung spricht man, wenn Sie bei dem Verkehrsvergehen **fahruntüchtig waren oder grob verkehrswidrig und rücksichtslos gehandelt haben. In beiden Fällen muss außerdem die **Gefährdung von Leib oder Leben eines anderen oder fremder Sachen von bedeutendem Wert** hinzukommen.

So kann

- ein Rotlichverstoß,
- die Missachtung der Vorfahrt,
- das falsche Überholen oder Überholtwerden,
- das Falschfahren an Fußgängerüberwegen,
- das Zu-schnell-Fahren an unübersichtlichen Stellen, Straßenkreuzungen, Straßeneinmündungen oder Bahnübergängen,
- ein Verstoß gegen das Rechtsfahrgebot an unübersichtlichen Stellen,
- das Wenden rückwärts oder das Entgegen-der-Fahrtrichtung-Fahren auf Autobahnen oder Kraftfahrstraßen oder
- das nicht ausreichende Kenntlichmachen von liegen gebliebenen Fahrzeugen

eine **Freiheitsstrafe von bis zu 10 Jahren zur Folge haben.** In diesen Fällen tritt die **Ordnungswidrigkeit hinter der Straftat zurück und wird nicht noch zusätzlich verfolgt.**

Telefonieren

Wer während des Autofahrens mit dem Mobiltelefon telefoniert und dabei keine Freisprecheinrichtung benutzt, macht sich strafbar. Nur wenn das Fahrzeug steht und der Motor ausgeschaltet ist, darf am Steuer ohne Freisprecheinrichtung telefoniert werden (§ 23 Abs. 1 a StVO).

Auch wenn Sie Ihr Mobiltelefon als Organisator oder als Internetzugang verwenden, liegt eine »Benutzung« im Sinne des § 23 StVO vor. Es kommt allein darauf an, ob Sie das Gerät dabei in der Hand halten. Welchen Zweck es im konkreten Moment erfüllt, ist gleich (OLG Hamm, Beschluss vom 25. 11. 2002, NZV 2003, 98).

Wer mit dem Handy am Ohr erwischt wird, muss € 40,00 zahlen und bekommt zusätzlich einen Punkt in Flensburg. Das OLG Jena geht davon aus, dass das verbotswidrige Benutzen eines Mobiltelefons ohne Freisprecheinrichtung immer eine Vorsatztat ist. Eine zusätzliche Erhöhung des Bußgeldes wegen vorsätzlicher Begehung ist deshalb nicht möglich (Beschluss vom 6. 9. 2004, NZV 2005, 108).

Allerdings verwirklicht sich beim Telefonieren ohne Freisprecheinrichtung nicht immer eine Betriebsgefahr. Glück hat, wer nachweisen kann, dass sich das verbotene Telefonieren **nicht auf den Unfall ausgewirkt** hat (LG Münster, Urteil vom 23. 1. 2004, DAR 2004, 354).

Übrigens ist auch beim **Fahrradfahren** das Telefonieren nicht erlaubt und wird mit € 25,00 geahndet.

Abgesehen von der Verkehrsordnungswidrigkeit, bekommt man auch noch Probleme mit der Kfz-Versicherung, wenn es wegen des Telefonierens zum Unfall kommt. Die Versicherungen gehen hier von »grober Fahrlässigkeit« aus.

Vorfahrtverletzung

Das **Vorfahrtsrecht gilt auf der ganzen, bevorrechtigten Straße,** also auch bei verbotswidrigem Linksfahren. Selbst anderes verkehrswidriges Verhalten beseitigt ein Vorfahrtsrecht nicht. Ist zum Beispiel **der Vorfahrtberechtigte erheblich zu schnell gefahren,** verliert er seine Vorfahrt nicht, bekommt aber eine nicht unbedeutende Mithaftung auferlegt, wenn es kracht (OLG Köln, Urteil vom 12. 1. 1994, StVE 104 zu § 8). Hier lag die Geschwindigkeitsüberschreitung bei 30 % und der Mithaftungsanteil des Vorfahrtberechtigten daraufhin bei 25 %.

Aber: Kein Vorfahrtsrecht hat derjenige, der verbotswidrig **in falscher Richtung** fährt (z. B. Einbahnstraße oder falsche Richtungsfahrbahn).

Einen **Verzicht auf die Vorfahrt** darf der Wartepflichtige nur annehmen, wenn der andere dies unmissverständlich anzeigt (so zuletzt OLG Koblenz, Urteil vom 12. 10. 1992, NZV 1993, 273). Im entschiedenen Fall wurde eine **Lichthupe** ohne weitere sonstige Anhaltspunkte als Vorfahrtsverzicht **fehlinterpretiert.**

Wer die Vorfahrt zu beachten hat, muss rechtzeitig, insbesondere durch mäßige Geschwindigkeit, zu erkennen geben, dass er warten wird (§ 8 Abs. 2 Satz 1 StVO). Er darf nicht mit hoher, den **Vorfahrtberechtigten irritierender Geschwindigkeit** an die Kreuzung heranfahren und erst dort scharf bremsen. Der Vorfahrtberechtigte darf aber anders als beim **Stoppschild** weiterfahren, wenn er übersehen kann, dass er keinen anderen gefährdet oder behindert. Dabei muss er sich vorsichtig in die Kreuzung hineintasten.

Waschanlage

Samstag ist Badetag, auch für viele Autos. Aber trotz ausgefeilter Technik bleiben Beschädigungen durch Waschanlagen nicht aus. Schäden am **linken Außenspiegel** muss der Anlagenbetreiber immer ersetzen. Denn die Ausstattung von Fahrzeugen mit einem linken Außenspiegel ist Pflicht.

Um auf Gefahren für Pkw mit **Anhängerkupplung** hinzuweisen, reicht ein handschriftlicher Zettel, ganze 2 cm groß, nicht aus.

Bei Fahrzeugen, deren Lackierung Schäden der Pigmentierung oder eine Verringerung der Bindemittel in der Lackierung aufweisen, können durch die Bürsten der Waschanlage so genannte **Laufspuren** zurückbleiben. Auf diese Gefahr muss der Betreiber der Waschanlage seine Kunden hinweisen (AG Lemgo, Urteil vom 17. 11. 2003, NZV 2004, 407).

Aber nicht jeder Schaden geht auf das Konto der Anlagenbetreiber. Ignorieren Sie den Hinweis »**Antenne einziehen**«, bleiben Sie auf dem Schaden sitzen.

Ein Autofahrer fuhr in der Waschanlage mit dem Rad auf die 7 cm hohe Einweiserschiene. Dadurch geriet der Wagen in eine **Schrägstellung**, was zu Beschädigungen führte. Hier hat der unvorsichtige Fahrer keinen Schadensersatzanspruch gegen den Betreiber der Waschanlage.

Wer behauptet, sein Wagen sei bereits bei der **Vorreinigung** durch die Mitarbeiter der Waschanlage beschädigt worden, muss dies auch beweisen können (LG Bochum, Urteil vom 27. 2. 2004, NZV 2004, 406).

Beliebte Klausel in den AGB von Waschanlagen-Betreibern: »Schäden müssen **vor Verlassen des Betriebsgeländes** gemeldet werden«, sind unwirksam. Dass der Schaden von der Benutzung der Waschanlage herrührt, können Sie aber natürlich besser nachweisen, wenn Sie sich noch auf dem Gelände befinden.

Autofahrer dürfen berechtigterweise davon ausgehen, dass ihre Fahrzeuge bei der Reinigung nicht beschädigt wreden. Daher ist folgende **AGB** eines Waschanlagenbetreibers unwirksam: »Eine Haftung für die Beschädigung der außen an der Karosserie angebrachten Teile, wie z. B. Zierleisten, Spiegel, Antennen, sowie dadurch verursachte Lack- und Schrammschäden, bleibt ausgeschlossen, es sei denn, dass den Waschanlagenunternehmer eine Haftung aus grobem Verschulden trifft.« »Folgeschäden werden nicht ersetzt, es sei denn, dass den Waschanlagenunternehmer eine Haftung aus grobem Verschulden trifft.«

Wegrollen

Wenn Ihr Auto auf abschüssiger Straße wegrollt, weil die **Handbremse** nicht angezogen oder der **gegenläufige Gang** nicht eingelegt worden ist, verlieren Sie wegen **grober Fahrlässigkeit** Ihren Kaskoversicherungsschutz nach § 61 VVG (OLG Köln, Urteil vom 12. 4. 1994, r+s 1994, 209).

Rollt Ihnen der **Einkaufswagen** weg und beschädigt ein fremdes Fahrzeug, begehen Sie Unfallflucht, wenn Sie den Schaden stillschweigend übergehen wollen (OLG Koblenz, Urteil vom 9. 7. 1993 1 Ss 306/92). **Abgewickelt werden Schäden durch wegrollende Einkaufswagen** vor dem Beladen des eigenen Fahrzeugs über die Privathaftpflicht-, danach über die Kfz-Haftpflichtversicherung (LG Limburg, Urteil vom 21. 7. 1993, ZfS 1993,377; LG Marburg, Urteil vom 6. 10. 1993, NJW-RR 1994, 221). Informieren Sie bei Zweifelsfragen am besten beide Versicherungen!

Wenden

Für das Wenden gelten dieselben **erhöhten Sorgfaltspflichten** wie für das Rückwärtsfahren (§ 9 Abs. 5 StVO). Das bedeutet konkret, dass Sie sich gegebenenfalls einweisen lassen müssen und **nur an günstiger Stelle und auf schonendste Art die Fahrtrichtung ändern** dürfen. **Vor, an und hinter unübersichtlichen Stellen sowie bei starkem Verkehr ist das Wenden verboten,** hier muss ein Umweg in Kauf genommen werden.

Auf Autobahnen und Kraftfahrstraßen (Zeichen 331) darf überhaupt nicht gewendet werden (§ 18 Abs. 7 StVO). Wer allerdings eine Kraftfahrstraße verlässt, indem er nach links in einen privaten Forstweg einbiegt, um von dort erneut in die Gegenrichtung einzufahren, verstößt nicht gegen das Wendeverbot auf Kraftfahrstraßen (BayObLG, Beschluss vom 22. 11. 1995, NZV 1996, 161). Dieses Wendemanöver ist jedoch nur dann zulässig, wenn Sie nicht in einem Bogen rückwärts auf die Fahrbahn zurückfahren: Sie müssen das Wendemanöver auf dem Nebenweg vollführen.

Eine **Haltebucht,** die Teil des Seitenstreifens ist, dürfen Sie zum Wenden nicht benutzen (BayObLG, Beschluss vom 27. 1. 2002, NZV 2003, 201).

Kommt es wegen unzulässigen Wendens auf einer Kraftfahrstraße zu einem Unfall, muss sich der Auffahrende keinerlei Betriebsgefahr anrechnen lassen. Der andere Beteiligte haftet zu 100 % für den entstandenen Schaden (OLG Koblenz, Urteil vom 28. 10. 1991, NZV 1992, 406).

Das **Wenden auf Kraftfahrstraßen** sollten Sie auch schon deshalb tunlichst vermeiden, weil es auch ohne konkrete Gefährdung anderer Verkehrsteilnehmer eine grobe Pflichtverletzung ist und deshalb zum Fahrverbot führen kann (OLG Oldenburg, Beschluss vom 7. 8. 1992, NZV 1992, 493).

Wildunfall

»Ich bremse auch für Tiere« – der verbreitete Aufkleber schützt jedoch nicht vor den finanziellen Folgen eines Unfalls mit Tieren. Ein Fahrer, der einem **Fuchs** auswich und infolgedessen gegen die Leitplanke fuhr, blieb auf dem Schaden sitzen. Die Kaskoversicherung muss die Kosten nicht übernehmen, urteilte der BGH (Urteil vom 25. 8. 2004, IV ZR 276/02). Im Einzelfall, so die Richter, komme es jedoch auch bei einem Unfall mit einem Fuchs auf die jeweiligen Umstände an (z. B. Geschwindigkeit und Größe des Fahrzeugs).

Grundsätzlich gilt: Bei Brems- und Ausweichmanövern für **kleinere Tiere** haben Sie keine Ansprüche gegen die Kaskoversicherung (BGH , Urteil vom 27. 6. 2003, IV ZR 276/02). Denn dann entsteht bei einem Ausweichmanöver meist ein größerer Schaden, als wenn Sie es auf einen Zusammenprall ankommen lassen. So ist es z. B. nicht erlaubt, auf einer Landstraße bei einer Geschwindigkeit von 100 km/h einem Hasen oder Fuchs auszuweichen, wenn es dadurch zu Personen- und/oder Sachschäden von erheblichem Ausmaß kommen könnte (KG Berlin, Urteil vom 24. 1. 2002, DAR 2003, 64). Bei **größeren Tieren,** wie etwa Rotwild oder Wildschweinen, zahlt die Versicherung den Schaden (»Rettungskosten«).

Wohnmobil

Wer ein Wohnmobil hat, **vermietet** es unter Umständen in der Zeit, in der er es selber nicht nutzt. Geschieht dies gewerbsmäßig, sollte er dies seiner Versicherung melden. Andernfalls läuft er Gefahr seinen Versicherungsschutz zu verlieren (§ 2 AKB). Aber nicht jede Vermietung ist hier schädlich. Es kommt sowohl auf die Gewinnerzielungsabsicht an als auch darauf, ob die Vermietung als »auf Dauer angelegt« anzusehen ist. Wer sein Wohnmobil im Bekanntenkreis zum Tagespreis von DM 65,- (ca. € 300,-) vermietet, macht dies in der Regel laut OLG Hamm nicht gewerbsmäßig (Urteil vom 11. 3. 1988, StVE Nr. 7 zu § 2 AKB). Im Übrigen ist nach der zitierten Entscheidung der Kaskoversicherer für die Gewerbsmäßigkeit beweispflichtig.

Wohnwagen

Wer mit dem Wohnwagen losfahren will, sollte über einige **Sonderregelungen** Bescheid wissen.

- So beträgt zum Beispiel die Höchstgeschwindigkeit **außerhalb geschlossener Ortschaften 80 km/h** – und zwar auch auf Autobahnen (§§ 3 Abs. 3 Nr. 2a/18 Abs. 5 Nr. 1 StVO).

- Ist der ganze **Zug länger als sieben Meter**, müssen Sie außerhalb geschlossener Ortschaften auch ständig einen so großen Abstand vom Vordermann halten, dass ein überholendes Fahrzeug einscheren kann (§ 4 Abs. 2 StVO). Das gilt nicht, wenn Sie auf einer mehrspurigen Straße selbst überholen wollen und dies angekündigt haben, oder wenn das Überholen ohnehin verboten ist.

- Beim Überholen dürfen Sie die zulässige **Höchstgeschwindigkeit nicht überschreiten.**

- An **Bahnübergängen** müssen Sie schon unmittelbar nach der einstreifigen Bake warten, wenn gelbe oder rote Lichtzeichen oder rotes Blinklicht gegeben werden, die Schranken sich senken oder schon geschlossen sind.

- In Ein- oder Doppelachsern ist es verboten, **Personen während der Fahrt** im Anhänger mitzunehmen (§ 21 Abs. 1 Nr. 3 StVO).

Zebrastreifen

An Zebrastreifen dürfen Sie nach § 26 Abs. 1 StVO nur mit **mäßiger Geschwindigkeit** heranfahren, um Fußgängern, die die Fahrbahn erkennbar überschreiten wollen, das Überqueren zu ermöglichen. Eine Ordnungswidrigkeit begehen Sie hier schon, wenn der Fußgänger irgendwie in seinem Verhalten durch das herannahende Fahrzeug beeinträchtigt wird. Er muss nicht erst erschreckt, verwirrt oder gar gefährdet worden sein (OLG Düsseldorf, Beschluss vom 10. 11. 1992, NZV 1993, 320).

An einem Zebrastreifen darf weitergefahren werden, wenn die darauf befindlichen Fußgänger weder gefährdet, behindert oder belästigt werden. Ein Abstand von 2,50 m und weniger führt aber zumindest zu einer **Belästigung des Fußgängers** (OLG Düsseldorf, Beschluss vom 26. 10. 1992, DAR 1993, 153).

Ist an einem Zebrastreifen die **Ampel außer Betrieb**, gelten dieselben Vorschriften wie für Überwege ohne Ampel. Das heißt: der **Fußgänger hat Vorrang** (§ 26 StVO).

E2 So verhalten Sie sich richtig bei Verwarnung und Bußgeld im Straßenverkehr

1 Mit diesen Sanktionen bei Verkehrsverstößen müssen Sie rechnen

1.1 Geldbuße, Punkte oder Fahrverbot?

Erst wenn Sie wissen, welche Konsequenzen drohen, können Sie entscheiden, welche Verteidigungsstrategie **in Ihrem Fall** die wirksamste und wirtschaftlich sinnvollste ist. Bei der Verteidigungsstrategie stehen daher primär die persönlichen Verhältnisse und Bedürfnisse des Betroffenen im Vordergrund.

» **Beispiel:** Für Person A kann eine hohe Geldbuße die schlimmste denkbare Strafe darstellen, für Person B ein verhängtes Fahrverbot und für Person C wiederum die Punkte auf dem Flensburger Konto.

Grundsätzlich ist bei den Sanktionen von Verkehrsverstößen zwischen **drei** Haupt-Folgen zu unterscheiden:

- Geldbuße
- Punkte
- Fahrverbot

Je nach Sachlage wird bloß eine Geldbuße verhängt, oder es gibt darüber hinaus Punkte sowie ein Fahrverbot. **Zusätzlich** kann Ihnen dann auch noch die Pflicht zur Führung eines Fahrtenbuchs auferlegt werden.

» **Beispiel:** Sie werden mit dem Handy am Ohr hinter dem Steuer Ihres Wagens »erwischt«. Hier fällt das Bußgeld mit € 60,- noch verhältnismäßig moderat aus. Zusätzlich gibt es jedoch einen Punkt im Flensburger Fahreignungsregister. Sind Sie als »Wiederholungstäter« wegen dieses Vergehens schon mehrfach auffällig geworden, kann sogar die Verhängung eines Fahrverbots drohen (OLG Bamberg, Beschluss vom 23. 11. 2012, 3 Ss OWi 1567/12).

1.2 Verwarnung oder Bußgeld – was ist der Unterschied?

Wer von uns kennt das nicht – einmal nicht aufgepasst und schon ist man mit zu hoher Geschwindigkeit in die Blitz-Falle geraten, ohne Anschnallgurt erwischt worden oder vielleicht mit dem Handy am Ohr aufgefallen. Für eine

E2 | So verhalten Sie sich richtig bei Verwarnung und Bußgeld im Straßenverkehr

Vielzahl von mehr oder weniger kleinen Vergehen sind Verwarn- oder Bußgeldstrafen vorgesehen. Geregelt wird das im allseits bekannten, aber wenig beliebten Bußgeldkatalog.

Dabei ist es ein erheblicher Unterschied, ob Sie vonseiten der Polizei einen Verkehrsverstoß vorgehalten bekommen und dann »**nur**« **verwarnt** werden oder ob Ihnen ein **Bußgeld** auferlegt wird. Diesen Unterschied spüren Sie ganz deutlich vor allem in der Geldbörse.

» **Beispiel:**

- **Weniger schwerwiegende** Verstöße (sogenannte »B-Verstöße«) werden mit einem **Verwarngeld** von € 5,– bis zu € 55,– geahndet. Hierunter fallen zum Beispiel Behinderung von Rettungsfahrzeugen, Fahren ohne Erste-Hilfe-Material oder das Versäumen der Anmeldefrist für die TÜV-Untersuchung.

- **Schwerwiegende** Verstöße (sogenannte »A-Verstöße«) werden mit einem **Bußgeld** ab € 40,– belangt. Dazu gehören beispielsweise Unfallflucht, Missachtung von Rotlicht, Überholen bei absolutem Überholverbot oder auch Gefährdung des Verkehrs auf Autobahnen.

Ein **Bußgeldbescheid** wird also immer dann fällig, wenn Ihnen eine Verkehrsordnungswidrigkeit vorgeworfen wird, die nach dem Bußgeldkatalog mit € 60,– und mehr geahndet wird.

Mit einem Bußgeldbescheid müssen Sie aber **auch rechnen,** wenn Sie eine an sich »harmlose« Verkehrsordnungswidrigkeit (bis zu € 55,–) begangen, aber **nicht gezahlt** haben. In die genannten Beträge werden die etwaigen Verwaltungsgebühren, die bei Bescheidung anfallen, nicht mit einbezogen. Es geht hierbei ausschließlich um die Beträge, die im Bußgeldkatalog angeführt werden.

Gerade **Fahranfänger** haben großes Interesse daran, ihnen zur Last gelegte Verkehrsordnungswidrigkeiten aus der Welt zu schaffen. Schließlich müssen sie bei einem schwerwiegenden oder zwei weniger schwerwiegenden Verkehrsverstößen an einem Aufbauseminar teilnehmen. Die Kosten hierfür belaufen sich auf über € 300,–. Erfolgt keine Seminar-Teilnahme, kommt es zum Fahrerlaubnisentzug.

Beachten Sie: Mit der Anordnung eines Aufbauseminars verlängert sich auch die Probezeit von zwei auf vier Jahre.

2 So können Sie sich gegen Verwarnung und Bußgeld zur Wehr setzen

2.1 Sie wurden verwarnt – was nun?

Wenn Sie persönlich »erwischt« werden

Sofern Sie angehalten werden, erfolgt die Verwarnung in aller Regel **unmittelbar** mündlich durch den jeweiligen Beamten. Unter Umständen bekommen Sie den Verwarnungsgeldbescheid gleich **vor Ort** ausgehändigt.

Dann können Sie wählen, ob Sie sich mit der Verwarnung einverstanden zeigen oder nicht. Sie müssen jedenfalls nicht sofort bezahlen. Sie haben das Recht, sich die Angelegenheit **binnen einer Woche** in Ruhe zu überlegen und die Zahlung innerhalb dieser Frist zu veranlassen.

Beachten Sie: Diskutieren rettet Sie in einem solchen Moment erfahrungsgemäß nicht. Viel erfolgversprechender ist es, **Einsicht zu zeigen** und **freundlich** um Verständnis zu bitten. Denn im Einzelfall **kann** von der Verwarnung auch abgesehen werden – und das passiert deutlich häufiger gegenüber Einsichtigen als bei »Sturköpfen«. Einen Anspruch darauf, dass es bei der mündlichen Verwarnung bleibt, haben Sie nicht.

Allerdings **kann** die Behörde auch vom Angebot einer Verwarnung absehen und gleich das förmliche Bußgeldverfahren einleiten.

Wenn eine schriftliche Verwarnung erfolgt

Höchstwahrscheinlich finden Sie einige Tage nach Ihrer Tat eine **schriftliche** Verwarnung im Briefkasten. Diesem Schreiben können Sie entnehmen, was genau man Ihnen zur Last legt und was das Ganze kosten soll. Der Bußgeldkatalog sieht je nach Tatbestand zwischen € 5,– und € 55,– vor.

Beachten Sie: Dem sogenannten »Knöllchen«, das Sie zum Beispiel bei Parkverstößen an Ihrer Windschutzscheibe vorfinden, kommt **keinerlei rechtliche Bedeutung** zu. Es handelt sich hierbei nur um die Ankündigung eines Verwarnungsgeldbescheides. Es nützt Ihnen also auch nichts, sich als »Schutzmaßnahme« einen derartigen Zettel vom schon aufgeschriebenen Fahrzeug davor »auszuleihen« oder einfach so zu tun, als hätten Sie das Knöllchen gar nicht bekommen. Außerdem überprüfen die Damen und Herren in Uniform schon ausgeteilte »Knöllchen« immer wieder aufs Neue. Zudem werden beispielsweise Fotos geschossen oder die Reifenstände mittels Kreidemarkierungen gekennzeichnet.

Auch wenn Sie die schriftliche Verwarnung zugeschickt bekommen, haben Sie eine Woche Bedenkzeit. Sie läuft ab dem **Zeitpunkt der Zustellung.** Zahlen Sie innerhalb dieser Woche, erklären Sie Ihr Einverständnis mit der Verwarnung. Der Fall ist damit für Sie erledigt.

Wenn Sie die **Zahlungsfrist versäumt** haben, werden Sie genauso behandelt wie jemand, der mit der Verwarnung nicht einverstanden ist oder nicht bezahlt. Die verspätete Zahlung wird rechtlich als unwirksam gewertet (AG Saalfeld, Urteil vom 15. 7. 2005, OWi 23/04, NJW 2005 S. 2726). Es kommt dann zum **teureren** Bußgeldverfahren. Die eingegangene Zahlung wird in einem solchen Fall auf den dann folgenden Bußgeldbescheid angerechnet.

! Wollen Sie bei einem einfachen Verkehrsverstoß die Kosten nicht unnötig in die Höhe treiben, sollten Sie **rechtzeitig** zahlen. Dafür genügt es, wenn Sie am letzten Tag vor Ablauf der Zahlungsfrist zahlen. Als Beweis zählt das Datum der Kontoabbuchung. Wird es knapp, sollten Sie Ihre Zahlung bei der zuständigen Verwaltungsbehörde per E-Mail, Fax oder telefonisch rechtzeitig ankündigen oder Gründe nennen, warum Sie erst in ein bis zwei Wochen zahlen können. Nicht selten wird man Ihnen hier entgegenkommen.

Bei der Zahlung sollten Sie darauf achten, die **korrekten Daten** anzugeben. Achten Sie neben Kontonummer und Bankleitzahl oder IBAN und BIC auch auf die Angabe des richtigen Verwendungszwecks (in der Regel das jeweilige Kassen- oder Aktenzeichen). Kommt es nämlich durch fehlerhafte Überweisungsangaben Ihrerseits zu Verzögerungen, so gehen diese **zu Ihren Lasten**. Im schlimmsten Fall verpassen Sie also durch Schreibfehler oder Zahlendreher die Wochenfrist.

Wie stehen Ihre Chancen?

Haben Sie den Ihnen vorgeworfenen Verkehrsverstoß überhaupt begangen?

Polizisten und Politessen sind auch nur Menschen und irren ist menschlich. Allerdings sollten Sie schon aus eigenem Interesse darauf bedacht sein, es nicht zu Missverständnissen oder Fehlbeurteilungen kommen zu lassen.

» **Beispiel:** Beim Zuschlagen der Autotür fällt Ihnen der Parkschein unbemerkt herunter. Sie haben nichts Unrechtes getan. Grundsätzlich sind Sie aber verpflichtet, dafür zu sorgen, dass der Parkschein gut sichtbar und möglichst so im Auto angebracht wird, dass er nicht herunterfallen kann. Heben Sie daher den Parkschein als Nachweis gut auf und schicken Sie ihn zum Beispiel per Fax an die zuständige Bußgeldbehörde.

Bisweilen kommt es auch vor, dass die Feststellungen in der Verwarnung **offensichtlich falsch** sind. Das darf keinesfalls zu Ihren Lasten gehen.

》 **Beispiel:** Es ist keine Seltenheit, dass das angeführte amtliche Kennzeichen nicht mit Ihrem übereinstimmt oder der genannte Fahrzeugtyp unzutreffend ist.

Liegt aber ein offensichtlicher Schreibfehler beim Namen oder ein Zahlendreher beim Geburtsdatum vor, haben Sie schlechte Karten. Der Bescheid bleibt hier trotz des Fehlers wirksam (OLG Hamm, Beschluss vom 3. 3. 2005, 2 Ss OWi 407/04, DAR 2005 S. 254).

Sind Sie **nicht selbst** gefahren, kann man Sie grundsätzlich nicht zur Kasse bitten. Hier können Sie den wahren Übeltäter nennen und zahlen lassen. Dazu verpflichtet sind Sie jedoch nicht. Äußern Sie sich nicht, kann dies allerdings in seltenen Fällen eine Fahrtenbuchauflage zur Folge haben.

Haben Sie das Verkehrszeichen unverschuldet übersehen oder war es ungültig?

Wenn ein Verkehrszeichen unwirksam ist, weil zum Beispiel eine Geschwindigkeitsbegrenzung unzulässigerweise für einen bestimmten Bereich auf der Autobahn festgelegt wurde, nützt Ihnen das wenig. Solange es da steht, wo es steht, müssen Sie es beachten, wenn es nicht gerade vollkommen **unsinnig** ist.

Anders sieht es dagegen aus, wenn ein Verkehrsschild nicht erkennbar ist, weil es zum Beispiel mit Schnee bedeckt, zugewachsen oder verwittert ist.

Auch Schilder für den **fließenden** Verkehr, die irrtümlich in die verkehrte Richtung zeigen, müssen Sie nicht beachten. Schließlich sollen Sie sich auf das Fahren konzentrieren und nicht durch unnötige Verrenkungen den fließenden Verkehr gefährden.

! Denken Sie daran, Beweise zu sichern (z. B. Schneewetterbericht oder Zeugenaussage)! Gerade Fotos können unter Umständen sehr nützlich sein (z. B. mit Ihrem Mobiltelefon).

Befanden Sie oder andere sich in einer Notlage?

Für eine Ordnungswidrigkeit können Sie nur dann bestraft werden, wenn Sie **rechtswidrig** gehandelt haben. In einer echten Notsituation ist dies nicht der Fall. Die Notsituation sollte sich aber **nachweisen** lassen. Im Zweifel sollten Sie daran denken, sich vom Arzt eine Bestätigung ausstellen zu lassen.

E2 | So verhalten Sie sich richtig bei Verwarnung und Bußgeld im Straßenverkehr

》 **Beispiel:**

- Müssen Sie Ihr schwerkrankes Kind sofort zum Arzt bringen und parken mangels anderer Möglichkeit direkt auf dem Bürgersteig oder in zweiter Reihe vor dem Krankenhaus, dann dürfen Sie das ausnahmsweise – zumindest für die Zeit, in der Sie sich notwendigerweise in dem Krankenhaus aufhalten. Sie sollten aber Ihr Auto so bald als möglich umparken (lassen).

- Auch einem Taxifahrer, der eine hochschwangere Frau, bei der die Wehen eingesetzt haben, ins Krankenhaus fährt, ist eine etwaige Geschwindigkeitsübertretung nicht anzulasten.

Beachten Sie: Solche **Ausnahmeregelungen** aufgrund von Notsituationen haben immer hohe Anforderungen. Nicht jede aus Ihrer Sicht eventuell bestehende Notlage erlaubt Ihnen auch zugleich einen Verstoß gegen die Straßenverkehrsordnung. Allerdings lohnt es sich in vielen Fällen trotzdem, seine Beweggründe anzuführen und dadurch zumindest positiv auf das **Strafmaß** einzuwirken.

Wenn Sie an der Rechtmäßigkeit der gegen Sie verhängten Sanktionen zweifeln

Auch **formelle** Aspekte der Verwarnung müssen korrekt sein. Andernfalls ist der Bescheid unter Umständen unwirksam (z. B. muss die zuständige Behörde handeln). Keine Chancen haben Sie dagegen, wenn Sie sich auf den Gleichbehandlungsgrundsatz berufen, weil zum Beispiel Motorradfahrer bei Geschwindigkeitsmessungen der Polizei regelmäßig »durch die Lappen« gehen, weil sie schlecht zu identifizieren sind (OLG Jena, Beschluss vom 6. 1. 2003, 1 Ss 210/02, CR 2005 S. 555). Es besteht prinzipiell kein Anspruch auf Gleichbehandlung im Unrecht.

Kann Ihnen die Ordnungswidrigkeit überhaupt nachgewiesen werden?

Wird das Fahrzeug auch von anderen Personen gefahren, kann Ihnen bei sogenannten **Kennzeichenanzeigen** nicht immer nachgewiesen werden, dass Sie in dem konkreten Fall der Übeltäter waren. Bei **Parkverstößen** nützt es Ihnen allerdings wenig, Ihre Täterschaft zu leugnen. Hier greift die **Halterhaftung**. Das heißt, Ihnen werden pauschale Kosten für das Verwaltungsverfahren auferlegt, wenn der tatsächlich Verantwortliche nicht mit »zumutbaren Mitteln« ermittelt werden kann.

So verhalten Sie sich richtig bei Verwarnung und Bußgeld im Straßenverkehr | **E2**

Selbst bei **fotoüberwachten Verkehrskontrollen** kann es vorkommen, dass man den Fahrer nicht erkennt. Hier liegt es nahe, sich mit dem Argument »herausreden« zu wollen, nicht zu wissen, wer gefahren sei. Bei harmloseren Verstößen kommt es öfter vor, dass das Verfahren dann eingestellt wird.

Kommt diese Ausrede aber allzu häufig oder in besonders schweren Fällen wie zum Beispiel bei einer überfahrenen Rotlichtampel zum Einsatz, müssen Sie mit einer **Fahrtenbuchauflage** rechnen.

Um festzustellen, ob möglicherweise der Ehepartner oder andere Familienmitglieder auf dem Foto zu erkennen sind, darf die Bußgeldbehörde Einblick in die Unterlagen des Einwohnermeldeamtes nehmen (BayObLG, Beschluss vom 27. 8. 2003, 1 ObOWi 310/2003, DAR 2004 S. 38). Bisweilen schickt die Behörde ihre Mitarbeiter auch zur Wohnanschrift oder ins Büro des Fahrzeughalters, um dort entsprechende Hinweise auf die Person auf dem Foto zu erlangen. Diese Vorgehensweise ist ebenfalls zulässig.

! Als Privatperson bekommen Sie normalerweise keine Akteneinsicht wie ein Rechtsanwalt. In einfach gelagerten Fällen wie Geschwindigkeitsübertretungen sollten Sie die Behörde anschreiben und um Zusendung des Fotos zwecks Prüfung bitten. Lässt das Foto einen nahen Familienangehörigen eindeutig erkennen, sollten Sie sich in Ihr Schicksal fügen und zahlen (oder vom »Übeltäter« zahlen lassen).

Verjährung: Die Zeit ist Ihr Freund

Verstöße, die nach dem Bußgeldkatalog geahndet werden, verjähren nach **drei Monaten** (§ 26 Abs. 3 StVG). Nach Erlass des Bußgeldbescheides gilt eine verlängerte Verjährungsfrist von **sechs Monaten.** Eine wichtige **Ausnahme** gilt für Alkohol- und Drogenfahrten ab 0,5 ‰: Hier tritt die Verjährungsfrist erst **nach einem Jahr** ein (§ 24 a Abs. 3 StVG und § 31 Abs. 2 Nr. 3 OWiG). Nach Ablauf der in Ihrem Fall geltenden Frist dürfen Sie dann für den jeweiligen Verkehrsverstoß nicht mehr belangt werden – auch wenn feststeht, dass Sie ihn begangen haben.

》 Beispiele:

- Sie fahren am 1. 3. innerorts 10 km/h schneller als eigentlich erlaubt und werden geblitzt. Auch am 1. 6. ist noch kein Bußgeldbescheid erlassen worden bzw. es geht Ihnen in den darauffolgenden zwei Wochen kein solcher Bescheid zu. Die Sache ist dann verjährt.

| 415

- Sie fahren am 1. 3. innerorts 10 km/h zu schnell und werden geblitzt. Am 15. 3. wird ein entsprechender Bußgeldbescheid erlassen. Sofern Ihnen dieser Bescheid nicht spätestens am 14. 9. zugestellt wird, ist die Sache verjährt.

- Sie fahren am 1. 12. 2017 mit Ihrem Auto und werden im Rahmen einer Verkehrskontrolle mit einem Alkoholpegel von 1 ‰ erwischt. Wenn auch am 1. 12. 2018 noch immer kein Bußgeldbescheid erlassen wurde, haben Sie noch mal Glück gehabt und die Sache ist verjährt.

Die Verjährungsfrist beginnt mit dem **Tag der Begehung**. Es gibt allerdings zahlreiche Handlungen, die die Verjährung **unterbrechen**. Dann verlängert sich die Verjährungsfrist. Dazu zählen insbesondere

- die erste Vernehmung des Betroffenen,
- die Versendung des Anhörungsbogens,
- die Beauftragung eines Sachverständigen und
- der Erlass des Bußgeldbescheides (bzw. seine Zustellung).

! Es nützt Ihnen nichts, wenn Sie behaupten, der Anhörungsbogen sei bei Ihnen **nicht angekommen.** Hier unterstellt die Rechtsprechung, dass bei den Behörden alles seinen ordentlichen Gang geht. Eine förmliche Zustellung wird gerade nicht verlangt (VGH Kassel, Urteil vom 23. 3. 2005, 2 UE 582/04). Die Verjährung wird trotzdem unterbrochen.

Nach jeder Unterbrechungshandlung beginnt die Verjährung wieder von Neuem. Das heißt, es wird **erneut eine Frist** von drei beziehungsweise sechs Monaten in Gang gesetzt. **Wichtig:** Die neue Unterbrechungsfrist beginnt schon mit dem Tag der Unterbrechung.

! Der Erlass eines Bußgeldbescheides unterbricht die Verjährung nur, wenn er innerhalb von zwei Wochen **zugestellt wird.** Dasselbe gilt für die Versendung des Anhörungsbogens.

Außerdem tritt hier nur dann eine Verjährungsunterbrechung ein, wenn aus dem Anhörungsbogen **unmissverständlich** hervorgeht, **gegen wen** sich die Ermittlungen richten. Bei Ermittlungen gegen »unbekannt« findet keine Unterbrechung statt.

Gute Chancen haben Sie deshalb, wenn sich in den Akten zwar aufgrund einer Kennzeichenanzeige ein **Täterfoto** befindet, die Person des Täters aber nicht bekannt ist. Das gilt auch dann, wenn sich der Kreis der Täter auf wenige

Personen beschränkt, wie das häufig bei **Familienautos** der Fall ist. Aus den **Akten** müssen schon konkret die Personalien desjenigen,gegen den ermittelt wird, hervorgehen. Es muss also für Sie klar erkennbar sein, dass sich die Ermittlungen gegen Sie richten (OLG Zweibrücken, Beschluss vom 26. 8. 2002, 1 Ss 132/02, DAR 2003 S. 184).

》 **Beispiel:**

- Die Verjährung wird auch dann unterbrochen, wenn im Anhörungsbogen zwar nicht ausdrücklich die betreffende Person genannt wird, es aber heißt »**Ihnen wird zur Last gelegt ...**« (OLG Hamm, Beschluss vom 4. 2. 2000, 2 Ss OWi 38/2000, DAR 2000 S. 325).

- Wird im Anhörungsbogen die oft verwendete Floskel »**Dieses Schreiben ergeht an Sie als Halter bzw. als Fahrer des Fahrzeugs ...**« verwendet, ist nicht klar erkennbar, gegen wen ermittelt wird. Die Verjährung wird deshalb in diesem Fall **nicht** durch den Anhörungsbogen **unterbrochen** (OLG Dresden, Beschluss vom 26. 5. 2004, Ss (OWi) 77/04, DAR 2004 S. 535).

Wenn Sie die Verjährungsfrage überprüfen wollen, tun Sie dies am besten mittels **Akteneinsicht**. Nur so können die jeweils entscheidenden Daten in Erfahrung gebracht werden.

! Vergessen Sie nicht, Kosten und Nutzen des Ganzen zu vergleichen – insbesondere wenn Sie einen Anwalt einschalten. In der Praxis können Sie davon ausgehen, dass die Bußgeldbehörden so schnell nichts verjähren lassen. Ausnahmen bestätigen allerdings die Regel, sodass es sich je nach im Raum stehender Rechtsfolge durchaus lohnen kann, ein paar Euro mehr zu investieren, um so vielleicht keine Punkte zu bekommen oder seinen Führerschein zu behalten.

2.2 Wenn ein Bußgeld droht

Der Anhörungsbogen kommt

Zunächst erhalten Sie den sogenannten »Anhörungsbogen«. Hierin wird Ihnen erstmals offiziell mitgeteilt, dass gegen Sie ein **Ermittlungsverfahren** wegen einer Verkehrsordnungswidrigkeit eingeleitet worden ist. Der Anhörungsbogen muss nicht förmlich zugestellt werden. Mit dem Zusenden des Anhörungsbogens wird die Verjährung unterbrochen.

E2 | So verhalten Sie sich richtig bei Verwarnung und Bußgeld im Straßenverkehr

In diesem Stadium des Verfahrens sollten Sie sich gut überlegen, ob es sinnvoll ist, gegen den Vorwurf anzugehen. Das ist nämlich nur dann der Fall, wenn sich aus tatsächlichen oder rechtlichen Gründen oder der Beweislage Chancen ergeben, dass das Verfahren gegen Sie **eingestellt** wird. Hierzu sollten Sie dieselben Punkte wie beim Verwarnungsgeld prüfen.

! Häufig rechnet es sich nicht, sich über einen Rechtsanwalt Akteneinsicht zu verschaffen. In diesen Fällen sollten Sie die Behörde bitten, Ihnen das Foto zur Prüfung zuzuschicken.

Kommen Sie dann zu dem Ergebnis, dass Ihre **Erfolgsaussichten gleich null** sind, weil das Radarfoto Sie eindeutig erkennen lässt, sollten Sie sich in Ihr Schicksal fügen und einfach den Bußgeldbescheid abwarten. In solchen Fällen ist es unnötige Arbeit, den Anhörungsbogen auszufüllen. Im Gegenteil: Alles was Sie hier erklären, kann später in einer Gerichtsverhandlung berücksichtigt werden.

Machen Sie im Zweifel von Ihrem Schweigerecht Gebrauch. Die Bußgeldstelle darf hieraus keine negativen Schlüsse ziehen.

! Sie haben das Recht zu schweigen, wenn Sie sich selbst oder einen nahen Angehörigen als verantwortlichen Fahrer belasten würden.

Nur wenn Sie sich **wirklich sicher** sind, dass Sie erfolgreich gegen den Bußgeldbescheid vorgehen könnten, sollten Sie die Gründe schon auf dem Anhörungsbogen mitteilen. Vielleicht können Sie so schon die Einstellung des Verfahrens bewirken.

! Hüten Sie sich vor bewusst falschen Angaben! Bevor Sie zum Beispiel auf die Idee kommen, zur Umverteilung von Punkten und des Fahrverbots wahrheitswidrig ein williges Familienmitglied als Fahrer zu benennen, sollten Sie bedenken, dass Sie dadurch eine erneute Ordnungswidrigkeit begehen (§ 111 OWiG).

An diesem Punkt prüft die zuständige Bußgeldbehörde, ob Ihre Einwände überzeugend sind. Anderenfalls ermittelt sie weiter, um zu einer sachgerechten Entscheidung zu kommen. Das Verfahren wird also entweder eingestellt oder ein Bußgeldbescheid wird erlassen.

Am ehesten wird das Verfahren **eingestellt**, wenn klar erkennbar ist, dass die Beweislage aufseiten der Behörde ungünstig ist. Das kann zum Beispiel bei schlechter Fotoqualität der Fall sein.

So verhalten Sie sich richtig bei Verwarnung und Bußgeld im Straßenverkehr | **E2**

Aber nicht immer geben sich die Beamten so schnell geschlagen. So kann es beispielsweise vorkommen, dass Polizeibeamte vor einer Firma warten und beobachten, wer in den Firmenwagen beziehungsweise das Tatfahrzeug einsteigt.

Haben Sie den Verkehrsverstoß mit einem Dienstwagen begangen, müssen Sie damit rechnen, dass die Polizei in die Firma kommt, um zu ermitteln, wer das Fahrzeug nutzt. Ihre Kollegen dürfen zwar **nicht** für Sie **lügen,** allerdings dürfen sie **gegenüber der Polizei** schweigen.

Dieses Recht haben Sie dann als Zeuge vor Gericht nicht mehr. Vor Gericht besteht das Schweigerecht nur noch für Zeugen, die mit Ihnen **verwandt** oder **verschwägert** sind. Bedenken Sie außerdem, dass die theoretisch mögliche Fahrtenbuchauflage nicht Sie direkt trifft, sondern Ihre Firma.

Es folgt der Bußgeldbescheid

In den meisten Fällen kommt es zu einem Bußgeldbescheid, weil die Behörde zum gegebenen Zeitpunkt keine umfangreichen rechtlichen oder tatsächlichen Feststellungen trifft. Einen Bußgeldbescheid gibt es auch, wenn Sie sich gar nicht zu dem Vorwurf geäußert haben.

Den Bußgeldbescheid erhalten Sie aus Gründen des Zustellungsnachweises per Postzustellungsurkunde. Sind Sie nicht anzutreffen, wird das Schriftstück bei der Post niedergelegt. Der Bußgeldbescheid **gilt** in beiden Fällen **als zugestellt.**

Aus dem Bußgeldbescheid geht Folgendes hervor:

- die Angaben zur beschuldigten Person (Betroffener),
- welche Tat Ihnen konkret zur Last gelegt wird,
- gegen welche Gesetzesvorschrift Sie verstoßen haben,
- welche Beweismittel existieren und
- welche Geldbuße und welche Nebenfolgen (z. B. Fahrverbot) verhängt werden sollen.

Außerdem werden Sie über die zulässigen Rechtsbehelfe und Fristen belehrt. Eine Zahlungsaufforderung für den Fall der Rechtskraft ist auch gleich dabei. Eine Unterschrift ist nicht nötig.

2.3 Wenn ein Fahrverbot droht

Ihnen wird ein besonders grober Verkehrsverstoß zur Last gelegt

Ein **Fahrverbot** – nicht zu verwechseln mit der Entziehung der Fahrerlaubnis (umgangssprachlich: Führerscheinentzug) – wird **zusätzlich zum Bußgeld** verhängt, wenn Sie einen **besonders groben Verstoß** begangen haben. Wenn ein Fall nach dem Bußgeldkatalog vorliegt, der mit einem Regelfahrverbot zusätzlich bestraft wird, und keine Anhaltspunkte bestehen, davon abzuweichen, ordnet die Bußgeldbehörde **automatisch** das vorgesehene Fahrverbot an.

Kommt es zu einer Gerichtsentscheidung, in der das Fahrverbot aufrechterhalten bleibt, muss das **Gericht** allerdings in seinem Urteil **begründen,** warum es so und nicht anders entschieden hat.

Ihnen wird eine »beharrliche Pflichtverletzung« vorgeworfen

Ein Fahrverbot riskieren Sie übrigens auch, wenn Sie schon einmal wegen einer Geschwindigkeitsüberschreitung von mindestens **26 km/h** erwischt worden sind und **innerhalb eines Jahres** seit Rechtskraft dieser Entscheidung erneut eine Geschwindigkeitsüberschreitung von mindestens 26 km/h begehen. Denn mit einem solchen Verhalten zeigen Sie sich nicht nur **uneinsichtig.** Darüber hinaus verstoßen Sie auch zum **wiederholten Male** gegen **wichtige** Verkehrsvorschriften.

Wie weit reicht ein Fahrverbot?

Das Fahrverbot kann für **ein bis drei Monate** ausgesprochen werden (§ 25 Abs. 1 StVG).

! Ein Fahrverbot lässt sich unter Umständen reduzieren, indem Sie bereits **vor der Hauptverhandlung** an einer Schulung für »im Verkehr auffällig gewordene Fahrzeugführer« teilnehmen und so die Chance wahren, zum Beispiel ein 3-monatiges Fahrverbot auf einen Monat zu verkürzen. Am besten besprechen Sie das vorab mit dem entscheidenden Richter. Anschließend senden Sie dann die möglichst ausführliche Teilnahmebestätigung an das Gericht.

Ein Fahrverbot gilt für Kraftfahrzeuge jeder Art, also zum Beispiel auch für ein Mofa. Wer nach Eintritt der Rechtskraft des Fahrverbots Kraftfahrzeuge führt,

So verhalten Sie sich richtig bei Verwarnung und Bußgeld im Straßenverkehr | **E2**

macht sich dadurch **strafbar**. Wer über einen weiteren **ausländischen** Führerschein verfügt, darf diesen jetzt nicht zum Anlass nehmen und Auto fahren: Fahrverbot bleibt Fahrverbot!

Allerdings haben Sie – zumindest als »Ersttäter« – die Möglichkeit, den **Antritt des Fahrverbots in gewissen Grenzen selbst zu bestimmen**. Für Ersttäter beginnt das Fahrverbot nämlich erst mit dem Tag, an dem sie den **Führerschein abgeliefert** haben, spätestens jedoch mit Ablauf der **4-Monats-Frist** (siehe Bußgeldbescheid oder Urteil).

Ist es dagegen nicht Ihr erstes Fahrverbot, dann gilt die 4-Monats-Frist nicht und das Fahrverbot beginnt, sobald die Entscheidung **rechtskräftig** ist.

! Sind Sie kein »Ersttäter«, sollten Sie Ihren Führerschein daher **so schnell wie möglich** nach Eintritt der Rechtskraft abgeben. Sonst verlängern Sie das Fahrverbot unnötig. Denn obwohl das Fahrverbot beginnt, sobald die Entscheidung rechtskräftig ist, läuft die Frist für das Fahrverbot **erst** ab dem Zeitpunkt, wenn Sie den Führerschein in **amtliche Verwahrung** gegeben haben!

Beachten Sie: Wurde Ihnen das Fahrverbot per Bußgeldbescheid erteilt, müssen Sie den Führerschein bei der Behörde abgeben, die den Bußgeldbescheid erlassen hat. Ergibt sich das Fahrverbot aus einem Urteil, müssen Sie Ihren Führerschein an die Staatsanwaltschaft senden. Erst wenn die zuständige Stelle Ihren Führerschein in »amtliche Verwahrung« genommen hat, beginnt die Fahrverbotsfrist zu laufen.

Nach Ablauf des Fahrverbotes erhalten Sie den Führerschein ohne große Formalitäten zurück (z. B. per eingeschriebenem Brief). Sie können ihn aber auch einfach dort abholen, wo Sie ihn abgegeben haben.

2.4 Die Fahrtenbuchauflage

Wann droht eine Fahrtenbuchauflage?

Sie müssen damit rechnen, ein Fahrtenbuch zu führen,

- wenn Sie mit Ihrem Fahrzeug **einen erheblichen** Verkehrsverstoß (z. B. das Überfahren einer roten Ampel) oder
- **mehrere leichtere** Verstöße begangen haben (z. B. dreißig Parkverstöße innerhalb von zwei Jahren) **und**
- die Feststellung des »Übeltäters« innerhalb der Verjährungsfrist **nicht möglich** war.

»Erheblich« ist ein Verkehrsverstoß ab einer Geldbuße von € 60,- **und mehr**. Allerdings darf die Behörde Ihnen das Fahrtenbuch nicht nur deshalb auferlegen, weil es ihre Arbeit erleichtert. Die vorhandenen Ermittlungsmöglichkeiten müssen **erschöpft** sein. Das ist auch dann der Fall, wenn der Fahrzeughalter seine **zumutbare** Mitwirkung verweigert.

» **Beispiel:** Ein Kfz-Halter hatte nach einer mit seinem Pkw begangenen Geschwindigkeitsüberschreitung von 37 km/h innerhalb einer geschlossenen Ortschaft im Bußgeldverfahren zwar den Namen des Fahrers, aber nicht dessen Anschrift preisgegeben. Dies tat er erst **nach Eintritt der Verjährung**. Die zuständige Straßenverkehrsbehörde erteilte ihm daraufhin eine Fahrtenbuchauflage.

Zu Recht, entschied das Verwaltungsgericht Neustadt. Ein Fahrzeughalter, der sein Fahrzeug an Dritte verleiht, muss sich um **konkrete und überprüfbare Angaben** zu dessen Identität und Anschrift bemühen. Die Mitteilung des Namens und die bloße Angabe einer Stadt im Ausland reichen hier nicht aus (VG Neustadt, Urteil vom 15. 6. 2010, 6 K 281/10.NW).

Wenn Sie lediglich die Frage im Anhörungsbogen, ob **Sie selbst** gefahren seien, nicht beantworten, darf Ihnen nicht unterstellt werden, Sie hätten als Halter Ihre Mithilfe verweigert. Dies beruht auf dem **Aussageverweigerungsrecht**. Eine Fahrtenbuchauflage ist deshalb hier in aller Regel noch nicht zu erwarten. Gefährlich wird es erst dann, wenn Sie bei weiterem Nachhaken der Ermittlungsbeamten weiterhin jede Mithilfe verweigern. Dann muss die Behörde nicht weiter ermitteln und kann eine Fahrtenbuchauflage erteilen.

Der Halter soll **innerhalb von zwei Wochen** über den Verstoß befragt werden. Erfüllt er seine Pflicht zur Mitwirkung ordnungsgemäß, helfen seine Angaben der Behörde aber nicht weiter, darf die Behörde in der Regel keine Fahrtenbuchauflage erteilen. Allerdings gibt es Einzelfälle, in denen trotzdem ein Fahrtenbuch auferlegt wurde (VG Minden, Urteil vom 17. 1. 2013, 2 K 1957/12).

Wie wird ein Fahrtenbuch geführt?

Die Fahrtenbuchauflage verpflichtet den betreffenden Fahrzeughalter dazu, in seinem Fahrtenbuch für ein bestimmtes Fahrzeug und vor Beginn jeder einzelnen Fahrt

- Name, Vorname und Anschrift des Fahrzeugführers,
- das amtliche Kennzeichen des Fahrzeugs und
- Datum und Uhrzeit des Beginns der Fahrt

So verhalten Sie sich richtig bei Verwarnung und Bußgeld im Straßenverkehr | **E2**

einzutragen. Abschließend sind zusätzlich noch Datum und Uhrzeit des Fahrtendes einzutragen und die Eintragung ist zu unterschreiben.

Der Fahrzeughalter ist ebenfalls dazu verpflichtet, das Fahrtenbuch auf Verlangen **jederzeit** an dem von der anordnenden Behörde festgelegten Ort zur Prüfung **auszuhändigen** und es **sechs Monate** nach Ablauf der Zeit, für die es geführt werden muss, **aufzubewahren.**

Kann ein Fahrtenbuch auch elektronisch geführt werden?

Zwar gibt das Gesetz den notwendigen Inhalt eines Fahrtenbuchs vor, aber nicht die Form, in der es geführt werden muss (§ 31 a StVZO). Da die Eintragungen jedoch stets mit einer Unterschrift zu versehen sind, sollte das Fahrtenbuch in Papierform vorliegen. Sie können es aber grundsätzlich auch elektronisch, also beispielsweise in einer Excel-Datei oder mittels Smartphone-App, führen. Dies setzt allerdings regelmäßige Ausdrucke der Fahrtenbuch-Inhalte auf Papier voraus, auf denen dann unterschrieben werden kann. Der entscheidende Punkt ist immer, dass das Fahrtenbuch aus sich heraus und ohne weitere Prüfungen verständlich ist.

3 So gehen Sie bei Verwarnung und Bußgeld am besten vor

Mit oder ohne Anwalt?

Mehr Aussicht auf Erfolg haben Sie in der Regel mit der Unterstützung eines entsprechend spezialisierten Rechtsanwalts (z. B. Fachanwalt für Verkehrsrecht). Sofern Sie aber ein paar Gesichtspunkte **beachten,** haben Sie auch ohne Anwalt gute Möglichkeiten der Verteidigung.

Fristen unbedingt einhalten!

Wenn Sie gegen einen Bußgeldbescheid vorgehen wollen, müssen Sie **innerhalb von zwei Wochen nach der Zustellung schriftlich** per Post oder direkt (»zur Niederschrift«) bei der erlassenden Bußgeldbehörde Einspruch einlegen (§ 67 OWiG). Auch per Fax oder Computerfax können Sie Einspruch einlegen. Von E-Mails ist allerdings abzuraten, da die Gerichte hier bisher eine ausreichende Schriftform verneinen.

Anderenfalls wird der Bußgeldbescheid **rechtskräftig**. Dann müssen Sie binnen **weiterer zwei Wochen** bezahlen, sonst kann die festgesetzte Geldbuße im Wege der Zwangsvollstreckung beigetrieben werden.

! Sie können auch dann noch Einspruch gegen den Bußgeldbescheid einlegen, wenn Sie bereits bezahlt haben. Wichtig ist nur, dass Sie die 2-Wochen-Frist einhalten. Denn im Bezahlen liegt kein Einspruchsverzicht (OLG Stuttgart, Beschluss vom 16. 10. 1997, DAR 1998 S. 29).

Ob Sie den Einspruch fristgerecht eingelegt haben, hängt vom Eingangsdatum bei der Behörde ab. Die 2-Wochen-Frist beginnt mit der Zustellung, die sich aus der Postzustellungsurkunde ergibt. **Achtung:** Sie läuft auch dann, wenn der Bescheid beim Postamt niedergelegt worden ist und Sie benachrichtigt worden sind.

! Fällt das Ende der 2-Wochen-Frist auf einen Samstag, Sonn- oder Feiertag, können Sie noch bis zum Ablauf des ersten darauffolgenden Werktages Einspruch einlegen (§ 193 BGB).

Haben Sie die Einspruchsfrist versäumt, bleibt Ihnen noch die Möglichkeit, »**Wiedereinsetzung in den vorigen Stand**« (siehe unten) zu beantragen.

Wie legen Sie Einspruch ein?

Den Einspruch können Sie **selbst einlegen** – auch ohne Anwalt. Sie können Ihren Einspruch mit einer Begründung versehen, sind dazu jedoch **nicht verpflichtet**. Die Behörde leitet das Verfahren **ohne weitere Prüfung** an die zuständige Staatsanwaltschaft weiter. Es ist daher völlig ausreichend, wenn Sie Ihr Schreiben an die Bußgeldbehörde folgendermaßen formulieren: »**Gegen den vorbezeichneten Bußgeldbescheid, zugestellt am [Datum der Zustellung], lege ich Einspruch ein.**«

Prüfen Sie die Erfolgsaussichten Ihres Einspruchs

Selbst wenn Sie eigentlich keine Begründung für den Einspruch brauchen, sollten Sie sich jetzt schon im Klaren sein, ob Sie tatsächlich gute Gründe haben. Die **Behörde** wird den Bußgeldbescheid kaum aufheben, wenn keine Gründe angeführt sind.

Einspruch wegen Verjährung

Prüfen Sie Ihre Chancen, sich erfolgreich auf die Verjährung zu berufen. Hier müssen Sie es unter Umständen auf eine Gerichtsverhandlung ankommen lassen.

Einspruch dem Grunde nach

Gehen Sie genauso vor, wie Sie es in den Empfehlungen zum Verwarnungsbescheid nachlesen können. Wenn Sie anschließend immer noch glauben, erfolgreich gegen den Bußgeldbescheid vorgehen zu können, oder der Ansicht sind, man könne Ihnen den Vorwurf nicht nachweisen, können Sie einen Einspruch riskieren.

Bedenken Sie aber, dass in einem Bußgeldverfahren in ein **Strafverfahren** übergegangen werden kann, wenn es zur Gerichtsverhandlung kommt.

Einspruch wegen der Höhe des Bußgeldes

Bei den Beträgen des Bußgeldkataloges handelt es sich um sogenannte **Regelsätze,** von denen abgewichen werden kann. Die Regelsätze gehen von einer gewöhnlichen Tatausführung aus. Das heißt, dass es zum Beispiel bei einer Geschwindigkeitsüberschreitung keine erschwerenden Umstände gegeben hat und auch die Verkehrssicherheit nicht besonders beeinträchtigt gewesen sein darf. Ein Mitverschulden eines anderen Fahrers oder eine langjährige unbeanstandete Fahrpraxis können aber auch möglicherweise zu einer Herabsetzung des Bußgeldes führen.

! Angesichts des Kostenrisikos, das ein Bußgeldverfahren vor dem Amtsgericht mit sich bringt, lohnt sich **im Normalfall** ein Einspruch wegen der Höhe des Bußgeldes kaum. Denn selbst wirtschaftlich schlechte Verhältnisse werden bei Verkehrsordnungswidrigkeiten nur ausnahmsweise berücksichtigt. Am ehesten haben Sie hier als Student, Auszubildender, Arbeitsloser oder Sozialhilfeempfänger eine Chance.

Einspruch wegen Ihrer Punkte in Flensburg

Wenn Sie Glück haben und der Richter milde gestimmt ist, weil Sie etwa Einsicht in das »Unrecht Ihrer Tat« zeigen, gelingt es Ihnen möglicherweise, bei punktbewehrten Regelgeldbußen (ab € 60,-) eine **Herabsetzung auf € 55,-** zu erreichen. Dadurch können Sie Punkte verhindern. Bei **schwerwiegenden** Verkehrsordnungswidrigkeiten wird Ihnen das allerdings kaum gelingen. Dasselbe gilt, wenn Sie kein »**unbeschriebenes Blatt**« mehr sind.

Einspruch wegen eines Regelfahrverbotes

Vielen Betroffenen geht es gar nicht so sehr um die Geldbuße. Nicht selten ist das Fahrverbot die schlimmere Sanktion. Wird Ihnen nur **besonders leichte Fahrlässigkeit** vorgeworfen oder hat der Unfallgegner den Unfall **mitverschuldet,** kann ein Einspruch das Fahrverbot gegebenenfalls aus der Welt schaffen. Auch wenn das Fahrverbot eine **unverhältnismäßige Härte** für Sie mit sich bringen würde, kann im Einzelfall davon abgesehen werden.

Wenn Ihnen nur der **Termin** für das Fahrverbot **nicht passt,** haben Sie die Möglichkeit, binnen **vier Monaten** nach Rechtskraft des Fahrverbotes einen Ihnen genehmen Termin auszusuchen. Dazu müssen Sie Ihren Führerschein innerhalb der 4-Monats-Frist einfach zu dem Zeitpunkt bei der zuständigen Behörde abliefern, der Ihnen recht ist (z. B. zu Beginn Ihres Jahresurlaubs). Voraussetzung hierfür ist allerdings, dass innerhalb der letzten zwei Jahre vor der Ordnungswidrigkeit und bis zur Bußgeldentscheidung **kein anderes Fahrverbot** verhängt wurde (§ 25 Abs. 2 a StVG).

Wollen Sie das Inkrafttreten des Fahrverbotes zeitlich noch etwas **nach hinten schieben,** haben Sie die Möglichkeit, zunächst Einspruch einzulegen. Die Behörde leitet Ihr Verfahren dann an die Staatsanwaltschaft weiter. Sie können aber **vor einer Entscheidung** durch das Gericht **den Einspruch wieder zurücknehmen.** Erst ab diesem Zeitpunkt wird der Bußgeldbescheid rechtskräftig, sodass Sie die oben genannte 4-Monats-Regel **etwas später** in Anspruch nehmen können.

Sie haben Einspruch eingelegt – was passiert jetzt?

Die Behörde überprüft **erneut** die **Rechtmäßigkeit** des Bußgeldbescheides, das heißt, ob der Bußgeldbescheid aufrechterhalten oder zurückgenommen werden muss. Bei schlechter Beweislage aufseiten der Bußgeldbehörde wird das Verfahren häufig **eingestellt.**

Die Kosten für notwendige Auslagen, wie zum Beispiel die Einschaltung eines Anwaltes, werden Ihnen dann von der Staatskasse **erstattet.** Das geht aber nur, wenn die Geldbuße mehr als € 10,- beträgt und das »Verteidigungsvorbringen« nicht verspätet erfolgt ist (§ 109 a OWiG). Ausnahmsweise springt die Staatskasse auch bei Geldbußen unter € 10,- ein, wenn die Sach- oder Rechtslage schwierig war oder der Sache insgesamt eine hohe Bedeutung zukam.

Hebt die Bußgeldbehörde den Bescheid nicht auf, was öfter vorkommt als umgekehrt, werden die Akten an die **Staatsanwaltschaft** übersandt. Hier wird **noch einmal geprüft,** ob der Sachverhalt genügend aufgeklärt ist. Trifft dies zu, wird die Akte dem zuständigen Amtsgericht vorgelegt. Die örtliche Zuständigkeit richtet sich nach dem »Tatort«.

So verhalten Sie sich richtig bei Verwarnung und Bußgeld im Straßenverkehr | **E2**

Wenn Sie **kein Gerichtsverfahren wollen,** können Sie noch zu diesem Zeitpunkt den **Einspruch zurückziehen.** Das geht selbstverständlich auch im späteren Verlauf des gerichtlichen Verfahrens. Die bis dahin entstandenen Kosten müssen Sie allerdings tragen.

Wenn im schriftlichen Verfahren entschieden werden soll

Normalerweise entscheidet das Amtsgericht über Ihre Verkehrsordnungswidrigkeit nach einer Hauptverhandlung. Ausnahmsweise darf das Gericht aber auch schriftlich und ohne Verhandlung durch Beschluss entscheiden (§ 72 OWiG), sofern es die Durchführung der Hauptverhandlung als **nicht erforderlich** ansieht. Voraussetzung ist, dass weder Sie noch die Staatsanwaltschaft diesem Verfahren **widersprechen.** Darauf werden Sie rechtzeitig hingewiesen.

Vorteil hier: Das Gericht kann keine höhere Buße aussprechen als im Bescheid festgesetzt, was Ihnen dagegen bei einer Hauptverhandlung passieren kann.

! Abweichend hiervon kann auch im schriftlichen Verfahren eine höhere Geldbuße festgesetzt werden, wenn dafür vom **Fahrverbot** abgesehen wird. Daher sollten Sie oder Ihr Anwalt sich im Falle eines Fahrverbots mit dem zuständigen Richter vorab über die Rechtsfolge einigen (z. B. telefonisch).

Geht der Richter hierauf nicht ein, sollten Sie mit dem Einspruch gleich auch dem schriftlichen Verfahren widersprechen.

Ihre Rolle als Verkehrssünder in der Hauptverhandlung

Müssen Sie zur Hauptverhandlung erscheinen?

Prinzipiell sind Sie als Betroffener dazu **verpflichtet,** in der Hauptverhandlung **zu erscheinen.** Sie oder Ihr Rechtsanwalt können jedoch unter bestimmten Voraussetzungen erreichen, dass Sie nicht persönlich erscheinen müssen.

Allerdings darf die Anwesenheit des Betroffenen in der Hauptverhandlung **nicht zur Aufklärung** wesentlicher Gesichtspunkte des Sachverhalts **erforderlich** sein (z. B. um feststellen zu können, ob Sie die Person auf dem Radarfoto sind oder nicht). Insbesondere wenn es Ihnen um das Fahrverbot geht, ist der **persönliche Eindruck** immens wichtig.

Beachten Sie: Erscheinen Sie als Betroffener **nicht in der Hauptverhandlung,** obwohl Sie von dieser Verpflichtung nicht entbunden wurden, wird das Gericht Ihren Einspruch gegen den Bußgeldbescheid ohne Weiteres **verwerfen.**

Wie läuft die Hauptverhandlung ab?

Der Richter ruft zunächst die Sache auf und stellt fest, wer erschienen ist. Neben Ihnen lädt das Gericht zu diesem Termin alle für die Aufklärung des Sachverhaltes erforderlichen Zeugen und Sachverständige.

Sind Sie während der Verhandlung anwesend, wird Ihnen zunächst der Inhalt des Bescheides vorgehalten. Das Gericht fragt Sie dann, ob Sie sich **äußern oder** von Ihrem **Schweigerecht** Gebrauch machen möchten.

Welcher Weg der bessere ist, kann nicht pauschal beantwortet werden, da es stets von den konkreten Umständen im individuellen Einzelfall abhängt. Soweit Sie anwaltlich vertreten sind, sollten Sie darüber mit Ihrem Anwalt sprechen.

Auskünfte zu Ihren Personalien müssen Sie in jedem Fall geben. Je nachdem, ob Sie aussagen wollen oder nicht, hört das Gericht Sie zunächst an und vernimmt im Anschluss daran gegebenenfalls noch die vorhandenen Zeugen und Sachverständigen.

Wie entscheidet das Gericht?

Wenn alle für die Entscheidung notwendigen Details des Sachverhalts geklärt sind, hat das Gericht grundsätzlich drei Möglichkeiten, das Verfahren zu beenden: **Freispruch, Urteil oder Einstellung.**

Ist das Gericht der Auffassung, dass Ihnen die Verkehrsordnungswidrigkeit **nicht nachgewiesen** werden kann, verkündet es einen **Freispruch**. Die zunächst ausgewiesene Geldbuße entfällt, die gesamten Verfahrenskosten einschließlich Ihrer »notwendigen Auslagen«, also auch die Kosten für Ihren Rechtsanwalt, trägt dann die **Staatskasse**.

Kommt das Gericht dagegen zu dem Schluss, dass Sie die Verkehrsordnungswidrigkeit wie vorgeworfen **begangen** haben, werden Sie **verurteilt**. Das Gericht bestimmt nun die zu verhängende Geldbuße neu. Stellt sich in der Hauptverhandlung heraus, dass der Verkehrsverstoß schwerwiegender war als zunächst angenommen, oder liegen andere zusätzliche belastende Umstände vor, müssen Sie mit einer **Verschärfung der Strafe** rechnen. Es kann aber natürlich auch zu Ihren Gunsten eine **geringere Strafe** herauskommen.

In manchen Fällen kommt es weder zu einem Freispruch noch zur Verurteilung, sondern zur **Einstellung** des Verfahrens. Das ist zum Beispiel der Fall, wenn

- der Verkehrsverstoß wenig Bedeutung hat, z. B. wenn sich aufgrund unterschiedlicher Zeugenaussagen nicht mehr klären lässt, ob ein Autofahrer sein Handy während der Fahrt oder erst nach dem Verlassen des Fahrzeugs benutzt hat (OLG Karlsruhe, Beschluss vom 28. 8. 2009, 1 Ss 135/08),

So verhalten Sie sich richtig bei Verwarnung und Bußgeld im Straßenverkehr | E2

- eine Gefährdung oder Behinderung ausgeschlossen war oder
- eine Vorschrift erst kurze Zeit vorher in Kraft getreten ist und der Verkehrsteilnehmer sie noch nicht kannte.

Aber auch bei einer Einstellung des Verfahrens müssen Sie in der Regel mit einer Geldbuße rechnen.

! Gibt das Gericht im Lauf der Verhandlung zu erkennen, dass es **zur Einstellung bereit** ist, sollten Sie nicht auf einem Freispruch bestehen. Gerade wenn Sie eine Rechtsschutzversicherung haben, übernimmt die Versicherung auch bei einer Einstellung die notwendigen Auslagen wie zum Beispiel die Anwaltskosten.

Die Rechtsbeschwerde ist das richtige Rechtsmittel

Anders als im Strafverfahren gibt es im Bußgeldverfahren **keine Berufung**. Zulässig ist allein die sogenannte Rechtsbeschwerde, mit der nur Verfahrensfehler oder Gesetzesverstöße geprüft werden. Legen Sie keine Rechtsbeschwerde ein, wird das Urteil nach Ablauf der Frist **rechtskräftig**. Sie können eine Rechtsbeschwerde erheben, wenn

- eine Geldbuße von mehr als € 250,– verhängt wurde oder
- eine Nebenfolge (z. B. Fahrverbot) angeordnet wurde oder
- der Einspruch gegen den Bußgeldbescheid durch das Urteil als unzulässig (z. B. wegen Verspätung) verworfen wurde oder
- ein schriftlicher Beschluss nach § 72 OWiG ergangen ist, obwohl Sie dem schriftlichen Verfahren widersprochen haben.

! Auch wenn es Ihnen zunächst nur darum geht, eine **ausführliche schriftliche Begründung** vom Gericht zu erhalten, sollten Sie eine Rechtsbeschwerde einlegen. Denn nur im Falle einer Rechtsbeschwerde ist das Gericht zu einer solchen ausführlichen Begründung verpflichtet. Bedenken Sie dabei, dass hierfür Gerichtskosten anfallen (mindestens € 40,– bzw. 10 % der Geldbuße).

Nach Erhalt des schriftlich begründeten Urteils können Sie dann entscheiden, ob Sie das Urteil so annehmen wollen und die Rechtsbeschwerde zurücknehmen oder nicht.

Daneben kann auch die **Staatsanwaltschaft** Rechtsbeschwerde einlegen, wenn Sie freigesprochen wurden, das Verfahren eingestellt oder von der Verhängung des Fahrverbots abgesehen wurde, zuvor aber im Bußgeldbescheid eine Geldbuße von mehr als € 600,– festgesetzt, ein Fahrverbot verhängt oder eine solche Geldbuße oder ein Fahrverbot von der Staatsanwaltschaft beantragt worden war.

Ansonsten ist die Rechtsbeschwerde nur möglich, wenn sie auf einen entsprechenden Antrag hin ausdrücklich zugelassen wird. Doch das passiert eher selten.

Die Rechtsbeschwerde muss innerhalb **einer Woche** nach der Urteilsverkündung **eingelegt** und binnen **eines Monats** nach Zustellung der Entscheidung **begründet** werden. Die Begründung muss von einem **Rechtsanwalt unterzeichnet** sein.

! Auch wenn die Begründung nicht zwingend von einem Rechtsanwalt **verfasst** werden muss, sollten Sie **unbedingt einen Anwalt** damit betrauen (z. B. einen Fachanwalt für Verkehrsrecht). Die Anforderungen sind hier sehr hoch und in der Regel nur von einem Rechtsanwalt zu leisten.

Es ist nicht alles verloren, wenn Sie zu spät reagieren ...

Haben Sie die Einspruchsfrist gegen den Bußgeldbescheid oder die Frist für die Rechtsbeschwerde versäumt, können Sie »**Wiedereinsetzung in den vorigen Stand**« beantragen (§ 52 OWiG; § 79 OWiG), wenn

- Sie beispielsweise den Gerichtstermin **unverschuldet versäumt** haben (z. B. nicht vorhersehbare Erkrankung, Urlaubsabwesenheit),

- Sie **Tatsachen glaubhaft machen** können, die Sie daran gehindert haben, rechtzeitig ein Rechtsmittel einzulegen (z. B. durch eine eidesstattliche Erklärung eines Zeugen, ein Flugticket oder ein ärztliches Attest) **und**

- Sie einen entsprechenden **Antrag stellen.** Dieser muss Angaben über die versäumte Frist und über die Gründe enthalten, weswegen Sie das Rechtsmittel nicht rechtzeitig einlegen konnten.

Außerdem müssen Sie den Zeitpunkt angeben, ab dem Sie wieder in der Lage waren, ein Rechtsmittel einzulegen (z. B. wann Sie aus dem Urlaub gekommen sind). Ab diesem Zeitpunkt haben Sie eine Woche, um den Antrag zu stellen.

Geht es um die Versäumung der Einspruchsfrist gegen den Bußgeldbescheid, ist die Bußgeldbehörde zuständig für die Entscheidung über den Antrag. Ansonsten ist das Gericht zuständig, bei dem die Frist wahrzunehmen gewesen wäre. Mit dem Antrag auf Wiedereinsetzung müssen Sie **gleichzeitig das versäumte Rechtsmittel nachholen,** also zum Beispiel den Einspruch gegen den Bußgeldbescheid.

4 Wenn »Punkte in Flensburg« zum Problem werden

4.1 Wann gibt es Punkte in Flensburg?

Für jeden rechtskräftigen Bußgeldbescheid oder – nach einem Einspruch – für gerichtliche Entscheidungen in Verkehrsordnungswidrigkeitsfällen, bei denen das Bußgeld mindestens € 60,- beträgt (ohne die Verfahrenskosten), erhalten Sie eine Eintragung in das Fahreignungsregister.

Haben Sie durch ein und dieselbe Handlung mehrere Verkehrsordnungswidrigkeiten gleichzeitig begangen (sog. **Tateinheit**), gibt es hierfür **nur einmal** Punkte – und zwar für die Tat mit der höchsten Punktzahl.

》 **Beispiel:** Entfernt sich ein Autofahrer unerlaubt vom Ort eines Verkehrsunfalls, an dem er beteiligt war, und telefoniert dabei mit seinem Mobiltelefon ohne Nutzung einer Freisprecheinrichtung, wird er **nur wegen des unerlaubten Entfernens vom Unfallort** mit zwei Punkten in Flensburg eingetragen, da es hierfür mehr Punkte gibt als für das Telefonieren am Steuer (ein Punkt).

4.2 Wann haben Punkte ernsthafte Folgen?

Das kommt darauf an, wie viele Punkte Sie haben:

- Bei **vier bis fünf** Punkten werden Sie ermahnt und von der örtlichen Straßenverkehrsbehörde über Ihren Punktestand informiert. Gleichzeitig erhalten Sie eine Empfehlung zur Teilnahme an einem **freiwilligen Fahreignungsseminar**. Nehmen Sie an diesem Teil, wird Ihnen ein Punkt erlassen.

- Bei **sechs bis sieben** Punkten werden Sie gebührenpflichtig verwarnt. Durch die Teilnahme an einem Fahreignungsseminar besteht keine Möglichkeit mehr zur Punktereduzierung.

- Bei **acht** Punkten kommt es direkt zum **Entzug der Fahrerlaubnis**. Eine Neuerteilung erfolgt frühestens nach **sechs Monaten** und in der Regel nach dem sogenannten »Idiotentest« (medizinisch-psychologische Untersuchung oder kurz: **MPU**).

Die Bescheinigung über die erfolgte Teilnahme muss der Zulassungsbehörde innerhalb von drei Monaten nach Seminarende vorgelegt werden. Es kann nur **alle fünf Jahre** einmal ein Punktabzug durch Teilnahme an Seminaren erreicht werden.

Zumindest die freiwillige Teilnahme bei Erreichung von vier bis fünf Punkten mit der Aussicht auf Reduzierung der eingetragenen Punktzahl um einen Punkt sollten betroffene Autofahrer ernsthaft in Betracht ziehen. Die Kursgebühren liegen bei ca. € 400,–. In diesen sauren Apfel sollten Sie beißen, wenn Sie darauf angewiesen sind, selbstständig mit einem Auto von A nach B fahren zu können.

4.3 Wann werden Punkte gelöscht?

Die Eintragungen im Fahreignungsregister werden **nach Ablauf einer bestimmten Zeit** automatisch wieder gelöscht. Die Tilgungsfristen betragen

- **zweieinhalb** Jahre bei mit einem Punkt sanktionierten Ordnungswidrigkeiten,
- **fünf** Jahre bei Ordnungswidrigkeiten und Straftaten, die mit zwei Punkten bestraft werden,
- **zehn** Jahre für schwere Straftaten, bei deren Vorliegen drei Punkte erteilt werden.

4.4 Was gilt nach der »Punktereform«?

Alle Punkte für Verstöße, die nach dem neuen Recht nicht mehr eingetragen werden, wurden am 1. 5. 2014 automatisch gelöscht. Die übrigen Punkte wurden folgendermaßen umgerechnet:

Alter Punktestand	Neuer Punktestand
1–3 Punkte	1 Punkt
4–5 Punkte	2 Punkte
6–7 Punkte	3 Punkte
8–10 Punkte	4 Punkte
11–13 Punkte	5 Punkte
14–15 Punkte	6 Punkte
16–17 Punkte	7 Punkte
Ab 18 Punkte	8 Punkte

So verhalten Sie sich richtig bei Verwarnung und Bußgeld im Straßenverkehr | **E2**

》 **Beispiel:** Ihr Punktekonto weist derzeit vier Punkte auf. Einen Punkt haben Sie bekommen, als Sie ohne die erforderliche Plakette in eine Umweltzone eingefahren sind, und drei Punkte haben Sie für das Überfahren einer roten Ampel kassiert. Gelöscht wird am 1. 5. 2014 der eine Punkt für das Einfahren in die Umweltzone. Die verbleibenden drei Punkte ergeben nach dem neuen Recht dann nur noch einen Punkt.

4.5 Wie erfahren Sie Ihren Punktestand?

Wenn Sie sich nicht sicher sind, wie Ihr derzeitiger Punktestand aussieht, können Sie sich **kostenlos** bei der »Verkehrssünderkartei« erkundigen. Richten Sie Ihren »Antrag auf Auskunft aus dem Fahreignungsregister« an das

Kraftfahrt-Bundesamt,

24932 Flensburg.

! Sie finden die erforderlichen Formulare zum Ausdrucken sowie weitere Informationen zur Antragstellung im Internet unter www.kba.de.

E2 | So verhalten Sie sich richtig bei Verwarnung und Bußgeld im Straßenverkehr

E3 So verhalten Sie sich richtig und rechtssicher bei einem Verkehrsunfall

1 Unmittelbar nach dem Unfall

1.1 Halten Sie sofort an

Sind Sie an einem Verkehrsunfall **beteiligt,** sollten Sie immer sofort anhalten und sich **Gewissheit über die Unfallfolgen** verschaffen (§ 34 StVO) – und zwar **unabhängig von Ihrem eigenen** (möglichen) **Verschulden.**

Achtung! Fahren Sie weiter, obwohl Sie den Unfall bemerkt haben, begehen Sie Unfallflucht – eine Straftat (§ 142 StGB). Hier drohen nicht nur eine hohe Geldstrafe, drei Punkte in Flensburg, ein Fahrverbot und sogar Führerscheinentzug, sondern auch Probleme mit der Versicherung. Das gilt auch dann, wenn Sie meinen, dass nur Sie selbst dadurch geschädigt wurden (z. B. bei den typischen »Auspark-Begegnungen« von Fahrzeug und Absperrpfosten).

1.2 Räumen Sie die Unfallstelle

Grundsätzlich gilt, dass die Unfallstelle **so schnell wie möglich** zu räumen ist, um andere Verkehrsteilnehmer nicht zu behindern.

Ist nur ein **geringfügiger Schaden,** also ein Gesamtsachschaden bis ca. € 1 000,–, entstanden und gibt es **keine Verletzten,** fahren Sie Ihr Fahrzeug unverzüglich in eine Haltebucht, an den Straßenrand oder eine andere ungefährliche Stelle. In allen anderen Fällen müssen Sie die Unfallstelle ausreichend sichern.

» **Beispiel:** Haben Sie versehentlich ein geparktes Auto gestreift und dadurch einen kleinen Lackschaden verursacht, müssen Sie deswegen nicht den ganzen Verkehr behindern, sondern können Ihr Fahrzeug auch ein paar Meter weiter am Straßenrand abstellen.

1.3 Sichern Sie den Unfallort

Bei großem Sachschaden (ab ca. € 1 000,–) oder wenn es Verletzte gegeben hat, **darf die Unfallstelle nicht geräumt,** muss aber auf jeden Fall so gut wie möglich **abgesichert** werden. Das gilt in solchen Fällen selbst dann, wenn dadurch der Verkehr behindert wird. Eine Ausnahme wird nur gemacht, wenn die **Verkehrssicherheit** durch die Unfallfahrzeuge beeinträchtigt wird (z. B. bei einem Unfall in einer unübersichtlichen Kurve).

Folgendes ist dabei zu beachten:

- Schalten Sie die **Warnblinkanlage** ein – möglichst noch **vor dem Anhalten** des Fahrzeugs.
- Stellen Sie das **Warndreieck** auf: innerorts ca. 50 m, außerorts 100 m und auf der Autobahn 200 m vor der Unfallstelle.
- Stellen Sie **Warnleuchten** auf, sofern vorhanden (vorgeschrieben für Fahrzeuge mit einem Gesamtgewicht über 3,5 t), und schalten Sie bei Dunkelheit zusätzliche Lichter ein (z. B. im Wageninnern).
- Legen Sie Ihre **Warnweste** an. Seit dem 1. 7. 2014 müssen Sie auch in Deutschland **mindestens eine Warnweste** mit sich führen.

» **Beispiel:** Sind mehrere Personen an der Unfallstelle, teilen Sie sich die Aufgaben, indem einer dem nachfolgenden Verkehr mit der Warnleuchte Zeichen gibt, während der andere die Unfallstelle mit dem Warndreieck sichert.

1.4 Helfen Sie Verletzten

Andernfalls können Sie gegebenenfalls wegen **unterlassener Hilfeleistung** (§ 323 c StGB) belangt werden – wobei Sie neben einer hohen Geldstrafe auch mit einer Freiheitsstrafe und drei Punkten in Flensburg rechnen müssen. Das gilt für **jedermann** – also auch Passanten oder Dritte, die nicht am Unfallgeschehen beteiligt waren.

Sie müssen das **nicht alleine** tun. Bitten Sie also andere Beteiligte oder Zeugen, Sie zu unterstützen. Wenn Sie bei einem Verkehrsunfall als Beteiligter oder Außenstehender Hilfe leisten, stehen Sie unter dem Schutz der **gesetzlichen Unfallversicherung**.

Im Zweifel gilt also: Lieber einmal zu viel einen Arzt bzw. Rettungswagen anfordern als einmal zu wenig! Rufen Sie also die Polizei oder die Feuerwehr unter der 110 oder der 112 an. Um in der Hektik einer Unfallsituation nichts Wichtiges zu vergessen, richten Sie sich am besten nach dem »**Wer-Wo-Was-Wie viele**«-Schema:

Wer meldet?	Name und Standort
Wo ist etwas passiert?	Genaue Angaben zum Unfallort
Was ist passiert?	Kurze Unfallbeschreibung
Wie viele Verletzte brauchen Hilfe?	Schilderung der Unfallfolgen und Verletzungen
	Sind Personen eingeklemmt?
	Besteht Brandgefahr?

Haben Sie Ihr Handy nicht dabei oder ist es beschädigt worden, folgen Sie einfach den **schwarzen Pfeilen** auf den Leitpfosten. Sie zeigen den nächsten Weg zur Notrufsäule.

! Für den Fall, dass Sie nicht wissen, wo Sie sich gerade genau befinden, hilft ein Anruf bei

0800 NOTFON D (= 0800 – 668 366 3),

einem Service der deutschen Versicherer (GDV). Auf diese Weise kann Ihr Handy innerhalb kurzer Zeit **geortet** werden.

1.5 Machen Sie alle erforderlichen Angaben

Gegenüber anderen am Unfallort anwesenden Beteiligten und Geschädigten sollten Sie folgende Angaben machen:

- Geben Sie an, dass Sie **an dem Unfall beteiligt** waren,
- nennen Sie auf Verlangen Ihren **Namen** und Ihre **Anschrift**,
- zeigen Sie Ihren **Führerschein** und **Fahrzeugschein** und
- machen Sie Angaben zur **Haftpflichtversicherung**.

! Ist die Schuldfrage nicht offensichtlich (haben Sie z. B. beim Ausparken ein fremdes Auto angefahren), sollten Sie **keine weiteren Angaben** zum Unfallgeschehen machen. Sonst besteht die Gefahr, dass Sie ein **Schuldanerkenntnis** abgeben, ohne es zu wollen.

1.6 Warten Sie lange genug

Bleiben Sie so lange am Unfallort, bis die Feststellung Ihrer Person, des Fahrzeugs und der Art Ihrer Beteiligung möglich ist, oder warten Sie zumindest eine nach den Umständen angemessene Zeit ab und hinterlassen Sie am Unfallort Name und Anschrift.

Falls Sie sich **berechtigt, entschuldigt oder nach Ablauf der angemessenen Wartefrist** vom Unfallort entfernt haben, ermöglichen Sie **unverzüglich** anderen Unfallbeteiligten oder der Polizei die Feststellungen zu Ihrer Person, zum Fahrzeug und zur Unfallbeteiligung.

Diese Regelungen gelten für alle am Unfall Beteiligten gleichermaßen, unabhängig von jeglicher Schuldfrage.

1.7 Wann sollten Sie die Polizei rufen?

In **einfach gelagerten Fällen** mit geringem Sachschaden bis ungefähr € 50,– und ohne Verletzte können Sie darauf verzichten, die Polizei zu rufen. Leider gibt es keine festen Beträge für die Bagatellgrenze. Auch Versicherungen erwarten nicht grundsätzlich, dass die Unfallaufnahme durch die Polizei erfolgt. Sie können das auch selbst tun (siehe unten).

! Bei einem Bagatellunfall ist es oft besser, die Sache **ohne Polizei** zu regeln. Die Polizei kommt auf Ihr Bitten hin im Regelfall zwar auch bei kleineren Unfällen. Allerdings müssen Sie sich auf längere Wartezeiten einstellen. Außerdem erhält nicht selten zumindest einer der Beteiligten ein **Verwarn- oder gar ein Bußgeld**.

Ein Herbeirufen der Polizei ist jedenfalls dann sinnvoll, wenn

- der Sachschaden erheblich ist, also mehr als ungefähr € 1 000,– beträgt;
- **Personen verletzt** wurden;
- Sie beispielsweise ein parkendes Auto beschädigt haben und der **Fahrer nicht erreichbar** ist;
- Sie vermuten, dass einer der Unfallbeteiligten unter dem Einfluss von **Alkohol** oder **Drogen** gefahren ist;
- Sie einen **vorgetäuschten Unfall vermuten**;
- der Unfallverursacher **Fahrerflucht** begeht oder keine Angaben zu seinen Daten macht;
- die **Schuldfrage nicht geklärt werden kann**;
- das Fahrzeug des Unfallgegners **im Ausland** zugelassen ist oder Unfallbeteiligte im Ausland wohnen oder
- Sie ein **Mietfahrzeug** fahren. Sonst machen Sie sich gegebenenfalls schadensersatzpflichtig. Denn in der Regel verlangen die allgemeinen Geschäftsbedingungen (AGB) der Mietwagenunternehmen dies ausdrücklich.

1.8 Checkliste: Richtiges Verhalten bei einem Verkehrsunfall

Damit Sie im Falle eines Unfalls nichts vergessen, sollten Sie als Autofahrer folgende Checkliste stets beherzigen:

- Warnblinkanlage einschalten;
- Warndreieck gut sichtbar aufstellen;
- Verletzten helfen;
- Aufgaben teilen;
- nach Zeugen umsehen und Anschriften notieren;
- Unfallstelle ggf. mit Handy fotografieren;
- Fahrzeugposition ggf. mit Kreide markieren;
- bei leichten Schäden und ohne Verletzte zur Seite fahren;
- Unfallbericht gemeinsam ausfüllen;
- kein Schuldanerkenntnis abgeben und
- bei Verletzten, hohem Schaden, Mietwagen oder Streit über Unfallursache Polizei holen.

2 Während der Unfallaufnahme

2.1 Sie nehmen den Unfall selbst auf

- Notieren Sie **Ort, Datum und Uhrzeit** des Unfalls;
- notieren oder fotografieren Sie die **Kennzeichen** der anderen am Unfall beteiligten Fahrzeuge;
- erfragen Sie jeweils **Name** und **Anschrift** der anderen Unfallbeteiligten und lassen Sie sich deren Führerschein bzw. Fahrzeugschein zeigen;
- ermitteln Sie die **Fahrzeughalter** (steht im Fahrzeugschein) und
- erfragen Sie Namen und Kontaktdaten von **Unfallzeugen**.

Nicht nur außenstehende Dritte, sondern auch **eigene Beifahrer** kommen als Zeugen infrage – auch der **eigene Ehepartner oder Verwandte**. Es gibt im Grunde keine »Zeugen 2. Klasse«. Nur wenn an der Glaubwürdigkeit eines Zeugen Zweifel bestehen, verlieren dessen Angaben an Beweiswert. Dennoch sind **neutrale Zeugen ideal,** Sie sollten also nach Möglichkeit nicht auf diese verzichten.

- notieren Sie die **Versicherungsinformationen**, also die Versicherungsgesellschaft und die Versicherungs-Nummer);
  Wenn ein Unfallbeteiligter seine Versicherungsdaten nicht nennen kann oder will, hilft Ihnen der **Zentralruf der Versicherer:**
  Tel. 0800 – 2502600 (bundesweit)
  Tel. 0049 – 40 – 300330300 (aus dem Ausland).
  Sie benötigen nur das amtliche Kennzeichen des Unfallgegners. **Speichern** Sie die **Nummer in Ihrem Handy** ein. Dann können Sie schon vor Ort die notwendigen Daten abfragen.

- fertigen Sie **Fotos** vom Unfallort, idealerweise aus verschiedenen Perspektiven, sowie zum Beispiel von beteiligten Fahrzeugen, Bremsspuren, herumliegenden Fahrzeugteilen, der Verkehrssituation (z. B. Bäume, Sträucher, parkende Fahrzeuge, Baustellen).

Bei der **Darstellung des Unfallhergangs** gilt: Halten Sie sowohl das fest, was alle Unfallbeteiligten **übereinstimmend** sagen, als auch das, was eventuell **unterschiedlich** bewertet wird. Es können jeweils Anmerkungen gemacht werden, dass der eine es so und der andere es so sieht. Zum Schluss sollte das Protokoll von **allen Beteiligten unterschrieben** werden.

Beachten Sie: Haben Sie keine Bedenken, dass in dem Protokoll ein unzulässiges **Schuldanerkenntnis** zulasten der Versicherung gesehen werden könnte. Eine derartige Erklärung nach einem Unfall hat **allenfalls Indizwirkung.** Geben Sie hingegen ein klares Schuldeingeständnis ab, so wird die Gegenseite und auch ein eventuell damit später betrautes Gericht Sie daran messen. Je eindeutiger das Eingestehen Ihrer Schuld an dem Unfall ist, desto schwerer wird es später, diese Angaben zu widerlegen bzw. eine andere Sicht der Dinge darzustellen.

2.2 Der Unfall wird von der Polizei aufgenommen

Die Aufgaben der Polizei

Hat einer der Unfallbeteiligten die Polizei angefordert, wird das **Geschehen** von den Beamten **aufgenommen** und anhand der Situation eine Einschätzung der **Schuldfrage** vorgenommen. Der (potenzielle) Verursacher wird im Unfallbogen als »Nr. 01« und die anderen Beteiligten als »Nr. 02«, »Nr. 03« etc. aufgeschrieben.

Die Polizei **belehrt** denjenigen, der nach ihrer Ansicht der Unfallverursacher ist, über das ihm zustehende **Aussageverweigerungsrecht.**

Als Unfallverursacher sollten Sie davon auch Gebrauch machen. Zumindest sollten Sie mit Angaben zu Entfernungen oder Geschwindigkeiten sparsam sein. Sonst können eventuelle Ungenauigkeiten zu Ihren Lasten gehen.

Haben Sie als Beschuldigter dennoch eine Aussage gemacht, so wird diese im Normalfall schriftlich festgehalten und Ihnen anschließend dann das Aussageprotokoll zur Unterschrift vorgelegt. Lesen Sie es sich genau durch, um Missverständnisse zu vermeiden und **bestehen Sie auf etwaige Korrekturen,** wenn nicht alles so ist, wie Sie es haben möchten.

Beachten Sie: Aussagen, die **vor der Belehrung** getätigt wurden, können gleichwohl in den Polizeibericht aufgenommen werden. Sie **dürfen** auch in einem eventuell folgenden Gerichtsverfahren **verwertet** werden.

Oft ist ein eigenes Protokoll hilfreich

Auch wenn die Polizei herbeigerufen wurde und den Unfallhergang aufgenommen hat, können Sie ein **eigenes Protokoll** erstellen. Denn der Polizei geht es in erster Linie um die Erfüllung ihrer Aufgaben, insbesondere die Feststellung von Verkehrsdelikten.

! Da die **aufnehmenden Polizeibeamten** in einem eventuell folgenden Gerichtsverfahren als Zeugen gehört werden können, sollten Sie sich deren **Namen aufschreiben.** Dann haben Sie später, falls erforderlich, neutrale Zeugen.

Fotografieren Sie auch die Kreidezeichnungen, die von der Polizei gefertigt werden.

2.3 Vorsicht: Ungebetene Helfer!

Insbesondere bei unvermittelt auftauchenden Abschleppunternehmen, die keiner der Beteiligten angefordert hat, ist Vorsicht geboten. Es könnte sich um einen sogenannten »Abschlepphai« handeln, der den Polizeifunk abhört. Falls Ihr Fahrzeug nicht mehr fahrbereit ist, wenden Sie sich an die Polizei oder an einen Automobilklub.

3 Das regeln Sie später

3.1 Bei Verletzungen immer einen Arzt aufsuchen

Auch wenn Ihre Verletzungen nicht so schwerwiegend sind, dass Sie sofort ins Krankenhaus müssen, sollten Sie sich nach erledigter Unfallaufnahme **so bald wie möglich** in ärztliche Behandlung begeben.

> **!** **Je später** Sie zum Arzt gehen, **desto harmloser** wirkt die Verletzung aus Sicht der gegnerischen Versicherung. Das kann sich negativ auf die Höhe des Schmerzensgelds auswirken.

Lassen Sie sich vom Arzt ein Attest geben, das sowohl die **Diagnose** als auch die erforderliche **Behandlung** enthält. Außerdem sollte aus dem Attest hervorgehen, wie lange eine eventuelle **Arbeitsunfähigkeit** dauert.

3.2 Melden Sie den Schaden

Sie sollten den Unfall sicherheitshalber der **Versicherung des Unfallverursachers** melden. Auch wenn der Unfallgegner den Unfall selbst melden muss, ist es ratsam, sich nicht darauf zu verlassen, dass er dieser Verpflichtung auch **zeitnah** nachkommt.

Sie müssen den Schaden so bald wie möglich auch der **eigenen Versicherung** melden – spätestens innerhalb einer Woche nach dem Schadensereignis –, wenn

- die **Schuldfrage** nicht ohne Weiteres geklärt werden kann;
- Sie **selbst der Unfallverursacher** sind oder
- Sie die eigene Vollkaskoversicherung in Anspruch nehmen wollen.

Sind Sie selbst nicht in der Lage, den Schaden zu melden, weil Sie beispielsweise im Krankenhaus liegen, so können Sie damit auch Ihren Ehepartner, ein Familienmitglied oder einen Freund beauftragen.

> **!** Wickeln Sie den Schaden **nicht direkt mit dem Unfallgegner** ohne Beteiligung der Versicherungen ab – selbst wenn dieser noch am Unfallort die alleinige Schuld auf sich nimmt. Möglicherweise überlegt er es sich später wieder anders oder das tatsächliche Ausmaß des Schadens ist kurz nach dem Unfall noch nicht abzusehen. Denn auch in den **wenigen Ausnahmefällen,** in denen es aufgrund des sehr geringen Schadens sinnvoll ist, dafür nicht die Versicherung in Anspruch zu nehmen, können Sie die Entscheidung hierfür auch noch später treffen (z. B. nach Begutachtung und Ermittlung der tatsächlichen Schadenshöhe).

3.3 Bewahren Sie alle Belege auf

Um den Ihnen entstandenen Schaden genau beziffern und belegen zu können, brauchen Sie **Nachweise**. Nicht nur Versicherungen verlangen regelmäßig die Vorlage dieser Belege, vor allem in einem eventuellen Gerichtsverfahren benötigen Sie sie als Beweismittel.

Daher sollten Sie sich für **alle** infolge **des Unfalls** entstehenden Kosten die entsprechenden **Quittungen ausstellen lassen** und diese **sorgsam aufbewahren** (z. B. für die Reparatur oder das Abschleppen Ihres Fahrzeugs).

Folgende Unterlagen sollten Sie sammeln, aufheben und gegebenenfalls kopieren:

- Ihr eigenes **Protokoll** der Unfallaufnahme bzw. den Unfallbogen der Polizei;
- **Fotos** vom Unfallort;
- **Daten** des Unfallgegners, von Zeugen und anderen Unfallbeteiligten (Namen, Anschriften und Versicherungsinformationen);
- einen **Kostenvoranschlag** bzw. eine **Reparaturrechnung der Werkstatt;**
- gegebenenfalls ein ärztliches **Attest;**
- gegebenenfalls den **Mietvertrag für ein Ersatzfahrzeug** (falls Ihr eigenes Auto länger in der Werkstatt bleiben muss) und
- **Gutachten** und **Rechnung** des Sachverständigen.

! Beträgt der Schaden am Fahrzeug **mehr als € 1 000,–,** haben Sie Anspruch auf Erstattung von Gutachterkosten. In allen anderen Fällen genügt in der Regel ein Kostenvoranschlag.

Beachten Sie: Kosten, die Sie nicht ersetzt bekommen (wenn z. B. die Kosten für einen Mietwagen nicht in voller Höhe anerkannt werden), können Sie unter Umständen **steuerlich geltend** machen.

3.4 Halten Sie den Schaden so gering wie möglich

Als Geschädigter haben Sie die Pflicht, den Schaden **so gering wie möglich** zu halten (§ 254 BGB). Sie sollten daher zum Beispiel wegen eines kaputten Außenspiegels keinen Sachverständigen zur Begutachtung beauftragen. Bei einem solchen Schaden reicht in aller Regel der Kostenvoranschlag einer Autowerkstatt.

! Seien Sie vorsichtig bei der Anmietung eines Ersatzfahrzeuges. Oft wird ein Fahrzeug zum sogenannten »**Unfallersatztarif**« angeboten.

E3 | So verhalten Sie sich richtig und rechtssicher bei einem Verkehrsunfall

Hier laufen Sie Gefahr, auf einem Teil der Kosten sitzen zu bleiben. Denn es gibt häufig günstigere Tarife. Darüber hinausgehende Kosten werden Ihnen dann meist nicht ersetzt.

F1 Ihre Rechte als Pauschalreisender

1 Was Sie vor der Buchung wissen sollten

1.1 Pauschaltouristen haben es leichter

Buchen Sie beispielsweise eine 2-wöchige Reise nach Mallorca mit Flug und Hotel, fallen Sie als sogenannter »Pauschalreisender« unter den Schutz der §§ 651a ff. BGB. Das ist für Sie insoweit vorteilhaft, als Ihr **alleiniger Vertragspartner** und Adressat möglicher Reklamationen der **Reiseveranstalter** ist, bei dem Sie die Reise gebucht haben. Sie müssen sich also nicht mit der jeweiligen Fluggesellschaft oder dem Hotelier auseinandersetzen, wenn Sie während Ihres Urlaubs Pleiten, Pech und Pannen erleben, etwa durch Flugverspätungen, Gepäckverlust oder ein überbuchtes Hotel. Zudem werden Auslandsreisen, die Sie bei einem deutschen Veranstalter gebucht haben, nach **deutschem Reiserecht** abgewickelt.

Anders ist es, wenn Sie als **Individualreisender** reisen (z. B. reservieren Sie Ihr Hotelzimmer selbst und kaufen sich eine Bahnfahrkarte für die Anreise direkt am Schalter). Hier schließen Sie jeweils **einzelne Verträge** ab – etwa einen Mietvertrag oder einen Beförderungsvertrag. Gibt es Ärger auf Reisen, müssen Sie sich also mit dem jeweiligen Vertragspartner auseinandersetzen. Schlechten Zimmerservice reklamieren Sie beispielsweise direkt beim Hotelier, die Zugverspätung bei der Bahn. Und sofern Sie Ihre Reise ins Ausland führt, kommt überdies grundsätzlich das Recht des Gastlandes in Betracht.

1.2 Wann steht Ihnen der Pauschalreiseschutz zu?

Bei der Pauschalreise buchen Sie bei einem Reiseveranstalter ein Bündel von **mindestens zwei erheblichen Reiseleistungen.** Die Reiseleistungen müssen jeweils einen eigenen Wert haben. Sogenannte **Nebenleistungen zählen nicht** (z. B. Beschaffung eines Visums, Bordverpflegung, örtliche Reiseleitung). Wie unterschiedlich die einzelnen Reiseleistungen sein können, die zu einer Pauschalreise zusammengeschnürt werden, entnehmen Sie der folgenden Übersicht:

- Beförderung und Unterkunft;
- Unterkunft und Hobbykurs oder Sprachschule;
- »Baukastenreise« mit Flug und Rundreise (LG Frankfurt/Main, Urteil vom 17. 12. 2002, 2/19 O 233/02, NJW-RR 2003 S. 640);
- Unterkunft mit Sport- und Freizeiteinrichtungen (z. B. Center Parcs; BGH, Urteil vom 24. 11. 1999, I ZR 171/97, NJW 2000 S. 1639);

F1 | Ihre Rechte als Pauschalreisender

- Fahrt und Musicalbesuch (LG Frankfurt/Main, Urteil vom 25. 9. 1997, 2-24 S 282-96, NJW-RR 1999 S. 57);
- Busreise mit Ausflugsprogramm;
- Flug und Wohnmobil (LG Frankfurt/Main, Urteil vom 15. 2. 1993, 2/24 S 92/92, NJW-RR 1993 S. 952);
- Unterkunft und Mietwagen (OLG Celle, Urteil vom 17. 6. 2004, 11U 1/04, NJW 2004 S. 2985);
- Kreuzfahrt mit Aufenthalt und Verpflegung;
- Linienflug und Unterkunft (BGH, Urteil vom 30. 9. 2003, X ZR 244/02, NJW 2004 S. 681).

Auch wenn ein **Reisebüro** eine Reise nach Ihren Wünschen und Vorgaben »**à la carte**« zusammenstellt und organisiert, handelt es sich rechtlich um eine Pauschalreise (EuGH, Urteil vom 30. 4. 2002, Rs. C-400/00). Auch in diesem Fall schließen Sie nur einen einzigen Reisevertrag ab.

Nach der Rechtsprechung des Bundesgerichtshofs genießen Sie die Vorteile des Pauschalreiserechts auch, wenn Sie eine **Ferienwohnung** bei einem Reiseveranstalter buchen (BGH, Urteil vom 29. 6. 1995, VII ZR 201/94, NJW 1995 S. 2629). Das gilt auch, wenn Sie bei einem **gewerblichen Veranstalter** ein Wohnmobil buchen, ein Boot chartern oder ein Hotelzimmer reservieren. Buchen Sie diese Leistungen hingegen bei einem **privaten Vermieter,** gilt das Individualreiserecht.

1.3 Aufgepasst, wenn Sie eine Reise planen!

Die Reisekataloge sprechen ihre eigene Sprache

Die bunte Welt der Reiseprospekte ist häufig Ihre einzige Entscheidungsgrundlage, sich eine bestimmte Reise auszusuchen und sie zu buchen. Hier ist jedoch Vorsicht geboten. Zwar müssen die Angaben der Reiseveranstalter im Katalog Mindestangaben über die einzelnen Reiseleistungen enthalten, die **eindeutig und vollständig** sind und keinen falschen Eindruck beim Reisekunden erwecken. Der Veranstalter haftet für unrichtige Angaben.

Trotzdem hat sich eine beschönigende Katalogsprache entwickelt, die immer noch verwendet wird, auch wenn sie von der Rechtsprechung teilweise als unzulässig angesehen wird. Die nachfolgende **Übersicht** hilft Ihnen deshalb, **gängige Formulierungen** der Prospekte-Macher zu **übersetzen.** So können Sie sich ein Bild davon machen, was Sie tatsächlich vor Ort erwartet.

Ihre Rechte als Pauschalreisender | **F1**

Das steht im Prospekt	Das erwartet Sie vor Ort
zur Lage des Hotels:	
»touristisch gut erschlossen«/»verkehrsgünstige Lage«/»zentral gelegen«	Rummel, Bettenburgen vorhanden, Autolärm
»Mietwagen empfohlen«/»Idylle in ruhiger Lage«/»idyllisch gelegen«	Das Hotel liegt sehr weit draußen.
»Hotel direkt am Meer«	nah am Wasser, Baden aber häufig nicht möglich (z. B. Hotel an einer Steilküste oder am Hafen)
über den Strand:	
»Naturstrand«/»naturbelassen«	Es sind keine Toiletten oder Strandduschen vorhanden; kann auch »dreckig« bedeuten.
»feiner Korallenstrand«	Der Strand eignet sich nicht zum Baden.
zur Hotelausstattung/Hotelbeschreibung:	
»neu eröffnetes Hotel«	unvollendete Grünanlagen, noch kein reibungsloser Ablauf, unter Umständen muss noch mit Baulärm gerechnet werden
»sauber und zweckmäßig«/»familiäre Atmosphäre«	kein besonderer Komfort
»temperierter Swimmingpool«	Der Pool wird allein durch Sonneneinstrahlung beheizt.
»örtliche Reiseleitung«	keine Reiseleitung des Veranstalters
zur Hotelausstattung/Zimmerbeschreibung:	
»landestypische Bauweise«	hellhörige und einfache Bauweise
»klimatisierbare Zimmer«	Der Hotelier bestimmt, ob und wann die Klimaanlage eingeschaltet wird.
»Zimmer zur Meerseite«	Nicht zwangsläufig auch Meerblick. Dieser kann durch Gebäude, Bäume oder die Landschaft versperrt sein.

F1 | Ihre Rechte als Pauschalreisender

≡ Das Kleingedruckte kann unangenehme Überraschungen enthalten

Achten Sie deshalb unbedingt auf das »Kleingedruckte«. Der Reiseveranstalter muss Sie bei Vertragsschluss ausdrücklich auf seine **Allgemeinen Reisebedingungen** (ARB) hinweisen. Er kann Sie dazu auch auf seinen Katalog verweisen. Werden die ARB dort nur auszugsweise abgedruckt, gelten sie auch nur in diesem Umfang.

Da Sie mit Abschluss des Reisevertrags die Reisebedingungen akzeptieren, sollten Sie insbesondere die Regelungen zur Anzahlung, zur Restpreiszahlung, zur Preisänderung lesen und sich darüber informieren, was gilt, wenn Sie die Reise nicht antreten können.

≡ Das Reisebüro muss Sie nicht allumfassend aufklären und beraten

Während der Reiseveranstalter Sie umfassend informieren muss, trifft das Reisebüro **nur eingeschränkte Informationspflichten.** So muss es Sie beispielsweise nicht ungefragt über Einreisebestimmungen am Zielort informieren (z. B. ob ein Passzwang besteht; BGH, Urteil vom 25. 4. 2006, X ZR 198/04). Allerdings zählt es zu den Aufgaben des Reisebüros, Sie auf die richtigen Abfahrts- bzw. Abflugzeiten hinzuweisen oder Sie über bisher unbekannte (das heißt in den Medien noch nicht veröffentlichte) Gefahren oder eine außergewöhnliche Überfallgefahr aufzuklären.

Selbstständig müssen Sie sich informieren über:

- die Angaben des Reiseveranstalters im **Katalog** und im »**Kleingedruckten**«;
- das typische **Publikum** des Urlaubsorts (z. B. Familien, Senioren);
- erforderliche **Reiseversicherungen.** Denn das Reisebüro muss Sie nur über die Reiserücktritts- und Rücktransportkostenversicherung aufklären, nicht auch über die Möglichkeit, eine Reiseabbruchversicherung abzuschließen (BGH, Urteil vom 25. 7. 2006, X ZR 182/05, NJW 2006 S. 3137);
- erforderliche **Impfungen** oder sonstige Gesundheitsmaßnahmen (z. B. gegen Thrombosegefahr auf Langstreckenflügen). Wenden Sie sich dazu an Ihren Hausarzt oder erkundigen Sie sich in der Apotheke nach einer reisemedizinischen Beratung (z. B. Fernreisen-Impfberatung). Auch das Auswärtige Amt gibt auf seinen Internetseiten Auskunft.

Verstößt das Reisebüro gegen die **Sorgfalts- und Hinweispflichten,** steht Ihnen **Schadensersatz** zu. Als Reisekunde wird dabei zu Ihren Gunsten das Verschulden des Reisebüros gesetzlich vermutet, wenn Sie eine objektive Pflichtverletzung nachweisen können. Das ist beispielsweise der Fall, wenn Ihnen neue Abflugzeiten des Charterfluges nicht rechtzeitig mitgeteilt werden oder irrtümlich ein falsches Hotel gebucht wurde.

Ersetzt werden Ihnen im Fall des Falles auch der **entgangene Gewinn** (z. B. haben Sie einen Geschäftstermin versäumt) und die **Kosten** für zusätzliche Übernachtungen, Ersatzbeschaffungen, Ausgaben für Visa und Impfungen oder Stornokosten. Hingegen können Sie vom Reisebüro keinen Ersatz für nutzlos aufgewendete Urlaubszeit verlangen. Den gibt es nur vom Reiseveranstalter (AG Menden, Urteil vom 5. 4. 2006, 4 C 103/05, RRa 2006 S. 223).

Die Erfüllung Ihrer Sonderwünsche sollten Sie vorab klären

Haben Sie Sonderwünsche, müssen Sie diese **ausdrücklich** mit dem Reisebüro **vereinbaren** (z. B. wollen Sie ein Nichtraucher-Zimmer, sind auf Diabetikerkost angewiesen oder wollen Ihren Hund mitbringen). Das Reisebüro muss die Nebenabsprachen an den Reiseveranstalter sorgfältig weiterleiten. Der Veranstalter bemüht sich darum, Ihren Buchungswunsch zu erfüllen.

Verlangen Sie, dass er Ihre Sonderwünsche – sofern möglich – in der **Reisebestätigung** vorbehaltlos bestätigt. Enthält die Reisebestätigung den vereinbarten Sonderwunsch nicht, können Sie eine ergänzende Bestätigung fordern. Liegt Ihnen die Bestätigung vor, haben Sie einen Anspruch darauf, dass Ihrem Wunsch entsprochen wird.

Reiseversicherungen schützen nicht uneingeschränkt

Wenn Sie eine Reise buchen, werden Ihnen häufig auch Versicherungen angeboten, um **typische Reiserisiken abzusichern.** Dabei sollten Sie sich darüber im Klaren sein, dass es **nicht die eine** Reiseversicherung gibt, die vor allen möglichen Risiken schützt. Vielmehr bieten die Versicherer in der Regel verschiedene Verträge an, die jeweils einzelne Schadensfälle abdecken. Daneben gibt es aber auch Kombinationsangebote. Erkundigen Sie sich danach bei den Versicherungsunternehmen.

》 **Beispiel:** Eine **Reiserücktrittskostenversicherung** tritt ein, wenn Sie aus persönlichen Gründen eine Reise gar nicht erst antreten (z. B. aufgrund einer Erkrankung). Eine **Reiseabbruchversicherung** schützt Sie vor den finanziellen Risiken, die mit einer frühzeitigen Abreise verbunden sind. Aber auch Ihr Reisegepäck können Sie vor Diebstahl, Verlust oder Beschädigung schützen und eine **Reisegepäckversicherung** abschließen. Die **Reiseunfallversicherung** übernimmt die Kosten für den Rücktransport und die Behandlung im Falle eines Unfalls (z. B. Auto- oder Sportunfall). Die **Reisekrankenversicherung** zahlt die Behandlung bei Krankheit am Urlaubsort. Die **Reisehaftpflichtversicherung** übernimmt weltweit die Haftung für Schäden, die Sie während der Reise einem anderen zufügen.

Achten Sie dabei genau darauf, welche Risiken abgedeckt werden, welche Schadensfälle ausgeschlossen sind und wie sich die Höhe der Ersatzleistungen bestimmt, ob Sie zum Beispiel mit Selbstbehalten oder Leistungsbeschränkungen rechnen müssen.

2 Worauf es bei der Buchung ankommt

2.1 Die Buchungsbestätigung quittiert den Inhalt Ihres Reisevertrages

Mit der Reisebestätigung nimmt der Reiseveranstalter Ihre Buchung an. Er muss sie Ihnen spätestens binnen zwei Wochen nach der Buchung **schriftlich** zukommen lassen, sonst sind Sie an Ihre Buchung nicht mehr gebunden. **Ausnahme:** Sie buchen über ein elektronisches Reservierungssystem im Reisebüro oder online über Internet. Dann ist die Buchung bereits verbindlich, wenn Sie per E-Mail oder online eine Bestätigung erhalten.

Die Reisebestätigung muss die in § 6 BGBInfoV bestimmten **Angaben enthalten,** das heißt:

- Transportmittel, Unterbringung, Mahlzeiten;
- **Bestimmungsort,** bei einer Rundreise die einzelnen Aufenthalte und deren Termine;
- Tag, voraussichtliche Zeit und Ort der **Abreise und Rückkehr;**
- **Reisepreis, Zahlungsmodalitäten** und Hinweise auf etwa vorbehaltene **Preisänderungen** sowie deren Bestimmungsfaktoren und auf nicht im Reisepreis enthaltene Abgaben;
- vereinbarte **Sonderwünsche** des Reisenden;
- Name und ladungsfähige Anschrift des **Veranstalters;**
- Pflichten des Reisenden, wenn ein **Mangel** der Reise auftritt (d. h. Anzeige, Fristsetzung, Voraussetzungen der Kündigung);

Ihre Rechte als Pauschalreisender | **F1**

- **Fristen** zur Geltendmachung von Ansprüchen gegenüber dem Reiseveranstalter;
- Informationen über den möglichen Abschluss einer **Reiserücktrittskostenversicherung** oder einer Versicherung zur Deckung der Rückführungskosten bei Unfall oder Krankheit mit Angabe von Namen und Anschrift des Versicherers.

Der Reiseveranstalter kann in seiner Reisebestätigung auch auf seinen **Katalog** verweisen, sofern der Ihnen zur Verfügung gestellt wurde. **Aber:** Der Reisepreis und die Zahlungsmodalitäten müssen in der Reisebestätigung immer aufgeführt sein.

Nur was in der **Reisebestätigung** steht, ist für den Reiseveranstalter **verbindlich**. **Weicht** die Reisebestätigung von Ihrer Reiseanmeldung **ab** (z. B. Unterbringung in einem anderen Hotel, anderer Abflughafen), liegt darin ein **neues Vertragsangebot** seitens des Veranstalters. Dieses Angebot können Sie ausdrücklich oder stillschweigend annehmen, indem Sie den Reisepreis bezahlen oder die Reise antreten. Oder Sie lehnen es ab – am besten schriftlich. Unternehmen Sie nichts, kommt kein Reisevertrag zustande.

! Die Reisebestätigung ist Ihr **wichtigstes Dokument**. Nehmen Sie am besten eine Kopie mit in den Urlaub, falls es Ärger wegen abweichender Leistungen gibt, und lassen Sie das Original zu Hause.

2.2 Der Reisepreis – wie viel Sie wann bezahlen müssen

=== Flexible Preisangaben im Reisekatalog zulässig

Katalogangaben sind für den Reiseveranstalter zwar grundsätzlich **verbindlich**. **Aber:** Er darf sich vor Vertragsschluss eine **Preisanpassung vorbehalten** und im Katalog flexible Preisangaben machen. Die Klausel ist zulässig, wenn der Veranstalter deutlich darauf hinweist, dass sich die endgültigen Preise in bestimmten Grenzen noch vor der Buchung ändern können (z. B. können für Flughafengebühren € 50,– pro Flugstrecke und Person aufgeschlagen oder ermäßigt werden).

Aber: Im **Internet** ist eine derartige Preisangabe **nicht gestattet,** da dort eine ständige Aktualisierung möglich ist und der Veranstalter flexibel auf sich ändernde Preise reagieren kann.

F1 | Ihre Rechte als Pauschalreisender

Das gilt für die Anzahlung und die Zahlung des restlichen Reisepreises

Anzahlungen auf Pauschalreisen sind üblich. **Zulässig** sind sie allerdings nur, wenn Sie zuvor den sogenannten »**Sicherungsschein**« erhalten haben (§ 651 k Abs. 4 BGB) **und** die Anzahlung die Höhe von **20 % des Reisepreises** nicht übersteigt (BGH, Urteil vom 9. 12. 2014, X ZR 85/12 u. a.).

Üblicherweise ist der Restpreis **frühestens 30 Tage vor Reiseantritt** fällig. Den Restpreis müssen Sie aber erst dann zahlen, wenn Sie im **Besitz sämtlicher Reiseunterlagen** sind (z. B. Flugticket und Hotelvoucher). **Ausnahmen** gelten für private Gelegenheitsveranstalter wie Schulen oder Kirchen, für Tagesreisen ohne Übernachtung bis zu einem Wert von € 75,– und für bestimmte staatliche Veranstalter (z. B. Volkshochschule). Die Fälligkeit der Restzahlung muss bei Vertragsschluss feststehen und darf sich beispielsweise nicht aus einem erst nach der Buchung zugesandten Zahlungsplan ergeben (LG Köln, Urteil vom 5. 5. 1999, 26 O 80/98, RRa 1999 S. 135).

Was gilt, wenn sich der Reisepreis ändert?

Eine Preiserhöhung **nach Vertragsschluss** ist nur zulässig, wenn der Vertrag

- einen **Änderungsvorbehalt** im »Kleingedruckten« vorsieht,
- **genaue und nachvollziehbare Angaben zur Berechnung** des neuen Preises im »Kleingedruckten« macht, das heißt, warum, aufgrund welcher Faktoren und nach welcher Berechnung sich der Preis erhöht,
- nur die **zulässigen Kostenfaktoren** Beförderungskosten (z. B. plötzlich gestiegene Flugbenzinkosten), Abgaben (z. B. Hafen-, Flughafen- oder Einreisegebühren) und Wechselkursänderungen (nach dem Stichtag des Vertragsdatums) erfasst,
- die Preiserhöhung **vor dem 21. Tag des Abreisetermins** vorsieht **und**
- zwischen Vertragsschluss und Reiseantritt mindestens eine **Frist** von **vier Monaten** liegt.

Verstößt eine Preiserhöhung gegen eine dieser Voraussetzungen, ist sie **unwirksam**. In diesem Fall gilt der alte Vertrag mit dem ursprünglichen Preis fort. Beträgt die an sich zulässige Preiserhöhung **mehr als 5 %** des Reisepreises, können Sie kostenfrei vom Vertrag **zurücktreten** und den bereits geleisteten Reisepreis zurückverlangen. Auch Stornokosten brauchen Sie nicht zu zahlen. Alternativ können Sie auch eine gleichwertige Ersatzreise verlangen, wenn Ihr Reiseveranstalter eine solche Reise ohne Mehrpreis anbietet. Den Rücktritt müssen Sie **umgehend,** das heißt ein bis zwei Tage nach Mitteilung der Preiserhöhung, **schriftlich** gegenüber dem Reiseveranstalter erklären.

2.3 Der Sicherungsschein schützt Sie bei Zahlungsunfähigkeit des Reiseveranstalters

Der Sicherungsschein schützt Sie vor **Insolvenz** oder **Zahlungsunfähigkeit des Reiseveranstalters.** Davor, dass das gebuchte Hotel, die Fluggesellschaft oder das Reisebüro zahlungsunfähig wird, sind Sie nicht geschützt.

Sie finden den Sicherheitsschein entweder auf der **Rückseite der Reisebestätigung** oder als **eigenes Dokument,** das Ihnen gemeinsam mit der Reisebestätigung ausgehändigt werden muss.

Durch den Sicherungsschein haben Sie einen **direkten Anspruch** gegenüber dem sogenannten **»Kundengeldabsicherer«.** Das ist eine Versicherung oder eine Bank, die haftet, wenn der Reiseveranstalter bei Insolvenz oder Zahlungsunfähigkeit seine Leistungen nicht mehr erbringen kann. Der Sicherungsschein muss folgende **Pflichtangaben** enthalten (§ 9 BGBInfoV):

- **Name** des Reisenden oder die Nummer der Reisebestätigung;
- **Verpflichtungserklärung** des Kundengeldabsicherers;
- **Umfang der Absicherung** mit gezahltem Reisepreis und notwendigen Rückreiseauslagen;
- Möglichkeit einer Haftungsbegrenzung auf € 110 Mio.;
- **Erstattung** erst nach Ablauf des Jahres des Schadensfalles – nur, wenn die Haftung begrenzt wurde;
- Name und Adresse des **Schadensbetreuers;**
- Möglichkeit einer **Geltungsdauer** und
- Name, Anschrift und Telefonnummer des **Absicherers.**

Vor Reiseantritt haben Sie durch den Sicherungsschein einen Anspruch auf Rückzahlung einer bereits geleisteten Anzahlung bzw. des gesamten Reisepreises. **Nach Antritt der Reise** müssen Ihnen die notwendigen Aufwendungen für die Rückreise erstattet werden. Voraussetzung dafür ist, dass Sie die Rückreise unverzüglich antreten. Bleiben Sie im Hotel und zahlen dessen weitere Leistungen aus eigener Tasche, können Sie diese nicht zurückverlangen.

! Um im Fall der Fälle nicht »mit leeren Händen« dazustehen, sollten Sie nie ein Reiseangebot ohne Sicherungsschein annehmen und erst recht nicht den kompletten Reisepreis zahlen, ohne den Sicherungsschein erhalten zu haben.

2.4 Bei Online-Buchung gelten Besonderheiten

Prüfen Sie zunächst, ob die Internetseite ausreichende Informationen über den Reisevermittler bzw. Reiseveranstalter enthält. Gesetzlich vorgeschrieben ist ein **Impressum,** das Angaben über den vollständigen Namen der Firma, deren Rechtsform, Namen und Vornamen der gesetzlichen Vertreter, vollständige postalische Anschrift (das heißt, ein Postfach reicht nicht), Mailadresse, Telefon und Faxnummern des Anbieters enthält. Fehlt eine dieser Angaben, sollten Sie von vornherein von dem Anbieter Abstand nehmen.

! Seien Sie vorsichtig, wenn keine inländische Vertretung oder Niederlassung benannt wird. Im Streitfall kann es sehr schwierig werden, im Ausland Ihre Rechte durchzusetzen.

Achten Sie auf **ausreichende Reiseinformationen,** insbesondere bei individuellen Reisewünschen. Es sollte die Möglichkeit geben, per E-Mail oder telefonisch ergänzende Informationen zu erhalten.

Die **Allgemeinen Reisebedingungen** müssen leicht zugänglich und verständlich sein. Drucken Sie die ARB aus und prüfen Sie deren Inhalt, bevor Sie buchen. Können Sie das Kleingedruckte nicht lesen, etwa weil der Link nicht funktioniert, wird es auch nicht Vertragsbestandteil.

Achten Sie während der Buchung darauf, ob Ihnen erklärt wird, wie Sie **Eingabefehler** vor der endgültigen Buchung erkennen und korrigieren können. Überprüfen Sie bei den **Preisangaben,** ob sämtliche Zusatzkosten enthalten sind (z. B. Flughafengebühren, Transferkosten, Umsatzsteuer). Der Endpreis einschließlich aller zusätzlichen Kosten muss im Verlauf der Eingabe und vor endgültiger Buchung deutlich und genau angegeben sein.

Wollen Sie per **Kreditkarte** zahlen, sollten Sie auf eine **sichere Datenübermittlung** (z. B. SSL- oder TLS-Verschlüsselung) achten. Die Verschlüsselung erkennen Sie an einem kleinen Symbol, einem Vorhängeschloss, in der unteren Leiste des Browserfensters. Bezahlen Sie erst, nachdem Sie eine Rechnung erhalten haben.

Wie bei einer »normalen« Buchung kommt der Reisevertrag erst mit der Buchungs- bzw. Reisebestätigung zustande und nicht schon mit Absenden der Buchung. Der Reiseveranstalter kann die Reisebestätigung per E-Mail oder auch nachträglich per Post senden. **Beachten Sie:** Das übliche **Widerrufs- und Rückgaberecht,** das Ihnen beispielsweise bei Online-Bestellungen von Waren zusteht, gilt für Online-Reisebuchungen **nicht.**

Ihre Rechte als Pauschalreisender | **F1**

2.5 Aufgepasst bei »Last-Minute«- und »All-inclusive«-Reisen

Wenn Sie »last-minute« buchen

Mit »Last-Minute-Reisen« werden vom Reiseveranstalter **besonders kurzfristige Reisen mit einem besonderen Preisvorteil** beworben. Welche Zeit zwischen Buchung und Reiseantritt liegen muss, ist nicht gesetzlich geregelt. In der Regel handelt es sich aber um eine Zeitspanne von maximal 14 Tagen (BGH, Urteil vom 17. 6. 1999, I ZR 149/97, RRa 2000 S. 35).

Bei »Last-Minute-Reisen« kommt der **Vertrag bereits mit der Anmeldung und der mündlichen Zusage durch das Reisebüro zustande** und nicht erst mit Erhalt der Reisebestätigung. Es ist in solchen Fällen auch ausreichend, wenn Sie die Reisebestätigung und die sonstigen Reiseunterlagen (z. B. Flugtickets, Hotelvoucher) erst am Flughafen erhalten.

Buchen Sie **weniger als sieben Tage vor Reisebeginn,** ist der Reiseveranstalter auch nicht verpflichtet, Ihnen eine Buchungsbestätigung mit den ansonsten erforderlichen Unterlagen zu übermitteln. **Aber:** Spätestens bei Reiseantritt muss er Sie über Ihre Pflichten bei der Geltendmachung von Reisemängeln und die zu beachtenden Fristen informieren. Doch Ihre **Rechte bei etwaigen Mängeln** der Reise sind die **gleichen** wie bei jeder anderen Pauschalreise.

Wenn Sie »all-inclusive« buchen

Bei »All-inclusive-Reisen« beinhaltet der Reisepreis neben Unterkunft und Beförderung in der Regel Vollpension, nichtalkoholische Getränke und landesübliche Alkoholika sowie die kostenlose Benutzung aller beschriebenen Hoteleinrichtungen. Wenn bestimmte Einschränkungen bestehen sollten (z. B. nur »Softdrinks« oder Tennis gegen gesonderte Gebühr), muss der Reiseveranstalter hierauf gesondert hinweisen.

Regelmäßig müssen Sie als »All-inclusive-Urlauber« für die Dauer des Aufenthalts ein nicht abnehmbares **Armband** tragen. Dies mag zwar eine Unannehmlichkeit für Sie bedeuten, ist aber von der Rechtsprechung abgesegnet worden – zumindest sofern Sie darauf im Prospekt hingewiesen wurden.

3 Was gilt, wenn sich bis zum Reiseantritt etwas ändert?

3.1 Sie wollen oder können die Reise nicht antreten

Den Rücktritt gibt es nicht kostenlos

Vor Reisebeginn können Sie **jederzeit zurücktreten.** Dazu benötigen Sie nicht einmal einen sachlichen Grund. Das garantiert das Gesetz (§ 651 i BGB). Sie sollten Ihren Rücktritt jedoch aus Beweisgründen dem Reiseveranstalter schriftlich mitteilen.

Nach einem Rücktritt brauchen Sie zwar nicht mehr den ursprünglichen Reisepreis zu zahlen, müssen aber mit **Stornokosten** bis zur Höhe des Reisepreises rechnen. In der Regel verwendet der Reiseveranstalter für die Berechnung der Stornoentschädigung feste **Stornopauschalen.** Sie finden Sie abgedruckt in den Allgemeinen Reisebedingungen im Katalog oder auf Ihrer Reisebestätigung.

! Haben Sie eine **Reiserücktrittskostenversicherung** abgeschlossen und treten Sie aus einem der versicherten Gründe zurück, übernimmt die Versicherung anfallende Stornokosten.

Unzulässig ist eine Stornoklausel in den ARB beispielsweise, wenn die Stornopauschale **30 Tage vor Reisebeginn 80 %** des Reisepreises (BGH, Urteil vom 26. 10. 1989, VII ZR 332/88, NJW-RR 1990 S. 114) oder bei Rücktritt vor Reisebeginn 100 % betragen soll (OLG Nürnberg, Urteil vom 20. 7. 1999, 3 U 1559/99, NJW 1999 S. 3128).

Ist eine Stornoklausel **unzulässig,** gilt für die Berechnung der Stornoentschädigung die gesetzliche Regelung. Das bedeutet, der Reiseveranstalter muss seine Kosten, die durch Ihren Rücktritt entstanden sind, **konkret berechnen.** Grundlage der Berechnung ist der Reisepreis. Davon können die **ersparten Aufwendungen** (z. B. Hotelgutschrift) und anderweitige Erwerbsmöglichkeiten (z. B. Weiterverkauf der Reise nach Ihrem Rücktritt) abgezogen werden.

Der Veranstalter kann sich in seinen ARB auch vorbehalten, im Falle des Rücktritts zwischen Geltendmachung der Stornopauschale und konkreter Schadensberechnung zu **wählen.** Hat er sich aber für eine Berechnungsform entschieden, darf er nicht »mischen«.

Er muss Sie zudem im »Kleingedruckten« darauf hinweisen, dass es Ihnen unbenommen bleibt, dem Veranstalter **nachzuweisen,** dass ihm kein oder ein **wesentlich geringerer Schaden** entstanden ist als die von ihm geforderte Pauschale. Der Gegenbeweis ist allerdings schwierig zu führen, denn die bloße telefonische Nachfrage im Hotel, ob dieses ausgebucht sei, reicht nicht aus. Lassen Sie sich in solchen Fällen daher anwaltlich beraten. **Fehlt** dieser **Hinweis, ist die Stornoklausel unzulässig.**

Wie hoch darf die Stornopauschale sein?

Eine gesetzliche Regelung oder eine Empfehlung des Deutschen ReiseVerbandes e.V. über die Höhe von Stornopauschalen gibt es nicht. Es muss sich auf jeden Fall um einen **Prozentsatz vom Reisepreis** handeln, der von der Art der Reise und der Zeitdauer zwischen Rücktritt und Reisebeginn abhängig und gestaffelt ist.

Orientieren Sie sich beispielsweise für eine **Flugpauschalreise** an folgenden Regeln:

Zeitpunkt des Rücktritts	Stornosatz
bis 30 Tage vor Reisebeginn	20 % des Reisepreises
ab 29. bis 22. Tag vor Reisebeginn	30 % des Reisepreises
ab 21. bis 15. Tag vor Reisebeginn	40 % des Reisepreises
ab 14. bis 7. Tag vor Reisebeginn	50 % des Reisepreises
ab 6. Tag vor Reisebeginn	55 % des Reisepreises
ab Nichtantritt	95 % des Reisepreises

Verlangt ein Veranstalter höhere Stornosätze und haben Sie Zweifel an deren Zulässigkeit, sollten Sie sich anwaltlichen Rat einholen. Denn die zulässige Höhe prüfen die Gerichte für jeden Einzelfall.

3.2 Sie stellen einen Ersatzreisenden

§ 651b BGB eröffnet Ihnen diese Möglichkeit. Damit der Reiseveranstalter die notwendigen technisch-organisatorischen Maßnahmen treffen kann (z.B. Umschreibung der Reiseunterlagen), sollten Sie den Reiseveranstalter **spätestens drei Tage vor Reisebeginn** darüber informieren. Bei einer sehr kurzfristig gebuchten **Last-Minute-Reise** verkürzt sich diese Frist, wenn der Reiseveranstalter auch innerhalb eines Tages mittels EDV die erforderlichen Maßnahmen vornehmen kann.

Der Reiseveranstalter kann dem Personentausch **widersprechen,** wenn

F1 | Ihre Rechte als Pauschalreisender

- der Ersatzreisende die besonderen Reiseerfordernisse nicht erfüllt, er beispielsweise nicht tropentauglich ist oder ihm fehlen die erforderliche Gesundheit oder besonderen Fähigkeiten für die gebuchte Reise (z. B. Trekkingreise). **Oder**

- der Teilnahme des Ersatzreisenden **gesetzliche Vorschriften** oder **behördliche Anordnungen** entgegenstehen (z. B. besitzt der Ersatzreisende nicht das erforderliche Visum oder fehlen die notwendigen Impfungen).

Widerspricht der Reiseveranstalter aus einem dieser Gründe dem Wechsel des Reisenden, bleiben Sie an den Vertrag gebunden. Falls noch Zeit genug bleibt, können Sie einen weiteren Ersatzreisenden benennen. Andernfalls können Sie vom Vertrag zurücktreten, müssen dann aber die Stornokosten in Kauf nehmen.

Akzeptiert der Reiseveranstalter den Ersatzreisenden, tritt dieser mit allen Rechten und Pflichten in den Vertrag ein und löst Sie als Vertragspartner ab. So kann auch er beispielsweise von der Reise zurücktreten oder spätere Reisemängel reklamieren.

Auch wenn Sie einen Ersatzreisenden stellen, der für Sie die Reise antritt und den der Reiseveranstalter akzeptiert, können Sie weiterhin zur Kasse gebeten werden. Das Gesetz sieht eine gesamtschuldnerische Haftung vor (§ 651 b Abs. 2 BGB). Sie **haften** demnach **gemeinsam** mit dem Ersatzreisenden für die Bezahlung des kompletten Reisepreises und die durch die Umbuchung entstehenden **Mehrkosten**. Zahlt also der Ersatzreisende den Reisepreis nicht, kann der Reiseveranstalter auch Sie in Anspruch nehmen.

Hierbei ist nicht nur an die Ausstellung einer neuen Reisebestätigung oder eine pauschale Bearbeitungsgebühr bis zu € 30,– zu denken. Auch **erhebliche Mehrkosten** sind zu erstatten (z. B. für die erforderliche Neubuchung von Flügen (BGH, Urteile vom 27. 9. 2016, X ZR 107/15 und X ZR 141/15). Prüfen Sie deshalb, ob es sich im jeweiligen Fall überhaupt lohnt, einen Ersatzreisenden zu stellen!

3.3 Sie wollen umbuchen

Ändern sich nach Abschluss des Reisevertrages Ihre Wünsche hinsichtlich des Reisetermins, des Reiseziels, des Ortes des Reiseantritts, der Unterkunft oder der Beförderung (z. B. behagt Ihnen die Fluggesellschaft nicht, mit der Sie fliegen sollen), können Sie versuchen, die Reise umzubuchen. Voraussetzung ist immer, dass der **Reiseveranstalter** mit einer Umbuchung **einverstanden** ist

Ihre Rechte als Pauschalreisender | **F1**

und noch entsprechende Kapazitäten zur Verfügung hat. Einen **Anspruch auf Umbuchung** haben Sie **nicht**.

Das ergibt sich aus den Allgemeinen Reisebedingungen des jeweiligen Veranstalters. Prüfen Sie deshalb das Kleingedruckte Ihres Reisevertrages. Der Deutsche ReiseVerband e. V. empfiehlt beispielsweise für Flugpauschalreisen folgende **Fristen,** bis zu denen eine Umbuchung möglich sein soll:

Art der Reise	Zeitpunkt der Umbuchung
Flugpauschalreisen per Charter	bis 29. Tag vor Reiseantritt
Flugpauschalreisen per Linienflug	bis 30. Tag vor Reiseantritt
Gruppenbuchungen für Flugpauschalreisen per Linienflug	bis 95. Tag vor Reiseantritt

Nach Ablauf der Umbuchungsfrist können Sie in der Regel nur noch vom Vertrag zurücktreten und gegebenenfalls gleichzeitig eine andere Reise neu buchen. Beachten Sie, dass der Rücktritt auch bei gleichzeitiger Neubuchung die üblichen **Stornokosten** auslöst.

Für den technisch-organisatorischen Aufwand, der mit einer Umbuchung verbunden ist, darf der Reiseveranstalter ein **Bearbeitungsentgelt** verlangen. Dieses beträgt laut Bundesgerichtshof in der Regel € 30,– **pro Reise** – nicht pro Person!

3.4 Der Reiseveranstalter ändert die Reise oder sagt sie ab

Der Reiseveranstalter darf die vertraglich vereinbarte Reiseleistung nur ändern, wenn er sich diese Möglichkeit konkret **vorbehalten** hat. Eine entsprechende Klausel finden Sie regelmäßig in den Allgemeinen Reisebedingungen. **Ausnahme:** Auch ohne Änderungsvorbehalt müssen Sie **geringfügige Änderungen im Sinne bloßer Unannehmlichkeiten** immer hinnehmen (z. B. Flugverspätungen bis fünf Stunden, Änderung der Flugroute aus Sicherheitsgründen, Ersetzung des Bustransfers durch eine Bahnreise).

Hat sich der Reiseveranstalter Änderungen vorbehalten, müssen Sie sich damit abfinden, wenn es sich um **zumutbare Änderungen** handelt. Das ist der Fall, wenn der Gesamtzuschnitt der Reise nicht beeinträchtigt wird und es sich nicht um eine erhebliche Änderung handelt.

F1 | Ihre Rechte als Pauschalreisender

> **Beispiel:**
> - Veränderte Route auf einer Rundreise (z. B. Nilreise flussaufwärts statt flussabwärts).
> - Hotelwechsel am Zielort, wenn das neue Hotel vergleichbar oder besser ist als das ursprünglich gebuchte und sich in dessen räumlicher Nähe befindet.

Eine **gravierende Leistungsänderung** müssen Sie hingegen nicht hinnehmen. Sie begründet einen Reisemangel – etwa der Wechsel des Reiseziellandes oder die Unterbringung in Zelten statt in Bungalows.

Haben Sie eine Änderungsankündigung erhalten, müssen Sie sich **schnellstmöglich entscheiden**, ob Sie die **Reise antreten**, eine **Ersatzreise verlangen** oder vom Vertrag **zurücktreten** wollen.

Viele Reiseveranstalter behalten sich in ihren Allgemeinen Reisebedingungen eine **Frist von zehn Tagen** vor, innerhalb derer Sie der angekündigten Änderung widersprechen können. Schweigen Sie innerhalb dieser Frist, wird dies als Zustimmung gewertet. Eine solche Klausel ist zulässig. Erklären Sie sich gegenüber dem Reiseveranstalter aus Beweisgründen unbedingt **schriftlich**.

Eine erhebliche Änderung der gebuchten Reiseleistung stellt grundsätzlich einen **Mangel** dar, der Sie zur **Minderung bzw. zum Schadensersatz** berechtigt. Wollen Sie die Reise trotz der Änderung antreten, sollten Sie den Reiseveranstalter unbedingt bereits **vor Antritt der Reise** zur Abhilfe auffordern und sich die Geltendmachung von Gewährleistungsansprüchen schriftlich vorbehalten. Ob Sie nach Reiseantritt ein anderes Zimmer verlangen oder das Hotel wechseln wollen, entscheiden Sie vor Ort.

Stattdessen können Sie auch eine **mindestens gleichwertige Ersatzreise** verlangen, wenn Ihr Reiseveranstalter Ihnen aus seinem Angebot eine solche Reise **ohne Mehrpreis** anbieten kann (§ 651 a Abs. 5 Satz 3 BGB). Das Recht, eine vergleichbare Reise aus dem Programm eines anderen Reiseveranstalters zu buchen, haben Sie aber nicht.

Das Gesetz räumt Ihnen ferner das Recht ein, vom Reisevertrag **kostenfrei zurückzutreten**. Bereits geleistete Anzahlungen auf den Reisepreis werden Ihnen zurückerstattet.

3.5 Die Mindestteilnehmerzahl wird nicht erreicht

Der Reiseveranstalter darf die Durchführung einer Reise davon abhängig machen, dass eine bestimmte Mindestteilnehmerzahl erreicht wird. Das gilt aber **nur, wenn** er

- sich in seinen Allgemeinen Reisebedingungen und im Katalog bzw. Prospekt die **Absage** wegen Nichterreichens einer Mindestteilnehmerzahl **vorbehält** und

- bei der konkreten Reisebeschreibung die **Mindestteilnehmerzahl** und die **Rücktrittsfrist** (das heißt das Datum, bis zu dem die Mindestteilnehmerzahl erreicht sein muss) **genau benennt**. Üblicherweise beträgt die Rücktrittsfrist zwei Wochen vor Reisebeginn.

Der Reiseveranstalter darf die Reise nicht mit der Begründung absagen, die Durchführung sei ihm wirtschaftlich unmöglich, weil ihm durch ein **geringes Buchungsaufkommen** hohe Kosten entstehen. Auch die Klauseln im Kleingedruckten: »Absage der Reise bleibt vorbehalten« oder »Der Reisevertrag wird aufgelöst, wenn der Preis bis Reisebeginn nicht vollständig bezahlt ist« sind unzulässig.

Sagt der Reiseveranstalter die Reise **berechtigt** ab, muss er Ihnen den bereits bezahlten Reisepreis zurückerstatten; im Fall einer **unberechtigten Absage** haben Sie einen Anspruch auf Schadensersatz wegen Nichterfüllung und auf Entschädigung wegen nutzlos aufgewendeter Urlaubszeit (§ 651 f BGB; LG Düsseldorf, Urteil vom 16. 5. 2003, 22 S 667/01, RRa 2003 S. 163). Lassen Sie sich in einem solchen Fall anwaltlich beraten.

3.6   Der Reiseveranstalter wird zahlungsunfähig

Durch den **Sicherungsschein** sind Sie gegen Zahlungsunfähigkeit bzw. die Insolvenz des Reiseveranstalters abgesichert. Vor Antritt der Reise erhalten Sie bereits geleistete Zahlungen zurück. Nach Antritt der Reise erhalten Sie die Kosten für die vorzeitige Rückreise ersetzt. An wen Sie sich wenden müssen, ist auf dem Sicherungsschein vermerkt.

3.7   Höhere Gewalt verhindert die Reise

Höhere Gewalt beschreibt ein **unvorhersehbares und ungewöhnliches, erhebliches Ereignis,** das auch bei größter Sorgfalt nicht verhindert werden kann, weil **kein Einfluss darauf** genommen werden kann. Es darf weder in den Risikobereich des Reiseveranstalters (z. B. Brand auf einem Kreuzfahrtschiff) noch des Reisenden (z. B. Unfall) fallen. Vergleichen Sie dazu die folgende Übersicht:

F1 | Ihre Rechte als Pauschalreisender

Das Ereignis:	So entschieden die Gerichte:
Epidemien/ Naturkatastrophen	**Wirbelsturm** (BGH, Urteil vom 12. 7. 1990, VII ZR 362/89, NJW-RR 1990 S. 1334); **Hurrikan** (BGH, Urteil vom 15. 10. 2002, X ZR 147/01, NJW 2002 S. 3700); **Erdrutsch**, der Straßen blockiert; **Blitzeinschlag** in ein Ferienhaus bei erheblichen Schäden (LG Frankfurt / Main, Urteil vom 3. 6. 1991, 2/24 S 179/90, NJW-RR 1991 S. 1272); **Cholera-** oder Pestepidemien (AG Königstein / Taunus, Urteil vom 11. 10. 1995, 21 C 84/95, RRa 1996 S. 32); **Erdbeben** im Urlaubsgebiet; **Seebeben** mit Flutwelle (Tsunami); **SARS**-Epidemie (AG Augsburg, Urteil vom 9. 11. 2004, 14 C 4608/03, RRa 2005 S. 84).
Politische Unruhen/ Kriege	Kriegsgefahr mit flächendeckenden **Bürgerkriegszuständen**, soweit die Reisedurchführung bzw. der **Reisende gefährdet** sind (z. B. während des Golfkriegs; OLG Köln, Urteil vom 18. 3. 1992, 16 U 136/91, NJW-RR 1992 S. 1014). **Nicht:** Lediglich politische Unruhen bzw. **allgemeine politische Krisen, die schon seit Längerem bestehen** (OLG Düsseldorf, Urteil vom 15. 2. 1990, 18 U 225/89, NJW-RR 1990 S. 573).
Terroranschläge	**Attentate vom 11. 9. 2001** in den USA (LG Frankfurt / Main, Urteil vom 22. 5. 2003, 2/24 S 239/02, NJW 2003 S. 2618); Anschläge auf **Djerba** (LG Hannover, Urteil vom 27. 10. 2004, 13 O 114/04, RRa 2004 S. 261). **Keine höhere Gewalt,** sondern allgemeines Lebensrisiko: **vereinzelte Terroranschläge oder Drohungen.**
Streik	Nur dann höhere Gewalt, wenn der Streik **nicht in den Risiko- und Verantwortungsbereich des Reiseveranstalters fällt,** also keinen Bezug zu seinem Betrieb oder dem eines Leistungsträgers aufweist. Das heißt konkret: **keine höhere Gewalt** bei Streik des Hotelpersonals, des Flugpersonals oder der Busfahrer. **Aber:** bei Streik des Flughafenpersonals, der Fluglotsen, Zoll- und Passbeamten oder bei Generalstreik.

! Ob ein Reiseland sicher ist, erfahren Sie unter den Reise- und Sicherheitshinweisen auf den Internetseiten des Auswärtigen Amtes (www.auswaertiges-amt.de). Hat das Auswärtige Amt eine **generelle Reisewarnung** ausgesprochen, liegt regelmäßig höhere Gewalt vor (AG Hamburg, Urteil vom 16. 6. 2000, 17 A C 471/99, NJW-RR 2001 S. 1496).

Reisestörungen, die zum **allgemeinen Lebensrisiko** gehören (z. B. allgemeine Unfall-, Diebstahls- oder Überfallgefahr, Umweltverschmutzungen, Wetterlage, Krankheit oder Tod des Reisenden), gelten nicht als höhere Gewalt.

Bei höherer Gewalt können **sowohl Sie als auch der Reiseveranstalter den Vertrag kündigen** (§ 651j BGB). Dies ist vor, aber auch nach Reiseantritt möglich. Aus Beweisgründen sollten Sie unbedingt **schriftlich** kündigen und sich schon in der Kündigungserklärung auf höhere Gewalt berufen.

Die Kündigung hat zur Folge, dass der Reiseveranstalter keine Zahlung mehr von Ihnen verlangen kann bzw. bereits geleistete Zahlungen an Sie zurückerstatten muss. Müssen Sie wegen höherer Gewalt den Urlaub vorzeitig abbrechen, werden dadurch entstehende **Mehrkosten für den Rücktransport** zwischen Ihnen und dem Reiseveranstalter **geteilt**. Andere Mehrkosten (z. B. Verpflegungsmehraufwand) gehen zu Ihren Lasten.

Beachten Sie: Kündigen Sie, obwohl **keine höhere Gewalt** gegeben ist, gilt dies als Rücktritt von der Reise und hat Stornokosten zur Folge.

4 Wie Sie auf Reisemängel vor Ort richtig reagieren

4.1 Was versteht man unter einem Reisemangel?

Ihre Toleranz reist mit

Unannehmlichkeiten müssen Sie hinnehmen

Mit bloßen Unannehmlichkeiten, die sich aus dem **Massentourismus** ergeben, müssen Sie sich abfinden. Grundsätzlich gilt: Je preiswerter die Reise ist, desto mehr Einschränkungen sind hinzunehmen. Die **Abgrenzung** zwischen bloßer Unannehmlichkeit und einem Mangel im Rechtssinne ist aber in der Praxis **schwierig** und hängt stets vom Einzelfall ab. Es folgen Beispiele dafür, was Sie noch hinnehmen haben.

》 **Beispiel:**

- enge Sitzverhältnisse bei einem 3-stündigen Charterflug (AG Hannover, Urteil vom 30. 5. 2003, 520 C 11847/02, RRa 2003 S. 239);
- wenn Sie Ihr Hotelzimmer am Abreisetag bis 12:00 Uhr räumen müssen, auch wenn Sie erst spätabends fliegen (AG Kleve, Urteil vom 19. 10. 2004, 36 C 65/01, RRa 2001 S. 252);
- wenn Sie im Hotel nur bar, nicht mit Kreditkarten bezahlen können (AG Bad Homburg v. d. H., Urteil vom 20. 5. 2003, 2 C 652/03 (19));
- eine Wartezeit am Buffet von bis zu 30 Minuten (AG Duisburg, Urteil vom 5. 5. 2004, 3 C 1218/04, RRa 2004 S. 118);

- häufiges Klingeln von Mobiltelefonen während der Essenszeit (AG Potsdam, Urteil vom 17. 4. 2003, 27 C 50/03, RRa 2004 S. 143);
- alkoholisierte Feriengäste in einer All-inclusive-Anlage (LG Kleve, Urteil vom 23. 11. 2000, 6 S 369/00, RRa 2001 S. 39).

―― Landestypische Beeinträchtigungen sind keine Mängel

Ortsübliche Beeinträchtigungen, die auf dem Lebensstandard des Zielgebiets und seinen gesellschaftlichen Strukturen beruhen, müssen Sie akzeptieren.

》 **Beispiel:**
- nächtlicher Lärm im Süden oder ortsübliche Unterkunftsmängel;
- drei Geckos im Hotelzimmer in der Karibik (OLG Düsseldorf, Urteil vom 21. 9. 2000, 18 U 52/00, RRa 2001 S. 776);
- Steine und Tonscherben bei Naturstrand (AG Bad Homburg v. d. H., Urteil vom 12. 7. 2004, 2 C 150/04 (23), RRa 2004 S. 210).

Aber: Der Reiseveranstalter muss Ihnen grundsätzlich den **inländischen Mindeststandard** bieten. Er kann sich hiervon nicht durch einen Hinweis im Kleingedruckten befreien, wonach alle landestypischen Beeinträchtigungen hinzunehmen sind. Eine so weit reichende »**Landesüblichkeitsklausel**« ist **unwirksam** (BGH, Urteil vom 9. 7. 1992, VII ZR 178/01, NJW 1992 S. 3158).

―― Launen der Natur sind hinzunehmen

Wenn die Reiseleistung selbst nicht beeinträchtigt ist, müssen Sie **natürliche, klimatische, biologische oder lebenstypische Umfeldrisiken** akzeptieren. Dazu zählen beispielsweise das **Waldsterben** in Alpen- und Mittelgebirgsregionen; allgemeine **Verschmutzung** des Mittelmeers; allgemeine **Wetterlage** mit Regen oder Trockenperioden; vorübergehend schlechte **Angelmöglichkeiten oder die** normale **Kriminalität** im Zielgebiet.

Aber: Der Reiseveranstalter muss Sie darauf **hinweisen**, wenn das allgemeine Umfeldrisiko Ihre Reise **gefährden** kann, beispielsweise wenn die Meeresverschmutzung am gebuchten Strand so zugenommen hat, dass Sie dort nicht mehr baden können. **Verletzt** er diese **Informationspflicht**, begründet dies einen eigenständigen Reisemangel.

Außerdem haftet der Reiseveranstalter, wenn er bestimmte Umweltfaktoren **ausdrücklich zusichert**. Garantiert er zum Beispiel Schneesicherheit für das gebuchte Skigebiet und stehen Sie vor grünen Hängen, liegt ein Reisemangel vor.

Ihre Rechte als Pauschalreisender | **F1**

»No risk, no fun« – das allgemeine Lebensrisiko bleibt Privatsache

Umstände, die **nicht reisespezifisch** sind und mit denen Sie auch im privaten Alltag rechnen müssen, begründen **keinen Reisemangel**. Wer reist, setzt sich zwar häufig einem erhöhten persönlichen Lebensrisiko aus, dafür ist aber nicht der Reiseveranstalter verantwortlich.

》 Beispiel:
- Sturz auf einer Hoteltreppe durch eigene Unachtsamkeit (AG Hannover, Urteil vom 16. 1. 2003, 3 O 181/02, RRa 2004 S. 75) oder in der Hotel-Diskothek (LG Düsseldorf, Urteil vom 28. 7. 2004, 16 O 5/04, RRa 2005 S. 26);
- Sportunfälle beim Beachvolleyball (AG Bad Homburg v. d. H., Urteil vom 25. 4. 2003, 2 C 3259/02 (12), RRa 2003 S. 120);
- Thrombose nach einem Langstreckenflug (OLG Frankfurt/Main, Urteil vom 6. 11. 2002, 23 U 243/01, NJW 2003 S. 905);
- Diebstahl im Urlaub (AG Duisburg, Urteil vom 10. 11. 2004, 50 C 1464/03, RRa 2005 S. 29).

Auf die Kataloge und die Reisebestätigung kommt es an

Um zu beurteilen, ob ein Reisemangel vorliegt oder nicht, kommt es weiter entscheidend darauf an, was im **Katalog** des Reiseveranstalters und in Ihrer **Reisebestätigung** steht, die auch mögliche **Zusagen** Ihrer Sonderwünsche enthält.

Der blumigen Katalogsprache der Reiseveranstalter sollten Sie deshalb kritisch begegnen und genau **prüfen,** was Sie vor Ort erwartet. So steckt beispielsweise hinter einer als »landestypisch« angekündigten Einrichtung eine spartanische, unkomfortable Zimmereinrichtung. Der **Veranstalter haftet** für **unrichtige Angaben.** In diesem Fall liegt ein Reisemangel vor, etwa wenn der angepriesene »feine Sandstrand« sich als völlig verdreckt herausstellt.

Ein von Ihnen geäußerter **Sonderwunsch** ist nur verbindlich, wenn die Reisebestätigung eine schriftliche Zusage des Reiseveranstalters enthält. Haben Sie beispielsweise ausdrücklich um ein Nichtraucher-Zimmer gebeten und wurde es Ihnen schriftlich zugesichert, liegt ein Reisemangel vor, wenn Sie in einem Raucher-Zimmer untergebracht werden.

4.2 Die Gerichte entscheiden im Einzelfall unterschiedlich

Zu den einzelnen Reisemängeln gibt es **umfangreiche Rechtsprechung.** Dabei gilt: Für jede Entscheidung ist stets der **Einzelfall maßgeblich.** Das heißt, nur selten ist ein Urteil eins zu eins übertragbar auf einen anderen Fall. Denn es kommt immer auch auf Aspekte wie das gebuchte Reiseziel, den Reisepreis oder die Reiseart an. Mitunter entscheiden aber auch einzelne Gerichte unterschiedlich. Es kann also durchaus vorkommen, dass ein Gericht in einem Urlaubsärgernis einen Reisemangel sieht, ein anderes indes nicht.

Wer sich im Einzelfall über das Vorliegen eines Reisemangels informieren möchte, sollte sogenannte »**Reisemängeltabellen**« heranziehen, die sich auf bereits gerichtlich entschiedene Fälle stützen.

Reisemängeltabellen werden auch im Internet veröffentlicht. Eine aktuelle Übersicht liefert die **ADAC-Tabelle zur Reisepreisminderung.** Sie können sie online über die Internetseite des ADAC abrufen (www.adac.de).

Eine weitere ausführliche und ständig aktualisierte Entscheidungssammlung bietet die **Kemptener Reisemängeltabelle** von Prof. Dr. Führich, die Sie im Internet unter www.fuehrich.de finden.

Lange Zeit hatte in diesem Zusammenhang die sogenannte »**Frankfurter Tabelle**« die größte Bedeutung. Die Tabelle wurde von der 24. Zivilkammer des Landgerichts Frankfurt/Main entwickelt, die als Berufungskammer ausschließlich Reiserechtsfälle zu verhandeln hatte. Die Tabelle wird aber mittlerweile nicht mehr aktualisiert und von der Kammer nicht mehr angewendet. Das gilt grundsätzlich auch für die übrigen Gerichte.

Es lohnt sich, Fälle in diesen Übersichten zu prüfen, die mit Ihrem Fall zumindest **vergleichbar** sind. So können Sie feststellen, ob bei ähnlichem Sachverhalt ein Reisemangel anerkannt wurde. Orientieren Sie sich zudem an den Übersichten, in welcher Größenordnung Sie mit einer Reisepreisminderung rechnen können.

Gegenüber dem Reiseveranstalter sollten Sie sich explizit auf die Gerichtsentscheidung berufen. Verweisen Sie in Ihrer schriftlichen Reklamation auf das entsprechende Urteil und zitieren Sie die genannte Fundstelle. Der Veranstalter kann sich dann nicht lapidar über Ihre Argumentation hinwegsetzen, sondern hat sich inhaltlich mit Ihrer Beschwerde auseinanderzusetzen.

4.3 Sofortmaßnahmen am Urlaubsort bei einem Reisemangel

1. Schritt: Reklamieren Sie richtig und rechtzeitig bei der zuständigen Stelle

Sie sollten **umgehend Meldung** machen, nachdem Sie den Mangel entdeckt haben. **Faustformel: Je kürzer die Reisedauer und je schwerwiegender der Reisemangel, desto kürzer ist die Reklamationsfrist.**

Wie Sie einen Reisemangel reklamieren müssen, ist **gesetzlich nicht vorgeschrieben** – allerdings **empfiehlt sich aus Beweisgründen**, dies **schriftlich** zu tun.

Die **Mängelanzeige** muss den konkreten Mangel bezeichnen und ein Abhilfeverlangen enthalten, das mit einer angemessenen Frist verbunden ist, den Reisemangel zu beheben. Auch eine Mängelanzeige **per E-Mail** an den Reiseveranstalter ist möglich, wenn alle notwendigen Angaben und insbesondere der Name des Reisenden enthalten sind (AG Düsseldorf, Urteil vom 18. 7. 2004, 30 C 18975/02).

! Je schneller Sie reklamieren, desto besser. Denn Sie können erst für die Zeit ab der Reklamation reisevertragliche Ansprüche geltend machen, beispielsweise den Reisepreis kürzen. **Behalten Sie das Original der Mängelanzeige** bei Ihren Unterlagen und händigen Sie der Reiseleitung nur eine Kopie aus. Das Original benötigen Sie für eine etwaige gerichtliche Durchsetzung Ihrer Rechte. Die Reiseleitung hat keinen Anspruch darauf!

Der Reiseveranstalter muss Sie rechtzeitig **vor Beginn** der Reise über Name, Anschrift und Telefonnummer der **örtlichen Vertretung** oder – wenn keine vorhanden ist – einer **Notfallstelle unterrichten.** Dies kann etwa im Reisekatalog oder in der Reisebestätigung erfolgen. Verfügt der Veranstalter über keine örtliche Niederlassung, ist die **Reiseleitung** Ihr zuständiger Ansprechpartner.

Achten Sie auf die aushängenden **Hinweistafeln,** auf denen die Sprechzeiten und der Ort, an dem Sie die Reiseleitung antreffen, angegeben sind. Insbesondere **am Ankunftstag** muss der Reiseveranstalter dafür sorgen, dass Sie unverzüglich Mängel anzeigen und Abhilfe verlangen können.

In der Regel ist der **Hotelier nur Vertragspartner** des Reiseveranstalters und damit **für die Entgegennahme von Beschwerden nicht zuständig. Ausnahme:** Kleinere Reiseveranstalter regeln mitunter im **Kleingedruckten,** dass auch der Leistungserbringer Adressat von Mängelanzeigen sein kann. Studieren Sie dazu aufmerksam die Reiseunterlagen oder die Reisebedingungen im Katalog.

F1 | Ihre Rechte als Pauschalreisender

! Müssen Sie sich mit Ihrer Reklamation an den Hotelier wenden, weil die Reiseleitung zur Sprechstunde nicht erschienen ist, sollten Sie sich dies **schriftlich** vom Hotelier und weiteren Zeugen **bestätigen** lassen. So können Sie im Streitfall nachweisen, dass Sie sich an den richtigen Adressaten gehalten haben.

2. Schritt: Sichern Sie die notwendigen Beweise

Auch die »beste« Mängelanzeige hilft Ihnen in einem gerichtlichen Verfahren nichts ohne gesicherte Beweise. Machen Sie viele **Fotos** und notieren Sie Namen und Adressen von **Zeugen**, die den Reisemangel bestätigen können.

! Berufen Sie sich nicht nur auf Angaben Ihrer Mitreisenden (z. B. Ehegatte, Kinder, Freunde), weil hier nicht auszuschließen ist, dass ein Gericht diese Angaben als Gefälligkeitsaussage wertet. Besser eignen sich **unabhängige Mitreisende,** die Sie vorher nicht kannten. Hier gilt wie bei den Fotos: besser ein Zeuge zu viel als einer zu wenig.

Entstehen Ihnen vor Ort durch den Mangel Kosten (z. B. Telefonkosten, weil Sie sich auf eigene Faust um ein Ersatzquartier kümmern müssen), bewahren Sie die **Quittungen** auf.

3. Schritt: Verlangen Sie, dass der Mangel behoben wird

Wenn der Reiseleiter den Mangel beheben kann

Nach Ihrer Mängelanzeige **muss der Reiseleiter** innerhalb der bestimmten Frist **versuchen,** den Mangel durch **einfache Maßnahmen** zu beseitigen.

» **Beispiel:** Sie reklamieren, statt im gebuchten Zimmer mit Balkon und Meerblick in einem ohne Balkon und Meerblick untergebracht worden zu sein. Außerdem bemängeln Sie, dass das Zimmer unzureichend und der Swimmingpool nicht gesäubert sind. Hier hat der Reiseveranstalter sich darum zu kümmern, dass Sie möglichst in das ursprünglich gebuchte Zimmer umziehen können. Er muss veranlassen, dass Ihr Zimmer oder der Pool gesäubert werden.

Viele Reisemängel wird der Reiseleiter nicht beheben können, sondern Ihnen »**Abhilfe durch Ersatzleistung**« anbieten, beispielsweise durch Umzug in ein anderes Hotel. **Aufgepasst:** Ist die **Ersatzleistung gleich- oder sogar höherwertig** (z. B. wird Ihnen der Umzug in ein Hotel einer höheren Kategorie angeboten) und führt sie zur Beseitigung des Mangels, **müssen** Sie diese auch **annehmen.** Verzichten Sie darauf, können Sie nachträglich keine Rechte mehr aus dem gerügten Mangel herleiten.

Verweigert der Reiseleiter eine Abhilfe, weil sie zum Beispiel mit unverhältnismäßig hohem Aufwand verbunden oder in der Kürze Ihres Urlaubs gar nicht möglich ist, stehen Ihnen reiserechtliche Ansprüche zu (z. B. Reisepreisminderung). Das gilt auch, wenn der Reiseleiter den gerügten Mangel nicht als solchen akzeptiert oder das Ersatzangebot völlig inakzeptabel ist.

Wann Sie selbst Hand anlegen dürfen

Haben Sie den Reiseveranstalter bzw. den Reiseleiter **erfolglos** unter Fristsetzung zur Mangelbeseitigung **aufgefordert** und wird der **Mangel nicht beseitigt,** können Sie den Mangel – sofern möglich – selbst beheben (z. B. säubern Sie das verschmutzte Hotelzimmer selbst).

Wenn der Reiseveranstalter die Abhilfe **verweigert** oder eine **sofortige Abhilfe nötig** ist, können Sie auf eine vorherige Fristsetzung verzichten (z. B. bestellen Sie ein Taxi zum Flughafen, weil der nächtliche Transferbus nicht klappt).

Halten Sie es für erforderlich, in eine **Ersatzunterkunft** umzuziehen, müssen Sie darauf achten, dass es sich um ein **Hotel der gleichen Kategorie** handelt und der Mangel so schwerwiegend ist, dass eine Ersatzunterkunft **wirklich notwendig** ist. Außerdem kann der Veranstalter von Ihnen verlangen, dass Sie die **Kosten zur Mängelbeseitigung so gering wie möglich** halten.

Die zur Mängelbeseitigung erforderlichen **Kosten** (z. B. Putzmittel, Mietwagen, Reinigungskosten, Reparaturzubehör, Taxikosten) muss Ihnen der Reiseveranstalter **erstatten.** Heben Sie dazu die entsprechenden **Quittungen** auf. Konnten Sie durch die Selbstabhilfe den Mangel komplett beseitigen, kommen daneben weitere Minderungsansprüche nur noch für die Zeit vor der Mängelbeseitigung in Betracht.

4. Schritt: Wenn Sie nur noch nach Hause wollen

Wird die Reise durch einen Mangel **erheblich beeinträchtigt,** dürfen Sie die Reise abbrechen. **Aber:** Sie können den Reisevertrag **nicht kündigen,** wenn nur **vereinzelt kleinere Mängel** die Urlaubsfreude trüben, beispielsweise bei gelegentlichen Servicemängeln, geringer Verspätung, kurzzeitiger Lärm-/Geruchsbelästigung oder Ausfall des Fahrstuhls, des Wassers oder des Stroms. **Beachten Sie jedoch:** Ihr Recht, nachträglich eine Minderung des Reisepreises zu beanspruchen, besteht in solchen Fällen, Sie können nur nicht kündigen.

Ob ein **erheblicher Mangel** vorliegt, beurteilen die Gerichte unterschiedlich. Dies richtet sich nach den Umständen des Einzelfalls, maßgebend ist in erster Linie der **Reisezweck** (z. B. unternehmen Sie eine Erholungsreise) und **Reisecharakter** (z. B. Pauschalreise mit Kulturprogramm; OLG Frankfurt/Main, Urteil vom 6. 9. 2004, 16 U 41/04, RRa 2005 S. 62).

» **Beispiel:** Überbuchtes Hotel und eine aus diesem Grund zur Verfügung gestellte geringwertigere Ersatzunterkunft (LG München I, Urteil vom 28. 3. 2001, 15 S 12104/00, NJW-RR 2002 S. 268).

Das Recht, die Pauschalreise zu kündigen, steht Ihnen auch zu, wenn Ihnen die **Fortsetzung der Reise unzumutbar** ist.

» **Beispiel:** Einem Behinderten wird als Ersatzquartier ein zwar gleichwertiges, aber nicht behindertengerechtes Hotel angeboten.

In diesen Fällen heißt es, den Veranstalter zunächst **unter Fristsetzung** zur Abhilfe aufzufordern. Wird der Reisemangel nicht behoben, müssen Sie den Reisevertrag **gegenüber dem Reiseveranstalter ausdrücklich kündigen**. Machen Sie dies aus Beweisgründen am besten **schriftlich** und behalten Sie das Original des Kündigungsschreibens.

! Wenn Sie kündigen wollen, müssen Sie dies **umgehend** nach Auftreten der Mängel tun. Sie können **nicht erst einige Zeit noch am Urlaubsort bleiben** und die Situation hinnehmen. Damit würden Sie belegen, dass die Mängel gar nicht so erheblich gewesen sein können, dass Ihnen eine Fortsetzung der Reise unzumutbar war. Allerdings sollten Sie im Zeitpunkt der Kündigung nachweisen können, dass ein erheblicher Mangel vorlag. Denken Sie deshalb an die korrekte Mängelanzeige und die Beweissicherung!

4.4 Unterschreiben Sie keine Kulanzangebote des Veranstalters vor Ort!

Mitunter bieten Reiseveranstalter Ihnen vor Ort an, Sie wegen der gerügten Mängel »in bar« zu entschädigen, um eine spätere Auseinandersetzung wegen der Reisemängel zu vermeiden.

» **Beispiel:** Sie werden gegen Zahlung eines bestimmten Betrages aufgefordert, eine sogenannte **»Abfindungserklärung«** oder eine **»Verzichtserklärung«** zu unterschreiben, wonach Sie im Gegenzug auf weitere Ansprüche aus dem Reisemangel verzichten.

Solche Verzichtserklärungen sind überwiegend **unwirksam** (LG Frankfurt / Main, Urteil vom 21. 5. 1984, 2/24 S 113/82, NJW 1984 S. 1762; AG Kleve, Urteil vom 6. 4. 2001, 36 C 47/01, NJW-RR 2001 S. 1560). Da Sie in einer Ausnahme- und Drucksituation sind, bleiben Ihre **Gewährleistungsansprüche** grundsätzlich bestehen, auch wenn Sie eine entsprechende Erklärung unterschreiben.

Aber: Überlegen Sie vor Unterzeichnung einer solchen Erklärung, ob Sie mit dem Angebot des Veranstalters **wirklich zufrieden** sind. Verlassen Sie sich nicht von vornherein auf die Unwirksamkeit der Erklärung, denn diese müssen Sie erst in einem gerichtlichen Verfahren klären lassen.

5 So sichern Sie nach Ihrer Rückkehr Ihre Ansprüche

5.1 Beachten Sie die Anmeldefrist und wählen Sie die richtige Form

═══ Die Anmeldefrist beträgt nur einen Monat

Haben Sie sich im Urlaub über Reisemängel geärgert, ist es mit einer Reklamation vor Ort nicht getan. Nur wenn Sie zusätzlich **unmittelbar nach dem Urlaub aktiv werden,** sichern Sie sich mögliche reiserechtliche Ansprüche und damit Geld. Sie können in einem solchen Fall mitunter den Reisepreis mindern, Ihre Auslagen und Kosten erstattet bekommen, für Personen-, Sach- oder sonstige Vermögensschäden Ersatz verlangen und Entschädigung für entgangene Urlaubsfreude fordern.

Ihre reiserechtlichen Ansprüche müssen Sie innerhalb **eines Monats** anmelden, nachdem Sie **von Ihrer Reise zurückgekehrt** sind (§ 651g Abs. 1 BGB). Versäumen Sie die Anmeldefrist, gehen Sie leer aus!

Nur **ausnahmsweise verlängert** sich die Frist, wenn Sie unverschuldet verhindert waren, rechtzeitig zu reklamieren, etwa im Falle einer schweren Krankheit oder wenn der Reiseveranstalter Sie nicht, wie gesetzlich vorgeschrieben, auf die Ausschlussfrist hingewiesen hat (BGH, Urteil vom 12. 6. 2007, X ZR 87/06, NJW 2007 S. 2549). Fällt der Hinderungsgrund weg, müssen Sie die Anmeldung **unverzüglich nachholen.**

Maßgeblich für die Berechnung der Anmeldefrist ist der **Tag, der in Ihren Reiseunterlagen als Rückreisetag** genannt ist. Dies gilt auch, wenn Sie die Reise gar nicht erst antreten oder vorzeitig abgebrochen haben. Selbst wenn Sie zum Beispiel aufgrund von Flugausfällen erst einen Tag später zu Hause ankommen, **verlängert** sich dadurch die Frist grundsätzlich **nicht.**

Ihre Reklamation muss innerhalb der Monatsfrist **beim Reiseveranstalter eingegangen** sein, wobei der in der Buchung genannte Rückreisetag nicht mitgerechnet wird. Fällt der Tag des **Fristablaufs** auf einen **gesetzlichen Feiertag, Samstag oder Sonntag,** endet die Frist am darauffolgenden Werktag.

! Grundsätzlich muss Ihre Reklamation, die Sie per Fax oder E-Mail versenden, den Veranstalter während der **üblichen Geschäftszeit,** das heißt in der Regel **bis 18:00 Uhr,** erreichen. Die Geschäftszeiten finden Sie in Ihren Reiseunterlagen.

Aufgepasst: Manchmal müssen Sie **noch schneller** sein! Soweit für die Abwicklung Ihrer möglichen Schadensersatzansprüche **Spezialgesetze** oder **internationale Vorschriften Vorrang** haben (z. B. Montrealer Übereinkommen), **verkürzt** sich die Monatsfrist bei Gepäckschäden auf sieben Tage, bei Verspätung des Fluggepäcks auf 21 Tage und bei Kreuzfahrten in internationalen Gewässern für Gepäckschäden auf spätestens 15 Tage nach Aushändigung des Gepäcks. Wenden Sie sich im Schadensfall gleich an Ihren Reiseveranstalter oder Reisebüro und erkundigen Sie sich nach den Fristen.

Verjährung droht nach maximal zwei Jahren

Unabhängig von der 1-monatigen Anmeldefrist müssen Sie **zusätzlich die 2-jährige Verjährungsfrist** beachten. Denn selbst rechtzeitig angemeldete reiserechtliche Ansprüche erlöschen nach zwei Jahren, wenn Sie sich bis dahin mit dem Reiseveranstalter nicht geeinigt oder ihn nicht verklagt haben.

Achten Sie aber auf eine kürzere Frist im Kleingedruckten! Die 2-jährige Verjährungsfrist hilft Ihnen aber wenig, wenn der Reiseveranstalter die Verjährungsfrist in seinen Allgemeinen Reisebedingungen oder im Reisevertrag **auf ein Jahr beschränkt** hat. Dies ist **zulässig,** sodass die meisten Veranstalter davon Gebrauch machen.

Die Frist **berechnet** sich wie die 1-monatige Anmeldefrist. Allerdings gilt die **Besonderheit,** dass der Lauf der Verjährungsfrist **gehemmt** wird, wenn und solange Sie mit dem Reiseveranstalter nachweisbar über Ihre angemeldeten **Ansprüche verhandeln** (§ 203 BGB). Hemmung bedeutet, dass diese Zeit in die Verjährungsfrist nicht mit eingerechnet wird. Die **Hemmung endet,** sobald der Veranstalter Ihre Ansprüche oder weitere Verhandlungen ablehnt.

War die **Hemmung einmal beendet,** kann sie **kein zweites Mal** beginnen. Schreiben Sie beispielsweise den Veranstalter, nachdem er Ihre Ansprüche zurückgewiesen hat, ein zweites Mal an, hat das auf den Ablauf der Verjährungsfrist keinen Einfluss mehr. Sie müssen in diesem Fall unter Umständen schnell Klage einreichen, wenn Sie Ihre Rechte noch gerichtlich durchsetzen wollen.

Ihr zuständiger Ansprechpartner ist der Reiseveranstalter

Denn ein **Reisebüro** ist **kein Reiseveranstalter**. Das gilt selbst dann, wenn das Reisebüro einzelne Reiseleistungen auf Kundenwunsch zu einer individuell zugeschnittenen Reise zusammengestellt hat. Reisebüros sind daher nicht für Mängel der vermittelten Reiseleistungen verantwortlich und nicht der zuständige Ansprechpartner für Reklamationen (BGH, Urteil vom 20. 9. 2010, Xa ZR 130/08, NJW 2011 S. 599).

Der Veranstalter muss Sie deshalb schriftlich auf die Stelle **hinweisen,** der gegenüber Sie Ihre Ansprüche geltend machen können. Name und Anschrift der zuständigen Abteilung finden Sie üblicherweise in der Reisebestätigung oder im Kleingedruckten.

Wer was für wen reklamieren darf

Grundsätzlich muss derjenige die reiserechtlichen Ansprüche anmelden, der **die Reise gebucht hat,** also **Vertragspartner** geworden ist. Reisen Sie alleine, ist dies unproblematisch. Haben Sie die **Reise für mehrere Personen** gebucht, gilt:

- Reisen Sie als **Familie,** muss grundsätzlich derjenige die Ansprüche anmelden, **der die Reise gebucht** hat, da nur ein Reisevertrag vorliegt und nicht mit jedem Familienmitglied ein eigener Vertrag geschlossen wurde. Das gilt insbesondere für **reisevertragliche Ansprüche** wie Minderung oder Rückerstattung von Kosten und Auslagen.

- **Nicht eheliche Lebensgemeinschaften,** die als solche bei der Buchung erkennbar sind (z. B. durch die gleiche Anschrift), werden rechtlich der Familie gleichgestellt (LG Düsseldorf, Urteil vom 7. 11. 2003, 22 S 257/02, NJW-RR 2004 S. 560).

- Bei **sonstigen Gruppenreisen** (z. B. Ferienreise mit Freunden, Vereins- oder Betriebsreisen) muss jeder Teilnehmer grundsätzlich seine Ansprüche selbst anmelden, weil jeder Mitreisende Vertragspartner geworden ist (OLG Frankfurt / Main, Urteil vom 24. 5. 2004, 16 U 167/03, NJW-RR 2004 S. 1285).

Derjenige, der nach diesen Grundsätzen für die Anspruchsanmeldung zuständig ist, kann sich aber auch **vertreten lassen** – beispielsweise von einem anderen Familienmitglied, einem Mitreisenden oder einem Rechtsanwalt. Erforderlich dafür ist eine **schriftliche Vollmacht.** Die Vollmacht können Sie auch nach der Anmeldung der Ansprüche nachreichen.

F1 | Ihre Rechte als Pauschalreisender

═══ Melden Sie Ihre Ansprüche unbedingt schriftlich an

Gesetzlich ist nicht vorgeschrieben, wie die Anmeldung der Ansprüche erfolgen muss. Aus **Beweisgründen** empfiehlt es sich, die Ansprüche **unbedingt schriftlich** anzumelden – das heißt per Brief, aber auch per Fax oder E-Mail.

Um im Streitfall den rechtzeitigen Zugang nachzuweisen, sollten Sie Ihr Reklamationsschreiben am besten per **Einschreiben/Rückschein** verschicken. Sparen Sie nicht an den Portokosten und berücksichtigen Sie die Postlaufzeit (in der Regel drei Tage), damit das Schreiben innerhalb der Monatsfrist beim Reiseveranstalter eingeht! Auch ein Fax-Sendebericht oder eine E-Mail-Sendebestätigung reicht unter bestimmten Voraussetzungen als Beweismittel aus.

═══ Beschreiben Sie die Reisemängel konkret und formulieren Sie deutlich, was Sie wollen

Denn für den Reiseveranstalter muss erkennbar sein, dass Sie ein Reklamationsverfahren einleiten und einen bestimmten Anspruch geltend machen. Erläutern Sie den Reisemangel **stichwortartig** nach Ort, Zeit, Geschehensablauf und Schadensfolgen.

» **Beispiel:** Wollen Sie das gebuchte Hotel reklamieren, reicht es nicht aus, wenn Sie es als »Bruchbude« bezeichnen. Erklären Sie, in welchem Hotel und in welchem Zimmer Sie gewohnt haben. Beschreiben Sie, dass die Klimaanlage defekt war und das Zustellbett für Ihr Kind fehlte, sodass Sie im überhitzten Zimmer nicht schlafen konnten und Ihr Kind auf einem zu kurzen Sofa nächtigen musste.

Machen Sie deutlich, dass Sie einen **Anspruch gegen den Veranstalter** stellen und dass Sie **Zahlung** von ihm verlangen. Den geforderten Betrag brauchen Sie zwar nicht genau zu beziffern (BGH, Urteil vom 11. 1. 2005, X ZR 163/02, NJW 2005 S. 1420). Jedoch sollten Sie Ihre finanziellen Vorstellungen im Reklamationsschreiben zum Ausdruck bringen.

Beachten Sie: Sie haben einen **Rückzahlungsanspruch in Geld** (z. B. einen Scheck)! Auf einen Reisegutschein, den Sie beim Reiseveranstalter einlösen müssen, sollten Sie sich deshalb auf keinen Fall verweisen lassen. Schicken Sie einen solchen Gutschein wieder mit Einschreiben/Rückschein an den Veranstalter zurück und bestehen Sie auf einem Scheck oder einer Überweisung auf Ihr Konto!

5.2 Sie wollen den Reisepreis (teilweise) zurück

Es gibt keine Pauschalen

Für Reisemängel gibt es **keine festen Minderungsquoten,** auf die Sie sich berufen können. Denn jeder Mangel ist anders, weil es stets auf den Einzelfall ankommt, beispielsweise auf den Reisepreis, die Katalogbeschreibung und das Ausmaß der Beeinträchtigung am Urlaubsort.

Für die Höhe der Minderung kommt es auf die Dauer des Mangels an. Maßgebend ist hierfür nicht, wann der Mangel eingetreten ist, sondern der Zeitpunkt, in dem Sie ihn gegenüber dem Veranstalter reklamiert haben. Denn erst **mit der Mängelanzeige beginnt** die Dauer.

Die Dauer des Mangels **endet mit dessen Beseitigung** – etwa durch Abhilfe, Selbstabhilfe oder dem Ende der Reise. Für mangelfrei verlebte Reisetage können Sie also den Reisepreis nicht herabsetzen!

Weiter kommt es darauf an, wie sehr der Mangel in seiner **Art und Intensität** Ihren Urlaub beeinträchtigt hat. Berücksichtigt wird dabei auch der **Nutzen** (z. B. Erholungs-, Bildungs- oder Abenteuerurlaub) und die **Qualität der Reise.** Ein verschmutztes Bad wiegt beispielsweise bei einer Luxusreise schwerer als bei einer Billigreise – auch wenn in beiden Fällen der gleiche Mangel vorliegt.

So urteilt auch jedes Gericht **unterschiedlich.** Es ist nicht an Entscheidungen anderer Gerichte gebunden, sondern entscheidet frei, welcher **Preisnachlass im Einzelfall angemessen** ist. Deshalb kommt es vor, dass ein Gericht für einen bestimmten Mangel eine Minderungsquote von 5 % für angemessen hält, während ein anderes Gericht für einen ähnlichen Fall 15 % zuspricht.

Zur Einschätzung, in welcher Größenordnung Sie mit einer Reisepreisminderung rechnen können, bleibt also nur der Rückgriff auf eine Vielzahl von Gerichtsentscheidungen. Es gibt verschiedene **Entscheidungssammlungen,** die eine Übersicht über zugesprochene Minderungsquoten geben und an denen Sie sich **orientieren** können. Entsprechende **Reisemängeltabellen** finden Sie beispielsweise beim ADAC, in der »Kemptener Reisemängeltabelle« oder der »Frankfurter Tabelle«.

Beachten Sie nochmals: Sie müssen bereits vor Ort den Reisemangel richtig reklamiert haben! Denn Sie können erst für die Zeit ab der Reklamation reisevertragliche Ansprüche geltend machen, etwa den Reisepreis kürzen.

F1 | Ihre Rechte als Pauschalreisender

Und so wird gerechnet

Bezugsgröße für die Minderung ist der **Gesamtreisepreis pro Person,** den Sie für die Pauschalreise gezahlt haben. **Nicht einberechnet** werden zusätzlich gebuchte **Nebenleistungen,** zum Beispiel Versicherungsprämien für die Reiserücktrittsversicherung, Zuschläge für einen Businessclass-Flug oder ein Aufpreis für einen zusätzlich gebuchten Tenniskurs.

Der Berechnung der Minderungsquote wird folgende **Formel** zugrunde gelegt:

$$\frac{\text{Gesamtreisepreis}}{\text{Anzahl der Gesamtreisetage}} \times \text{Mängeltage} \times \text{Minderungsquote}$$

» **Beispiel:** Sie buchen eine 14-tägige Pauschalreise zum Preis von € 700,– in einer Hotelanlage in Bulgarien. Am vierten Tag fällt der zugesagte zweite Pool aus und wird auch bis zum Ende nicht mehr repariert. Sie reklamieren den Mangel noch am gleichen Tag bei der örtlichen Reiseleitung. Abhilfe ist aber nicht möglich. Der Mangel dauert zehn Tage.

- **Schritt 1:** Errechnen Sie den anteiligen Reisepreis pro Tag. Im Beispiel: € 700,– (Gesamtreisepreis) durch 14 Tage (Dauer der Reise) = € 50,– Reisepreis pro Tag.

- **Schritt 2:** Stellen Sie die Dauer der Beeinträchtigung fest (d. h.: Wann haben Sie den Mangel angezeigt? Wann wurde dem Mangel abgeholfen?). Hier: zehn Tage.

- **Schritt 3:** Ermitteln Sie die Minderungsquote anhand der Rechtsprechungsübersicht. Sie beträgt für einen fehlenden zweiten Pool 10 %.

- **Schritt 4:** So rechnen Sie mit der Formel.

$$\frac{€\ 700,-}{14\ \text{Tage}} \times 10\ \text{Tage} \times 10\ \% = €\ 50,-$$

- **Ergebnis:** Der Reisepreis wird um € 50,– herabgesetzt.

Diese Berechnung erfolgt für jeden Reisenden und jeden aufgetretenen Mangel gesondert. Die Minderungsbeträge werden am Schluss addiert.

5.3 Sie verlangen Auslagen- und Kostenersatz

Haben Sie am Urlaubsort **auf eigene Kosten einen Mangel beseitigt,** können Sie Ihre entsprechenden **Auslagen** geltend machen. Etwa die Kosten für Putzmittel, die Sie gekauft haben, um das verschmutzte Bad zu säubern, oder Taxikosten für die Fahrt zum Flughafen, weil der Shuttledienst ausfiel. Wollen Sie die Kosten für Ihre Selbsthilfemaßnahmen erstattet haben, ergänzen Sie das Schreiben zur Reisepreisminderung und legen Sie die entsprechenden **Quittungen** zum Nachweis bei.

Beachten Sie dabei: Mindern Sie den Reisepreis und fordern Sie gleichzeitig Ersatz der Kosten für die Selbstabhilfe, können Sie den Reisepreis nur für die beeinträchtigten Urlaubstage bis zur Mangelbeseitigung herabsetzen!

5.4 Sie fordern Schadensersatz

Sie erleiden aufgrund eines Reisemangels einen Folgeschaden

Ist der Veranstalter für den Reisemangel verantwortlich, muss er Ihnen auch daraus resultierende Schäden ersetzen. Hierzu zählen:

- **Körperschäden:** Typische Fälle sind hier Unfälle im Zusammenhang mit der mangelhaften Hoteleinrichtung oder Erkrankungen aufgrund verdorbener Speisen. Ist der Veranstalter dafür verantwortlich, muss er die Heilbehandlungskosten (d. h. Klinik-, Arzt-, Medikament- und Rezeptkosten) erstatten sowie Verdienstausfall und gegebenenfalls Schmerzensgeld bezahlen.

- **Sachschäden:** Hierunter fällt beispielsweise der Ersatz für bei der Beförderung verloren gegangenes oder beschädigtes Reisegepäck (z. B. für notwendige Ersatzbeschaffungen wie Wäsche oder Kosmetika).

- **Vermögensschäden:** Zu ersetzen sind nutzlose Aufwendungen und Mehrkosten zum Ausgleich von Mängeln (z. B. Kosten für eine notwendige Zusatzübernachtung in einem Hotel wegen Verspätung des Fluges, Mietwagenkosten, weil der zugesagte Bustransfer zum Flughafen ausfiel).

Der Reiseveranstalter darf die Haftung beschränken

Ein Reiseveranstalter darf seine **vertragliche Haftung** grundsätzlich nicht beschränken oder gänzlich ausschließen. Das heißt, Ihre Ansprüche aus dem Reisevertrag dürfen weder beschränkt noch ausgeschlossen werden. Dazu zählt das Recht auf Abhilfe, Selbstabhilfe, Minderung oder Kündigung.

Aber: Durch eine Klausel im »Kleingedruckten« des Reisevertrages darf er seine **Haftung für Sach- und Vermögensschäden** auf das **Dreifache des Reisepreises** beschränken (§ 651 h BGB). Allerdings nur in zwei Fällen:

- Der Veranstalter oder sein Erfüllungsgehilfe (z. B. Mitarbeiter, Reisebüro) hat den Schaden **fahrlässig** verursacht (z. B. beschädigt der Busfahrer auf einer Städtebusreise durch unsachgemäßes Verladen Ihren exklusiven Designer-Koffer). **Aber:** Bei Vorsatz oder grober Fahrlässigkeit bleibt es bei unbeschränkter Haftung!

- Der Schaden des Reisenden beruht **ausschließlich auf dem Verschulden eines Leistungsträgers** (z. B. des Hotels und seiner Angestellten). Im obigen Beispiel wäre das der Fall, wenn bei der Rückfahrt nicht der Busfahrer, sondern der Hotelportier Ihren teuren Koffer unsachgemäß verstaut und dadurch beschädigt.

Beachten Sie: Eine Haftungsbeschränkung auf **weniger als den 3-fachen** Reisepreis ist **unzulässig**. Beschränkt der Veranstalter die Haftung im »Kleingedruckten« beispielsweise auf das Zweifache, ist die Klausel unwirksam und er haftet unbeschränkt.

Und: Die vertragliche **Haftung für Körperschäden** kann nicht auf den 3-fachen Reisepreis beschränkt werden. Hier haftet der Reiseveranstalter **unbegrenzt**. Das stellt das Gesetz ausdrücklich klar.

Eine **Haftungsbeschränkung** ist außerdem **unzulässig** bei sogenannten »**deliktischen Ansprüchen**« des Reisenden. Etwa wenn es zu einem Personen- oder Sachschaden kommt, weil der Veranstalter nicht für eine sichere Organisation der Reise sorgt oder seine Verkehrssicherungspflichten schuldhaft verletzt (z. B. kontrolliert er den technischen Sicherheitsstandard eines Swimmingpools nicht und es verunglückt deshalb ein Hotelgast).

Internationale Haftungshöchstgrenzen gehen vor

Unabhängig von den Regelungen in den Allgemeinen Reisebedingungen kann sich der Reiseveranstalter im Schadensfall auf Haftungsbeschränkungen in internationalen Übereinkommen berufen (z. B. Haftungsbeschränkungen für Flugreisen nach dem Montrealer Übereinkommen). Das ist **ohne ausdrückliche Vereinbarung zulässig**.

Im Ergebnis muss der Veranstalter dem Geschädigten also nur so viel bezahlen, wie er seinerseits von dem für den Schaden Verantwortlichen ersetzt bekommt. **Beachten Sie:** Soweit solche **internationalen Haftungs-Höchstgrenzen** gelten, haben sie **Vorrang** vor den nationalen Reiserechtsvorschriften (z. B. für Personenschäden aufgrund eines flugbedingten Unfalls).

5.5 Sie machen Entschädigung wegen entgangener Urlaubsfreude geltend

Wann kommt eine Entschädigung für »Reisefrust« in Betracht?

Entschädigung wegen vertanem Urlaub können Sie nur unter folgenden Voraussetzungen verlangen:

- Ihre Pauschalreise litt unter einem **Reisemangel**, für den der Reiseveranstalter verantwortlich ist, und den Sie rechtzeitig und richtig **reklamiert** haben.
- Ihre Reise wurde durch den Mangel **vereitelt**. Das heißt, Sie konnten die Reise gar nicht erst antreten oder mussten sie gleich zu Beginn wieder abbrechen (z. B. wurde kein Hotelzimmer für Sie reserviert oder fällt bereits der Hinflug wegen Insolvenz der Fluggesellschaft aus). Oder die Reise wurde **erheblich beeinträchtigt**. Das heißt, die Reise fand zwar statt, war aber so schwer durch den Reisemangel beeinträchtigt, dass sie ganz oder teilweise als vertan erscheint. Dies ist der Fall, wenn eine **Minderung mindestens 50 % des Reisepreises** beträgt, wobei mehrere Reisemängel addiert werden können.
- Sie haben durch mangelbehaftete Urlaubstage **Urlaubszeit nutzlos aufgewendet**. Ob Sie Ihren Resturlaub nach einem Abbruch der Reise zu Hause auf dem Balkon verbringen, stattdessen eine andere Reise buchen oder Ihren Urlaub abkürzen und wieder arbeiten, bleibt bei der Berechnung der nutzlos aufgewendeten Urlaubstage außer Betracht. Entscheidend ist, dass Sie Ihre Urlaubstage nicht so verbringen konnten wie vom Veranstalter versprochen (BGH, Urteil vom 11. 1. 2005, X ZR 118/03, NJW 2005 S. 1047).

Wie wird die Entschädigung berechnet?

Für die Bemessung der Entschädigung gibt es – wie bei den Minderungsquoten – **keine festen Pauschalen**. Die Gerichte entscheiden bezogen auf den jeweiligen Einzelfall.

In der Praxis hat sich überwiegend durchgesetzt, dass im Rahmen einer Einzelfallermittlung **Reisepreis** und **Reisedauer** als entscheidende Kriterien angesetzt werden. Akzeptieren Sie dabei keine Abzüge für den An- bzw. Abreisetag. Jeder vertane Urlaubstag ist zu entschädigen!

Wichtig: Bei der Bemessung der Entschädigung darf das **Nettoeinkommen** des Reisenden **nicht berücksichtigt** werden (BGH, Urteil vom 11. 1. 2005, X ZR 118/03, NJW 2005 S. 1047). Auch nicht berufstätige Personen sind deshalb anspruchsberechtigt (z. B. Hausfrauen, Schüler, Studenten); ebenso 5-Jährige, nicht jedoch Kleinkinder im Alter von zwei oder drei Jahren (LG Frankfurt/Main, Urteil vom 6. 1. 2011, 2-24 S 61/10, RRa 2011 S. 63).

F2 Ihre Rechte als Flugreisender

1 Von der Buchung bis zum Einchecken

1.1 Wenn es um den Vertragsschluss geht

Sie können einen Flug im Reisebüro oder direkt bei der Fluggesellschaft buchen. Allerdings müssen Sie dabei immer einen Namen angeben. Wer ein Ticket auf den Platzhalter »noch unbekannt« bucht, schließt keinen Beförderungsvertrag ab (BGH, Urteil vom 16. 10. 2012, X ZR 37/12, NJW 2013 S. 598).

Auch telefonisch oder über Internet sind Buchungen möglich. Wer telefonisch bucht, muss die **Reiseunterlagen sorgfältig** prüfen, wenn er sie abholt. Wird ein Buchungsfehler erst am Abreisetag entdeckt (z. B. ein falscher Abflugort), bleiben Sie auf Ihrem Schaden sitzen (AG München, Urteil vom 12. 4. 2013, 233 C 1004/13). Wer im Internet einen Flug bucht, trägt auch das Risiko der Falschbuchung durch »**Verklicken**« selbst (z. B. buchen Sie versehentlich einen Flug nach San José in Costa Rica statt in den USA; LG München I, Urteil vom 17. 6. 2008, 34 O 1300/08, RRa 2009 S. 27).

Haben Sie den Flug telefonisch oder online gebucht, gilt dies als **Fernabsatzvertrag**. Ein solcher Vertrag wird erst wirksam, wenn Ihnen eine **Buchungsbestätigung** übermittelt wird. Einen Flugschein benötigen Sie hingegen nicht. Beachten Sie dabei: Das gesetzliche **Widerrufsrecht entfällt** ausnahmsweise (§ 312b Abs. 3 Nr. 6 BGB). Der Vertragsschluss lässt sich nicht widerrufen.

Sie können einen **Inlandsflug** jedoch jederzeit ohne Angabe von Gründen **stornieren**. Den Flugpreis schulden Sie der Airline trotzdem. Konnte Ihr Platz aber weiterverkauft werden, wird dies angerechnet. Stornokosten fallen in der Regel aber an. Insbesondere bei Flügen mit Sondertarifen darf die Rücktrittsmöglichkeit im »Kleingedruckten« ausgeschlossen werden oder von **hohen Stornogebühren** abhängig gemacht werden.

! Egal aus welchem Grund Sie einen Flug nicht antreten (z. B. Stornierung, Flugausfall), bereits bezahlte Flughafensteuer und Sicherheitsgebühren können Sie aber in jedem Fall zurückverlangen. Die Airline darf dabei keine schikanösen Erstattungsanträge verwenden oder überzogene Bearbeitungsgebühren verlangen (LG Köln, Urteil vom 6. 5. 2010, 31 O 76/10).

1.2 Wenn es um Preise und ums Bezahlen geht

Informieren Sie sich **vor der Buchung** genau, was Sie der Flug am Ende **insgesamt kostet**. Der Endpreis für ein über Internet angebotenes Ticket muss sämtliche Gebühren (z. B. Steuern, Flughafengebühr, Kerosinzuschlag) und Zusatzkosten (z. B. Bearbeitungsgebühr) beinhalten (KG, Urteil vom 4. 1. 2012, 24 U 90/10, MMR 2013 S. 308).

Eine **EU-Verordnung** verbietet den Anbietern von Flugreisen **Tricks** beim Angebot von Ticketpreisen und **unfreiwillige Zusatzleistungen**. So ist es beispielsweise unzulässig, bei einer Online-Buchung über die anfallenden Kosten nur versteckt oder zu spät zu informieren (z. B. Kreditkartengebühren) oder den Kunden Versicherungsabschlüsse vorzugeben (z. B. Reiserücktrittsversicherung).

! Reisevermittler dürfen ihren Kunden bei der Online-Flugbuchung keine voreingestellte Reiserücktrittskostenversicherung unterschieben. Als Kunde müssen Sie vielmehr ein entsprechendes Angebot bewusst anklicken, um es anzunehmen (EuGH, Urteil vom 19. 7. 2012, C-112/11, NJW 2012 S. 2867). Achten Sie deshalb sorgfältig auf die Voreinstellung der Online-Buchungsformulare!

Üblicherweise müssen Sie den Flug **im Voraus bezahlen**. Das ist zulässig. Kommt es zu einer **Rücklastschrift** (z. B. weist Ihr Konto keine ausreichende Deckung auf), darf die Fluggesellschaft die ihr dadurch entstandenen Kosten von Ihnen zurückverlangen. Eine **pauschale Bearbeitungsgebühr** dafür in Höhe von € 50,– pro Buchung ist aber zu viel (BGH, Urteil vom 17. 9. 2010, Xa ZR 40/08, NJW 2009 S. 3570).

1.3 Wenn es um Ihr Flugticket geht

Ist Ihr **Ticket unauffindbar** oder wurde es **gestohlen**, bekommen Sie **Ersatz** – der in der Regel aber **teuer** ist.

》 Beispiel:

- Bei **Linienflügen** erhalten Sie Ersatztickets nur gegen hohe Bearbeitungsgebühren. Häufig sind Sie auch gezwungen, ein neues Ticket zu kaufen. Die Kosten für das ursprüngliche Ticket werden Ihnen aber später erstattet – abzüglich der anfallenden Gebühren.

- Haben Sie einen **Charterflug** gebucht, erhalten Sie in der Regel kurzfristig und kostenlos ein neues Ticket ausgestellt. Einen Rechtsanspruch haben Sie darauf jedoch nicht.

Haben Sie online eingecheckt und lediglich Ihren **Bordkartenausdruck vergessen oder verloren**, stellen Ihnen die meisten Fluglinien eine **neue Bordkarte** aus. Auch hierfür wird in der Regel eine Gebühr fällig.

Haben Sie hingegen Ihren **Flug storniert oder nicht angetreten**, darf **keine Bearbeitungsgebühr** verlangt werden. Entsprechende Regelungen in den AGB sind unzulässig (LG Berlin, Urteil vom 29. 11. 2011, 15 O 395/10).

1.4 Wenn es ums Gepäck geht

Für Handgepäck, Einzelgepäckstücke, Übergepäck (d. h., wiegt Ihr Koffer mehr als das von der Fluggesellschaft zugelassene Höchstgewicht) und Sondergepäck (z. B. Rennrad oder Surfbrett) dürfen die Fluggesellschaften unterschiedliche **Gewichtsgrenzen** für Ihr Freigepäck festlegen. Das gilt auch für die Begrenzung der **Anzahl** und der **Größe** der Gepäckstücke. Für die weiteren Gepäckstücke, für Übergepäck oder Sondergepäck dürfen **Zuschläge** erhoben werden. Diese sind meist sehr hoch.

》 **Beispiel:**

- Bei vielen Airlines ist nur das Handgepäck frei – je nach Fluglinie zwischen 6 kg und 10 kg; bei anderen Fluglinien dürfen Sie neben dem freien Handgepäck auch weitere Gepäckstücke kostenlos aufgeben. Die Gewichtsgrenzen sind unterschiedlich (z. B. zwischen 15 kg und 23 kg).

- Das Handgepäck muss unter den Vordersitz oder in die Gepäckfächer passen. In der Regel gelten deshalb Höchstmaße von 55 cm × 40 cm × 20 cm.

Eine EU-Sicherheitsverordnung für den Luftverkehr **beschränkt die Gegenstände, die Sie als Passagier in Ihr Handgepäck packen dürfen.** Alles, was das Flugzeug oder die Personen an Bord gefährden könnte, ist tabu (z. B. Waffen, Munition, Sprengstoffe, Scheren, Taschenmesser). Auch Flüssigkeiten (z. B. Pflege- und Kosmetikartikel) dürfen derzeit nur in beschränkter Menge in einem durchsichtigen, verschließbaren 1-Liter-Plastikbeutel transportiert werden. Ausnahmen für Medikamente können sich aus ärztlichen Attesten ergeben.

! Erkundigen Sie sich rechtzeitig vor Reisebeginn bei der Fluggesellschaft oder im Reisebüro nach den aktuellen Bestimmungen fürs Handgepäck.

Führen Sie **verbotene Gegenstände** im Handgepäck oder im aufgegebenen Gepäck mit, darf die Fluggesellschaft Ihre **Beförderung verweigern.** Wollen Sie den Flug trotzdem antreten, müssen Sie den Gegenstand zurücklassen. Die Fluggesellschaft ist nicht verpflichtet, den Gegenstand bis zu Ihrer Rückkehr aufzubewahren oder zu Ihnen nach Hause zu schicken.

1.5 Als Passagier haben Sie besondere Pflichten

Kommen Sie unbedingt **pünktlich zum Einchecken.** Die Meldeschlusszeit für das Einchecken ist auf Ihrem Flugschein vermerkt. Sie beträgt in der Regel **90 Minuten,** kann bei einem Inlandsflug aber auch kürzer sein.

Verspäten Sie sich und ist das **Einchecken** bereits **abgeschlossen, verlieren** Sie Ihren **Beförderungsanspruch.** Gleiches gilt, wenn Sie zwar rechtzeitig eingecheckt haben, jedoch zu spät am Flugsteig eintreffen – auch für einen Anschlussflug (AG Köln, Urteil vom 11. 9. 2007, 124 C 48/07).

Waren Sie nachweislich zwar rechtzeitig am Check-in-Schalter, verpassen aber den Flug aufgrund einer langen Warteschlange, haben Sie keinen Anspruch nach der EU-Fluggastrechteverordnung. Es liegt kein Fall einer sogenannten »Nichtbeförderung« vor. Allerdings kann Ihnen ein vertraglicher Schadensersatzanspruch aus dem Beförderungsvertrag gegen die Airline zustehen (BGH, Urteil vom 16. 4. 2013, X ZR 83/12, NJW-RR 2013 S. 1462).

Erkundigen Sie sich rechtzeitig nach den **Einreisebestimmungen** (z. B. benötigen Sie für Ihr Reiseziel einen Personalausweis, einen Reisepass oder ein Visum) und überprüfen Sie, ob Ihre **Ausweispapiere gültig** sind. Andernfalls kann Ihnen die Beförderung verwehrt werden.

Wer gleichzeitig Hin- und Rückflug bucht, muss sich laut Reisebedingungen der Fluglinien in der Regel den Rückflug rechtzeitig bei der Airline bestätigen lassen. Versäumen Sie dies und verpassen Sie deshalb den Flug, haben Sie **keinen Ersatzanspruch** (LG Hannover, Urteil vom 25. 8. 2008, 1 S 19/08).

2 Airlines müssen bei Flugärger zahlen

2.1 Wann können Sie sich auf die Fluggastrechte berufen?

Stranden Sie auf einer Flugreise, weil Ihr Flug überbucht war, annulliert wurde oder große Verspätung aufwies, sollten Sie auf Ihre **Fluggastrechte** pochen. **Unterstützungs- und Betreuungsleistungen** wie Essen, Trinken und gegebenenfalls eine Hotelübernachtung stehen Ihnen nach der EU-Verordnung dann zu. Zudem gibt es **Ausgleichsleistungen**.

Diese Rechte stehen aber nicht nur **erwachsenen Fluggästen** zu. Auch **Kleinkinder** sind anspruchsberechtigt, sofern sie nicht kostenlos reisen und eine Buchungsbestätigung auf ihren Namen vorliegt. Unerheblich ist dabei, ob das Kind einen eigenen Sitzplatz hatte (LG Stuttgart, Urteil vom 7. 11. 2012, 13 S 95/12).

! Da die Fluggesellschaften nicht gerne zahlen, sind sie um Ausreden nicht verlegen. So wird gerne auf »außergewöhnliche Umstände« verwiesen – selbst wenn dieser Tatbestand nicht erfüllt ist. Lassen Sie sich nicht abwimmeln und bestehen Sie auf Ihre Rechte. Die Fluggesellschaften müssen Sie beim Einchecken auf Ihre Rechte hinweisen. Die Informationen müssen gut einsehbar und lesbar sein. Fehlt ein entsprechender Hinweis, sollten Sie gezielt nachfragen.

Die **EU-Fluggastrechteverordnung** gilt, wenn Sie

- einen **Linien- oder Charterflug** gebucht haben, der innerhalb der **EU startet**. Sie gilt deshalb auch für Fluggesellschaften, die nicht in der EU beheimatet sind;

- einen **Billigflug** gebucht haben (EuGH, Urteil vom 10. 1. 2006, C-344/04, NJW 2006 S. 351);

- aus einem Drittland **mit einer EU-Fluggesellschaft** in die EU einreisen (z. B. Flug von New York nach Frankfurt mit der Lufthansa);

- einen aus mehreren Abschnitten bestehenden **(Hin- und Rück-)Flug gemeinsam gebucht** haben (z. B. München – New York – München). Hier liegt ein einheitlicher Flug vor, auf den die Verordnung anzuwenden ist, wenn sie am jeweiligen Abflugort gilt (EuGH, Urteil vom 10. 7. 2008, C-173/07, RRa 2008 S. 237).

Verspätet sich allerdings nur der **Anschlussflug außerhalb der EU,** haben Sie keinen Anspruch auf die Ausgleichszahlung nach der EU-Fluggastrechteverordnung (z. B. Verspätung beim Zwischenstopp in Südamerika und Transport mit einer brasilianischen Fluggesellschaft). Der Anschlussflug gilt dann rechtlich als neuer Flug (BGH, Urteil vom 13. 11. 2012, X ZR 12/12, NJW 2013 S. 682);

- mit einem »**Code-share-Flug**« reisen. Beim Codesharing »teilen« sich zwei Fluggesellschaften eine Strecke mit zwei verschiedenen Flugnummern (z. B. haben Sie einen Lufthansa-Flug gebucht, eine Partner-Airline bringt Sie jedoch ans Ziel). Auf die Fluggastrechte können Sie sich berufen, wenn die Vorschriften auf die ausführende Fluglinie anwendbar sind.

Daneben gibt es weitere **internationale Abkommen,** die die Fluggastrechte bei Flügen außerhalb der EU regeln (z. B. Montrealer Übereinkommen (MontÜbk) oder das Warschauer Abkommen (WA)). Sofern sich aus diesen Rechtsquellen weitere Ansprüche ergeben könnten, wenn Sie Ärger auf einem Flug haben, sollten Sie sich an einen im Reiserecht versierten Anwalt wenden. Insbesondere Fragen zur möglichen Anspruchskonkurrenz sind ohne fachliche Unterstützung nicht zu lösen.

Fluggäste können auch dann gegenüber der Fluggesellschaft Ansprüche aus der EU-Fluggastrechteverordnung haben, wenn der **Flug Bestandteil einer Pauschalreise** ist. Es gelten jedoch einige **Besonderheiten:** Beim Ausfall von Flügen, die im Rahmen einer Pauschalreise gebucht wurden, kann eine **kostenlose Umbuchung** des Fluges verlangt werden. Eine Erstattung des Flugpreises gibt es hier aber von der ausführenden Airline nicht, weil die reisevertraglichen Ansprüche gegen den Reiseveranstalter vorrangig sind. Im Übrigen haben auch Pauschalreisende Anspruch auf Betreuungsleistungen nach der Fluggastrechteverordnung.

Findet die **EU-Verordnung keine Anwendung** (z. B. startet der annullierte Rückflug von einem Abflugort außerhalb Europas und hat die ausführende Fluggesellschaft ihren Sitz außerhalb der EU), darf der Reisende auf seine Rechte gegenüber dem Reiseveranstalter zurückgreifen.

2.2 Was gilt im Fall einer Überbuchung?

Ein Flugzeug ist überbucht, wenn die Fluggesellschaft für einen Flug **mehr Tickets verkauft hat, als Plätze vorhanden sind.** Können Sie aufgrund einer Überbuchung nicht mitfliegen, schuldet die Airline sogenannte »**Unterstützungsleistungen**«. Das heißt, sie muss Ihnen entweder den vollen Ticketpreis erstatten, einen Ersatzflug anbieten oder Sie zum Abflugort zurückfliegen. Dieser hat preislich dem überbuchten Flug zu entsprechen.

Außerdem haben Sie Anspruch auf **unentgeltliche Betreuungsleistungen,** wie Mahlzeiten, Getränke und die Möglichkeit, zwei Mal zu telefonieren. Wird eine Übernachtung notwendig, bezahlt die Fluggesellschaft auch die Hotelunterkunft inklusive Transfer.

Als unfreiwilliges »Überbuchungsopfer« haben Sie **zusätzlich** einen Anspruch auf eine **Ausgleichsleistung** gegen die Fluggesellschaft. Diese Entschädigung ist **gestaffelt** und darf **gekürzt** werden, wenn Sie Ihr Endziel mit einem Ersatzflug innerhalb von zeitlichen Toleranzen erreichen:

Bei einer Flugentfernung	erhalten Sie eine Entschädigung von	Kürzung um 50 %, wenn Sie das Ziel erreichen innerhalb einer Verspätung von
bis 1 500 km	€ 250,–	zwei Stunden
ab 1 500 km bis 3 500 km	€ 400,–	drei Stunden
ab 3 500 km	€ 600,–	vier Stunden

Die Entschädigung bekommen Sie **in bar, per Scheck** oder **per Überweisung.** Nur wenn Sie sich ausdrücklich und schriftlich einverstanden erklären, darf Ihnen die Fluggesellschaft eine andere Leistung anbieten (z. B. einen Reisegutschein in entsprechender Höhe oder Werbegeschenke).

Eine Flugverspätung berechtigt Sie **nicht zur Minderung des Flugpreises,** denn sie macht die Beförderung nicht »mangelhaft«. Allerdings können Sie unter Umständen Schadensersatz verlangen, wenn Ihnen durch die Verspätung ein nachweislicher Schaden entstanden ist und die Fluglinie die Verspätung verschuldet hat. Die pauschale Entschädigungssumme wird hierbei auf einen etwaigen Schadensersatz angerechnet.

2.3 Was gilt bei Annullierungen?

=== Der gebuchte Flug fällt aus oder verzögert sich

Von einer Annullierung können Sie ausgehen, wenn der von Ihnen gebuchte Flug **komplett ausfällt** und Sie auf einen anderen Flug verlegt werden, das heißt, als betroffener Passagier werden Sie mit den Fluggästen eines anderen Fluges befördert.

Eine Annullierung liegt auch vor, wenn das Flugzeug **zwar gestartet** ist, aber aus irgendwelchen Gründen (z. B. technische Probleme) **zum Ausgangsflughafen zurückkehren** muss.

Der Flugannullierung **rechtlich gleichgestellt** ist, wenn der Flug **erheblich verspätet** doch noch durchgeführt wird (z. B. fliegen Sie mehr als 25 Stunden später ab). Vorausgesetzt wird hier, dass Sie mit dem ursprünglichen Flugzeug befördert werden. Erreichen Sie Ihr Endziel erst **drei Stunden oder mehr** nach der geplanten Ankunftszeit, haben Sie dieselben Rechte wie die Fluggäste annullierter Flüge (EuGH, Urteil vom 23. 10. 2012, C-581/10 und C-629/10, NJW 2013 S. 671).

Die Verspätung tritt auf einem Umsteigeflug ein

Als Fluggast eines Flugs mit Anschlussflügen müssen Sie entschädigt werden, wenn Ihr Flug **am Endziel** mit einer Verspätung von drei Stunden oder mehr ankommt. Die Verspätung muss dabei nicht bereits beim Abflug vorliegen (EuGH, Urteil vom 26. 2. 2013, C-11/11, NJW 2013 S. 1291). Auch wenn sich Ihr Zubringerflug verspätet oder gar annulliert wurde und Sie dadurch Ihren Anschlussflug verpassen, haben Sie Recht auf finanzielle Entschädigung.

Ihre Rechte im Einzelnen

Sagt die Fluggesellschaft den Flug **kurzfristig** ab, erhalten Sie ohne Einschränkung die üblichen **Unterstützungs- und Betreuungsleistungen:** Sie haben also die Wahl zwischen Flugpreiserstattung, anderweitiger Beförderung zum Zielort oder Rückflug zum Abflugort. Zudem werden Sie kostenlos verpflegt und gegebenenfalls in einem Hotel untergebracht.

Eine **zusätzliche Ausgleichsleistung** gibt es im Fall der Annullierung nur, wenn die Fluggesellschaft Sie **nicht rechtzeitig** über den Flugausfall **informiert** hat.

Sie erhalten demnach **keine Entschädigung,** wenn

- die Fluggesellschaft Ihnen zwischen zwei Wochen und sieben Tagen vor dem Abflug einen **alternativen Flug anbietet,** der nur um zwei Stunden vor dem ursprünglichen Flug abfliegt und Sie Ihr Ziel maximal vier Stunden nach der ursprünglichen Ankunft erreichen;

- die Annullierung weniger als sieben Tage vor Abflug bekannt gemacht und dabei eine **anderweitige Beförderung** angeboten wird, bei der Sie nicht mehr als eine Stunde vor dem ursprünglichen Abflug starten und höchstens zwei Stunden nach der ursprünglichen Landung ankommen;

- die Fluggesellschaft explizit nachweisen kann, dass der Flugausfall auf »außergewöhnlichen Umständen« beruht, die sie nicht zu verantworten hat (z. B. schwere Unwetter, ein Hurrikan). Hier kommt es auf den Einzelfall an.

Fällt der Flug beispielsweise wegen **technischer Probleme** aus, liegt kein »außergewöhnlicher Umstand« vor (EuGH, Urteil vom 19. 11. 2009, C-402/07 und C-432/0, NJW 2010 S. 43); ebenso, wenn Sie bei winterlichen Wetterbedingungen auf einem Flughafen stranden, weil ein Flug **mangels Enteisungsmittels** ausfällt (OLG Brandenburg, Urteil vom 19. 11. 2013, 2 U 3/13).

Wer aufgrund einer Annullierung eines Zubringerfluges seinen Anschlussflug verpasst und verspätet am Zielort ankommt, hat Anspruch auf **Entschädigung für die Gesamtstrecke** und nicht nur für einen Teil (BGH, Urteil vom 14. 10. 2010, Xa ZR 15/10, NJW-RR 2011 S. 355).

Im Einzelfall erhalten die von einer Annullierung betroffenen Fluggäste über die Ausgleichsleistungen für den materiellen Schaden hinaus auch eine **Entschädigung für »immaterielle Schäden«**. Vorausgesetzt, die Airline betreut und unterstützt die gestrandeten Passagiere nicht oder nicht ausreichend. Sie können in diesen Fällen zusätzlich eine »individualisierte Wiedergutmachung« verlangen, die bis zu € 4 150,– betragen kann (z. B. Ersatz der Taxikosten, Kostenübernahme für die Unterbringung eines Hundes in der Hundepension; EuGH, Urteil vom 13. 10. 2011, C-83/10, NJW 2011 S. 3776).

2.4 Was gilt bei einer Flugverspätung?

Die Unterscheidung zwischen »Flugannullierung« und »Flugverspätung« ist nur noch geboten, wo die Verspätung unter der vom EuGH festgelegten Grenze liegt – also bei Verspätungen von weniger als drei Stunden. Hier gilt: Selbst wenn Sie pünktlich eingecheckt haben, müssen Sie nach der EU-Verordnung folgende **Wartezeiten hinnehmen:**

- für Flüge bis 1 500 km **zwei Stunden;**
- für Flüge über 1 500 km innerhalb der EU oder zwischen 1 500 km und 3 500 km außerhalb der EU **drei Stunden;**
- für alle anderen Flüge **vier Stunden.**

Nach Ablauf der Wartezeit muss die Fluggesellschaft Ihnen **kostenlos** Essen und Getränke anbieten sowie zwei Telefonate ermöglichen. Bei **Verspätungen ab fünf Stunden** können Sie die vollständige Erstattung des Flugpreises, anderweitige Beförderung oder einen Rückflug zum Abflugort verlangen.

Entsteht Ihnen durch die Flugverspätung ein **Schaden** (z. B. verpassen Sie ein Konzert, für das Sie schon Karten gekauft hatten), muss Ihnen die Fluggesellschaft hierfür bis zu 4 694 **Sonderziehungsrechte** (SZR) ersetzen. SZR bezeichnen eine vom Internationalen Währungsfonds entwickelte **Rechnungseinheit,** die in die jeweilige Landeswährung umgerechnet wird. 4 694 SZR entsprechen zurzeit einem Betrag von ca. € 5 800,–. Aktuelle Umrechnungstabellen finden Sie unter www.imf.org. Zusätzliche Entschädigungen (z. B. für vertanen Urlaub) gibt es daneben nicht.

2.5 Was gilt, wenn Ihr Gepäck verspätet ankommt?

Trifft Ihr Gepäck bei einem Flug mit einer EU-Fluggesellschaft verspätet ein, steht Ihnen **Schadensersatz** zu. Die Haftung für Verspätungsschäden richtet sich nach denselben Grundsätzen, die auch für Gepäckschäden gelten.

Kommen Sie ohne Gepäck am Zielflughafen an, dürfen Sie sich als »Soforthilfemaßnahme« mit den **notwendigen Dingen für den Aufenthalt** versorgen (z. B. Ersatzkleidung, Toilettenartikel). Beachten Sie, dass nur **angemessene Kosten** für absolut notwendige Ersatzbeschaffungen erstattet werden. So dürfen Sie sich etwa keine neue Designer-Jeans kaufen.

Werden Sie auf einem **Anschlussflug nicht mitgenommen,** weil Ihr Gepäck nicht umgeladen werden kann, haben Sie Anspruch auf eine Ausgleichszahlung. Schließlich haben Sie auf durchgechecktes Gepäck keinen Einfluss und müssen notfalls auch ohne Gepäck weiterbefördert werden (BGH, Urteil vom 30. 4. 2009, Xa ZR 78/08, NJW 2009 S. 2740).

3 Wenn es zu Personen- oder Gepäckschäden kommt

3.1 Was gilt für Personenschäden?

Die Fluggesellschaft haftet für Personenschäden, die Sie bei einem »**flugbetriebsbedingten Unfall**«, also **an Bord** oder beim **Ein-** bzw. **Aussteigen** erleiden. Als Personenschäden gelten nur der Tod oder eine Körperverletzung (z. B. Körperschaden durch falschen Druckausgleich, Verletzung durch herabfallende Gepäckstücke in der Kabine). Rein **psychische Beeinträchtigungen** werden grundsätzlich nicht als erstattungsfähiger Schaden anerkannt (z. B. erleiden Sie einen Schock).

Die Fluggesellschaft muss Ihren **gesamten Schaden** ersetzen. Dazu zählt neben den Behandlungskosten, Unterhaltsschäden und gegebenenfalls Bestattungskosten auch ein angemessenes Schmerzensgeld.

Bis zu einem Schaden von 113 100 SZR pro Fluggast (derzeit ca. € 139 767,–) haftet die Fluggesellschaft in Höhe des tatsächlich entstandenen Schadens **verschuldensunabhängig.** Die Fluggesellschaft kann sich also nicht entlasten, indem sie nachweist, alle erforderlichen Maßnahmen zur Schadensverhütung getroffen zu haben. Ein **Mitverschulden** des Fluggastes (z. B. waren Sie trotz Aufforderung nicht angeschnallt) kann die Haftung begrenzen oder sogar ganz ausschließen.

Überschreiten die Ihnen entstandenen Schäden die **Haftungsgrenze,** kann die Fluggesellschaft einwenden, dass sie den Schaden nicht verschuldet hat. Als geschädigter Fluggast müssen Sie dann das Gegenteil beweisen.

3.2 Was gilt für Gepäckschäden?

Wird **aufgegebenes Reisegepäck** zerstört, beschädigt oder geht es verloren, haftet die Fluggesellschaft verschuldensunabhängig vom Zeitpunkt des Eincheckens bis zur Aushändigung am Gepäckausgabeband. Es gilt das MontÜbk. **Ausnahme:** Die Fluggesellschaft weist nach, dass der Schaden durch die Eigenart des Reisegepäcks oder einen ihm innewohnenden Mangel entstanden ist.

》 **Beispiel:**
- Sie haben Ihre Skiausrüstung nicht ordnungsgemäß verpackt. Dadurch wird sie während des Transports beschädigt.
- Entgegen der Empfehlung der Fluggesellschaft führen Sie eine wertvolle Brille im Wert von über € 1 000,– nicht im Handgepäck mit, sondern verstauen sie im aufgegebenen Reisegepäck.

Für **Handgepäck** reicht der Haftungszeitraum vom Boarding bis zum Aussteigen aus dem Flugzeug. Der Schaden muss aber durch die Fluglinie oder einen ihrer Angestellten verursacht worden sein. Für einen Diebstahl während des Fluges durch Mitreisende kommt die Fluggesellschaft nicht auf.

Die Haftung für verspätetes, verloren gegangenes oder beschädigtes Handgepäck oder aufgegebenes Gepäck ist **begrenzt auf 1 131 SZR** (das entspricht derzeit einem Betrag von ca. € 1 397,–). Den **Höchstbetrag** gibt es im Schadensfall **pro Fluggast**. Entscheidend ist also nicht die Anzahl der Gepäckscheine, sondern die der Flugtickets.

Die **Haftungsobergrenze** für verlorenes Gepäck ist **zulässig.** Fluggäste erhalten einen Höchstbetrag, der **sämtliche Schäden** umfasst, wenn eingechecktes Gepäck verloren geht. Abgedeckt ist damit also der Schaden durch den verlorenen Koffer samt Inhalt sowie der immaterielle Schaden, der mit dem Verlust des Gepäcks verbunden ist (EuGH, Urteil vom 6. 5. 2010, C-63/09). Die Haftungshöchstgrenze gilt nicht, wenn Sie das Gepäck bei der Fluggesellschaft bei Übergabe auf einen bestimmten Betrag **versichern** und den entsprechenden Versicherungszuschlag bezahlen.

4 Wie setzen Sie Ihre Ansprüche praktisch durch?

Die Airline ist Ihr erster Ansprechpartner

Zuständig für Ihre Reklamation und Ansprüche nach der Fluggastrechte-VO ist die **Fluggesellschaft,** nicht der Reiseveranstalter (BGH, Beschluss vom 11. 3. 2008, X ZR 49/07, NJW 2008 S. 2119). Wenden Sie sich daher zunächst an den **Schalter der jeweiligen Fluggesellschaft.** Dort erhalten Sie entsprechende Formblätter für Ihre Reklamation.

Um Ihre Ansprüche erfolgreich durchzusetzen, ist es an Ihnen, die Flugannullierung, Verspätung oder den Schaden **nachzuweisen:**

- Notieren Sie sich genau, welcher Mitarbeiter der Airline Sie wann über was informiert hat. Auch Name und Anschrift von Mitreisenden als Zeugen sind hilfreich.

- Bewahren Sie unbedingt sämtliche **Belege** auf, wenn Sie Auslagen hatten (z. B. Quittungen für Getränke und Snacks, wenn die Airline Sie nicht entsprechend versorgt), ebenso **Boardingcard** und **Gepäckkontrollabschnitt.**

- **Fotografieren** Sie die Anzeigetafel, wenn ein Flug wegen Schlechtwetter oder Streik annulliert wird, andere Flüge aber dennoch starten.

Setzen Sie auf die Hilfe Dritter

Lassen Sie sich bei der Durchsetzung Ihrer Ansprüche weder von der Fluglinie abwimmeln noch von bürokratischen Hürden abhalten (z. B. verlangt die Airline, dass Sie Ihre Beschwerde auf Englisch verfassen). Das **Luftfahrtbundesamt** (LBA) als offizielle Beschwerde- und Durchsetzungsstelle hält auf seiner Internetseite (www.lba.de) Auskünfte über Ihre Fluggastrechte bereit, bietet Formulare an, mit denen Sie Ihre Rechte geltend machen können, und nimmt Anzeigen entgegen, wenn die Preisgestaltung einer Fluglinie nicht transparent ist (z. B. werden Gebühren auf der Internetseite versteckt).

Hilfe bei der **außergerichtlichen Schlichtung** bieten zudem die **Schlichtungsstelle für den öffentlichen Personenverkehr** (https://soep-online.de) oder beispielsweise **EUclaim** (www.euclaim.de), ein privates Unternehmen, das sich auf die Geltendmachung der Fluggastrechte spezialisiert hat. Hier wird eine Provision zuzüglich einer Bearbeitungsgebühr im Erfolgsfall fällig.

Kommt die Fluggesellschaft Ihren Forderungen nicht nach, können Sie sie **verklagen.** Als Fluggast eines EU-Fluges haben Sie dabei die Wahl, ob Sie die Klage beim Gericht des Abflug- oder des Ankunftsorts erheben (EuGH, Urteil vom 9. 7. 2009, C-204/08).

Diese Fristen dürfen Sie nicht verpassen!

Auf die nachfolgenden Fristen muss die Fluggesellschaft Sie vor Reisebeginn hinweisen. Dies geschieht regelmäßig im »Kleingedruckten«. **Kürzere** als die angegebenen Fristen sind **unwirksam**. Beachten Sie: Innerhalb dieser Fristen müssen Sie bei der Airline Ihren Anspruch anmelden. Ansonsten kann sich die Airline auf eine Fristversäumnis berufen und Sie gehen leer aus.

- Die Frist, innerhalb derer Sie Ihre **Fluggastrechte** schriftlich geltend machen müssen, wird in der EU-Fluggastrechteverordnung nicht für alle EU-Staaten einheitlich geregelt. Maßgeblich ist die jeweils **nationale Regelung** (EuGH, Urteil vom 22. 11. 2012, C-139/11, NJW 2013 S. 365). Sie beträgt in Deutschland drei Jahre.

- Bei **Beschädigung von aufgegebenem Reisegepäck** müssen Sie den Schaden unverzüglich, spätestens jedoch **sieben Tage** nach der Annahme ebenfalls schriftlich anmelden. Geben Sie bei der **Reklamation** Ihre Flug-Nummer, den Abflughafen, die Gepäck-Nummer, die Art des Reisegepäcks sowie Ihre Heimat- und die Reiseadresse an.

  Bei **verspätet befördertem Gepäck** beträgt die **Frist 21 Tage** ab Erhalt des Gepäcks. Bestehen Sie unbedingt darauf, dass Ihnen Ihr verspätetes Gepäck kostenlos an Ihre Urlaubs- bzw. Heimanschrift nachgeliefert wird.

  Bei **Verlust des Reisegepäcks** gibt es Schadensersatz nur, wenn die Fluggesellschaft den Verlust anerkannt hat oder seit dem ursprünglichen Ankunftstag nicht mehr als **21 Tage** vergangen sind.

  Prüfen Sie Ihr Gepäck **umgehend** nach Erhalt und **reklamieren Sie** etwaige Schäden sofort bei der Gepäckermittlungsstelle des Flughafens oder Ihrer Airline. Nehmen Sie Ihr Gepäck zunächst unbeanstandet entgegen, wird von Gesetzes wegen unterstellt, dass es unbeschädigt abgeliefert wurde. In diesem Fall ist es schwierig, zu beweisen, dass die Airline den Schaden verursacht hat.

- Wollen Sie Schadensersatzansprüche für **Personen- oder Sachschäden** gerichtlich geltend machen, müssen Sie die **Ausschlussfrist von zwei Jahren** beachten. Die Frist beginnt mit dem Tag der geplanten Ankunft oder des Abbruchs der Reise.

F2

F3 Internet: Soziale Netzwerke für Senioren

1 Internet-Netzwerke: Auch Ältere können profitieren

Allein bei **Facebook** waren Ende des Jahres 2014 rund sieben Millionen Nutzer über 55 Jahre beteiligt, Anfang 2010 waren es erst 150 000. Das größte Mitgliederwachstum bei allen Altersgruppen gab es bei den über 55-Jährigen, die innerhalb von drei Jahren um 249 Prozent zulegten.

Die sozialen Netzwerke sprechen Männer und Frauen gleichermaßen an. 51,7 % der Facebook-Mitglieder sind männlich, 48,3 % sind weiblich. Bei den Älteren ist der **Männerüberhang** etwas ausgeprägter, hier deutet sich aber eine Änderung an.

Auch in **Senioreneinrichtungen** hat man inzwischen den neuen Trend erkannt. Immer häufiger werden in den Wohnresidenzen Internet-Möglichkeiten geboten.

1.1 Was ist ein soziales Netzwerk?

Soziale Netzwerke sind Treffpunkte im Internet. Mit ihnen kann man sich weltweit mit Menschen vernetzen, die man mag oder mit denen man **gemeinsame Interessen** hat. Die klassischen Netzwerke beschränkten sich meistens auf den Bekanntenkreis in der Nachbarschaft, auf Kontakte aus dem Berufsleben oder aus sozialen Aktivitäten. Der Kreis war oft sehr überschaubar und über weite Distanzen nur schwer intensiv aufrechtzuerhalten. Das Internet bietet nun weit darüber hinausgehende Möglichkeiten. Über die neuen sozialen Netzwerke kann man bundesweit, europaweit und auch weltweit Kontakte pflegen. Wer das eine tut, muss das andere nicht lassen: Die persönlichen Beziehungen kann man genauso wie bisher weiterpflegen und parallel im Internet mit anderen in Kontakt sein. Zudem können aus den virtuellen Freundschaften im Internet auch direkte persönliche Freundschaften entstehen oder wieder aufgefrischt werden.

Facebook & Co bieten also vielfältige Möglichkeiten, **Beziehungen** zu anderen Menschen aufzubauen und aufrechtzuerhalten. Um mitzumachen, muss man sich bei dem jeweiligen sozialen Netzwerk anmelden und kann dann auf die Angebote der Netzwerk-Betreiber zugreifen. In einem eigenen Profil legt man eine Art Visitenkarte an und stellt sich anderen Netzwerk-Mitgliedern vor. Worauf Sie bei Ihren ersten Schritten achten sollten, lesen Sie weiter unten.

1.2 Der Nutzen sozialer Netzwerke für ältere Menschen

Die sozialen Netzwerke bieten gerade für ältere Menschen neue Chancen auf **Kommunikation** und Ausweitung ihres Aktionskreises. Ab einem gewissen Alter ist es nicht mehr so einfach, neue Freundschaften zu schließen. Alte Bekanntschaften gehen verloren. Manche sind gestorben, andere nicht mehr so beweglich wie früher, wieder andere ziehen sich zurück oder in andere Gemeinden. Für viele Ältere ist Einsamkeit ein größeres Problem als für junge Leute. Und: Die Älteren haben oft viel Zeit, sich im Netz zu tummeln.

Gerade für mobilitätsbehinderte Menschen können Bekanntschaften und **Kontaktpflege** übers Internet eine Bereicherung sein. Man kann über die sozialen Netzwerke Erfahrungen austauschen, gemeinsam Bilder oder Videos betrachten, sich gegenseitige Ratschläge geben, sich Tipps zu Alltagsangelegenheiten oder Problemen holen oder auch einfach nur plaudern (»chatten«). Gern werden sogenannte Blogs, das sind Tagebücher im Internet, geführt, mit denen man andere an seinen Gedanken und am eigenen Erleben teilhaben lassen kann. Auch beruflich oder nebenberuflich lässt sich mit solchen Vernetzungsmöglichkeiten viel Neues erkunden.

Mancher entdeckt über die sozialen Netzwerke neue Interessen, **Hobbys** oder findet Menschen, die die gleichen Interessen teilen und mit denen es Spaß macht, sich auszutauschen. Und ebenfalls recht wichtig: Soziale Internet-Netzwerke verhelfen nicht nur zu Computer-Bekanntschaften, sondern über sie werden häufig auch gemeinsame Aktivitäten organisiert, über die man dann auch mit realen Menschen zusammenkommt. Sehr häufig organisieren Nutzerinnen und Nutzer Treffen miteinander, um ihre virtuellen Bekanntschaften auch persönlich kennenzulernen.

Nicht zuletzt nutzen viele die sozialen Netzwerke auch für die Suche einer neue **Partnerin** oder eines **Partners.** Bei einigen der angebotenen Internet-Seiten steht diese Funktion sogar relativ deutlich im Vordergrund.

1.3 Mögliche Gefahren

Bei aller Begeisterung über die neuen Netzwerke gilt es, vorsichtig und behutsam damit umzugehen. Insbesondere mit dem **Datenschutz** gibt es eine Vielzahl von Problemen. Viele Netzwerke schränken die Rechte der Nutzer sehr ein, lassen sich aber weitreichende Rechte bei der Datenweitergabe an Dritte genehmigen. Die meisten großen Netzwerke wie **Facebook** sind US-Unternehmen und haben mit unseren Vorstellungen von Datenschutz wenig am Hut. Facebook darf die persönlichen Daten seiner Nutzerinnen und Nutzer in die USA übermitteln und dort verarbeiten.

Wer die sozialen Netzwerke nutzt, muss sich darüber im Klaren sein, dass er Informationen von sich selbst preisgibt. Diese Informationen bestehen nicht nur in den direkt gemachten Angaben, sondern auch aus Nutzungsdaten, die aus den Aktionen auf der Webseite herausgelesen werden. Die Netzwerkbetreiber erstellen damit häufig Profile, die sie der **Werbewirtschaft** oder anderen Unternehmen oder Institutionen verkaufen. Man merkt das zuweilen an sogenannter personalisierter Werbung. Da taucht dann z. B. beim Besuch der Webseite von »Spiegel online« plötzlich eine Werbung für genau jenen Fotoapparat auf, über den man zuvor im Internet Informationen eingeholt hat.

! Wer sich über die Grundprobleme des Datenschutzes bei den sozialen Netzwerken informieren möchte, für den ist eine Broschüre des Landesbeauftragten für den Datenschutz Rheinland-Pfalz hilfreich. In ihr gibt es auch gute Tipps, wie man sich in sozialen Netzwerken so bewegt, dass die Daten weitgehend geschützt bleiben. Zu erhalten ist die Broschüre im Internet unter: www.datenschutz.rlp.de / downloads / Soziale_Netzwerke.pdf.

Alles, was in Facebook und anderen Netzwerken veröffentlicht wird, ist letztlich **unkontrollierbar.** Die dort gemachten Angaben werden inzwischen oft von allen möglichen Institutionen genutzt, die Informationen über Bewerber, Antragsteller oder sonstige Personen haben möchten. Junge Leute, die ohne Skrupel Fotos oder Videos von Besäufnissen oder wilden Festivitäten in ihre Seiten eingestellt haben, sind sich oft nicht im Klaren darüber, dass sie damit bei der Personalabteilung, bei der sie sich um eine Stelle bewerben wollen, ihre Chancen drastisch verschlechtern.

! Wenn Sie die neuen Netzwerke im Internet so sicher wie möglich nutzen wollen, beachten Sie folgende Grundregeln: Veröffentlichen Sie so wenig private Daten wie möglich. Was Sie ins Netz stellen, lässt sich oft nicht mehr zurückholen. Überlegen Sie bei allen Informationen, die Sie veröffentlichen, ob Sie dazu auch noch in einigen Jahren stehen können. Stellen Sie nichts in Facebook und Co. ein, was in irgendeiner Hinsicht vertraulich ist. Seien Sie bei den Einstellungen zum Schutz der Privatsphäre besonders nachdenklich. Hier geben Sie oft an, wer was einsehen darf und auf was Suchmaschinen zugreifen dürfen. Überlegen Sie genau, wen Sie als Freunde akzeptieren. Trennen Sie Berufliches und Privates. Veröffentlichen Sie keine Bilder oder Videos, die Sie oder andere nachteilig darstellen. Beachten Sie die Urheber- und Persönlichkeitsrechte derjenigen, die die Bilder, Videos oder Texte erstellt haben oder die auf den Bildern und Videos abgebildet sind.

2 Die wichtigsten Internet-Netzwerke

Facebook ist zwar mit Abstand das größte der sozialen Netzwerke, es gibt aber daneben zahlreiche andere Internet-Netzwerke, die große Bedeutung haben. Jene, die sich speziell an die **ältere Generation** wenden, werden am Ende dieses Artikels noch näher vorgestellt. Hier nun ein kurzer Überblick über jene Netzwerke, die bundesweit größere Bedeutung haben.

2.1 Facebook

Das im Jahre 2004 gegründete soziale Netzwerk Facebook ist mit weitem Abstand der Champion unter den sozialen Netzwerken. Mit fast zwei Millarden Nutzern weltweit liegt es sehr weit vor allen Konkurrenten. In Deutschland hat Facebook monatlich 34 Millionen »Unique Users«, das sind jene Benutzer, die das Netzwerk tatsächlich besuchen. Der Marktwert des Unternehmens wird auf 300 Milliarden Dollar geschätzt.

Das Grundprinzip von Facebook besteht darin, einen Freundeskreis aufzubauen. Anders als die bis dahin vorhandenen sozialen Netzwerke richtet sich Facebook nicht an eine bestimmte Zielgruppe, sondern will alle miteinander vernetzen, die das wünschen. Als Freund wird in Facebook jeder (und jede) bezeichnet, dessen **Freundschaftsanfrage** positiv beschieden wird. Mit diesen Freunden kann man dann Informationen teilen und sich über alles austauschen, was irgendwie von Interesse scheint.

Facebook ist kostenlos und finanziert sich über Werbung, die wegen des riesigen Reservoirs an Nutzerdaten besonders zielgerichtet eingesetzt werden kann. Kritiker sehen in Facebook einen **Datenkraken.** Dem Unternehmen wird vor allem immer wieder vorgeworfen, dem Datenschutz nur wenig Gewicht einzuräumen.

2.2 Twitter

Das 2006 gegründete Twitter ist anders aufgebaut als die anderen Netzwerke. Ausgetauscht werden hier nur Kurzmitteilungen von höchstens 140 Zeichen Länge. Eine solche Kurznachricht ist ein »**Tweet**«, was auf Deutsch Gezwitscher heißt. Die Freunde bei Twitter heißen »**Follower**«. Eine bei Twitter gesendete Nachricht landet automatisch bei allen Followern. Durch weiterzwitschern kann ein Schneeballeffekt erzeugt werden. Täglich werden bei Twitter 350 Milliarden Kurznachrichten übermittelt. Anfangs als Netzwerk für Belanglosigkeiten belächelt, spielt Twitter heute zum Beispiel bei den Aufständen in arabischen Ländern eine wichtige Rolle, weil mit seiner Hilfe die staatliche Kontrolle umgangen werden kann.

2.3 WhatsApp

WhatsApp ist ein 2009 gegründeter Instant-Messaging-Dienst, der seit 2014 Teil der Facebook Inc. ist. Benutzer können über WhatsApp Textnachrichten, Bild-, Video- und Ton-Dateien sowie Standortinformationen, Dokumente und Kontaktdaten zwischen zwei Personen oder in Gruppen austauschen. Zur Nutzung von WhatsApp ist nach der Installation eine Registrierung unter Angabe der eigenen Handynummer vorgesehen. Die weltweit eindeutige Mobilfunknummer übernimmt die Funktion der Benutzerkennung und ist somit nicht frei wählbar. WhatsApp erkennt durch gespeicherte, standardmäßig ausgelesene Telefon-Adressbucheinträge von anderen Nutzern in den meisten Fällen den Namen des Neubenutzers und die App zeigt diesen kurz nach dem Eintippen der eigenen Telefonnummer auch an

2.4 Instagram

Instagram ist ein kostenloser Online-Dienst zum Teilen von Fotos und Videos. Nutzer können ihre Fotos und Videos mit Filtern versehen. Instagram hat heute über 500 Millionen Nutzer. Die Anwendung »Instagram Stories« ermöglicht es Bilder und Videos für 24 Stunden mit seinen Freunden und Followern zu teilen, ohne dass diese Bilder auf dem Instagram Profil des Benutzers auftauchen.

2.5 XING

XING wurde 2003 unter dem Namen OpenBC gegründet und legte sich ab 2006 seinen jetzigen Namen zu. Es hat über 12 Millionen Mitglieder. Nur mit dem gebührenpflichtigen Premium Account ist die Suchfunktion nutzbar. Bei dem auch als »**Vitamin-B-Maschine**« bezeichneten Netzwerk geht es vor allem um geschäftliche und berufliche Kontakte. Es gibt eine eigene Jobbörse mit Stellenanzeigen und Stellengesuchen. Bei Xing ist es möglich, einen Lebenslauf, Passfotos, Zeugnisse und Referenzen einzustellen. Kontaktwünsche können als Angebote oder als Wunsch formuliert werden. In Kontakt treten kann man aber erst, wenn die Gegenseite ihr Interesse bestätigt hat. Ein ähnliches Netzwerk ist das in Deutschland weniger verbreitete **LinkedIn**.

3 So beteiligen Sie sich an einem sozialen Netzwerk

Wenn Sie sich an einem sozialen Netzwerk beteiligen wollen, müssen Sie bestimmte Schritte durchführen. Diese ähneln sich bei den meisten Netzwerken, aber sie sind in den Details doch auch unterschiedlich. In aller Kürze sollen nun vorwiegend am Beispiel »Facebook« die ersten Schritte dargestellt werden und wie Sie dabei Ihre Privatsphäre schützen.

3.1 Vorbereitungen treffen

Überlegen Sie sich ein sicheres **Passwort,** damit Unbefugte nicht auf Ihr Profil Zugriff bekommen.

! Verwenden Sie nie ein Passwort, das Sie auch für andere Zugänge nutzen. Es gibt einfache Regeln, wie ein sicheres Passwort gebildet werden kann. Als Eselsbrücke kann ein Satz dienen, von dem nur die Anfangsbuchstaben der Worte, am besten kombiniert mit Zahlen oder Sonderzeichen, das Passwort ergeben. Geben Sie auf den Seiten nie andere Passwörter, wie zum Beispiel von Ihrem E-Mail-Konto ein.

Überprüfen Sie, ob die Anmeldung und Nutzung **kostenlos** ist.

Lesen Sie die **Datenschutz-Richtlinien** und die allgemeinen Geschäfts- bzw. die Nutzungsbedingungen der Betreiber des Netzwerkes durch, auch wenn es meist längere Texte sind: Dort erfahren Sie, welche Rechte Sie als Nutzerinnen und Nutzer haben und welche Rechte Sie durch Ihren Beitritt abtreten. Diese Bestimmungen erläutern, auf was Sie sich einlassen. Bei Facebook finden Sie die Nutzungsbedingungen beim Impressum.

Achten Sie in den **Geschäftsbedingungen** insbesondere auf die Regelungen zu Bildern. Informieren Sie sich über die Nutzungsrechte der Betreiber der Netzwerke. Möglicherweise treten Sie Rechte durch die Veröffentlichung ab und haben keine Kontrolle mehr über die weitere Verwendung Ihrer eigenen Bilder.

! Facebook ist in Sachen Datensicherheit besonders umstritten. Die Stiftung Warentest hat einen Katalog von Schritten zusammengestellt, wie Sie die wichtigsten Sicherheitslücken des Marktführers meiden können. Sehr empfehlenswert. Diesen finden Sie unter: www.test.de in der Rubrik »Computer / Telefon«.

3.2 Profil anlegen

Ihr Profil ist eine Art **Visitenkarte**. Enthalten sind üblicherweise neben einem Foto Ihr Name (zuweilen ist ein Pseudonym möglich, zum Beispiel bei Facebook), Geburtsdatum, Wohnort sowie Hobbys oder Interessen.

In den zum Profil gehörigen Einstellungen können Sie festlegen, wer Ihre Angaben lesen darf. Für unerfahrene Nutzerinnen und Nutzer ist es empfehlenswert, den **Personenkreis** zunächst überschaubar zu halten, für den diese freigegeben werden. Bei Facebook bedeutet das, in den allgemeinen Datenschutzeinstellungen festzulegen, dass das Profil nur für die sogenannten Freunde zugänglich ist.

! Geben Sie anfangs nur die für die Anmeldung unbedingt notwendigen Daten ein und machen Sie weitere Angaben zunächst nur sehr sparsam. Sie können diese jederzeit erweitern, wenn Sie besser mit dem Netzwerk, seinen Möglichkeiten und Risiken vertraut sind. Geben Sie zu Ihrem eigenen Schutz möglichst wenig persönliche Daten preis.

3.3 Nutzung

Wenn Sie das Netzwerk schließlich nutzen, wollen Sie neue Freunde finden, sich mit den ersten Bekanntschaften austauschen, sich präsentieren und kommunizieren. Auch dabei gilt es immer wieder darauf zu achten, dass Sie Ihre **Privatsphäre** und die Ihrer Freundinnen und Freunde schützen.

Ein immer wieder auftauchendes Ärgernis ist dabei der Umgang mit Bildern und Texten. Hier gilt es sehr strikt, auf fremde **Urheberrechte** zu achten. Texte, die Sie einstellen, müssen auch von Ihnen selbst sein. Inhalte anderer Personen dürfen Sie nur mit deren Einwilligung veröffentlichen. Zum Einstellen von Bildern kann nicht oft genug davor gewarnt werden, kompromittierende Bilder von sich selbst oder von anderen einzustellen.

! Veröffentlichen Sie keine Bilder oder Videos, die Sie oder andere Personen unvorteilhaft darstellen. Informieren Sie sich über die Nutzungsrechte der Betreiber der Netzwerke. Möglicherweise treten Sie Rechte durch die Veröffentlichung ab und haben keine Kontrolle mehr über die weitere Verwendung. Aber auch ohne offizielle Abtretung von Rechten sind die Veröffentlichungen im Internet schnell kopiert und weiterverbreitet – sogar in Zusammenhängen, die sie nicht wünschen.

Auch beim Finden von Freunden gibt es einige Regeln zu beachten, wenn man sich vor unangenehmen Überraschungen schützen will. Sie können in digitalen Netzwerken nach Bekannten suchen und alte Kontakte wieder aufleben lassen, sofern diese auch in Ihrem Netzwerk angemeldet sind. Die einfachste Art, neue Kontakte zu bekommen, ist beispielsweise bei Facebook, eine Einladung an ausgewählte **Freunde von Freunden** zu schicken. Sie können aber auch an gemeinsamen Interessen orientiert mit einer **Gruppe** in Kommunikation treten.

! Von der Adressbuch-Suche wie sie unter »Freunde finden« bei Facebook angeboten wird, sollten Sie aus Datenschutzgründen absehen. Sie würden Facebook damit Zugriff auf Ihren persönlichen E-Mail-Zugang und alle dort eingetragenen Kontakte geben. Diese Adressen nutzt Facebook unter Umständen auch für Werbezwecke. Das sollten Sie schon aus Rücksicht auf Ihre Bekannten vermeiden, deren Daten Sie ohne ihr Einverständnis preisgeben würden.

Werden Sie selbst von einem Mitglied des Netzwerks entdeckt und will diese Person Sie als »Freund« gewinnen, werden Sie angefragt, ob Sie diese »Freundschaft« wünschen. Erst wenn Sie dies **bestätigen,** werden Sie und der Interessent / die Interessentin zu »Freunden«.

! Seien Sie wählerisch. Akzeptieren Sie nur Ihnen bekannte Personen als »Freunde«. Sonst erhalten Wildfremde Informationen über Ihr Leben, von denen Sie nicht wissen, ob man ihnen vertrauen kann. Nicht jeder verfolgt nur freundschaftliche Interessen.

Die Kommunikation läuft bei Facebook (und in ähnlicher Form auch bei anderen Netzwerken) in erster Linie über die **Pinnwand,** das sogenannte »Posten«.

In den Kasten »**Was machst Du gerade?**« können Sie eine Nachricht schreiben, die Sie anderen mitteilen wollen. Bevor Sie durch Klicken auf den blauen Button: »Teilen« die Nachricht verbreiten, sollten Sie links davon das Schloss-Symbol anklicken und auswählen, wem Sie die Nachricht zukommen lassen wollen. Die Empfänger können dann auf ihrer eigenen Pinnwand den Eintrag sehen und entscheiden, ob sie ihn stehen lassen oder löschen wollen. Dasselbe können Sie mit Nachrichten auf Ihrer eigenen Pinnwand machen. Wenn Sie mit dem Mauszeiger über den Eintrag schwenken, erscheint rechts oben ein X, über das Sie jeden Eintrag entfernen können.

Über die Frage, wer welche Einträge von Ihnen oder Personen, die Beiträge auf Ihre Pinnwand einstellen, sehen kann, entscheiden die **Voreinstellungen,** die man im Facebook-Konto vorgenommen hat. Hier wird festgelegt, ob die Öffentlichkeit, nur Freunde oder auch Freunde von Freunden die Einträge und Kommentare einsehen können. Oder ob nur ein begrenzter Kreis von Personen, die Sie selbst über benutzerdefinierte Einstellungen ausgewählt haben, Ihre Kommunikation verfolgen kann.

! Vermeiden Sie zumindest zu Beginn Ihrer Mitgliedschaft die großzügige Einstellung »Freunde von Freunden« als Empfänger Ihrer Nachrichten. Sie gewährt nämlich mit einem einzigen Klick auf »Teilen« beim Absenden einer unüberschaubaren Menge von Personen Einblick in Ihre Mitteilungen und Kommentare sowie die Ihrer Freunde.

Zusatzprogramme wie Spiele oder Verknüpfungen mit anderen Internetseiten sollten Sie nicht hinzufügen, wenn Sie den **Zugriff** auf Ihre Daten schützen wollen. Oft treten Sie dabei Rechte an deren Betreiber ab, die Sie kaum noch überblicken und kontrollieren können. Es empfiehlt sich: Alle Anwendungen sperren oder ausschalten.

! Klicken Sie nicht unbedacht auf Links oder Werbungen, die auf den Netzwerkseiten auftauchen. Viren und andere Schadprogramme könnten aktiviert werden. Achten Sie darauf, dass Ihr Computer immer über einen aktuellen Virenschutz verfügt.

3.4 Beendigung der Aktivität

Wenn Sie auf einer Plattform nicht mehr aktiv sein wollen, dann empfiehlt es sich, die im Netzwerk veröffentlichten Daten zu **löschen;** jedenfalls so weitgehend, wie die Netzwerke das zulassen. Das wird von einigen Betreibern nicht leicht gemacht; bei manchen geht es gar nicht vollständig. Im Interesse des Schutzes Ihrer Daten sollten Sie es aber wenigstens versuchen.

4 Soziale Netzwerke speziell für ältere Menschen

In den letzten Jahren sind zahlreiche Internet-Netzwerke entstanden, die sich speziell an Ältere wenden. Für die Netz-Investoren sind diese Silver Surfer vor allem interessant, weil viele von ihnen über gesicherte Einkommen verfügen. Senioren gelten insgesamt als weniger sprunghaft und wechselwillig als die Jungen. Sie bleiben auch der Internet-Community, für die sie sich einmal entschieden haben, eher treu als die jüngere Generation. Ihnen wird auch in anderen Bereichen höhere **Markenloyalität** zugeschrieben. All das macht sie als Zielgruppe für die Werbewirtschaft interessant. Da die meisten sozialen Netzwerke sich über Werbung finanzieren, kann man unschwer voraussagen, dass in den nächsten Jahren die Versuche zunehmen werden, dieses Potenzial weiter zu erschließen.

F3 | Internet: Soziale Netzwerke für Senioren

In allen sozialen Netzwerken für Ältere stehen Informationen und Austausch zu Fragen der Gesundheit, zu Reisen, zu Partnerschaft aber auch zu politischen Themen im Vordergrund. Fast alle bieten auch regionale Gruppen an. Hieraus sollen **Treffpunkte im realen Leben** entstehen, damit ihre Mitglieder sich auch persönlich kennenlernen können.

Aufgebaut sind die Netzwerke für Silver Surfer ähnlich wie Facebook und die anderen gängigen Netzgemeinschaften. Auch das Vorgehen ist ähnlich: Man legt ein Profil an und kann dann auf die Suche nach Freunden gehen oder von anderen gefunden werden. Ein größeres Gewicht als bei den Netzwerken für Jüngere haben **Ratgeberseiten** zu Themen, die Ältere interessieren. Die Mitgliedschaft ist meistens kostenlos. Bei etlichen Netzwerken kann man zusätzlich für einen monatlichen Beitrag eine Premium-Mitgliedschaft mit erweiterten Möglichkeiten erwerben.

Die meisten Netzwerke für Ältere versichern, dass die Daten ihrer Nutzer nicht an Dritte weitergegeben werden, wenn dem nicht ausdrücklich zugestimmt wurde.

! Auch wenn die Weitergabe der Daten vom Betreiber ausgeschlossen wird, gilt es, sparsam mit den Daten umzugehen und nur das einzustellen, was man wirklich öffentlich machen will. Sonst kann das auch mal peinlich werden. Die Daten, die man in einem Netzwerk einmal veröffentlicht hat, bleiben lange im Internet gespeichert.

Hier ein Überblick über die wichtigen **Netzwerke für Ältere:**

4.1 Feierabend

Dieses Portal gibt es seit 1998 und hat nach eigenen Angaben 165 000 Mitglieder. **Feierabend** ist die derzeit stärkste Senioren-Community. Sie wird täglich von etwa 75 000 Personen genutzt. 2008 wurde sie vom Bundeswirtschaftsministerium im Rahmen des Wettbewerbs »Wege ins Netz« als »beste Community« ausgezeichnet. Gelobt wurde insbesondere, dass **Feierabend** mehr als eine virtuelle Community sei, denn viele Bekanntschaften führten zu Kontakten im wirklichen Leben. Die Seiten werden von einer Redaktion betreut und von angeschlossenen Mitgliedern mit Inhalten versorgt. Behandelt werden Nachrichten, Gesundheit, Freizeit, Reise, Hobby, Finanzen sowie Ratgeber-Themen. Um miteinander in Kontakt zu treten, können sich Mitglieder sowohl in den klassischen Chats und Foren als auch in Themen- und Regionalgruppen austauschen und zu regionalen Treffen verabreden. In zahlreichen Regionen gibt es auch regelmäßige Stammtische, auf denen man sich dann auch persönlich kennenlernt. Häufig werden über die Regionalgruppen gemeinsame Unternehmungen (Wanderungen, Theaterbesuche, Weinproben, Reisen) geplant und durchgeführt. Solche Berührungspunkte zwischen dem virtuellen und realen Leben gelten als besondere Attraktion von **Feierabend**.

4.2 Platinnetz

Platinnetz wurde 2007 gegründet und soll etwa 150 000 Mitglieder haben. Angesprochen werden Menschen ab 40 Jahren, also nicht nur die eigentlichen Seniorinnen und Senioren. 70 % der Nutzerinnen und Nutzer sind zwischen 40 und 60 Jahren alt. Anfangs betrachteten viele **Platinnetz** vor allem als Partnerbörse für Ältere. Inzwischen hat es sich deutlicher als soziales Netzwerk profiliert. Die Mitgliedschaft ist kostenlos. Jeder Nutzer erstellt ein Profil mit Foto und Angaben zu seiner Person und seinen Interessen. Mit einer Suchfunktion können andere Mitglieder mit passenden Interessen gefunden werden. Hauptaktivitäten im **Platinnetz** sind der Erfahrungs- und Meinungsaustausch der Nutzerinnen und Nutzer in Chats oder eigens eingerichteten Foren. Hauptthemen sind Gesundheit, Reisen, Kultur, Unterhaltung, Computer und Technik sowie Partnerschaft und Liebe. Es gibt 35 Regionalgruppen. Darüber hinaus existieren zahlreiche virtuelle Stammtische, die den realen Kneipenbesuch simulieren. Das Unternehmen gibt an, dass die Daten der registrierten Mitglieder an keine anderen Unternehmen weitergegeben oder zu Werbezwecken verwendet werden. Die Mitglieder können selbst bestimmen, welche anderen Mitgliederkreise ihre Profildaten zu sehen bekommen.

4.3 Seniorentreff

Dieses Forum wurde 1998 gegründet und hat heute rund 10 000 Mitglieder. Damit ist es eines der ältesten Seniorennetzwerke. Die »Plattform für Kommunikation und Gesellligkeit mit Menschen reiferen Alters aus aller Welt« gilt als recht seriös. Angeboten werden Plaudereien, Diskussionen, Informationen, Ratgeber, aber auch gemeinsame Spiele (Sudoku) oder Bildertausch. Die Größe der Seiten ist anpassbar. Seniorentreff verspricht weitgehenden Datenschutz und die Nichtweitergabe von E-Mail-Adressen an kommerzielle Interessenten. Finanziert wird **Seniorentreff** über Werbebanner anderer Firmen. Die Angebote sind kostenlos.

4.4 50plus-treff

50plus-treff wurde 2005 eingerichtet und war ursprünglich eine Partnerbörse, hat sich inzwischen aber zu einem Allround-Netzwerk gemausert. Es nennt sich selbst Deutschlands Portal für Partnersuche und Freundschaft für die Generation 50plus. Das ursprüngliche Anliegen des Findens neuer Partnerinnen und Partner spielt nach wie vor eine deutliche Rolle. Dieses Portal hat etwa 150 000 Mitglieder. Es gibt zahlreiche Regionalgruppen in Deutschland, Österreich und der Schweiz. Themengruppen gibt es zu Fotografie, Reisemobilfreunde und Wohnen. Die Mitglieder können selbst auswählen, welche ihrer Informationen für andere sichtbar sein sollen.

4.5 Herbstzeit

Das 2007 gegründete Online-Portal **Herbstzeit.de** ist mit unter 10 000 Mitgliedern eher ein kleines Netzwerk. Es hat sich die Aufgabe gestellt, das alte Seniorenbild durch ein neues zu ersetzen, das aktive Menschen in den Mittelpunkt stellt. Für alle Bundesländer gibt es Regionalportale. Die Mitgliedschaft ist kostenlos.

5 So schützen Sie Ihre Daten in sozialen Netzwerken

5.1 Erste Schritte zur Sicherung Ihrer Rechte

Sollten Sie sich durch irgendetwas oder irgendjemanden in Ihren **eigenen Rechten** betroffen fühlen, steht sowohl der Verursacher, grundsätzlich aber auch der Dienstbetreiber als Ansprechpartner zur Verfügung (z. B. sind Sie Opfer einer falschen Tatsachenbehauptung, werden Sie beleidigt oder private Bilder von Ihnen veröffentlicht).

! Denken Sie in jedem Fall an die Beweissicherung! Denn Verstöße sind im Internet oft genauso schnell weg, wie sie gekommen sind! Fertigen Sie unbedingt sogenannte »Screenshots« von den entsprechenden Kommentaren oder Bildern im Internet an.

Mit der »Druck«-Taste lässt sich die aktuelle Bildschirmausgabe in die Zwischenablage kopieren und mit einem einfachen »Strg-V« oder rechte Maustaste und »Einfügen« in jede mögliche Anwendung kopieren. Speichern Sie diese Datei auf Ihrem Rechner! Oder machen Sie echte Ausdrucke von den inkriminierten Internetseiten. Speichern Sie auch die URL, unter welcher Sie den Verstoß gefunden haben. Hilfreich ist es auch, sich das Datum des Auffindens zu notieren.

Bevor Sie sich allerdings an einen Anwalt wenden, können Sie im Einzelfall auch zunächst selbst versuchen, an den Verursacher heranzutreten. Das ist insbesondere in einfach gelagerten Fällen möglich und sinnvoll. Geben Sie dem Verursacher unter einer kurzen Fristsetzung von nur wenigen Tagen Gelegenheit, die Sache kostengünstig, also ohne Hinzuziehung eines Rechtsanwaltes, aus der Welt zu schaffen.

» **Beispiel:** Ein Urlaubsbild von Ihnen wird veröffentlicht, das Sie nicht bei Facebook im Internet haben wollen. Hier ist es sinnvoll, denjenigen, der es eingestellt hat, zunächst persönlich darum zu bitten, das Bild zu entfernen.

! Um Ihrer Forderung Nachdruck zu verleihen, können Sie sich parallel auch an Facebook selbst wenden.

Aber auch wenn Dritte über Ihre Profilseite **fremde Rechte** verletzen (z. B. obszöne Bilder auf Ihrer Facebook-Pinnwand veröffentlichen), müssen Sie, wenn Sie nachweisbar Kenntnis davon erlangen, tätig werden. Sie sollten zunächst die Postings von Dritten auf Ihrer Pinnwand umgehend sperren oder die Kommentarfunktion einschränken. Weitere rechtliche Schritte bleiben Ihnen vorbehalten.

5.2 Veranlassen Sie eine Abmahnung

Reagiert der Verursacher auf Ihre Unterlassungs-Aufforderung **nicht** oder nicht angemessen, sollten Sie umgehend einen Anwalt Ihres Vertrauens einschalten. Beachten Sie dabei, dass eine **einstweilige Verfügung** nur innerhalb von vier Wochen ab Kenntnis von der Rechtsverletzung beantragt werden kann – deshalb: Notieren Sie das Datum des Auffindens! Vorher ist in der Regel noch eine Abmahnung mit angemessener Fristsetzung notwendig.

Ist es für ein solches Eilverfahren zu spät, steht Ihnen auch eine **Unterlassungsklage** offen. Hier können – anders als im einstweiligen Rechtsschutzverfahren – mögliche Schadensersatz- oder Auskunftsansprüche neben der bloßen Unterlassung gleichzeitig geltend gemacht werden.

5.3 Erstatten Sie Strafanzeige

Bei besonders schwerwiegenden Verstößen, wie beispielsweise einer vorsätzlichen Urheberrechtsverletzung, bei schweren Beleidigungen oder Wettbewerbsverstößen, kann auch das Strafrecht weiterhelfen. Hier können Sie mittels Strafanzeige bei der zuständigen **Staatsanwaltschaft** oder Ihrer örtlichen **Polizeidienststelle** ein entsprechendes Ermittlungsverfahren gegen den Verletzer einleiten.

F3 | Internet: Soziale Netzwerke für Senioren

Index

A

ABC des Verkehrsrechts 353
Abfall 66
Abmahnung
– soziale Netzwerke 507
Alterungsrückstellungen 177
Angehörige in der Mietwohnung 32
Anlage-Mix 139
Antenne 42
AOK Duo 351
Arzt
– Abrechnung 320
– Aufklärung 310
– Gebührenordnung 323
– Honorarvereinbarung 323
– Rechnung 324
– Schweigepflicht 308
– Termin 312
Arzthaftung 327
– Aufklärungsfehler 327
– Behandlungsfehler 333
– Beweise sichern 349
– Mitverschulden 340
– Patientenrechte durchsetzen 343
– Schaden 341
– Schmerzensgeld 343
– Verjährung 348
– Verschulden 340
Ärztliche Schweigepflicht
– Entbindung 253
Arztwahl 301, 318
Auszahlplan 135

B

Badbenutzung
– Mieterrechte 34
Bagatellunfall 435
Balkonbenutzung 66
– Mieterrechte 35
Ballspiel 66
Bankvollmacht 251
Barrierefreiheit 36, 95
Baufinanzierung ab 50 155
Bauliche Veränderungen der Mietsache 37
Baumschutzregelung 67
Bausparen 170
Behörde 19
Behördenärger 19
Beitragszuschuss 182
Besuch in der Mietwohnung 38
Betreten von Grundstücken 68
Betreuerausweis 121
Betreuerbestellung 235
Betreutes Wohnen 93
Betreuung
– ehrenamtliche 119
– Einwilligungsvorbehalt 119
– freiheitsentziehende Maßnahmen 124
– Geschäftsunfähigkeit 119
– gesetzliche 115
– medizinische Voraussetzungen 116
– Testament 120
– Vermögen 124
Betreuungsgericht 117, 229
Betreuungsverfügung 249
Breitbandkabel 42
Bußgeld 409
Bußgeldbescheid 409
Bußgeldverfahren 417

D

Digitaler Nachlass 295
- Checkliste 297
- digitale Nachlassverwaltung 297
- digitaler Nachlassverwalter 298
- digitales Erbe 295
- Gesamtrechtsnachfolge 296
- Nutzungsrechte 296

Duschen in der Mietwohnung 34

E

E-Government 19

Ehegattentestament 260

Einfriedungen 68

Einwilligungsvorbehalt 119

Einzeltestament 261

Einzelvollmacht 243

Erbfall
- digitaler Nachlass 295

Erbschaftsteuer 284

Erbvertrag 271
- Anfechtung 280
- einverständliche Vertragsaufhebung 279
- Formvorschriften 277
- Rücktritt 279
- Scheidung/Trennung 281
- Verfügungsberechtigung 276

Ertragsanteilbesteuerung 148

EU-Erbrechtsverordnung 265

F

Fahreignung von Senioren 371

Fahrtenbuchauflage 421

Fahrverbot 420

Fallobst 70

Familienfeiern 41

Fenster- und Lichtrecht 71

Festgeld 140

Fluggastrechte 481, 485
- außergewöhnliche Umstände 488

Flugreise 481
- Annullierung 487
- Beweissicherung 492
- Bezahlen 482
- Buchung 481
- Einchecken 484
- Flugausfall 487
- Fluggastrechte 485
- Flugticket 482
- Flugverspätung 489
- Fristen 493
- Gepäck 483
- Gepäckschaden 491
- Gepäckverspätung 490
- Handgepäck 483
- Personenschaden 490
- Preis 482
- Reklamation 492
- Schlichtungsstelle 492
- Überbuchung 486

Freiwillig versicherte Rentner 173

G

Garten
- Gartenteich 43
- Komposthaufen 44, 78

Gartennutzung durch Mieter 42

Generalvollmacht 244

Geschäftsunfähigkeit 119

Grenzabstand von Pflanzen 72

Grenzeinrichtungen 73

Grillen 45, 74

Grillfest 45

H

Haftung
– Pflegeheim 111
Hammerschlags- und Leiterrecht 75
Hausarzt 301
Hausflur
– Mieterrechte 45
Haushaltsgeräte
– Mieterrechte 46
Hausmusik
– Mieterrechte 47
Haustiere 53
Heimaufenthalt 101
– Abrechnung 109
– Entgelt 109
– Kosten 102
– Mängel 108
– Sondenernährung 111
– Unterbrechung 109
– Zusatzleistungen 103
Heimvertrag 101
– Beratung 104
– Geschäftsunfähigkeit 105
– Kündigung 112
– Regelungen 105
– Vertragsanpassung 107
– Vertragsverlängerung 107
Heizpflicht des Vermieters
– Zentralheizung 55
Honorarvereinbarung 351
Hundehaltung
– des Mieters 53

I

IGeL-Angebote 349
IGeL-Leistungen 320
Immissionen 76
Immobiliendarlehen 155
Internet
– digitaler Nachlass 295
– soziale Netzwerke 495

K

Kabelanschluss 42
Kapitalabfindung 133
Kapitalerhalt 131
Kapitalverzehr 132
Katzenhaltung
– des Mieters 53
Kinder
– in der Mietwohnung 32
– Kinderlärm 77
Kinderlärm 47, 77
Kinderwagen im Mietshaus 45
Kombidarlehen 160
Kosten
– Heimaufenthalt 102
– Pflegeheim 102
Krankenhausaufnahme 314
– Wahlleistungsvereinbarungen 316
Krankenunterlagen 313
Krankenversicherung der Rentner (KVdR) 173
Krankenversicherungskarte 303
Kündigung
– Heimvertrag 112
– Pflegeheim 112
KVdR 173

L

Langlebigkeitsrisiko 134
Lärm 47, 78
– Kinderlärm 77
– Kirchengeläut 77
– Musikausübung 47
– Partylärm 71
– Rasenmähen 85
– Ruhezeiten 86
– Spielplatz 86
– Sportlärm 86
– Wohngeräusche 92
Laubfall 79

Lebensversicherung
- als Nachlassregelung 290
Lichtimmissionen 80
Lichtrecht 80
Luftraum 81

M

Mieterrechte 31
- ABC des Mieteralltags 32
- Abstellplatz 32
- Aufnahme anderer Personen 32
- Grillen 45
- Hausflur 45
- Haushaltsgeräte 46
- Lärm 47
- Musikausübung 47
- Ruhezeiten 50
- Schlüssel 50
- Wäschetrocknen 53
- Wäschewaschen 54
- Zentralheizung 55

Mietvertrag
- Fernsehen und Rundfunk 42
- Garten 42
- Gartennutzung und -gestaltung 42
- vertragsgemäßer Gebrauch 31

Mietwohnung
- Badbenutzung 34
- Balkonbenutzung 35
- bauliche Veränderungen 37
- behindertengerechter Umbau 36
- Besuch 38
- Briefkasten 39
- CB-Funk-Antenne 40
- Dübel 40
- Mieterrechte 31
- Schlüssel 50
- Wäschewaschen 54

Mobilfunkanlagen 81
Modernisierungskredite 167
Musikausübung 47

N

Nachbarrecht 57
- Nachbar 57
- nachbarliches Gemeinschaftsverhältnis 60
- Nachbarrechts-ABC 66
- Nachbarrechtsgesetz 60
- öffentliches Nachbarrecht 58
- Ortsüblichkeit 84
- Polizei 63
- privates Nachbarrecht 58
- Rechtsgrundlagen 59
- Ruhezeiten 86
- Selbsthilfe 62
- Streitschlichtung 63

Nachgelagerte Besteuerung 143
Nachlass 141
Nicht eheliche Lebensgemeinschaft
- Erbvertrag 271
Nottestament 263
Notwegerecht 81

O

Off-Label-Use 305

P

Parabolantenne 42
Patient 301
Patientenverfügung 221, 319
- Aufbewahrung 234
- Betreuungsgericht 229
- gesetzliche Voraussetzungen 221
- Inhalt 230
Pauschalreise 445
- Abhilfe 468
- Absage der Reise 459
- Allgemeine Reisebedingungen 448
- allgemeines Lebensrisiko 465
- All-inclusive-Reise 455
- Änderung der Reiseleistung 456, 459

- Änderung des Reisepreises 452
- Anmeldefrist 471
- Anmeldung reiserechtlicher Ansprüche 471
- Anzahlung 452
- Berechnung der Reisepreisminderung 476
- Buchung 450
- Buchungsbestätigung 450, 465
- entgangene Urlaubsfreude 479
- Ersatzreise 459
- Ersatzreisender 457
- Haftungsbeschränkung 477
- höhere Gewalt 461
- Insolvenz des Reiseveranstalters 453
- Kostenersatz 477
- Kulanzangebot 470
- Kündigung wegen höherer Gewalt 461
- Kündigung wegen Reisemangels 469
- Landesüblichkeit 464
- Last-Minute-Reise 455
- Mängelanzeige 467
- Minderung des Reisepreises 475
- Mindestteilnehmerzahl 460
- nutzlos aufgewendete Urlaubszeit 479
- Online-Buchung 454
- Pauschalreiseschutz 445
- Reisebestätigung 465
- Reisebüro 448
- Reisekatalog 446, 465
- Reisepreis 451
- Reiseversicherungen 449
- Reisewarnung 461
- Reklamation 467, 471
- Reklamationsfrist 471
- Rücktritt 456, 459
- Schadensersatz 477
- Selbstabhilfe 469
- Sicherungsschein 453
- Sonderwünsche 449
- Stornierung 456
- Stornokosten 456
- Umbuchung 458
- Unannehmlichkeit 463
- Verjährung 472

Pflege 101
- Beratung 104
- Kosten 102
- Mängel 108

Pflegeheim 101
- Abrechnung 109
- allgemeine Pflegeleistungen 103
- Entgelt 109
- Entgelterhöhung 109, 110
- Haftung 111
- Kosten 102, 208, 211
- Kündigung 112
- Leistungen 101
- Mängel 108
- Pflegeversicherung 210
- Pflegewohngeld 103
- Sondenernährung 111
- steigender Pflegebedarf 109
- Unterkunft und Verpflegung 103
- Wohnungsmangel 108
- Zusatzleistungen 103

Pflegeversicherung
- Ausland 198, 202
- Betreuungsleistung 199
- Betreuungsleistungen 212
- häusliche Pflege 194
- Kombinationsleistungen 200
- Leistungen 193, 210
- Pflegeberatung 194
- Pflegedienst 199
- Pflegegeld 196, 197
- Pflegegrade 191
- Pflegeheim 207
- Pflegehilfsmittel 202
- Pflegestufen 191
- Poolen von Leistungen 201
- Tages- und Nachtpflege 195
- Wohngemeinschaften 207
- Wohnungsanpassung 205, 206

Pflichtteil
- - und Schenkung 287

Polizei 438, 440

Postvollmacht 253

Privathaftpflichtversicherung 213

R

Rasenmähen 85
Ratentilgungsdarlehen 158
Rauch 85
Rauchen
– auf dem Balkon 49
– im Treppenhaus 49
– in der Mietwohnung 48
Realkredit 162
Reisemangel 463
Rente aus Stein 136
Rentenbesteuerung 143
Rentenbezugsmitteilung 150
Rentenhypothek 137
Riester-Rente 150
Risikozuschlag 182
Ruhezeiten 50, 86
Rürup-Rente 143

S

Schenkung
– Anrechnung auf Pflichtteil 287
– auf den Todesfall 288
– ehebedingte Zuwendung 288
– gemischte - 284
– Handschenkung 286
– Minderjährige als Beschenkte 294
– Rückforderung der - 291
– Vertrag zugunsten Dritter 289
– vorweggenommene Erbfolge 283
Schiedsstellen
– im Nachbarrecht 64
Schlichtung
– Flugreise 492
– Nachbarrecht 65
Schlüssel zur Mietwohnung 50
– Haftung bei Verlust 51
– Zentralschließanlage 51
Selbstbehalt 175
Sonderkredite 166

Soziale Netzwerke
– Abmahnung 507
– Strafanzeige 507
Sparbrief 140
Sparbuch 140
Spielplatz 86
Sterbehilfe 233
Strafzettel 409

T

Tagesgeld 140
Teledoktor 351
Testament
– Aufbewahrung 259
– Auslandsbezug 265
– Ergänzungen 259
– Errichtung 255
– gemeinschaftliches 260
– handschriftlich 257
– notarielles 262
– Notfall 263
– Scheidung 262
– Vollmacht 255
– Wechselbezüglichkeit 261
– Widerruf, Änderung, Ergänzung 266
Testierfähigkeit 255
Testierwille 256
Tierhaltung
– in der Mietwohnung 53
Traufrecht 87

U

Überbau 87
Überhang 88
Umgang mit Behörden 19
Umgekehrte Hypothek 137
Umstellungsangebote 180
Unabhängige Patientenberatung
    Deutschland (UPD) 351

Index | **Anhang**

Unfall
- CHECKLISTE 439
- großer Sachschaden 435
- Regulierung 442
- Verletzte 435, 436, 442
- Wartefrist 437
- Zentralruf der Versicherer 439

Unfallaufnahme 439
- Beweise 439
- Polizei 440

Unfallprotokoll 439
Unfallstelle 435
Unkraut 90

V

Variables Darlehen 163
Verbrennen von Gartenabfällen 90
Verjährung
- Arzthaftung 348

Verkehrsordnungswidrigkeiten 409
- Anhörungsbogen 417
- Bußgeld 409
- Bußgeldbescheid 419
- Bußgeldverfahren 417
- Einspruch 424
- Fahranfänger 409
- Fahrtenbuchauflage 421
- Fahrverbot 409, 420
- Flensburger Punkte 409, 431
- Gerichtsverhandlung 427
- Punktereform 432
- Rechtsbeschwerde 429
- Rechtsmittelfrist 423
- Verjährung 415, 425
- Verwarnung 409, 411

Verkehrsrecht 353
Verkehrsunfall
- Sofortmaßnahmen 435

Vermögensmanagement 129
Versorgungsfreibetrag 152
Versorgungslücke 129

Verwaltungsakt 23
- Rechtsbehelfsbelehrung 26
- Widerspruch 26

Verwaltungsverfahren 19, 20
- Behördentermin (CHECKLISTE) 20
- form- und formlose Rechtsbehelfe 26
- Formvorschriften 23
- Rechtsbehelfsbelehrung 26
- Schriftformerfordernis 19
- Verwaltungsakt 23
- Widerspruch 26
- Widerspruchsbescheid 28
- Widerspruchsfrist 27
- Widerspruchsverfahren 27

Verwarnung 409, 411
Verwarnungsverfahren 409
Videoüberwachung 91
Volltilgungsdarlehen 159
Vorsorgevollmacht 235
- Aufbewahrung 248
- Auswahl des Bevollmächtigten 239
- Betreuung 235
- Inhalte 243
- Missbrauch 242
- Pflichten des Bevollmächtigten 248
- Voraussetzungen 237

W

Wäschetrocknen in der Mietwohnung 53
Wäschewaschen
- in der Mietwohnung 54

Wohngeräusche 92
Wohnungsmangel
- Pflegeheim 108

Z

Zentralheizung
- Mieterrechte 55

Zentralschließanlage
- Haftung bei Schlüsselverlust 51

Anhang | Index